國家清史編纂委員會·文獻叢刊

清代河南碑刻資料 ⑧

王興亞 等 編

商務印書館
The Commercial Press
创于1897

二〇一六年·北京

目 錄

商水縣

義學脩脯捐資碑記 1
建修義學碑記 1
重建玉帝閣記 2
重建關帝廟碑記 2
重修高祖祠碑記 3
奉勒禁挖枯河南岸邊家樓隄口碑記 4
禁開枯河南岸邊家樓隄口碑記 6
周口南岸金龍四大王廟碑記 7
韓師沂循績碑記 7
建修王公祠碑記 8
新建鳳臺試院碑記 9
葉邑侯去思碑 9
禁止扒汾河隄碑記 10
嚴禁扒隄示 11
重修商水書院碑記 11
義商寧波元豐號紀念碑記 12

項城市（項城縣）

大石橋碑記 13
重修儒學記 13
義學記 14
項城縣新開溝渠記 15
柳行新溝橋碑記 16
重修南頓光武廟記 16
復修明倫堂記 17
項城縣重建察院記 18
項城縣二賢尹祠堂記 19
閻大母張孺人墓表 22
重修楊烈婦祠記 22
重修光武廟記 23
大石橋碑記 24
永禁屠戶包祭碑文 24
建普濟堂碑記 25
重修學宮記 26
重修靳橋記 27
重修奎星樓記 28
傅忠壯公祠堂碑記 29
滾河碑記 29
黃家橋記 30
堵築八里溝口碑文 31
梁公祠碑記 32
皇清誥封恭人李（縉）母竇太君墓誌銘 33
鄧石如對聯刻石 35
三仁祠記 35
草河橋碑記 36
桑君捐置地畝碑記 37
重修光武廟記 37
修浚石龍溜碑記 38
重修蓮溪書院記 38
蔣橋碑記 39

鵝溪橋碑記	39
高邱寺橋碑記	40
蕭公廟橋記	41
蕭公廟橋記	41
節烈王田氏墓表	42
重修蓮溪書院記	42
傅忠壯公墓碑記	43
重修邑北大路碑記	44
傅忠壯公墓碑記	44
袁端敏公墓誌銘	45
昭忠祠碑記	46
袁端敏公墓碑記	47
御製原任漕運總督袁甲三碑文	47
袁端敏公臨淮祠堂記	48
東三里橋碑記	49
東嶽廟碑記	49
重修傅路隄碑記	50
廣濟橋碑記	51
署江蘇鹽巡道袁保慶墓表	51
宋橋碑記	53
安定知縣拔王式金墓表	53
御製原任刑部左侍郎袁保恒碑文	54
恭撰諭賜署烏魯木齊都統哈密辦事大臣袁保恒碑文	55
重修傅路石壩碑記	55
鄒烈婦墓表	56
烈女墓墓碣	57
包河橋碑記	57
明經余公墓碣銘	58
戶部主事王公笛浦墓誌銘	59
楊朗軒先生墓誌銘	60
李王氏節孝碑記	61
閻鏵暨德配田孺人墓誌銘	62
薛橋碑記	63
楊君伯漢墓誌銘	63
候選知縣甲午舉人張公德教碑	65

節孝師高氏墓碣..66
一了山人鄧錫圻墓表..67
重修蔣橋碑記..68
袁太母劉太夫人墓表..68
汲縣教諭郭公墓誌銘..70
劉太夫人碑記..70
烈婦余倪氏墓碣..71
板橋碑記..72
雲南湖北學政高釗中墓誌銘..72
鄧君文垣墓誌銘..74
黃廟橋碑記..75
張堰橋碑記..76
泥河兩岸官定船價碑記..76
陸邑侯釐定兵車章程碑記..77
孝烈閻省齋先生暨德配張孺人節孝碑記..77
袁母劉太夫人墓表..78
楊烈婦祠記..80
閻母田太君節孝碑銘..80
減免錢糧差徭碑記..81

淮陽縣（陳州、淮寧縣）

儒學明倫堂碑..83
重修畫卦臺記..84
重修太昊陵碑..84
重修讀書臺碑..85
陳侯孫公創立義學義田碑記..86
潔己鄉與言書院碑..87
御祭太昊陵文..87
御祭太昊陵文..87
重修絃歌臺碑..88
重修三元廟碑..89
逸園記..89
御祭太昊陵文..90
增修陵廟圍墻碑..91

新造太昊陵鐵獅鐵碑等記	91
御祭太昊陵文	92
御祭太昊陵文	92
皇清誥封文林郎原任山東登州府福山縣知縣顯考楊公諱作楫字若濟府君暨元配孺人吳氏繼室李周荊宋氏合葬墓誌銘	92
弦歌臺	94
重建太昊伏羲氏陵廟大殿碑	94
重建絃歌臺碑	95
重修名宦祠碑	95
重修鄉賢祠碑	96
御祭太昊陵文	96
皇清邑庠生應誥封文林郎鼎鉉龔公（勳）暨元配應誥封孺人竇氏合葬墓誌銘	97
御祭太昊陵文	98
清太學生鄉耆大賓其猷賈公（克壯）暨元配徐孺人合葬墓誌銘	98
□□□學生姚太公諱希舜字長文號企怡墓誌	100
廣濟堂碑記	101
御祭太昊陵文	102
憲帝配享禮成祭告太皓伏羲陵文	102
重修學署碑	102
左村坡趙黃溝碑記	103
真武廟碑	104
濬蔡河碑記	105
御祭太昊陵文	106
御祭太昊陵文	106
重建府城碑	107
署前官房碑記	107
移建廣濟堂	108
御祭太昊陵文	108
重修東嶽廟碑	109
重修學署碑	110
重修三元廟碑	110
新建文昌祠碑	111
重修崇興寺碑	112
改建龍神廟碑	113
發辨阤臺碑記	113

重修文廟碑	114
重修畫卦臺碑	115
重修洪福寺碑銘	116
御祭太昊陵文	116
皇清誥贈武翼都尉樸菴白君（英發）暨元配誥封淑人李太淑人合葬墓誌銘	117
重建鐘樓碑	118
禮器圖碑記	118
重修老君殿碑記	119
義地施棺碑	119
重修城北路橋碑	120
重修大王廟碑	121
御祭太昊陵文	121
皇清例封武德騎尉營守備桐軒趙公（慶雲）暨德配張宜人合葬墓誌銘	122
陳州營周口市房碑記	122
修郡城西南大路碑	123
岳武穆王祠重鑄鐵檜碑	124
重濬玉帶河碑	125
吳明府惺吾去思碑	126
重修白衣閣記	126
創修貞子閣碑	127
重修平邱寺碑	128
絃歌書院捐錢碑	129
郡伯劉公去思之碑	129
許州南城炮樓記	131
重刻楊少師韭花帖識語	131
同善堂拯溺義地碑	131
重修郡試院碑代郡守蔣作	132
流芳百代	133
敬建太昊伏羲碑記	133
重修太上老君觀碑記	134
太昊陵進香碑	134
進香朝祖碑記	135
流芳百代	135
陳州府商水縣西街地方周家村碑記	136
進香碑記	137

商邑楊家崗弟子敬之神碑 ... 137
太康縣東門內工字街進香碑 ... 138
人祖聖會碑記 ... 139
太昊伏羲神碑 ... 140
陳郡南關紳民進香碑 ... 140
淮邑朱家村進香碑 ... 141
西華縣進香碑 ... 141
流芳百世 ... 143
商水縣觀音堂進香碑 ... 143
朝山進香碑 ... 144
始制文字 ... 145
西華縣進香碑 ... 146
進香會碑記 ... 146
重修岳武穆王祠暨送子觀音堂碑記 ... 147
人祖聖會 ... 147
淮甯縣白馬朝祖進香碑 ... 147
太昊伏羲 ... 148
進香碑 ... 148
朝祖進香碑 ... 149
陳州迤西三十五里栗七集地方楚家營敬獻碑 ... 150
同建太昊嶺〔陵〕碑記 ... 150
周口鎮王埠口地方迎水寺街朝祖進香會碑 ... 151
歸德府柘城縣索堌堆集圓滿會碑記 ... 151
進香碑記 ... 152
創建藏書樓碑 ... 152
陳州府西華尹坡地方夾河套碑記 ... 153
陳州府太康縣東門地方進碑記 ... 154
太邑西關進香碑記 ... 154
柘城縣進香碑 ... 155
光緒乙酉春李公振省等暨會中群公議建碑 ... 155
扶溝縣楊陵崗地方进香碑 ... 156
人之初也 ... 156
邑侯焦公去思碑 ... 157
西華縣東夏亭集地方東街會敬獻碑 ... 158
太邑西關進香碑記 ... 158

河南歸德府柘城縣西北三里庄陳陽庄會進香碑記 159
太昊陵會碑文 159
河南商水縣龍塘河地方迤南駱家村進香會碑記 160
西華縣東二十里灘理諸村碑記 160
太昊伏羲碑 161
商水縣大張村會進香碑 161
伏羲碑記 162
歸德府睢州高都里朝庄集進香碑記 162
大清國江南潁州府亳州西北角新建太昊陵碑記 163
太康縣迤北四十里黃巢岡集進碑 164
淮甯北關羲陵聖會碑 164
大清國河南陳州府商水縣西北離城十八里趙集地方李家寨會敬獻碑 165
歸德府寧陵縣西北二十五里翟莊會進香完滿 165
陳州府太康縣西門地方碑記 166
太邑北三十里王集進香會碑記 166
陳州府商水縣華河地方王家村閤會朝祖進香三載記 167
柘城曹庄進香碑 167
萬古不朽 168
太邑西北袁庄進香碑記 169
太昊伏羲碑記 169
商水縣進香碑 170
西邑紅花集進香碑 170
岳氏源流 171
歸德府柘城縣東十二里張馬快集進香碑 171
商水縣西街進香碑 172
河南歸德府柘城縣東北理嶺子楊莊朝祖進香碑 173
太昊陵碑文 173
商邑西南固現地方于庄閤會碑記 174
河南陳府商水縣西南距城二十七里北蔡寺地方陳家村會碑 174
河南歸德府柘城縣迤北十八里穆王會進香碑 175
商邑西北距城六里趙橋進香碑記 175
御祭太昊陵文 176
抱一為式 177
河南陳州府西華縣後山字頭村會進香碑記 177
重修太昊陵記 179

淮邑西六十里柳涉河地方黃營村東頭會進香碑 179

（淮寧縣）

太昊陵牆門碑 181
重修大王廟碑 181
重修絃歌臺記 182
重修糧城門關帝祠記 182
絃歌書院碑記 183
重修東嶽廟碑記 183
新修關帝廟記 184
初建淮寧縣署記 185
邑侯汪公去思碑 185
重脩陳郡廟學記 186
文昌宮落成記 186
賓月亭記 187
重修陳州府文廟碑記 188
重修絃歌書院記 189

太康縣

重修文廟碑記 190
奉政大夫分巡湖廣荊州道王君輔運墓誌銘 190
柳都督僉事墓表 192
重修文廟碑記 193
烈女祠碑記 194
先賢陳子祠墓記 195
募修二賢祠疏 195
先賢高子墓記 196
重修漢光武帝廟記 197
重修文昌閣魁樓星記 197
修建興賢書院記 198
重修太康縣城記 198
重建官橋記 199
夏太康陵碑文 200

夏少康陵碑	200
元至正甲午舉人授湖廣岳州路趙公暨元配恭人周太君之墓	201
重修學宮碑記	201
嚴禁盜當書院地畝碑	202
重修城隍廟記	203
增修蕭曹二聖祠記	204
二程夫子祠記	204
太康義學條規十二則碑	205
闔邑殉難記	207
興賢書院重建講堂記	207
富公生祠記	208
建立義學碑記	209
郭氏三忠祠特祭碑文	209
詔旌劉用九妻何氏貞烈碑	210
何烈婦墓表	211
清故獲嘉縣教諭竹亭張先生墓表	211
清例授修職郎候選訓導附貢生履亭王先生墓表	212
贈右都御史劉公松巖神道碑銘	213
詠太康古跡	215
清贈文林郎邑庠生朱公墓誌銘	216

沈丘縣（沈邱縣）

創建文昌閣碑記	218
邑侯趙公重修文廟去思碑	218
文昌閣記	219
古項竇氏始祖墓碑	220
新建社倉碑記	221
沈邱縣利役記	223
重修學宮記	223
廣惠堂碑記	224
皇清處士磻溪竇公暨配欽旌節孝朱氏太君墓誌銘	225
旌表處士竇漁之妻朱氏節孝牌坊	226

西華縣

- 武公超凡自序碑記 ... 227
- 西華縣李方集正疆界碑記 ... 227
- 西華武侯量地紀畧 ... 228
- 比例改正地畝以蘇民困碑 ... 228
- 知西華縣事武超凡重建儒學碑 ... 229
- 講武堂記 ... 230
- 武侯德政碑 ... 230
- 武公德政碑記 ... 230
- 清西華縣劉公祠記 ... 231
- 西華邑侯劉公祠碑記 ... 232
- 吳中奇及孺人董氏墓誌銘 ... 233
- 前文林郎西華縣知縣忠烈劉公廟碑 ... 234
- 王禹烈墓誌 ... 235
- 協修西膼悶潭後沙河決口碑記 ... 236
- 于洙暨恭人王氏墓誌銘 ... 236
- 少司農王公遵訓墓誌銘 ... 238
- 王召墓誌 ... 240
- 清光州儒學訓導哲甫姚公（重華）墓誌銘 ... 242
- 雲骨子先生墓表銘 ... 243
- 洪冷漁墓誌 ... 244
- 李籓野墓碑 ... 245
- 新修文昌帝君殿閣記 ... 246
- 張楚生暨妻錢氏墓誌 ... 247
- 捐輸義田記 ... 248
- 改建名宦鄉賢二祠記 ... 249
- 剏建張公祠記 ... 249
- 演疇書院記 ... 249
- 重修廟學碑記 ... 250
- 重修大覺寺記 ... 251
- 潘少荃及蔓姜兩孺人墓銘 ... 252
- 留養所碑記 ... 252
- 理氏學田碑記 ... 253

王先生睿墓誌銘 253
孝行李作楨碑記 255
高巘墓誌 255
張文學室南烈女合葬墓誌銘 256
胡氏家廟碑記 257
邱氏父子修橋碑 258
凌君西峯墓表 258
沈公德政碑記 259
重修西華縣署碑記 260
清故理府君墓表 260
馮靜宇墓表 261
重修桃花橋碑記 262
重修元故金牌萬戶將軍李公祠堂記 262
重修西華縣文廟碑記 263
史太爺斷定司家渡口地方與陸城地方協修隄工並倚子崗地方隄界與本地方隄界斷
　案碑 264
尊經閣壞賦碑舊式 265
西華縣古官弓式尺度 265
重修汾溪義濟橋碑記 265
重修前邑侯劉公祠堂記 266
趙濟寬墓表 267
賈魯河隄西境上下號交界與淮隄交界碑 267
捐書施地碑記 268
劉公去思碑 268
王元善暨閻宜人墓銘 269
重修賈魯河畢家口橋碑記 270
重修祖師火神菩薩廟碑記 270
周長公墓誌銘 271
續修文廟碑記 272
重修西華考院碑記 273
衍疇書院添買地畝碑記 273
重修衍疇亭碑記 274
冷飯店重修聖殿關帝廟碑記 275
重修皮場王廟碑記 275
清刱建栗大王廟記 276

于絅齋墓表 ... 276
凌甲烺墓表 ... 278
重修南柳城寺碑記 ... 279
添修磚橋兼修大路碑記 ... 279
朱俊卿墓表 ... 280
凌公怡堂墓誌銘 ... 281
重修觀音寺四殿碑記 ... 283
金妝閻羅神像碑 ... 283
重修武官臺廟碑記 ... 284
清創修西華縣學堂碑記 ... 285

鹿邑縣

閔公建學宮碑記 ... 286
鐫道德經記 ... 286
新建真源義學記 ... 287
尊經閣記 ... 288
重建精忠祠記 ... 289
重脩觀復亭猶龍隄記 ... 289
呂侯新建精忠祠記 ... 290
呂侯新建真源學舍記 ... 291
重修養濟院記 ... 291
謝公渠記 ... 292
重修紀公祠記 ... 293
重修濬清水河碑 ... 293
屈家橋水利碑記 ... 294
重修文廟碑記 ... 294
創建鳴鹿書院碑 ... 295
重修廟學碑記 ... 296

扶溝縣

邑侯蕭公德政碑 ... 297
郝氏重修外祖馬氏先塋記 ... 298
重建魁星閣小引 ... 299

羅兵憲公傳	299
重修玄帝廟記	300
重建扶溝縣堂上梁文	301
清故文林郎廣西平樂府賀縣知縣杜三公墓誌銘	302
皇清扶溝縣鄉賢名跡	303
扶溝縣重建縣治記	303
扶溝縣創建鼓樓記	304
社學記	305
重修陸家橋記	306
小扶亭記	306
清故待贈儒林郎前錦衣衛世襲千戶隆寰王公暨元配馬孺人合葬墓誌銘	307
廣文夏初楊公墓誌銘	308
新建火星廟碑記	309
重修關爺廟記	310
扶溝縣新建文昌祠記	311
城隍廟祈禱靈應碑記	311
清故文林郎廣西平樂府賀縣知縣筠圃杜公元配張孺人合葬墓誌銘	312
蔡河水患說	313
捐石坊記	314
重修桐邱峯頭三清殿玄帝殿大門青龍白虎殿碑記	314
重修城隍廟大殿碑記	315
扶溝縣重建儒學記	316
賀侯杜先生俊彥墓表	317
黃甫岡記	318
重修芝亭寺記	319
扶溝縣西桐丘重修玉皇廟碑	320
重修關聖帝廟記	320
大覺寺重修鐘樓碑記	321
創建火星廟戲樓小記碑	321
創鑿泮池記	322
創建公署記	323
重修關帝廟碑記	323
城隍廟靈夢記	324
重修天寧寺記	325
邑侯趙公生祠碑記	326

篇名	頁碼
邑侯趙公辦運漕糧紀實垂遠記	327
清故待贈參之劉公暨配李孺人墓誌銘	328
改建義學記	329
重塑關聖像記	329
重修玄帝廟記	330
杜子叢墓誌	330
重修玉皇閣三官廟及前門東西廊房周圍牆垣碑記	333
扶溝太康萬氏先塋碑文	333
邑侯趙公全杜氏節孝記	333
明詔晉階中奉大夫正治卿五雲盧山暨配淑人秦太君墓碑	334
扶溝縣重修儒學碑記	335
普濟堂記	336
建八蠟祠碑記	337
節孝坊	337
董氏先塋碑	337
固城天爺閣碑	338
重修化民臺記	338
重修文廟碑記	339
巡撫鄂公批文	340
皇清處士王公諱國禎字維周洎元配孺人楊氏之墓碑	340
明敕授光祿寺監事羅公諱承休字鶴亭暨元配張孺人墓碑	341
明泰興縣縣丞路公（伯通）暨配孺人墓	341
羅王塚陂水濬水碑記	341
王氏始祖墓碑記	342
重修保障二勳祠記	342
孔氏始祖墓表	343
皇清處士王公諱志樂暨配崔孺人之墓碑	343
重修魁閣櫺星門碑記	344
北屯地方准免硝鹼白地雜差碑記	344
扶溝縣魏寨海崗地方遵奉府檄縣示均平差役碑記	345
明故處士郝氏二世祖大公行一墓碑	345
明故鄉飲大賓郝氏二世祖通行二墓碑	345
明故處士郝氏二世祖彬行三暨齊張孺人墓碑	346
明故處士郝氏二世祖禮行四暨翟田孺人墓碑	346
皇清應贈儒林郎吏部候選州同知郝公暨配應贈安人盧太君合葬墓誌銘	346

金粧白馬寺諸神像記 ... 347
皇清誥贈文林郎郝公(容德)暨配誥贈七品孺人陳太君合葬墓誌銘 ... 348
重修玉皇廟殿側火神廟天仙廣嗣二聖母宮並橋北七聖祠金粧四堂神像暨創建黃籙殿補修垣牆碑記 ... 349
明處士宋公諱朝車之墓碑 ... 350
重脩支亭寺後佛殿暨金粧佛祖菩薩伽藍六祖韋馱山門四帥神像記 ... 350
重修三義廟暨金塑法像碑記 ... 351
誥封指揮使毛公諱順贈恭人元配孫太君神主碑 ... 351
三官廟重修山門添塑護門將軍飾金粧各殿神像碑記 ... 351
重修山門碑记 ... 352
重建李空同先生祠記 ... 353
尹氏始祖考暨始祖妣之墓碑 ... 353
清處士米公諱盈倉字萬鎰墓碑 ... 353
萬氏護保墓地墓樹垂誡合族後世碑記 ... 354
皇清□封儒林郎重五張公墓誌銘 ... 354
重修城隍廟東西兩廊並葺黃籙殿過庭門碑記 ... 355
重修玉皇上帝閣碑記 ... 356
重修芝亭寺碑記 ... 356
陸橋隄工記 ... 357
署扶溝縣正堂李太爺德政碑 ... 357
學田膏火記 ... 358
重修天仙祠菩薩堂三官聖母殿暨前後諸廟並山門戲樓碑記 ... 359
重修節孝祠碑記 ... 359
米十季碑文 ... 360
扶西應差章程碑記 ... 361
唐知縣安民告示碑 ... 361
重修張橋王橋楊橋碑記 ... 361
前明光祿寺署正諱樂馬字遇臯楊公暨元配趙安人之墓碑 ... 362
清真寺重修大殿創建講堂暨置基開院碑記 ... 363
明游氏始祖妣井太孺人墓碑 ... 363
重修祖師等廟並金粧神像暨樂臺戲樓碑記 ... 363
清真寺造修大架碑記 ... 364
清真寺碑 ... 364
繼修補祖馬氏先塋序 ... 365
重修岳家橋碑記 ... 365

齊敬賓墓碑 ... 366
張氏先塋石匾 ... 366
重修軒轅廟碑 ... 366
創建六世祖竹峯公家廟碑記 ... 367
康氏建修祠堂碑記 ... 368
扶溝縣重修雙洎河碑記 ... 368
大浪溝建閘記 ... 369
重修鴨崗北橋記 ... 369
前邑侯孟公去思碑 ... 370
重修關帝廟火神廟土地廟菩薩廟碑記 ... 370
邑侯熊公準廪祿抵地丁銀碑文序 ... 371
邑侯田公創建小學堂碑記 ... 371
明故癸酉科武舉例授明威將軍劉公諱德明字俊卿暨配李恭人之墓碑 ... 372
紀景仰德教碑 ... 372
城隍廟重修舞樓及廟左裙房記 ... 373
趙氏祠堂碑記 ... 373

信陽市

信陽市（信陽縣）

重修信陽州儒學文廟碑 ... 377
傅公登榮建信陽州大堂碑 ... 377
州守賈獻之去思碑 ... 378
重修先賢子貢祠記 ... 379
改建子貢祠碑記 ... 380
重修道署碑記 ... 380
重修信陽州儒學碑 ... 381
雙林第三代洞宗三十三世石慧大和尚之塔 ... 382
重修紫霞觀記 ... 382
重建奎樓記 ... 383
重修觀音大寺碑記 ... 384
殷太宜人墓表 ... 384
申陽第一井 ... 385

伴書庵碑記	385
重修城隍廟碑記	386
指南院碑記	386
施公生祠碑	387
重修關帝廟碑記	388
改建南關石橋碑記	388
重修上堂寺碑記	389
創建祥瑞庵碑記	389
義塚碑記	390
重修蕭曹祠碑記	391
賢嶺松風碑	391
南汝光道曹繩柱題瑚璉書院碑記	391
敬惜字紙碑	392
宮牆萬仞	392
重修文廟碑記	392
潘氏義渡碑	393
重修瑚璉書院	394
重修蕭曹祠碑記	394
潘郭氏節孝坊坊聯	395
重修賢首山寺碑記	395
重修文廟碑記	396
重修蘭徵寺碑記	396
新修演武廳碑記	397
翟秉權德教碑	398
游河鎮來家廟碑記	398
信陽知州董元新恩免民夫碑	399
信陽知州張慶元豁免五里赤土等村夫馬碑記	400
創建信陽試院碑記	400
聽綠軒記	400
重建觀音河石橋碑記	401
重修大成殿記	401
靈壁池題刻	402
守真武臺廟規碑記	402
修永貞寨碑文	403
重修葵園碑記	404

瘞骨會刊刻條約記 ... 404
重修明港石梁橋碑記 ... 405
兵備道朱壽鏞創建豫南書院碑記 ... 406
陳庭模重修信陽試院碑記 ... 407
南汝光道朱壽鏞德教碑 ... 407
四氏後裔重立恩例碑 ... 407
續修明港石橋碑記 ... 408
邑侯胡公去思碑記 ... 409
南汝光道黃公德政碑記 ... 410

潢川縣（光州）
重修光州察院碑記 ... 412
重建崇恩祠堂門樓碑記 ... 413
修楊椒山先生祠記 ... 413
重修光州文廟記 ... 414
重修鎮潢橋碑記 ... 415
創修弋陽書院碑記 ... 416
陳君紫崖墓誌銘 ... 416
朝議大夫太史閤公墓誌銘 ... 417
方節婦黃氏傳 ... 418

光山縣
陳公祠記 ... 420
重修儒學記 ... 420
邑侯孫公清除粳粟記 ... 421
新修明倫堂記 ... 422
重修啟聖祠記 ... 422
別侯徵收便民良法記 ... 423
重修淨居寺塔碑銘 ... 424
新修大蘇山梵天寺記 ... 424
重修光山縣堂記 ... 425
重修永濟橋記 ... 426
重修文昌閣記 ... 426

重修涑水書院記 427
修接龍隄記 427
邑侯陳公編審記 428
邑令陳公講堂記 429
重修節婦祠記 429
重修文廟記 430
重修學宮兩廡碑記 430
邑侯楊公編審記 431
重修文昌閣記 431
重修大石橋記 432
重修太平橋記 433
普濟堂碑記 433
紫龍潭記 434
揚旛橋碑記 435
胡少宗伯墓誌銘 435
重修永濟橋記 437
重修明左都御史陳少保祠碑 437
新永濟橋記 438
禮部侍郎胡公墓誌銘 439
禮部左侍郎胡公神道碑 441
官渡河靈鷲禪堂重修記 442
朱向保社學記 443
重修涑水書院記 443
遶樹書屋記 444
光山縣節孝祠碑 445
光山縣火神廟碑 446
節孝胡母甘淑人墓表 446
般若波羅蜜多心經 447
題金陵勝蹟冊子 447
致廉訪相公義齋先生札 448

羅山縣

九里關界碑 449
修城記 449

題修城碑 ... 450
大中丞佟公賑恤羅邑士民感德碑記 ... 450
大中丞閻公禁約碑記 ... 451
重脩大通橋碑記 ... 452
重建義學兼助膳田記 ... 452
關帝廟碑 ... 453
重築羅山縣城垣記 ... 454
羅山書院記 ... 455
竹香亭記 ... 455
誦竹香亭記 ... 456
忠烈郝公祠碑文 ... 457
重脩儒學碑記 ... 458
建挹秀門碑記 ... 459
皇圖鞏固碑 ... 460
河南汝寧府告示 ... 461
河南直隸光州府通知 ... 461
子路問津處碑 ... 462
邑侯姚公賑饑碑記 ... 462
江南河道總督黎襄勤公墓誌銘 ... 463
棠山朔趙原村重修泰清宮碑記 ... 466
修理廟院戲樓嵌牆石刻紀文 ... 466

商城縣

順治二年知縣賈鍾琇碑記 ... 467
順治四年知縣衛貞元碑記 ... 467
重修商城縣儒學碑記 ... 468
重修關夫子廟記 ... 468
斗山寺碑記 ... 469
重建商城縣署記 ... 469
歸山墓碑記 ... 470
商城縣界碑 ... 471
新開雲路街並建碑坊紀事記 ... 471
馬公祠碑記 ... 472
義僕周元福墓誌銘 ... 473

義學碑記	474
小祇園碑記	475
改建賢侯祠記	475
勸捐歲修城工經費記	476
重修東大橋記	477
重修司南普濟橋記	477
新制文廟祭器樂器記	478
新制文廟祭器樂器記	479

息縣

折畝碑文	480
息縣丞廳碑勒石記	481
重修息邑儒學記	482
雷跡碑記	483
重修息縣儒學碑記	484
龍門橋記	485
陳公墓誌銘	486
重修關帝廟記	486
重修彭家店大寺禪堂碑記	487
白里淮南集重修關帝廟記	488
息夫人辯證碑	488
息縣錢糧定價碑記	489

固始縣

御製訓飭士子臥碑文	490
御製至聖先師孔子贊並序	490
創建張庄集義學碑記	490
古蓼灣新建義學碑記	491
御製四子贊	491
往流集義學碑記	492
新修柳溝口兩便橋記	492
新創龍潭寺記	493
邑侯新開清河濬復閘壩記	494

邑侯新開金龍口閘河碑記..495
新建挽河樓記..495
皋陶祠記..496
重修陰陽學碑記..497
重修廟學碑記..498
期思景賢義學記..499
諸生周人杰墓誌銘..499
御製訓飭士子碑..500
楚相孫公祠題刻..500
中丞湛山吳公（士功）墓誌銘..500
禮部右侍郎吳公烜墓碑銘..502

淮濱縣（固始縣）
皇清敕授文林郎誥封奉直大夫披雲吳公（士元）敕授孺人誥封太宜人謝太宜人
墓誌銘..504

附錄..506
後記..566

商水縣

義學脩脯捐資碑記

知縣李新猷

書院之設，原以教育英才，俾成人小子共底於有德有造之域，以為我國家楗樸菁莪之助也。戊午春，余由滋陽學官來尹茲土，知溵川書院為前令王公夑龍、牟公繩祖、張公淑載建，內講堂五，書樓三，左右齋房六，門牆廚竈具焉。厥地之宜，可容學子數十人，而且黌宮臨其北東，奎閣峙其東南，風送荷香，襲人衣裾。余徘徊其間，深幸作人之有地，顧以乏脩脯資師友缺如為可惜也。會邑紳李震普慨捐百余金，始得師友一堂，有所指授。未幾，震普歿，其介弟震興與堂弟郊堂、姪樹勳，歲捐百金，以佐余所不逮，教育之賴以不廢者，閱三載矣。故歲歲議捐，事難經久。辛酉夏，聚邑紳士謀所以為經久計者。余捐俸五十金以為倡，紳士皆翕然樂從，計捐六百七十有五金，請於上官，給典商生息，每歲應入百二十兩有奇，以永作脩脯之資，諒不至於匱乏。余復捐修門房三間，招蒼頭居之，司啟閉，供掃除，一切器用無少缺焉。從此，延師授徒肄業其中。余得於簿書之暇，時加考校，將文風丕振，英賢輩出，誰謂聖天子興賢育才之化，不下逮小邑耶！憶余秉鐸滋陽時，樂與士子講道論文，一時從遊者接踵而至，歌鹿鳴者十有一，題雁塔者四，英英露爽，次第而青其衿者，指不勝屈。然則商之人士造就於書院，中者，詎無春華秋實蔚然可觀者，出而備一時之選歟？則即以今之商水，作昔之滋陽觀，何不可？雖然，猶有慮。夫作人固貴有善地，而整飭不能不待乎人！《詩》不云乎"靡不有初，鮮克有終"，亦事之未有可料者。爰撮其始末，勒之貞珉，以告後之尹茲土及紳士之生長於此地者，又焉知來者不且踵斯舉而光大之耶！是為記。

乾隆三年。

（文見民國《商水縣志》卷十四《麗藻志》。王偉）

建修義學碑記

長安人知縣張淑載

溵川密邇淮陽，古稱名勝之區。自我朝定鼎以來，德化翔洽，一時人文蔚起，較昔猶隆，而因材造就，非建立義塾不為功。是以天津王公夑龍，於庚戌歲攝茲土，即議建立義學，遂捐資售地，庀材鳩工，為營繕計。未幾，以調任中止。潼川牟公繩祖繼之，建藏書閣、講堂各一，工未竣而解組。越半月，而余來尹茲邑。既下車，與聞兩公育材雅意，歎其為政能急先務，遂殷殷欲步後塵，然事皆未就緒，工程浩繁，兼以初登民社，簿書叢集，無暇及此。踰一載，乃得謀於廣文束君。束君告余曰："此盛德事，大有造於商者也。公第先為之倡，擇日興工，風行草偃，理之必然。況紳士向嘗太息王、牟兩公盛心未遂，某當會二三僚友，竭蹶倡捐，人之好善，諒有同心。"余然其言，捐資擇日，屬庠士中之曉事練達者王廣運、鳴岐兩人監修，而以束君董其成。一時紳士咸踴躍從事，量力樂輸，於乙卯夏清和之十有八日興工，至乾隆丙辰四月告竣。凡昔之所已建而工未就者補之，如藏書閣、講堂是也。昔所未見者增之，如東西齋房、儀門、大門、四維之牆垣是也。於此聊加潤色，規模粗具，復為之購經史古文若干卷，鑄大刀一口，十二力式弓一張，試石一塊置其中。延師設教，俾文武生童之來學者，不慮誦習之無地，師資之乏人，切劘漸漬之久，將處為名士，出為良臣，賢才起而風俗醇，庶王牟之志可慰，而余或可塞責於厥職歟！後之君子蒞斯邑者，均有造士之責，因其基而擴充之，使義塾永新，而人文日盛焉。是余所厚望也夫。

乾隆六年。

（文見民國《商水縣志》卷十四《麗藻志》。王偉）

重建玉帝閣記

邑人庠生郭調元

余聞之，惟仁人為能享帝禮，冬至祀於圓邱。自生民以來，郊焉而天神格者，必歸之九重之聖人。是事上帝者，必以其時，以其地，且以其人，不然則已僭。不知始自何時，而祀天之事，下逮氓庶，普天率土，罔不建立閣廟，第不知享祀豐潔，上帝歆之否耶！迺且循為故常，君子亦不為其僭而厚非之，豈繫無說，蓋人日在天之下，幾不知有監，茲而臨於上者，浸浸而人欲肆，天理滅矣。一觀帝宇之輝煌，天威赫赫，而其志凜然，其貌肅然，雖有非心佚志，亦將畏憚而莫之逞。玉帝閣之建，或亦此也。唐鎮廟有玉帝閣，上有玉帝，列天官、地官、水官之像，詢其始建，父老無知者。諸神廟左右環列，帝閣巍然居中，其非近代法物亦明矣。明末寇盜蜂起，土人因其形勢，戮力修寨，嬰城固守，賴此閣為之捍蔽云。歷國朝七十餘載，風雨鳥鼠之摧敗，頹敝已極，岌岌有將覆之勢。會首姚宏喜、張朝用等，化主高乾，住持李一純目擊心怵，慮無以示威重、肅觀瞻也，因糾合同志，彷舊制而重建之。不期月而落成，並神像為之一新焉。行見士民之行過是閣者，皆凜凜有上帝汝臨之思，則是閣方有補於斯世斯民，而僭與不僭固不論也。

（文見民國《商水縣志》卷十四《麗藻志》。王偉）

重建關帝廟碑記

邑人恩貢郭苞

地名鍾鎮，不知昉自何時，其左偏有關帝神祠在焉。及閱《縣志》，恍然知斯地之所由名，且以悲帝君之志之未就也。當屬漢後帝炎興元年，魏遣司隸校尉鎮西將軍鍾會大舉入寇，渡河南下，駐師於此，後人踵其遺事，因名其地曰鍾鎮云。予想夫三國鼎峙，曹魏北據中原，先主跨有荊益，帝君與會分事二主。當是時也，非魏併蜀，即蜀吞魏，丞相亮所謂漢賊不兩立者也。帝君始識先主於草莽，即慨然欲舉中原而擴清之，收高光之大權而歸之先主，其志念深矣。迹夫樊之役，帝君麼曹仁於宛，于禁就擒，龐德授首，餘威震乎華夏。豈不足以奪曹瞞之魄哉！使天祚炎劉，帝君克成大功，則雍、梁、幽、冀盡歸赤帝，彼鍾會其人，直鞭箠使之耳。方且不敢下江漢之馬，何由走平陰，抵劍閣，且又何由駐師於斯地哉！余嘗憩帝君之祠，憑弔往古，慨然思此地之所由名，不禁低徊太息，因以悲帝君之志之未就也。抑又有說鍾會設謀動衆，戕民鋒鏑，自謂不世之功，身未受賞，先赤其族，帝君英靈應為含笑。徒留駐師之名，至今掛人齒頰。若帝君大節昭昭，炳如日星，雖大功未就，而千古凜凜有生氣，生而為人，歿而為神，固其宜也。豈鍾司隸所可與之較長短耶？土人立廟於茲，或亦有感於斯。夫積年久遠，風雨頹壞，監生郭啟宇等及主持僧某，目擊心傷，糾合附近居民，共出貲財，改建而重新之，落成後，欲勒石以垂不朽，因索記於余。余思此地之所由名，未必無因也，緣是以為之記。

（文見民國《商水縣志》卷十四《麗藻志》。王偉）

重修高祖祠碑記

邑人廩生郭熙

自古在昔，先民有作，凡有功德於民者，必百世祀之，所以示報也。潎川縣治之西南四十里許，地名曰唐鎮廟。詢之土人曰："高祖祠也。"其言多不雅馴，縉紳先生難言之。夫高祖以匹夫崛起豐沛，握赤符，斬白蛇，提三尺劍，誅無道秦。其入關也，除秦苛政，約法三章，與民更始。迨文景之世，比隆三代，豈非其垂統者善與！廟祀千禩，固其宜矣。顧茲地非都邑，閭閻氓庶上祀先皇，或者以為非宜，是又不然。

蓋嘗披覽輿圖，考之史冊，當其受命懷王，牧馬秦關，義旗西指，固嘗屯集斯地，而士民安堵，雞犬無驚，寬大之恩，易見於倒懸之日，故其地之民感其德，指其地曰："此我高皇帝駐蹕處也。"建廟而祀之，以誌不忘，亦人情報德之所宜然也。夫思召公者受甘棠，德高祖者憶所經，故余疑唐鎮之名，未必非譌棠為唐，而世遠年湮，不得不疑傳疑云爾。茲廟也，自漢及今，幾二千年，前之增修者不知幾人，而榱楹折缺，殿宇摧頹，又見於今，茲甚非所以崇德報功之意也。居民王楨、靳成禮等各捐貲財，共勤盛事。落成之日，礱高亭之石，而俾予為辭，因書數語以為之記。

（文見民國《商水縣志》卷十四《麗藻志》。王偉）

奉勅禁挖枯河南岸邊家樓隄口碑記

宜川人知縣吳琯

本縣查得棄兒溝並非枯河分流，曾經親詣勘明，並據南岸士民劉廷勳等具呈，查出康熙五十六年前院批定之案，敘詳申覆在案。茲許敬修等又赴道憲上控，檄飭行查，卑職遵復親詣該處確勘。枯河一道，上自西華縣境歇馬店受坡水起，下至卑境汾河止，共長八十里，其在卑境，枯河長三十里，南岸係南陵、留村兩地方，地勢極窪，故沿河築有大隄，高七八尺，北岸史莊等地方，地勢屬高，微有土埝。許敬修所指棄兒溝在河南岸邊家樓東起，東南逕南陵、留村兩地方，至老澗灘入枯河，長十里餘，溝尾建有涵洞。

伏查，水性就下，若於邊家樓開掘大隄，導枯河之水，歸入棄兒溝，勢必全河之水建瓴直趨，南陵、留村兩地方，未有不成澤國，況棄兒溝尾仍入枯河上游，雖有分洩之勢，下流仍有合流壅滯之患，即使開隄放水，遇大水之年，於北岸地方亦復何益！再查，棄兒溝原以洩坡水之溝，是以溝尾建以涵洞，以防枯河倒灌，所有邊家樓溝口，委屬康熙年間潰隄沖決之口，實非枯河分流之口。康熙五十六年，張令原詳聲說甚明，不可開隄分洩，已屬彰著。即著許敬修等，所稱康熙二十五年印照，乃前令被高猶等朦混，未及詳查，率行印發之照。今許敬修又附會康熙二十七年高猶等疊稟府道，各立永禁堵塞印照，毋論歷年久遠，案卷無存，而核其印照年分，前後互異，何可以此為左券耶？且康熙五十年，前任知縣修映辰以南岸居民被淒受害，詳明修築此隄以堵此棄兒溝口，南岸之民，受害少蘇。迨康熙五十六年，高猶等具呈，又經前任知縣張鉞查明，勢不可開，詳奉前撫部院張批示嚴禁。迄今四十餘年，相安無事。不意許敬修惟知利己，罔顧害人，疊赴道憲捏詞妄控，請開此溝。查卑縣地勢雖窪，而史莊等處尚屬高阜，二十二年，被水成災，原係非常大水，如二十三、二十四兩年，均獲豐收，乃混稱伊等糧地，盡成水鄉，自二十年至今五載，半粒未獲，更為誕妄。就卑職所勘情形，邊家樓大隄，斷不可開，緣奉行查，合將復勘過情形，繪圖貼說，擬議具詳，連康熙五十年，並康熙五十六年，兩次詳案具呈憲臺鑒核，伏候憲駕按臨親勘轉詳，等情。於乾隆二十五年三月二十二日，蒙本府憲陳批，仰候親勘，繳圖附卷批詳，印照俱暫存本府。

查得商水縣監生許敬修等呈請開挖棄兒溝一案，先據該縣吳令尊奉原詞批飭勘明，枯河南岸地勢低窪，棄兒溝係洩南岸坡水，並非枯河水分流，不宜挖隄引水，為南岸南陵、留村兩地方之害，並查明康熙五十六年嚴禁挖隄舊案詳覆互案，而許敬修復赴憲案具呈並呈驗遠年縣印舊照一紙，奉批卑府親勘行，據該縣吳令復詳前情到府，卑府隨即親赴商水縣確勘，枯河南北各有隄岸，南隄頗高，北隄較卑。莫考築隄之始。查康熙五十年間，曾經復修，南岸地勢甚低，水易為患，是以南隄較北岸加竣，以資衛禦。河北地勢高阜，隄雖甚卑，而與南岸之竣隄，大畧相等。現在北岸沿河，二麥茂盛，南岸近隄地畝盡屬荒草，此高卑形勢，顯然易見。棄兒溝在南隄之內，溝頭在邊家樓地方，逼近隄根，經南陵、留村兩地方，至老澗灘，約長十餘里，受西來諸坡之水，入枯河之下游，會達汾河，實為枯河南岸各村莊洩水之溝。然地勢極窪，恐河水外入其溝，不甚深濬，且於溝尾建設涵洞，如枯河水大，則閉洞以防倒灌。即考之誌書，縣圖內載有此溝，亦並非枯河分支。再查枯河北岸地勢本高，其窪下之區，較南岸窪地尚高尺許。且北岸上游大石橋以西，鐵爐橋北，向有南北五里梗子一道，擋住西華各地方坡水，俾由埂旁水口入河，並無流入地內。其迤東沿河一帶地方，止有本坡之水，設遇雨大水積，俱就近處隄埝開一小隙，放水歸河，是北岸坡水，皆資枯河宣洩，下達於汾，並非水無去路，此南北兩岸隄埝地勢之情形也。乃北岸居民因枯河不甚深廣，誠恐水大之年，一時宣洩不及，是以混稱棄兒溝為枯河分流，邊家樓素有之隄岸，混稱南岸居民堵塞，希圖開挖南隄，直放枯河之水下注，則北岸坡水去路，較循河而流，更為便捷。此鄰壑之策，自康熙年間，北岸舉人高猶等始之，今許敬修等欲踵而行之，伊等獨不思邊家樓之隄一開，則枯河水多此分支橫流，而南岸各村莊田廬，必致盡付波臣，在北岸未必因此受益，而南岸則由此為害靡涯，亦何忍而出此耶？

查許敬修原呈內諱言開隄，乃以濬溝為詞，朦朧聳聽，前經姜署守勘詳，亦極言棄兒溝不便受枯河之水，但未確查棄兒溝本非枯河分流，以致語涉依違。今卑府親勘情形，復取康熙五十六年前令張鉞詳奉前院憲批飭嚴禁挖隄舊案查閱，據稱康熙二十八年南岸潰決，田廬漂沒，人民逃散。至康熙五十年，經前縣修令詳准修濬，挑取河中之土，分培南北兩隄壞者補之，決者堵之。自是水循故道，兩岸居民受其利。高猶等控許遜所築之隄，在邊家樓地方，昔年隄潰，泛水之口，並非古來河道受水之口，亦並非許遜私築，係前任修令奉批所築之隄等語。是棄兒溝並非分洩枯河之水，張前令言之鑿鑿。現在吳令前詳內敘康熙五十六年舊案係有卷存，據此外並無別案可憑，則昔年決隄受害已有明徵，今何堪復令南岸居民重罹災患？且查許敬修所呈印照，係康熙二十五年所立，其照內所稱：溝與沽河，十字其形，明季時，河南私堵河北，具呈不許，至今父老猶傳，等語。此皆無憑稽考之詞。彼時該縣令被高猶等朦混，妄給用印，遂致北岸爭訟不休，貽害於人。康熙五十六年，業經前縣將高猶等呈請開挖之隄，詳蒙院批，嚴行永禁在案，許敬修等何得執康熙二十五年私藏印照，以為妄控證據？今已查明，不可憑此照，亦不便復給收執，致令藉以滋事，應請嚴縣塗銷附卷，所有邊家樓一帶枯河隄岸，應請查照康熙五十六年舊案，嚴禁開挖，毋許多事再控。再查，枯河北岸史家莊下游有橋四座，內任橋一座坍塌，河流不無阻礙，應令該縣俟農隙之時，查明往例，派撥民夫修築，並令查明枯河內，凡有淤淺之處，亦即挑濬深通，以資暢流，其南岸老澗灘涵洞兩頭土隄，俱係卑薄鬆塌，亦應令村民培築堅厚，以免冲刷。所有親勘情形，理合具詳，伏候憲台核奪。

卑府更有請者，枯河北岸居民，自昔至今，叠經具控，其事在所必禁。現今尚有康熙五十六年舊案可稽，但恐案卷在官，民無由悉，將來年久，或有遺失破濫之處，則無憑查考，仰懇憲恩合無將此案禁挖河隄緣由，轉詳院憲，飭縣勒石，庶可永杜訟端。是否有當，統候憲鑒。於乾隆二十五年六月二十五日蒙批，即據親勘棄兒溝，原非枯河分流，且南岸較北岸窪下，而康熙五十六年又實有斷不可開之案，自不便混准開挖，遺害無窮，仰即轉飭永禁，仍候詳明勒石可也。此繳。本道查得商水縣許敬修等，呈請開挖棄兒溝分洩枯河水勢一案，行據陳守勘明，枯河南岸地勢低窪，棄兒溝係洩南岸坡水，並非枯河分流，不宜挑隄引水，為南岸南陵、留村兩地方之害。並查明現有康熙五十六年嚴禁挖隄舊案可稽，呈請勒石，永杜訟端。詳覆前來應請，俯如該府所請，勒石永禁開挖，以杜訟端，相應呈請本部院批示，遵於乾隆二十五年七月初十日，蒙撫部院胡批如詳飭遵繳等因，批道行府，於乾隆二十五年八月初一日，轉行到縣，遵照在案，相應逐一勒石，永遠遵守。

乾隆二十五年八月。

（文見民國《商水縣志》卷十四《麗藻志》。王偉）

禁開枯河南岸邊家樓隄口碑記

宜川人知縣吳琯

縣境西南有枯河一道，紆曲而多阻，歲遇大水，輒易盈溢，河北岸地勢較高，南岸極下，故南岸隄工向築高，原以防枯水之患，而北岸史莊、口頭等處居民，因枯水循流不疾，見南岸南陵、留村兩地方，有引洩坡水一溝，名棄兒者，以溝頭逼邊家樓隄根，指為枯河分支，妄思開挖南隄，引水直達棄兒溝下注，圖利己而不顧人害。自昔至今，疊控已非一日。余檢閱舊案，康熙二十八年，南隄潰決，南陵、留村兩地方，田廬淹沒，人民逃散，至康熙五十年，經前縣修映辰勘明河淤隄塌，詳准修濬枯河，挑取河土，分培南北兩岸，自是水循故道，南岸之隄藉以鞏固，故水患以得少紓。詎北岸紳民高猶等於康熙五十六年，飾詞控院開隄，當經前縣張鍼察勘，棄兒溝並非枯河分流，詳覆奉文，嚴禁開挖南隄，迄今四十餘年，相安無事。近北岸生監許敬修等忽復踵前妄控，輒諱開隄之名，而以疏濬棄兒溝為詞，屢呈道憲，行查下縣。余再三察勘情形，知事屬應禁，繪圖查案申詳，幸蒙本府憲陳按臨親勘，洞悉邊家樓之隄一開，則枯河之水建瓴直下，南岸各村田廬勢必盡付波臣，在北岸未必因此受益，在南岸為害靡涯，秉公轉詳，並聲請勒石，永禁開挖南隄。仰荷本道憲觀批允，詳明呈請巡撫部院胡批飭勒石昭垂，永杜訟端。庶幾南北兩岸居民共相輯好，各田爾田，宅爾宅，泯胥戕之意，敦任睦之風，實惟彼此均安俱利，蓋各憲嘉惠爾民亦至渥矣。余既奉檄捐貲購料，立碑於城隍廟公所，見設碑亭，記此始末，並將道府暨縣詳省批語，逐一鑴石，用垂不朽，俾後人有所省覽焉。

乾隆二十五年八月。

（文見民國《商水縣志》卷十四《麗藻志》。王偉）

周口南岸金龍四大王廟碑記

知縣牛問仁

乾隆癸巳初夏，問仁宰商水，次年甲午春，同鄉張輯五等議，建大王廟於周口潁水之南。乙未秋九月告成，屬余志之。余惟節莫大於忠義，德無間於幽明，縱觀天地間，升沉榮悴，轉眼成虛，而惟此義膽忠肝，足以擎八柱而維六幕，耿三光而薄九霄，上可報效國家，下可庇佑蒼赤，此依古貞臣義士，生則建殊勳，全志節，沒則銘彝鼎，肇裡亘千萬代而俎豆於不祧者也。夷考記載，王籍隸浙之山陰，為宋季武學生，素矢忠義，元滅宋，赴水盡節。明太祖兵起，見諸夢，許反黃河水，助戰彭城，後果驗，遂得封王。卒於封邱之金龍口，行四，故曰：金龍四大王。我朝定鼎百三十年，屢著靈蹟，夾河兩岸，多立廟祀。周口地界淮商，賈魯褚汾，滙入潁流，商賈雲集。康熙年間，都油增價，眾商舟楫順利，諸藉王休，咸思報之。糧油商人公議每千百抽存什一。乾隆初年，計得四百餘金，經營生息三十餘年，又各竭力捐輸，始得贊成其事。於戲！王以諸生抱忠貞，炎宋絕祀已九十年，而王英魂精氣，砥柱中流，直與漢廣江永大河之來天上，瀚海之衛，神州同其綿長悠久，用能呵護生靈，無遠弗屆，其能壯有宋衰歇之氣，於四百餘歲以後者，即能扶大清神聖之祚，於億萬斯年之久者也！《禮》稱："有功德於民者，則祀之。"王其最歟！抑聞忠義人皆可學，眾商齎一念之誠，年幾百載，貲計萬金，協力同心，共成厥志，是亦抱忠悃而襄義舉者，宜王之扶翼啟佑於無疆也。抑於此，竊有私祝焉。問仁沐聖恩蒞事商邑，春秋四更，問雨占晴，利害與民共之。邑境地多窪下，水患尤縈寤寐，尚祈明神垂佑，保茲澱疆，永絕災浸，俾履平康，則蒙王之休，而飲食尸祝者，又不惟五方商賈之眾已也。欸欸私衷，王其鑒之。

乾隆四十年。

（文見民國《商水縣志》卷十四《麗藻志》。王偉）

韓師沂循績碑記

牛問仁

問仁宰商十年，每咨訪循績為前事師，父老亟道署令韓公遺愛在人。癸卯初夏，嗣君德川攜家乘過，予具悉公姓氏里居。

公諱玉曾，字師沂，號隨岳，世居江蘇常州縣雲和里，為大宗伯文懿公元少先生嫡孫，以孝友文章世其家，所載宰商水縣，恤民勤事，以勞攖疾，歿于官。詳見刺史楊笠湖跋其後。跋云：

鬼神事涉幻，儒者多弗道，然而陰騭之理不誣。乾隆二十二年丁丑，中州大河以南被水，時商境田悉成湖，歷年積水滙焉。署縣韓公玉曾始蒞事，惻然廑念，先發倉濟急，即履畝勘實，首以災報，籲甚力。奉旨發帑賑濟，而韓已歿矣。余奉委覆勘，隨勘隨賑，親閱城闉，偶因暑渴，憩城隍廟，一人從廊下突出，乞命，意其迫於饑也。慰之曰："討賑勿在此，當歸里甲。"其人則匍匐前曰："民幸有宿舂，非討賑者，今蚤囊粟入城，因倘未市，就廟殿前假寐，仰見上有二神並坐，其左冠帶知為隍神，右即已故韓父母也。神告以汝當有大厄，可速歸，民即求救於韓父母。"神曰："此非汝韓父母所能救，刻下有放賑楊父母至，當哀乞之。醒而公果至，惟求一援手。"余問有何難？則其人不自知。惡其語類癲，命逐之，堅不去，請益力。不得已，笑而許之。越日，以次查煙戶，至東門外，詢有其人，適他出，訪其鄰，皆曰："此良農誠樸，素無癲疾。"此後不復見其人，亦寂無他驗，意其厄解耶！抑神特為韓顯其靈耶！是人張姓，忘其名。

又，陳郡嚴太守跋云：

癸卯，承乏陳郡，飫聞鄉前輩韓明府宰商，有異續續，楊刺史跋得其詳，宜鐫石隍廟之側，問仁備核前文，與父老所傳，咨訪相符，有官若此，而嘉績不聞於後，斯亦宰斯邑者責也。因譜十二韻讚之，用備采擇。讚曰：

仰惟前令，質本乎仁。視民如子，恫瘝乃身。哀我顛寡，繪圖縷陳。

行吾所視，倡先四鄰。稽戶履畝，爰咨爰詢。牽舟乘橇，備極勞辛。

身雖即世，遺愛在民。聰明正直，是稱曰神。神亦何私，嘉德實親。

匪異斯志，惟續紀循。婆心一片，千載有真。道揚美善，用規後人。

乾隆四十八年。

（文見民國《商水縣志》卷十四《麗藻志》。王偉）

建修王公祠碑記

陳州府通判陶學海

蓋忠義，乃豪傑英雄之堅志也。溯查咸豐八年十月二十七日，捻匪撲犯周家口，其時，署理通判事係候補同知王可思，號雲樵，安徽人。當聞警之際，諭閣鎮民商集團守禦，詎料賊眾團寡，閣鎮遭擾，以致王公見危授命，率領子媳孫女暨丁役人等，同時殉難，實屬舍生取義，一門忠節。蒙前河南巡撫部院恒奏請，荷蒙皇上天恩，飭都議卹，追贈建祠祭祀，並附祀等因。緣其時，周家口各紳商等曾經官諭捐建祠宇，乃因斯時軍務未靖，是以尚未遵議立祠。此時閣省安恬，民歌樂土，經本鎮南北西三寨四總局，漢回紳董，及在鎮商賈等，皆追念王公為民紓難，遇害慘烈，情願遵奉立祠，以揚忠義而伸敬忱。茲已告成，祠宇設位奉祀，聯名具稟前來，由分府牒知本府，稟請各大憲備案，以表本鎮四總局紳董乃民商之好義急公，用特聊達數行，以為記焉。俾得永遠留芳，千秋不朽云爾。

咸豐八年。

（文見民國《商水縣志》卷十四《麗藻志》。王偉）

新建鳳臺試院碑記

仁和人知縣葉爾安

同治五年秋，余來漵川，下車採風，士習端整，心且喜之。城東南隅舊有鳳臺書院，久不葺，漸多頹圮，其地亦湫隘，不聞絃誦聲者，非一日矣。方謀更新，值縣童子試，相率集於署中，署又偏狹，遇風雨無所避，輒以為苦，余意建考棚。以事無創者，每中止。既而曰："是有司責也。"會軍事方殷，大兵屯境上，又不瑕。明年，賊渡運河，雄師踵擊滅之。淮潁之間，不驚烽燧，得與諸父老休養生息，因蹶然而起曰："此其時矣。"乃延紳者董厥事，購宅於署之東，因其基而拓之。邑貢生李如璧者，善風鑒，命相度改作，閱十數月而始成。其制，頭門三間，東西各有屋，進此為龍門，門以內，列東西號舍各十一。其上為堂三楹，堂之兩旁又為號舍各四。號舍壘磚覆板，檻入地半尺許，統計坐次可千人。堂之後為廳五楹，廳之下為左右廂，其後有隙地，可治為圃。至於庖湢廁廄之屬，無不畢具。規模之宏敞，結構之謹嚴，誠始願所不及此。邑人士顧而喜甚，余亦喜甚。或者曰："邑乘凋敝後，瘡痍未復，興作非時。今者費用之積聚何，莫非民財？木石之輓運何，莫非民力？豈有待而迫之，有迫而為之者，而顧不稍緩耶？"余曰："不然。學校之廢，孝悌日乖，廉恥日喪，侮慢不順，皆由此出，此不教之過耳。即時而振興之，風俗人心，將視此為轉移，勝於法度之防奸，刑威以禁暴。為政者，務端其本。余故汲汲焉圖之，而又喜邑之人歡欣鼓舞，猶且靡然而樂從也。"工既竣，榜其門曰"鳳臺試院"。名乃鳳臺之舊者，志因也；書院而統名試院者，志創也。總自今歲科兩試在其中，月課試亦在其中，蓋一舉而兩得焉。其書院故址改為漵川義塾，示不廢也。若夫月課之膏火飯食，山長及塾師之脩膳，增益其所有，擴充其所無，余適量移將他往，愧無以善其後，不能無望於來者。

是役也，謀不能獨斷，事不能專成，邑紳之始終總其任者，李漱芳、趙倣、葉德先也。往來經理於其間者，葉奉先、葉慶雲、屠以德、何熙宸、李慶雲也。司會計效奔走者，胡濬灝、黃治國也。時同官斯土者，教諭滎陽李汝梅、訓導許州李濟川、城守把總祥符高上林、典史大興葉桂林、滎陽李君旋去任，南陽任古盎繼之，均有贊助云。

同治五年。

（文見民國《商水縣志》卷十四《麗藻志》。王偉）

葉邑侯去思碑

趙崇光

邑在漢時，名曰汝陽。西連淮蔡，東隸南頓，帝王起興之區，衣冠之物之藪也。官斯土者，前有蒯越鍾雅，後有高若諾、若龐塤、若吳耀、若康起枚、修映辰，皆賢良接踵，政績卓著。披覽邑乘，心嚮往之。余生也晚，未獲飫聆教言，親沐德澤，用滋戚焉。

同治五年，公由孟縣來蒞於茲，甫下車，即詢父老曰："商邑昔稱名勝，流風遺俗，猶有存乎？"父老曰："自遭兵燹，瘡痍未復，戶鮮誦讀，田多荒蕪，吾儕小人思得父母我者，而咻噢之也久矣。公之來耶，何其暮也！"公曰："吾奉命守土，循分盡職，亦教與養而已。"迺建試院，顏曰"鳳臺"，菁莪造士，械樸作人，迺疏水道，起自烏溝，西修汾岸，北築沙隄，各安其業，各遂其生。士之子詠於庠，農之子休於野，工商之子樂於途而嬉於市，未期年而大治。昔子產在鄭，民猶先謗後誦，公則不介而孚，不怒而威，古之遺愛，不是過也。

嗟乎！公德在民，民獨何心能不思哉！而或者謂商之民愚魯而強悍，輕儇而刁健，往往爭訟，見忌長上，是大不然。夫民猶水也，水順流而易下。民猶草也，草遇風而必偃。善教民，愛善政，民畏，是在善為撫禦者，若公之德政遺留，與古昔循良後先映輝宜乎，邑人士常言之歌詠之。歌詠之不足，故又嗟歎之。嗟歎之不足，故不知手之舞之、足之蹈之，而立去思之碑於數年後，以志不忘也。《漢》《循吏傳》稱何武所在，無赫赫名，去後，常令人思。其我公之謂乎！

公諱爾安，字貞甫，浙江仁和人，廩貢生。

同治七年。

（文見民國《商水縣志》卷十四《麗藻志》。王偉）

禁止扒汾河隄碑記

仁和人知縣葉爾安

為曉諭事。案據龍塘河文生周制禮、貢生張文學等聯名呈控，雷坡監生雷西範、武生雷貫五率衆扒隄各情，經前縣集訊，斷令雷西範、雷貫五，幫給周制禮、張文學等修隄經費錢二百串，仍飭將扒隄人雷金柱等送案究治。雷西範託病保釋，捏詞赴府控訴。本縣蒞任後奉發審斷，訊得商邑西南有汾河一道，雷坡在河之北，龍塘河在河之南，向係各修各隄，彼此不准扒掘，歷經興訟，存有成案。

本年六月，天雨連綿，河水暴發，北岸勢將漫溢，雷坡之人陡生奸計，扒開南岸河隄，致令龍塘河一帶人等，受其陷溺之苦。本縣明察暗訪，婦孺皆知，無怪周制禮等控請究辦。質之雷西範等，亦各俯首無詞，供係雷金柱、雷中山糾人起釁，現已逃匿。該首事未能攔阻，自知咎有應得，但求寬其既往，予以自新。查核情詞，尚知悔過。因思爾等隔河居住，就是比鄰，不忍失其親睦之誼，雷西範願遵前斷，呈繳修隄經費錢二百串。復據周制禮等呈請，以此項撥歸鳳臺書院修理之用，應俟雷西範繳到後，擇期開工。本縣推原扒隄之由，皆因河漸淤塞，隄又低薄，以致猝遇水災，貽禍鄰墼。入冬以來，正當農隙之時，亟應未雨綢繆，永杜後患。限定自十一月起，至來歲三月止，北岸責成雷西範、雷貫五傳知各段，南岸責成周制禮、張文學傳知各段，照章集夫，挑濬河內淤土，加高岸隄上四尺，務須一律寬厚，興築堅固，報後勘驗。嗣後，北岸不得扒南岸隄，南岸亦不得扒北岸隄，倘北岸雷坡人等再有挾嫌往扒南岸隄者，定將該首事等先行詳辦，各具甘結附卷。著即抄錄勒石，以示將來。此諭。

同治九年。

（文見民國《商水縣志》卷十四《麗藻志》。王偉）

嚴禁扒隄示

廣順人知縣曹文昭

嚴禁立碑永垂久遠事。照得縣邑，西交華邑，舊有五里河隄，與枯河本係一體，原引上坡並七十二坡之水，達入枯河，每年夫係枯河。二號河長小甲兩季歲修，至同治七年，李景豐、李中等率衆扒河隄，致釀命案，業經張貫一、舉人葉繼祖等據實具控，二年未結，當蒙本縣會同委員會斷定，上坡賠修南半截，與枯河相連，地窪隄高，不拘尺寸，照舊修築，勿須減削；至北半截隄寬一丈，身高四尺五寸，南北兩截共長五里，凡是所扒之處，一律修築，兩造情願，俱皆輸服。自此以後，仍令河長小甲每年催修，永不許扒毀。如有敢再扒隄者，除賠修外，定行究辦。兩造各遵守，歸家安業，並立碑為記，以垂永遠。上下坡務須共為遵守，不得再行滋事，毋違。特諭。

同治九年。

（文見民國《商水縣志》卷十四《麗藻志》。王偉）

重修商水書院碑記

邑人監察御史李擢英

國家崇儒重道，養賢育才，飭天下郡縣各建聖廟，以為士子儀型之地，並設試院，以為士子校藝之場，又復於巽位起奎星樓，以為一邑文明之兆。其為造士計者，法至周，意至善也。

吾商舊無試院，自前令葉公貞甫始，規官地一區於東門內，前仿試院儀制，號舍翼張，後按書院規模，講堂鱗比。蓋欲科歲試士於此，每月課士亦於此。維時兵燹甫過，士子蕩析離居，不獲講藝，故雖狹隘弗覺也。越辛巳，邑侯李君明軒，北平歲進士，涖治吾商，下車以來，殷然以興養立教為心，不數年，士子被其薰陶者，漸覺蒸蒸日上。每遇縣試，號舍至不能容，邑侯慮之。於是，延僚佐，集紳耆而商之曰："文章本樂事也。今校士之所，至於肱胑肩摩，懼無以暢文興會，擴而充之，其何能已。第思多士致此濟濟者，無非聖教之涵濡，文星之呵護，嚮見聖廟之魁梧，俱有摧敗不並修焉，可乎？"僉應曰唯。而學博蘇君幼山、許君玉圃尤引為己事，力加贊成，由是偕城尉海君仙航，各捐俸以為之倡，而邑人之聞是舉者，亦復踴躍相從，輸資恐後。因擇邑紳王君凌霄、蘇君貫一、傅君振德等董其役，而幼山司訓亦日往監工不辭，況瘁其收。夫錢文帳目，統歸裕盛典等經理。爰乃始自聖廟於崇聖祠之就圮者建之，於大成殿之脫甃者補之，而兩廡以及櫺星門亦皆頹者植之，敝者新之。既而，試院則添建號舍二十二楹，而講堂以及齋室，亦各塈茨丹雘，視前有加。厥後，萃其工於奎樓，尤且丹堊黝碧，翼如嚴如，輪焉奐焉。蓋統三者觀之，無不愜人心，符體制焉。歲乙未，工竣。同事邑人士具始末，走書徵文於余。余惟春秋重勞民，雖時亦書，惟魯僖公作泮宮則略之，良以學校為政之先務，雖勞民不可廢也。今邑侯李公留心文教，一舉而崇儒重道，養賢育才，各得其所，可謂知為政之先務者已。以視世之崇廟貌以徼福於鬼神，侈園亭以肆志於晏逸，其賢不肖相去為何如也？行見人文蔚起，科第崢嶸，梧岡之彩鳳復鳴，銀杏之蟠龍再振，猗歟，休哉！殆皆我邑侯殷勤造士之所致歟！故樂序之，以志景行云。

光緒八年。

（文見民國《商水縣志》卷十四《麗藻志》。王偉）

義商寧波元豐號紀念碑記

邑人貢生胡萬熙

宣統三年春，霪雨為災，民不聊生。去年二麥減收，秋禾歉薄，戶少蓋藏，欲求外援。而東南皖北一帶，永、夏各屬，均遭水災。西北襄、葉，禁糧出境，各紳雖善設法捐資平糶，又緩不濟急，人心洶洶，亂象呈矣。幸有甯波阮雯衷司馬所設元豐號，駐周鎮懋遷。司號事者為劉君國卿、顧君炳臣、陳君礪卿，三人皆樂善君子也，目覩災象，慨然有拯救之心。爰電達漢口聯號，運白米十數萬石，平價出售，不數日，而米糧抵周，四方來糴者絡繹不絕，不惟闔鎮借茲糊口，即百數十里，亦皆借此糧以存活。迨至麥收有期，人心大定。迴憶春荒時，若非元豐號平價之舉，吾鎮數萬生靈，其不甘為餓殍，勢將滋為亂階，為患何堪設想！吾鎮既蒙其福，即不忍沒其善，爰勒石以志紀念，並以勸後之富商大賈貿易於茲者。

宣統三年。

（文見民國《商水縣志》卷十四《麗藻志》。王偉）

項城市（項城縣）

大石橋碑記

知縣鈕琇

南頓之名久矣，環其地者為溵水，發於臺陵崗，上通黃、沙諸河，下達淮、泗入江，為揚豫往來巨津。而南頓適當其衝要，以故商賈雲集，百物咸彙，明季猶稱雄鎮。既而際寇亂蹂躪之秋，井里蕭索，什無二三存者。自我皇朝定鼎，寧謐日久，始得稍復。故云橫溵水，而渡者有梁。國初漸圮，巡司韓邦國、王文元移置大王廟前，閱數年復圮。里中生員聶元聲等創議修復，於是鳩工庀材，度厥所宜，請諸父老曰："斯梁之建，往往不利於行者，且流駛湍激，梁固易壞，不若仍舊為便。"衆曰："諾。"請於縣而營焉。始於康熙二十年十月初六日，閱十一月而工竣。詣縣告成，並請勒石以誌其事。余聞之古者十一月徒杠成，十二月輿梁成，此為政之要也。顧余甫蒞是邑，愿與民休息，且學校、城垣方務整飭，欲先其大者，而後及於道途、津梁。今聶生等舉余所不及舉者，而適協余志，其慮遠，其功溥。鄉耆張文禧奔走籌畫，捐金為倡，好義樂施，與聶生同有功於世云。爰為之序。

康熙二十年。

（文見宣統《項城縣志》卷六《河渠志》。李正輝）

重修儒學記

知縣顧芳宗

項縣屬陳，近伏羲畫卦臺。是項雖僻壤，亦開千古文字之地也。且考宛邱侯顓孫氏，陳產也。當日孔子蹣跚於陳甚久，其地之漸摩聖化，蓋有日矣。故《漢志》稱人多俊髦，好博雅，而易感以義，重厚多君子。《寰宇記》又曰："俗尊年齒，學尚經術，良有以也。"芳宗自康熙二十二年承乏茲邑，自愧東海下士，既不能效先賢子路氏之治蒲，足稱三善，又不能學前哲子產之都鄙有章，廬井有伍，蓁蓁不生，鴟梟不至，而化民成俗，興學爲先。項學建於正德甲戌，今歷年一百八十，頹剝漫滅。前令鈕修造，解任未竣。茲於甲子歲，復行興修完工。東西兩廡，次第落成，計若干楹。辛未歲，重建櫺星。泮池淤塞，擴而濬，諸環橋其上，水清漣漪，計廣若干尺，深若干尺。再建啓聖祠於北若干楹，於戟門東建名宦祠若干楹，今年八月朔日告成。士之鼓篋而遊於學者，途闢四軌，臺列三重，華宇隆棟，穿門修廊，非復嚮之湫隘嚻塵矣。瓦墁城甓，題榮櫐桷，堅好絢麗，非復嚮之濾朽黮矣。如入孔門而見宗廟之美，百官之富，陶然樂之，藏修遊息，而發爲文章，措爲事業，高明光大，可以命世，誠爲茲學重矣。孔子贊《易》曰："革，去故；鼎，取新也。"又蠱之象曰：君子以振民育德，革之上六君子豹變，其文蔚也。抑聞項之先民，冀州刺史蔡衍明經講授，以禮讓化鄉里。梁冀聞其賢，欲請相見，辭疾不往。又洪武時，司寇劉逵家世以忠孝相承，是《漢志》所推重厚，多君子遺風餘韻，去古不遠。今聖天子兩幸闕里，以重化源。大中丞閻檄修樂器以敦教本，鼓之舞之，是在今日。而繩之武之，端有藉於多士，是則予之深有望於項士，而援筆為之記也。俾襄贊者若而人，縉紳縫掖效義者若而人，石之下方，例得備書。

康熙二十三年。

（文見乾隆《項城縣志》卷十《藝文志》。王偉）

義學記[1]

知縣顧芳宗

鄉之有學也，凡以既富方穀為王化之本，而棫樸菁莪，必藉學宮片席地。至於小子後生，未躋成人者，立義學以教之。義學之設，與鄉學相表裏，故育材作人，又未可一日而廢。宗不敏，承天子命，以蒞此土，念項為《禹貢》豫州域，風樸民淳，古稱易治。兵燹之餘，流離失所，盡失其舊。自本朝生聚教養四十餘年，已日見有革薄從忠之漸。宰是邑者，其敢以簿書期會，遂為畢乃公事，乃撫循安集，日惟競競。文廟見有傾圮失宜者，會廣文紳士修葺更正之，而未敢謂治理之已備，則以邑之大事，未盡修舉，而鼓舞人才之道，猶未廣也。因思昔時項之名公鉅卿，接踵而起，出為當世用不絕，而士風亦群感動淬勵烝烝以變，是豈當日陶淑之深，非後世所及，故多士奮跡，稱一時之盛耶？然考邑乘，項之先，未有義學，又豈當日之明倫弼教，有以深入乎人心，使之自發其觀感耶？

方今聖天子文覃敷，六合之內，九州之外，無不瞻仰嚮風。項雖蕞壤，士之彬彬，美秀而文者，未嘗後他邑，獨是單寒徒步，或阻於勢之不得學，困於力之不能學。人性皆善，宣上德意，以化民成俗，有司之責也。幸遇大中丞閻公撫豫之始，特檄郡縣修復義學，因念表裏乎鄉學之義，爰相其土，于文昌閣之右得基地，庠生張子同德所飲，遂捐貲搆堂。堂成，延以名師。復置地三頃零，其地每年所獲，除完正供外，餘為延師供膳之費，使邑之秀者，咸得沐浴大化。夫士之善於學者，無往不得。其為師令之善於治者，無在不可行其教。即此建立規摸，亦未宏遠，敢謂鼓舞人才之道，已盡於此。然聞之過宗廟而動愛敬之思，對大庭而切公忠之念，皆其性之所感而不能自已者也。項之學者，其亦深維建學之意，而交相勸勉，日習乎詩書禮樂之文章，羣闡夫天人性命之旨，於以明古今得失，理欲危微，處為純儒，出為名臣，不負大中丞閻公樂育人材至意，而斯學亦不為無補云。是為記。

---

[1] 宣統《項城縣志》卷九《學校志》作"創建義學記"。

康熙二十六年。

(文見乾隆《項城縣志》卷十《藝文志》。王偉）

項城縣新開溝渠記

項城令顧芳宗

水之為利也，甚矣哉。治東南者有東南之水利，治西北者有西北之水利，中州當天下之中，其水利尤宜講究焉。昔程子治扶溝，數年之內，諄諄以水利為急，豈一邑之大獨水為亟亟乎？其意蓋謂儒者以生民為先，故生民莫先於農工，而召父、杜母之至今傳者，無過此溝渠為最。然項，汝之下流也，境西則有上蔡，召之事則在南陽，杜之事亦在南陽，彼時汝、潁皆在南陽之治，至今循治蹟者杜溝猶接包河而上游矣。

水之有包河，猶昔之汝河也。自舞陽塞雲莊，而汝水未循故道，直從襄城、郟縣而為沙河矣。汝南茲日之繞栗洲，而名懸瓠城者止。僅因槎枒一山分為灈、澱諸流，而直謂之汝水矣。項城由縣北七十里，自潁岐口與沙河水分流，經南頓丁村集、直溝頭，受婁隄河水東入沈邱界，而城內虹河，縣南石橋俱由新橋下達死河口入潁水，至潁州與沙河水合者，即今洪河為舊汝水者也。由縣北三里自廣陽陂發源，平地突出，滙為巨浸，為戚家橋至徐家橋、北關三里橋至東關三里橋，經閻氏瓦房莊高家橋，經營房莊至許家橋，循夏家橋，入新橋河，長竟四十餘里。其間又有水勢衝突，復開小溝從許家橋岔出牛家橋，亦入新橋河者，此為北新河之水入潁，合沙河之流，為一大水是也。

由縣南三十里，自清靜陂由大江嘴下閻家橋至曹家橋，下李家橋至小王橋，歷韓劉橋、吳四橋，南入小洪河抵楊埠大河者，此為南新河之水，為項城一大水是也。

其間如洪七溝、橫絲溝、官溝之在縣東北者，或入沙河，或入小潁河，有碑已記之矣。如丁村之北陂溝二道，或長七里，或長六里，婁隄劉家溝之長十五里，時家橋淤泥之長八里。自商水西北而來者，分五道，自廣陽陂楊家集者分二道，經高坵會新橋楊家集，經孫灣店入城，出虹河金雞冢，會新橋自上蔡，下三張店，繞馬莊店，亦會新橋入潁，項城營水亦入潁，此則項城諸水之大勢矣。

芳宗自康熙二十二年任項所，日夕履導經歷而為項疏瀹排決，以有此者也。然南北二新河為項最大水。考之舊志，詢之父老，前者水患苦民極矣。明萬曆二年知縣賈明遠創為二河而民便之。夫既便之矣，則水之為利必也。水之為利可必，則水之為害又不可必哉。芳宗曰："水之為利，大矣哉！然而利之所在，即害之所依。而害之所在，又為利之所趨。"此言通之則為利，塞之則為害也。假天子一旦下龍書而詢召杜之墟，則必曰通之為是矣。苟因民遙而究鴻隙之怨，問翟方進之罪，則又曰通之之為非矣。假通之為是，班固何以循莽而咎方進之愆，既通之為非，杜預何以繼召杜而專疏鑿之功，是非之關，然亦有時勢之伏歟？夫天下斷未有淤者之為利，而通者之為害也。不然，繼《禹貢》而作者善長，不必為注《水經》，續《河渠》而書者孟堅，不必為之志《溝洫》也。苟他日下明詔而補《水經》，則項城之涓滴，自不須輶軒之再適矣。余芳宗敢循明遠之跡而任行之累年，於是乎有成。

康熙二十八年。

（文見乾隆《陳州府志》卷二十六《藝文志》。王偉）

柳行新溝橋碑記

項城令顧芳宗

余自承乏項邑，履其境，風俗樸茂，土多汙萊，人難衣食，心竊憫之。間於簿書之暇，進士夫耆老而問之曰："若為何病而至於斯？"僉曰："項，巖邑也，抑澤國也。勝國時舊志以河決沒于水，爰徙今治。虹河跨其南，樓隄繞其北，沙河據其上游。由沙河分派而匯流者，為港河，為澺河，兼之湖陂潴淼，錯雜於其間，可耕者什不得三焉，可漁者什且得七焉。故茹草木，啖魚鰕，鳩面鵠形，所由來也。"余聞之，莞然應曰："若患水乎？獨不聞鴻陂之在汝南者，壤相接也。廢之則詛以歌，修之則食其利，又何以稱焉。此非若儕之責，而吾輩司民社者之責也。"於是，循阡陌，訪故渠，講水利，疏之濬之，相其高下，因其勢而利導之。地下者宜為溝，瀕河者宜為閘，便樵蘇者宜為杠，通輿騎者宜為梁。四境父老子弟靡不踴躍荷鍤，次第就舉，而縣治東北漵柳行而上之有菱角湖，有老牛愁坡，奔流湍激，由尹家橋東折入官溝而下達於河。余察其為眾流之漱也，束以官溝而虞其莫受也。遂於尹家橋之右，別濬溝而南以殺其勢，作為水門，因時啟閉，向之洶湧澎湃而來者，或亦駸駸乎少霽其怒矣。弟不為橋梁以達行旅，俾褰裳者興嗟，不幾興利甚敢而遺憂方大耶。爰出俸余以為之倡，鄉人士樂輸以董其成。工甫竣，延袤合度，華表嶐岵，居人請數言，勒石以誌不朽。余仍莞然應之曰："此吾司民社者分內事也。我勿爾虞，爾勿我德，何以文為。"特述其工之始末，有如此云。

（文見乾隆《陳州府志》卷二十六《藝文志》。王偉）

重修南頓光武廟記

知縣顧芳宗

循澺河而北為南頓。南頓，古項子國也。澺水分汝水而得名，是澺亦承流而接源矣。汝水從天息而下，入襄城為沙河，舞陽從雲莊塞汝故道，澺洄曲折，潢激盤紆而滙於澺，其地則磅礡鬱積，蜿蜒而為邱。

南頓在昔，一都會也，背枕太皞之墟，左倚顓頊之國，耿亳在指，顧下古帝王多出其間。東漢世祖光武皇帝，乃鍾毓其靈而產之者矣。爰考舊志，光武廟，在宋有項城令江湣裕重建，至明有民韓得春重修，在永樂六年。是明初尚有光武廟，即宋江令所修是也。至明盛，商人汪恪捐貲二千兩增修。在嘉靖改元時，又捐銀六十兩，置地六十五畝，在廟周圍，是永樂時所修光武廟，從此而廣增之，且舊無其地，而後更得有其地矣。細觀其四至之臬照，及後令何公之詳請，與學使祭典之牲帛，禮生之奠獻，彬彬乎有其文也。雖勝國兵火，廟貌稍圮，守土者又何忍過而怠其問焉！顧芳宗曰："是廟也，余雖未得為之經營於其始，獨不能踵事增華於其繼哉！重修之舉，是余之責也。"夫乃設祭祀，躬往肅奠，更招土著，詢其詳明，適有民汪琜、汪斯岳、汪澄者，乃恪之裔孫也，謂："先人捐修於此，二百餘年，子若孫思其肯堂，獨不克爲之肯構乎。賢大尹既爲倡首，愚黔首獨不克為之續貂乎。"余欣然嘉其志，大其事。自康熙二十八年至二十九年三月，大閣落成，其祭典一遵舊制。捐地四至丈清，仍命汪氏主之，隨後漸以觀成也。更招居民而謂之曰："天下之事，在乎其所為而已。"余讀班固《漢書》，見長沙定王發一事，景帝酒後幸唐姬，生發。後即封發於長沙卑溼之地，以薄其母也。發四世孫南頓令欽生三子，爲縯、爲仲、爲秀。秀蓋欽所生於南頓縣舍者。縯起兵於舂陵，秀繹衣大帛合新市平林之兵於郾城、定陵間，與尋邑兵戰，感風雷屋瓦之震，何其雄烈哉！及更始殺縯，秀深自引過，不伐昆陽之功，又何其隱忍耶？至鄧禹以天時人事而觀，自知帝王大業非凡夫所任，又何其功德歟？及引被涕泣酒肉不禦之時，又豈赤眉、劉盆子輩之所得同日語乎！則銅馬、蕭王已闢東漢十二帝之靈矣！迨至乘馬歷鵶路，過扳倒井，觀其戰壘，又未嘗不寒心也。中興之功，獨漢爲盛。廟祀百世，必自南頓始。夫繼述子孫之大業也，光武繼高祖之志，述豐沛之事，起於南頓，召父老而復其地。今琜等繼汪恪之志，述南頓之事，大興土木，而令先人之功於不墜焉。在恪與琜者，非即當年大酺之父老乎。時余以內艱去項，不得與琜也共襄其事，以董其成。聊述廟祀之所聞見者，以大建武之功業，以嘉汪氏之子孫云。

　　舊志，汪恪捐地六十五畝，以供歲修。其地東至鄺地，西至大路，南至古城，北至詹墳，存有臬憲知照，以垂永久。

　　國朝知縣顧芳宗。

　　正明四至，仍以汪氏主之。

　　康熙二十九年三月。

（文見宣統《項城縣志》卷十《祠廟志》。王偉）

復修明倫堂記

知縣顧芳宗

　　芳宗既治項城之九年，項城縣之聖廟落成，每春秋二仲，每月朔望，率師生子弟祭拜於其下，見其廟貌巍煥，祠廡整齊，樂師工歌，韶聲寥亮也。顧而歎曰："此廟久未修，自前令鈕公開工重建，未幾，而以內艱，未得畢事也。"今幸而果成矣。勒石以紀其事。越康熙三十年，遇大祭，諸生畢集，進而謂芳宗曰："聖廟既得輝煌矣。明倫堂不修，必頹圮也。昔人謂學校王政之本，子衿每月吉集議邑大事，其何地以言？"芳宗曰："蕞爾項學，余不佞妄舉修葺，力已竭。今得幾年休息，而諸子弟以明倫堂請，庶得俟麥有成，而後梓材丹艧或具也。吾聞之，古者九年而後入大學，學則三代共之者，皆所以明人倫也。司徒之職，教以人倫而已。凡不本於人倫，皆非所以爲教樹之。君以爲政，謹此教也。作之師以立教，教以此也。故萬二千五百家之鄉，有鄉學。卿大夫主之，頒教法於州黨族間，俾教其民。二千五百家之州，則州長屬其民，讀法以時，習鄉射於學，而尚功焉。五家之黨，則黨正屬其民，讀法以時，習鄉飲酒於學，而尚齒焉。天子設四學，當入學而太子齒，乃曰'學之爲君臣焉，學之爲父子焉，學之爲長幼焉'。故嚮晦宴息皆學之時，暗室屋漏皆學之地，動容周旋皆學之事。知無時之非，學則晝夜而有爲，非過也。知無地之非學，則警於冥冥，惕於未形也。知無事之非學，則細行必謹，小物無遺也。其典有五，則君臣父子兄弟夫婦朋友。其德有四，則仁義禮智。人能充其德之所固有，以率夫典之所當然，則必無力不足之患矣。自唐虞以至三代，莫不有是教。更於教人之地，設官以董涖之。明倫一堂，當不俟今日而當修矣。在宋儒朱熹有曰：'天生斯人而予之以仁義禮智之性，而使之有君臣父子兄弟朋友夫婦之倫，所謂民彝者也。惟其氣質之稟，不能一於純秀之會，是以欲動情勝，則或以陷溺而不自知焉。'是故，放伐興而君臣之道衰，私財積而父子之恩絕，棠棣歌而兄弟之情乖，谷風作而朋友之誼息，新臺作而夫婦之義亂。朱子爲是書明倫於其學者，凡以爲此也。至今'明倫堂'三字，皆曰新安朱熹書云。今子衿而啓余以修堂也，余何說之可辭哉！"於是，嚮學師某某曰：是役也，用材若干，金鐵若干，甎甓瓦石若干，丹漆若干，余任之。進子弟而言曰：凡爲人臣者無不忠，爲人子者無不孝，爲人弟者無不恭，爲人朋友與夫婦者，無不信不和也。凡茲秀者升諸塾，德者高其行，日有課而月有成，考之以《詩》、《書》六藝之文，試之以忠信禮義之本，成於鄉而後達於國，修於家而後立於朝，彬彬焉忠臣也，孝子難弟也，良友也，貞夫義婦也。明倫堂於是有美報焉。乃於康熙三十年告成功，而飾以丹艧者，知縣上虞顧芳宗也。是爲記。

康熙三十年。

（文見宣統《項城縣志》卷九《學校志》。王偉）

項城縣重建察院記

項城令顧芳宗

古者天子巡狩，則必有行在宮，所至之國，其主親涖之。至於王使，亦必官正涖事，上卿監之。故其令曰：清風至而修城郭宮室。此皆先王之教，官司之所有事也。自巡狩之禮廢，而天子不清問王使不下詢，於是有代巡之命。迄今里行員缺，御史不行郊，郡國不復令，吏人完客所館，高其閈閎，厚其墻垣，以待往來之客至，則是先朝之所治以待御史台者，亦類敝莫理焉。

項城舊有察院，在縣治之東，典史黃忠正統二年所創起者也。項邑偏小，典史官微，其事不請於堂官，其工不計於里閭，而慨然興莫大之役，使後世傳頌之，必其時來往之繁，賓客之擾，苦之民舍者，必重且難，乃敢曰收爾場功，荷爾畚挶，營室之中，土功伊始，以毋貽人議也。假此而可緩何。隆慶元年，知縣魏勳循厥舊所，重修而丹腰之。至萬曆元年，知縣賈明遠復為之添建抱亭，較前之營治者而更恢弘之。若此其竭蹶心力也。芳宗來治項邑，在康熙二十二年，猶目擊其棟宇頹圮，磚垣破碎，而無能扶之翼之，從而肯搆之。越今年，學宮既理，溝洫既清，城郭完固，而農事有成也。謂此屋之不脩，假四方之賓來關尹以告，問司里之授館，曰平易道路者何？若塓館宮室者何？若使行人而有辭焉，其將何辭以對？芳宗聞之，踵事者，身之職也；增華者，心之私也。縱不能踵事以增華，又安能舍舊而圖新乎？為問昔之尉何以創始而令終，昔之令何以因人而補缺，今吾作邑於斯而無所表見於其中，是廢前人之遺，以待後人之治者，且勿辭。假有遠駕至止，使燥濕不時，以暴露其皂鵰，殿庫不慎以容納其車馬，我實不德而不能揖大賓之至如歸也，是吾罪也。乃於三十一年之吉，乃命詹人蓍蔡克從，爰告史氏，心野朝覿，司里卜暇，士德克諧，匠氏運斤，木工執役，圬人塗墍，繪師丹堊，一年之內，重門洞開，庭軒爽朗，榱桷虹梁，棟宋雲指，錦摛榱桷，繡布簷檻，舊基煥新，闊狹如一，攬衣升堂，曳裾接武，穿廊縱步，張拱舒翼，涉階累級，藻井爛光，幻冥深邃，燭炬斗明，郇公饌設，侯鯖飯陳，較之舊制，不爭尺寸。進紳士、耆老而落之，皆曰：昔之所以肅事者，積勝國三百年之餘力，而茲之所以飾恭者，幾顥然其畫一矣。異日者，使裹行之官，既復有冠鐵冠，衣繡衣，乘驄馬，執皁囊者過而曰；吾蘭臺直指風采，自在人間，誰為此署者。更有簪白筆、立花磚、蹈道依仁，供奉墀下者過而曰：吾出從天上樓鳳閣之南，在行馬之外，更賴有此署者，庶華不見繁，素不見樸，差拾遺補過而已。郵亭之宿，不幾令烏栢松，廳分隸六察云。於其成也，而為文以紀其事。計中廳三間，東西廊房各三間，儀門一間，大門三間，穿廊三楹，後堂五間，書吏房三間，廚房三間，共計二十五間，周匝垣牆如舊。

康熙三十一年。

（文見乾隆《陳州府志》卷二十六《藝文志》。王偉）

項城縣二賢尹祠堂記

舒逢吉

語曰：廉吏可為而不可為也。夫廉吏何不可為之有，然其所以為之者，必能自信於己而後可以信之於人，更能信於當時，即能取信於百世。余讀《漢史》，見大司農朱邑桐鄉祀事，邑曾為桐鄉嗇夫，有善政，桐鄉人敬之。及邑為大司農，嘗曰：桐鄉之人祀我，是邑不信於其子孫而能信於桐鄉之人者，為其政可百世，故其信於百世者，即其可信於當時者也。

逢吉楚傖也，為東西南北之人，徧覽名山大川，以壯文章之氣。壬申，自南陽來新蔡。癸酉，又從新蔡至項城，寓城東南文昌閣之後院。有項城進士王君耿言、孝廉韓君湄聞余來，即同其素交者張君渤、高君應昌、黃君暹、吳君君寅暨父老張思忠等，訪余而燕笑焉乃坐，久於旅舍，舍有二像，皆衣冠危坐，左右侍立，有捧印持扇者，若胥徒敬畏狀。余指左位烏紗銀帶、絳服襰襹、豐頤而垂耳者曰：茲何人者？皆曰：茲萬曆間項令饒陽田公惟嘉也。項人感其德，肖像立祠於閣後，因文昌閣始於田尹也。復指右位頂帶朝服，襲以襰襹和氣而美姿者曰：茲何人？皆曰：茲康熙間項令上虞顧公芳宗也。項人戴其德，亦肖像於其祠，與田公配祀，以報文昌閣之所由修。余曰：茲二公者，僅一閣，遂享祀若此歟？曰：未盡也。曰：其政可得聞乎？曰：田公政事多，歷今將百年，其事難概舉，如耕鑿教訓，至今人言之。其前後有瑞蓮麥秀之兆。曷去？諸曰：政成得行取，歷官至大冢宰云。若顧公則可歷歷而誌其政事也。其大者，莫過於學宮。項學大成殿，自進士張弘志及前令張應弘、鈕琇修理後，將頹也，而顧公重修之，自兩廡而下，為戟門，為泮池，為欞星。自啟聖祠而出，為名宦，為鄉賢，為明倫堂，為東西齋房、儀門、教諭訓導二宅，餘外置義學義田，為月課生童之具，且大修邑志並前令田惟嘉所建東南方之文昌閣、魁星樓，煥然一新。於是，嘉靖、萬曆及張同德池所產一莖雙華之蓮，於康熙二十三年一莖雙萼，復產於虹河之內也。又其大者莫過於撫字。顧公於朔望必講約，若溝渠之開，荒蕪之墾，絕苞苴之援而督羨耗之禁，故隍廟修，蠟祠建，訟無贖鍰而疑獄立辨，且若濠梁通車輛，便孔道之四至，履康衢焉。所謂私人不用而徭役已清也。假使天災流行，水旱接臻，亦無可若何。幸者禳蝗而蝗不入境，潛河而水不為災，雲樓鐘樓挺然天半矣。廟祀壇壝肅然神在矣，妖孽退而禎祥興，於康熙二十四年南頓之九穗，復產於縣西之孫家灣，張堪之秀兩岐復見於劉鐵之家，而黍穀又效尤而生焉，此豈人力之所及歟，抑亦天有以相之也。無何而又以內艱去。紳士父老乃聚於閣下，商所以祠之曰：與其專祠以奉之，盍若共祠以居之。文昌閣非公不能以再成也。田公既得以祠報，顧公能不以祠報乎？闔邑四民歡而為之肖像於其右，云萍史氏聞而慨然起而躍然曰：「項民誠知所以報德也夫。余觀項志，自東漢以來，劉欽而下稱名宦者，可數數見，至今有專祠者，亦可屈指數。唐則惟李侃妻楊烈婦一祠，有與夫保城之功，其像與烈火不燼也。其文為唐李習之翺所作，忠義冢事不載於范蔚宗《東漢書》，得蔡道充，因知縣王欽誥之修以文之，則二賢尹祠必有過而書其事者，端有望於後之君子矣。」於是王君、韓君諸公率眾而言曰：「咨爾舒生，何其謙讓不遑如是？夫舒生於上蔡，則刻宋謝顯《道錄》，於南陽則編《諸葛武侯書》，於新蔡又鐫張九一《綠波樓詩集》。他如南陽、汝陽、上蔡、新蔡諸志，皆出生手也。今既寓其中，二賢尹之祠之事，胡可吝一辭。」舒逢吉乃再拜颺言曰：「《詩》之美君子者，動曰『如珪如璋，令聞令望』，又曰『豈弟君子，介爾景福』，又曰『孔曼且碩，萬民是若』，吾知朱邑之桐鄉，復再見於項城矣，敬允諸公之請而為之記。"[1]

　　逢吉，楚傖也，為東西南北之人，遍覽名山大川，以壯文章之氣。壬申，自南陽來新蔡。癸酉，又從新蔡至項城，寓城東南文昌閣之後院。有項城進士王君耿言、孝廉韓君堉聞余來，即同其素交者張君渤、高君應昌、黃君暹、吳君君寅暨父老張思忠等，訪余而燕笑焉乃坐，久於旅舍，舍有二像，皆衣冠危坐，左右侍立有捧印持扇者，若胥徒敬畏狀。余指左位烏紗銀帶、絳服灕灕，豐頤而垂耳者曰：茲何人者？皆曰：茲萬曆間項令。饒陽田公惟嘉也。項人感其德，肖像立祠於閣，因文昌閣始於田尹也。復指右位頂帶朝服，襲以灕灕，和氣而美姿者曰：茲何人？皆曰：茲康熙間項令上虞顧公芳宗也。項人戴其德，亦肖像於其祠，與田公配祀，以報文昌閣之所修。余曰：茲二公者，僅以一閣，遂亭祀若此歟？曰：未盡也。曰：其政可得聞乎？曰：田公政事多，曆今將百年，其事難枚舉，如耕鑿教訓，至今人言之其前後有瑞蓮麥秀之兆。曷去？諸曰：政成得行取，曆官至大冢宰云。若顧公則可歷歷而誌其政事也。其大者，莫過於學宮。項學大成殿，自進士張弘志及前令張應弘、鈕琇修理後，將頹也，而顧公重修之，自兩應而下，為戰門，為泮池，為櫺星。自啟聖祠而出，為名宦，為鄉賢，為明倫堂，為東西齋房、儀門、教諭訓導二宅，餘外置義學義田，為月課生童之具，且大修邑志並前令田惟嘉所建東南方之文昌閣、奎星樓，煥然一新。朔望必講鄉約，溝渠之開，荒蕪之墾，絕苞苴之援而督羨耗之禁，故隍廟修，蜡祠建，訟無贖鍰而疑獄立辨，且若濠梁通車輛，便孔道之四至，履康衢焉。所謂私人不用而徭役已清也。假使天災流行，水旱接臻，亦無可若何。幸者禳蝗而蝗不入境，濬河而水不為災，雲樓鐘樓挺於天半矣。廟祀壇壝肅然神在矣，妖孽退而禎祥興，於是康熙二十四年南頓一莖九穀復產於縣孫家灣，一莖兩岐之麦又見於劉鐵冢矣。此豈人力之所及歟，抑亦天有以相之也，無何而又以內艱去紳士父老乃聚於閣下，商所以祠之曰：與其專祠以奉之，盍若共祠以居之文昌閣，非公不能以再成也。田公既得以祠報，顧公能不以祠報乎。闔邑四民歡而為之肖像於其右云。萍史氏聞而慨然起而躍然曰：項民誠知所以報德也夫。余觀項志，自東漢以來，劉欽而下稱名宦者可數數見，至今有專祠者亦可屈指數。唐則惟李侃妻楊烈婦一祠，有與夫保城之功，其文為唐李習之翱所作，忠義冢事不載於范蔚宗《東漢書》，得蔡道充，因知縣王欽誥之修以文之，則二賢尹祠，必有過而書其事者，端有望於後之君子矣。

　　王君韓君率衆言於逢吉曰：咨爾舒君，今既寓其中，二賢尹祠之事，胡可吝一辭？乃敬允諸公之請而為之記。

---

[1] 民國《項城縣志》卷十《祠廟志》標題作"創建二尹祠碑記"，內容與此有異，錄之於下：
　　余讀《漢史》，見大司農朱邑桐鄉祠事，邑曾為桐鄉嗇夫，有善政，桐鄉人敬之，及邑為大司農，嘗曰：桐鄉之人祀我，是邑不信於其子孫而能信於桐鄉之人者，爲其政可百世，故其信於百世者，即其可信於當時者也。

康熙三十二年。

(文見乾隆《陳州府志》卷二十六《藝文志》。王偉)

閻大母張孺人墓表

長洲韓菼

日星河嶽之氣，多聚於偉男子，而幽間貞靜，如空谷有蘭，滄海有珠。其德潛，其光流，名媛淑女，為閨中秀、閨中師者，天亦多閒世而一生。然後日星河嶽之氣，鍾於坤母與鍾於乾父，將無同也。余讀閻太母張孺人狀，益徵信於斯。

孺人，中憲大夫閻公德配也。公諱煖，字德煦，於勝國丙辰成進士，除戶部，主草場，能其官，晉員外郎。孺人相之，事公如天，亦如公之事君如天，其忠同也。後以剛直獲戾，調南部郎。公道白當路，當路益高之。尋擢姑孰守，值權璫竊柄，紳縉士夫鮮不為屈者。公獨耿介孤行志，恐不免，孺人知及之，力勸歸，乃以病告，解組，養晦十年，始起用，再守平乾。是公之明哲保身，孺人成之也。公守平乾時，密邇日月，清正之聲聞，當寧交章列薦牘行，將秉憲。當是時，正功名顯榮之地，勢利熱鬧之場，他人處此，不知一官戀戀，當復何似，乃一旦識氣數將竟，致政歸田里，傲然東山，視富貴如草介。公卒知止不殆，亦孺人左右之力居多。余聞公之始祖，自濠梁徙秣陵，閱七世，始誕公，而孺人亦來自幽燕，真天作之合也。公之元配為邑巨姓高氏女，封恭人，先公卒。而孺人相大夫者二十年。大夫沒，茹蘗飯冰者四十年，逾八耋，春秋高矣。自從官以至家居，一意輕綺羅，重荊布，縞衣綦巾，可謂戔戔束帛歟！而奉先祀則豐，享大賓則豐，歲時伏臘，宴里社則豐，抑何儉而有禮耶！孺人其亦偉男子化身乎！舉大夫子者一，垸，補弟子員，娶上蔡文林郎王公長女。女一，適汝南某某道羊公嫡子其曾孫。治將營葬祖塋之側。勻不敏，一言弗克違，因略述梗概，俟採風者，簪筆光史策焉。是為記。

(文見宣統《項城縣志》卷十九《麗藻志》。王偉)

重修楊烈婦祠記

馬文烇

烈婦為唐項令李公侃妻。方李公令項，逆寇李希烈猖獗時也，汴州且下，而陳人亦栗栗懼不支，況彈丸之項，慮無不竹破者。李公逡巡思避，維楊氏援大義激之，謀以重賞募死士，擐甲冑登城，躬為饗餉，卒中賊以流矢，逆黨鴟澳，孤城扼解。乃烈婦以窈窕孱素，保眾成城，其於智勇忠義，可謂兼之矣！夫以禮及人者，奕祈稱誦，而腰臏惟虔昭報也。項士大夫保冠裳，嚴然復耀，伊誰之力？項農氓商賈，帖然田里，茅宇纍纍，垣籬比比，畚鍤不驚，貨賄如故，伊誰之力？項少者安提，攜老者安扶，翼誰之力？烈婦以力庇項，項以血令報烈婦，禮固宜然。第故廟越在槐坊，世遠跡湮，又以新邑播遷，春秋禋祀，遞不相及，以故廟貌雖存，旁無睨者，久且鬱為莽區，僅一塑像，在頹垣間。逼側僧寺，不蔽飈旭，既而會風雹，飄廬舍，摧毀佛刹，而烈婦像完如故，將障項貞靈，令風雷失烈乎？抑亦神物呵護然也？前令雖聞有修者，顧旋作旋毀，未有十年不易之規。既而魏侯移置新邑西郭，便祀也，未幾又毀。陳侯續修，又續毀。噫！毀之者何一手一足，不足培基於金石，而踵者不義也，修之者何芳標勁節足，激發千載人心，而抱義者不忍坐視也！歲甲午，王令君奉命蒞項，首詢節義，風表人心。邑人嘖嘖以楊烈婦告。令君曰："嗟哉！楊夫人揭日月，行中天，煌煌烈矣！自我不表，疇其舍旃。"遂捐俸鳩工，圮者復之，剝者飾之，斥厥淫祀，令勿近黌厥侵地令反焉。邑人造余有請，遂為記之。

（文見宣統《項城縣志》卷十《祠廟志》。王偉）

重修光武廟記

上蔡程元章

　　蓋聞古昔有美必書，有善必記，所以示勸而垂久也；不墜前賢之遺蹟，而踵事增華於其間，所以重其述也。天下懷古君子，慕其道德，仰其功烈，往往增修舊典，代不乏人。余登覽之際，倘低徊深羨之。

　　丙午之夏，余奉簡命，督學閩中。蒙恩旨俞允，暫由便道歸里省親。有汪君澤先暨其姪子彬，以姻婭常相過從，一日，以重修光武廟碑記為請。余歡然許而未果。復寓書於閩，本其創修始末以請，可謂重其事矣。豈敢以不文辭哉？余惟南頓在項邑之北，古稱都會之區，光武之廟在焉。而項志所載，重建在宋，則有項邑宰江渲裕也。重修者在明永樂六年，則有邑民韓得春也。其在嘉靖元年，捐資二百六十兩，買地六十五畝，為廟僧奉祀焚修之計者，則商人汪恪也。其詳請學使呂公增設祭典者，則邑宰何廷俊也。我國朝康熙二十九年重修者，則有邑宰顧芳宗及汪恪之族人汪崍等也。是廟也，賢令尹、良商民相與增修，歷宋明以迄於我國朝，而香煙不絕，亦云盛矣。以顧邑宰重修之年月計之，至於今，則又三十餘年矣。今商人汪珠等復率其族人，又從而增修，其廟貌潔治，其牲醴敬陳，其奠獻，不獨禮儀盛於前，且彬彬然質而文矣。夫東漢光武皇帝實生斯土，中興漢室，赫聲濯靈，又廟祀於斯土，豈非地之鐘靈毓秀者乎！商人汪恪既捐資增地，重修於前，而其族人汪崍等復經營接武，豈非賢者乎！古之有美必書，有善必記者，此之謂也。余又安能辭汪君竹林之請也。是為記。

　　雍正四年。

（文見宣統《項城縣志》卷十《祠廟志》。王偉）

大石橋碑記

曾臨淵記

王者之治天下，自宮寢廟朝，以迄關、市、津、梁之間，皆有成憲，為萬世法，其仁可為至，而功可為遠矣。若夫布衣之士，雖有利濟之心，不過遂其力之所及而已。蓋分有崇卑，澤有遠近，其仁一其功同斯道也。先君子嘗言之霞嵐司先生，先君子之執友也。一日登潁河之上，臨淵從焉，先生指而教之曰：河之北岸舊有巡檢司，蓋上通沙水，下達三河，舟楫往來，必由於斯。又為陳項大道之所經，朝廷以為水陸之衝，故設官置司，以防奸宄。嗣後上流淤塞，沙、潁不通，舟楫不行，此關遂廢，而巡檢亦罷矣。然其南北大道遺跡尚在，而津梁傾圮，蕩然無存。竊嘗憫之，而限於力之不逮。山左王君均富寄居於此，始議作橋以濟，先捐千金為之倡，而余族人亦願成其志，四方君子又各捐資以助橋成。而王君故矣，其族弟國太議勒貞珉，以垂不朽此義舉也。汝其為文以記之，臨淵受命不敢辭。因述所聞於先君子者，以請於先生曰：豐於財，而吝於為善，不仁之至者也。王君一羈旅耳，未嘗豐於財，乃能捐其所有而不吝，司氏族姓暨四方君子又能成王君之志，而且不自以為功，與古仁人之心深有合焉。後之歷斯橋而閱斯碑者，當思一介之士存心濟人，於人必有所濟，勿以善小而不為可也，先生笑而頷之。

雍正九年。

（文見宣統《項城縣志》卷六《河渠志》。李正輝）

永禁屠戶包祭碑文

項城縣鈔蒙為永禁屠戶包祭之惡習以肅祀典事。

蒙直隸陳州票、蒙布政司票，雍正十二年二月初四日，蒙總督部院下牌，照得春秋丁祭，載在令典。《周禮》釋菜有三，仲春上丁、入學釋菜會舞始入學，豐器釋菜，大學始教皮弁祭菜。此即後代丁祭所由始。凡以敦崇至聖，敬重儒行，祀事孔修，典至隆也。一切祭品、牲牢、酒醴、粢盛、果蔬，皆有常設，需用銀兩，前奉行加增在案，俟動地丁正項報銷。凡為有司者，理直誠敬，躬親辦理，應用祭品均照時價給發，預期購備，勿侵剋派，勿朘削小民，勿騷擾地方，庶幾光昭祀典，仰祈欣格。乃豫省縣每年丁祭，俱令屠戶承值包祭，散屠之中，立一總屠，專管包祭銀數。丁祭州縣官不問，應用豬羊若干，皆由總屠包去，至期備送。於是，總屠派諸城內之散屠，而城內之散屠又轉派諸四鄉各鎮之屠戶，或以一派十，或以一派至二十三十不等，凡屬屠戶，一網打盡。甚至城鄉廚子僅能操刀，亦每名各派出二三錢、四五錢幫貼不等。城內散屠受累，鄉屠更甚。總屠得科，書役煮烹，是以每逢一次丁祭，鄉民即遭一次荼毒。祀典之謂何？而乃令屠戶攘奪豕羊，剋剝膏髓以供犧牲之薦，不知先聖口為茹而為吐也。慢神虐民，罪莫大焉！而有司解曰：散胙甚多，額銀不足，不得不仍舊貫以責之總屠為便。本部院親丁祭，細加查核，向例分胙承送，督撫衙門各四隻，司道亦如之。次則府州縣以及佐貳紳衿，多寡不等，而儒學則以餘贏為一歲肉食之計。夫飲福受胙，所以昭神惠也，故古禮祭肉不宿，若以為上司衙門體統尊嚴，不便輕褻，則此乃廟祭朘餘，普昭錫覜，非同餽獻邀歡必取豐腆。若上司以此責備，即為不知大禮，州縣紳衿亦以頒足而止。豈平時不知肉味，而特借此一日之丁祭得以踏破菜園耶？況每豬一隻，僅止發銀四五錢，多至八錢而止，不得民間半價，以此責之總屠，散派各戶，加以借收取利，宜乎鄉民豕羊狼藉，幾欲種子不留矣。今本部院特為諸君定議，即於春祭始，總督衙門分胙止許豕羊各一隻，司道如之，府州縣減半，佐貳紳衿酌量，均頒不缺。嗣後，總以額銀數目，除買備別項祭品外，實有備牲銀若干，即以額之數定豬羊之多寡，而即以豬羊之數定分胙之奇贏。惟其意不惟其物，惟其有不惟其多，惟其均不惟其豐，如是而已！丁祭之前，有司預期出示應買豬羊若干，慎選取幹役或誠實親丁，向行戶按照時價買置收養署內潔靜之所。然州縣之人不能操刀使割，至期傳喚在城屠戶數名，令其宰牲齊備，然後抬至廟中，擺列祭所，其鄉鎮屠戶不許傳喚一人進城。似此必誠必敬，勿二勿欺，其惟民鮮騷累，物免濫載，以之駿奔在廟，對越先師，亦溫恭朝夕，執事有恪之大端也。

至於屠戶包祭惡習，速行勒石永禁，出示曉諭，敢有違犯，立行參處，決不姑寬。此事本部院為祥符令時，業經痛革已甚，不料後復踵襲陋弊，至今尚未淨除，且向開藩粵東因丁祭不敷，曾捐養廉銀兩，發府州縣學，添備祭品儀物，惟茲見豫省鄙陋如斯，亟宜懲創，通飭嚴禁。為此，仰司官吏查明，即便移行各衙門一體遵照，仍嚴飭各州縣備速將屠戶包祭惡習，勒石學宮，永行禁革。一面出示遍行曉諭，倘敢陽奉陰違，定行官參役斃。

再如丁祭所用果品，聞各州縣買辦，有遍向鋪戶並行苛派，入己取利分肥，不誠不潔，深可痛恨。一併飭禁，違拿垂處，倘有弊端，詳明再行頒示勒石，禁通取碑摹遵依報查，均勿違玩，速速。等因。到司行州到縣，蒙此，除出示曉諭外，擬合勒石學宮，永行禁止。為此，碑仰闔邑人民一體遵照，勿違。須至碑者。

雍正十二年五月日立。

（文見民國《項城縣志》卷九《學校志》。王偉）

建普濟堂碑記

制憲王士俊

今天子御宇之十一年，余以節制兩疆，重念民艱，細籌足民要道，於墾荒外，復思鰥寡孤獨老羸疾廢之人，資生無策，賑恤誠所當先，要非建堂置產，弗克垂諸永久。爰佈告郡邑，務令安集得所。余將嗇縮其月俸所入而為之倡也。設有好義樂輸者，即以邑中贏餘，補邑中空乏，亦無不可。陳州府屬項城縣，系古項子國，與江地連界，地瘠民貧，又形勢卑窪，恒多水患，凋敝窮邑，其需安輯也，亦孔極矣。署令劉俶如檄襄事，率眾捐輸，置買物料，蔔城中隙地，為堂一區，周圍搆屋二十間，中列牆垣，隔別男婦，每人日給錢五文，米一升，以為食。冬給棉衣以為衣，病者調之以藥，亡者施之以棺，兼立義冢五畝，俾生有養者，死復有葬。每年擇老成殷實之人，專司其役。事始於雍正十二年六月，逾三月告竣。凡所措理，亦既井井矣。然一時創舉，慮難經久。幸樂善有同心，邑中慕義生員王文光奉母命捐地三百三十畝，更有項生閻聖言，度越尋恒，慨然獨捐地一千畝，計歲收籽粒已大敷堂中用度，且垂諸永久而無虞矣。此項民幸也，即余所深慰也。嗟乎，小民生逢盛世，無一夫不被堯舜之澤，即煢煢無告，莫不有家室之慶，有衣食之樂，蓋亦休矣。今試過南頓之墟，相楚重瞳所築，當日金戈鐵馬，鯨擲鰲呿，婦子慄慄，莫安昕夕，即富民亦歎吪儺，而況窮民與？今城猶名項，而太平已久，穆然徒見山高而水長，即貧民亦得食其土之所，有養生送死，恬恬熙熙，而況富民與？唯聖天子軫念民依，心勞蔀屋，爾窮民乃有此幸也，其又可或忘之耶？因記其創建年月，及捐地畝數，四至段落，暨樂善姓氏，具勒碑陰。

雍正十二年九月。

（文見乾隆《陳州府志》卷二十六《藝文志》。王偉）

重修學宮記

劉俶

孔聖德冠百王，道隆萬禩，世之讀其書、被其澤者自淑淑人，開來繼往，何其廣且大也。是故上自帝王，下逮士庶，莫不師尊之，景行之。崇其報者，往往煥宮牆，光俎豆，春秋饗祀，儐介肅雍，其典始自成均，而遍及乎遐陬郡邑，以此黼黻治平，倡導風化，猗歟休哉！

俶於雍正十二年甲寅夏季，奉檄來項，首謁學宮。仰視殿宇摧危，凡兩廡垣櫺，俱敗壞傾頹，愴然在目。詢之多士，云：＂康熙二十年間，邑宰顧芳宗修葺以來，今垂五十年，因循苟簡，無能舉而新之。＂俶不禁喟然興歎。竊念風俗之興，由於教化，而學校者教化之所由出也。今天子右文重道，車書明備，禮樂光昌，項子故都又人文淵藪。俶以遼東下士忝列科名，且臨蒞茲土，乃覯雍宮泮水，淪落於荒煙蔓草間，伊誰之責歟？亟謀諸教諭王君夢賚、訓導張君湛，估計磚瓦木植及工食等用，不下千金。首倡捐薄俸，並勸闔邑紳士，黽勉樂輸，共成盛舉。週歲中，鳩工並作，凡殿廡前後，莫不煥然一新，計費八百餘金，歷次年冬，始告厥成功。其閒經營而贊襄之者，在籍縉紳閻聖言、石㟧、石凝祚、高攀龍等，均有力焉。俶因之有感矣！士子讀書稽古，弋取功名，凡叨一命之榮，能飭廉隅而篤沾體者，不外聖人之教。是役也，謂非風俗之樞機，教化之源本哉！觀感之下，得勿有子與子言孝，弟與弟言悌，家敦修㪍人樂橫經者乎？將見人文蔚興，賢才輩出，於都人士有厚望焉。至明倫堂及兩學博私廨，適俶以奉旨入都，匆匆未獲整理，不無餘憾，尚賴後之君子增修而續成之。是為記。

雍正十三年冬。

（文見宣統《項城縣志》卷九《學校志》。王偉）

重修靳橋記

邑人勾永譽

利濟之事多端，其溥且久者，橋梁為最。顧名之所在，有力者爭焉。故四達之衢，其成功也易。名所不在，有力者去焉，故一隅之區，其成功也難。成功易而慷慨好施，利濟之思大而誇；成功難而黽勉從事，利濟之心肱以摯也。

吾項東北舊有靳家橋一座，東顧高寺，西望婁隄，皆通都大衢。而此橋獨臥於蒼煙白露間，故名之。所不在有力者，所過而弗問者也。聞之橋以靳名，原自靳氏創建，因名焉。但橋係土木，其閒屢修屢廢，不知凡幾。及前明隆慶二年，有王君諱臣者，因年衰乏嗣，乃獨力成功，易木以石，易土以灰，而橋之氣象蒸然丕變矣。相歷二百餘歲，國朝乾隆元年，善士王君、劉君等募化四方，鳩工重修，然橋小而卑，水冒其上，不數十年而遂復傾圮。每當秋水方盛，行旅之人望洋咨嗟，羣以為病。善士廷臣樊君目擊心惻，爰糾同志捐資起會，定議重修。夫同志之士，有廣修楊君、燦斗王君、冠廷王君、象辰靳君。而靳君者，正創修此橋之宗派也，其樂為經營者，正所以繼序先人之志也。因歲值荒歉，資用不給，諸君同赴淮邑，謁拜鵬程趙君。趙君者，正所稱樂善而有力，不移情於聲聞者也。遂為之庀羣料，飭眾工，壞者剔之，圮者修之，卑者崇之使高，狹者恢之使廣，不數月而功已告竣矣。夫僻在一隅，好名所不顧，而趙君獨孜孜助之無有倦色，其利濟之肱摯，視夫誇大者何如耶！使後之君子繼序其皇，規模益增，安知不鞏固如易州、名勝如渭橋也哉！矧樊君與趙君議，方擬俟畚揭，除道路，窪下者築之，崎嶇者削之，行見蕩蕩平平，如砥如矢，一隅之區且為四達之衢矣。二君雖欲辭名，名將誰屬？余不能文，而樂道人之善，故為詳記其始末如此，後之覽者，亦將油然而興為善之志矣。

乾隆元年。

（文見民國《項城縣志》卷六《河渠志》。王偉）

重修奎星樓記[1]

張延福

項近羲皇故都，枕頓嶺帶虹流，地僻而脈秀，自漢以來，名儒輩出，固以地靈煥人文，亦由人力培地氣。形家言豈盡誣耶！歷觀直省郡縣有關文教者，孔廟而外，必推文昌，次則厥惟魁神，載在祀典，士大夫多虔奉之。前明萬曆間，邑侯王公初奉神於青雲樓，迨後歲久祀廢。其鐘樓之建於巽地，則白維揚田公始，旋亦毀於兵燹。

康熙丙寅，始寧顧父師，因重葺文昌宮並構樓於前，以祀魁神。又以巽方寂寥，復建鐘樓於雉堞之嶺，以迎佳氣。詎甲子、辛未以後，宴藾久虛，釋褐邈聞，睍國者每歎士風之不振。高安劉父師謀諸紳士，撤鍾弗鳴，另肖神像於青雲樓。嗣是，人文漸有起色，然究未若前代之濟濟稱盛也。夫吾儒任理不任數，而數究不離乎理。鐘，金聲也。巽，木行也。木地金鳴，理實相尅，其撤而去之也，固宜若青雲樓當縣治五達之衢，塵市擾攘，果何所取義而奉神於斯耶？嘗考《漢誌》，魁方杓曲，蓋斗首四星也。斗戴筐六星，曰文昌是魁星，原與文昌相比附，昔之祀於帝君前也，理本可通。特其地湫隘，未足以暢文明之氣耳。厥後，二三學士遷舊魁神於故鐘樓，其地仍近文昌宮，而爽塏則有加焉。望氣者皆以為吉。顧神像雖移，久已剝落不華，樓亦傾欹崩裂，日就頹廢，識者憂之。躬逢聖天子崇儒重道，慎選文臣守郡縣，於是，滇南錢父師以巍科久宦，承乏來茲土，凡有關於民風士氣者，莫不加意振興。爰於是夏，詢諸紳士，謀所以妥魁神者，慨然興作，且捐薄俸，以為首倡，而學師楚君諱芬與高子應旒、閻子壇等，更為設薄，遍告同人。適右齋王君諱中者，亦奉簡命來秉項鐸，共勸盛舉爾。始迺鳩工庀材，循鐘樓之故址，為魁閣之偉觀，坐巽面乾，遙拱頖壁，高若干丈，廣若干尺，工費集腋於多士，而丈二金身則閻子壇所獨任也。經始於八月，越兩月而告成。工既竣，囑余為記。余以讀《禮》，故方以未獲勸事為歉，豈碑陰八字，尚以不文辭。且是役也，直以人力培地氣，行見人文蔚起，輝映前哲，則侯之功垂不朽，而諸君子之樂善急公，亦得與頓嶺虹流共久長矣！是烏可無言以紀歲月。因不揣固陋，次其顛末如此。

每歲春秋二仲上丁日致祭祝文：

七星冠首，六合承輝。德耀青陽，祐人才之奮起。祥開紫電，煥文運之光昌。天象昭臨，士林忭慶。敬修禋祀，肅展微忱。

乾隆六年。

（文見乾隆《項城縣志》卷十《藝文志》。王偉）

---

[1] 宣統《項城縣志》卷十《祠廟志》標題作"奎星樓記"。

傅忠壯公祠堂碑記

藩憲趙城

有明懷宗之季，運丁陽久，流氛充熾，秦晉梁楚閒，黎民糜爛，廟堂震驚。大司馬傅公以樸忠悟主，起獄中，授秦督，總制邊軍，偕保督楊文岳合兵勦賊。至項城之孟家莊，伏發，軍潰。三裨將皆奔，文岳逸入項城。公堅壁不動，分秦兵爲兩壘，與賊相持，死戰十餘日，糧盡矢竭，夜勒軍突圍出，且戰且走。去項八里，爲賊所執，賊挾公賺城。公罵賊，令門者勿啓，遂遇害。項得賴以全。

嗚呼！公之出關而東也，賊方延蔓，勢甚張。諜者傳賊渡河赴汝，窮追中計，伏起林莽閒，一時風聲鶴唳，各營瓦解，兔脫豕奔。而公整餘卒六十人，轉鬭重圍中，死無二志。洎乎力窮被執，霜刃披胸，雪截夾脰，猶噴血罵賊，以完孤城。公之大節懍懍，可與張睢陽、顏常山頡頏鼎峙，諡曰忠壯，豈虛也哉！

公，滇之昆明人。余爲鄉後進，曾於《明史》中讀公傳，肅然起敬。今奉命旬宣豫省，項爲豫之屬邑，邑令錢君國寶亦滇人也，因囑其考核志乘，並訪公逸事，有無流傳故老者？項爲公騎箕地，魂魄猶應滯此，且公有全項功，亦宜有血食，而承平百年，罕有知其事者，以公非守土官，亦未祀名宦祠中。伏念我朝恩德隆厚，憲典昭垂，凡遇忠孝大節，雖在前代者，例得專祠崇祀，余因詳請大中丞雅公，乞爲公題請立祠。未及上，雅公內召，而錢君亦以病乞休，將還滇，不及待奏報，因先捐俸置地一區，構堂三楹，崇其門閭，周以垣墉，祀公神位於內。其址在城東南隅虹陽書院之北，三賢祠之西，於乾隆癸亥四月落成。規模粗具，以妥公靈，爲桑梓增色，爲忠烈流芳，使搢紳士民咸知公之大有造於項，而尊敬尸祝，傳之奕葉，永永勿替。此則余與錢君之所厚望也。因鑴石，志其緣起，後之君子庶有所考焉。

乾隆八年四月。

（碑在項城縣城內文昌宮西院，文見乾隆《項城縣志》卷十《藝文志》。王偉）

滾河碑記

邑令韓儀

竊聞政尚平允，以鄰為壑，非恕道也。況天下之民，皆朝廷赤子。詎可偏愛而異視耶？如滾河一件，余於逖聽之餘，風聞大署，而未悉其始末也。會甲子冬，奉署項篆，於入境之始，訪民閒疾苦，僉以滾河為慮，余竊惑之。頃據邑民請立碑，以垂永久。急查卷牒，緣項之清興、平香等村，有清、任、洪三河以瀉上游各坡之水，至洪七溝合流，由洪七溝橋東分二支，一由橋南轉東，至唐溝嘴以入瀙河，久淤，是即欲挖滾子河也。一由橋北轉東，會杜家口之水，至蕭公廟以入瀠河，現在深通，是為上坡瀉水之舊河也。但滾河填塞，始自前明，歷有百年，於茲淮、項之民，俱各相安也。自雍正六年，淮民請開，而項民自此多慮矣。迨雍正十二年，經前州黃牧會勘，滾河淤塞有年，勢難開挖，請仍循舊，併將蕭公廟橋口建閘，以司啟閉。蒙督院王批準在案。茲於乾隆九年，淮民復請開挖，經前令吳、趙二公先後申請禁開。蒙府憲崔勘明，滾河若開，則下坡之民皆被水患，且洪七溝至蕭公廟河深通寬大，相去不過六里許，由洪七溝至滾河出唐溝嘴，則有十二里之多，斷無舍近圖遠之理。詳請各憲會議呈詳蒙撫憲碩批準，滾河無庸議開，仍將王家亮三壩照舊填塞在案。但淮民屢經混瀆，輒改前議，宜我項民呼籲不已，諄諄以立碑為請也。除一面批令刻石外，爰濡筆書其顛末，以備不虞。此一舉也，淮、項兩便平允，孰大於是？倘以鄰為壑，則非余所敢出也。是為記。

乾隆九年。

（文見民國《項城縣志》卷六《河渠志》。王偉）

黃家橋記

知府崔應階

郡南四十五里，淮、項接境，有地曰左村坡，勢居窪下，每苦積潦，坡東南濱臨沙河，跨隄有橋一，上下甃以石，名黃家橋。橋外數十武始達河流，有溝一，上接橋孔，相傳曰趙黃溝，始建不知所自，蓋亦前人為洩坡水設也。歷年久遠，溝以淤塞，項人張丕緒等恐隄薄不足以禦泛溢請於縣，加築土隄，橋上橋亦從此湮沒。乾隆四年，夏秋苦雨，左村坡等十九村莊，盡成巨浸。項邑錢令過此，憫其昏墊，積父老謀疏洩計，此溝始復一開。於時值秋泛，坡水未洩，而河流復漲，村民不知捍禦，悉皆引去，幾有潰隄之勢，賴下游居民搶築，始無他虞，自此不復議開。乾隆六年，余來守宛，秋又苦潦，淮民楊世俊、項民童希聖等復議開此溝，而項人張丕緒等堅執不可，遂具牒訴府訴道，轉飭淮、項二令會勘，因有前車之鑒，亦以不開上請。

噫！河隄固屬要防，而沈釜可不計慮乎？余因親往勘視，遂命鑿隄露橋，橋甚堅，而溝去河亦遠，若令啟閉以時，固無礙也。乃請於道，期過秋泛，委員開啟，水涸即築，實以堅河防。約四十日，地乃涸出，農功無悞。本年夏秋兩泛，竟於河隄弗害，故知前此之疎虞，良由啟閉失時，若竟歸咎此溝，何異刻舟膠柱？自今以往，雨暘時若，設有不齊，當請命於官，以時啟閉，切勿專擅，貽人口實，庶金隄永固，而積潦可除。茲重爾士民請，爰敘數語，以勒貞珉云。

乾隆九年。

（文見宣統《項城縣志》卷六《河渠志》。李正輝）

堵築八里溝口碑文

邑人張延爵

人有溺於水而爇於火者，勢最危迫不可待。然當其一命未絕，壯呼望救，有介乎其側者，聞聲而往救之，而實全之，此猶以生人之事，望之能生之人也。若夫溺於水，水已澤於口，爇於火，火且焦其舌，其人雖未即殞棄，為水火所窮迫，漸並無以自伸其呼籲。彼介乎其側者，見有水而不知水之將殺人也，見有火而不知火之將殺人也。顧念是水火也，生人之本而殺人之大也。我瞻四方，保無有蹈水火之凶，傷心於救我之無人者也。而於是焉，為之求於水之滸；而於是焉，為之觀於火之旁。而適見若人之濱於死，且若弗望我之救也，原不禁其狂奔盡氣，濡手足，焦毛髮，入於死以救之，而急出之，而徐生之，而卒全之。安心於萬死，其人反欲死而不得，此其感激為何似？即其愉快當何如也？

吾項西北兩隅，向即北望，歲猶收穫，自上蔡前令楊廷望於塌橋東岸決溝八里，引洪河之水，下注蔡河，吾項因以歷遭水患。計自康熙庚午首禍之日，至乾隆丁卯楚鄂名進士我公王諱道輝字星南宰項之年，中間凡五十有餘載。邑士民幾經呈控，賢父母幾經詳訴，雖蒙前憲恩鑒，令於八里溝口築壩堵塞，而或仍流三尺水口，而或高僅四尺五寸，舍大圖細，標本事末，既不足以保障吾民，其猶奮不顧身，力為填塞。如雍正己卯歲，邑侯劉公率眾堵壩一事，差強人意，然令由縣尹，功未垂成，我能往而上亦能來，曾不數年，而所謂八里直溝者，仍巨津也。民至此時，既痛恨楊令之作俑，雖欲報而無由，復致慨於諸公之見肘，率相援而無計，歲月日彌，流傳愈久，向非山移城圮，水鬭龍平，陵谷變遷，海石枯爛，亦安望汨汨洪流，循故道於塌橋之下也耶。厥望既絕，控訴奚益，是猶蹈水火者，雖未即殞氣，而已澤於口，焦於舌，漸並無以自伸其呼籲矣。而不料公之偏為求於水之滸，且為觀於火之旁也。方公之未下車，邑西已成澤國，既受事，救災患，匡乏困，逮鰥寡，賑貸兼行，民獲安堵。爰以其暇日，遍歷效原，親詢耆老，知西北水患禍本在洪，猶未知洪之為害如此其鉅，迨公請復，建竹絡填之。

明年，邑秋禾仍為東海公攘去，乃奮然曰："事不拔本塞源，徒沾沾填口尺寸，是徐徐之說也。"更即繕詳，力請全堵，並請南疏茅河，東濬蔡溝，以暢黑流。當是時，撫豫使者大中丞郗林鄂公，誓以興舉水利為己任，鑒公平日任誠，即飭署郡守劉公、開守張公前往勘驗，所見多與公合。公喜民困得蘇，展布有時。而形勢一變，浮言四起，持議者輒謂洪堵而上必爭，上爭而大獄由此以起，甚或訾以好名，毀以輕事，鬱之使必不得自通，霑霑之勢已成，螳背之當匪易。愛公者咸為公危，而公爭之益力也。大中丞終鑒公誠，不吝玉趾，親往查勘。用公南疏茅河議，移其全堵於塌橋溝口者，築二壩於八里溝末，並開小河二道，俾洪水盡由茅河下歸正陽，黑水盡由蔡溝下達淮、潁。且為上、汝謀萬全之計，堵鍋梁口以截洪河上流，俾不得以難容藉口，項因以泥河兩岸永無洪水之患。工竣之日，於辦理通省水利案內，以其事聞於朝，天子悅之，有旨褒異，人皆以為譁。大中丞惕惕之志如初也，吾項士民感大中丞覆冒之仁，各憲贊襄之德，而不能不心折於我公障川之烈焉。慨自由瑟宓琴，徽音不再，士人一行作吏，以為此富貴之具耳。爾憂家瘠，吾愛身肥，此言不盡宦途滋味哉。即有目覩哀鴻，潛思安定，則又妄自菲薄，謂千鈞負荷，非綿力所得勝也。更或迫於衆請，難遽辭絕，究以事下，傷心小挫即折。孰是以忠主為己懷，勤民為吾事？艱難時厪，咨訪維殷，救窮餓之水火，觸不測之顯威，而仍不必其民之呼而訴之也。古稱"君子居其位，則思盡其官"，又曰"柔亦不茹，剛亦不吐"，如我公者寧尚有愧斯語哉！公此舉為吾項民命復生大關鍵，用是不鄙煩冗，詳其巔末，勒石以誌公德，且以示久遠云。

乾隆十二年。

（文見宣統《項城縣志》卷六《河渠志》。李正輝）

梁公祠碑記

教諭祝奎

古之稱良吏者有二，曰神君，曰慈君。夫神運以才也，慈運以心也。心餘於才則子諒，惻怛結於性真，發於雲為周浹於窮鄉僻壤。慈也，即神也。縱或一鶴不歸，雙鳧早逝，而神理緜緜，卒不與良吏形骸而俱沒。

我邑侯梁公，諱作文，字有造，號絅庵，為粵東陽春著族，科第簪纓，蟬聯不絕。公膺鄉薦，考授國子監學正，丁丑成進士。奉簡命治項。項本彈丸邑，地瘠民貧，公仁心為質，政出以寬，而吏胥獨兢兢奉法，勘有不冰蘗自凜者。一時訟庭常虛，案無積牘，諸縫掖以文事至，即從容禮遇之。商字摘句，快論移時，甲乙不倦。親串到署，贈予必厚。其矜恤寒畯，尤至再至三，弗吝也。己卯七月，飛蝗遍項，蔽日障天，望之若雲霧氣。公齋沐禱於神，蝗遂遠去，不為害。其後蝻生項境者六七處，農以為憂。公督吏役、鄉民，不數日捕滅殆盡。

歲庚辰，改建蓮溪書院，按月校課，多方獎勵諸生。辛巳秋，黃河漲決，水勢澎湃而南，由潁歧口直注項之瀠河。瀠北邨落，已在洪濤巨浪中矣。公方患病，乃奮不顧身，親率吏民於瀠河南岸，星夜築隄，瀠南之賴以全活者數萬家。維時各憲飭辦麻斤物料，修黃河陽甚急。公無晷刻甯，精神消喪，至冬十一月而病益篤，仍諭庫吏王昭德監修書院講堂三楹，務使規模宏敞，惟慮膏火不設，四方從學之士終難雲集。且城垣久圮未修，潁歧口急需完固堵築，塌橋八里溝雖補立石壩，而項蔡接壤，弊竇易開，以故城南仍遭水患，未完心緒，言之神愴，不聞一語及家事焉。初近六律，竟赴玉樓，煢煢孤孀，返櫬無資。其倉庫不足之項，約計三四千金，此不但被惠愛沐渥澤者始太息泣下，盡傷於良吏之不可為也。幸椒園方公蒞茲土，公直隸吳橋人，丙辰科進士，名鳴球，夔典其字也。久歷煩劇，循聲丕著，憲臺悉其治狀，委署項篆。聽訟如神，愛民如子，與士民言及梁公艱苦，慨當以慷，毅然以身任之，士民亦觀感而起，各捐資以曲成於靡盡也。又何莫非梁公子諒惻怛之，神所默相而陰甚者哉！茲建梁公祠於蓮溪書院之東南隅，落成聿始，勒石為記，并繫以銘。銘曰：

惟公撫項，有腳陽春。誠能化頑，慈可兼神。負病從公，不知有己。兢業在心，勤民育士。政媲三異，人戴二天。廉生范甄，差擬公賢。長厚成性，風示薄俗。百里騰懽，如沸得沃。治未四載，倏焉騎箕。情難已已，為公建祠。祠臨虹水，公尚如生。蓮溪不改，奕禩同情。

乾隆二十六年。

（文見民國《項城縣志》卷十《祠廟志》。王偉）

皇清誥封恭人李（縉）母竇太君墓誌銘

【誌文】

皇清誥封恭人李母竇太君墓誌銘

制授朝議大夫知河南歸德府知府事前山西代州知州馬邑縣知縣加一級愚侄李由中頓首拜撰文。

制授朝議大夫知福建邵武府知府事加一級愚姪劉嗣孔篆額。

郡府學廩膳生員族曾孫鳴瑋書丹。

予□□□□□□□鳳章李寅臺也。□遊宦三晉始。時余宰馬邑，公守朔州，仰蒙忘分下交之誼，因作龍門座上之客。然宦途薄徙，□合□□廣武、新昌，我佩公綬，公納我組，數已奇矣。日後，余轉睢陽，楚客有北轍之易；公臨會稽，上賓有南轅之□。易地而治，□□互□，事更異焉。無何，公請歸養，余亦投閒，雲天雖隔，金蘭時切，不謂蝸居深斗山之望，鴻飛來月情之音。星□遙臨，忽□公太恭人訃狀，及書壁以陳，且云卜葬有期，丐余為誌。嗚□悲戰！忝在通家，抑又何辭。因和淚濡墨，謹按狀以誌焉。

太恭人項邑竇氏，時晉公第五女也。生而貞靜，女箴允協，天性孝宛，善事父母，故時晉公夫婦愛之甚篤。及長，適翰如太封翁。端莊勤儉，唱隨無拂。敬以事上，親深嘆其孝；慈以待下，眾咸戴其恩。持家則甘美必讓，執事則操作獨勞。是以閨門雍肅，內外數十口無不嘖嘖交讚其賢。且於戚屬之困苦者，解推施與，體恤之備至；里黨之貧乏者，周濟捐救，賚予之如不及。其他種種懿行德惠，□□更僕難數者。然此家常瑣屑之端，猶不足以覘太恭人底蘊也。及太封翁上公車，宦四方，太恭人褕笄相隨，勛□內署有明體□用，須眉丈夫所不能及者。如太封翁之□福山，補廣信，陞□安，與夫署滕縣，蒞□城以及撫州南安抽分大□塘，所在吏畏民懷，惠政循聲，載在口碑，久而彌熾。豈知太恭人內助之恩，與有力焉。是太恭人之相夫子者，不惟宜於家，亦且推於國矣。且義方是訓，克昌厥後，雖和丸畫荻之風，無多讓焉。是以鳳章、奉拙二公繼膺寵命，震續家業，一則□譽晉閫，一則飛□滇甸。雖天材之卓越，寔慈訓之陶成。則太恭人之教膝下者，愛於爾子者，更及於爾民矣。從來婦道貴順隨，母儀重懷柔，由來尚矣。然不善順隨懷柔者，摯曲阿諛撫摩，顧復以貽咎也多矣。如太恭人，採之有本，施之有要，可不謂中國之偉人哉。嗚呼！惟有太恭人之德，宜有太恭人之福。是以語壽則爾期爾艾，南極獻百年之瑞；語貴則紫誥黃封，北闕頒五德之榮。九□福□，太恭人曾有一之未備否乎？此侄握筆□辭，始而淚涔涔者，繼而心洋洋也。於戲！古云天之生是，使獨也。太恭人□足以當之矣。

太恭人生男三：長即誥授奉政大夫山西朔州知州陞授福建邵武府同知縉，娶晉封奉直大夫文林郎赤城縣知縣康熙庚子科舉人孫公諱崗次女，封宜人。次貢生綬，娶敕授文林郎慶西富川縣知縣康熙己丑科進士鹿邑縣薛公諱化成女，俱查□。次即敕授承德郎雲南廣西府武禮通判緗，娶候選州同知太康縣王公諱如水女，卒，封安人；繼娶國學生閻公諱容女，卒，封安人。女三：長適康熙戊子科舉人揀選知縣劉公諱發長男歲貢生諱念祖。次適康熙辛卯、庚子兩科副榜西華縣張公諱華長男國學生諱登邦。次適太康縣歲貢生王公諱維懷五男貢生諱九疇。男孫十，縉出三：長祥麟，監生，娶候選州同李公諱宣景女，卒；繼娶王公諱□智次女。次夢麟，增生，繼亡弟綬嗣，娶竇公諱法渠次女。次昌麟，□生，娶竇公諱法泳長女。緗出七：長坦麟，貢生，娶奉直大夫蓬溪縣知縣前均州知州孫公諱彥穎次女。次應麟，娶敕授儒林郎候選州同雷公諱方曉次女，卒；繼聘扶溝縣貢生嚴公諱惠仁次女。次貞麟，娶候選州同李公諱宣景次女，卒；繼聘黃公諱應中長女。次慶麟，娶文林郎平山縣知縣康熙丁巳科舉人王公諱豫次子國學生諱周士次女。次開麟，聘竇公諱洵長女。次詳麟，聘敕授文林郎雲南元謀縣知縣雍正己卯科舉人直隸獻縣盧公諱純嘏次女。次金麟，幼未聘。女孫八，縉出三：長適尉氏縣候選州同王公諱錚次男諱元鼎，次適候選府通判李公諱郊三男國學生諱樹源，次適候選教諭高公諱□長子□選州同諱文□長男諱恩光。緗出五：長未字，次許商水縣國學生李公諱清源次男諱可先，次許歲貢生高公諱文樸次男諱照□，次未字。[1] 曾孫七：祥麟出二：長庠生訓，娶候選州同李公諱樹勳次女。次諶，娶候選州同李公諱□長女。夢麟出二：□[2]，聘國學生孔公諱興煜次子諱毓墀長女。次□，聘候選州同李公諱宣景次子國學生諱宜發女。昌麟出誼，聘尉氏縣候選州周王公諱錚次子諱元鼎次女。坦麟出□，幼未聘。應麟出□，幼未聘。曾孫女五：□麟出一，坦麟出三，昌麟出一，俱未字。元孫一，訓出，諱□，聘國學生鄭公諱元定長子庠生諱瀛女。元孫女二：訓出一，諶出一，俱未字。今卜於乾隆三十五年九月二十七日庚午，奉太恭人之柩□於大中大夫暨韓恭人、張恭人之兆。嗚呼！抑又聞之，坤道惟閫內是修，無閫外之志。若是則無非無儀，惟酒食是宜，□何以銘為？信乎炳耀中州，垂芳史冊，如太恭人者，乃可以銘矣。銘曰：

---

[1] 此缺一女姓名。

[2] 據文義，□之前可補一"長"字。

□□兮□幽□，□□□□□□。神□□兮返玉京，德穆穆兮隱仙坯。安且固兮垂奕□，綸綍赫兮壯千秋。

時乾隆三十五年□□庚寅孟冬穀旦。

男綰、紃泣血勒石。

（拓片藏河南省文物考古研究所。李秀萍）

鄧石如對聯刻石

海為龍世界

天是鶴家鄉

完白山民鄧如石。

嘉慶乙丑。

（碑原在南陽市諸葛武侯祠，現存項城縣王明口鄉田家村。王偉）

三仁祠記

邑人王茂松

上蔡迤東之水，其大者曰洪河，有原之山水也。洪河之東八里，有小河曰黑河，一幹二支，一支南流曰茅河，一支東流曰蔡河，形如丁字，與洪之巨濤不相接也。

康熙二十五六年間，蔡主楊公廷望，與項主顧公芳宗，爭楊家集，集歸於項，而蔡主怒，思所以禍項者。以為項，蔡之下游也，禍之莫如水，爰於塌橋之北，洪河東岸決口，順口疏渠，為八里直溝，引洪入黑，破丁字形為十字河於此，項之民始有洪水之災矣。而楊公之心猶以為未足。黑河之東支為蔡河，蔡河之下游曰包河，曰泥河，蓋一水而數易其名者也。其項、蔡之交，則包河其界也。楊公於包河之西北另開一河，為其自伊開之也，即以其姓，姓其河曰楊河，引上流五河二坡一十八湖之水，滙入包河，實與十字河之洪流相攜而東，而項民於茲又有楊水之嗟，亦以父母戴之，而神明奉之者。職此之由，厥後相安四十餘年。

至嘉慶元年六月間，蔡民有豪健者，中斂貨之私，為虛名之沽懦。其前人而恨其前縣主楊公之毒未流，至今乘水漲決其隄，項之民以事有成案，前功難棄，迭控不休。茂松以居近決口，全地淹沒，又迫於公議，實首其事。連年奉上憲批委項、蔡兩縣，續又委陳、汝兩府，督率會勘。因各私其民，各是其議，歷十一年而不決。其歲，項民以事結無期也，傅朝盈赴部控告，奉旨交撫軍會兩湖制府馬公審辦。蒙委署河陝道張率同二府縣勘得此隄，關四縣數百十村莊之安危，照舊築補，定於明年十一月動工，乃工未動，而蔡之梟獍蠢蠢益肆，於舊口下十餘里之汝隄，又決四十餘丈。汝陽民龔時泰等憤極，與之械鬥致傷，蔡民關某已而殞命，而汝寧之郡主曰："是可以制舉人王某之命矣。"上蔡之縣主曰："是可以制舉人王某之命矣。"蓋懸唱令之律以待茂松，即希以人命翻隄案。於是，蔡民之詞雪片起，蔡官之詳風飛上，而上憲之如其請，以制茂松之命者，亦紛紛日至。而吾縣之繆父母因痛然曰："王某之冤不伸，則此隄廢，此隄廢而項之縣大半浸沒矣，其何以官乎？"力為茂松申辯。當蔡民決汝隄時，其委員之監築者，為陳州分府楊公諱世福，實館於茂松之家。汝、蔡之民鬭，茂松不知也。聞蔡人以死制，茂松亦憤然上其實情於撫軍，而茂松始得提訊省垣，而不至歸案於蔡矣。方吾繆父母之未蒞乎項也，會勘會審，數十年之艱辛，悉吾前縣主吳父母之苦力經營也。而且項民之詞，有不違意者，吾父母悉為發之，項民有青天再見之頌，亦大有力是隄者也。而當茂松提省之日，吳父母適調陞祥符，茂松厚膺覆庇焉。蓋至是濃霧開，赤光現，公道伸，王法顯。首決隄之常大化，刺配山丹，永不援赦。幫訟之許允升，流諸嶺南，道病而斃，而大訟以結。嗟乎！當蔡人欲制死茂松之日，茂松之危困，如赤身而臥冰，其覆以衣，煨以火，移之溫室，飼之酒食，使幾死而復生者，則吾繆父母之力也。如空手而落江漢，其引以楫，載以舟，牽之淺流，曳之岸上，使已昏而復甦者，則吾吳父母之力也。夫二父母以項民之安危，繫乎此隄之存廢，而此隄之存廢，又繫乎茂松一人之存亡。故二父母以救茂松者救此隄，即以救此隄者救項民，然則茂松之感乎二父母者，猶私也。而項、汝、沈、阜四縣之民，感乎二父母者，實公也。爰附二公木主於王公祠中，為其覆翼斯民，惻怛慈愛，前後有同符也。名其祠曰：三仁。以茂松之親其事，而洞其原委也，據實以為之記。

繆父母諱庭槐，江陰人，嘉慶乙丑進士。吳父母諱怡曾，海豐人，乾隆乙卯舉人。其與吾肩此重任，始終不易其心，安危不怵其志者，則監生傅朝興、監生傅心田、吾弟監生廷幹、喻宏昇、相均傅文光、監生范閎中、生員范國政、薛可望、楊天培、生員夏雲峯、生員崔鵬、監生曹雲程、監生曹友尚。若其始也，蔡燄日熾，譎詐百出，折其鋒，挫其銳，使吾項人餒氣日振，則署永寧縣儒學正堂楊公興仁其尤也。

嘉慶十二年。

（文見宣統《項城縣志》卷六《河渠志》。李正輝）

草河橋碑記

邑人王茂松

　　道路橋梁為王政之大端，故《周禮》所列如《夏官》之侯人，各掌其方之道路。宿息井樹，則隨時有官以巡之庇之，使不至廢壞也。自後世厭《周禮》之設官太繁，而澄汰之，則一縣設一官，任城池、守倉庫、主賦稅、掌刑獄、調保甲、緝盜賊，務尤政劇，遂不暇為四野橋道之巡省，而徑畛之壩，陷水潦之積貯。修築疏洩，不得不望之德品隆重之紳耆，而其柄乃操之鄉里。予婚家龔醕儒，老成士也，夙以濟貧為事，而行道之艱尤所軫恤。其莊之東有橋，曰龔家橋。橋南北俱有大道，亦稱劇驂，原期四通八達者也。以轍跡交錯，雨水衝刷，日久損廢過半，往來者羣嗟蜀道。醅儒公與其鄉之父老同謀釀金，竭力贊襄，以六月十二日告成，立石誌事。俾來求記於予，以予株守一官，恨未能同醅儒公斂材庀工，共襄厥事，泐名石上，以光驥尾。幸得誌諸翰墨，齊名安民，殊快事也。因欣然為之記。

嘉慶十三年。

（文見宣統《項城縣志》卷六《河渠志》。李正輝）

桑君捐置地畝碑記

邑舉人王茂松

自井田法壞，後世無計田授田之樂，□有貧無□者，此世道不古之大端也。然土著□□世居此地，□鄰。惟外方之人，既無□□□誼往□□維艱，□每施義地以處之。此□□富鄭公安寓流民之遺意也。□集舊有義地□□□，因年久葬多，不免有累户疊棺之慮。□傷□□施地二畝九分七厘二毫，□□□□於集之東，□埋之。□□桑君者，室無妻子，身無居處，以石工營生，□有義士而後有義舉，以奇人而有奇行，桑君此事□君以貧而為之舉也，實奇行也。謂之義士不得□志重修桑君應為邑乘光也。故樂為志之。

桑君諱化。嘉慶十五年，桑化以己蔡弓地二畝九分七厘二毫，易本集萬壽寺地捐置，南寬十五弓半，北寬十五弓，中長二十三弓。勒石以志之。

嘉慶十五年。

（文見宣統《項城縣志》卷七《建置志》。王偉）

重修光武廟記

知縣繆庭槐

蓋自古帝，受天景命，制治綏猷，削平殘暴，乂安黎庶，是以享祀千秋，廟隆百代，昭鉅典也。如東漢光武誕命，靈貺自甄，舊物光復，新都自焚。考其先世，皇考爲南頓令，是南頓為王氣所鍾之區，龍興有自來者，則廟食於茲，其可已哉。余臨蒞縣事，道經茲土，緬懷往烈，愈仰企焉。辛未歲，其鄉人以廟事質於公庭。余不禁慨然曰：光武為中興之令主，撥亂安民之神聖也。縣乘所載，南頓城北舊有光武臺，光武幸南頓所築。其廟宇雖未詳創修何時，而春秋列諸祀典，命官致祭，固已久矣。是鄉人不得而私之也。余案定其事，著縣城僧官遴選戒僧司其香火，歸屬於官，庶乎其有當焉。距臺里許，劉君濟川，慷慨好義人也，因令典昭垂，心切崇奉，瞻視拜殿，缺未舉修，非所以肅觀瞻，示尊崇也，遂捐地四畝，爲香火資。又糾合左右善士各捐囊資，鳩工庀材，不日落成。廟貌增輝，使過者稱歎，瞻者起敬，宛若神聖在上。非劉君之切於爲善，能若是乎？因請余記。余素樂與人爲善，有深羨光武之盛烈，故欣然爲之記。

嘉慶十六年辛未。

（文見宣統《項城縣志》卷十《祠廟志》。王偉）

修濬石龍溜碑記[1]

邑人竇書成

石龍溜在城北舊治西南沙水中，水上滙汝潁以達淮泗，商舶往來，晝夜不息。乾隆閒，忽生石溜，下自雞心灘，上抵倒栽槐，沙石融結，似石非石，曲折十餘里，蜿蜒如龍形，土人謂之砂矼溜。每秋冬水落，或露出水面，或隱見水底，奇形怪狀，槎枒盤屈。行舟觸之輒破，土人放溜，謅索客船，往往滋事。嘉慶癸酉，有賈客被居民逼索，自到死。經知府李振翥重懲，後詳請上憲，添設淮、沈、項縣丞一員，稽查溜口，酌立章程，溜頭、散役各若干名，上下大小船隻放溜，各有定價，不得額外索取，復於小頂寺前勒碑垂後，今其碑猶屹立水次云。

嘉慶十八年。

（文見宣統《項城縣志》卷六《河渠志》。李正輝）

重修蓮溪書院記

邵傑

郡縣之有書院也，與鄉學並重。凡鄉之美秀而文者，自成人以及小子咸得攻詩書，習禮樂，交相鼓勵於其中。是其作養人材，培植風化，為功豈淺鮮哉！夫固不可一日而或廢也。項邑文昌宮之左，舊有虹陽書院，為前令顧公芳宗所建。時並捐貲置地三頃零，以為每歲師生膳饍之用，誠盛舉也。厥後，歷年既久，而室宇已傾圮無存。

乾隆庚辰，梁公作文承乏來斯邑，意欲舉而新之。嗣以其地基址湫隘，不足以萃文明而宣教化，爰相其土，於準提閣前，另構講堂二楹，旁宅十餘所，顏之曰蓮溪書院。其以蓮溪命名者，緣虹河舊有瑞蓮之兆。而折北，周圍環繞，皆虹水之分流也。水之中迺種以芙蕖。其沿隄四面則置以槐柳，紅香綠蔭，輝映繽紛，所以使都人士肄業其間者，豁其耳目，擴其心胸，益有以長文思而助吟興。其經營周備如此，可不謂美且善與！迄今歷五十餘年，修葺工虛，風摧雨敗，鱣堂苔滿，皋座塵封，頹然者無復曩時之規模景象矣！

---

[1] 宣統《項城縣志》卷六《河渠志》載：碑在城東北六十里舊治西南沙河中，上下數里槎枒環迴，俗謂砂矼溜，舟觸之輒破，土人每放溜索客，值多爭執。嘉慶癸酉，有客船被索自到死，知府李公詳稟上憲，重懲居民，添設縣丞，稽查溜口，勒碑以紀其事。

傑於嘉慶丁丑春，奉檄蒞此土，詣其地，而目覩其狀，為悵悵者久之。因思化民成俗，立學為先，而書院爲興教宣化之地，宰是邑者，苟坐視其剝落廢墜而不思所以新之，非惟無以勵士子，抑亦有辜創建者之初心矣。爰捐廉以為首倡，並設募簿，屬邑之紳士，廣勸同人，黽勉樂輸，以復盛業。未幾，而集腋之舉已成，即擇紳士董其事。是年冬，鳩工並作，至戊寅秋七月而告成。俾邑之俊秀子弟，復得習其業而受教焉。是舉也，萃闔邑之捐貲，仍前人之舊制，其所以修理美備，固不敢任功而究之。落成之後，藉以作人材，培風化，有裨於一邑者甚大。方今聖天子崇文重道，車書明備，禮樂光昌，洵人文蔚起之會，項之學者，尚其努力進功，奮勉從事，庶無負建者修者作養培植之始意，則予之厚望也。是為記。

嘉慶二十三年七月。

（文見宣統《項城縣志》卷九《學校志》。王偉）

蔣橋碑記

邑人張四維

功係重修，事同創造。彼汾一曲，舊有蔣家橋一座，因依蔣邨以錫名，抑以蔣之先世為之，與橋之建不知權輿何時。橋下掘得古碑，字漫滅不可識，惟純皇帝紀年尚依稀辨之。但原製狹隘，揭來者幾於懸車束馬，往往顛躓兩河，士民蒿目久之，竊歎慈航之莫登彼岸也。恭逢我國家時和年豐，勸功樂事，有趙君盤璧慨然起而任之，更賴兩河諸君子共勤義舉。較原製，孔減其二，長如之，闊增十之六，鳩工庀材，自本年正月經始，至四月蕆事。於是向之嗟狹隘、悲顛躓者，欣欣然慶康莊焉。則趙君繼起之功澤，不更溥於創造也哉！至水之原委西北來，自漵川經淮、項、沈迤逶二百餘里而滙潁，實吾邑之巨津也。今橋不病涉，水亦安瀾，工告竣，諸君子屬予為文以記之。予學植譾陋，懼不足揚諸君之美，爰據事直書，勒諸貞珉，則後之視今，亦猶今之視昔也。是為記。

嘉慶二十四年。

（文見宣統《項城縣志》卷六《河渠志》。李正輝）

鵝溪橋碑記

邑人王鳴謙

天下非常之事，必待非常之人，以天下非常之人，舉天下非常之事。斷之以定識，赴之以大勇，運之以鴻才，而又得宏毅慷慨，不以艱巨自難，不以勞苦自恕者，左右扶持於其閒，然後事由人濟，人以事顯，庶幾相與以有成也。若是者，吾得之於鵝溪口石橋之役。鵝溪口者，鄰項之左界，踞汾河之上游，蓋邑北諸波會萃之通渠也。先是，有橋焉，木其幹，土其質，數十年來，洪濤巨浸橫衝於其下，大荷重任覆壓於其巔，迄於今，壞而修者屢矣。予於庚辰之歲，饑驅於此居停。主人諱焯，字仲何，予宗叔也。家貧，性豪爽，好任大事。是年秋，造予言曰："吾鄉之橋，易已朽之土木，為不朽之磐石，可保千年無事，予無所事事，即以此為事。"予曰："家本烏有，談何容易，且休矣，何勞苦為？"而吾叔笑而不答，一若燕雀不知鴻鵠之志也者。退而謀之親族，有吳君近康、于君會昌、宗人、麗中等二十七人，出而應焉。來年春，乃親至襄邑，買石大小數千塊，船載槐鎮之楊家灘，而鵝流素不通水路，由沙河抵工所三十餘里。陸運為難，且水腳行用料價不下數百金，又需財孔急，當是時，幾至束手。幸吳君近康慨然樂輸於己，多方稱貸於人，又得諸同志勸捐告助，不惜財力，於是肘金者雲集，運料者電馳。至今年夏，而功告竣焉。竊思天下事無難辦，亦顧其人之擔當何如耳。是役也，取宏用多，過二千金有奇，曠日遲久至五十旬之遠，是自難者之所望而驚也，自恕者之所畏而阻也。吾叔與吳君近康等，乃毅然任之而不辭。非常之事，必待非常之人，不其然乎？事成，問序於余，余姑即其事之顛末紀之，以為天下之無識無勇無才者勉。

嘉慶二十五年。

（文見宣統《項城縣志》卷六《河渠志》。李正輝）

高邱寺橋碑記

河南巡撫程祖洛

項城東北八里許之高邱寺，為四達通衢，中隔汾河，河流深廣，非橋莫之濟。舊有高邱橋，乃前明邑人石珹所建，邑人高銳重修。我朝乾隆三年，邑庠生石凝祚復曾捐修，載在《項志》。屬歲久傾圮，頗病行旅，經縣民余逢運等倡議捐修。因舊橋身高大，石多就泐，計修舊與重建費相等，而新建形勢較順。爰採石於山，煉堊於窰，改卜舊橋之南，築為五孔石橋，長十丈，高一丈七尺，廣似之。是役也，經始於道光四年甲申春，訖事於七年丁亥夏，計費金七千餘緡。橋成，行旅稱便，邑令鄒堯廷具始末請記於余。余惟地方風俗之美，成於民之樂善向義。樂善向義者多，則澆漓革，而廉讓之風自生。今余逢運等於是橋不惜捐重資，身董其事，而邑之人又爭釀金以為助，經營三年之久，卒底於成，其利濟之誠，風俗之美，有足多者。用書以俾之使刻石橋左，並令將捐輸姓名泐之碑陰，以永其傳而示獎勸。至新橋固堅，實可久脫，千百載後，有如高邱橋之傾圮時，乃望後之人，有以繼今日之志。

道光七年。

（文見宣統《項城縣志》卷六《河渠志》。李正輝）

蕭公廟橋記

郭鶴齡

且便千萬人之往來，先修塗路，布十二月之政令，急成輿梁。士苟存心愛物，於人必有所濟而後可。項邑城北五十里有南頓鎮，路當孔道，地實衝繁，自集東蕭公廟木橋傾圮，地勢窪下，又為清河入潁之所，夏秋間雨集水聚，人苦病涉久矣。今有邑人高大言等與父老相謀，曰："此地非墊路修橋不可。"衆以無資對，大言慨然捐五十金為之倡，衆皆樂輸，四方善士又傾囊相助，遂鳩工庀材，不數月而工成焉。路本下也，墊之使之高，寬一丈餘，高二尺許。橋本木也，而易之以甎，高一丈餘，長三丈餘。路有如矢之頌，橋有駕虹之觀。而車馬便於奔馳矣，行旅便於往來矣，雖數十金之施，而利賴無窮。豈非存心愛物於人，實有所濟乎？因敘其略以勒諸石，亦不沒人善之意也夫。

道光二十四年。

（文見宣統《項城縣志》卷六《河渠志》。李正輝）

蕭公廟橋記

知縣張世駿

南頓，古頓子國也。星分角亢，地接義陵，頓山是其險，潁水當其衝，自昔稱為形勝。迤東舊有甎橋一座，其創建不知始何時，土人以其近蕭公廟，因以蕭公橋名焉。南自湖湘，北逾河朔，東連吳會，西達秦關，凡取道於項者，率以斯橋為咽喉，蓋通衢也。道光二十三年癸卯春，余承乏茲邑，道經其地，而斯橋圮矣。問之，居人則曰："此屢年河水泛漲，波濤橫衝之所致也。經冬架木以濟輜軿，入夏輒圮，屢修，勞費常不任。"余聞之，心竊憫焉，欲為經久計而未遑也。歲甲辰，附近紳民思建石橋三孔，為一勞永逸之計，議既成，以其事謁余，余且欣且慰，急捐俸以為之倡，鄉人士亦協力輸資，趨義恐後。由是，千夫萬杵，動若雷鳴，肩石擔泥，奔如雨集。經始於三月上旬，落成於九月中旬。計高三丈三尺，寬一丈六尺，長七丈四尺有奇。遙而望之，屹若長虹，星軺輜重，往來其上，閱如也。工既竣，復謁余為文以誌之。余曰："此諸君子之力，亦宰斯邑者之責也。"工既成矣，何以文為，抑又念成功易敗，舉墜在人，依古荒津、斷堙、棄址、殘梁，其墮廢而不修者，曷可勝道。今諸君子同心協力成茲義舉，為功鉅矣。若夫石有時而泐，土有時而坍，隨時修治，俾勿墮壞，使蕭公一橋利賴萬世，則後君子之責也。余既樂其事之成，且欲以是為來者勸，爰為之序，俾壽諸石。

道光二十四年。

（文見宣統《項城縣志》卷六《河渠志》。李正輝）

節烈王田氏墓表

袁甲三

　　從來不惜一死，爲天下振綱常，肅名教，歷千古而不磨者，在君則爲杜稷，在臣則爲其主，在妻則為其夫，皆非易易也。然吾謂妻之于夫，則有辨夫事，不死不足以明妻道。曾百折不回以與難，則如摩笄成山，清風立祠，皆節而貞者，之不易得也。至夫以病歿，親老子幼，必不可死，而能終其身，以孝慈全節者不可謂不難。若伯仲有徒，椿萱無慮，結褵未久，繈褓無遺，一旦鸞分鶴別，亦必慕共姜守義，巴婦懷清，何嘗不可作巾幗完人。然節而不烈，止難於一死耳。

　　吾邑節烈王田氏，何深有見於此，而獨慷慨捐軀乎！氏夫晴嵐公，爲邑明經，博學，無子，以教諸女為樂，節烈其四也。生而貞靜，嫻姆訓，能讀父書。十九歲，適王君肅恭四子華山為繼配，越三載丙午二月十九日，其良人歿。舅姑雖老，定省有人，子女俱無，撫養不事。次日，視殮畢，輒飲刃而死，蓋惟恐不能死，徒守節爲苟生，且惟恐不速死，遂剖心以見志，以視翦髮斷指，更覺炳炳烺烺，與日月爭光矣！烈何如乎！余初聞此事，竊歎氏之不惜一死，其有功於綱常名教也大且遠，其獨能死尋常所不能死者易而難。邑侯額其門曰："節烈流芳"。學憲錫之匾曰："節烈堪欽"。洵不愧已。既而於軍機處讀鄂中丞摺奏，已知題請建坊。及閱學校公呈，深幸吾邑中大有人也。聖朝慎重倫常，矜憐名節，則非常之典，應加諸異常之人，以見我國家孝子之外，又有如此女中丈夫者，豈易易哉。噫！氏誠千古不磨矣。君子謂晴嵐公於是乎有子。茲者同鄉諸君子爲節婦鎪石表墓，請余言以誄之。余深愧不勷盛舉，且未能洗爵以奠。謹直陳其事郵致諸君子，勒諸貞珉，也可作余致祭之言，亦無不可。

　　道光二十六年。

（文見宣統《項城縣志》卷十九《麗藻志》。王偉）

重修蓮溪書院記

河南學使俞長贊

　　粵稽天下名山書院有四。曰白鹿、嶽麓、鵝湖、嵩陽，皆建自唐。宋以來，若校士之區曰文場，漢以後已有之。班孟堅云："婆娑樹藝之場，殆後人所據以命名者與。"項有蓮溪書院，視白鹿、嶽麓等制不必同，而造就人材，甄拔士類，仰副聖天子右文作人之至意，俾文風蒸蒸蔚起則一也。

　　舊以地在虹河之陽，名曰虹陽，附於文昌宮西偏，湫隘難容多士。乾隆庚辰，邑宰梁公相縣署東南隅，因準提閣舊基，而四面環溪水，菏柳交翠，魚鳥忘機，士子朝夕於斯，足以怡悅情性，澄瑩心神，有不覺其學之進而業之崇也。嘉慶戊寅，邵大令重加修葺，亦極閎整。但棟宇無多，不能藉作鎖院。每逢項試，髦士千人向皆露坐縣署堂下。夏則烈日炎蒸，冬則雨雪飄拂。諸生負几擔囊，艱苦特甚。歲丙午，邑紳等謀就書院外隙地，環建考棚。夫考棚之校士與書院之造士，原相資而並行者也。當其未至試期，諸生所講明者，皆古聖賢之精蘊，及乎扃門嚴校，多士發抒心得，揮灑自如，豈非相得益彰者乎！今咸豐壬子，校士光州道，出秫陵，憩息其地，武稼軒學博傳衆紳之意，以諸工告竣，籲記於余，兼述當日各紳等分道勸輸，傾囊爲倡，協力同心，踴躍從公之狀。余周覽其間，見萬間之廈，永庇其安如山，百工之肆同居，聿成厥事。行見藏修於是者，經術澤躬，文章華國，與白鹿、嶽麓、鵝湖、嵩陽後先輝映也。余於斯舉卜之，即於斯地望之矣。抑又考之準提閣之初建以丙午，豈聖朝文運昌明，天固默相之，而易浮屠之居，為絃誦之所耶？余蓋於此知項邑人士，續學勵品，即漢唐以來名臣大儒，未肯多讓也。爰忻躍而為之記。

　　咸豐二年。

（文見宣統《項城縣志》卷九《學校志》。王偉）

傅忠壯公墓碑記

　　知縣彭旭

　　嗚呼！公之精忠亮節，出萬死一生之計，以捍禦強寇凶熾之焰，完危城而肉白骨者，事肇於董狐，光爭於日月，項之人宜何如尸祝之，以求厚答公貺，而曷爲志乘所載僅著公死事之大節，漠然於其墓無可考。當是時，盜賊充斥民間，計不暇及。後以遂落荒陋相襲，歷二百餘年，草蔓煙荒，垂為缺典，顯晦有數。幸得一朝發泉壤之覆而彰其幽，豈偶然哉！忠義之氣常存，鬼神之呵護不爽也。

　　謹按：公死節之日，項之人巷哭相弔，若喪其天。賊去，始撿公遺骸，禮而殯之，浮厝於今大吉寺門前。東距玉帝廟牆數武，冀以待公子孫之歸其喪者。嗣僧不德，象教中替，廟貌剝落，門庭浸毀，而於是乎傾垣斷瓦之所覆壓，遂舉公之櫬而瘞之，僻壤孤魂，不煩人力以葬，異矣！後之徵文考獻之士，聞以再四掺抉，而寺僧利爲己壤，諱不以示於人。人共知瓜畦菜圃中有公之墓，而卒不知公墓之何在？蓋疑以傳疑者，又數十百年也，可哀也。乙卯，邑人士舉修城之役，始就寺僧及父老所傳聞，故地遍搜而得之棺柏，漆丹古色蔚若，衆志歡忭，蓋土壘壘為圓塚，而碑碣不蠢，垣墉不肅，陵谷滄桑，樵採之跡踵至矣。余權篆茲邑，下車敬謁公祠。慨然於公墓之未修而又深懼傳聞之失實，因以暇，博採旁證，審決爲公墓無疑，始擇吉，經始其地。四周為牆，樹之貞珉，余記使舍弟書之，冀後來者之有所稽，不至益久而鮮據。嗚呼！公身沒名存，壤土何重？惟是興廢舉墜，有司之責。報本崇德，風化所重。余既葺公之墓，而不獲置田列守塚，力不足副，欲而不能不有待於役，則凡足以厚答公貺者，其事亦將以次舉行。若夫封植之忘，余固知項人之不忍，而尤知項人之不忍余聞也。

咸豐五年乙卯。

(文見宣統《項城縣志》卷十《祠廟志》。王偉)

重修邑北大路碑記

寶豐訓導范治

平治道路，政之一端也。古之時，司空視途設有專官，凡以治其坎窞歸於蕩平，法至良，意至美也。項城南通荊楚，北達省垣，鎮連周口，地接陳淮，為車徒之所往來，商賈之所輻輳，而邑之北，號衝要焉。先是周道如砥，固常以時修治矣。歷年久遠，無平不陂。每當夏秋之交，陰雨連縣，河溝漲發，大關之北，半成澤國，婁隄以南，盡屬波臣。乘輿有濡軌之歎，行人有褰裳之憂。衝淤數載，君子傷之。於是，劉君雁題、張君靜齋等，商諸同人，各捐資財，共成義舉。經始於丁卯之桃月，雇夫役俟畚揭，取路旁溝中之土以墊之。使斷者連，陷者平，寬仍其舊，而高增三尺。由項而北，計程凡十六里，閱月而功竣焉。夫路高則水無所容，溝深則水有所歸。雖遭淫雨，永無泥潦。遂使十數里之內，向之目為險道者，今則悉成康衢矣。非雁題諸君之力，曷克臻此？昔鄭子產以乘輿濟人，孟子譏之。以其所濟者少，而不獲所濟者多也。今茲路之修，農夫相與慶於野，行旅相與歌於塗，即推車擔篦之夫，亦皆樂其平易，相與咨嗟而稱道之。其所濟，豈止一人一方哉！余嘉諸君之好義樂施，以普利濟，因為之序，且以勸後之繼起者。

同治元年桃月。

(文見宣統《項城縣志》卷十《祠廟志》。王偉)

傅忠壯公墓碑記

邑人閻松墅

嗚呼！公當有明之季，不惜一身，以全項父老。相傳公遇難，邑人哭弔如喪所天。賊去後，撿公遺骸斂棺，浮厝于大吉寺門廡間。因寺僧無德，廟貌剝落，門庭浸毀，傾垣斷瓦之所覆壓，因舉公之櫬而瘞之，日久竟至泯滅無傳。雖然，公之英挺大節凜凜，與張睢陽、顏常山頡頏鼎峙，鉅能久湮弗彰耶？咸豐七年，皖民王天楨、李士湖以白蓮教倡亂，邑人築城掘土，見柏棺漆丹，古色蔚然，與父老傳聞者，適相符合。前邑侯彭公博採旁徵，確知為公墓。因修塚植垣，冀將來有所稽考，不至益久而鮮據，庶公之靈爽，憑冥冥中有以默佑我項人於靡窮也。同治改元冬十一月，汝匪陳大喜、劉興等，乘雪夜置梯攻城。城中無知者。次日，始見濮頭灣人馬之跡，踏雪幾遍，後獲一賊。據云：某夜攻城，見干戈林列，旗幟森嚴，火光照耀，有古衣冠大帥指揮，左右懼而走。彼時附近居民聞公墓前有兵馬聲。噫！公之保全吾項，不以異代生死而有殊也。宜乎，祠宇巍煥，血食千秋，與項並垂不朽也與！

同治元年。

（文見宣統《項城縣志》卷十《祠廟志》。王偉）

袁端敏公墓誌銘

倭仁

　　公姓袁氏，諱甲三，字午橋，河南項城人也。曾祖諱志恭，祖諱九芝，考諱耀東，三世並封光祿大夫、振威將軍、兵部侍郎、都察院右副都御史、漕運總督，如公官。公少而食貧，以訓生徒為事，讀書期大用，窮日夜，治諸經悉通其義。為學務力行，未嘗空言性道，而大義必宗，嚮而信，且好焉。此其生平言語動作不苟，而於取捨進退，常有以自守也。道光甲午舉於鄉。乙未成進士。授禮部主事，補精膳司，歷儀制司員外郎，主客司郎中，掌司務廳印，入直樞廷，供職益虔。於天下大事，勤求處置之宜。識者知其有當世志，擢江南道監察御史，轉給事中，掌兵科。不喜毛舉細故，然遇姦弊事，必彈劾，不稍顧忌。貴顯咸憚之。

　　文宗皇帝初親大政，疏請益嚴聖敬，得旨嘉獎。至停捐輸，舉將才諸疏，天下傳誦。其留中備覽者，則有救時急務六策，又嘗請因灃北決口，改黃河歸故道，雖未即行，其後河口再決，卒如公言。會粵匪餘孽，竄渡皖省，呂文節公奉命督辦團練，知公賢，欲引共事。公以母老辭，呂公行至涿，專疏請公幫辦。邊奉諭旨，蒞事皖軍，歷署鳳陽府知府、廬鳳潁六和滁泗兵備道，安徽布政使司布政使。皖初罹亂，上下莫知兵事。會文節公、周文忠公及大學士弈公，先後星隕。公疏辭皖藩，請專理軍務。奉旨以三品卿銜悉兼數公事。前後平劇盜，旋移駐臨淮。淮自咸豐三年後，數經寇亂，民氣凋弊。公既至，討軍實，撫殘黎，恩威濟行，民不苦兵。分軍擣九洑州，以規取金陵。亳匪屢圖復逞，皆以時撲滅。故終公之任，皖北肅清。以功擢都察院右副都御史，勸懲守吏，威信大行。俄以事鐫官，及再起，三持將節，廓清兩淮，數殲盜魁，忘身犯難，一意孤行，未嘗有幾微介心。庚申秋，群夷犯順。公力請勤王。文宗皇帝以臨淮南北鎖鑰，非公不可，命仍留鎮屬淮。練蓄異志，伺隙竊發軍，糧運屢絕。公以忠義激勸將士，人樂為用，卒合楚師，肅清江北，遂撫定彭城、臨淮數百里，去逆效順，至今不為逆練脅從者，皆公之功也。督皖師，佩欽差大臣關防，嘗署漕運總督，兼理江南河道總督，提督八省軍門海防軍務，無日不在行閒。然公病由此深矣。會文宗皇帝棄群臣，公以哀，感病益劇，屢疏陳請歸田，且薦皖撫李公自代。皇帝以公舊臣溫旨慰留。既得請，回籍未及，苗逆背叛，皖豫震動。公即家具疏，上陳大局，旋奉諭旨，籌辦團練防剿事宜。時因蒙臨饑窘，復命籌糧接濟。公日夜籌維不遺餘力。值事機多阻，餘捻降眾，乘閒蜂起，上犯歸陳，軍書旁午，公力疾指揮不少懈。

遂以積勞，於同治二年六月二十四日，薨於陳州防所。遺疏入，上軫悼，賜祭葬優卹如例，予諡端敏。

公事父母孝謹，篤於親黨交遊，家無餘貲，未嘗私受人一錢，而供養施助之事必豐也。當官守職，潔己奉公，事上以誠，接下以恕，人無貴賤，皆親愛之。雖盜賊亦曰："袁公不欺也。"及開府，務鎮靜，持大體，不尚苛察，亦不邀奇功。宣力兩朝，倚爲重臣。其特嘉言善行，嘖嘖在人口，尤於公爲不足道也。

公生於嘉慶十一年正月二十七日，壽五十八歲。夫人陳氏，継陳氏，皆封贈一品夫人。子二：長保恒，官詹事府右春坊右庶子；次保齡，壬戌科舉人。以同治二年十月二十七日，將瘞公於陳州府西新阡，請余爲之銘。銘曰：

有才卓警，儀曹觀政。勤宣樞省，霜臺歷柄。優寬絀猛，其績載炳。出奠淮境，治以道靖。戢暴宥眚，人安己病。桑菀覆頃，袁公之井。吾銘炯炯，以鞏幽夐。遺澤孔永，貽厥後慶。

同治二年十月二十七日。

（文見宣統《項城縣志》卷十《祠廟志》。王偉）

昭忠祠碑記

知府劉拱宸

夫國家設官牧民，無事則勸農課桑，教之樹畜，有事則整軍經武，庇其室家。官之衛民至矣，而實則民之自衛以衛其官也。不幸而有金革之事，披堅執銳，民實任之，無論其成敗勝負，而民罔不先被其殃者。官衛民乎？民衛官乎？此情良可憫矣。

陳屬項邑，僻處豫邊，接壤皖疆，為賊匪出沒之處。歷年鄉民義勇，或因進剿捐軀，或因防堵遇害，肝腦塗地，慘目傷心。每賊退後，委員逐鄉查驗，報名註冊在案。歲癸亥，賊匪趙鳳岡，勾結捻首李王如松、王九現、任仲全等，盤踞項邑西北尚店寨。余奉憲檄飭督率團練助官軍剿辦四旬之久，立將賊寨攻破，計殺賊首從千人，而地方難民多有橫罹鋒刃者。明年春，又招集逃亡，辦理開墾荒地，凡一切善後事宜以次經理。前因撫憲奏准通飭各府被兵州縣建立昭忠祠，設位供俸，以妥幽魂。余即諄切曉示，勸令各屬紳士實力奉行。而項邑業經前任恆令捐廉助成。茲據該紳士廩生閻澋等公同稟覆，已於文昌宮前創建祠宇三楹，安設牌位，正待稟請撰文勒石。適有孀婦李夏氏，年老乏嗣，慨將田產五十畝施助入祠，以供香火之資。洵屬深明大義，非尋常施予可比，實堪嘉尚。抑由忠魂毅魄感應天人，俾好善者玉成此舉，以垂不朽之蹟，豈不懿歟。余因感尚店之役，藉民力而幸其事之有成，尤願膺牧民之責者，軫念時艱，勤求幽隱，毋徒資民而未有以衛民則庶幾乎。是為記。

同治二年。

（文見民國《項城縣志》卷十《祠廟志》。王偉）

袁端敏公墓碑記

曾國藩

項城袁端敏公既薨之明年，其孤保恆以狀來請爲辭於外碑，公事蹟，已奉特旨宣付史館，其清德直節，海內所共知仰。獨其志有人所不及知者。余與公相期最久且深。義當推闡以告天下，不得辭。蓋至公無形，至名無稱，世相崇頌，以爲不可能者，功名而已。特確然之志，萬變而不可渝，功成而不必與隱，任其責而不隱其名，余蓋獨於公見之。自廣西盜起，余治兵於楚。公督師於淮。書來，未嘗不以滅賊爲志，規畫遠大。其後，兵事日棘，余崎嶇江楚，公以孤軍扼淮。壖群賊閒，幾不相聞。當其時，饋餉無路，賊黨環伺隙，諸路聲勢不相及，無可恃者。徒以忠懇感激將士，人無離心，卒全長淮，阻群賊不得合縱，諸軍得併力平江南，無北顧憂者，以公在臨淮爲之障也。公既以病歸，叛練起淮西，煽引流寇。公慮其蔓延，力疾辦賊，遂至不起。聞其病革時，喃喃語皆軍國事。遺疏猶自引咎，謂以賊遺君父，天下哀之。

嗚呼！奮身赴天下之事者，鮮不有所爲，而爲下者求快其私，奉其上者亦翹然思自異於人。公苦身焦思，無一息之安，躓而再起，不毀其守，拳拳然惟恐負國家。至含疑蒙詬，以求有濟。垂歿未嘗言勞。叛練平，金陵克，公皆不及見覽粗迹者，不究事之始終，或以爲功名盛著者，能軼公而過之，其尤可哀也已。公之在軍，余聞其危苦，或得手書，感念疇昔官京師相屬以道誼，其志固已皎然。久於兵閒，各厭於事。公年較長，慮其衰，視余且甚。今余益衰，而公墓草已宿。不暴公志，以推其立於功名之先者，且重負公。若其世係爵里宜詳於誌墓之文，獨本其志，以著於表。俾論公者，知其大焉。

同治二年。

（文見宣統《項城縣志》卷十《祠廟志》。王偉）

御製原任漕運總督袁甲三碑文

清穆宗

朕惟丹忱報國，藎臣懷敵愾之心，青石銘勳楓陛重恤之典，溯茲英績，壽以貞珉爾。原任漕運總督袁甲三，筮仕容臺，襄猷樞府，入諫垣而司直，豸繡風清，列薦牘而談兵，鼍旗霞簇，佐戎英霍，勵士卒以登陴，練勇潁、廬，衛人民而安堵。用嘉丕績，兼攝監司。泲躋棘寺之班，晉副柏臺之長。雖宦途之中阻，旋戰績之上聞。恩荷丹綸，授崇階於太僕。榮邀翠羽，簡重任於元戎。督漕運者四年，專剿防者三省。抱痾梓里，方期再飭戎行。掩景揄輝，竟致齋懷泉路。聽鼓鼙而思將帥，追念成勞，書竹帛以貽子孫。聿加美諡，賜名端敏，飾寵幽冥。於戲，大樹飄零，爰誌朝章於兩字。豐碑巍煥，長留祠祀於千秋。用勒螭文，式昭駿烈。

同治二年。

（文見宣統《項城縣志》卷十二《麗藻志》。王偉）

袁端敏公臨淮祠堂記

喬鶴年

　　自古循良之吏，功在一官一邑。既歿而民不能忘，或尸祝而社祀之。至於功臣猛將，秉旄授鉞，率貔虎之士，爭疆場之命，其勳業炳於當時，而民或不懷其惠。論者謂臨民與治軍，其道不同。然如項城袁公視師臨淮，既薨，而邦人思之弗衰，籲於官，請建祠奉祀，又何獨異耶！以謂馭士嚴而有恩，愛民無擾，故軍與民咸德公猶淺之乎！言公也，當粵賊入皖，勢橫甚，皖北郡縣逃散破壞，公以孤軍踽踽皖豫之交，張機設奇，落其爪牙。厥後，秉節督師。粵賊陳玉成逞於南，亳賊張樂行踞於北，奸民苗沛霖挾詐觀變，降將跋扈恣肆，旦夕發難。肘腋之間，萬象岌岌，伺公一身，公一搖足，則淮以北非復。國家有公，乃不震不動，徐出方略，復列城，殲賊魁，悍將帖服盡力。苗沛霖雖有異志，終公之任，亦不敢發，臨淮晏然。淮徐兗豫之交，雖賊民屢鬨，勢不能南合，群寇旋起旋滅，不為大患。夫用兵之世，天下安危，常爭尺寸形勢。要害之地，愚者有其地而不能據，棄一城而搖動四海。深識之士得而守之，震撼而不搖，貼危而不去，遂足以制敵死命。康濟大勳，扼臨淮以控南北，其利害之所關甚鉅，其精神智力之所措注甚遠，雖天下後世猶將賴之。而況於兩淮之民，親受其利，其又焉能一日忘公也哉！

　　余與公同歲通籍。公官先達為御史，直聲震中外，迨以漕督持帥節。余方為轉運使，每得公書，慷慨忠壯之氣，涌溢言表。至於審幾慮事，則深沈周慎，計出萬全。竊以歎曩以直諫服公，知公猶未深也。苗沛霖者，鳳臺諸生，以健猾驅使鄉里，其眾數萬。公初亦欲招之為用。繼察其必叛，嚴為之備，密請討之。當咸豐十年，京師有兵警，侍郎勝保奏徵苗沛霖帥師勤王，後又奏調挾往陝西討賊。公皆力阻其說，事得寢脫。如所請，資以兵柄，使得窺我虛實，擴據形便卵育涵濡，其勢益大，其禍何可量哉！公在臨淮先後五年，同治元年冬，以病告歸陳州。二年春，沛霖乃叛。公方奉命治團練於其鄉，猶陰勸皖民，俾勿從賊。及公薨，而沛霖旋伏誅。人且以為公之神靈有以相之也。是年冬，余奉撫皖之命。三年仲春，至臨淮領公舊部，每與僚佐將士及淮人言及公，靡不嗟歎思慕者。先是有詔祠公於陳州，於是，群吏諸將及鄉士大夫迺請祠公於臨淮。余上其事於朝，復有旨許可。民走趨役如營其私。祠成薦享，群工熙熙，乃復為記，以鑱諸石，俾後之論世者，知公功業之所在，而因以究夫得失成敗之形勢焉。

　　同治三年。

（文見宣統《項城縣志》卷十九《麗藻志》。王偉）

東三里橋碑記

邑人高釗中

　　縣治距東北界最遠，其閒輿馬相望，肩摩轂擊，近城十里尤甚。城東門迤北之通衢，適當其衝。自道光癸未重修，閱四十餘載，橋路傾圮，溝濠平漫。丙寅夏，霪雨浹旬，中途水深數尺，行人苦之。冬，從姪寶賢同余子接三諸君子慨然稟請邑侯，詣驗重修。四方善士傾囊助捐，附近各邨奏鼛鼓而鳩工，待畚揭而麇至。由郭外抵高邱寺，袤延八里，輿梁六座，群起而築之，未踰月蕆事。予曰：「美哉！諸君子樂善急公，何舉而成，成而速，若是其易易哉？」余子接三曰：「是工之必舉有三焉。自火見興事，迄日至無雨天，若默相其役，而假以晴霽，得天時也。夾路為溝，路高則溝深，蓄水其中，潦則瀹而下注，旱則拖以溉田，溥地利也。且十載以來，中原流寇豕突，人心風鶴，遷徙流離，歎嗷鴻而悲鋌鹿，一歲之中，瀕於危者屢矣。阻於中道，車脫於舃，馬還於泥，顛連之狀，驚心動魄，一旦變危途為康莊，遵道遵路，會極歸極，不啻數百村之民而席衽之固，不僅便闤闠之往來，利負販之行走已也，蓋有關於身家性命之大，而忘其手足胼胝之勞，故踴躍趨公而雲集響應，此又民情之勃然莫禦者矣。一舉而三善，備功安有不成？成，安有不速者哉？」予曰：「唯唯。」然非諸子慫慂而獎勸之力，不及此。是役也，予館於外，不克奔走襄事，而諸君子問記於予，且曰：「癸未之役，予之先君子紀其事。屬予以表章之，任所以勗繼志也。」予不獲辭，爰述余子之言，並次其事之顛末，而為之記。

　　同治六年。

（文見宣統《項城縣志》卷六《河渠志》。李正輝）

東嶽廟碑記[1]

邑人余晉昇

　　泰岱為五嶽之冠，典自秩宗，紀於《籀史》。由來尚矣。然望秩山川，徧祀群神，非有社稷人民之寄者，例不得與。故泰山之旅，孔子非之。後世聖道不明，諂瀆怪誕之說日作，封王封帝，歷代有加。我國家申明祀典，大洗前訛。凡嶽鎮海瀆，祗以山川名號稱其神，而祠之在民間者，亦聽民祈報焉。誠以鍾靈毓秀，足以興雲雨而福蒼生，則取其神而人事之，固宜為王政所不禁也。近村東嶽廟，始建無可考，據石刻，前明天啟間王公斯從施地若干畝，倡衆重修。予先高祖邑庠公復施地若干畝，為香火資。歷年既遠，半就摧圮。予先兄廩膳公繼志修理，距今又四十年矣。殿宇頹敗，丹碧塵封。所餘者黛色參天，槐蔭滿

---

[1] 宣統《項城縣志》卷十《祠廟志》注：按此記係余晉昇之侄連蕚代作。

地而已。歲辛未，鄉先生王公符節暨同事諸君，瞻禮徘徊，心用惻然，相與醵金而增新之。復析餘貲修築廟南路三里，橋五座。工既竣，而屬予記其事於麗牲之石。且曰：是地也，於子爲近疇，昔之役，子之祖若兄，實有力焉。則予何容以不文辭，抑予竊有進者，古之人黨庠術序，有學有師，後世學校之政，不能徧及於鄉，而菴觀寺院，每增設義塾，萃一方之子弟賢而秀者，相與揖讓於其中。則夫新其廟貌，謹其扃鐍，欽東嶽之靈，上以調風雨而裕國課，下以厚風俗而培人才，以視夫除道成梁，其有關於王政者，事相均而義實相等。不然，遊惰之徒賭博於斯，燕會於斯，又不然而妄欲祈福免禍焉，則不如林放，吾夫子早已歎之，度非昔先民施地重修之意也。予既以從諸君後無能辭，因次其年月日並述所聞，以爲之記。

同治十年。

（文見宣統《項城縣志》卷十九《麗藻志》。王偉）

重修傅路隄碑記

邑人袁保恆

吾項之有傅路，二百年於茲矣。初，上蔡承上游諸坡湖之水，夏秋漲溢，匯為澤國，有楊邑令廷望者，開河，導水入包，而上蔡之水患息，蔡人德之，故名其河曰楊。河勢迤東而南，其形迂折，行緩入包處，有時墊隘，則由平地入項境，泛濫無歸。則汨沈沒穎，數邑陸沈，舟行屋顛樹杪間。乾嘉中，王邑侯道暉，繆邑侯廷槐，周邑侯作梅，相繼因縣西傅家大路築隄，斜約楊水入包，而項、沈水患息，項人德之，尸三邑侯而祝之廟食，至今不廢，所謂三仁祠者也。同治壬申秋，大水漫隄，潰其三版，項人旋修之。蔡人常超舉者，久以私憤欲毀隄，而格於成案，見水之可以囓隄也，私決楊之東岸為直溝，而壅其入包故道，欲以水勢之衝蝕，代人力之潰決，顯肆其毒，而隱辭其咎。項之民奔走相告，潁之人士方集，試聞蔡人之謀，譁然遽歸，銛鋒機矢，將尋衅搆難，勢洶洶不可遏。蕭山厲明軒都轉時攝守吾郡，慨然曰："奸民逞一時之詭謀，使東南數百里之民居展轉而入於中澤，不力圖挽救之焉，用守土者爲耶。"亟上其狀，大府檄公令汝守駐蔡，嚴督之。公飭下游項民濬河數十里，以洩水勢，而抶上游蔡民之不用命者，剋期平其溝。後開楊河入包故道，水由地中河流復順軌。今年秋，淫雨連綿匝兩月，而比戶安恬，得優遊畎畝閒者，悉公之賜也。其毅力仁心，洵足與三仁後先輝映於二百年間，得不謂賢太守歟！大府嘉其績，檄守開封，瀕行，送者塞途，咸欲攀轅，留公不可得，則相率請余記公之德政，勒諸石，以志感戴於不衰。余於春日奉命歸省重慈，目覩其事，義不容以不文辭，爰為述其顛末，以告來者。公兩救吾郡，其他德政不可殫述，而尤以此事為被德遠而流澤長也。是為記。

同治十一年。

（文見宣統《項城縣志》卷六《河渠志》。李正輝）

廣濟橋碑記

沈邱舉人李雲湘

凡事難於創，而易於因。不獨國家之大工大役，不可以歲月期，即民閒之橋梁、溝洫，亦皆樂於觀成，而憚於慮始。矧以千百年未有之舉而創而新之，其力當倍艱而其成甚易，而且速者何也。夫亦相天之時，乘地之利，順人之心而已矣。若直溝之新修河橋，其一也。自項西北百數十里有浸焉，曰小汝河。自淮之東南亦百數十里有浸焉，曰潁、歧河。二水異派分流，而皆滙於直溝之北，其閒支水，若包、若虹、若港、若汾，先後會入。夏秋之閒，雨潦盛長，巨浸稽天。陸乏徒杠，水乏輿梁，閒有小舟往來於波濤之閒，以濟行旅。而泥淖載途，人懷競渡，褰裳濡軌，過者病焉。壬申春，里之紳耆竇君崑山、崔君正、張君孝德、胡君紹峰、李君盤根、傅君寬義、顧君玉喜、王君永數十人詢謀於衆，曰："茲橋之興築於直溝鎮。"僉曰："一勞時不可失。"人心既協，遂釀金二千餘，鳩工庀材。先於小汝河修南北橋一座，次於潁、歧河之口修東西橋一座，衆情踴躍，不踰月而告成。嘻！何其神也！衆曰："是不可以無記。"余維舉大事者必順人心，昔西河遺利，史策興歎；蘇白築隄，千載著聲。茲橋之興，非若宏工鉅役，文書徵發，期會號令也，而成之不勞如此。《管子》有言，下令於流水之源，故事卑而易行。不其然歟！不其然歟！遂鐫石以垂永久，且顏之曰"廣濟橋"，誌喜也。抑余於是役猶有望焉，語云善作者不必善成，善始者猶必善終。橋之興，其利數十年耳。諸君子倘因時修葺，甓之以甎，固之以石，則數百年未艾也，因誌其顛末云。俾遠之以諭來者，至土木之費若干，工匠之費若千，另有記，不備載。

時同治癸酉三月既望。

（文見宣統《項城縣志》卷六《河渠志》。李正輝）

署江蘇鹽巡道袁保慶墓表

孫衣言

嘉道以來，天下無事久，吏治日趨於文，達官大僚務貴倨為威重，群下望風而靡，外官尤甚。及咸豐軍興，吏道益襮，望彌輕體亦益卑。自兩司至道府級階稍殊，則儀制異甚。凡趨蹌應對及班行次序，苟毫髮有不合，輒顏色立變。或群齮齕之，使不得出氣而後已。於是，輕儇者投隙競進，而嶔奇磊落有志之士困矣。

余友袁君篤臣，以高科為曹郎，喜讀儒書，有志於經世大事，尤慕其鄉賢先輩呂甯陵、湯睢州之為學，束身自好，不肯齷齪隨俗。已而，奉特旨發往山東，以知府候補。當是時，關中閻公為巡撫，稱當時賢者，極欲革靡風，而承平痼習猶在，牢不可解。篤臣在山東數年，以功得道員，當綴兩司班後，然必逡巡再三。俟藩司再三請，乃敢即次，以為謙讓有禮。篤臣在府聽班，久已鬱鬱。及是不候潘司請，徑入班坐，藩司某深嗛之。先爲道員者亦慍，遇事與齟齬，而篤臣素氣盛，好論議，無迴避，同官益不喜，所以陵折之萬方。篤臣久始覺，已無可如何。其後，上官數易人，皆知篤臣才，而無一人右篤臣者。篤臣儻然處群閱中，益寂寥無與語。欲棄官去，未能堅決，而馬端敏公由浙撫擢督兩江，遂奏調篤臣來兩江差遣。是時，余亦以端敏公疏起，先至金陵，後數月，篤臣亦來。篤臣既得端敏公則意氣益發，舒知無不言。端敏尤傾心下之。初，端敏公虞楚軍不可獨用，奏調淮北舊部，將右標兵三千，置營金陵教練之。即以篤臣盡護諸將，復令赴上游疏通官鹽。篤臣能洞見利弊，有所罷行，端敏公無不以爲善。其大指在簡易核實無文具。篤臣既爲大府重，賓客輻輳日盛，而篤臣獨暊就。余予亦樂親篤臣。間數日一視，篤臣即出所著書示予，多切近中理，如呂叔簡、薛文清兩家之言。篤臣好論天下事，視同時人無甚當意者。予嘗微語之曰："以子之才，無所不可。然宜益就靜深以觀世變，必是非可否之理，盡於吾心而後可以決爲而無悔。否則，浮動傾仄之徒，將有以中之。"篤臣以爲然。越明年七月，端敏公遇賊，暴卒。金陵城中大擾。予方提調鄉試，將入闈，即語諸淮將曰："各速歸守壘，備非常，徒效兒女聚哭幕府無益。"衆愕然。獨篤臣以為然。又謂篤臣曰："今賊幸就擒，宜及其惶遽未定，嚴刑掠治，務得其本謀。若稍縱示賊，易與則玩，不吐實矣。"篤臣尤然予言。其後治賊者，率惡言用刑獄，遂不能竟已。而朝廷亦以為疑，出大臣覆治，大臣至，欲用尋常殺制使例為速了，即並檄予暨篤臣同讞冀無它言。予復語大臣曰："賊既承為粵逆黨矣，倖脫不誅死，復敢爲此，與叛逆何異？"今即不能鞠得實，宜棄常例，用重典。東南大亂初定，不可遷就，損國威。大臣尤不悅。即具獄欲奏上，予遂不書諾。篤臣亦不書諾。

當是時，獨篤臣與予議合。端敏公既卒，文正曾公再督兩江，素賢篤臣，令治營政如故。乃文正公卒香山，何公權總督，尤謂篤臣幹力無氣習。既予由鹽道擢皐臬，即奏以篤臣。署臣治狀時，忠州李公來治兩江。文正高弟而端敏同年也。予謂篤臣雖不得端敏公，然上官相繼皆賢者，其必有以盡篤臣之才矣。而竟以癸酉六月二十三日卒。嗚呼！此豈獨篤臣之不幸也哉？篤臣諱保慶，河南項城人。前漕運總督端敏袁公諱甲三其叔父也。始予與袁公長子保恆爲同年進士，即聞篤臣名，及在杭州書院馬端敏公方撫浙言當時人才，必以篤臣爲稱首。既同官金陵，篤臣以兄事予，予亦弟視之。每與論古今治亂之故，及當時利害，篤臣痛切言之，常見其大體。予有過，篤臣未嘗面從。或上官所行不當，篤臣必力諍改而後已。予益以賢篤臣，而尤歎馬公為不可及也。

嗚呼！徒以愛惜氣節，不妄爲調，而人之嫉之。至於群出死力以排擠之，必使不安其位而後快。既從馬端敏公，則道義之交合矣。其才既大白於一時，而其後上官又皆知而欲用之矣，而竟不能稍有所施以卒。然則天之所好其與今之人者，不甚相遠也耶！是不可以知其故矣！今天下之事，固非飾虛文為媚好者所能辨，而有志自立，以求有爲於天下者，天又不使盡其用，則天下事又將孰爲之耶！故曰："非獨篤臣之不幸也。"篤臣既歿，總督李公疏列其治行，請附國史袁端敏公傳，且請附祠於陳州臨淮，天子特允其請。蓋前所未有。嗚呼，是亦可無憾也已！

同治十二年癸酉六月。

（墓在城東北袁寨西門外，文見宣統《項城縣志》卷十《祠廟志》。王偉）

宋橋碑記

邑人余連萼

嘗考《周官·司險》，知川澤之阻而達其道路，五塗之制，有廬有宿，宿有路室，凡以加惠行旅者，詳且備。後世王政不舉，而除道成梁，往往有好善樂義者相與協力，以補其闕。此以見世風近古，而先王忠厚之遺，留於人心，未嘗泯也。項治東南十五里，跨包水有宋家橋，實南北通衢，舊係木梁，傾圮者近二十年，行人若之。咸豐戊午，鄉前輩師公榮貴、李公達德倡衆重修，議易木以石，石既購，鳩工有日。會皖寇竄擾，而師公歿，歲甲戌，其嗣君興文承先志，慨解囊金，延同事踵成義舉，創修石橋五孔，長十五丈，高二丈，廣似之，沿橋約以石欄，俾過者如履砥矢。復析餘資，增建廟三間於橋之艮隅，以妥水神，而駐貞珉。既蕆事，介吾友師君毅齋問序於予，且曰："是役也，自小卯開工，至麥秋合壋，三越月而鉅工告成。"雖天時可乘，而踴躍急公，衆擎易舉，非董事諸君之好善樂義，有以孚人心而感天意不至此，此固吾子所樂為記也，且子之先叔實從事焉。則余何容以不文辭，然竊有請者，是橋之締建固堅緻可久，即附橋有廟，妥神駐碑外，俾行旅得於夏暍冬烈，藉蒙庇蔭，誠有近於廬宿路室之義者。然自古立法之善，積久則弊生。矧居近市廛萃飲聚賭甚，且有意料所不能預焉。則此廟之因時防閑，與斯橋之相時補葺，有以善其後矣，敢質諸君以為何如也？至董事姓銜及捐輸經費清目，例詳於左，不具書。

同治十三年。

（文見宣統《項城縣志》卷六《河渠志》。李正輝）

安定知縣拔王式金墓表

邑人高剑中

光緒二年丙子三月，陝西安定縣知縣王芝圃明府，以疾卒於里第。時余以庶常留京師，越兩年，假旋。明府之弟鎮九農部持狀請曰："行將合葬先兄於先嫂趙宜人之塋域。先兄一生行誼，當鎸諸石，而文尚闕如。吾子與先兄為同年交，文莫如子。宜子其臚，厥大端而表諸阡焉。余自咸豐辛酉與明府同膺選貢，明府方俱慶於同儕，年最少，具明敏才，風致翩翩，倜儻不可羈。其抱負固難量哉！壬戌朝考，余授職戶部，而明府以父憂讀禮家居，不克北上。甲子、乙丑間，余棄官歸養，明府服闋，謁選，得陝西安定令。辛未、壬申，余館於陳，明府復以母憂歸項。既小祥持小像來索余題。談次見其言動謹飭，若數十歲老人，經變而閱世深者，知其識力堅定，天殆將老其才，以為國家異日之用，孰意未盡其才，而遽淹然齎志以終耶！當明府謁選得安定。安定居隴右之北山，東界大河，南瀕延水，西控蘆關，北枕長城。城蕞爾如彈丸，歲入正供三百，地嚴冷，朔風栗烈砭人。八月，著重裘，黃沙撲撲，迷眼垢面。日中市，一鬨而散。胥隸不能自給，傭耕山谷閒。宰有事則鳴鐃登城，集胥隸，然後升廳事。時夷匪犯順，常以數萬衆往來衝突其閒，居民倉皇，奔竄無人。邑明府家素豐，傾己囊，築城鑿池，備軍械，有警則登陴誓師，置矢石援枰以助戰。故三年間，賊數撲數潰，卒無事。大吏屢欲量移上縣，以民方倚為保障，謂明府有膽，知兵事，不果移。內憂去官。不旬日，而城陷。明府設施略見於此。未及四十，竟以病歿。惜哉！其他行誼在家庭鄉里間，昭昭其見者，載諸行狀誌石不具著，著其大者。

　　明府諱式金，字榮甲，號芝圃，以軍功加同知銜，賞戴藍翎。

　　光緒二年丙子三月。

（墓在城東北六十里張灣寨東，文見宣統《項城縣志》卷十《祠廟志》。王偉）

御製原任刑部左侍郎袁保恒碑文[1]

　　清德宗

　　朕惟馳驅奔走，蓋臣表許國之心；壹惠尊名，惇史垂旌賢之典。哀榮允備，芳烈難渝。爾原任刑部左侍郎袁保恒，世篤忠貞，兼資文武，自起家於詞翰，早抗志於澄清。吳澄不習駢文，恥為俗學。曹瑋深明將略，綽有門風。凡承歡子舍之年，皆戮力旂之日。迴翔芸館，浟貳棘卿。三參軍謀，兩筦綱運，戰河南，戰河北，盡消萑寇之狂波。自陝東，自陝西，廣闢蕭侯之甬道。元和簿上，贊儉德而圖豐。城旦書中，輔祥刑以弼教。職方曹局，而有通籌國計之心。身處朝廊，而有經略四方之志。會鄭圖之上奏，命汲節以巡行。艱難告辰糴之哀，慷慨作西漿之乞。行麋哺粥，信既竭於心思；索鬼責神，甘自捐其頂踵。乃三農蔚望，靈雨方零；而六珍為災，使星邊隕。綜計一生，征役功名多在於兵間；洵乎晚節，勤勞老死不終於牖下。儒臣罕覯，士庶盡傷。惟文者足以經時，惟誠者勇以報國。錫茲美謚，數本朝止有三人。溯彼舊勳，俾兩世同光列傳。於戲！風淒大樹，留江淮草木之威名；月照豐碑，還河岳英靈之閒氣。誕敷成績，永揭鴻辭。

　　光緒四年。

（文見宣統《項城縣志》卷十二《麗藻志》。王偉）

---

[1] 趙德馨主編《張之洞全集》第十二冊標題作"恭撰諭賜刑部左侍郎袁保恒碑文"。

恭撰諭賜署烏魯木齊都統哈密辦事大臣袁保恒碑文

朕惟定遠耀兵於絕域，威行三十六居國之間，壺頭盡瘁於暮年。名在二十八名功臣之右。重以一門之就義，可無垂異以旌忠。爾前署烏魯木齊都統、哈密辦事大臣保恒，簪裘動門，珠鈐將種。衍四衛拉特之貴族，氣奮風雲。讀七大黃冊之秘書，胸羅象緯。出為牙將，領銀槍效節之都；繼帥偏師，居黃河遠上之地。屬重臣經營西事，為國家薦舉邊才。一歲超遷，三邊提控。甘泉烽火，惟資當代之王罴。滹水堅冰，不渡臨流之銅馬。刀筆偶要乎吏議，鼓鼙旋動於宸思。揚苓結骨於窮邊，杖節尉頭之蕃部。酒泉天遠，方謝病以還鄉；橫海軍多，頭奮髻而投袂。時則黑白大食，瘏毒秦關。前後車師，要遮漢使。以伊吾廬為西陲近塞，用作保障之臣；以郁立師為北道兵衝，使處搤吭之地。河魁神將，僅存戊己之屯兵。派黑妖氛，遂傅庚辰之郊壘。半冰已盡，嚙革餐筋；三版將頹，嚼齦裂眥。忘良夫之跛，每捫足以勞軍；聞宗澤之呼，已伏弢而飲血，翾撞炬擲，台城之守將先亡。刀缺泉枯，疏勒之援不至。黑雲壓壞，梯衝競舞於易京；赤熛怒生，巾箇逢災於亳社。並不為保妻子計，曾何異死封疆之臣。戰狀上聞，恤章備舉。今者龍堆鐃唱，柳谷烽銷。閔茲九攻九拒之孤臣，不見三通三絕之盛事。輂山已蘷，思睢陽遮遏之功。軍就伏誅，訪長吏捐軀之地。幸趙評之有子，求骨迎喪。哀下壹之闔門，招魂拼命。贈之巍秩，饗以明禋。嘉其有服遠之威，以殘卒破摧群醜。謂其有安眾之略，以彈丸維繫邊庭。考行易名，曰桓曰靖。金風鐵雨，英靈永作長城；蕙盡蘭銷，馨烈發諸劫火。於戲！兼張車騎，龐中郎之美諡，注簡有光；配姜行本，裴行儉之穹碑，沙場生色。載鋪偉節，峻此恩章。

（文見趙德馨主編《張之洞全集》第十二冊。王偉）

重修傅路石壩碑記

邑人高釗中

同治癸酉，余館於郡城絃歌書院，歲暮歸，太守蕭山厲公送予，臨歧握而言曰："項、蔡之間，石壩傅路，何如工也？"余曰："是欽工也，是鐵案也，是項城以東數百萬民命之所關也。二工有一失修，則洪、黑、楊、包諸河，挾五湖十二坡之水泛濫東注，自項而沈而潁，達於壽春，數百里悉為澤國矣。"太守曰："或云有人欲抉路隄者，傅路其岌岌不可恃，子歸而察之待信，我將白諸大吏懲治。"先是附近有蔡人常超舉者，以傅路斜約楊河之水入包，彼地當其衝，欲抉路隄，格於定案不敢發。乃乘冬涸，於楊河東岸斜穿瀾溝里許，引注於路灣，而塞楊河入包之口，欲俟春漲水嚙隄自潰，可泯私抉之跡也。項人傅學敏發其謀，故太守為是言，余察之而信，乃繪圖於太守。太守言於大吏，事得白。越五年，光緒戊寅秋，蔡大水，蔡人附近石壩，有郝天德者率眾私抉石壩根，石五丈餘，水自決口出，如湯沸鼎滾滾，東走潁，潁方集試，士子鬨然散。礪矛鍛戟持畚鍤，西向雲馳而星奔，將尋衅蔡人而甘心焉。過項，項人止之曰："勿私鬪，盍鳴諸官。"潁人曰："吾已首諸郡，顧由郡達皖撫咨豫撫，曠日稽時不可待。吾今已為魚肉，遑逡巡而遊釜乎？"項人亟白諸邑侯，據情移蔡，蔡人恐，以土壅其抉口，將償修，已而，皖撫委直判顏君海颺，豫撫委太守朱君壽鏞會勘。集於項，勘之日，霖雨驟至，人立壩上衣盡淫，抉口土復潰，顏、朱二君厲聲曰："信矣。"勘得石壩宜築，茅河宜疏，傅路宜修，包河宜濬，顧蔡、項皆貧瘠，安所得巨款乎？時吾項袁文誠公銜命賑豫饑，蒞於大梁，差次冬日閩中賑捐萬金至，而災平。撫院涂公，皖人也，慨然曰："賑事之善後，莫如修水利，其以此款興此役乎。"迺委員尅期鳩工，石壩築，茅河疏，傅路修，包河浚。迤東則培修兩岸長隄，數月而訖功。噫！民命之所關大矣哉！向使傅路未勘，而水漲遽至，烏知穿瀾溝，塞河口之出於陰謀乎？向使石壩既勘，而淋雨未至，烏知抉根石，壅浮土之出於撟飾乎？非太守屬公白其事於先，則傅路一潰，而民命不可保。非撫院塗公善其事於後，則石壩再潰，而民命仍不可保。非吾項同志諸君子維持之、剖辨之、排解之，又烏知項以東之民命，不戕於沈溺漂泊，即戕於爭訟械鬪乎？諸君子致函於予曰："是宜為之記，而勒諸石。"適余奉命視學楚北，不果作。逾二年，復致函曰："碑已礱矣，急欲徵子之一言。"乃追憶巔末，而為之記。

光緒六年。

（文見宣統《項城縣志》卷六《河渠志》。李正輝）

鄒烈婦墓表

邑人張安雅

綱常倫理，歷萬劫而不泯，忠孝節烈，閱千載而常昭。故事有暫屈於生前者，必獲伸於死後。偶毀於亂世者，終復顯於昇平。於以見懿德之同好，而頑廉懦立之感人者深也。

吾鄉槐坊店西五里潁水南岸，舊有鄒氏墳者，氏以農家女為王氏婦，舅數犯以非禮而不可，遂慘屠而投其屍於潁，流至韓埠口西泊焉，有犬守護之。眾鳴於官，置舅於法，即葬婦於其處。巡河使汪公由敦，大書表其碣曰："貞婦鄒氏之墓"。邑侯王公道暉，別文其事於石，其略載於邑乘。雙碣屹然，孤墳巍然。慘怨既雪，貞婦始著。自咸豐末，經粵皖諸寇往來蹂躪，迄今三十年來，片石隻字，無復存者。同鄉諸君感時傷懷，目擊心愴。毅然以扶持名教，闡揚幽隱為己任。曰："貞蹟淪沒，此居斯土者之恥也。爰咨同志，不介以乎。"於是，醵金市石，築頹起廢，因故易新。既藏厥工，請記於余。余既心翼貞婦，又嘉諸君之義舉也，雖不能文，弗敢固辭。嗟乎！不遇淫凶，貞莫由顯，未經破殘，跡何自新！彼新臺之遺臭，正以流柏舟之芳。小人之折毀，必待君子之封樹也。蓋自兩公表之於前，而貞婦之含冤於生前者，始盡雪於死後矣。今有諸公修之於後，而貞跡之暫晦於亂世者，益大顯於昇平矣。斯役也，獎節烈以肅綱常，繼前蹤以昭後世。俾過斯墓者，莫不油然興起，肅然致恪，各思砥礪名節，慎重廉恥，其有功於名教也，豈僅繫一鄉之風化已哉！是皆事之可書者，雖然，岸谷滄桑，興廢靡常，當兩公大書深刻，固欲傳之久遠也。曾幾何時，忽已澌滅無餘矣。今幸諸君踵而新之，安知過此，更幾何時，不又澌滅如前乎？然則諸君所以殷殷請記而勒石者，豈徒誇示茲舉，以為名乎？蓋重望後之君子，尤殷殷而無窮也。是為記。

（文見宣統《項城縣志》卷十《祠廟志》。王偉）

烈女墓墓碣

邑人張錦芳

自古貞魂烈魄，其灝氣英光，常塞天地間，而不可磨滅。雖天地之靈異，不盡鍾於巾幗，昭昭大節，有遠過乎鬚眉者，縱年湮代遠，史冊無徵，而正氣常留，終藉都人士之表彰而益著。即遺骸所託，山川亦為生色。如吾項東北八里王營村西路側有烈女墓是已。烈女不詳其里居姓字。相傳明末逆闖犯項，烈女被刼在馬上，至此遇井，遂投而死。土人哀而瘞之，迄今二百餘年，尚巍峙道旁，共傳為烈女墓也。夫以孱弱一女子，當逆闖之凶鋒，獨能抱節完貞，全生就義，而褒揚弗及，邑乘不載，任湮沒於荒煙蔓草中，亦可悲已。余師米甫夫子與余炳朗世叔、王冠五兄，爲述其事。復邀同人請旌學憲，釀金勒石，以勵風化而垂永久。俾錦芳序而傳之。銘曰：

明末大亂，闖賊方張。民遭蹂躪，刼掠倉皇。烈女捐軀，古井埋香。義不受辱，節凜冰霜。里居姓字，泯沒弗彰。鄉黨好義，力為表揚。勒之琪珉，用發二百年來沈埋之幽光。

（文見宣統《項城縣志》卷十《祠廟志》。王偉）

包河橋碑記

邑人高劍中

項、蔡毘連之交有河焉，上游起自上蔡黨家湖為黑河，流至石壩，折而東注，易名曰蔡河。下游掠汝陽，經項城，至沈邱會汾入潁，又名曰泥河。界蔡、泥之間，復承楊河諸坡流，嘗為患於汝、項、沈、潁者，曰包河。蓋一水而隨地易名也。跨包河之上，有石橋為南北通衢，長共十一孔，寬丈餘，前此重修者屢矣。而石欄終付闕如，況輪蹄之摧崩，風浪之齧蝕，橋亦損壞，每當夏秋水漲，湧浪橋平，過客危焉。適有上蔡張君立榜、齊君尚哲、同邑張君樹楷等，目覩心惻。以王君調鼎、調綸昆季富且好善，商增石欄。王君昆季久以村居河干，有志未逮，慨任其事，遂鳩工庀材，建石為欄。橋石之損壞者易之，所餘甄石並傅路隄。東石板橋二孔，甄橋一孔，亦以次興修。經始於辛卯之春，告成於壬辰之冬。雖寒暑迭經，縻金數百，至傾囊典地弗惜。諸同人熱心毅力，亦始終協贊，不稍懈。

於是，向之經過此橋，臨深恐墜，輒輪載迴車者，咸慶康莊焉。際此時和政平，倘輶軒車至，使者臨流四顧憑欄，問民間苦樂，應懋嘉王君丕績，並感懷於上下游水利之所當修治，不獨贊歎此工為王政之急務也。豈非項、蔡之幸，而為汝、沈、潁之民所馨香以祝者哉！余與王君為莫逆交，工竣，屬為記其事。因念包河一水為患於汝、項、沈、潁數縣者甚鉅，遂感歎而類及之。

　　光緒十八年。

（文見宣統《項城縣志》卷六《河渠志》。李正輝）

明經余公墓碣銘

　　邑人曹學禮

　　高邱之東，汾水之曲，水清而土厚，地多古君子，而慶時余先生尤其傑出者也。公諱應昇，字慶時。世居縣東北八里之余家營。其始祖元選公自江右遷項，愛城東邱墊之勝，遂家焉。世業耕讀，潛德弗耀，數傳至晚翠公諱夢桂，續學遊庠，以義行孚鄉里。邑侯梁學博武均以匾額表其閭。有子華先公諱榮祖，修道路，施義田，克紹先志。華先公生子會公，諱逢修，例贈承德郎。再傳至安堂公，諱克重，例贈承德郎，晉贈中憲大夫，即公之父也。妣氏張，例贈太安人，晉贈太恭人。生丈夫子三人。公其長也。仲諱朝昇，字廷顯，入郡庠食餼，以軍功加六品銜，候選分府，例授承德郎，晉贈中憲大夫，其行誼，別有行述可考。季諱晉昇，字接三，邑庠生，貤贈中憲大夫，以長厚見推鄉里。

　　慶時公生而穎異，才智不凡，幼時在外太媚母家，見人讀書，輒往聽焉，即記誦弗忘。太媚母遂令隨諸子侄入塾受業。公嗜學如饑渴，不數年即能文。成童，從外傅任公濬川學。任公以公貧不受館金，尤格外加意訓迪，屬望切摯。公亦刻苦自勵，臥木橙者累月，未嘗就枕席。由是學大進，弱冠入庠，試輒冠軍，旋食餼。董江都之下帷不窺園，范希文之蕭寺畫虀粥不為過也。公事母至孝，出入必告，先意承志無稍違。每自館歸家，督課兩弟惟嚴。處家一秉至公，所有館穀悉置產業，一錢不入私室。道光庚戌，仲弟以院試惧保被繫累。公竭力設法求脫，恆夜弗寐，憂勞致疾，困牀簀者踰年。有憶弟七律詩，至性溢於言表。內行純篤，有萬石君鄧高密之遺風焉。至於族戚近鄰有孤寡無依者，恒多方周恤，務令得所。即肩擔傭販亦格外從厚。偶以疾，購梨果，公取惡推美，即小見大，非即聖賢無我之量乎！其在館授徒，每先行後文。有沈邑李氏昆仲不睦，公以天性委曲勸諭，復為詩歌一章，情韻纏綿。李氏二子讀詩流涕，遂和好如初。汝陽有申烈婦者，汝東申萬齡之女也。幼許字同里秦氏子，值夫家變，歸秦四日而夫故。女以死殉。公感敬其烈，為古風一章，七律五章，以表揚之。沈邑韓又新先生採入《表節錄》中。溯自兩漢隆郅治，文武明章，諸帝重鄉舉，崇學校，設孝弟力田諸科。士生其間，類多質行樸學之儒。如潁川陳、汝南許以及吾項，諸應均有懿行垂後，若慶時公者。即擬諸前賢何多讓焉。

公天真爛漫，與人交，無城府。雖文譽日彰，弗自矜炫，故一時名彥，樂與訂交。太和貞卿郭公、同邑瀚中高公、菊圃靳公、寵三閻公、沈邑又新韓公，均相與唱和切磋，而又新、菊圃、寵三諸公，交契尤深。又新先生潛心理學，其《困知札記》中有云：余慶時論文云，有自然之體質，有當然之節度。如人五官四體，多些子不得，少些子不得。又論近人作應酬文太膚濫，以作文者作官，必不能處置得宜。此極有見解。又云：余慶時論躬行君子曰，人欲知君子，不知君子即在行上，欲知行不知行，即在躬上。其序人文稿云：學之三十年，於聖道全未有得，若祇就文上學，雖終身無得也。此言甚好。觀此可知公之志趨矣。公性簡默，不以事物經心，遊觀有節，文行交修，接物無遠邇必以誠。課士隨材器使必以實。平生無赫赫名，而質行不遜古人。學禮以媚，世子幼時曾親炙其道貌，聆其言論丰采，迄今依依猶昨日事也。

公生於嘉慶二年十二月二十九日，卒於咸豐元年五月十一日巳時，享年五十五。子男五：長連茹，太恭人出。娶時氏，早卒，再娶魯氏；次連甲，太學生，娶師氏，繼娶劉氏；次連弟，歲貢生，娶時氏，繼娶丁氏；次連絨，邑廩生，娶張氏，繼娶彭氏；次連葉，娶曹氏。女一，適石氏太學生玉珍。俱衛太恭人出。孫男六：長師嚴，邑庠生；師熙，連茹出。師恭、師覽，邑庠生，連甲出。師遜，郡庠生，連弟出。師聖，連葉出。女孫八，俱適名門。曾孫男十一。公之卒於今四十有餘年矣，卜葬於西阡。以王、衛兩太恭人祔。今其嗣君連絨將樹碣於墓道前，以公事狀來丐爲銘。學禮於公媚世子侄，義不敢以不文辭。謹序次本末，而敬爲銘曰：

邱之高兮衆所仰，汾之清兮波平如掌。惟賢哲之挺生兮迥超塵而月朗，將與古人爲徒兮溯康衢與擊壤。繫潛德之弗耀兮龍無雲騰驪有珠養，德配有姬與美兮膝下繞鳳麟而競爽。公靈歷千載以長存兮，想風馬雲車時遊碧空以來往。

光緒十九年。

（文見宣統《項城縣志》卷十九《麗藻志》。王偉）

户部主事王公笛浦墓誌銘

烏程河南學政馮文蔚

公諱金鼎，字鎮九，笛浦其號也。姓王氏，明宣德間，先世由晉遷豫之項城槐坊店。至公曾祖芥亭公，世德寖昌。公父析存公，由武生援例授職遊擊，誥授武翼郡尉，並以公贈中憲大夫，善治產業，富甲一郡。而性樂施予，故里人以"輕財好義"額其門。妣李太恭人，生妣竇太恭人。公兄金榜，字芝圃，咸豐辛酉拔貢，官陝西知縣。公其仲也。

公少聰敏，與兄芝圃公下帷攻苦循循如寒素。未冠，以縣試第一人入學。甲子之春，文宗科考，復以第一人食餼。是年秋闈，遂奪魁席。乙丑，聯捷成進士。欽點主事，籤分户部廣西司兼山東司行走。是時也，捐例方興，各省餉項，惟事報銷。司會計者動多沾溉，公乃鄙夷不屑。竊念兄爲秦中宰，兩恭人春秋既高，於是，以終養假歸。晨昏定省，時時爲孺子慕。養親事畢，盡禮盡哀，一一與葬父等。其後家居，課子並經理家人生業，亦不爲出山計。惟地方有要務及義所不能辭者，竭力爲之。如同治間，賊踞尚店，助餉從軍，事定，保藍翎。光緒中，鄭工決口，辦理工料，合龍後，保四品銜。皆公所踴躍從事而保獎非其願也。曩者皖匪披猖，勝克齋宮保駐師籌餉，紳富有難色。公慨捐銀三千兩以爲之倡。並聲明不敢仰邀議敘。諸紳繼之，遂集有成數。公之深明大義，爲富豪中所僅見。苟出而圖，君其事業必有可觀者，何乃杜門不出，偃息以終老耶！夫升沈者，命也，顯晦者，運也。如公則非關命運而出於性情，蓋爲所欲爲行乎心之安而已。聞公父析存公晚年病痿，心煩善怒，見公至，輒色喜。後病，公侍側假寐者累月。與兄芝圃公分居，推財讓產，無少爭競。至於待人，則必誠必敬。凡有所求，胥如其願以去。其尤爲難及者，每歲關，於親識中貧乏按戶予糧，俾免啼饑。公父析存公故事也。公克承先志，並多所加增，計一年需糧百餘石。

光緒三年，歲饑，公開倉賑濟，散粟千餘石。四年並十年春，均於槐店會館設粥廠，就食者五千餘人，全活無算。十三年，黃水之災，公以舟泛餱糧，沿村散放。俟遷徙得所，月餘乃止。他如修義塾及文昌閣、普濟橋。與夫義塾中加脩、延師。文昌宮設課勵學，每次所費數百金及數十金不等。其他義舉尚多，然即此數端，而樂善好施已可想概見矣。君陳言孝友而曰施於有政。孔子曰："是亦爲政。"其即公之謂歟！

嗟乎，世有掇巍科，登崇秩，聲聞藉藉，誇廊廟而耀閭里，及考其功勳於物，一無所濟，無惑乎當時則榮，歿則已焉。以視公力行善事，實至而名不彰，德溥而位不顯，閱時愈久，入人愈深。不誠卓卓然可傳也哉！是公雖不樂爲仕宦，未嘗不多所設施也。尚何感乎！公生於道光壬寅，卒於光緒癸巳，享年五十有二。原配沈邱太學生李公女，繼配湖北武昌府遊擊淮甯趙公女。子濟瀛，廩生，配花翎候選同知山西長子縣知縣尉氏劉公女。濟瀛以光緒二十一年七月二十七日葬公於塋次。因余曾視學中州，知公之爲人，函請爲文。余撮陳梗概爲之志，而繫以銘曰：

聯鑣甲第不可謂終窮，觀政農曹不可謂不遇。胡爲乎邊樂林園，祇安孺慕，良以人各有心，位宜行素，不願無施，所欲與聚，維山高而水長，彌增光於泉路。

光緒二十一年七月二十七日。

（文見宣統《項城縣志》卷十九《麗藻志》。王偉）

楊朗軒先生墓誌銘

湘潭黃舒昺

公諱明德，字釋經，號朗軒，姓楊氏，河南陳州府項城人也。始祖諱進明，入國朝遷於項北七十里侯家樓村，世業耕讀，潛光弗耀。高祖諱宗儒，以忠厚起家。曾祖諱九哲。祖諱璽，慷慨好義，世有陰德。父諱華修，字茂先，型家以禮讓鄉里稱之。

茂先公生三子，公其季也。生而穎悟，數歲時，聞庭訓即能會意。弱冠應試，數奇不售，讀書之志不少衰。好看先儒語錄，嘗鈔訂數帙，以資省覽。家居事親，生盡歡，沒盡哀。事兄恭謹，雖勞不怨。教子寓嚴於寬，督以準繩。長伯漢、次仲唐，肫肫以古聖賢志事相勖，蓋得力於嚴教者深矣。公嘗重修潁水寺，移佛廟而躋至聖，於正殿前建講堂，旁列廻廊，出入禮門、義路，經營三載，卒底於成。乃敦請名師主講，從學者若項、沈、淮、鹿諸邑，均聞風而至。數年以來，遊庠食餼者，指不勝屈。更於課文外，講究實學，人盡興行。當其時，高邱寺有社課，郡中南頓各有社課，皆聯絡為一氣。郡中積學宿儒如王柳圃、曹次梗、夏默齋、余棣棠，諸先生萃集一時，皆深於理學，恪守程、朱者也。伯漢、仲唐承公之志，得以親友共學，贊成遠大之業，以繼昔賢而開後進。蓋公之扶植人才，昌明正學又如此。

嗟乎！今世率以道學爲諱，鮮有談及《小學》、《近思錄》者，一聞居敬窮理，聖功王道之說，如嚴冬服絺綌，競斥爲不合時。此士風日趨於卑下，而不可救正也。而公獨舭排異說，確宗儒先，挽流俗於正規。進髦士爲英賢，懿乎其識高而其功偉矣！然公素無講學名，惟以篤行自勉。人有負債日久弗償直，一筆勾之，不與校。鄉黨或有爭端，公為之剖別是非，直者德之，即屈者亦帖然無後言。居恆以利濟爲懷，如築張寨以保鄉鄰，濬趙黃溝以洩坡水，遇歉捐錢賑米以甦民生，遇疫檢方施藥以療人病。善行難以枚舉，而公則曰："此吾職分所當爲，不足齒及也。"

公生於道光六年十一月二十五日，卒於光緒十二年十二月二十四日，享年六十有一。配胡孺人，淮甯處士諱永安公女。孺人孝敬勤儉，仁恕寬厚。生於道光三年八月二十二日，卒於光緒二十一年八月十二日，享年七十有三。有三子：二凌霄，邑庠生；凌閣，己丑恩科舉人。孫三人：寶璋、恩慶、綸慶。公以某年月日卜葬於宅北十數武子山午向，孺人祔葬。伯漢、仲唐介其友人來請銘。銘曰：

昔在有宋，斯文興起。厥惟太中，善於教子。猗歟先生，繼美前型。仁義式穀，詩禮趨庭。二子觥觥，學行卓越。恪守正宗，深入理窟。維聖有的，維賢有途。淵源家學，曰程曰朱。世教不明，異端競作。誰其祛之，天清宇廓。先生教子，厥有義方。後學之軌，吾道之光。豐阡羙羙，松楸鬱鬱。幽宮奠玆，千古不沒。有嵩載高，有潁載清。山水靈秀，護衛佳城。

光緒二十一年八月。

（文見宣統《項城縣志》卷十九《麗藻志》。王偉）

李王氏節孝碑記

邑人王居壬

節孝婦王氏，余嫡堂伯京兆公之女也。性端慧，幼貞不字。年十九，以父母命，納沈邱廪生李楨之聘，爲繼配。於歸，執婦道維謹，事翁姑曲意承歡。楨甚宜之。翁姑亦曰："是善事我。"甫七載，楨病故，氏無所出，又無猶子以承似續，誓以身殉，投環懸絕，逾時復甦。因以婦供子職，慰解高堂，孝養益力。一日，侍姑唏嘘言曰："嗟乎！無祿夫子即世而又乏嗣，李氏之鬼餒，而兒婦旦夕填溝壑，不足惜。而老親焉託，請急爲翁置側室。天若不絕我李氏，而令枯楊生稊，肯堂構，延薄祚，血食先人，亦姑與婦之幸也。"姑曰："善。"商諸翁，翁韙之。氏於是大置酒，延族人匍匐稽顙，以志告懇慫翁。族衆深然之。僉謂："此婦明大義，識深慮遠，有士行。"遂卜諸馬氏。馬溫惠淑慎，入籩，循分守禮，家無詬誶聲，遇氏尤有恩。甘旨之奉薪，水井臼之勞均分任之。後連舉二子，剛數歲，姑歿。未幾，翁亦棄養。遺茲藐孤，依氏爲命。氏以一身迭遭大難，屢慟幾絕，志益勤。躬親撫養，飲食教誨，恩勤備至。稍長，令出就外傅。丁酉、戊戌，連年水災，田歉收。氏量米度日，未嘗使二小叔廢學。每當更深夜靜，氏家讀書聲與紡織聲相聞，喔喔徹户外，比户咸聞，或至達旦不輟。擇周氏爲汝功配，汝林聘程氏，皆詩書舊族。周氏素嫻母家教。癸卯過門，敬氏如姑。事無大小，皆稟命而行，亦氏之誠有以動之也。初翁屬二子曰："汝嫂有大造於我家。願天祐汝成人，早立子爲之嗣，則老人瞑目地下矣。"時汝功有女，氏愛之已出。翁言尚有待也。里黨賢之，上其懿行，文部劉少巖郎中聞於朝。天子嘉而旌之，許建坊入祠，以爲鄉閭式。今秋復爲汝林成禮。二叔感氏教養之恩，請先立碑以風其德。氏拒之再三，親族敦勸乃允。丐余爲文。

氏，余姊也。不敢辭，亦不敢譽，因據實筆之，付諸攻石之工。

（文見宣統《項城縣志》卷十《祠廟志》。王偉）

閻鏵暨德配田孺人墓誌銘

邑人王啓明

項邑閻氏始家金陵，得姓於閻，鄉蓋有周裔也。明太祖時，自濠梁荷戈徙項，其始祖諱經者，相土於清淨坡之南涯而耕焉，亦如有周之農事開基云。越六世，贈公大器府君始起家，自是冠蓋蟬聯，人文霞蔚，閻氏稱世族矣。又三世，而完初公生公其象賢也。公諱鏵，字志穀，性淳樸，讀書不輟，蚤補弟子員，與其季質勉，同知名當世。時二人以孝聞。太夫人辭世，太翁年尚壯。公備極溫凊，羹必親調，衣必手浣，三十年如一日。晚隱泉石間，幾與世相絕，真如避地桃源，不知漢魏，何有晉也。先生殆有陶潛林逋之遺風乎。配田孺人，庠生田公諱某女也。生而靜淑，幼嫻女經，知大義，荆布相夫子以宜家，天性勤儉，晨興常先諸家人，中夜紡績聲達諸户。當兩大人病革，躬自煮粥和藥，無間晨昏。既葬，嘗出簪珥佐不給。某年月日亦先公歿。至今梓里姻戚奉女宗焉。舉二子：長曰浩，庠生；仲曰瀚，處士。孫七人，次惟植，庠生，業儒。曾元胥能世其家。於是年冬十一月既望之三日，合祔於城西祖塋旁之新阡。其子若孫匍匐相州，捧狀句余曰，請先生一言爲泉壤光。余於閆氏有世好，義不容辭而誌焉，且銘曰：

巖阿松青，幽谷蘭香。維先生之風與孺人之德，源裕而流長。既固既安，卜世無疆。

（文見宣統《項城縣志》卷十九《麗藻志》。王偉）

薛橋碑記

邑人高釗中

光緒二十一年，釗中視學差竣，自滇北旋，閏月入豫境，值霖雨浹旬，平地水盈尺，車曳於塗，馬旋於淖。取道蔡北澱南，以達於里閈。薛橋紳董某君介、吾戚馬君荃亭乘筏來城，詣余而言曰："邑南泥河地勢坎窞，每值霪霖水漲，則兩岸浩淼絕人行，薛橋據其上游，商旅繞道於斯。舊有土橋，僉謀易土以石，今將訖工，願丐一言，以紀厥事。"竊維泥河上游入蔡境，曰包河。國初，上蔡明府楊公欲洩蔡水，抉洪河東岸為八里直溝，潰包河北岸之隄，俾蔡水由平地東注，歷項、沈以達於穎、壽，下游不能堪。乾隆年間，邑侯王公詳請於朝，建傅家路隄，約蔡水入包，築石壩以禦洪河水勢，而泥河墊隘，究不能容包河之水也，上下游紛紛爭訟者，百有餘年。光緒己卯，中丞涂公宗瀛開府豫疆。公皖人也，知斯水之為患。持袁文誠賑濟餘款萬緡，謀修水利，將以利吾豫以及皖也。因以鉅資，委員築石壩，而以疏濬泥河之役委項人，項人因泥河工鉅而緡薄，不克蕆事。涂公致書內閣袁公子久謂："項人之不肯用命也。"時釗中官京師，介袁公致函於涂公，請緩壩工，而以賑餘之款全力注於泥河，泥河開濬深廣，不惟可蓄蔡境五湖二河一十八坡之水，不至漫溢，河之兩岸瘠土且變為沃壤。行見東南商賈帆檣銜接，由穎直達泥河，百貨萃聚於項，則城南可蔚為巨鎮。涂公韙之，而緡力已糜於石壩，不果行而去豫。余嘗歎機緣難再遇，而缺陷之不易彌也，往來胸中又十餘年矣。今董事諸君揆度地勢，建修石橋，俾商賈車馬輻輳而來，由汝陽、正陽逕達於汴，會是真能以人力濟地勢之窮，而彌其缺者也。經營之始，集資於四方善士，得緡若干，計工若干，日董其事者為某君，某君咸有功於是役，例得備書。

光緒二十一年。

（文見宣統《項城縣志》卷六《河渠志》。李正輝）

楊君伯漢墓誌銘

黃舒昺

陳多隱君子。余嘗讀《陳郡賢儒考》一編，見近世有若載公黃先生，迂村樊先生，有若又新韓先生，柳圃王先生，蓋皆言坊行表可法鄉閭、可型後世者也。乃今又得楊君伯漢焉。

君諱凌霄，字步青，號連齋，一字伯漢。世居項城北七十里侯家樓村。以耕讀忠厚世其家。高祖諱九哲，曾祖諱璽，祖諱華修，父諱明德，世稱朗軒先生。予嘗銘其墓矣！君資生淳厚，年三十一始入邑庠。一日，於附館主人敞篋中得《性理》一本，周子《太極圖說》通書也。讀而好之，留心正學自此始，後應試。在郡購得《夏峯年譜》、《中州八先生凝道錄》，向學之心愈切。及見同里余棣堂先生問初學入路，示以《小學》、《近思錄》，旋於書肆得之。始知詞章以外，有正路可以直登聖域。自是凡有所得，即自記錄，存心行事，分別善過，不敢自欺。爲學務求約守，不事泛覽。所輯書有《反約窮源錄》、《庭訓述古錄》、《宏農名儒考》、《學顏彙鈔》、《觀法隨筆》、《永誦詩鈔》、《愛邵詩鈔》，皆時常展讀者也。其遵先人遺命輯鈔者有為二，《南詩鈔》、《箴銘輯要》。其餘事親則有《奉親錄》，教子則有《蒙養紀事訓》，門人則有《記過簿》。而生平心得之書，尤在讀《朱輯要錄》，蓋恭讀《朱子全書》，而撮其最精要之恉也。觀其著錄，可想其躬行矣。

君篤於孝友，尊甫先生患失血瀝，陳已罪，焚香籲天，為親永壽。親沒，哀毀骨立，喪葬悉準古禮，廬墓三年，每哭輒痛不自勝。年甫四十，髮白殆盡。客歲八月，母太孺人病瘧。君瘧初愈，臥牀呻吟。然晨昏依依堂前，不忍一刻不見母也。不幸太孺人沒，君一痛而絕。移時方甦。病起後，竭力營葬，隆冬盛暑負土成墳。兄弟仍廬墓側。君之居父喪也，三日始飲稀粥，百餘日不櫛髮，頭幾禿。及居母喪亦然。雖病垂危，仍不食，一米入口亦吐。病稍閒乃進稀粥，遂不寐牀。尊長勸之，亦不聽也。

君與弟仲唐極友愛。仲唐名凌閣，己丑舉人，相勉爲程、朱性理之學。君沈篤，仲唐敏銳。君善守，仲唐善悟。其道義切磋，壎篪唱和，洵極人倫之樂事。興之所致，發爲謳吟，著有《怡怡詩草》，有所得輒呼仲唐，並座同讀。得意則相視而笑，感慨則相對歔欷。仲唐每告人曰："吾兄弟互相友，亦互相師也。"又曰："吾兄友愛之誠，四十年如一日。"君孝以祀先，仁以錫類，建祠追修四代神主，祭儀仿家禮。命仲唐輯《家規》，以《祀先》一篇冠首。居喪在廬中臥病，每日晨起必悲墓，入祠必焚香參拜杖而後起。病亟時，逢祖先忌日，猶勉行四拜。至於平日厚於親黨，賙於戚眷，無不曲盡其情。有高氏姑者，其墓去南頓官道側半里許，每進城必拜姑墓。其事類是者甚夥。君尤篤于師友之誼。李怡亭先生，君業師也。君左右就養，事師如父，如是凡六年。及師沒，痛哭數日，葬時為文致祭。後凡祭必有文，拜墓必痛哭，屏絕酒肉，心喪三年。君猂介剛直，懍乎難犯。而與鄉人處慈祥坦易，油油如也。其接引後學，諄諄不倦，隨人淺深，委曲詳盡，要以敦倫勵品，反身自得爲貴，其有至性者，多於言下感悟。至於遺言懿行，及門諸子輒筆而述之，自錄日記，自壬午訖乙未近千條。仲唐檢遺稿，又錄得百條。君嘗爲一事必自問曰："是足餒吾浩然之氣否。"又曰："人生大事，孰有逾於讀書學道者哉。"又曰："名利二者最壞事是一熱字，能冷淡一分，人品便高一分。"又曰："有纖毫不似聖賢處，即不敬其身，虧體辱親，罪莫大焉。"病中尤曰："人死亦常事，但未聞道而死，則生爲徒生，死爲徒死矣，可乎哉！"因慨歎不已。君識卓守定銳，然以古聖賢自期，生平於宋五子書講肄體驗，反覆不置，即至疾病呻吟，而此志未嘗一刻懈也。今年春，精神漸復，哭泣之餘，猶日溫小學數篇，欲如薛仁齋先生之必讀萬遍而後已。胡一年未終，舊病復作，遷延兩月，竟不愈。臨終時，心清氣定，坦然而逝。時光緒丙申五月初三日也。士林聞君沒，咸悼痛之。君雖身不出里閈，而維持風化，扶植倫紀，未嘗不日厪人心。世道之憂，雖降命不永，業不克就，然其志堅力苦學粹行，完則固質諸天日而不誣，揆其潛心性命，洞澈理要，信之篤，執之固，蓋超然於世俗。記誦詞章，權謀功利之外，而直繫洛閩正學之傳者也。其與陳君賢儒言坊行表，可法鄉間，可型後世者，豈有二子哉！

君生於道光某年，距沒之歲享年四十九。娶周氏。子四：長貴卿；次渭卿，將成童而殤；次寶璋；次幼殤。女三：長殤；次字傅氏；次幼。嗣子以某年月日祔葬於朗軒先生墓側。仲唐孝廉以狀來請銘。余不敢辭。銘曰：

嗚呼，君之學足以達天，而不永其年。君之善足以復性，而偏促其命。豈斯道之多扼兮，抑天道之無常。問之太空而無言兮，羌終古之茫茫。然而儒先正學之緒，藉君以傳後來。一綫之脈，藉君以延。其行可質諸鬼神，其德增光於河嶽。我銘匪私，以示後覺。

時光緒二十二年丙申五月初三日。

（文見宣統《項城縣志》卷十九《麗藻志》。王偉）

候選知縣甲午舉人張公德教碑

邑人高釗中

光緒二十三年夏五月，誥封中憲大夫恩周張公以疾終於里第。踰月，門下士吾族姪孫山介張君亮臣、趙君自勤、楊君亭雲等詣予而言曰："自吾師云亡，吾儕悢悢無依，如失慈父母也。吾師教澤浹人肌膚，吾儕欲闡揚德意而莫罄形容也。吾子與吾師爲戚黨，年既相若，相知又最深，敢乞一言，勒諸麗牲之石。"余不獲辭，綴述行略，而繫以夙昔交遊之感焉。

山之言曰："吾師淹貫六籍，不爲章句之學，於書精《洪範》，謂與謨貢相表裏，《詩》維王迹與《春秋》，例異而旨則同，《三禮》宗鄭康成而秦文恭之，《五禮通考》其典章大備者也。畢生精力，尤在於《易》，反覆於陰陽消長之機，而於納甲、納音、爻辰、卦氣諸說，皆能得其自然之象數。讀史論古今得失，如明鑒照人，妍媸無毫髮爽，旁及天文輿地，山經海志，靡不綜覽，以博其趣。講學不持門戶之見，謂金谿姚江，其言論行事，多與洛閩符合。未可因末流之弊而詆先儒，故發爲文章，汪洋浩瀚有根柢，其素所蘊蓄者然也。"亮臣之言曰："吾師家素豐，而勤儉耐勞苦，自奉澹泊，如族鄰待舉火者數十家，座客常滿。吾師日手一編，教子尤嚴而有法。哲嗣馨菴農部應萃科，領鄉薦，捷南宮，馳譽薇省，一秉趨庭之訓。平居以誘掖後進爲己任，邑東數百武高邱寺者，吾項勝蹟也。吾師偕余君棣堂、夏君默齋，創設毋欺義塾，延師課讀，與同志結社，昕夕往來，經紀於其間。負籍從遊之士，凡寒畯而英資可造者，飫其膏火而裁成之。或遊庠，或食餼，叨飲食，教誨之恩，方冀常隨几杖，而哲人萎矣。

　　憶咸豐年間，釗中與封翁俱弱冠，值中原寇亂，燧逼郊坰，偕棣堂默齋，隨鄉先輩共籌守禦。封翁每畫一策，灑灑數千言，議論俊偉，有豪俠之風。

　　同治初年，釗中棄官歸養。時方議修邑乘，偶過訪，封翁出所作《三鴉路辨》，謂舊志誤以襄城為項城，其考核詳確，鉛槧耆宿不能過也。光緒改元，釗中薄宦再至京師，棣堂旋以甲科觀政比部，默齋亦由大挑得縣令，而封翁獨嗇於遇。及釗中使滇，聞馨菴掇巍科，分部屬，封翁亦以耆年螢聲雁塔，喜遇嗇於前，而報豐於後，可為績學者勸也。乙未夏，釗中乞休。棣堂、默齋已相繼歸，道山感知交之零落，每散步出國門，躊躇四顧，追憶壯歲，相與考道論文，共事一方者寥寥，不可多覯，而封翁獨巍然矍樂如疇昔。方銳意釐定吾項書院章程，將以陶鎔一鄉者，陶鎔闔邑人士，胡天不弔遽喪典型斯，誠斯文之不幸矣。猶幸義方之訓，垂裕後昆，釗中老矣，行見馨庵、絅庵與及門從遊之士，砥礪琢磨，共衍封翁教思於無窮，不僅為閭里之榮，且為邦家之光也。

　　光緒二十三年夏五月。

（文見宣統《項城縣志》卷十九《麗藻志》。王偉）

節孝師高氏墓碣

　　高釗中

　　節孝婦高氏，余族姪化智之女也。幼許字於蔣家莊師春華之子錦心。及長，母家聞錦心有癡疾，意猶豫。氏謂母曰："命也。命造自天，人可憎而逃乎？"十九於歸，執婦道惟謹，事翁姑委曲承歡。春華素嗜酒，與戚友相過從，劇飲輒大醉。氏出餚饌供之。甫十載，錦心歿。氏無所出，又無猶子以承嗣續，翁以酒疾不能理家政。氏乃大置酒延族人，匍匐稽顙而請曰："夫子不慧，無祿而又乏嗣。師氏之鬼餒，而妾旦夕填溝壑不足惜。不忍見翁無後以湮宗祐祀。乞以夫之從弟錦章為翁後。"僉曰："善。"此婦之識邁等倫允之，乃相攸於夏氏景雲之女以為錦章配。夏故詩書舊族，明大義，入門與氏相愛如手足。無何，翁疾大作。手顫不能舉箸，頭搖蕩若播鼗，不克以口就桮桊，將廢食焉。氏與夏氏日侍三餐，一人捧翁，一人執匙箸而飲食之，閱二十年，翁得享天年。以卒，囑曰："昔唐氏乳姑，姑願孫媳如唐氏賢以為報。今吾媳侍疾無倦容，惟祝天祐錦章，俾獲三子，以嗣冢婦而彰其孝，則老人瞑目無憾矣！"錦章果相繼舉三子。氏撫其次子淑平以嗣，如己出焉。里黨賢之，上其懿行，大吏聞於朝，天子嘉而旌之，許建坊入祠，以為鄉閭式。光緒二十四年，氏以疾終。年七十有六。里人謀碣諸阡，浼文於余。因筆其事以貽後之人。

　　光緒二十四年。

（文見宣統《項城縣志》卷十九《麗藻志》。王偉）

一了山人鄧錫圻墓表

邑人高釗中

　　光緒二十有五年十二月二十九日，麗邦明經，歿於滬上。次年，返葬，卜兆於項邑西郭外之新阡。從遊之士徧陬滋，老者壯者徒跣數十里，扶櫬西歸，下至嫠婦處女，咸衰絰執紼求助葬，填塞衢巷，悲泣之聲，感於行路。既葬，各以一抔土匍匐覆壟，尅期而竣工。馬鬣歸然，崇數尺，周垣繚之，環樹以柏，將勒豐碣，以紀德教，而浼同邑楊君仲唐孝廉述以文。歲暮風雪，明經之從弟文垣上舍走余而言曰："碑已礱矣。門人葛君長清、謝君仁庵曰：吾師之學於諸子，無所不觀。非親炙久者，罕窺其涯涘。擬以一二古人，未足盡吾師之所宗。將以信今而傳後，願徵實蹟，勿係銘詞。而以討論之役屬諸余。余宦遊近三十年，而明經兩晤於途次，握手立談烏足，以知明經楊君邃於正學，與明經有切磋之雅，爲文粵如曠如，讕陋如余，又烏足以討論楊君之文，而知明經無已，仍即楊君之所聞，徵以余之所見，紀其行躅，以俟世之知明經者。

　　余少年與明經角逐於名場，明經未弱冠，遊庠食餼，試輒前茅。宜若英銳之氣，咄咄逼人，而謙抑自下，退然若不勝其衣，旋棄舉子業，而以出門之交，遨遊於四方。時平原寇作，里人避亂，不敢跬步出國門。明經獨攜一奚奴，布衣芒鞋，出數月，來則勸人為善。時以鍼砭之術，醫輒效。村夫田老，婦人女子，皆知明經爲善人，爲信人。而遊蹤所至，家人不能知。蓋皎白出塵之態，飄然如雲中鶴矣。

　　光緒初服，余以薄宦入都，晤明經於大梁旅次。則髯盈握，貌豐而色愉，拱侍一人，同邑姚君上舍東甲也。一言一動，若植準繩。詢所遊歷，則菩陀、武夷、峨嵋、五臺諸名勝，如胝掌紋，如數家珍。憶平日釣遊之所在，晻然在目前也。詢所棲止，則結茅武當最高處。詢所學，則曰乃後天之學，他日身退，當於子言先天之學。倚裝曰："別矣，圖後會。"不知其所往。閱八年，余按試荊門，遇明經於途次，簡我以詩若凤搞者。余以花露兩罇持贈，曰："品清虛絕塵，可供幽賞。"卒不受。曰："別矣，圖後會。"不知其所往。

　　楊君之文曰："守城禦寇，明經著其精勤。鬻地濟貧，明經廣其仁愛。創橋梁，葺廟宇，振興文教，盡力溝洫。凡利人利物，莫不樂為不倦。若夫德卓行異，從遊之衆，幾徧宇內。聲聞之播，流及海外。雖達官貴人，往往郊迎庭見，佩服如不及。聞有誣而毀之者，而明經超然灑然。舉人世之褒貶，忻戚不足以攖其胸，宜其質固神完，壽臻無量。乃甫踰花甲，竟棄人間，豈天不憖遺耶！抑脫屣塵世，而與造物者遊耶。如明經者，當于古之異人中求之，不足爲庸俗道也。當此功利煽惑之秋，聖道不絕如綫，明經憂舉世之沈溺，殷殷爲寶筏之渡，而穹高極冥，殆將喬過之。嘗謂閣曰："余所行者偏路也。"其明經之自道歟！乙未，余解組歸里，歲薦饑，明經自滬上捐寄數百金，以活鄉人。踰兩載，招哲嗣味梅至滬，重門深扃，閽者介紹入，語不及私，曰蜀山之行僁甚，即促之歸。數月而靈輀至。

平生恆產無一隴之增，附身附棺營葬營齋，海宇弔客至，供饌必豐必潔，皆門下士。經紀之遊其門，不致酒，不茹葷，非教澤入人之深曷克臻，此明經之行，與庸俗異。明經之學，誠非庸俗之見所能窺其涯涘者矣。

明經姓鄧氏，錫折其名，麗邦其字，自號一了山人。

光緒二十六年。

（文見宣統《項城縣志》卷十《祠廟志》。王偉）

重修蔣橋碑記

邑人張三寶

橋以姓名，誌創始也。淮南百里跨汾水有蔣家橋，由來久矣。始自何時，創自何人，古碑碎沒，無從稽考。但其橋以蔣命名，必蔣氏先世首其事。如上游之黨橋，下游之侯橋、婁隄橋，皆以當日首事者之姓，姓其橋者是也。舊製狹隘，趙公盤璧等於嘉慶二十四年拓而闊之，紀功之碑屹立橋畔，迄今又八十餘年。輪鐵之摧崩，風浪之齧蝕，橋雖未至大圮，中閒小為補葺者數次，今為甚，目者心焉傷之。蔣君丕昌、邦治等因慨然曰："橋姓吾姓，即吾家之橋也。吾族附橋居者百餘户，忍坐視斯橋之就圮乎？"於是，倡集義資，漫橋頂俾其平，鋪橋底使之固。碼頭從新包起，雁齒依舊排空，經始於春正，告竣於夏初。蔣君此舉，實以継趙君者紹先業焉。夫成杠成梁，王者之善政。濟人濟世，君子之善心。程子云："一命之士苟存心於愛物，於世必有所濟。"人第知橋之壞宜重修，而不知身之修較橋為尤急。心者，身之主，心不可見，於事見之。斯役也，亦存心愛物之意。所積而流，豈徒繼志述事為一身一家計哉。工竣，將泐石以紀其事，屬余為文時，余方佐家君董戚寨廟文明學舍之役，深知辦工者之苦心而莫之訴，因據事書之，付諸攻石之工。庶後起者，有感斯文，將以是心為心，而継修不已也。

光緒年間。

（文見宣統《項城縣志》卷六《河渠志》。李正輝）

袁太母劉太夫人墓表

南皮兩湖總督張之洞[1]

光緒二十七年四月二十有九日，太子少保直隸總督袁公爲山東巡撫，以母喪，電聞於行在。時東西洋各國駐兵京師，分據天津各處。得旨："山東地方緊要，正賴通籌全局，著賞假百日，在署治喪。少保復籲請回籍營葬。"又得旨："俟大局定後，再行賞假。世凱之

---

[1] "兩湖總督"係"湖廣總督"之誤。

母，教育有義方，深爲襃許，當感激奮發，移孝作忠。"少保聞命，感泣不敢固辭。其冬十月，移督直隸。十一月，大駕還京。明年秋七月，收回天津。八月，少保以葬有期，再具疏請。奉諭屆時降旨，先賞太夫人正一品封典。九月，少保賞假四十日，賜太夫人祭一壇。復奉懿旨，賞內帑銀三千兩。少保奉命，即行一月，馳至項城。十七日癸卯，奉太夫人之喪，葬於項城東北鄉師寨。河南巡撫遵諭致祭，遣按察使將事僚吏畢會閭里聳觀，以爲殊榮。

　　太夫人姓劉氏，河南項城人。年二十，歸於贈光祿公。初光祿公娶於劉，生子世敦，劉夫人既歿，繼室太夫人生子世昌早卒，次世廉，次即少保，次世輔，次世彤。孫：克明、克定、克勤、克成、克莊、克正、克勵、克讓、克劼、克暄、克倫、克環、克昭、克善、克端、克權、克誠、克德。項城爲皖豫要道，咸豐同治間數被兵侵。光祿公鄉居，治團練禦賊，家事一付太夫人。承事祖姑郭太夫人，姑王太夫人能得歡心。光祿公早世，太夫人教養諸子，督課嚴至，諸子並以才能自奮，積功至道府大員，而少保功名最顯。少保出嗣從父觀察公。太夫人訓以事所嗣如所生。少保奉養二母以孝謹聞。少保既早貴，性剛烈，任事敏銳。太夫人戒以勿任性，勿苛察，言動必謹。如有不稱，貽君父憂，予不受爾祿養矣。少保悚惕受教。奉使朝鮮，治兵畿輔，巡撫山東，太夫人皆就養。見少保治事勤慎，則喜爲加餐。拳匪之變，起於山東，蔓延於直隸，中外阻閡，訛言日聞。太夫人則語少保，宜辨別是非，昌言於衆，毋怵禍患。少保累疏言於朝，而自治其境內，畿境大擾，東境晏然。方事之殷，或有請移家者，太夫人指池水爲誓，與城存亡。既而洋兵北來，兩宮西幸，太夫人已寢疾，感憤涕泣，至於彌留，猶勉少保兄弟以奉迎乘輿，盡瘁事國，爲言不及其私。其後，少保以直隸總督，迎鑾於順德，還鎮於天津。而太夫人不及見矣。

　　太夫人生長富貴，天性儉約，而好施濟。三年大旱，十三年大水，皆出鉅資賑濟，全活無算。生於道光十二年二月二十八日，薨年七十。少保曾祖母郭太夫人，實生端敏公，孫文誠公相繼爲中興名臣。光緒初年，郭太夫人壽百齡，特諭襃賞。海內學士播爲詩歌，越二十餘年，而太夫人復以義方之訓再奉詔宣，恩禮稠疊。袁氏爲汝南巨族，當咸豐用兵江淮，同治年平定捻回，迄於光緒，再盟海國，三朝大兵事，端敏公、文誠公以及少保三世，皆起臺省爲將帥，宣力行間，勳閥之盛，當代罕儔，而閨閣之內再以德行仰蒙襃賞，後先輝映，尤爲盛事。史稱陶桓公位業，爲兩晉之冠，而備述其母之賢明。陶公督八州，登三事，猶時舉亡親之約以自警。而同時虞潭之母定夫人，亦以忠義教其子，歷杜弢、蘇峻之難，當時稱其憂國之誠，及歿，成帝遣使弔祭，賜諡少保勳望。今之陶公太夫人垂教，類陶母憂國，類虞母榮遇，則繼美於郭太夫人，又非虞母所及。然陶公貴不逮養虞守，名位未至，即端敏亦賫志中路，猶有貽憾。若太夫人可謂備德全福也。已少保書來，請表墓之文，援舉其大者，著於篇。以示後世。

　　光緒二十七年四月。

（文見宣統《項城縣志》卷十九《麗藻志》。王偉）

汲縣教諭郭公墓誌銘

邑人高釗中

公姓郭氏，諱瑗，字玉臣，項城人。生二歲，母魏太恭人棄養。依大母陳太恭人、継母劉太恭人撫育成立。性和順，藹藹孺慕，兩太恭人鍾愛之。長，受父中憲公庭訓，為文能得聖賢立言本質。弱冠補博士弟子員，旋食廩餼，試輒冠軍。年三十有八，同治丁卯科舉於鄉，辛未會試，挑取謄錄，供職國史館。初入挑時，或勸公謁大府，若得送實錄館敘績，當以知縣用。公曰："循例籤分，不願干進也。"同邑袁文誠公奉命轉餉關中，稔公操守謹篤，邀赴戎幕。公以親老辭。里居孝養，滫瀡必豐必潔。兩居苫茨，哀毀盡禮。假館教授，以敦品植節為先務。文詞一秉先正軌範。遊其門者，掇芹香紆青紫，踵相接也。歷應上蔡景賢書院、本邑毋欺山房、會文上房、夾河書院之聘，擁皋比口講指畫廿餘年。堂弟瑢以廩生貢入成均，長男琴堂以歲貢生選授遂平縣訓導，次男書堂由甲午恩科進士觀政比部。歲庚寅，公以館續報最，例授汲縣教諭，又八年以疾辭歸。當公壯歲，文學品行蔚為時望，若稍貶風骨，以圖進取，必能膺膴仕，展宏猷，何至潦倒二十年，投閒於冷署，以青氈老，時論惜之，謂公之不遇時也。然使公得所遇，膺膴仕，展宏猷，鞅掌於簿書，馳驅於戎馬，焜耀煊赫，不得一日休假於里閈，有烏能遂孝養之初心，喪葬盡禮，食詩書之厚報，科第蟬聯，如今日也！此中得失之數，孰重孰輕，公辨之早矣。

光緒二十有八年三月初八日，疾終於里第，年七十有三。以子貴封中憲大夫。祖考躋菴公，祖妣陳氏，考維三公，妣氏魏、繼妣氏劉，皆贈中憲大夫，太恭人。諏吉某月日葬公於祖塋東偏之新阡，從遺志也。余與公為同年交。諸孤以行狀丐余銘。銘曰：

養親不以祿，而菽膳常足。遺子不以金，而芝誥在身。先壟之東，巋然幽宮。爰及後裔，共式清風。

光緒二十八年三月初八日。

（文見宣統《項城縣志》卷十九《麗藻志》。王偉）

劉太夫人碑記

邑人袁保純

光緒二十有八年壬寅冬月朔，越十六日癸卯，將奉恩賞正一品封典、誥封一品太夫人長嫂劉太夫人安窆新阡。葬之先日，四方來觀禮者車以十計，絡繹咸集，四姪世凱亦自直隸總督任所請假回籍葬母，欽奉慈禧端佑康頤、昭豫莊誠、壽恭欽獻崇熙皇太后懿旨，賞給太夫人正一品封典，賜祭一壇，又由內帑頒葬銀三千兩，且諭為太夫人諷經設供。殊恩異數，曠代所稀，甚盛典也。觀者莫不嗟歎，以為厚德豐報，理固宜然。而族黨子姪則尤感慕欷歔，有弗能已於言者。

　　太夫人南頓劉氏，年十九，以賢聞。贈光祿公受臣大兄原配嫂氏有末疾，思得淑媛以佐家政，太夫人於是來歸。時光祿公母王太夫人、大母郭夫人，皆在堂。光祿公方治團練，禦粵捻，家事一委太夫人，上則孝養重闈，下則教撫群稚，每能先意承志，得二老歡。郭、王二太夫人咸欣顧之。故於原配長嫂之卒，即命正位爲繼室。保純等暨諸姪，幼多蒙其顧視，煦寒問燠，靡所弗周。既而光祿公即世，郭太夫人年百齡，太夫人亦八旬，老且疾矣。太夫人含悲茹苦，強顏承歡，晝羅酒漿，夜勤縫紉，盡慎盡禮，以終兩太夫人之世，不聞有喪子若孫之慟，婦兼子職，人尤難之。賢孝之稱，翕然里黨。固不僅娣姒，宛若輩遜讓以爲弗及也。

　　竊惟吾袁氏自端敏、文誠相繼崛興，以忠節聞天下，然世承清白，篤守儒素，太夫人秉性柔嘉，夙明大義，雖侍人御下，一以寬和，督責諸子，獨嚴而有法。每述先訓，稱忠孝以相勗，至於顯貴不少寬。諸子秉訓慈闈，宣力王室，三姪世廉、五姪世輔、六姪世彤，先後以監司郡守、郎官之屬，剸歷中外，聲績踔起。四姪世凱遂總制畿疆，屹然爲國家柱石重臣，顧太夫人雖履豐席厚，樂善好施，周濟貧乏，無怍色，而未嘗不以儉約自處。每當諸子晉階受賞，輒屛賀客，申訓迪，以滿盈爲戒。前歲就山東，年屆七秩，有請稱觴上壽者，輒峻拒之。惟時以和議未成，乘輿未返，西望咨嗟，至於餐寢俱廢，觸發舊疾，竟以不起。嗚呼！慟哉。時辛丑四月二十九日也。

　　卒後，四姪獨以山左一隅，保障東南半壁，底定海宇，奉駕還京，皆秉諸慈教爲獨多，雖朝廷亦以教有義方，特嘉褒許，恩施稠疊，曠典飾終，非惟吾族之榮，抑亦志乘之光矣。諸孫十九人，多聰穎秀發，克繼前休，所謂其德靡悔，既受帝祉者非歟！保純等幼蒙慈覆感，豈能忘茲！因念食報之豐，犖追溯夫懿徽之盛，謹誌其犖犖大者，勒諸貞石，以備後世子孫有所考覽焉。其他美德善行，則朝野士庶，里間婦孺，類能詳言，無庸縷述矣。

　　光緒二十有八年壬寅冬月。

（文見宣統《項城縣志》卷十九《麗藻志》。王偉）

烈婦余倪氏墓碣

淮甯曹若栩

　　聞之忠臣不事二君，烈女不更二夫。余讀史，自范氏《後漢書》皆載《烈女傳》，是巾幗中有完人，實堪與烈丈夫並垂不朽也。猗歟，休哉！若項城余應南妻倪氏者，據亡友余孚山比部所作傳言，氏生有志，操以禮法，自檢飭。年十七，適應南。應南性閑散，不事生產，貧無立錐地。氏紡紝自給，歲多依居母家，即應南衣食半取給於氏十指間。應南無他技，饑輒解衣履售人。氏屢給之不怨也。又念應南無糊口資，復售簪珥，畀應南，勸令事生業。應南不能從，反聽無賴子逼令他適。氏誓死不爲奪。時母家亦貧，不能給。氏將歸夫家，僦舍紡紝爲永久計。未歸，而應南歿。親視葬畢，遂留母家。母憐其少且無子，勸令改醮。氏泣曰："生爲余家婦，歿爲余家鬼。"因復以死自誓靡他。母難之，潛與子謀。事將諧，氏竊聞之，遂自經，年二十有三，同治三年六月朔日也。距應南之歿，凡五十餘日。歲乙丑，督學歐陽公額曰："節比共姜"。又奉旨旌表如例。先是氏之亡也，值流寇亂，棺難行，權葬母家朱灘店之堡東數十武。後二十有八年，其猶子炳朗茂才丐余文，以勒諸墓。炳朗，孚山族弟也。均余畏友，余既欽烈婦之節，又重炳朗之賢，因昔得於孚山者書以歸之。爰從而爲之歌曰：

念勁草兮遇疾風，緬歲寒兮柏與松。倪氏之烈節兮將毋同，億萬斯年兮官道之東。

光緒二十八年。

（文見宣統《項城縣志》卷十九《麗藻志》。王偉）

板橋碑記

邑人楊凌閣

且凡事費力少而成功易者，類難持久。況橋梁當道路之衝，車馬之所踐踏，風雨之所漂搖，波浪之所衝激，日剝月鑠，蠹敗最易。此吾項東北二十里有板橋，所以屢修屢廢也，董事諸公欲易木以石，輒畏難中止，自下張埝改建石橋，而好義急公者，遂觀感而起矣。雖籌經費、助勸輸、供採買、佐搬運，類不乏人，而總理全局，同心協力，始終不懈，惟夏君軒臣、閆君端甫、高君彥臣諸先生而已。當橋之未成，財已竭矣，力已疲矣，強者沮而怯者退矣，同事諸公方惴惴焉以功墮半塗是懼，而卒賴遠近樂善者之助，終底於成焉。費力多而成功難，一勞永逸，可以悠久無疆矣。獨慨天下事，每輕於圖始，難於觀成者，豈徒以其力絀哉，亦因其志未堅耳。其初，急於見功，見小利害輒沮，且欲利天下必先捐一己，若狃一己之私，區區計目前，又安足圖大事，以利天下乎？益次年臣三先生志堅力果為不可及也。吾願後之履斯橋者，覘鞏固之基，循蕩平之軌，當思鄉前輩創造之不易，有以永保無虞焉，斯可矣。是為記。

光緒二十八年。

（文見宣統《項城縣志》卷六《河渠志》。李正輝）

雲南湖北學政高釗中墓誌銘

楊凌閣

吾項高勉之先生，以講官侍讀，甫踰六旬，即引疾歸，優游林下十餘年，服禦供俸，不失寒素。體與後進，恂恂退讓，若無聞知。有叩以學者，則清辨滔滔，精奧微密無不達，且多引而未發，使其人凝思領悟而自得之。如閣之愚，尤平日啟迪最多者也。

蓋先生少孤，幼承其兄恆溪先生教最深。恆溪少與新鄭名儒王澹泉訂交通，籍後又與倭艮峯、李文垣諸名宿遊。先生以兄弟相師友，日月漸摩，而又好深思，歷經變亂，陶煉備至。中歲始入館閣，讀書中秘，而學益博，為文章益肆力於古。雖晚年抱病，嗜學之心仍耿耿焉。而不以學名，非相交深者，不知其積力厚也。

光緒丁未七月二十二日，以疾終於里第，距生於道光甲午正月二十四日，享壽七十有四。其孫遷善將以十月初八日坿葬永嘉公之原。以先生自訂年譜，丐余為銘，以誌諸幽。蓋念先生致政後，所與往來論學，至深且久，罕有如閣者，何忍辭。

按：先生諱釗中，字勉之，號竹臣，世為項城人。曾祖諱世持，字鎮華，增貢生，贈奉直大夫。妣王氏，贈太宜人。祖諱玉珍，字懷瑾，監生，候選部政司理問，贈中憲大夫。妣王氏，贈太宜人。本生曾祖諱世振，字丕顯，廩貢生，任鹿邑縣訓導、汝州學正、授修職郎。妣劉氏，封安人。本生祖諱玉麟，字應符，附貢生，贈奉政大夫。妣李氏、張氏，皆贈太宜人。父諱崍雲，字曉江，號芝崖，嘉慶己卯科亞元，庚辰聯捷進士，授浙江麗水知縣，調署永嘉知縣，贈中憲大夫。居官清廉，卒於任，負債幾不能歸。母李太恭人，沈邱候選理問衡寶公女，有賢行。兄諱欽中，字敬直，恆溪其號也。道光己酉、庚戌聯捷進士，主政吏部。先生十歲失怙，雖從師授讀，而內則母教之嚴，外則兄教之殷，年十六補博士弟子員，為俞子襄學使所推賞。咸豐辛酉，捻匪倡亂，泥河以南多從逆。先生與邑紳辦守城事宜，積勞咯血，移郡城養病，未幾，院試列拔萃科。壬戌，應朝考列一等，授戶部小京官，及旋里，土匪益熾，永嘉公墓被掘，與兄奉柩改葬，因同曹君庚五、夏君耀榮步行至商邱，匍匐僧王馬前請兵，又隻身赴汝甯謁張子青中丞請兵。越歲，土匪漸平。入都供職，謁李文清公、倭文端公及吳竹如、方魯生、何子永諸先生，相與問學，不幸兄病歿京寓，扶櫬回籍，家計甚窘。郡守劉伯瑗聘主絃歌書院講席，以資其養。丁卯，舉於鄉。連赴春官不第。光緒丙子，捷南宮。改庶常，散館授編修。己卯，與同館數人劾全權使臣不法狀，旋充國史館協修。壬午，奉命視學湖北，為欠考應褫革生奏明暫緩，即行查，各查各學，催令補考，保全者數百名，立聞過甌，每棚置甌一具，在龍門內。凡場屋弊端，準生童開明投入，以杜胥吏壅弊。諭通省薦樸學篤行之士，減裁新生卷費。試竣，保薦績學之士。有條陳海疆摺，留中。囘京，充功臣館纂修，入直上書房。值黃河決，與蔣仲仁奏劾河臣成孚溺職幸恩狀。太和門災，與同直八人上修省疏，留中。惟鐵路一事，發議授輔國將軍讀，適醇親王有疾，與黃再同、蔣仲仁上書翁師傅，請上視醇邸疾。授日講起居注官，又奉命視學雲南，與譚敘初中丞議刻《理學宗傳》、《隨棚集》。一二等生員入闈，分給《宗傳》一冊令看，俾各抒所見，質疑辨難，隨手批答，士心鼓勵，擇可造者提入省城書院肄業。滇南知有正學，自先生啟之也。試竣，保薦篤行之士與湖北同。累升侍講，轉侍讀。乙未五月，抵里。因患洩瀉，由陳州府呈請開缺，時年六十二矣。先生當聖眷方隆而勇於退休，人多惜之。不知者以為功名中人，豈知平生所汲汲者惟學乎。先生少師王紹陽，澹泉先生從姪也。因得讀《澹泉日記》而心契焉，繼又得夏峯《理學宗傳》，上蔡張仲誠諸書，三先生之學，皆主姚江。先生以先入為主，在郡主講時，曾與羅建侯志伸反覆辨難，在湖北與荊州道于次棠亦多質論，晚歲又與明道書院主講湖南黃恕軒論學，連日多所契合。甲辰冬，先生養疴水寨，閣往問焉。自言病中心課，尤於明道先生識仁說，精思熟體，若有獨得，為閣述之，多引其端，使自體會。閣退，因有識仁說引義之輯。先生又加辨駁，以求至是。比年來，遭家多故，而言溫氣和，未嘗見其有暴戾之容，非學養之厚能乎？先生篤於內行，侍母和顏悅色，先意承志，事兄恭順，如嚴師待姪厚。兄嫂歿後，遺幼子弱女，撫如己出。婚嫁皆自任之。趙氏姊早孀，呈請旌表。又請貤封，姊病垂危，日夜奉侍，不稍懈。及姊病瘥，而先生亦病。配李氏，封恭人，無出。妾馮氏，生一女，適鄢城趙藹臣觀察三子曾豫，早亡。以姪積政為嗣。己卯舉人，甲午進士，分發浙江，戊戌冬，歿於需次。無出。先生憂勞成疾，撫姪孫遷善，承子積政嗣，時方成童，教以《小學》、《四書》為立身進學之本，旋得偏痺疾，而先生益衰矣。至其平生關心民瘼，憂水患，有致袁子久中翰論疏泥河書。值歲荒，有致黃恕軒山長言饑民作亂狀，使轉達中丞，即撥款來賑。庚子之變，鄉閭洶洶思亂，親赴撫輯，請兵防冬，皆以一言而惠及里黨，未嘗自以為德者也。

先生不事著述，病時檢詩文稿藏於家，其推衍算學曰《消寒遊藝》，刻有《名家文詳說》二十篇。銘曰：

才豈足恃兮惟自修以完其天，福自當惜兮惟居約以永其年。兢兢兮克繼父兄之盛，何辜兮艱於一嗣之延。豈豐於德而嗇於後兮固命之難測，而在己者洵卓乎其可傳。綜平生之得力兮實私淑夏峯與澹泉，惟拳拳自守兮人短先生之用，吾服先生之堅。

光緒三十三年。

（文見民國《項城縣志》卷十《祠廟志》。王偉）

鄧君文垣墓誌銘

楊凌閣

交道之難久矣。平生知交，不過數人。又或散處遠地，不能時聚首為憾。其自髫齡訂交，地邇會勤別少久，輒致書商學，或托詩言忠，往來無虛日，而察言觀行，善勸過規，雖直而不怒，雖數而不疑，無有如吾友文垣者。噫！難已。文垣少吾兄伯漢七歲，於予一歲長耳。兄事吾兄，而弟視予即一家昆弟不是過。丙申夏，五吾兄病歿，文垣哭之痛曰：「吾道孤矣，不啻奪吾手足也。」越十年而文垣歿，知交零落予外何人，且病中執手傳志之作，諄囑再三，安忍不銘文垣耶。

文垣諱錫章，項城鄧氏漢高密侯裔，曾祖諱萬吉，字藹田，乾隆癸卯舉人，仕至汝甯府教授。曾祖妣氏王，祖諱玉皓，字瑤房，嘉慶辛酉拔貢，甲子舉人，任陝州學正。祖妣氏寶，藹田公喬梓繼美，家學淵源，皆以宋儒為宗主。考諱伯盤，字子安，太學生，妣氏楊。文垣三年始免。雙親繼逝，女兄二人亦幼，零丁孤苦，賴堂兄麗邦先生撫之成立。而學業指授，伯父筠巖先生之教爲多。嘗與堂兄筱筠晨夕論文，切磋磨礪。筱筠登壬午賢書。文垣亦於是年遊泮，旋食廩餼，秋闈屢躓，遂絕意進取，後進從遊日衆，隨材造就無少長，皆推以誠。暇則編籬種菊，秋深花盛，招知交，吟哦其中，號曰友菊以自況。因平日守正不阿，同人交推。經理書院事，出納會計，必公必愼。適闇遊學於外，來城時少，所日與詩酒唱和，談古今事以爲快者，惟張君馨菴、王君北初數人。及馨菴入郡供職，文垣亦力辭書院公事，而身弱多病，閉戶課子而已。乃因嫌啓釁，誣來意外，氣鬱不伸，病體益劇矣。乙巳六月，在固陵聞之，即致書寬解，已晚不可捄。及十月省視，奄奄在牀，談平生志事，仍不衰也。丙午正月，又來省視，病將革矣。昏瞶中尤自歎曰："吾已虛過一生，老弟勉之。"留數日，灑淚去。旋歿，二月朔二日也。生於咸豐乙卯，年五十二。娶郭氏，溫柔敦厚，婦德兼備。子漢東，能世其業。女二，長賢孝，將及笄，殤。予哀而傳之；次適候補縣丞袁克堪。漢東於丁未正月二十六日，卜葬城西北隅劉莊新阡。

　　文垣質直好義，外和厚而內剛明，與同人處不求甚異，而嶄然而不可污。待子姪寓嚴於寬，恩誼甚厚，而懍然不可干以私。獨以平生不識父母音容爲終天憾。與朋輩談及，淚涔涔下。入庠時，追題考、妣神主，爲文致祭哀哀，孺慕之忱，觀者感動。學務崇實，不拘拘帖括，習讀宋儒書，知好之。於方外因果之說，弗溺焉。詩則感物興懷，自爾成詠。其淡逸之趣，令人想像不盡，亦得於天者。然爾惜多散佚，閒於敝帙中得見殘稿斷句，反覆咀哦，而平生之感，仿佛遇之，不覺神志接而聲氣通，躑躅翹企，不容自已焉。嗚呼！已矣，已矣。予之訂交自文垣始，又以文垣終，已可勝慨哉。因唏噓爲之銘曰：

　　竹挺然而自昭其節，玉渾如而自抱其璞，任孰瑕而孰疵，仍不雕而不琢，慨相交逾三十年，未嘗見其刓，方以爲圓，涓清以爲濁。學非異自高，行非奇自卓。我銘諸幽，豈區區阿好之私表先正，以勖後覺。

　　光緒三十三年。

（文見宣統《項城縣志》卷十九《麗藻志》。王偉）

黃廟橋碑記

邑人楊凌閣

　　李君華軒，諱金輅，一鄉數十里，識與不識，嘖嘖交稱爲善人也。而即其事以察其心，洵不愧古之義士也。憶光緒戊戌春，吾項饑，而城東尤甚，余因查賑至黃廟集，見新建石橋，崇煥堅凝，巋然成鉅觀。問建之者誰，僉曰："李君華軒慷慨倡義，而鄉鄰資助，以共成之。"因謂李君其富，與曰："貧甚。"其士與曰："不讀書。"噫！異矣！而李君適來會，吶吶然，粥粥然，若一無所長者，獨能以鄉里貧民興義舉，得衆心，積財生息，至十數年，累數千金，出納惟己所司，而衆不疑。運石如山，而勞不憚。歷時之久，集事之難，而志不移。大功既成，復以餘力修濟瀆廟，而名不居。噫！異矣。李君之樂善尚義，其性然與。

乃此橋甫完，又倡修張堰橋，遠近勸化，鳩工運材，自己亥，迄丙午，八九年中，志勤力專，未嘗一息懈。獨惜橋已麤成，惟蓋石欄杆未修，而君歿矣。噫！其命與抑積榮盡瘁，故殄其躬與。戊申春，余阻雨孫君心耕家，孫君與君，同事友也。當二橋功虧垂成，慨捐數百金以助之，而李君未竟之功，又能協衆以續成之。孫君之積而能散，不與李君樂善尚義有同心哉？宜其述李君之事，傷李君之歿，而欷歔慨歎之不容己也。一日，以王堯化明經所撰事畧屬余記之。自慚不文，以平日深佩李君之行，且有一日之知，不忍辭。因據實書之，以為好義者勸，吝施者耻云。

光緒三十四年。

（文見宣統《項城縣志》卷六《河渠志》。李正輝）

張堰橋碑記

邑人楊凌閣

天下事須衆力以成之者，必有一人焉獨力以任之，方能集衆力以共成。此一人者，必其才足以集事，德足以服人，量足以協衆，誠足以貫始終而不懈，堅忍之志足以冒嫌怨，經挫折而不移，始可勝任而成事也。斯人也，即求之天下難之，況一鄉乎？乃不意於吾鄉遇之，如李君華軒者，亦鄉閭一常人耳，獨能任非常之事。其初創建黃廟石橋也，積十數年，費萬餘金，李君獨任之，衆善士共成之，已歷試其難矣。繼又創修張堰石橋，其任以獨力，仍李君也。至助以督工，資以財力，則附近諸義士。開引河，運土石，補橋路，則路會諸善人也。而始終贊襄，不惜千金以助者，則孫君心耕之力為尤多也。經始於光緒二十五年己亥，至三十二年丙午秋，橋已麤成，僅少蓋石欄杆未修，而李君歿矣。李君歿，而工幾中止矣。益歎天下事無獨力以任之者，其功敗垂成比比然也。孫君心耕慨焉傷之，奮然起曰："豈可使此工終虧一簣哉？"復傾囊資，糾合同志，以終未成之功，而李君歿已三年矣。嗚呼！如李君之才之德、之量之誠，與堅忍之志，更能充之以學，即以任天下事無難，豈僅為一鄉之善士哉？然徒杠輿梁，古盛世王政所先，而李君竭平生力獨盡瘁，以殄厥躬，與此二橋相終始焉。遠以利生民，上以輔王道，其功洵不可沒也。同事諸君因夏軒臣前輩丐余為之記，乃據其實以書之。

光緒三十四年。

（文見宣統《項城縣志》卷六《河渠志》。李正輝）

泥河兩岸官定船價碑記

邑人張鎮芳

項邑南距城八里有泥河焉。上游諸流之積潦，盡滙於此，形如釜底，勢極卑下。每當天降淫霖，潰溢浩瀚，渺無津涯，行旅至此，往往有不能飛渡之歎。於是，鄰河居民，伐木為船，以濟行旅。其好善者同宋氏之編竹，獨修陰德，其營私者遇陳平之仗劍，未免居奇。路當通衢，往來者衆，倘不定其價值，必致啓乎紛爭。苟有天水之災，恐傷鄉鄰之意。諸父老目睹情形，公同商酌，爰乃請於縣主，刊為條規，兩得其平，一無所阻，探囊以取。既無損於行人擊楫而前，並有益於舟子。不惟民無病涉，亦且世有慈航矣。謹勒貞珉，用垂永久。鐫船價於左，俾同人觀覽焉。

光緒。

（文見宣統《項城縣志》卷十九《麗藻志》。王偉）

陸邑侯釐定兵車章程碑記[1]

邑人馬秀之

余嘗宦遊粵西，悉膺民社，深知兵車差徭科派民間爲累滋甚。未嘗不出示定價，杜煩苛以昭畫一。然不過一時權宜之計，未必持諸久遠也。而彼都人士往往譽出過情，若感激推戴於不容己者，自以小惠未徧，至今懷慚。客歲，陸公來宰吾項，大兵過境，例當各鄉派車支差，然漫無定章，一任差役科派，甚至一車索價六七十緡。諸紳激，不能平。公聞，急行出示曉諭各牌，酌中定價。每六十里為一站，每站一車，發價十千文，兩站十五千文。項境支差無過兩站者。每牌支差不過一車。並諭以後派紳在巡警局附設車馬局。嗣有滾單到縣，由縣移局，不假胥吏之手。無論出車多寡，均歸該局經理。由局向各牌索價。各牌固不得延抗。該局亦不得以少報多，致干咎戾。勒諸貞珉，存諸案卷。公之示意至美，法至善也。以一時之权宜，更欲持諸久遠，宜城鄉紳民感激推戴於不容己也。爰於立碑存案之時，同登公堂，祝公壽而頌公德，仰答公實政子惠吾民之仁於萬一。即後之讀是碑者，亦當諒我公爲項民之用心深且摯也。

公印爾壄，字和卿，奉天人。

宣統。

（文見宣統《項城縣志》卷十九《麗藻志》。王偉）

孝烈閻省齋先生暨德配張孺人節孝碑記

邑人楊凌閣

國有烈士，臣道以立。家有節婦，妻道以維。自來奇烈苦節，其後必昌。固天道往復，亦人事有以致之也。而千百世下，聞節烈軼事，猶肅然起愴然動者，益足見人心之不死，

---

[1] 宣統《項城縣志》卷十九《麗藻志》注：此碑後阻衆議未立。

況生同時，居同地乎！如吾項閻省齋先生以烈死，其配張孺人以節終，尤可感焉。

　　先生諱淑震，省齋其號也。讀書刻苦自勵，弱冠列邑庠，旋補增廣生，與同邑曹琴軒、沈邱韓又新、淮甯曹次楩，以正學相勖，輯聖賢要語為《洗心譜》，精思力踐，同人罕有過者。咸豐十年三月十九日，皖寇突至，先生率家人逃難，母衰扶之徐行，數促之去，不忍。婦女從者數十人。至汝境秦破樓，賊騎迫之。先生厲聲罵曰："反賊敢誣善良耶。"賊怒，殺之。母與妻幸免。賊去，即掩尸其地。邑人義而哀之，私諡曰"孝烈"。

　　時張孺人年二十三。遺孤松墅方數齡。日夜泣，絕水漿，誓以死殉，忽自悟曰：翁姑老，子幼，身死誰賴乎？且遺骸在外何忍。亂稍定，請於翁，將啟葬。翁難之。孺人跪泣曰："生作閻氏婦，死作閻氏鬼，吾志決矣。"啟攢先生面如生，見者咸驚異焉。葬村南新阡。家素貧，自此益困。日用惟取給績紡，越二載，翁病歿，竭力營葬。期功之喪，相繼不絕，皆孺人獨任之。又兼烽煙頻警，饑饉洊臻，食藜藿，饜糠粃，無怨心。奉姑或蔬食無菜果，輒自憾曰："負吾母矣。"甚至一飯不食，留供姑與子，姑前仍作歡顏，而闇室飲泣，不知凡幾矣。有至戚鄰其苦而詭勸之，遂絕其人，任餓死不為非義。于惟曹君琴軒與先生為夙契，屢賙濟焉。姑病，籲天求身代，及歿，哭之哀，族人感動，醵金買棺以葬。命子從堂伯授讀，每言書香難繼，泣下沾襟。子或博戲廢學，笞責不少恕。且泣曰："吾豈不愛汝，以汝父祇遺汝一身，汝行不軌，吾無望矣。汝父日夜發憤，竟齎志以終。汝不能繼志述事，吾何面見汝父於地下乎？"子亦感泣，知勉於學。年十七，即為童子師。夜歸，孺人篝燈紡績伴之讀，踰冠，即有聲黌序，人謂先生有子。子娶徐氏，繼曹氏，愛如女。有妹早孀，二子俱幼，妹又亡，為撫養之，俾成立。及病革，囑其子曰："汝祖父母歿，未能成禮。勿厚葬，使吾獲罪地下。"言訖而瞑。嗚呼！若先生與孺人，其乾坤正氣所鍾歟。語云士窮見節義，世亂識忠臣。臣道、妻道一也。而烈烈偉節，萃於一門，求之古今，亦罕覯焉。子字濟源，學品為人推重，諸孫能世其業。其昌也，宜哉！今先生歿五十年矣。鄉人好義者，猶仰先生之烈與孺人之節，欲彰其美而壽諸石。屬閣為文以紀之。余交濟源深且久，義無可辭，勉為之書。

　　宣統二年。

（文見宣統《項城縣城》卷十九《麗藻志》。王偉）

袁母劉太夫人墓表

　　安徽侍郎沈雲沛

　　宇宙菁英之氣，鍾於淑秀為獨厚。天生名臣，以開佐命之勳，必生賢母，以永貽謀之澤，積厚流光，由來舊矣。雲沛籍江北，飫聞咸豐中葉，項城袁端敏公任督漕使，仗鉞專征，肅清髪捻，長淮南北，至今賴之。洎光緒丙午巨浸，鹽漕兩荒，端敏文孫述之觀警以鹺運副使，來治淮北。雲沛時過，從聆緒論，觀警自慨少孤多難，尊公子久閣學盡瘁王事，尊慈高太夫人春秋高，治家教子，惟生妣劉太夫人是賴。每述懿微，歠歔涕下，兢兢以弗克負荷為懇，雲沛聞之，肅然起立，迺知觀督之大有造於吾鄉，其仰承太夫人之澤，正未有艾也。歲庚戌，郵部四政需材，辟調觀督來佐部事，觀督以雲沛相知，深述太夫人行略，屬爲表墓之文。雲沛舊史官也，義不能無言。

謹按略稱太夫人繫出順天劉氏，笄歲，歸侍閣學公。溫恭勤慎，事高太夫人謹。高太夫人中年多疾，患肝風，積劇弗瘳，太夫人禱於神，願減己壽以代。閣學以海防積勞，左體患偏痹，動轉不自如。太夫人侍湯藥，奉衣食，聆音督，理細靡遺，雖盛暑未嘗御巾扇，恆日昃不遑暇食。每霜朝雪夜，露立中庭，焚香籲天，誓以身殉，潛刲臂肉，和藥以進。閣學病篤，既絕復蘇，侍疾三年，積成積瘁，遂患痰喘目昏等症，諱病，不稍懈服事之劬，有孝子賢婦所難勝者。閣學故後，奉櫬歸葬，心力俱竭。家太貧，食指繁冗甚，太夫人茹蘖飲冰，躬親操作，雖艱窘中，庶事畢舉。不以緩急有無，累高夫人，秩然整肅，一如閣學在。日課諸子讀，嘗至漏下三鼓，中夜籌燈，誦讀聲，刀尺聲，相繼弗息。長子世榮，多聰穎，未舞勺，下筆千言，沈毅，負大志，每見太夫人持家艱苦狀，輒飲泣廢食，攻書益力。十三歲，以績學殤。次世同，自補博士，為南皮張文襄招至鄂，歷任方言學堂、商務清丈堡工羊樓、肖茶釐各局事，遞遷知府。年未三旬，以疾終，時論惜之。三世傳，即觀督，蚤歲入庠，倜儻不羈，所至以清蠹恤民隱爲亟，辦揚州巡警、淮南鹺務總局，聲稱藉甚，婦孺無不知名者。官淮北三載，適承積弊，教育未興，乃廣學校。杼柚其空，乃實倉廩。梟盜橫行，乃創警督。商竇久困，乃增餘引。政教在人，去之日，商民攀送數百里，觀督遜謝弗遑，備述徃訓，皆感歎弗衰。烏虖！太夫人芳徽未邈，獨留此教思，緜緜相承，不敢闒繫，豈微眇哉！四世威，奉高太大人，家居未仕，曲得親歡，遵遺訓也。太夫人沒於光緒乙未秋八月，當咯血病篤，慷慨全節之日，正中日戰後和約告成之年，太夫人痛念閣學爲旅順盡瘁，藩籬一潰，先烈頓墜，自聞警信，日鬱鬱長歎。至是，乃痛哭失聲，血益湧吐。時惟觀督侍側，召至前，執其手而泣曰："汝父見背，吾即欲相從地下，念汝母年高，侍奉無人，今汝諸兄授室，汝長姊已于歸，家事復何慮？獨痛國事至此，汝父在天靈爽，當亦悲憤，不置吾何心偷生人世耶！吾死，而汝等奮發忠義，纘揚前烈，是吾子也。言訖，復嗚咽不已，竟以身殉。時年三十有九。里人稔聞懿行大節，籲請旌表節孝，詔准如例。其犖犖千古，固已聲震朝野，何待雲沛私有論述，敢援至敬無文之義舉，吾鄉人士所躬被者，推源溯流，益歎太夫人承先啓後，能使觀督堅忍淬厲，微太夫人之教，無以成觀督之名，微太夫人之烈，無以成觀督之忠。觀督年方盛，強秉斯意，以勷相國家，其設施甚大，其志量甚遠，它日勳業不朽，即太夫人教忠之訓而永永於不朽。太夫人墓在豫之陳州城西郭外，於光緒乙未年十月卜葬。初封太宜人，今晉封一品太夫人。子四，孫男女八。宣統二年述之。

觀督以太夫人建坊告成，迺復擴塋牆，厚封樹。長子世榮，字綱之，貤封光祿大夫。初以幼殤，葬於先塋之側，嗣原聘李氏，守節來歸，義得無殤。今就故地坿入太夫人塋內。體親心也。因並志之。

宣統二年。

(文見宣統《項城縣志》卷十九《麗藻志》。王偉)

楊烈婦祠記

閻廷梓

　　大萌孰將銷焉，大難作孰將除焉，大寇至孰將禦焉。矯矯乎克當其任者，庶惟智勇忠義非常之士，而婦人楊氏乃有其偉烈耶。余讀本傳，夫人唐項令李公侃之妻，值鉅寇李希烈叛中原，分兵薄項，城勢甚急，令恐無備，謀去。夫人曰："寇至而去，民將焉依？守死職也。"公遂止。夫人更勸令召集吏胥百姓，出府庫財，計有功者輒重賞。得健卒數百人，束甲而趨城。婦人親爨供餉以倡，城中婦亦相率而供糧食，衆皆奮勇無內顧。一發矢中賊帥，墮馬死。逆黨解散，邑里帖然，生靈得免荼毒。公之功，夫人之力也。蓋夫人以純粹畜其幽德，清淑浥其正氣，閨闈祕其遠猷，是故保危捍患曰仁，散財賞功曰義，激衆克敵曰勇，佐夫效死曰忠。一事而衆善備，夫人之才之識可易及哉！當是時，刺史以狀上，詔選公為太平令，封楊氏為誠節夫人，建祠祭享有以也。嗣是，世遠縣遷，祀典曠廢。居民且創僧寺逼夫人祠，既而有風雷之異，復寺為祠，然終不免淒涼頹毀。爲有識者，慨前令魏侯乃移祠於邑西，賈侯相繼創建而未備，陳侯因舊制加潤飾，推夫人義，置李公神主，增塑像以飾廟貌，高垣墉以壯偉觀，樹松柏以翳爽塏，置祠田以供禮祀，庶報德報功者獲伸其萬一，而肇豐稔彌災眚胥賴之矣。

　　宣統二年。

(文見宣統《項城縣志》卷十九《麗藻志》。王偉)

閻母田太君節孝碑銘

邑人閻松墅

　　節孝婦姓田氏，沈邑庠生如蘭女，副貢如芝胞姪女也。幼嫻姆訓，凝重端嚴。甫數歲，如蘭公爲說《女誡》、《閨範》，以及往古婦人女子節孝貞烈，恍然若有動於心。異日，爲他女子述之，皆歷歷無所忘。事親怡色柔聲，定省無缺。年十九，歸吾族伯淑堯公，挽鹿車，操井臼，裙布釵荊，綽有桓少君風。事翁姑克柔克順，相夫子敬戒無違，宜室宜家，不數月而鄰族稱賢婦無異詞。咸豐庚申，皖匪逼項。氏先奉姑避難城中，翁夫留守門戶。翁諱錫鑒，續學未售。夫淑堯務農，頗通文墨，明大義。匪猝至，父子俱被執，迫之降，不肯。脅以威，又不從，遂同時遇害。氏絕粒哭泣，欲以身殉，哽咽不能成聲。死復甦，哭仍不已。姑泣勸之，哭愈勵。父如蘭往諭之曰："汝死，於義得矣。其如孀姑何？萬一汝死，姑亦因之而死，何面目見夫君於泉壤乎？且向所道《女誡》、《閨範》，豈以一死重乎？"又為述楊忠愍泰山鴻毛之訓，諄諄勉以孝姑立嗣，氏泣而從命，始勉進飲食，收翁父子之尸，葬祖塋焉。後抱夫胞侄松固承嗣。因流寇迭亂不休，人惴惴朝不保夕，非死於兵，即死於餓。田氏，一年幼婦女，奉孀姑，撫繼子，顛沛流離，雖艱苦萬狀，孤枕寒衾，淒風冷雨之中，不知下幾許血淚矣！然卒能使姑以壽終，子能克家，此烈丈夫補天再造之事，何期一婦人而優爲之乎！嗚呼！難已賢如田氏可以風矣。

氏卒於某年二月二十三日，享壽七十四歲，計守節五十三年。其嗣子恐久而湮沒弗彰也，爰勒石墓前，以永不朽。銘曰：

千古節義，淑姬共姜，維田太君，實相頡頏。國運中衰，小醜跳梁。舅死夫殉，一門堪傷。拚一死以相從，奈孀姑之在堂。忍死奉姑，艱苦備嘗。嗣子幼弱，教有義方。松柏競節，慈孝名揚。庶他年旌表，入祠不愧，奉俎豆馨香。

（文見宣統《項城縣志》卷十九《麗藻志》。王偉）

減免錢糧差徭碑記

邑人張鎮芳

欽奉上諭，折減錢糧，並遵裕大中丞覆奏，酌中定價，旋經各紳赴省請示，蒙許太守葆連到項，邀官紳妥議章程，錢糧按兩千六百文徵收，其流行車馬，一切差徭，一切房費，另款包辦。正供而外，無復陋規。當經會稟立案，以期官民相安。除劉侍御家模原摺及鈔，奉諭旨與中丞奏稿並紳民前後呈詞，各繕一帙，以備存查外，僅將結案原稟刊之於石，詳述巔末，以便遵循。

原稟為錢糧差徭，蒙諭另定平允章程，立案恪遵，以垂永久事。前因核減徵收一案，留經撫院批。抑藩憲轉行本府憲委員到項，邀集附城紳士到郡稟商會議，詳請覆奪。嗣因詳中之議，未盡妥善，此案不能了結。復蒙上憲遴委恩憲大人來項，駐節鄉里，徧採蕘言，另集公正員弁，重新整定，以期官民兩便。蒙諭項城錢糧，每兩照兩千六百文制錢完納，以符上憲恪遵諭旨，核減徵收之本意。又與每兩外再繳制錢一百文，作為流行車馬一切差徭，以彰縣主嘉惠斯民，力杜科派之鴻慈。又與每兩外再繳制錢六十文，作為一切房費，以給胥吏辦公之要需。似此等平允妥議，仰恩憲下恤民瘼，聽斷如神，片言立決，闔邑黎民不無樂從。為此具稟，墾恩轉詳，立案出示，實為德便頂感上叩恩憲大人，案下，會詳施行。此稟業已上詳，經各紳查出，將稟中兩處"一切"字樣漏去，復赴省垣控訴，蒙藩憲大人批查，該縣徵收錢糧章程，並另交車馬書差辦公飯食，前據該府會委妥議，稟經本司核明批飭，遵辦在案。據呈書差舞弊，仍前額外勒索，如果屬實，殊屬膽玩。仰陳州府查明原案，迅飭項城縣按照控詞，澈底根究敬啟，並將本年徵收情形，據實稟覆察核，均毋徇隱。切切。又蒙撫憲大人批，該縣差徭雜費，前經該舉人馬忠輔等呈控，由前部院委員往查，會同該府縣釐定章程，稟飭藩司，詳明立案飭遵。此據該舉人等臚舉瑣細款目來轅呈訴，書差人等已成慣技，自應切實根究，嚴懲力禁。仰布政司轉飭陳州府，確切查明原案，稟覆核奪，復經府委沈邱葉大令桐孫到項，偕同姚老父臺石杉會銜稟府，復蒙府明白示諭，於抽豐薅草、牀帳棘榛、磁器蓆箔、麥糠槽草、圍牆，一切雜派，一則曰一併裁汰，再則曰一概裁免。誥諭諄詳，力除弊竇。嗣後，凡不應取之於民者，均不準巧立名目，格外勒索。中旨炳若日星，層憲叠施雨露，竭諸紳之心血，留萬姓之脂膏，如有劣紳惡約，滑吏狡書，狼狽爲奸而魚肉鄉愚者，衆共擊之。自此錢糧永存鐵案。不惟士庶人之大幸，當亦賢有司所樂從也。

宣統三年。

（文見宣統《項城縣志》卷八《田賦志》。王偉）

淮陽縣（陳州、淮寧縣）

儒學明倫堂碑

睢陳兵憲前翰林院于朋舉

順治丙申，歲清和月，不佞奉簡書，備兵太昊之墟。每朔望，謁奠先師，見碎瓦頹垣，廟貌非故，蓋自變亂以來，兵燹流毒，惟汴豫受之最慘。遂至講堂、誦舍以及博士退食之所，風雨割其隅，霜露降於席，博士師弟子鞠於草莽，而不能時授受。周覽基址，愀然動懷，是余責也。夫乃進州守及廣文諸子衿相與謀曰："國之榮昌在人才，人才育於學校，為國宣勞宜無急於此者，學校之不修，有司者之責也。"僉曰："唯唯。"卒以帑藏匱絀，人力奔疲為辭。且庀材鳩工，荒瘠之區未易卒辦，不佞以觀成易，慮始難，築舍之議，其何能就？乃計終歲俸之所入而悉出之。其時，文武僚屬暨學博、紳衿靡不踴躍輻輳，以共襄此舉。州守有營建責，慨然引為己任，悉搆成材，戒日舉事，募力併作。期月間，缺者稍完，傾者稍起，圮壞者稍飾，峻整輝煌，還舊規，罇罍籩豆之屬亦稍稍修飾，乃釋芹泮，刑少牢，落成於明倫之堂，而堂廡猶未建也，尊經閣僅存遺址也，二學博未有容膝處。然今日規模初建，羣弟子僉屬不佞，願有言以記其實，弗能辭。

夫學術者，人材之所由成，用心內外之判，實人材盛衰之機。孔子曰"古之學者為己，今之學者為人"，今時人士用心異於古耳，其學固不異也。世風日下，士習日靡，豈特用心之異而已耶？或以詞章，或以記誦，或以書數，或以權謀，甚則竊佛老之似，以亂周孔之真，蓋併其所謂學者異矣。如是欲人才之古若何可得哉？此任世道之責者，所以每為之太息也。古之學者，將以明善復初，以自治其身，身修而國求之以為用，非以為利祿謀也。是故，十五入大學，四十始仕。凡學之十五年之前，而用之二十五年之後，當其用也。專志於身心性命之間，真能充其才以復其初，故其事業光明俊偉，有以參天地而贊化育，譬之播種於夏，而收穫於秋，乃其必然之應，無足異也。後之君子，其學既與古不同，而所以責成於學者，其功甚疏，而其心甚急，又非古人深造自得之意，藉曰資質與古人同，而所以從事於學者亦能與古人同乎？然則後世人才之不古，若非其才之罪也。我國家稽古建學，凡所以教人者，一惟古聖相傳周公、孔子之道，程、周、張、朱之言，朝夕誦法，蓋其所望於天下後世之士意深遠已。然則一洗俗學之陋，更張而振作之，非吾儕之責而誰也？自此以往，長斯土者，願以古道相勗，示人以實不以文，率人以德不以法，聖賢為學之成法具存，安知無豪傑振古之才復見於今日乎？此亦區區之所望也。今之丕新學宮，豈特宮牆壯麗以博觀美已哉？不佞當拭目以俟其後。

是役也，費不及帑，力不及民，勤飭董作，力贊於成，則州守暨諸僚屬之力居多焉。若果相繼修葺，無使完者復缺，起者復傾，整飭者歸於圮壞，且堂廡之遞建也，尊經閣之復新也，二學博之廣數椽為退食也，是又望於後之君子。

順治十三年。

（文見康熙《淮陽縣志》卷四《藝文志》。孫新梅）

重修畫卦臺記

州牧方于光

　　上古事多荒遠，無可考信。故書自唐虞史始，黃帝誠慎之也。他如《世紀》所載，循蜚疏仡之君，為皇、為羲、為炎、為媧，靡不神奇靈聖。尚論者以或然或不然置之。而陳之人所為尊且信者，於太昊伏羲氏獨千百世不衰，仰其遺容，傳其古蹟，若可咫尺遇之。蓋都邑於斯，陵墓於斯，其陵前之白龜池，池上之畫卦臺，彰彰在人耳目，非如記載流傳之無據也。然而後之君子疑之，或曰陵墓非古也。棺槨制自黃帝去太昊氏遠甚，無棺槨即無陵。或曰都於陳而葬於山陽，非一地與此，所傳特異。或曰龜書出洛，疑非蔡水，蔡之側安得有龜池？或曰八卦本於河圖，今舍圖取書，而曰得龜因以畫卦，事尤不類。余竊以為不然。

　　夫古者文字未立，故事不盡傳，獨所畫卦象首列天地間，長為羣經之冠，後世之文，若經、史、子、集，踵事滋煩，誰不範圍於一畫六書之內，而為枝葉之有本，川瀆之有源，其可疑焉？否耶？謂畫卦非羲皇不可，謂羲皇非都陳不可，即謂陳非畫卦之地不可，陳之人因其地而壇之，因其壇而臺之，無一非可考可信者也。且天下之人有不信夫《易》之為經者乎？《易傳》有之，古之葬者，不封不樹，是棺槨未興，未嘗無葬。且聖人作《易》，幽贊生蓍，今蓍生羲陵，千祀不絕，是神靈所棲為不誣也。至其推論畫卦之始，更詳且備。如所云觀鳥獸之文者，豈真有點畫可求，如後世所傳圖像哉？猶之聽鳥鳴而知律，覩木落而知舟。常人視之為旋毛，為枯甲；聖人視之為圖書，為卦象所自出也。陳之人尊且信之，奉為萬世文字祖，固宗經重道者所必取。已聞嘗考之地籍，如《一統志》則稱為揲蓍壇，如《路史》注則稱為八卦壇。前代名賢若李邕、若張齊賢皆有碑記之，惜乎其不傳！而壇之有臺，孤立水濱，興廢不一，其可得而知之者，一修於正統州守張志道主之，再修於嘉靖州守唐方及李應霑主之，再修於萬曆州守洪蒸及許汝升主之，今且廢為榛莽，唯八角一亭尚在。今因而增築建為三堂，繚以周垣，以附於諸君子之後，俾陳之人得永慰其尊且信之心，而以告天下之人，尊之信之者，皆當無異乎陳之人也。

　　康熙二年。

（文見乾隆《陳州府志》卷二十六《藝文志》。王偉）

重修太昊陵碑

　　余承天子簡命，撫茲中土，吏治民風，兵刑錢穀諸大務，莫不隨事旌心，講求至當。

而國家治理明備，綱舉目張之日，顧使兩河八郡間古人盛蹟，抱歎兵焚遺墟，往往因陋就簡，可乎？每於轍跡所涉歷，耳目所周知，雅不欲以缺略，貽後人譏。

乙巳春，攬轡而東，未至宛邱十里許，遙望圓阜矗起，鬱鬱葱葱，居州之乾地，太昊伏羲氏之陵在焉。次晨，盥沐畢，肅容展拜。陵高可十餘尋，登陟四望，東南距畫卦臺數百武，土人云："白龜獻瑞地。"蓋亦得之傳聞云。應門前沮洳滃溹，縈回如衣帶，蔡水也。陵四面產蓍草，給卜筮家用，開物成務之聖人精神憑焉。故兵劫河濤，而如堂之幽室，巋然無恙。宜五帝三王來尊崇不衰如一日。歷代有大事，輒遣卿寺巨寮祭告。我世祖章皇帝暨今皇帝，凡兩崇大臣修祀事，示鄭重也。陵前有殿六楹，肖伏羲貌其中，經始未詳所自。蓋禮之以義起者，惜置基窪下，絕少聯雲之勢。歲久，上風旁雨所剝蝕，鳥鼠寢處，丹青黝黲，几筵搖落，蝸涎蛛網，黏結戶牖間。徘徊瞻視，良廑余懷。爰進知州方于光而謀之曰："皇上敦崇祀典甚恭，大聖人陵寢所在，曾不得與化人老子諸寺觀金碧沉檀，莊嚴土木者，同稱壯麗，其奚以自解？且也蒼史六書，素王《五經》，爲性命文章淵藪，無不權輿於一畫，而乃聊且從事，又何以稱聖天子崇遣大臣之巨典耶？況今民安物阜，日趨繁昌，省會奧區，城堞池隍，樓觀廡宇，未嘗徵派絲粒，迄得巍煥一新。以此知中原風物，尚可鼓舞，率作從善如流水也。"敬出俸金倡首，授以成式。搆梓材，鎣鴛瓦，煅石爲塈，範土而墼之，來百工，既虞稱事，易陳而新，施丹膴物色焉。視舊行獻張樂地，縱加三之二，橫加五之三，閎深爽塏，敵風雨，去鳥鼠，庶於開天神聖興朝典禮爲相稱。而蒼松之偃，蓋崇墉之復陧者，又次第補植縮版焉，可謂聿觀厥成矣。

時布政使司布政使徐化成、按察使司按察使李士楨、分守大梁道左參議上官鑒、署開封府事同知李國瑜各捐金襄事維處，例得鑴名。

大清康熙七年七月上浣之吉，開封府陳州知州大興方于光立石。

巡撫河南等處地方兼理河道工部尚書兼都察院右副都御史正一品古燕張自德撰。

新安龔作肅書丹。

（碑存淮陽縣太昊陵。文見民國《淮陽縣志》卷十八《藝文志》。王偉）

重修讀書臺碑

州牧方于光

讀書臺者，宋蘇子子由教授陳州之所築也。州環水，而城之外皆渟瀦如湖，而西北別有柳湖，與諸水相回互，尤渳淼為巨觀。湖中高邱孤立，蘇子築室其上，呼之為子由亭。蘇湖亭者，皆後人追慕蘇子而稱之。若築室之初，則所題為讀書臺者近是。余嘗考其故蹟，柳湖舊名旱湖。自蘇子之來，春水忽生，長為巨浸。今臺之四垂，環俯清流，煙雲日月，態狀萬千，與蘇子之澤，俱永足為千古美談，而蘇子之意不盡乎此也。湖之旁故多柳，湖以內多植荷花，如所稱長堤萬樹，浮香十里者，可以娛目，可以賞心，而蘇子之意不盡乎此也。蘇子既從張公安道游，復得李簡夫為友，同時游覽之侶皆名臣，皆端士，世共目為君子，足相引重，而蘇子之意又不盡乎此也。聞諸蘇子之言曰：朝廷方以徭役責成郡邑，余獨以詩書諷議其間。唯兢兢然以脫於簡書為幸，然則蘇子之居是臺也，其意誠深遠矣。夫蘇子以執政之怒，出為推官，及具受張公之辟，俯視學博而甘之天下之人，安得以一官寵辱之哉！其為學博也，低頭經史，不與世事，且旁求乎道家養生之說，跡其所為，似有得於若虛若谷之學者。然則蘇子之居是臺也，善讀書者，又莫如蘇子矣。嗚呼！當蘇子之世，豈無以讀書自命，且以不讀書誚天下者。然讀《春秋》則斥其腐，讀《周官》則誤用其法，讀《詩》、《書》則為新說以惑世。法律滋繁，奔走天下，善讀書者不如是也。而蘇子卻閉門卻掃，蕭然絃誦之餘，挫廉逃名近於有道。昔子瞻貽詩戒弟有勿為刑名碌碌同生之語，不可於斯臺得其遺意與。余於簿書之暇，時過柳湖，目擊頹廢，因重搆之而識其歲月焉。使後之登斯臺者，論蘇子之世，穆然想見蘇子之人，不但以流連遺勝為佳事也，斯臺真足以不朽已。

康熙八年。

（文見民國《淮陽縣志》卷十八《藝文志》。孫新梅）

陳侯孫公創立義學義田碑記[1]

署州篆吳景煒

甲寅秋，陳刺史三韓孫公，諱芳，以卓異遷江南太守，急之任。余代庖來陳，見其庶政懋康，百度釐飭，區畫經紀，尤堪垂久宜乎。不三年，而秩再晉也。臨行為余執手，囑其成厥志者，唯義學、義田一事。宛邱自兵興以來，誦讀不無衰輟。公下車，集郡生於明倫堂課藝，而高下之，月以為常，筆卷饌具，悉出廉俸。繼立義學數處，備束脩，延師儒，以教國之貧無資者，於論鼓鐘蒸我髦士。不期月，而宛邱絃歌比鄒魯云。公又慮興廢隨人，後無以繼，乃商之郡齋長陳思濟、張象偉二生，捐俸置義田八處，更慮耕種無資，復輸銀，置牛種農器，罔不備。隨延義師七人，各授一處，莊田牛種以作束脩之資，得廣教育，永著教思，其人並莊田等聽其隨年更張，其所創可千年不弊，此良刺史特立之曠典，實陳郡不朽之盛事也。余心儀公之善政、善教，恐法久弊滋，人遠事廢。於是，請詳本府，太守黃公批"興立義學，千古美事，應以勒石垂久，以志永思。"余復命董事者陳思濟、張象偉搆石鐫之。孫刺史之澤當與宛水俱長矣。

康熙十三年。

（文見乾隆《陳州府志》卷二十六《藝文志》。孫新梅）

---

[1] 民國《淮陽縣志》卷十八《藝文志》中，"陳侯"作"刺史"。

潔己鄉與言書院碑

吳景煒

潔己鄉，即古之互鄉，鄉之人諱其字為古廬，非也。明季崇禎九年，束鹿張公兵備睢陳，憫其土瘠民悍，擇官宋景運督理，於集所創建書院，顏曰與言，立東西兩社。延名師，集鄉之子弟而董率之，更其鄉曰潔己。蓋祖宣聖教，童子之教，以教之也。復置學田，歲入其租以供費。朔望鳴鐸，月終會文，頑者廉之，椎魯者詩書潤澤之，駸駸乎風俗丕變，至今永賴云。

公諱鵬翀，號襟溟，天啟壬戌進士。刺史沈君諱萬春，字某，勤費經營，多著成績，刻有《與言書院文集》行世。

康熙十三年。

(文見民國《淮陽縣志》卷十八《藝文志》。孫新梅)

御祭太昊陵文

【額題】御祭文

維康熙十五年歲次丙辰二月癸丑朔，越有七日己未，皇帝謹遣禮部右侍郎兼翰林院學士加二級楊中正致祭於太昊伏羲氏。曰：

自古歷代帝王，繼天立極，功德並隆，治統道統，昭垂宇宙。朕受天眷命，撫禦鴻圖、懋建元儲，前徽是景。明禋大典，亟宜舉行。敬謹專官，代將牲帛。爰昭殷薦之忱，聿修欽崇之禮。伏惟格歆，尚其鑒享。

陪祭官開封府知府加四級張漢傑、陳州知州李雲景、州刺覃進恩、吏目張志道、陳州營守備王楨、學正尚口俊、邑員陳思濟、張象偉、任鏡、何洞然、丁志仁、王永言、劉錫爵、孟學孔仝立石。

新安龔作肅書丹。

通官羅學文、禮房韓洪左、姜金會。工房李嘉猷、樊風。提典趙太乾。

(碑存淮陽縣太昊陵。王偉)

御祭太昊陵文

【碑陽】

【額題】御祭文

維康熙二十一年歲次壬戌，四月乙巳朔，越初九日丙戌，皇帝遣兵部左侍郎焦毓瑞致祭於太昊伏羲氏。曰：

　　自古帝王，受天顯命，繼道統而新治統。聖賢代起，先後一揆，成功盛德，炳如日星。朕誕膺眷祐，臨制萬方，掃滅兇殘，廓清區宇。告功古后，殷禮肇稱。敬遣專官，代將牲帛。爰修禮祀之誠，用展景行之志。仰企明靈，尚其鑒享。

　　禮部八品津筆帖式加一級錫興泰。

　　陪祭官河南布政使司管理通省驛鹽仍以副使分守開歸河道加一級張思明、陳州知州加三級蕭國弼、州判何藩□、儒學學正徐于璉、吏目張志遂、與祭生員。

　　陳州知州參將官守備事錢必秀、孟淑孔、夏建旌。

　　書丹龔作蕭。

　　康熙二十一年歲次壬戌四月。

【碑陰】

　　壬戌新夏，□遇焦大司馬，奉命祭告伏羲陵，忝居執事之末，口占紀事。

　　斯文宗王工，皇風司馬承。綸出九重雲，破日潮□□。風寢園春戈，卧槐新八埏。禮樂由先進，千古明□□。□封深幸駿，教裹履事一堂，冠履正雍容。

　　觀察大梁兼視齷郵使者三韓張思明。

（碑存淮陽縣太昊陵。王偉）

重修絃歌臺碑

州牧蕭國弼

　　絃歌臺者，孔子厄陳絃歌之臺也。春秋時，楚昭聘孔子至陳，有絕糧之厄，孔子與諸賢七日間絃歌雍容，雖有虎兕曠野之喻，而天懷落落淡如也。陳人思聖人而不得見，乃廟之像之，並諸賢而塑之，亦高山仰止之心耳。前副使徐公易厄臺，而名以絃歌，是深知聖人之身雖厄，而聖人之心不得而厄也。余庚申自鎮平膺簡命吏陳，見殿宇摧折，陞垣頹圮，遂與廣文徐子徘徊籌畫，極欲修葺。奈陳當水旱之餘，百姓饑困，田廬荒蕪，乃宵衣旰食，百方拯濟，歷兩歲之憂勤，甫登一日之盈寧。余於是捐貲，於辛酉之夏，既先修其牆垣。於壬戌之春，復重新其殿宇。廣文徐子同心協力，率庠生陳思濟等鳩工督理，其郡中紳士各隨其量以助焉。數閱月而告竣。凡向之敝瓦朽棟，今悉為堂構之焜煌。向之蓬苑草砌，今悉為宮牆之燦爛。訪得學行兼優之儒誦讀其中，收陳之子弟而教誨之，俾聖人絃歌之風，再振於昭代，豈必鄒魯狂狷乃可裁成也哉！

　　康熙二十一年。

（文見乾隆《陳州府志》卷七《聖蹟志》。孫新梅）

重修三元廟碑

吳汝鼎

　　陳郡南城外東之三元廟，明萬曆十六年，商人龔柏建，載入縣志，屢經修葺，久復傾圮。秀水錢公守郡，曰："議新之。"未及鳩工，以母憂解職，留資三十金，委予表兄姜春農代爲之倡。春農素好善，廟經頹廢，慮補葺不堪久，欲重建，自揣力不勝。家君作宰，無纖毫擾閭閻，以此不敢請勸捐，乃力行廣募，年餘，始克遂其志。予嘗作募引，目爲助理，廟成，故以記屬予。予乃爲之言曰：世謂商人重利而輕義，市井鄙夫錙銖必較，一與言義，莫不變色而退，不啻速其貧焉。然每當縱情博飲，傾囊揮霍，未嘗不爲豪舉，獨至行一善事，則吝惜不忍捨，未聞好善樂施、疏財仗義有如龔柏者。嘗見江湖市舶猝遇風波，號神明，求解救，苟可脫身于難，資財巨萬視同糞土，及至轉危爲安，又復惜財如命，不肯拔一毛。嗚呼！若而人者烏足與龔柏同年語哉！

　　龔柏歙人，買于陳，尚義，勇於爲善，貿易有餘資，輒以濟貧乏，人德之，稱爲長者。其創茲廟也，東置義田，西置義塚，並載入志，冀傳久遠，不僅利濟一時也。嗚呼！此獨非商人耶！何竟爲此義舉耶！《孟子》曰："孳孳爲利者，蹠之徒也。"又曰："有賤丈夫焉，必求龍斷而登之，以左右望而罔市利。"若龔柏者能以義爲利，豈孟子所謂其人哉？直謂之義士可也。志載兵僃道徐即登於此，立新安社課士。

　　萬曆四十三年，上虞徐宗儒爲州牧，又新之。我朝康熙二十一年，營弁錢必秀重加修焉，其所置田冢已久廢。或曰："廟之得以屢修不廢者，神護之也。"予曰："此天之不泯善人，神非護其廟，護柏之善耳。"志又載"柏別開義井"，今莫考其所在。予不知龔柏後人于今何如，觀其善，知必有昌者。予爲廟記，即以彰龔柏之善，且歷數其義舉爲天下商人勸。至春農不負錢公之託，尤推廣其意以成之，俾龔伯善行賴以不湮，其功有足並稱焉。餘凡與是善者，槩不可沒，別立一碑，臚志之。廟內有司城貞子閣，稍隳壞，亦繕完之。予兄改亭既書石，又於閣東隙地高其址，築室臨水，三面洞開，可以遠眺望，額曰"雲外賞"，予並爲之記。

　　乾隆二十一年。

（文見民國《淮陽縣志》卷十八《藝文志》。孫新梅）

逸園記

蘇應元

　　柳湖別業，傳爲宋張忠定公西園遺址。壬戌歲，買之於郡人李氏舊基少隘，又其中多空隙地，登臨之勝缺焉。因其西北方疊土爲山，坎水爲池，凡樓閣臺榭，亭館之屬，隨地之宜置焉。石益十三，竹益十八，花木益十四五，經始於甲子春，訖事於丁卯秋。蓋積四歲之拮据而始成也。既成，問名於米紫來太史，太史爲題曰"逸園"。知予將藉是爲他日娛老具也。厥後亭樹日以廣，花竹日以密，四方賢士大夫停驂此邦者，率多徃游間綴題咏，園幸借是以傳播遠近。夫園林池沼，游觀之具，所以曠耳目，怡心神也。

然非承平無事，則不能得此樂。昔唐之列第開館于東都者，號千餘邸，皆在貞觀、開元之間。此可以見矣。嗚呼，予也生當盛世，爲太平之幸人，既得以安室家，長子孫，而又以其餘暇，寄興于山水園林之間，滌煩鬱而引清虛甚矣。予所遭之幸也，中年困於人事，常思退休其中不得。後兒輩長成，能持門戶，因舉家事一切委之，得於其中退休焉以成吾志。坐疎亭繁茂樹陶然終日，或籃輿徃來堤上，閒汎小舟出入于柳湖鐵墓間，窮雲水之勝，而止計優游于此中者，又十年餘矣。嘗閒居，靜念天下事不能無盛衰之殊，聚散之異。昔李贊皇作平泉莊記，謂鬻平泉者非吾子孫，以平泉一樹一石與人者，非佳子弟。世多謂其無達觀識，予以爲此無可厚非也。

夫思締造之艱難，而望後人以纘承，人情也。園亭雖末，亦猶是耳。吾園雖無夐絕殊異之觀，然所以復先賢之勝蹟，壯而營焉，老而安焉，後人有能承吾志者，吾子孫也。不然，有不免爲贊皇之所譏矣，可不懼哉。園中樓閣皆具近。三子名傑，令陽穀。值聖駕南巡，仰荷宸翰書朱子詩句以賜。擬架樓三楹，奉御書其上，令子孫見之，世篤忠愛。園舊附地百八十畝，又買百三十畝，水田共計六百餘畝。戒子孫不得分取歲所入穀，並蔬圃菓樹、魚藕蒲葦之租。收貯一處，俾公正者掌之，以贍族親之貧不能衣食者。有餘，以爲修葺園亭之費。

嗚呼！盛而預慮其衰，聚而預憂其散，雖若過計，然析薪而望負荷，固老人之所惓惓於子孫也。刻之壁間，以示吾後人。

康熙二十六年。

（文見民國《淮陽縣志》卷八《淮陽文徵‧內集》。王偉）

御祭太昊陵文

【額題】御祭文

維康熙二十七年歲次戊辰，十二月乙丑朔，越十有七日丙辰，皇帝遣大理寺卿陈汝器致祭於太昊伏羲之陵，曰：

自古帝王，受天明命，御歷膺圖。時代雖殊，而繼治同道，後先一揆。朕示眷佑，統制寰區，稽古禮文，肅修祀事。茲以皇祖妣孝莊仁宣誠憲恭懿翊天啓聖文皇后神主升祔太廟禮成，特遣專官，代將牲帛，敬申禋祀之典，用抒景行之忱。仰冀明靈，鑒茲誠悃。

陪祭官河南管河道提刑按察使司同僉事加四級俞森临鍾縣、彰德府同知兼攝陳州事徐開錫、襄城城守營中軍守備署陳州營守備事周啟新、州判何蕃、儒學學正苗作梅、訓導鄧諶、吏目俞釗。

陪祭官太常寺七品筆帖式杜□、直隸大名府滑縣知縣姚德聞、縣丞陳紹、主簿洪元懋、典史馬思援、儒學教諭賈淑、訓導袁象斗。

（碑存淮陽縣太昊陵。王偉）

增修陵廟圍墙碑

熊一瀟

我皇上御極三十有五年，治化久洽，湛恩汪濊，文德武功之隆於鑠萬古，猶孜孜勤求民瘼，精禋昭格，以永奠無疆樂利之休。孟春之吉，上御保和殿，親摘祝簡，頒香幣，面遣在廷九列諸臣致祭河嶽鎮瀆、歷代帝王陵寢。一瀟躬逢盛舉，奉命中州，首詣太昊伏羲氏陵前，宣颺聖意，蓋尤為鉅典云。於是，偕陪祭衛輝知府胡慰先、暨守土陳州知州張喆，率文武僚屬齋戒竭誠，籩豆駿奔，罔有不恪。是日也，天朗風和，川原葱鬱之氣浮於城邑，蓋恍然神遊上古皇王之宇宙焉。一瀟不禁穆然而有會也，皇王繼天立極，敷億兆年之文治、道統之傳，同揆古今，是宜恭繕宸翰，勒之貞珉，以垂不朽，永永無極。至祝事既成，徘徊殿宇，輝煌金碧。其外見磚城環抱，其東西則石坊鼎峙，規制宏敞，望而肅然。詢之同事，咸謂：舊城悉皆土垣，傾圮已久。即道之東西悉泥土平衍，過之者不知此為陵廟。今磚城六百餘丈，高九尺，餙以丹臒，堅築基址，務極經久。闕南之東西各建新坊，以壯巍煥，皆守臣喆營度捐倡，與紳士蘇應元、高維嶽協力匡勷以成之也。方厥功告成之日，欣逢帝命式臨之時，運會相值有如此也。夫能敬事神明者，必能和其人民。今守臣喆能仰體聖朝崇祀之意，其敷政治民，必其懷保安戢於無窮也，是又不可不附書，以昭勸夫後此者。

康熙三十五年。

（文見民國《淮陽縣志》卷十八《藝文志》。孫新梅）

新造太昊陵鐵獅鐵碑等記

太昊陵為伏羲氏之墟，乃萬古斯文鼻祖也。後世崇功報德者，峻其殿宇，週其城圍，焚香禮拜，絡繹不絕，誠重之也。所可異者於正二月每當慶賀之期，而無知愚民貿易丹墀之上，竟令行善男女參謁無地。郡民康玉錢、徐尚信等每見及此，惻然不安。遂與同志結社，積金□□□□砌花園，以肅內外，鑄鐵獅、鐵瓶、鐵碑以垂久遠。日後凡不買賣不得攤采其中。然猶不敢自專也，□□□□郡土民敬請□命於郡侯張公。張公即欣然倡首，實捐俸金伍兩，以為之勸□。而達官長者及四方居民各量力捐助，共勷是舉。起自春月甲子，終於夏月乙卯。但見周鳥森嚴，景物輝煌，厥時工告成焉，雖曰大眾之功德，使非我公之鼓勵，易□臻此哉？是為記。

後學庠生夏建旌熏沐撰。

時大清康熙三十六年歲次丁丑孟夏月上浣之吉。

（碑存淮陽太昊陵。王偉）

御祭太昊陵文

維康熙三十六年歲次丁丑，八月戊申朔，越二日庚戌，皇帝遣兵部督捕左理事加一級胡會恩賜祭於太昊伏羲氏陵。曰：

自古帝王，受天景命，制治綏猷，必禁暴除殘，以乂安黎庶，緬懷往烈，道實同符。朕欽承帝祉，臨御九圍。茲以狡寇跳梁，親征漠北，廓清邊徼，永靖兵革，以與普天率土，勒育太和。敬遣專官，代將牲帛，昭告古先哲後，虔修禋祀，式彰安攘之謨，用展景行之志。仰企明靈，俯垂鑒饗。

欽遣祭告兵部督捕左理事官加一級胡會恩、隨陪香帛太常寺八品津帖式劉昌祚、陪祭開封府同知加一級董慶祚、陳州知州加二級張喆恭勒石。

（碑存淮陽縣太昊陵。王偉）

御祭太昊陵文

【額題】御祭文

維康熙四十二年歲次癸未，五月戊午朔，越九日癸酉，皇帝遣專官都察院左副都禦史張睿致祭於太昊伏羲氏陵。曰：

自古帝王，繼天立極，出震承乾，莫不道洽寰區，仁周遐邇。朕欽承丕緒，撫馭兆民，思致時雍，常懍惕勵，歷茲四十餘載。今歲適屆五旬，宵旰兢兢，無敢暇逸，漸致民生康阜，世運昇平。頃因黃淮告成，親行巡歷，再授方略，善後是期。睹民志之歡忻，滋朕心之軫恤。遄回鑾馭，大沛恩膏。用遣專宮，敬修祀典，冀默贊郅隆之治，益宏仁壽之休。尚鑒精忱，俯垂昭格。

欽差祭告都察院左副都御史張睿。

陪祭官河南按察使司分守南汝道僉事萬際璋。

（碑存淮陽縣太昊陵。王偉）

皇清誥封文林郎原任山東登州府福山縣知縣顯考楊公諱作楫字若濟府君暨元配孺人吳氏繼室李周荊宋氏合葬墓誌銘

【蓋文】

皇清誥封文林郎原任山東登州府福山縣知縣顯考楊公諱作楫字若濟府君暨元配孺人吳

氏繼室李氏周氏荊氏宋氏合葬墓誌銘

【誌文】

皇清誥封文林郎原任山東登州府福山縣知縣顯考楊公諱作楫字若濟府君暨元配孺人吳氏繼室李周荊宋氏合葬墓誌銘

壬午科舉人眷晚生萬如濟撰文。

候補太醫院侍直眷晚生莫之楷書丹。

儒學廩膳生員眷晚生辛居仁篆額。

故福山尹楊公諱作楫，字若濟，陳人也。父諱鎮，原前萬曆己未進士，分守河東參政，授大中大夫。母張氏，封淑人。公少而敏悟，穎脫不羣，工為文章，大參公甚愛之。十六歲，補博士弟子員。未幾，學使者擢高等，遂食餼焉。性豪爽，不為齷齪態。臨事應變，才幹過人。談天下大事，慨然有用世之志。數舉於鄉，不售。崇禎壬午，中副車。是年，以食餼滿，遂充明經。國初，授沔池司訓，旋陞唐縣教諭。時兵燹後，學校陵夷，在位者多苟於其職。公秉鐸二邑，教士皆有法度。當事者薦其能，有旨擢公知福山縣。福山故僻壤，人民瘠貧。公下車招流亡，勤懇闢，薄賦徭，興學校，明禮俗，一時人賴以安。設施未竟，以內艱去職，邑人士以為憾焉。服闋，當赴部選。公慨然曰：吾少有用世志，卒以不得意，困於有司。今老矣。正二疏知止之年，陶澤歸來之日也，何復鞅掌簿書，為五斗折腰哉！自此絕意仕進，日召親戚故舊為宴會，文壇詩社，酒檻棋枰，遊優數載，以此自終。

元配吳氏，乙卯科舉人吳公諱道泰女。繼室李氏、周氏、荊氏、汪氏、宋氏。生子六：長汝翼，娶翰林院庶吉士趙公女，汪出。次汝聽，娶甲午舉人何公女，周出。三汝梅，娶庠生李公女，李出。四汝諧，娶庠生田公女，宋出。五汝弼，娶庠生榮公女，汪出。六汝賢，娶歲貢生劉公女，李出。女十：一適清河縣知縣劉公三子庠生儀，一適劉公四子庠生僎，一適歲貢生鄭公子國學生緒成，一適廩膳生胡建中，一適縣知縣王公子廩膳生臨[1]，一適司公三子，一適劉公子國學生文彩，一適鄒平縣知縣辛公子候選州判士俊，一適定南縣知縣牛公子輝辰，一適庠生張公五子。孫十：長植，娶庠生郭公女，翼出。次梃，娶拔貢生黃公女；次機，娶庠生李公女；次模，聘庠生於公女；俱聽出。次果，娶候選縣丞劉公女；次樞，聘庠生張公女；俱梅出。次傑，娶庠生趙公女；次樸，次楨，未聘；俱諧出。次梠，聘國學生寇公女。孫女六。曾孫六：文炳、文煒、文烈、文熙，梃出。文燦、文煜，植出。文熺，傑出。曾孫女六。

公生於萬曆己亥年十二月二十八日子時，卒於康熙壬子年六月二十七日亥時，享壽七十四歲。茲卜于甲申十一月二十四日時[2]，葬於九里之先塋，孺人吳氏、李氏、周氏、荊氏、宋氏附焉。其子汝聽等，預來泣告曰："懼沒先君之善也，願有銘以示後人。"嗚呼！

---

[1]"縣"字上空一字未刻。

[2]"時"字上空一字未刻。

予生也晚，不及見公矣。然先王父儀部公與公固姻好也，□家居不□□而近則公之遺蹟，有得於厭聞飫聽之下者矣。乃為之銘曰：

宦而巧，吏而商。孰屯其亨，而自短其長。公之高蹈，千仞鳳翔。下視濁世，譬彼糟糠。宛丘之原，九里之鄉。英魄靈氣，於此歸藏。

康熙四十三年十一月。

（銘存淮陽縣博物館。李秀萍）

弦歌臺

康熙五十年歲次辛卯十月吉旦。

弦歌臺

經筵講官起居注工部右侍郎兼翰林院學士長白揆敘重建。

（碑存淮陽縣弦歌臺。王偉）

重建太昊伏羲氏陵廟大殿碑

巡撫河南等處地方提督軍務兼理河道兵部左侍郎兼都察院右副都御史加五級鹿祐撰。

史稱：太昊伏羲氏以木德王，都於宛丘。當洪荒之時，諸法皆其創始，作甲曆，製嫁娶，正姓氏，教佃漁，養牲畜，為琴瑟，後世利賴無窮焉！至於肇一畫而成卦，造六書以代結繩，使天下之人，得以知其吉凶，明其政事，而造化顓蒙之氣於此闢，開物成務之學於此興，尤為萬古文字之祖。故《易傳》云：“庖羲氏仰觀於天，俯察於地，近取諸身，遠取諸物，作八卦以通神明之德，以類萬物之情。”《周禮》：“保氏之職，養國子以道，猶必教之六書，是帝經世之大法，誠與乾坤同運，日月齊明矣。”

豫土開封郡屬之陳州，即梓慎所謂太昊之墟也。城北三里許，帝陵實在焉。然隋以前，未知崇奉，迄唐貞觀間，乃禁民芻牧。周顯德初，敕官吏禁樵採耕犁。宋建隆庚申，置守陵戶，乾德癸亥，詔有司享祀牲用太牢，迨丙寅而廟庭始創。政和而上，修葺時聞，漸增華飾。自入勝國，或建或修，皆有碑記可考。及流寇之變，而陵廟蕩然。本朝以來，欽崇先代帝王，凡陵寢所在，咸命守土者不時葺治，每遇慶典，輒遣廷臣祭告，禮甚盛也。今我皇上聰明睿智，重道崇儒，紹古帝之心源，啟文明之景運，故為繼天立極之聖，尤為拳拳。康熙壬辰春正月，祝融肆虐，廟之正殿偶災。祐適撫是邦，敢弗仰體九重尊奉之至意，亟為新其廟貌耶！謹集議公捐重建，委開封府丞吳元錦董其役，於是，鳩工庀材，加以塗暨丹雘，不費帑，不勞民。自經始迄落成，僅四閱月。而竹苞松茂之固，翬飛鳥革之華，舊觀為之頓復云。然稽歷代聖帝明王，獲邀後世之祀典則有之矣。從未有遠近士民欽仰歡趨，焚香祭禱，如斯廟之盛者，豈非以畫卦造書，更出諸法之上，而氓庶報本反始，不期其然而然者哉！抑聞之聖人幽贊神明而菁薈生。古來陵墓生著者，惟孔林與此。一則開群聖之始，一則集群聖之成，故地靈特鍾，久而益茂，非人力所能爲也。則繼茲以往，陵之巍峨，廟之輪奐，知與宇宙並存。將來嗣而葺之者，必有同志。無待祐之過計，已於其工之告竣，敬爲記而勒之石。

大清康熙伍拾壹年拾貳月上浣之吉。

開封府鹽捕同知吳元錦立石。

江寧梁一源鐫。

（碑存淮陽縣太昊陵。王偉）

重建絃歌臺碑

州牧顧斑

斑守陳之明年，遇總憲揆公有重修絃歌臺之役，竊幸躬逢盛舉，與邑人士樂觀其成也。越二年而竣事。殿宇之崇閎，廊廡之修整，皆殊舊觀，其俎豆籩筐爵之數，凡昔所未備者，罔不具焉。百年之廢，一朝而舉，而恢鴻鉅麗過之，其足以快一時之觀瞻者何如也。落成日，公為文以志其緣起，而曰："聖跡所留不得聽其終廢。"夫公未嘗官此土，遊此地，親見夫宮牆之蕪沒，廟貌之傾圮也。一聞其狀，即捐貲以圖修復，有須臾不及待之慮。何哉？夫志其閭，名其鄉，世於賢人君子尚有希慕之至而欲其流傳者，況聖人之遊處乎？況公之夙志乎？聖人之道者乎？宜其不能聽斯臺之終廢也。蓋今道術昭明，文教聿昌，翠華巡幸所至聖賢遺跡，皆令修舉，宸章之錫，昭若雲漢，一時賢公卿莫不仰承德意，故斯臺亦待公而新也。於戲！事不誠有時歟！臺之有祠，昉於明之中葉，然皆草創之為，不數年，而輒事修葺，故不能久也。若茲之良材堅甓，周以石柱，可久不廢其所，以妥先聖之靈者既孔固矣。至若藏書有閣，講藝有堂，棲士有舍，俾向學者，得以遊息絃誦其中，則公之陶成此邦之人士，亦有未有艾也。斑愧不能盡守土之職，樂公此舉之為盛事，故謹為記，以附於後云。

康熙五十三年。

（文見乾隆《陳州府志》卷七《聖蹟志》。孫新梅）

重修名宦祠碑

鹿祐

康熙戊戌歲秋七月，陳州士人共舉原任廣東瓊州府臨高縣令高維嶽為鄉之賢，增祀祠內，其後人高驊等與祠內賢裔齊謀等共捐貲，重加修葺，並以其餘增修名宦之祠於其左，屹然兩祠，並巍煥於州學之東西隅焉。考名宦之在州者，莫盛於陳，自漢至今，共計七十有九人，之中如漢之申屠嘉、汲黯、岑彭，唐之李邕、趙犨、趙玭，宋之張詠、狄青、晏殊、包拯、范仲淹、范純仁、蘇轍等，非徒名在一州在一時，亦且震四海，垂百世，莫不聞而興起也。嗚呼！何其盛哉。且按陳之舊祠，有以名宦而混鄉賢者矣，如司城貞子，本宋大夫後為陳侯，周臣其為名宦，而非鄉賢也，明甚。乃當時弗深考，歷久仍誤。直至萬曆時，州牧王堯封始為訂定，而別祀焉，是七十九人之外，又增一人矣，甚矣，名宦之盛，莫過於陳也。顧其祠之壞而葺，葺而復壞也數矣。今高驊等因其先人增祀於鄉賢也，乃葺鄉賢之祠以崇之。又因其鄉賢之並祠於名宦也，而又葺名宦之祠以配之，其志誠可嘉，而其功不可沒也，故樂為記。而凡助之者，亦書名於後，俱壽諸石，俾後世知所法云。

康熙五十七年。

（文見民國《淮陽縣志》卷十八《藝文志》。孫新梅）

重修鄉賢祠碑

州牧林鴻暹

鄉賢之說，即古所謂鄉先生。其有祠也，即古所謂沒而可祭於社者歟。而與名宦祠並列學宮，配享貳祭，則昉於前明洪武之三年。迨世宗時，更定祀典，復申行之，誠重之也。陳為州，故胡公受封地。雖無名山大川，鍾靈毓秀，然其鄉之賢代不乏人，即聖門七十子中，陳有五賢焉，可概見矣。間嘗按其祀，舊祀逢滑洩冶等十有一人，增祀賢獲世碩等二十有五人，自周迄今幾千百年，而合之僅得三十六人，苟非行誼卓卓、略無可議者豈容輕廁其間哉！且亦有賢名彪炳史冊，仍不列於祠內者，如聖門五賢止登世碩一人，顓孫師、巫馬、施公良孺及陳亢等皆不與，非畧之也，蓋此四賢已配享孔子廟庭，無煩載。及若世碩雖為聖門高賢，所著《世子》二十一篇，顧僅載於王充之《論衡》，宋時失於追封，明時未及從祀，其別祀於鄉賢祠也，誠不容已也。噫！以世碩之賢，而祀典猶或遺忘，有待於增而祀之，則其後之賢無愧於古，而可祭者又烏容聽其泯沒，不令附祀於前賢後也。

茲有孝廉高君，諱維嶽，字駿生，曾為廣東瓊州之臨高令，多善政，有仁聲，其生平大節均可追配古人。故州人共舉以為鄉之賢，宜配食於祠。其後人高驊等因加修葺，而祠內賢裔齊謀等又樂為之助，且併名宦祠，亦為聿新，是可志也，於是乎書。

康熙五十七年。

（文見民國《淮陽縣志》卷十八《藝文志》。孫新梅）

御祭太昊陵文

康熙五十八年歲次己亥三月初一甲戌，越二十二日乙未，皇帝遣翰林院編修蔣璉致祭於太昊伏羲氏，曰：

自古帝王，受天景命，建極綏猷，垂萬世之經常，備一朝之典禮。朕欽承帝祉，臨御九圍，夙夜惟寅，敬將祀典。茲以皇妣孝惠仁憲端德懿順天翼聖章皇后神主，升祔太廟，禮成。特遣專官，代將牲帛，用展苾芬之敬，聿昭禋祀之虔。仰冀明靈，尚其歆饗。

欽差祭告官翰林院編修加六級蔣璉。

捧香帛太常寺八品筆帖式加一級曾忒赫。

陪祭官：河南等處提刑按察使司僉事分巡南汝道加十級記錄十次李承祖、開封府知府加三級記錄十三次孫蘭芯、陳州知州林鴻暹。

（碑存淮陽縣太昊陵。王偉）

皇清邑庠生應誥封文林郎鼎鉉龔公（勳）暨元配應誥封孺人竇氏合葬墓誌銘

【蓋文】

清故考妣龔公鼎鉉孺人竇氏合葬誌銘

【誌文】

皇清邑庠生應誥封文林郎鼎鉉龔公暨元配應誥封孺人竇氏合葬墓誌銘

賜同進士第現任户部右侍郎總督倉場年家眷弟張伯行撰文。

賜進士第翰林院庶吉士年家眷侄杜藻書丹。

丁酉科舉人年眷侄宋廷瓚篆蓋。

陳州庠生鼎鉉龔公，其次子其中與小兒學載同領丁酉鄉薦。今於辛丑歲三月，將合葬公與竇孺人於祖塋之側，其子負狀邀銘於余。余以屬在年誼，義不容辭。按狀：

公諱勳，字鼎鉉，陳州武庠生。稽其世系，本山西洪洞縣舊籍。其始祖自明初遷居於陳，相傳已十餘代，樸者負耒，秀者橫經，雖未嘗有為於時，而累世淳良可封。延及於公，賦資頗異。幼而業儒，書理獨闢。但因念篤昊天，兼累世務，不得已而於康熙二十一年，小就武庠。自此厭志炎涼，泥塗軒冕，晦跡韜光，遑心獨善。居恒無出位之思，待人無已甚之行。獨居靜處，無欺己意；坦白遇物，無欺人意。未嘗損人利己，亦未嘗尊己卑人。自奉甚儉，而祭祀晏會之際則甚豐；居家甚薄，而師友親戚之間則從厚。身列澤宮，而矢志樸誠；職若干城，而雅好文墨。是公之立心、制行如此。至若竇氏孺人，賦性勤儉，宅心孝慈。輔公以事舅姑，始終克謹，無傲言，無惰容。雖遭家多難，常被讒罵，致不得志於舅姑，惟益加敬愛，未嘗疾怒，中夜勤劬，未嘗告瘁。其訓諸子，則曰：男兒不思修德勵行，以耀先人、裕後昆，真屬虛生。其戒諸女，則曰：女子不思恪守閨訓，以勤婦工、修婦德，必至貽羞。且先是當于歸之初，值太孺人李氏多病，既無妯娌，復鮮奴婢，一切飲食湯藥、左右奉侍之勞，皆孺人獨執，凡三年不倦。其後值太翁違和，焦勞萬狀，勤劬愈甚於前，而孺人始終如一。是公與氏，精誠足以動鬼神，至孝可以格天地。以故壽至古稀，白首偕老。

公卒於康熙五十八年九月二十六日丑時，享年六十八歲。氏卒於康熙五十九年正月二十九日戌時，享年七十二歲。其孟子其大，娶徐氏。仲子其中，博丁酉文魁，娶靳氏。季子其方，幼入黌宮，娶張氏，早逝；繼娶苑氏。女四人：長適劉氏，卒。次適王氏。次適王氏。次適李氏，早卒。孫六人：長名樞，娶黃氏，其大出；次枚，聘趙氏；次榮，聘臧氏；俱其方出。次樞，聘夏氏；次棽，次檢，未聘；俱其中出。其大等以辛丑三月十一日申時，奉公暨孺人合葬於邑之東北五里許，祖塋之側。銘曰：

浩浩蒼旻，篤生一人。兼之內助，開創維新。誠足動物，勤可御貧。芹藻猗歟，月桂繽紛。仲氏和篪，伯也吹壎。庭除樂豫，共用天真。仙侶伴結，鸞鶴偕泯。佳城兆卜，羲陵之津。宛煙脈聚，竚看風雲。杏園翽翽，桃浪滾滾。渤海流芳，燕山聲聞，福澤綿綿，子孫詵詵。

康熙六十年。

（銘存淮陽縣博物館。李秀萍）

御祭太昊陵文

維雍正元年貳月皇帝遣大理寺卿覺羅常泰致祭於太昊伏羲氏，曰：

自古帝王，繼天出治，建極綏猷，莫不澤被生民，仁周海宇。惟我皇考峻德鴻勳，媲美前古，顯謨承烈，垂裕後昆。朕以渺躬，辨膺大寶，當茲嗣位之始，宜修享祀之儀。特遣專官，虔申昭告。惟冀時和歲稔，物阜民安，淳風徧洽乎寰區，德常敷於率土。尚其歆格，鑒我精誠。

陪祭官整飭撫民兼理糧餉河南分巡南汝道按察使司副使加三級記錄十次李承祖、太常寺筆帖式加一級眾神保、大理寺筆帖式加一級說而和諾、開封府知府加二級朱熹、陳州知州加四級記錄十一次林鴻遛、教諭馬作礪、訓導孟倫、州判胡公瑜、吏目車禹聲。

（碑存淮陽縣太昊陵。王偉）

清太學生鄉耆大賓其猷賈公（克壯）暨元配徐孺人合葬墓誌銘

【蓋文】

清太學生鄉耆大賓其猷賈公暨元配徐孺人合葬墓誌銘

【誌文】

清太學生鄉耆大賓其猷賈公暨元配徐孺人合葬墓誌銘

其猷先生與先君子，夙稱交好者也。余少時，即因以識先生。及長，操觚為文，先生見，輒器重之。數十年中，花晨月夕，文場詩社，樽酒為樂，懽情無間，是先生與余又□相為好者也。康熙丙申，先生捐館舍。越明年，余赴銓選，來守開原，今已三載。初秋，使人至自里門，先生子運昌昆弟致詞於余，曰：先考歿八年，先妣歿二年，日月有時，將葬矣。道途修遠，敢介使者具書幣丐一言，以光泉壤。余感先生暨孺人之歿，而又念世忝交好，且重以運昌昆弟之請，謹按狀誌之。

公姓賈氏，諱克壯，字其猷，上世直隸邯鄲人。元末遷陳。明初，以守城功，封世襲指揮使。至文學公諱希呂者，是為公父，喜詩書，務儒業，欲以科第起家也。□□旁支□之。文學公生二子：少者歿於兵，公即其塚嗣也。生而天性仁孝，聰穎過人，父母最鍾愛之。年十四，崇禎壬午，流寇屠陳，公父母皆殉於難，煢煢無依，未有定處。皇清定鼎，甫弱冠，娶徐孺人。徐孺人者，陳世族處士諱時魁女也。攜之歸，復故業，處士公胥依以居。兵火之餘，公觸目傷心，每撫膺慟號曰：生我者歿矣，我存何為？日夜飲泣，不欲生。孺人從容解之，曰：君身重關嗣緒，宜善自保存。他日有所樹立，以光前業，庸非所以報兩大人者乎？公感其言，由是托處士公以家事，勵志於學，不間寒暑。孺人紡績佐讀，飲食衣服皆不以煩公慮。公學成。順治辛卯，受知于督學黃公，補博士弟子。旋補增廣生員。康熙癸亥，循例入太學。公之意蓋以遠大自期，不屑小就功名也。然數奇，屢試不售。己卯秋，適病足，不能應試，慨然曰：窮達命也，吾安之而已。獨是傷心莫釋者，於兩大人生不知承歡，死不克合葬。今老矣，又不能拖青紫以顯榮之，區區若衷，寧忍言哉！公自是絕意功名矣。癸未，舉鄉飲大賓，眾交口薦公。公辭不獲已，勉從之。都人士無不津津稱嘆，以為稱是舉云。公為人恬淡寡營，尚志節，勤學問，雖阨於鄉薦，毫無不平意。展卷樂誦，終身如一日也。公一生讀書之外，無餘事；會文之外，無雜賓。室取蔽風雨，田取給饘粥。胸懷澄霄，談道自樂，以終老焉。處士公卒，公荷其助理之勞，又哀其惸獨之苦，與孺人盡禮葬之。其務存厚道，類如此。孺人淑慎賢明，歸公離亂之餘，能佐公成大志。壼德懿範，姻族推之。至於終身戚戚，以不得奉舅姑為憾，尤其大節之所不可及也。公與孺人受色養，皆以高壽終，孰非天之鑒其孝思，而錫以福澤若此哉。

公卒於康熙五十五年丙申九月二十三日亥時，生於明崇禎四年己巳九月初二日申時，享年八十有八。孺人卒於康熙六十年辛丑九月十六日戌時，生於崇禎十年乙亥十一月二十七日子時，享年八十有七。子三：長應鐘，卒，娶庠生鄉飲大賓祁公彥士五女。次運昌，太學生，娶庠生高公明哲長女。次運隆，娶庠生李公孝德四女。女四：一適庠生陳公大中三男所基，一適庠生王公永言次男庠生在宏，一適歲進士李公蘭芳長男候選教諭良景，一適己酉科舉人廣東瓊州府臨高縣知縣高公維嶽三男候選訓導驌。孫四：長竹，庠生，卒，娶太學生劉公漢震女，應鐘出。次塤，庠生，娶太學生邢公履貞長女，運昌出。次增、次圩，幼，未聘，俱運隆出。孫女六：一適太學生雷公瓚次男太學生方性，一適太學生謝公坤成長男珏，運昌出。一適太學生王公起昱長男鎬，運隆出。一適庠生王公來江次男鵬舉，運昌出。一適庠生邢公履端三男栢，運隆出。一適太學生候選州同李公應元次男之芬，運昌出。曾孫二：恒鍋、恒鋤，幼，未聘，俱塤出。曾孫女四：一適歲貢生候選縣丞孟公鴻儒次男廩生調，一適太學生王公士遵長男維城，一適太學生王公格長男逢煜，俱竹出。一適候補知縣李公長發長男多慶，塡出。運昌昆弟擇於十二月初三日，葬公暨孺人於北郭之新阡。余維其芳行壼德，既為之誌，更繫之以銘。銘曰：

公與孺人，妥於墓門。學行堪式，懿範可遵。孝思不匱，倫紀克敦。芳名碩德，奕禩恒新。赫赫然光昭宇宙之內，豈同於世之庸。庸者隨時榮枯，與草木而俱泯。

時雍正元年十二月穀旦。

賜進士出身奉天府開原縣知縣眷晚生萬如濟頓首撰文。

庚子科舉人制眷晚生孫酉頓首書丹。

丁酉科舉人眷晚生宋廷瓚頓首篆額。

不孝男運昌、隆泣血勒石。

（拓片藏河南省文物考古研究所。李秀萍）

□□□學生姚太公諱希舜字長文號企怡墓誌

【蓋文】

□□□學生姚太公字長文號企怡墓誌

【誌文】

顯考諱希舜，字企怡，號長文[1]。配我母杜太君，西華縣拔貢生杜公諱貽哲女。由俊秀入太學。先世為山西洪洞人，後居豫省之西華縣姚家橋，復遷臨潁縣董畦村。前萬曆己酉舉人諱德溥，號澤寰，山東禹城、山西寧鄉兩縣邑令，崇祀名宦鄉賢，顯考之高祖也。郡庠生諱應秀，號聚之，顯考之曾祖也。恩貢生、光州訓導諱重華，號哲甫，字伯鬱，顯考之祖也。廩膳生員、援國學鄉試例入貲為太學生諱紳，號方麓、字彬士，顯考之皇考也。顯考同胞兄弟三人，顯考為長。仲叔諱希禹，字次述，增廣生員。季叔諱希孔，號淑時，廩膳生員。仲叔出為叔祖雲麓公後。顯考舉二子：長即不孝力仁，廩膳生員；次依仁，增廣生員。孫男四：長弘燮，次弘烈，力仁出；次弘熹，次弘燾，依仁出。依仁出為三叔父後。顯考生於康熙二年癸卯正月二十六日午時，卒於雍正五年閏三月二十二日申時，享壽六十有五。今歸窆於邑東大李村之新阡，時蓋雍正六年戊申春二月初九日也。

不孝男力仁泣血識石。

石工彭經。

雍正六年戊申春二月。

（拓片藏河南省文物考古研究所。李秀萍）

---

[1] 蓋文云希舜字長文，號企怡，與誌文不同，似誌文有誤。

廣濟堂碑記

制憲王士俊

陳州古宛邱地，帝舜之後，封國也。昔者帝舜佐堯，史稱"存鰥寡，振荒札"，鰥寡荒札之名始見於此，前未有也。故日月光華至舜，而無一夫失所者矣。豈忍令其所封之國有鰥寡而不之憫，有荒札而不之救乎？我皇上如天好生，賢於堯舜，一民饑曰我饑之，一民寒曰我寒之，此唐虞不賞而勸、不怒而治之心法也。雍正癸丑冬，余督率河東兩疆，力行足民之政，其大者在墾田，而無告窮民衰爾殘廢不能受田者，各設廣濟院，以補養濟院之所不逮。至甲寅春夏之交，漸次就理，而陳州牧乃以廣濟堂本年五月竣工告。嘻！其殆勤於民事者歟！今夫陳州之去省會也，凡三百餘里，實為全豫之閫域，而土衍地沃，萬寶滋吐，潁汝交流，舟車衝會，民之資具生，而樂其業者固熙熙而穰穰，然豈無饑鳥啼夜，寒鳥號冬，以錯出其間者，不悉為之謀，甚非，所以敬承聖天子湛恩汪濊衣之食之至意也。況余近以改陞郡治，請現俟部檄，豈非建置一新吏治，民風蒸蒸日上之會哉。乃今觀牧所部署頗具條理，屋以間計，凡三十，圍外析內，費銀一百一十六兩零。預其中者，日給米一升，錢四文。不能炊者，以力代之。予直若都養焉。費從何出？則許家莊常稔田三十三畝七分七釐，價銀一百六十五兩。築屋買田之費又何從出？則得之紳士捐者八十四人，業齳捐者一人，質庫捐者二十六人，共銀四百三十一兩有奇。捐地基者監生一人，凡一分五釐。又守土之司自捐養廉者：州牧四十兩、州判官二十兩、吏目十二兩。凡所捐入於廣濟院有贏，則仍以資窮黎墾田及療病院所需焉。其廣濟院不足，則再為籌畫經久之策焉。茲則草創之初，交為彼此通融者如此，蓋實貧民之慶，亦由俗多好義，所以事之成者速，而功之被者廣矣。嗚呼！雅之《詩》曰："哿以富人，哀此惸獨。"匪羡富人也，正嘆富人之不能哀此惸獨也。又《陳風》之首章曰："子之蕩兮，宛邱之上兮。洵有情兮，而無望兮。"夫無冬無夏，日蕩宛邱，非富者其能之乎？有情無望，則貧民之失所瞻依可知耳。何陳州之俗？昔之富者多澆薄，而今之富者多醇厖耶！豈虞舜之流風餘韻且久而愈彰也。抑豈沐浴於昌期，而歌詠於聖澤者深耶。且陳州非特虞舜之所嗣封，而又神農氏之所建都也。神農初都於陳，後遷曲阜，則耒耜之教必於陳州始，開墾一舉尤為親切，將見日闢日廣，土不曠，民無遊，而遺秉滯穗伊寡婦之利，廣濟堂中歌含哺而吟鼓腹矣。他日軒轅採風問俗，輯為成書，將見以陳風繼康衢之頌，豈特擊鼓、擊缶、值羽、值（翿）徒為觀樂，公子所竊嘆哉。余故喜而為之記，且俾壽諸石焉。

時陳州牧為黃起盛，正紅旗人。判為胡時壯，滄州人。吏目為郟永基，吳縣人。樂捐紳士、商民等，其自現任郡守朱君鴻緒、高君培以下，姓名應悉列碑陰，以示風勸焉。

雍正十二年。

（文見民國《淮陽縣志》卷十八《藝文志》。孫新梅）

御祭太昊陵文

維雍正十三年歲次乙卯十二月己丑皇帝遣太常寺卿王復付致祭於太昊伏羲氏，曰：

禮崇典祀，光俎豆於前徽；念切景行，薦馨香於往哲。惟帝王繼天建極，撫世誠民，豐功焜耀於簡編，駿烈昭存於宇宙。溯典型於在昔，凜法監之常存。朕以藐躬，纘登大寶，屬膺圖之伊始，宜展祀以告虔。特遣專官，祗遵彝典，苾芬在列。備三獻之隆儀，靈爽式憑，仰千秋之明德。尚其歆格，永錫鴻禧。

齎香皇室太常八品筆帖式加二級臣西爾德。

陪祭官河南分巡開歸陳許四府管理通省河庫錢糧兼管南岸河務兵備道按察使司副使加三級記錄五次臣安鳳彩、河南開封府知府署理陳州印務加四級記錄九次張受長、署陳州府通判事陳世明、陳州府淮寧縣知縣藩廷偉。

（碑存淮陽縣太昊陵。王偉）

憲帝配享禮成祭告太皞伏羲陵文

清高宗

乾隆二年。

自古帝王，憲天出治，建極綏猷，德澤洽於萬方，軌範昭於百世。朕纘承鴻緒，最仰前徽。茲於乾隆二年四月初六日，恭奉世宗敬天昌運、建中表正、文武英明、憲仁信儀、大孝至誠憲皇帝主配饗圜丘禮成。特遣專官，虔申昭告，惟冀永佑雍照之盛，益昭安阜之隆。庶鑒精誠，尚其歆格。

（文見乾隆《續河南通志》首卷四《聖制》。王偉）

重修學署碑

郡憲金山

古者有庠序學校之名，而一歸於學。顧由漢以來，惟大學耳。唐有天下，始詔諸道州縣並置學。至宋景祐中，藩鎮立學。寶元中，大郡立學。慶歷中，諸路州無不立學。然猶曰州士滿百人乃得立焉，故其間興廢不一。及明洪武中，既建國子監，令天下府州縣皆立學。用是三百年來，號稱極盛。我朝鼎興，尊崇先聖視前代有加，今上御極之二年，於京師國學大成殿更易黃瓦，規制一如闕廷，禮綦隆矣。余竊謂鄉學之設，原與國學相表裏。國學之中，備法駕，親臨袒割，行饗射禮，聚諸生圜橋問道，示之於古文之盛。而鄉學之中亦當新黌舍，潔庭宇，修飾車服禮器，陳鐘鼓管絃于前，俾文學之士得以考課肄業。而顧任宮墻之圮，聽梁木之壞，一如秦人視越人之肥瘠也，其可乎？陳於昔治為州，雍正十有二年始改郡。余方量移二千石來守是邦，既視事，即舉行釋采禮，禮畢，周視殿廡，半皆頹落，亟進兩博詢其闕狀，胥曰："前守黃公議撤舊而更新之，邑子衿各捐助，有善意，顧工鉅費縮，不克勝任。幸公之來，庶藉手以告厥成。"余曰："學宮之新，非第神有所依而已。宋李覯不言之乎，大懼人材放失而儒學潤疎也。余承乏守土，敢不率先為倡。"爰助銀庀材，而淮令潘君廷偉亦踵捐於後，諸紳士復相勸勉，計聚錢幾千緡，興修有日矣。會潘令以事罷去，署篆者為許昌別駕程公，公益傾橐金以佽丕建，始克竣事。仆者起，斷者續，剝蝕者以新煥乎，屹若較昔增崇。經始於丙辰之春，落成於丁巳之夏，凡閱歲餘云。

工竣，諸君因前請于余，曰："廟之興，既惠徽令一言，茲可無一言以垂不朽。"余退謝曰："是役也，匪余一言是私，繫天子明命是奉，臺使者德意是承，而二三子實並圖利之。今者我皇上升中禮成，慶施中外，廣士額以登人材。而吾陳適會文廟修復之初，是先聖之大啟佑也，多士其交勉之。雖然，李覯之訓袁士又曰：'爾由庠序踐古人之跡。'則談禮樂以陶吾民，是惟朝家教學之意。若其弄筆墨以徼利達，當亦二三子之羞，覯之言切而有本。余尤願諸生之勉之。"因書此以泐諸石，他若某某董事之勤，與捐費之功，均不可沒，並得鐫姓名於碑之陰。

乾隆二年。

（文見民國《淮陽縣志》卷十八《藝文志》。孫新梅）

左村坡趙黃溝碑記

郡憲崔應階

郡南四十五里，淮、項接境，有地曰左村坡。勢居漥下，每苦積潦，坡東南濱臨沙河，跨隄有橋一，上下甃以石，名黃家橋。橋外數十武，始達河流，有溝一，上接橋孔，相傳曰趙黃溝，始建不知所自。蓋亦前人為洩坡水設也，歷年久遠，溝已淤塞。項人張丕緒者恐隄薄不足以禦泛溢，請於縣，加築土隄橋上，橋亦從此湮沒。乾隆四年夏秋，苦雨，左村坡等十九村庄盡成巨浸，項邑錢令過此，憫其昏墊，積父老謀疏洩計，此溝始復一開。於時值秋汛，坡水未洩，而河流復漲，村民不知捍禦，悉皆引去，幾有潰隄之勢，賴下游居民搶築，始無他虞。自此不復議開。乾隆六年，余來守宛，秋又苦潦，淮民楊士俊、項民童希聖等復議開此溝，而項人張丕緒等堅執不可，遂具牒訴府訴道，轉飭淮、項二令會勘，因有前車之鑒，亦以不開上請。噫！河隄固屬要防，而沉釜可不計慮乎？余因親往勘視，遂令鑿隄露橋，橋甚堅，而溝去河亦遠，若令啟閉以時，固無礙也。乃請於道，期過秋汛，委員開放，水涸即築，實以堅河防，約四十日，地乃涸出，農功無悞。本年夏秋雨汛，竟於河隄弗害，故知前此之疎虞，良由啟閉失時，若竟歸咎此溝，何異刻舟膠柱？自今以往，雨暘時若，設有不齊，當請命於官，以時啟閉，切勿專擅，資人口實。庶金隄永固，而積潦可除。茲重爾士民請，爰敘數語，以勒貞珉云。

乾隆六年。

（文見民國《淮陽縣志》卷十八《藝文志》。孫新梅）

真武廟碑

黃陂人書院掌教姚之琅

真武廟者，故宋狄武襄公梳洗臺也，易而為廟，不知所自始。余觀名山勝地、高賢奇傑之遺蹟，亦莫不有梵宇珠宮、瓊樓貝闕，以焜煌照耀於其間。迨其既久，則賢傑之蹟，有時反為所掩。雖好古之士，溯厥源始，易以名額，而田夫、野老、牧童、樵叟自是所習見習聞，輒不崇朝而返其舊。陳郡有二焉，其一司城貞子閣，今為三元廟，一即真武廟。當事者嘗欲易之，卒不能變，豈非君子之澤有時而斬，而二教之信奉喜拾者衆歟。抑上人羽士所以崇飾其觀寺者奔走勤苦，相續不絕，而名人碩士聆其宗旨，又往往羽翼而左右之耶。廟之修自故明嘉靖時，指揮徐君洪，余門人徐生廷璘之九世祖也，與其弟鳳陽司馬注始為之，碧甍石檻，列植佳卉，輝麗掩映，遂成巨觀。萬曆間，左都督徐時中又修葺之，明季殘廢。本朝徐氏有時魁者為之重搆。而廷璘祖諱之棟，建老君閣於左。康熙丁酉，廷璘父諱伯子復建觀音堂於後，門樓屏壁皆聿新焉。乾隆丁卯，圮于水，廷璘益大修之。太守馮公、都閫趙公、邑侯單公既為捐俸，而邑之紳士孫酉、孟調等亦皆㐲焉。既成，請余文以記。徐生非特致力於神也，蓋謂一邑之勝蹟，而先世功力所萃，欲復舊觀，故敘其意如此，雖然，余於此事更有感焉。武襄在密院時，避水居相國寺，為言者所論，以使相出判陳州，卒，遂葬焉。嗟！夫習俗所囿，賢者不免。宋承五季之弊，忌將帥，而抑武臣，如王德用、狄武襄一登樞密府，則羣起而彈之，雖賢如孔道輔、歐陽修，亦皆摭拾流言，疑似影射，必去而後已。夫德用固未嘗履行陣，即武襄亦非遂有蓋世不賞之功，在危疑之地，而宋之樞密又非真有威權跋扈、尾大不掉之勢也。國家累世治安根深蒂固，而謂獨立之武臣遽思篡奪革易非望難成之事，此情理所必不然者矣。蓋亦臺諫侍從視將帥如異類，若曰：此不足輕重，不甚愛惜之物，不幸為浮論，指日斥去之斯已耳。嗚呼！不得軍情，豈能制勝，得軍情，即疑而逐之。一旦契丹、西夏言語稍悖，則方其一馬未出，一鏃未施，而廟堂之上，當軸任事之臣固已狼顧鼠伏，怔優惶惑而不禁。甚至章句之徒如括稍讀父書者，則又支離攘臂，指畫形勢，牽制戎臣，為論甚美，及不幸試之於事，則舉朝廷之勁兵猛將與無罪之士民悉送諸敵人鋒刃擒馘之下，而敵曾不以為德，豈不痛哉！明自中葉與宋室若合符契，而徐氏子孫獨以忠勇與明代相終始，卒受其難，其視宋之武襄得無有異世而同感者乎。聞廟之初修，祀武襄於別殿，毋亦懼後人之不能繼，故托神聖靈赫之餘，以同垂於不朽，而豈謂修廟者顧獨置武襄於不論耶！德用亦嘗知陳州，舊志遺之，編輯郡乘始補焉。而武襄之載在名宦，列諸秩祀者，亦復如是，余故為之說。倘聞言者感於心，仍奉武襄於廟中而永遠無替也，豈獨一邑勝蹟之不朽已哉！

乾隆十二年。

(文見民國《淮陽縣志》卷十八《藝文志》。孫新梅)

濬蔡河碑記

江南人書院掌教于大猷

蔡河發源於城北李家窪，經太昊陵前，迤九里溝、黃崗鋪、買臣集、磨堆屯諸村，至忠心集始分爲二枝：一由朱家橋至魯臺集，入沈邱界之董家橋北，又二十九里入大沙河口，謂之東蔡河；一由馮塘集經李家橋至北展家口，入沈邱界之五里屯，又經項城竇家寨，入沈邱界四里餘，南入大沙河口，謂之西蔡河。淮沈二邑，濱河民田溝渠諸水，悉由蔡河以達沙河。河身淤塞日高，且有沙灘之阻，不能引諸渠之水以歸沙河。於是，漫溢橫流，二邑濱河之田皆巨浸，民之困於水者非一日矣。

大中丞鄂公按行各屬講求水利，而於陳州尤加意焉。藩憲富公、道憲張公，亦孜孜以是爲急務。奉中丞之令，轉飭署郡篆劉公、河廳張公，估計挑濬蔡河寬深丈尺土方之數。時方議濬，以工程浩大，尚未舉行。淮甯吳公復委署汲篆，公事旁午，勢難兼顧。維時謙齋高公守是邦，（公諱士鑌，奉天正白旗人。）委縣丞楊君承烈、典史汪君彥文等督率疏濬，高公親歷河干。凡應濬機宜，詳加指示，更延致紳士以董其役。工將半，而吳公旋任，（公諱溶江，蘇陽湖人。）復行督率焉。沈邱之濬蔡河也，邑侯仇公（公諱元基，直隸雄縣人。）亦恪遵高君指畫，告之紳士里民，疏濬如法。於是，淮甯東蔡河自上帝廟後橋口起，至左杜村接沈邱界，長二萬四千三百零九丈，河面濬寬六丈，底寬三丈，深二尺至三尺不等。撥夫五千二百三十名。共挑土方九萬零三百有奇。沈邱東蔡河自董家橋北起，至大沙河口，長二十九里，河面濬寬六丈，底寬三丈，深五尺，撥夫四千二百九十名，共挑土方十萬一千有奇。淮寧西蔡河自忠心集分枝起，至北展家口接沈邱界，長八千七百四十丈，河面濬寬四丈，底寬二丈，深五尺，撥夫八百九十三名，共挑土方五萬三千六百有奇。沈邱西蔡河自五里屯北起，中隔項城竇家寨。項城王公（公諱道暉，湖北江夏人。）如式疏濬。屬沈邱者計五段，約長四里餘，河面濬寬四丈，底寬二丈，深五尺，撥夫八百名，共挑土方一萬有奇。陳州積水固由蔡河淤塞，其最阻水者，則有沈邱潭窩口之沙礓灘，沙礫平衍，北勢獨高如六七尺屏幛。溝渠滙流至此，輒壅遏不前，水之不能入蔡以達沙河，實由於此。高公親度河形高下，指沙礓灘爲阻水之處，特令平之以洩水，而礓礫堅勁，人力難施，歷代修治河渠無議及者，當議鑿時，仇公亦爲色沮。高公毅然而行，務在必去。特選紳士郭建極以督之，並詳指疏鑿法。公復念青黃不接，沈民粒食維艱，詳請常平倉麥，每夫各借三斗，免其加息，以資力作。民皆踴躍赴工，具畚鍤，施鋤耰，開至二尺以下皆版礓，乃或鑿或槌，破堅而入，復開深四尺五寸，共開六尺五寸，長二百五十丈，沙灘障礙，一旦豁然而平。

是役也，乾隆十六年二月興工，四月告竣。閏五月水暴發，沙礓無阻，河流宣暢，淮沈附近蔡河溝渠之水建瓴而下，悉由蔡河以達沙河，田無潴水，收穫倍之。兩邑紳士里民指蔡水而祝之曰："高公惠我，澤及無窮。"余聞之，進而叩之高公。公曰："予奉宣臺憲之德意，嘉與民情之踴躍，且諸邑長亦與有勞焉。何以德爲？"雖然，順水之性，去其阻抗，因民之利，樂於從公。秉筆者詳其成式，以垂於後，俾後之君子踵起而增行之，陳民可以永賴，爲民計久遠者其在斯乎？"余佩高公之言，退而爲之記。

乾隆十六年。

（碑存淮陽縣太昊陵，文見民國《淮陽縣志》卷十八《藝文志》。孫新梅）

御祭太昊陵文

【額題】御祭文

維乾隆十七年歲次壬申，寅月癸亥朔，越祭日戊寅，皇帝遣大理寺卿兼副都統文塔海於致祭於太昊伏羲氏之陵。曰：

惟帝王繼天作極，受籙承麻。教孝莫先於事親，斂福用光乎繼治。是彝是訓，緬惟至德。要道之歸，壽圖壽人。允懷錫類，推恩之盛。茲以慈寧萬壽，懋舉鴻儀，敬晉徽稱，神人慶洽。爰申殷薦，特遣專官。冀鑒茲忱，永綏多福。

賫香帛官太常寺筆帖式常有。

陪祭官河南管河兵備道按察使司使加三級張奎祥、河南陳州府知府加三級高士鑽、河南陳州府通判加三級張衷、河南陳州府淮寧縣知縣吳潛。

（碑存淮陽縣太昊陵。王偉）

御祭太昊陵文

【額題】御祭文

維乾隆二十五年歲次庚辰正月丁未朔，越二十一日丁巳，皇帝遣日講官起居注詹事府少詹事兼翰林院侍讀學士梁錫與致祭於太昊伏羲氏，曰：

朕惟帝王，建極綏猷。經緯文武，誕敷德教。仁義備其漸摩，克詰戎兵，聲靈彰其赫濯。惟恩養之兼濟，先後道本同符。斯命討之，昭垂今古，功歸一軌。茲以西帥克捷，回部蕩平。緬駿烈於前型，敷奏其勇；遠祖征於絕域，通觀厥成。中外歡騰，神人協慶。專官肅祀，昭鑒惟歆。

賫香帛官太常寺筆帖式加三級七達色。

陪祭官河南管河兵備道按察使司副使加三級歡音保、河南陳州府知府加三級陳輝祖、河南陳州府通判加三級使庚孫、河南陳州府淮寧縣知縣加三級汪圻。

（碑存淮陽縣太昊陵。王偉）

重建府城碑

邑令汪圻

陳州府城延袤九里十三步，高二丈四尺，自雍正八年修葺，後旋經水患，乾隆九年，坍裂六十七段。十一年，復坍裂七十四段。十四年，裂者又坍十四段。二十二年，被水，全城皆坍。二十四年秋，余調茲土，不惟堵堞俱無，即四面土，牛亦多踐踏成平路矣。二十六年夏，余膺計典入都，至秋，黃水泛溢，繞浸浹旬，迨余秋杪旋署，四圍圮毀，荒穢不勝蒿目，是役誠不可緩。然當哀鴻嗸嗸未能還定安集，無暇及之。嗣於勘災之餘，遂思以工代振之例為成城計，申於上，得所請。二十七年正月，振事畢。二月，興工建窯五十一座，集匠夫二千七百餘人，設廠四處，為匠夫食宿所。凡赴工者，按例給與工資，而不除其食宿之費，以故遠近灾黎爭先攻事。樓臺雉堞，跂翼翬飛，登樓瞻矚，更繞霧列星馳之概，四閱月而工告成，殆所謂不日成之者非歟！且余更悿心者，淮俗畜牛，惟有餘之家如常飼養，其貧惰者交冬芻牧較難，輒付諸屠。迨東作一興，牛價涌貴，岡悔厥初，土多荒落。去秋，黃水漂溢，稭草尤稀，力能牧養者十無三四，私宰充斥街市，一經禁遏，而牛竟多餓斃。余躊躇輾轉，因思成城轉運物料，必需牛力，爰下令民間，凡有牛不能飼養者，悉照時價，估值給之，共購養千有餘頭，以供輓輸計。所費畜牧之資不過二千餘金，而浹冬運料腳力亦足以償其值。運料甫竣，適農家需牛，仍照時價聽民具領，一轉移間，濟公功，全物命，資耕作，一事而三善具備，蓋遠近莫不云然也。

是役也，通費白金五萬三千六百有奇，而奏報僅三萬七千有零，且留什一，以備核減，其實領項三萬四千餘耳。余伏思躬膺民社，幸際昌期，而淮南為中州上游，觀瞻所係，捍衛所資，雖經費大有不貲，亦不敢以難役為諉。俾後之睹斯城者曰："壯哉！金湯。蓋某某之所築。"或得藉傳不朽云爾。

乾隆二十七年。

（文見民國《淮陽縣志》卷十八《藝文志》。孫新梅）

署前官房碑記

邑令汪圻

淮邑書院義田六頃六十七畝零，始定歲稞百兩，計每畝僅一錢五分。嗣有因書院膏火不敷，以此田願稞者多不計肥磽，悉倍徵之，每歲定稞額一百九十四兩六錢，由是而稞種日稀。然迤東明化舖、迤南魯臺集兩處，猶屬可為。惟迤北鞍子嶺一帶，稞戶常虛，輾轉招致，一納稞銀，退不旋踵，更招更避，畏如蛇虎。余初甚怪之，及察其實，則地悉荒蕪，稞皆賠納，胥役藉此縱操紛糾案牘，余悚然曰："弊至此乎。"籌欲去之，久久未果。壬午秋，會余擢守延安之報至，躑躅計之，殆不可緩。爰出示曉諭鞍嶺鄉地及各稞戶人等，令有願買此田以自墾者售之，示甫出，而售者沓來，蓋附近居民樂免追呼得自墾種也。計該處地一頃七十畝，得價二百二十三兩，余復捐貲三百二十兩零，共成五百之數。即以之建造市房五十間於署前舊廣濟堂空基，為官銀匠賃居，每間歲三兩，扣修理房屋銀外，合計歲得百四十兩，以五十二兩抵原額外，尚餘八十兩有奇。復以四十兩移學立案，津貼司事禮生佾生，其四十兩則分給四門門軍作為工食之用。其餘東南二地方，尚有四頃九十七畝三分，願買願稞，悉聽之民，惟期於民無累而已。要之，官田可荒，市房則不荒也。況有扣除修理之貲，時加補葺，其垂諸永遠，庶幾經久無弊歟！是為記。

乾隆二十七年。

（文見民國《淮陽縣志》卷十八《藝文志》。孫新梅）

移建廣濟堂

邑令汪圻

舊署圮毀，新署方成，廣濟堂適當新署之衝，非體也，且頹然數椽不敷，勞民棲止。爰擇舊署廢基高阜處，于茅索綯搆成三十間，並東門內舊堂亦重葺之，始符交冊所載廣濟堂二處，房屋七十一間之數。向之缺少者，今則補足矣。向之頹敗者，今則一新矣。是役費三百六十金，悉出己囊，不忍以養民者厲民也。

乾隆二十七年。

（文見民國《淮陽縣志》卷十八《藝文志》。孫新梅）

御祭太昊陵文

【額題】御祭文

維乾隆叁拾柒年歲次壬辰正月丁酉朔越貳拾伍日，皇帝遣戶部侍郎范時致祭於太昊伏羲氏，曰：

惟帝王體元則大，撫世誠民，勳被寰宇，德昭往古。羹牆匪隔，累朝之統緒相承；俎豆維新，百代之英靈如在。茲以慈闈萬壽，懋舉鴻儀，敬晉徽稱，神人洽慶。孝道以尊親為大，式仰前型。母儀之錫類者，宏永綏厚，福彝章載。舉祀典斯崇，布以告虔，庶靈明之來格。

賚香帛官禮部九品筆帖式文耀。

陪祭官河南管河兵備道按察使司副使加三級周于智、河南陳州府知府加三級赫爾敬阿、署陳州府通判事候補知縣黃本誠、河南陳州府淮寧縣知縣加三級馮履豫。

（碑存淮陽縣太昊陵。王偉）

重修東嶽廟碑

貢生楊立志

《禮》："天子祀天下名山大川，諸侯祀名山大川之在境內者。"季氏旅於泰山，孔子譏之。而宿寨有東嶽廟，何也？嘗考之，東嶽與恒、華、嵩、衡同列望秩，祀以壇墠，禮視三公。自北魏始合嶽瀆，建一廟於桑乾之陰。唐則各立廟於其麓，始封泰山為天齊王，宋遂尊之帝曰仁聖。自是以來，東嶽之廟始遍天下。元更加號天齊大生仁聖帝，而搏換之像妙絕前代。夫地祇也而人爵，爵之人鬼，居之人像，事之皆非典禮，且至郡鄉邑市皆得立廟而奔走焉。嗚呼！封建不興，巡狩跡熄，巖巖泰宗，降歆愚氓，真所謂不如林放矣。何歷代法令並此亦不之禁也？蓋天地之大德曰生，維聖好生，維民樂生，維神司生，豺獺猶知報本，何況羣黎？貓虎且列祀典，何況大神？生罔弗屆，斯神罔弗宅。然則東嶽之廟食於宿寨，亦其所也。宿寨者，以吾夫子旅次於此而得名也。過化之妙，故老無聞，其津津嶽靈，殊駭聰聽。謂有殺孕犬者，忽如夢寐呼痛，或問之，云："被繫至東嶽廟受責也。"視其股，青青有笞痕。有逆子者，白日自野奔入廟中，迫地輾轉，往觀者輻輳，百方不得起，走告其父，父故恨不欲往，強之至神前，既祀，援之應手立矣。如此之類不可勝數。於是，頒白歎息，壯罔震恐，莫不哀己，往計將來，原神譴由不學。乃捐貲創精廬，延師儒，屬子弟，冀破愚頑，澤以詩書，以故邇來，濟濟青衿，蒸蒸揖遜。夫既佐帝出震，率育元元，又能威制暴桀，俾求穀似可謂赫赫厥聲者乎，然非儒生所敢道也。上德不德，神人無功，信如所說，則銀鐺紛出，逮入白晝，鞫訊刑聲，聞於清夜，顯然作威，大類州縣官之所為，是民本不惑於神，神反有以滋其惑，而使之感德頌功，不敢不致敬於己也。毋亦有物焉，憑之泰山必不為此，且殖有禮覆昏暴，是乃天道亦如禮樂征伐之自天子出也，泰山為此，亦非其職。若夫雲起寸膚，雨協十日，介彼耕耨，俾屢豐年，禾黍麻麥，濛濛油油，汙邪甌窶，滿車滿篝，餘三餘九，不以租稅得罪有司，以其暇日恭從聖天子教孝之化蕩蕩無名，此則孔子之所謂泰山，而士君子之所禱而求之者也。廟不知創自何時？然正殿西北隅有平仲一株，圍丈一尺矣。檢舊記，有明萬曆丙午重修十五殿，一小碣嵌在壁，有崇禎元年所鑄爐。本朝有康熙五十九年重修碑記。今又五十餘年，正殿及兩廡大門，瓦墮垣頹，神像暴露，漏痕交錯，丹青慘目，太學何仲倫來敬欲更新之，以永後福。議未決。丙申之歲，來牟倍收，穀擺雙秀，秀有岐，乃與其兄來秀暨張晉元善，且職勞焉。始於其年冬，竣於丁酉之夏。

乾隆四十二年。

（文見民國《淮陽縣志》卷十八《藝文志》。孫新梅）

重修學署碑

郡憲陶萬達

　　國家久安長治之道，莫重於興學，學必有師，師嚴然後道尊。道尊者，固非媺宮室競、堛堼壯麗之謂，其謂人知敬學，則放心易收，而德業可成也。然使少舍宇以避燥濕寒暑，欠伸則屋打頭，吹帷而雨注面，如蘇子瞻所誚，則無以聳觀聽而嚴考課，且體統不肅，亦非盛世之隆規也。陳州自陞府後，附郭設淮甯縣，增置官師，而黌宮仍統於一府縣，學博皆於講堂左右聚處而隅分焉。

　　余以癸卯秋來守茲土，下車三日，行釋菜禮畢，徘徊瞻顧，見廟貌輝煌，而講堂前後學官之廨在頹垣壞瓦榛莽穢荒中，兩訓導皆僦居民舍，因歎息久之，慨然以修葺為己任，而淮令代遷不常，未暇舉行。甲辰仲夏，北平陰君珝署篆淮邑，威行愛立，甚得士民心。余亟令協同教授王、訓導賀、淮甯教諭趙、訓導高，聚紳士而諮謀焉。捐廉倡先，諸紳士皆踴躍樂輸，遂庀材鳩工，刻期舉事。自儀門堂階、以及庖湢之所、賓客之位，凡因之工三，拓之工七，向所缺者，無不畢具。材市以價，工僱以值，吏不中飽，民不知役。經始於八月初旬，訖十月而落成。則又恐其久而無繼也，因批詳立案，將河房稞租餘銀肆拾肆兩，每年移送儒學，為修葺房屋之資。甫竣事，而陰君已調安陽。梁君元瑾涖任，又踵事而增美焉。余復慮歲修之工贏費紃，再與捐俸置產，歲出租銀拾陸兩，總計得六十金，垂諸永久。學博等率諸生請序於余。余曰："是舉也，繁豈為寒氈樹德良，為郡人士計深遠也。夫人材之盛衰，視學校之興廢。今聖天子禮樂修明，人文蔚發，陳郡乃羲農遺址，宣聖過化之地，固豫東南一大都會也，鐘靈毓秀，甲於他境。而璞抱荊山，珠沉滄海，廿餘年間，罕有蟬聊而鵲起者，得勿學舍傾圮，淑秀之氣無以發其光歟！今則煥然更新，司訓迪者相與談經課學，搴萊闢塞，庶文風蒸蒸日上，不甯惟是。將使美茂易成之材，升其堂，行其庭，由庠序踐古人之跡，敦崇實行，以仰副聖代興學作人之雅化，處為賢士，出為名臣。道德事業，本末可觀，不僅工文詞而博青紫，然後風俗美，教化成，人益知師嚴道尊，此則余所責之學博，而尤以望之於諸生也。若捐貲之切，與襄事之勤，亦不得而沒也，並勒姓名，以昭來茲云。"

　　乾隆五十年。

（文見民國《淮陽縣志》卷十八《藝文志》。孫新梅）

重修三元廟碑

吳汝鼎

　　陳郡南城外東之三元廟，明萬曆十六年，商人龔柏建，載入縣志，屢經修葺，久復傾圮。秀水錢公守郡，曰："議新之。"未及鳩工，以母憂解職，留資三十金，委予表兄姜春農代為之倡。春農素好善，廟經頹廢，慮補葺不堪久，欲重建，自揣力不勝。家君作宰，無纖毫擾閭閻，以此不敢請勸捐，乃力行廣募，年餘始克遂其志。予嘗作募引，目為助理，廟成，故以記屬予。予乃為之言曰：世謂商人重利而輕義，市井鄙夫錙銖必較，一與言義，莫不變色而退，不啻速其貧焉。然每當縱情博飲，傾囊揮霍，未嘗不為豪舉，獨至行一善事，則吝惜不忍捨，未聞好善樂施、疎財仗義有如龔柏者。嘗見江湖市舶猝遇風波，號神明，求解救，苟可脫身于難，資財巨萬視同糞土，及至轉危為安，又復惜財如命，不肯拔一毛。嗚呼！若而人者烏足與龔柏同年語哉！龔柏，歙人，買于陳，尚義，勇於為善，貿易有餘資，輒以濟貧乏，人德之，稱為長者。其創茲廟也，東置義田，西置義塚，並載入志，冀傳久遠，不僅利濟一時也。嗚呼！此獨非商人耶！何竟為此義舉耶！《孟子》曰："孳孳為利者，蹠之徒也。"又曰："有賤丈夫焉，必求龍斷而登之，以左右望而罔市利。"若龔柏者能以義為利，豈孟子所謂其人哉？直謂之義士可也。志載兵僃道徐即登於此，立新安社課士。萬曆四十三年，上虞徐宗儒為州牧，又新之。我朝康熙二十一年，營弁錢必秀重加修焉，其所置田冢已久廢。或曰："廟之得以屢修不廢者，神護之也。"予曰："此天之不泯善人，神非護其廟，護柏之善耳。"志又載"柏別開義井"，今莫考其所在。予不知龔柏後人于今何如，觀其善，知必有昌者。予為廟記，即以彰龔柏之善，且歷數其義舉為天下商人勸。至春農不負錢公之託，尤推廣其意以成之。俾龔伯善行賴以不湮，其功有足並稱焉。餘凡與是善者，槩不可沒，別立一碑，臚志之。

廟內有司城貞子閣，稍騫壞，亦繕完之。

予兄改亭既書石，又於閣東隙地高其址，築室臨水，三面洞開，可以遠眺望，額曰"雲外賞"，予並為之記。

乾隆五十八年。

（文見民國《淮陽縣志》卷十八《藝文志》。孫新梅）

新建文昌祠碑

邑令張世濂

文煥於天，凡日月星辰之經天皆文也。文運之開，歷千百禩於茲矣。士人束髮誦讀，不惟以文詞著，而期以文行傳祿命黜陟之權，有神主之。讀帝君經訓諸篇大旨，以闢邪說、正人心、忠主孝親為務，所以砭愚訂頑，而牖一世之靈明者詳哉其言之矣。嘉慶六年，恭皇上時典，歲增春秋兩祀，煌煌鉅禮尤昭虔也。淮甯為庖犧氏一畫開天之區，人文化成允宜，煥其廟貌，永奉誠禋。余以甲子夏來視事，展謁各廟，規模既備，獨文昌祠闕如，私衷隱以為憾。夫文昌之徵古矣。《天官書》："斗魁戴筐六星，曰文昌宮，為上將、次將、貴相、司命、司中、司祿。"《周禮·大宗伯》"以槱燎祀司中、司命"，鄭康成註："司中、司命，文昌第五、第四星。"又"祭天之司民司祿"，註曰："司祿，文昌第六星。"宋人兆司中、司命、司祿於南郊。明洪武初，亦祀四星，則是文昌古未嘗無祭也。世說張亞子戰沒成神，有功於唐，封英顯王，廟立西蜀劍嶺，化書以神累世為儒，刻意墳典，掌天官桂籍，凡士之鄉舉里選、大比制科、乃至二府進退皆隸焉。或推原之謂"在周為張仲"，文章本於孝友，因得在紫微垣居，文昌宮猶之五行之神，以五人帝配之，其理昭然可信。余曰："淮邑擅名勝，而科名尠見，其咎安在？"方今聖世右文，欲崇奉祀典，曷其不駿，奔走在廟，因與都人士經始焉。喻導於前，勸善於後。相吉於城之東隅，雲漢之所昭回，建以為祠。凡鳩工搆材，期於宏傑鞏固。今而後，有其舉之，莫敢廢也。邦人士咸知踴躍醵金成之。始於嘉慶九年秋月吉日，成於嘉慶十二年冬月吉日。襄事者，紳士等八人，而得於趙之力尤多，落成之日，於是乎書。

嘉慶十二年冬月吉日。

（文見民國《淮陽縣志》卷十八《藝文志》。孫新梅）

重修崇興寺碑[1]

邑令焦以潤

粵聞迎牲奉幣，載在《周官》。鑿坎為壇，詳於《祭法》。蓋報本反始，固藉祀典以明心；臨上質旁，亦假神道以設教，此六朝梵宇不盡廢於興，唐五時崇奉且增修於炎漢也。邑東南六十里老黃河之南岸，舊傳寶剎，夙號崇興，經歷劫於秦灰，儆靈光於魯殿。明經鄭名瀛者年同絳縣標重望於榆枌，家募黃金，復遺規於丹堊，琳宮再煥，關聖攸蹟，嗣按八卦以經營，乃合羣靈而供奉。香城葳事，欲垂久於貞珉，冰署陳詞，爰屬文於邑吏。且夫書陳洪範，義本昊天，三德則正直為先，庶民則雨風有好。潤下炎上，實宏長養之功；錫極敷言，早重文明之治。他如大疑是決，冀逢吉於子孫；五福維昭，肇承麻於壽富。在皇極之言煢獨，即沙門所謂慈悲，主治民風，綜九疇而悉具天經地義，亙千古以長新，敬維關聖帝君青史流芳，羣瞻大義，丹心耀日，實振彝倫隆封，號於熙朝，宜推崇於正位。由是出雲降雨，感泰岱之功；施賞善罰，淫凜穹蒼之降。鑒乾為天象，艮以山名，繄堂階樓閣之有分，亦廣大高明之。各肖慈航普渡，涖南海者，即位乎南，水德含精。依北極者，仍居於北，火之生本乎木，震雷為木，離明繼以文明物之說在於秋，兌澤為秋錫福，因而迓福。各按後天之位，隱符洪範之箴。通觀厥成，良非妄作。惟望覲斯廟者，洗心滌慮，慕義懷仁，勤仰止於高山，惕明威於上帝。知聖神無非正氣，悟菩提亦祇婆心。泉始達而火始然，四端在我，經以寢而史以饋，列宿羅胸。君子安貧，以節儉而期富有；善人有後，為燕翼以享遐齡。則不負創建之苦衷，自足荷神天之福庇。

---

[1] 興聖寺即雲中寺。

於戲！頑廉懦立，固賴晨鐘暮鼓為聾瞶之震驚；俗美風清，尤在邦彥鄉耆作顓蒙之矜式。是為記。

嘉慶十四年。

（文見民國《淮陽縣志》卷十八《藝文志》。孫新梅）

改建龍神廟碑

邑令劉廣樹

龍神之有廟，廟之有祀，由來舊矣。乙亥夏，余由衛郡汲城移宰茲土，下車恭謁各壇廟，而龍神廟初無導之往者，嗣逢朔望，亦未一至其地，余疑而問諸胥吏，吏曰："廟在正南門外，距城里許，建之不得其地，又無繼修之人，以故，日久而禮遂廢。"余聞而嘆曰："民於水火所賴以生，古者食德報功，崇廟立祀，載在禮文，班班可考。且火神曰祝融，水神曰元冥，是皆五行之官，列受氏姓，封為上公。以水族莫靈於龍，故後世又名水神為龍神。夫非其所祭而祭，名曰淫祀。分所當祭而不祭，是為失職。"余既作宰茲土，治民固余之責，事神亦余之事。禮曰："有其舉之，莫敢廢；斯非舉之，而不可廢者哉。"余既知廟之所在，益欲一至，以謁其誠。至則瓦裂楹欹，垣頹壁破，而偏於一隅，且規模狹隘，無以肅觀瞻，更不可以行享祀。因亟思改建而擴大之，并欲移於城內，以便朔望瞻拜，而乃苦於不得其地。邑有火神廟，坐城內之西隅，地基爽塏，廟甚整肅。丙子春，余見其右旁有隙地，長六丈餘，橫三丈餘，詢之廟僧，即廟之基址。余默為規畫，上可以構堂而安神位，中可作月臺甬道以疏其氣，外可堵牆而立之門。私心竊喜曰，龍神廟之建其在斯乎，其在斯乎。且於伏羲八卦之位，坎西離東，脗合無間，相資而不相害，《易》所謂"水火不相射者也"。旋即稟知郡憲，引為己任。已而，諏吉平基，捐廉縮俸，庀材鳩工，於丙子孟夏二十八日經始，閏六月朔而工告竣。斯舉也，所費無幾，而神用以妥，祀因於以舉。外則兩廟峙立，各樹之門，八卦中對待象也。寔則內可相通無分，畛域對待，中又寓流行之妙矣。夫以民所賴以生者同居一方，而各安其位，神之安，民之福也。余瞻望之餘，竊歎余懷之克遂，亦神之靈默有以使之。因誌其顛末，鐫之於石，願淮之人與官斯土者共體此意，以傳之久遠，無廢祀典云。是為記。

嘉慶二十一年。

（文見民國《淮陽縣志》卷十八《藝文志》。孫新梅）

發辨陀臺碑記

陳用光

陳州城南附郭里許有臺，屹然可眺望云。臺之創始，不知何時，或曰東漢陳愍王寵散弩臺，以控扼黃巾者；或曰孔子厄於陳、蔡所居。蘇子瞻氏嘗以前說為近，而謂後說為不足信矣。顧至今尚沿其名曰"厄臺"，後人或易之曰"絃歌臺"，臺下置絃歌書院。康熙朝，掌院學士揆敘作碑文，亦沿絃歌以立言。昔先君守陳州，嘗命用光檢書籍，攷其實，時適未携《東坡志林》，無以決其疑也。後攷得之，而里先君已離陳矣。嘗攷《陳愍王傳》，有強弩數千張，出軍都亭之言，合以附郭之形勢，則東坡之言其信，且守禦之備曰臺。春秋時，因臺以為固者多矣。魯莊公三十一年，春、夏、秋築臺于郎、于薛、于秦，一歲之中而三築臺，其非為遊觀於遠地，而以資守禦於四境可知也。今制，行軍儲糧之地曰糧臺，夫甯非名之有相沿者與。今年，陳州守李雲軒振翥以卓薦來都，相見於煦齋，尚書師座次。用光語之曰："《說文》'庀，隘也。从戶，乙聲。俗省作厄。陀，塞也。從阜，庀聲。俗省作陌。'《易》釋文云：'陀，本作厄。'《詩》釋文云：'厄，本作陀。'"然則厄、陀本通用，今不必易其字，而但據東坡之說以定其議可也。尚書師曰：子曷不為文，余當為書之。俾雲軒刻諸石，以改正其失也。雲軒嘗佐治睢工，出己財築垣以守薪茭，工上，人甚稱之，其才既嘗見諸事矣。余嘗聞陳、穎間，有賈逵、鄧艾通運渠屯田之遺制存焉，倘可攷其利而興之，與夫攷證是非，以匡謬正俗，稽古者之事也。博求稱病，以善俗宜民，司牧者之責也。余既承尚書師命，輒推其說以諗於雲軒度，亦尚書師之所許者與。是為記。

嘉慶二十二年。

（文見民國《淮陽縣志》卷十八《藝文志》。孫新梅）

重修文廟碑

李振翥

余守是邦之六年，始得鳩工庀材，興宇葺垣，肅妥聖神，敬抒愴結，六閱月即竣。何慮始之孔艱而觀成若易耶？舍菜有日，諸大尹及羣弟子咸前請一言紀其實。余惟靈臺之歌勿亟也，樂子來也；有聲之詠匪棘也，求厥寧也。天下事為之，弗即工，則不敢為。亟之弗克，綿於遂，則不忍亟，不忍與，不敢怒，如數年夢寐中而正得籍手告焉，殊非一人私幸矣。陳治於昔為州，雍正十二年陞為郡，其文廟則猶是宋熙寧初建舊址也。屢經兵燹，巋然獨存。乾隆元年，金太守靜軒拓敞之，甲午，僅加補葺。越今又四十三年，為之此其亟矣。辛未之秋，下車展謁，睹顧楹桷，愀然於懷，聖天子尊教勸學，建校崇庠，僻壤窮陬，靡不虔革，靈承永言祇肅。況陳實我夫子往來五至，寓居三載，繼太昊一畫開天之脈，啟顓孫巫、馬公良諸君子卓卓俎豆間，而迺梁木已頹，宮牆欲圮，且更懼人材放矢，儒效濶疎，如唐李覯云云也。比以秋再歉獲，春復屯膏，欲興作代振，而物材不及具，嗣又滑城竊發，睢堡彌漫。壬癸甲乙，奉檄莫遑。幸茲事簡時和，民氣樂愷。克與二三子志慮齊一，創蠲協輸，圖功攸終，維新丕作，盡撤太成殿舊材，增高若干尺，廣若干楹，重建崇聖祠於北若干楹，戟門東西修鄉賢名宦祠，又新建節孝祠，共若干楹。立照壁，綺以長垣，濬泮池，環橋其上，廣若干尺，深若干尺，有（梴）有舄，載漆載丹。營起於丙子季秋，蕆成於丁丑仲春，閱月凡六，厥工克。即維遜可綿默念，欲為不敢為，欲亟不忍亟，數年愁如之懷，蓋亦亟亟乎弗克為是瞿矣。抑余尤有感焉。在陳何為思魯，千載猶聞嘆息之聲，成章乃可受裁，五教原有私淑之學。今諸大尹有化導育材之責，羣弟子有譽髦深造之資，生長賢鄉，宣揚聖澤。上無負作人之至意，而不敢因循；下無愧在泮之思樂，而不忍苟且，則尤吾所厚望，願與二三子交勉之也。因即書此，泐諸石，至監率相度，日夕不怠。知淮甯事劉大尹廣澍、守營劉千户國棟實總任之，其飭功贊采，紳士趙龍章、趙慶雲、季紳任克承之力居多。其捐費之均，趨公之勤，觀成之所由易，俱不容沒，例得並鐫姓名於後云。

嘉慶二十二年二月。

（文見民國《淮陽縣志》卷十八《藝文志》。孫新梅）

重修畫卦臺碑

府憲李振翯

郡南有絃歌臺，北有太昊陵，聖蹟雙峙，天下莫與，京非特冠絕中土也。陵高十尋，嶟嶟若圜丘，蓍出其下，蔡水環其前，東滙為池，即白龜獻瑞處。又東二里有臺，名八卦壇，見《寰宇記》。又名揲蓍壇，見《一統志》。李北海作碑文，特書畫卦臺云。臺建不諗所自，明季悉燬。康熙八年，州守方于光重築之，後亦再次補葺，而霖潦所囓，蠹蠍易乘，兼以陳地多卑濕，故圮壞尤最易。昔人有言孔子集羣聖大成，後天太極也；伏羲氏為斯文肇祖，先天太極也。尊孔子，不尊伏羲氏，猶觀海知萬川會歸，未導萬川發源也。況陳實太昊故都，斯臺為一畫初地乎。余來守是邦，既修文廟，葺絃歌書院。而陵寝完好，臺址僅存，且其地畝多私鬻豪並，亟廉得若干，剔釐歸劃，立為根基。即與知淮甯劉尹廣澍創捐勸助，度材鳩工，剪棘除榛，瓴甓丹漆，屬守營劉千户國棟、紳士趙慶雲、季紳等董其事。始於丁丑秋八月，閱三月，冬仲蕆成。上春孟月，奉檄權南汝篆道，出上蔡，見城東三十里有臺屹然，云伏羲畫卦於此。劉令曰："吾陳為太昊故都，千古莫之易也。其下蓍草至今猶叢生也，白龜池猶瑩瑩也，水得蔡，故名。蔡水環陵，右出淮甯，入歸德鹿邑界，不能經上蔡，上蔡非因蔡得名也。臺本名揲蓍，據地証，古畫卦定在此，不在彼。"余曰："是固然。然可弗深考，禮有其舉之，莫敢廢也。守土之責，百度惟貞，能於聖蹟所留，爛然式煥，俾天下萬世祇承羲孔，增重宛丘，則余之厚望也夫。"是為記。

嘉慶二十二年八月。

（文見民國《淮陽縣志》卷十八《藝文志》。孫新梅）

重修洪福寺碑銘

李振翥

聖天子撫辰延洪，敷疇錫福，慈雲偏覆，慧日同輝。乘法船而徑渡，駕天輪以遠御。猶復虔革祇洹，莊嚴淨土，瓊林鬱壯，珉陛高凌，宣鐸震旦，綿構乾宇。誠以合天，人以儲祉，旁達乎馨香。借像教以開蒙，莫易於因果。禍福無門而自招，仁壽有路以共登。固非謂詮窮此域，法尊彼岸，必令躋幽控寂，剗恡輪豪。創造健陀俱胝，便榮一燈之傳；補理林蘇伐那，即受二梵之福。共附檀越，遍起蓮臺。然則五福六極，用九之嚮威；四諦三塗，大千之警勸。菩薩普濟譯尚能仁，佛覺寺嗣名可思義，兼以上方曾淨。初，基有舊宅，不待段暉之捨園，無籍祇陀之給用，莫侈繡桷玉題之華；時更洽滯穗遺棟之慶。東坡居士殊有宿緣，西方達人常資，善業經始，勿亟其在斯乎？郡外洪福寺西倚杏岡，北環柳湖，東翼蓍臺，南帶隍水，崇墉百雉，紆餘蠱亘於前；昊陵十尋，穹嶸嶙峙於後。遐阡繩直，邇陌砥平。宋仁廟於焉駐蹕載平仲庚止零雨，固宛邱之上刹也，建近千霜，修歷再次。夫以天宮金闕，猶傾四大之風，魔殿銅圍，終劫三災之火。是故闕賓水側，波斯列構，而馬鳴新之；醍醐山中，含那光宅，而曇摩葺之。以至邢庚大集，頻書重建之碑；白蘇善政，多償復始之願。況乎陳地湮濕，蠹螟滋生，月輪易騫，雷音莫護。漸廼鴿王之頂，鵲欲因之灌巢，師子之座，鼠亦安其同穴。老僧住此，原屬空門，內翰何來，真無坐處，然而玉梁豈從空下，銀架未必飛來。刺史又貧難，買東林之山，歲星更儉，徒學南宗之懺，睠松嘅石者久之。比年屢豐，屬治無事，十方歡喜，百室盈盈，須婆提於意云何。善男子同心相應，爰縮公費，并協僉謀，囊褚倡捐，鉢花爭擲，工以技競，民以悅來，其從如雲，正成不日。於是，龕像無燥濕陊泐之危，主持有經行晏坐之安，力告普存，事均舉墜，非敢為佞。猶是君實解禪偈之思，咸與維新；請觀樂天修香山之記，欲垂永久，用勒日時。銘曰：

洪化開天，福園駈俗。福不唐捐，洪惟因篤。牖民孔易，肸蠁貴肅。因毀就姸，去陋仍僕。匪寄希尚，罔恫罔瀆。佛亦有言，民莫不穀。洪露滋甘，福雲待簇。一炷愿洪，思序介福。

嘉慶二十三年。

（文見民國《淮陽縣志》卷十八《藝文志》。孫新梅）

御祭太昊陵文

【額題】御祭文

維嘉慶二十四年歲次己卯三月癸巳朔，越二十有二日甲辰，皇帝遣都察院左副都御史韓鼎晉致祭於太昊伏羲氏之神。曰：

惟帝王肇握乾坤符，遞承泰英，制禮作樂，垂明備於簡編。騰茂蜚英，留聲靈於弓劍。茲以朕慶逢六裦，歡洽萬方。周甲籙以提厘，萃壬林而錫福。知其政，知其德，迄今欽治統之隆；作之君，作之師，稽古荷心傳之賜。億五旬之介祉，曾薦維馨，閱十載以升香。用昭有格伏祈歆格，虔奉精禋。

齎香皇室太常寺筆帖式臣世祿。

陪祭官河南分巡開歸陳許等處兼理河務□□水利兵備道臣謝學崇、河南陳州府知府臣李振喬、河南陳州營都司臣苻光奎、河南陳州府淮寧縣知縣臣劉樹。

（碑存淮陽縣太昊陵。王偉）

皇清誥贈武翼都尉樸菴白君（英發）暨元配誥封淑人李太淑人合葬墓誌銘

【誌文】

皇清誥贈武翼都尉樸菴白君暨元配誥封淑人李太淑人合葬墓誌銘

賜同進士出身誥封奉政大夫知淮寧縣事加四級又加五級紀錄二十次同昌劉廣澍拜譔。

賜進士出身誥授奉直大夫湖北施南府同知前內閣中書加五級紀錄十二次五臺世愚弟徐□第頓首拜書丹並篆蓋。

道光龍飛之歲，余掌淮寧府，候選都司白公錦堂以其繼父母行述請余□銘。余已為其生父作誌矣，披□數過，其潛德幽芳，亦有可為後世法者，因攄其實而為之揄揚焉。白君諱英發，字華齋，號樸菴，行二。先世古□邑，自君高祖諱□□公□□於陳，遂家焉。君父諱永亮，敕授文林郎，貤封奉政大夫。母氏于，敕封孺人，貤封宜人。君幼體素弱，稍長又得癇症，□就塾，不能成誦。□性誠慤，依膝下能□□悅志，得親□□。君□中己卯科舉人，分發湖南，授麻陽縣知縣。君以癇疾，不□從承命。經理家務，早起宴眠，□□□無□舉。禦□□以慈，處戚里以和。有無相□，緩急相濟，內外稱之。事胞兄克盡弟道。君性嗜飲，飲少□□□□尤誡以節飲，無貽父母憂，遂斷酒，不復飲，疾亦漸瘳。因授室，娶鹿邑庠生克□公女，即李太淑人也。太淑人□□□姆教，自□君後，善承翁姑意，娣姒間以和接之，視諸姪如己出。御下寬惠，無疾言厲色。中饋必□主□且潔，豐儉得宜，與君鴻案相莊。生子一，名衡平。幼聰俊，及□□下□□□思咸□繩武□之□□□□□忽脾疾而亡。太淑人痛不欲生，幾失明。為君置側室，無出。君思子情切，癇疾復發，遂抑□□志以終。君母於太宜人命以兄之次子嗣焉。太淑人延師訓讀，業不成，令習弓欠，入武庠。援衡工例，捐都司。君誥贈武翼都尉，太淑人誥封淑人。嗚呼！閨閣中得此賢媛，未必非君之福有以致之，君亦可以少慰矣。

君生於乾隆二十二年五月初八日未時，終於嘉慶九年四月初一日申時，享年四十七歲。太淑人生於乾隆二十二年七月十一日戌時，享年六十四歲。君伯仲二。胞兄諱煥發，太學生，例授儒林郎，誥封奉政大夫，貤封武翼都尉，又贈武義都尉。姊二：長適同邑孟，次適同邑□。胞姪二：長衡純，捐納即選同知；次玉堂，癸酉科武舉。女二：長適靳，次適常。太君於嘉慶二十四年正月十八日安厝，今錦堂公撫太淑人之柩與君合葬，爰為之銘曰：貞□幽□，□門淑媛。白璧□瑩，黃金百環。□悼□摧，從□□□。封誥駢□，□□冀燕。鬱鬱佳城，此其首□。

龍飛道光元年歲次辛巳四月十七日建。

孤哀子白錦堂泣血納石。

（拓片藏河南省文物考古研究所。李秀萍）

重建鐘樓碑

邑令永銘

嘗讀靈臺之詩，其三章曰："於論鐘鼓，於樂辟廱。"夫辟廱為天子學，而鼓鐘並設，意必有足啟文明者。淮邑為古名邦，漢唐以後，人才輩出，比則登甲第者不數覯。據堪輿家言，邑之鐘樓實關文教。自前明李中立易鐘樓為鼓樓，文教衰息。我朝康熙六年，知州方于光於學宮東南建樓三楹，懸鐘其上，貢于鄉者應如響。今鐘樓之圮將近百年，無惑乎文教之不再振也。銘聞而疑之，儒者讀書，學果淹博，人傑者地自靈，鐘樓即圮，曷足為文教阨抑。銘聞宋范文正公因堪輿指其宅可綿甲第，即捐宅為蘇州郡學。今吳門甲第冠於他省，意堪輿之言亦有屢中者。爰體聖天子右文之心，古人舉廢之義，擇署東之十字街南建置鐘樓，其形勢與鼓樓相對，其高廣視鼓樓過之。從此諸生祁祁爭自滌濯，人才之盛上比漢唐。登斯樓者，其亦有樂此鼓鐘者乎？是役也，凡六閱月工竣。經理其事者，武舉趙祥雲、國子生雷雲漢之力為多。捐地基者，則邑人張華玉、郭繼禹也，例得附書。

道光三年。

（文見民國《淮陽縣志》卷十八《藝文志》。孫新梅）

禮器圖碑記

邑令永銘

我國家崇奉先師，禮隆前代，宜無不盡其慤致。其誠者，顧禮器之不備，心滋愓焉。嘉慶己卯，遇吳門郟志潮先生，出所輯《禮器圖》相示，有典有則，燦然大備，心誌之，不敢忘。庚辰，銘攝唐縣篆，逾歲，補泌陽，凡禮器之未備者，均一一捐製。甲申夏，銘調任淮陽，恭謁文廟，仰見殿宇巍峩，惟禮器之散佚，視唐縣、泌陽無少異。爰捐俸四百金，凡登鉶簠簋籩豆鼎爵之屬，制式如古。春秋釋菜，諸生於是觀禮，所以答神貺，肅明禋，或不無小補，並緣文昌、關聖兩帝君，近日崇祀幾與文廟等舉，應用禮器併敬製之，詳記冊檔，一存縣署，一存縣學，因泐石備察，至樂章樂舞，銘素未嫻，是有俟知樂之君子矣。

道光四年。

（文見民國《淮陽縣志》卷十八《藝文志》。孫新梅）

重修老君殿碑記

世傳老氏爲孔子師，而其道實與孔子異，故當時遊夏諸賢曾無尊而信之者。自留侯事黃石以興劉，參資蓋公而作相，實爲道家濫觴之始，浸淫至兩晉、隋、唐，則人尚清談，俗宗元教，其盛已極矣。然兩漢之始，不進於古，六廟之士多詭於道，所以後世師孔子者，多痛詆之。韓昌黎欲人其人，火其書，而何甘珠宮翠殿以居之，剪楮焚香以祀之哉？雖然，亦有說焉。

古之聖賢製器成象，亦利民用，後世皆戴其德於不忘，故凡一材一藝，大抵各有師承，而精斯業者，用以享其利而食其德，則其設祠而祭之也，亦宜近世冶工多祀老子。夫老子當年未知果爲冶否？而據《內傳》所載：還丹伏水、火永液金之術，即世俗煉丹之說，與冶者之鼓爐煽炭或有合歟？且晉之嵇康、向秀皆好老子，嘗共鍛於大樹下，則冶者之祀老子似非無稽，而與吾儒尊師之旨，亦不大相刺謬也。

太昊陵之左掖老君祠，本郡冶所建，以爲報賽之所。今漸剝落，冶人等倡議新之，而問記于余。余故推原報本之說以復之。至於剖脅指李，紫氣青牛，受飛升，驅鬼役神，種種怪誕，皆略而不言，懼其悖于孔氏也。

淮寧縣貢生賈貫儒撰文。

淮寧縣生員石西庚書丹。

陽夏王景富鐵筆。

住持李本紅。

大清道光七年歲次丁亥春三月十五日立。

（碑存淮陽縣老君觀。王偉）

義地施棺碑

任烜

惻隱之心，人皆有之，自見孺子將入井，而已灼然矣，何況窮簷飲泣，殯殮無資，荒野寒屍，埋葬莫主，誰不為之心惻哉。然而棺槨未就，安厝無方，未免一時倉猝，袖手欷歔，抑或累次頻煩，人心倦怠，此非預設一局，公舉一人經理，周匝不易，垂諸久遠也。予甥史致華喬寓淮甯，郵示義地施棺，引併告予，官幕士商無不踴躍捐資，計銀若干兩，於嘉慶二十一年十月，置西關義地十二畝三分零，每年生息子母，相權取所贏餘作施棺百個，以濟貧乏。躬親經管十有餘年，恐後廢弛，屬予數言，勒石以垂不朽。予思掩骼埋胔，昭垂月令。澤及枯骨，仰溯周文。聖朝仁育，天下所設。棲流一法，恩普寰區。致華此舉，猶是棲流之意也。本惻隱之心，以仰副聖朝仁育之德，豈特為利一時一邑而已哉！是為記。

　　道光七年。

（文見民國《淮陽縣志》卷十八《藝文志》。孫新梅）

重修城北路橋碑

賈堃增

　　出郡城北門，貫北大關，北出汴許通衢也，距關二百步，兩橋對峙，俗名雙橋，邱廟諸陂之水北來注之，與永安溝合流，東南行經厲壇前，至八步橋入蔡。永安溝者，玉帶河之下游也，自義陵前東出，滙下馬橋，蔡河決口之水繞關右臂折而北，復折而東，束關如帶，跨河凡六橋，然惟雙橋與厲橋尤為入關要路。乾隆癸卯重修。有碑曰：久，橋既傾圮，路亦陂陀，不可行矣。白君茂培，慨然引為己任，自城北門至十里亭，路凡三十餘丈，皆修之使平，比舊加高三二尺不等，濠之深廣以是為差，如砥如矢，行者稱便。既而於附近之橋均加修葺，曰雙橋，曰畫卦臺橋，曰李家橋，曰下馬橋，曰厲壇橋，凡八孔，或補其罅漏，或增其欄楯，撤舊圖新，孔堅孔固。並北關跨街之白衣閣，亦易其朽敝，底於巍煥。通計為橋者六，為廟者一，閱五月，而工竣。一切土木匠役之費，磚瓦灰石之費，皆出諸己囊，不以絲毫累他人。先是道光壬辰，霪霖暴漲，蔡河之水由東大隄倒灌而入，環城如巨浸，北門大路沉沒水底，褰裳而涉者動苦滅頂。茂培先德麗軒先生獨力修築，所費不下千金，茂培繼志述事，規模更廣，可謂世德相承者矣。吾鄉人士咸多茂培之義，謀勒石以誌美。余維修數百年崎嶇之路，造千萬人來往之橋，陰騭文中二語，人皆飫聞而珍誦之。然貧者苦資力之不給，富者多慳吝以自私，馴至周道，鞠為茂草，長虹聽其臥波，徒令行者深揭厲之悲，車馬有還濘之嘆，仁人君子心傷之而無如何。今茂培席豐亨之業，無侈汰之習，不待人之勸募，而善念勃生，其與世之封殖自私者相去遠矣。矧其父子濟美有不容泯沒者乎？抑吾鄉人士述茂培之言，曰："吾幸承先緒，孤幼無所建樹，顧人有財用之於縱欲騁情，不若不用之於濟人利物。況此橋與路者，去吾村居不過三五里，更不可諉諸他人乎。今日此舉，亦行吾心之所安，豈其要譽於鄉黨朋友。"然則信斯言也，不惜費，不沽名，其志可嘉，其言尤足風也已。

　　道光十二年。

（文見民國《淮陽縣志》卷十八《藝文志》。孫新梅）

重修大王廟碑

賈堃增

北大關之西首有廟，祀河神，即世所稱金龍四大王者也，神行四。宋會稽人，晉相謝安之後，築居錢塘之安溪，宋鼎遷，殉於苕溪，葬於金龍山下。明洪武初，顯靈助戰，遂加封今號。因命主河，故其祠宇徧海內云。廟在蔡河之涘，西北衆陂之水皆滙於此。每當霆霖暴漲，波濤澎湃，勢同巨浸，非藉神力呵護，則大隄有潰決之虞，室廬有漂搖之患，居人之廟祝必虔也，亦固其所。夫千古之大神，皆千古之忠臣義士為之，蓋其貞魂毅魄有歷劫不沒者在耳。當神之將殉也，嘗有句云："立志孤忠尚未酬，莫言心事付東流。淪胥天下誰能定，一死千秋恨不休。"斯詩也，至今讀之，猶凜凜有生氣，而卒之，佐龍飛於淮甸，雪國恥於殘元，赫聲濯靈，血食百世，千載而下，真可頑廉懦立矣。

廟西向，創始不詳，所自其配饗者，為蕭、晏二公。蕭，宋淳祐時人，歿，封為水府靈通顯應英佑侯。晏，元時清江人，明封為平浪侯。茲因北關人士募金重修，欲刻石以誌歲月。余故詳神事蹟，並錄明太祖贊辭，以代侑焉，亦述而不作意也。其贊云：

天目山崩，苕溪水漲。此水伊何，雷轟電亮。倒注天潢，陰霾掃蕩。日月爭光，千秋肸蠁。

道光十二年。

（文見民國《淮陽縣志》卷十八《藝文志》。孫新梅）

御祭太昊陵文

【額題】御祭文

維道光十六年歲次丙申，正月乙酉朔，越十有六日辛丑，皇帝遣河南南陽鎮總兵官都勒豐阿致祭於太昊伏羲氏之陵。曰：

惟帝王膺圖御宇，握鏡臨宸。澤被黃輿，勳垂青史。羹牆不遠，仰皇煌帝諦之模；俎豆常新，昭崇德報功之典。茲以慈宮萬壽，懋舉上儀，敬晉徽稱，神人慶洽。天經地義，紹百王郅治之馨香；日升月恆，申億載無疆之頌祝。彝章式敘，祀事攸隆。致蠲潔以明虔，庶神靈之歆格。

陪祭官河南陳州事光州直隸州劉蔭堂、河南陳州營都司冷文明、河南淮甯縣升任開封府同知永銘。

（碑存淮陽縣太昊陵。王偉）

皇清例封武德騎尉營守備桐軒趙公（慶雲）暨德配張宜人合葬墓誌銘

【蓋文】

皇清例封武德騎尉營守備桐軒趙公暨德配例封宜人張太宜人合葬墓誌銘

【誌文】

皇清例封武德騎尉營守備桐軒趙公暨德配張宜人合葬墓誌銘

詔取孝廉方正庚午科舉人辛酉科拔貢候選知縣愚愈弟李楷頓首拜撰並書丹篆蓋。

公諱慶雲，字霞光，號桐軒。原籍山東鉅野人，明初遷陳。先世皆抱道隱居。至公父貢生忍齋公，以善名於世。公生數歲，妣李太恭人卒，事繼妣王太恭人以孝聞。性質直，好勤儉，緣讀書鈍，改習弓馬，旋入武庠，援例授守備。加級請封，誥贈祖、父宣武都尉，祖妣、妣恭人。初，忍齋公脩文昌宮，未畢事，卒。公為之竣厥功，繼脩文廟、畫卦臺、絃歌書院、金龍橋，皆竭力襄事，傾囊助工。甲戌歲荒，捐穀貳千石助賑，蒙恩欽加一等。嗣建鐘樓，脩萬歲亭及邑誌，公衰且病，俾三弟董其役，皆捐數百金，不惜也。由是，善人之名益著。有弟四人：輝光，丙子科武舉。嵐光，癸酉科武舉。丹光，由廩生授兵部武選司員外郎。碧光，授湖北撫標中軍遊擊。惟公身任家事，諸弟崇志功名，故各有成立如此。德配張宜人，性淑慎，事翁姑以孝，處妯娌以和，寬禦奴婢，嚴撫子女。同居三十餘年，無間言。辛巳歲疫，請於公，作棺槨施貧人，俾無暴骨瓦堆。集橋壞三座，命長子攜貲督脩，行人便之。是其刑於之化之好善也如此。

公生於乾隆四十一年十月初三日巳時，年六十一歲，卒於道光十六年十一月十四日寅時。張宜人生於乾隆四十年十月十三日子時，年六十六歲，卒於道光二十年十月初五日子時。子三：長儒林，國學生。次增林，國學生，卒。次碩林，例貢生。女四，孫男、孫女各六，婚字皆名族。今卜窆有日，其孤執狀，涕泣丐余銘其墓。余以世好比鄰，雖不文，不容辭。謹次其事，而為之銘。銘曰：

聖神遺蹟，亟為表章。培植學校，文運光昌。饑饉為災，拯濟流亡。瘟疫傷人，施棺斂藏。允足濟美，於前人善，為奕葉之發祥。

孝男儒林、碩林，泣血納石。

陳復州刻字。

道光二十年十月。

（拓片藏河南省文物考古研究所。李秀萍）

陳州營周口市房碑記

劉俊德

陳州營緝捕稽查之費，向由各憲與紳商捐輸，交鹽當生息，收其贏以為軍務之用者也。

道光二十三年，鹽商晉六吉以誤運糸掣其鹽號，存項貳仟兩，幾至息本無著。嗣經前任都闡府惠咨，稟藩憲某方伯，著晉六吉以周口市房准抵其節年賃租，由縣代催，撥歸營伍，以濟緝捕稽查之用，一時軍需尚賴無缺。旋因僦客拖欠租，不時輸文移催督勳，淳旬時其於緝捕稽查重務，深為未便。今任都闡府王與中部廳馬憫士卒之無資，而緝捕稽查，將至窘於用也。商諸前任邑侯孔與今任邑侯蕭，兩邑侯篤念寅好，曲體伍情，謂緝捕稽查誠肅清地方之良策，而助有司以除暴安良者也。市房歸於營伍，則文移可省，時日不致於稽遲，即商民之歸租亦不致於就延，而士卒之盡力於緝捕稽查者，乃可永沾實惠，而經營不致於支絀。因將該鹽商繳官市房移交陳州營管業，徑由營伍收租，無復由縣代催之勞，一以省文移之煩，一以杜拖欠之弊，一以收實惠之沾，一事也，而數善備焉，洵我侯之曲體伍情也。憶自兩邑侯之先後蒞茲土也，實心實政，閭閻歌詠，不一而足矣。即此一端之措置，亦具有經久不弊之思，益以見我侯之心乎民也。用是狥各伍之請，述其涯略，以昭永久，庶後之君子有以考焉。

道光二十三年。

（文見民國《淮陽縣志》卷十八《藝文志》。孫新梅）

修郡城西南大路碑

邑令吳承芳

郡城居四達之衝，其西南，周口一路為商賈雲集之地，尤為生計所關，而百貨之轉輸郡城北，匪此莫由焉，且東達亳、宋，西達秦、晉，行李之往來，輪蹄之征邁，肩相摩，轂相擊，觀其形勢，猶汴省之朱仙鎮、武昌之漢鎮也。顧其路延綿凡六十里，中隔七里河、黃河故道，霪霖漲發，動致病涉，自搬口以西地尤窪下，清水柳涉二河，上挾西北數十陂之水，至此而合流歸潁，是為擺麻溝，亦名白馬溝。每至大雨時行，波濤浩瀚，望若澤國，車苦濡首，往來行旅惟恃一葦之杭焉。道光癸卯，河決祥符，黃流奔注，陸地成海。余以甲辰調任淮邑，入境即舍車而舟，見沿路民居鷗泛鳧，沒於煙波蒼茫之際，愴然不安於懷。迨次年，河慶安瀾，積水盡涸，而此路為巨浪之所衝激，泥沙之所淤塞，益復陂陀不可行矣。夫洪水汎濫，天時之變也。修治道塗，守土者之責也。天下事不可為而強為，與可為而不為，二者均失。春秋時，單襄公過陳，見道茀不治，而譏其政之不修。余忝蒞斯土，嘉與邑人士共臻蕩平，而道路淤塞，其□乃實有關用，是此路之舉，時欽欽在抱，然遲之又久者，以大工甫合，振濟頻施，公事旁午，他務未遑，重念民氣初復，鳩貲為難，故因循至今耳。今春，歲豐事簡，爰請諸府憲于、分憲謝，謀諸閤邑紳商，僉曰：可。余遂捐俸倡始，更委少尉王春泉會同紳耆勸募殷商，得金四千有奇。計墊路若干丈，寬一二丈，加高四五尺、三二尺不等，用土若干方。既蕆事，余躬往巡視，見寬容數車，行可方軌，蜿蜒綿亙，屹若長隄，縱大雨時行，而往來行人躡屩擔簦，當無病涉之虞。非閤邑紳商好善樂施，將築室道謀，烏能不潰于成也。噫！斯路向病崎嶇，今則如矢如砥矣。向病漥下，今則如岡如陵矣。而今而後，其庶免道茀不治之譏也乎！至於鄧家樓、李家集、袁路口西門大隄，猶有七百餘丈，爰以費絀輟工，然此特九仞之一簣耳。邑好善之士，當必有匡余所不逮者。

　　是役也，倡議監生李顯曾捐金獨多，其子文岐亦承厥志而不怠，例得備書。董工捐貨姓名，皆鑴於碑陰，亦不沒人善之意云爾。

　　道光二十五年。

（文見民國《淮陽縣志》卷十八《藝文志》。孫新梅）

岳武穆王祠重鑄鐵檜碑

【額題】千秋永鑒

　　太昊陵左掖，武穆王祠在焉。前有鐵檜，歲久爲瓦石所擊，目面模糊，幾不可識。趙子松圃謂："獨鑄檜不鑄諸黨惡者，非所以誅權奸，慰孤忠，以維持風教也。"乃釀金，仿棲霞、湯陰例，增王氏、萬俟卨、張俊、王俊並檜爲五，觀者悉稱快，而趙子乃請記於余。竊惟自古佞臣爲忠良害者，何代蔑有，卒未聞鑄奸以昭永鑒，即有不附和議者，率竄謫以死而建祠褒忠，亦未見如賊檜之跪其門，何也？蓋武穆忠爲純忠，冤爲奇冤，而檜之罪惡滔天，乃歷萬劫不赦，且老死牖下，未膺顯戮，是又人心之所大不快也。夫君臣大倫，根於天性。武穆一語，可爲臣子圭臬。故其奮不顧身，誓欲復不共之讎，雪中原之恥，皇天后土，可告此心。唾手燕雲，直抵黃龍，二帝去而復返，社稷危而復安。朝廷全骨肉之愛，生靈滌腥膻之汙，直指顧間事耳。檜乃主和，誤國陷其君，忘親事讎而不知恥，俾三綱九法，泯焉澌滅，檜之罪可擢髮數哉！且武穆亦何讎於檜也，宋懲唐末五代之弊，大將握兵不參朝權，即盡敵而返，亦只銘功樞府，未敢與宰相抗也。將軍折衝於疆場，相臣安享於朝廊，檜亦何不賴有武穆在耶！乃欲遂其陽南陰北之志，而以三字疑獄，畢命囹圄，生立不世之功，死蒙極慘之禍，嗚呼冤哉！萬里長城甘心自壞，不寸斬檜無以泄神人忿也。事歷四朝，年踰七百，三尺童子耳檜名，輒交口唾罵，亦可知天理常存，人心不死矣。或曰首惡者檜也，萬俟卨諸人曷稍減。然運機設阱，若輩與有力焉。譬之盜欲殺人，苦無寸刃，援以刀劍者，加功與造意同誅，故不鑄四人，則科罪者爲失出也。獨是萬俟卨、王俊皆陰險小人，獲罪無辭。王氏固悍黠，贊成巨惡，天下惡檜之奸，並辱及閨閫，亦不足怪。張俊乃南渡名將，軍中號爲鐵山，身後名麗鐵案，一朝失足，遺穢蒙嗤，是誠足爲黨惡者戒，而自棄前功者，亦可以鑒矣。此又趙子添鑄四人之微意也。

　　趙子名凌雲，字松圃，嘉慶丙子武孝廉。慷慨尚氣節，每讀精忠傳，雖屬稗史，輒悲憤不止，其性情可想見云。

　　舊檜無字，今各鑴姓名，使見者皆可指名某某，洵可謂誅權奸慰孤忠，以維持風教矣。

凡捐金善士例得附書。

淮甯縣歲貢生賈堃增撰文。

淮甯縣廩生雷登瀛書丹。

淮甯縣廩生王帥仁篆額。

大清道光二十六年歲次丙午杏月上浣穀旦。

（碑存淮陽縣太昊陵。王偉）

重濬玉帶河碑

江夏舉人邑令吳承芳

環義陵有河，即古之御溝，以其東陵如帶也，故名玉帶河云。河堙於乾隆初年，郡人士謂："陵寢重地，體制宜崇，不有此河，恐無以狀皇居而肅觀瞻。"爰以重濬為請，余曰："是固然矣，然亦有關於水利焉。"

按此河上承邱廟，諸陂之水至酸棗林分為二。其西流者，循陵垣而南迳西華門，至下馬橋北折而東貫紫禁城。東出至下馬橋北，與蔡水之決口滙，東入永安溝。永安溝者，舊任滿洲耀君德所開，以洩積水，而狀闊勢者也。復折而北迳蘇家樓，至雙橋，與酸棗林分流之水合，迤邐東南，行至八步橋入蔡，此玉帶河之源委也。

余嘗於霪霖暴漲之時，登高遠望，見西北三十六陂之水羣趨於蔡，而麻場溝以東、上馬橋以西實為總滙，怒濤澎湃，郡城大隄岌岌乎有建瓴之虞。所恃以無恐者，有酸棗林河之水洩於南，與此河之障於北耳。此河一塞，則北來之水亦奔注於蔡。蔡漲，則大隄可虞。隄潰，則郡城可危。往者，乾隆二十二年，河決楊橋，陳城之不沒者三版。父老相傳，水由西北大隄而入，而大隄之潰適在此，河既塞之後，豈非前車之可鑒者歟！

夫濬澮距川，平水土之先務也。陰雨綢繆，以固城池，有司之專責也。六七年來，水患頻仍，官斯土者於護城大隄屢加修築，而不議開此河，是未嘗遍觀形勢而得其要領也。然則開玉帶河即所以紓蔡水，紓蔡水即所以固大隄而保郡城，一事而備三善。徵諸人士之言，余固將有以濬之，矧其合詞以請耶。爰捐俸倡始，且走疏以募四方，而七邑紳耆皆踴躍樂輸，計開河長百餘丈，寬一丈八尺，深八九尺、五六尺不等，用夫九百餘名。中建石橋，翼以雕欄，環以月池，東西二橋與內外城之四閘皆石址而甃甓。又於八步橋北增建一橋，以通下流。凡用錢二千餘緡。

始於丙午之夏，迄丁未春而工竣。諸人士礱石求記。余故詳其有關水利如右，至於復義陵舊制，壯一郡之大觀，為四方朝陵者增遊觀之娛，一切藻繪之詞，余不必贅也。

道光二十七年。

（文見民國《淮陽縣志》卷十八《藝文志》。孫新梅）

吳明府惺吾去思碑

清歲貢生賈堃增

　　史稱吳公為治平心第一，然馬、班二書，祇載薦賈生一事，此外之治績不詳焉。意者西漢風氣近古，握符綰綬者，不必侈赫赫之名，而操觚之士亦無事於鋪張歟？特是治平云者，必其措政施行，不言而治乎人心之同然，而後所居民愛，所去民思，古今循良，由此其選也。邑侯蘭畦與漢之河南守為同姓，其治吾淮也，興學校如課家塾，待黔黎如保赤子。不尚紛更，而事無不理，不矜苛察而獄無不平。役不妄興，以舒民之力；稅無浮派，以裕民之財。如是八年，士相與頌與庠，農相與頌於野，商相與頌於市。

　　辛亥春，因民受累，竟掛吏議，百姓聞之怵焉心惻，相與衝風冒雨走省垣，籲大吏，乞保留，不期而會者數百人。維時大吏皆契公之賢，而又廉公之枉也，卒以格於例不允，公于是解組歸矣。闔邑士民如嬰兒之戀慈母，不忍離公，而又無計留公，則又相與咨嗟涕洟，謀刻石以紀遺愛。余惟古今之民情，愛能吏不如其愛良吏，愛良吏不如其愛儒吏。蓋能吏不免恃才傲物，良吏不過奉公守法，惟儒吏淹貫輕［經］術，洞悉民隱，而又能推誠制行，以免作不順而施不恕之弊，故其感人也甚易，而入人也甚深，若我公者。所謂以儒術而儲吏治者矣，平日究心理學，一動一言必於禮法，嘗於宣讀聖諭，摘黜異端，崇正學一條，衍為韻語，刊布閭閻，又作《家喻戶曉》一书，凡禁訟十條，禁約十二條，大都本諸躬行心得之餘，發為慈祥愷憶之語。淮邑九十六地方，人人皆默喻其誠，而於聽斷之際，非命盜重案，不輕受刑；若雀角微嫌，以婉轉劝諭。俾歸和睦。與士民語，靄然如家人父子，此豈酷烈武健者所可同日而語乎？且公之于淮民也，如釋氏所謂有緣焉。道光戊子，公需次居，淮陳之民，固已沐公之澤，飽公之德。越七年，而公補南陽之唐縣以去，吾邑人士咸引領望之曰：“他日庶其宰吾邑乎！”既而，聞公果調淮寧也，人民皆有喜色，走相告曰：“吾儕有福，吳公來矣。是天之從我願也。”蒞任之日，歡呼郊迎。公亦喜赴官如赴家也，其喜愛吾民也日益厚，民之愛夫公也日益深，乃一日不風而波，迫吾神君以去，豈有緣盡於此耶？抑未知他日仍有後緣否耶？嗟我淮人，烏能已於思哉。余不佞徇請作記，自愧不如吾家太傅之才，而公則無忝於治平第一之吳公也。公之治績多可紀，略而不書者，以政在得民，即民之思而政可見，固無事于鋪張也，蓋猶遵史例云。

　　咸豐元年。

（文存民國《淮陽縣志》卷八《淮陽文徵·內集》。王偉）

重修白衣閣記

　　太昊陵之左掖，鄂王祠後有閣峻起，祀白衣大士。祠之西偏有殿三楹，中塑送子觀音像，即俗所謂送生奶奶也。夫白衣與觀音者，本一人耳。而奉之者互異其名，此亦如釋迦如來之同稱佛祖，文殊、普賢之同號菩薩，與夫七十二化，五十三參之說，支離誕幻，不可究詰，儒者茅弗深考。獨其送子名目，余竊惑焉。蓋陰陽交而二氣和，人自生子何待送，即云大士一片婆心，欲曲從人間兒女之願，而大千世界，何地無乏子之人，何日無求子之婦，如必一一而送之，即分大士為八萬四千身，日疲於奔命，恐非清淨寂滅之教所以然也。雖然，亦有說斯廟附於羲陵，羲皇之畫卦也，乾道成男，坤道成女，故說卦云：乾坤為父母，震一索而得長男，巽一索而得長女，推之再索三索，而坎、離之中男中女，兌、艮之少男少女，皆依次而得焉。然則求子得子之說，真始於《易象》乎？昔郊禖祀而生稷，尼山禱而生聖，詩書所載，具有明徵。況且元魏蕭梁以來，大士祠宗遍寰區矣。何獨於陳而靳，抑吾陳之祀伏羲也特虔，每歲仲春，四方朝陵者絡繹不絕，焚祝之餘，其香花供養於是祠者，亦踵相接、肩相摩也。誠能瞻仰神像而悟卦理，即可知大生廣生之道，自在天地，而大士之錫福是方亦幽贊神明之端倪也。修祠之舉，烏可已乎。閣之創始，無可考。日久而敝，棟宇摧殘，金碧寡色。道士趙元玉、赫元福募化重修，貲不足，且罄己財以成之，是可嘉也。因其請以記，遂書之以誌歲月。

邑庠生崔德昌撰文。

邑稟生王永德書丹。

首事張福兆、賈堃增、趙湘芷、王金山、張進科、竇河清、張孝合、陳實昧、王興有、陳實章、石振甲、傅錦、鄧執中、曹相修、王國錦、石東曉、孟佳傳、李憲章、傅鎔、李秀章。

住持趙元玉、赫元福。

徒李悟成、曹悟仲、許悟廣。

孫郭上曾、劉上吉。

立石。

木匠袁茂安、許鵬禮。

泥水謝應魁。

□□張喜元。

□□李國珍。

大清咸豐二年歲次壬子小陽月下浣。

（碑存淮陽縣太昊陵。王偉）

創修貞子閣碑

同治壬戌科舉人萬更新

貞子閣功既竣，將作文以記之，而無其人。間有一二論者，或謂地居巽方，增修之可以作文峯之崛起；或謂西配阤臺，增修之可以齊賓主之偉觀。抑或謂司城本宋官孔子主之，在宋而不在陳；抑或謂阤臺為扼臺傳之者，因陳侯而不因孔子，或矜考據，或尚詞藻，紛紛不一，相持不決，以故功成而不泐者。年餘，余不得已，起而論斷之，曰："昔日之孔子，因貞子而不死，今日之貞子因孔子而益彰，使不為之高其閈閎，厚其垣墉，豈吾黨崇德報功之意，追聖軼賢之心歟！"以此數語質之諸君子，皆以為名論不刊，且較之考據之詳，詞藻之富，為更覺微而遠，簡而該也。遂貞諸石，且並其時而記之。貞子閣，功始於辛亥某月，成於辛亥某月，碑建於壬子某月。

咸豐二年。

（文見民國《淮陽縣志》卷十八《藝文志》。孫新梅）

重修平邱寺碑

賈堃增

陳城西北三十五里有寺，名平邱，四旁聚族而居者多于氏，遂訛為于邱寺云。或云《左傳・昭公十三年》"晉侯會諸侯於平邱"，即此。或云陳平公之墓也。余攷晉會諸侯地，在今之陳留，與陳境無涉。以地形揆之，謂為平公葬處者近是。陳自胡公始封，九傳而至平公，在位二十三年而薨。司馬遷《史記》言之綦詳，而此其封內田也。諸侯之葬，不越四境，其體魄所藏猶應在此，惜無碑碣可考，又不能起塚中人而問之耳。寺之創建不詳厥始，然自明隆慶以來，屢圮屢修，具載舊碑。今又棟折榱崩矣。附近居民倡善醵金，一切棲神之宇，皆舍其舊而新是圖，計修正殿、寢殿、山門、東西配殿、遊廊、角門，凡三十三楹，共用錢一千數百餘緡。經始於庚戌之春，蔵事於壬子之秋。諸善士之是役，可謂勤且久矣。而余獨因平邱而有感焉。夫平公即位在周幽王五年，而佛之生也，有二說：一以為周昭王之二十三年，一以為周平王之六年。由前之說，其距平公之時祇一百九十六年。由後之說，正與平公相先後。徵諸梵典，雖有恆星晝明之文，而其實中周固不知有佛也。自漢明帝永平八年，浮屠之法始行中土。至元魏蕭梁之世，梵宮佛刹充塞寰區。雖歷代英主時有沙汰之令，輒不旋踵而復其舊。至使公侯卿相之邱壟，亦以空王之宅踞其上，而古人遺蹟遂湮沒於頹垣廢址之餘，久之，而訛以傳訛，並其稱謂而亦淆焉。天下之類於以平邱為于邱者，何可勝道也。嗚呼！佛教至今日，可謂盛矣。第不解平公在地下其隨俗飯依耶，抑詫為未見耶。夫欲廣福田利益，而香花供養，奉佛者之心也。考證古今譌謬，而辨名正俗，稽古者之事也。余不佞狥請作記，故釋平邱之義若此。至於廟貌之宏敞，諸佛之莊嚴靈異，則固無待余言也已。

咸豐三年。

（文見民國《淮陽縣志》卷十八《藝文志》。孫新梅）

絃歌書院捐錢碑

萬更新[1]

余承乏淮邑五年於茲矣，稔知陳俗淳樸，諸士子皆好讀書，領鄉薦，捷南宮，代不乏人，大抵皆絃歌書院所造士也。余也考課以時，定其甲乙，予以獎賞，並詢知書院舊有民捐錢三千串有奇，交當生息，為肄業生童每月膏火之費，自咸豐二年，前任挪用，而今廢已久矣。余每欲興復，奈兵火連年，軍餉支絀，有志未逮。歲庚申，劉伯瑗太守來守是邦，首以培養人材為務，每月考課，於尋常獎賞外，捐廉加增。一日，謂余曰："方今盜賊蠡起，地方不靖，皆以學校不修之故。苟能留心學校，使斯民薰陶《詩》、《書》，講明孝悌，則百姓皆知理義，尚廉恥，自不作奸犯科，盜將不捕而自戢矣。禦亂之策，雖在講武，弭亂之源，實在修文。'下無學，賊民興'，孟子之言可為警惕。"余應曰："唯唯。"因以膏火無存，商之太守，太守曰："此吾兩人事也，當首捐輸，以為士民倡。"於是，捐錢二百串，余亦捐錢三百串，交本地方紳董籌畫生息為長久計。適有于翁者，家素封好善樂施，聞之，欣然仗義捐錢壹千串，上行下效，勢固必然。所異者當此屢遭兵燹之餘，不以民力凋敝為辭，猶能出重貲以為作養人材計，于翁之德誠厚矣。余不忍沒其善，將貞諸石，而並及太守之緒論焉。于翁，名鰲，字滄六，號冠山，納粟授都司銜，其子若孫皆以髫齡補博士弟子員，積善之家必有餘慶，將來成就正未可量矣。是為記。

咸豐十年。

（文見民國《淮陽縣志》卷十八《藝文志》。孫新梅）

郡伯劉公去思之碑

劉俊德

公去陳閱二年，郡之人慕思不已，謂公之惠於陳者，宜有以垂於後。乃伐石於山，植之道周，紀載功德，昭示永久。囑郡人劉俊德為之辭。辭之不獲，乃據其實書之。謹據：

公印拱宸，字星平，號伯瑗，江西新昌人也。世標業緗，累葉清貫，鴻儒循吏，炳彪汗青。公聰悟夙成，敦習經訓，柔惠且直，誕由天性。弱冠之餘，以萃科優等司鐸吉州。吉為文信國梓里，公首疏其實，籲請大吏，遂蒙俞旨列祀瞽宗，公之力也。迺其教澤所及，咸成翹秀，華實兼榮，文行並粹，湖胡霍曹公殆繼武，旋成進士，選河南之西華令，子愛黎元，嘉惠士林，崇正旌賢，奸匿革面，三月而治，已成期年之效。未奏，不及報政，輒以憂去，華人尸祝，越至於今。咸豐庚申，中丞以陳隣皖省，數被匪擾，思得慈惠親民之

---

[1] 代李明府作。

吏，以蘇我陳人。稔公於西華有惠政，遂以陳屬公，下車伊始，懲猾剔蠹，振瘼起痿，而所注意尤以休養生息，培護元氣，惠愛斯民為主。用能潔以持己，正以率屬，寬以馭衆，慈以惠下，簡以馭煩，靜以制動，不尚操切，不矜威嚴，不事紛更，不邀聲譽。賊至而嚴其防，兵至而豐其給，是用野無所掠，市肆無驚。

公貌粹心和，無少岸異，周旋進反，必於禮讓。雖悍將驕卒一飲其和，皆已心醉，故能戢其士卒，申明約束，絡繹往來，境如無兵。丙辰以來，饑饉薦臻、兵燹、旱蝗，競以病民。自公抵任，整躬率屬約己勤民，閭閻殘黎始復，翕然有更生之樂。而乃公務之暇，接引儒生，研問經籍，勗以遠大，擢其穎異，置之上舍。一時鼓舞，咸相奮興，家勤絃歌，俗成鄒魯。同治癸亥，復苦穀貴，公預儲義倉，以防兇歉。是冬，設立粥廠，按籍賑給，斗粟踊至千五，而民無菜色，野無道殣，實公之由。

公守陳七年，方期裒集詩書，修明文物，禮賢樹表，以厚風俗，使更生之眾復返隆古。未及設施，黜書已下。檄到之日，士農廢業，婦孺巷哭，各欲焚頂燃指，哀懇大吏，還我神君。公一皆謝絕，含笑卸篆，單車就道，蕭條行李，書劍之外，無他長物。覺清獻琴鶴，行色猶壯。於戲！公之惠於陳者至矣，而其廉若是。一旦舍我陳人而去，陳人心非木石，如之何勿思？今雖上憲廉公之枉，調公大郡，公道未泯，顧我陳人如嬰兒驟離慈父母。西望洧水，典型匪遙，感念涕零，曷其可忘。爰泐貞珉，永垂無窮。作頌八章，附鐫於後。頌曰：

大江之西，彭蠡之澨。實生神君，為召為杜。安民則惠，若母若父。剌郡七年，德洋恩普。彭城之族，別為墨莊。慕寵與寬，惠普無疆。蒲鞭著美，一錢流芳。公紹其休，七邑平康，武健相矜。公為儒吏，苞苴相遺。公為廉吏，不煩不擾。桁楊不試，花落庭閑，堂開清思。陳有嘉木，公則鑿削。陳有良璞，公則追琢。削為棟梁，琢為圭璋。我公之德，曷其可忘。守陳七年，其澤無邊。嫗之咻咻，鰥寡惠鮮。暫時一蹶，旋即起焉。升沈細故，益彰其賢。所嗟我陳，常違神君。何瞻何依，憂心如薰。臥龍之下，洧水之漘。臨風一呼，公其我聞。臥治閣兮，我公之休。絃歌臺兮，我公之游。其境猶昔，我公不留。云如之何，我心悠悠。陟彼宛邱，胡不崔嵬。溯彼蔡水，胡不瀠洄。西望古宛，白雲徘徊。念我公兮，曷云能來。

辛酉科拔貢候選州判劉俊德撰文。

候選從九魏丁南書丹并篆額。

首事遊擊銜趙桂林、候選從九季逢堯、廩生林汝止、廩生楊汝修、生員尹卿雲、武進士劉丙雲、候選教諭白玉璽、伊陽縣教諭季樽、廩生鄭冠卿、生員劉春元。

鐵筆古鈞州李國舉刻石。

同治柒年歲次戊辰孟夏上澣穀旦。

（碑存淮陽縣太昊陵。文見民國《淮陽縣志》卷十八《藝文》。王偉）

許州南城炮樓記

淮陽縣人王驤衢道光己亥科解元撰文。

許為豫南第一州,夙號名區。顧承平日久,武備廢弛。近年軍書旁午,都人士屢謀繕修而未果也。歲庚申春仲,歙縣葉硯農刺史蒞茲土,下車不數日,皖匪突至,城內雖有鎗礮而專司無人,公晝夜登陴,指示方畧,開礮擊賊,城賴以全。爰捐廉募勇,演習火器,為經久計,又濬壕注水,而許固若金湯矣。公復召許人而告之曰:"爾勿恃此遂謂城無患也,設一旦賊至城外,浮罌乘筏,一擁而前,鎗礮在上施放,難以遠近悉中,人心一餒,事不可為矣。此則附城礮樓之設,斷不可少者也。"僉曰:"善。"於是合眾釀金,鳩工庀材,周圍審視,共築八座。南城得二,左曰離照,右曰制勝。外址六丈餘,墻闊三尺,高三丈,有五棚板重架,可高可低,竅眼內寬,宜左宜右,旁建高瓴以利水,中開直門以通煙,上覆密瓦以防雨,橫列疎櫺以觀風,制盡善計甚周也。始仲秋,迄孟冬,三閱月而蕆事。董役諸君丐余為文,誌其厓畧。余惟豫省為天下腹心,許又為豫省腹心,而近臨汝、潁,遠控江、漢,南城居要。南城固,則東西北三面皆固,而全許固矣。許固則豫固,豫固則京師賴以拱衛。譬之人腹心無虞,縱有他患,疥癬耳。余欽葉公之才高慮遠,尤喜諸首事督工惟謹也,樂為之記。雖然此特地利也,若夫聯保甲,廣蓄儲,勤訓練,協力同心,勞瘁不辭,余於諸君有厚望焉。

清同治八年刻立。

(文見民國《淮陽縣志·淮陽文徵·內集》。王偉)

重刻楊少師韭花帖識語

楊少師韭花帖,流傳已久,真跡固未之見也。畢節路漁賓明府璜舊藏此本。余向借觀,因勒石以廣其傳。時同治庚午夏五月也。

項城袁保恒筱塢氏識於石介竹虛館中。

同治九年。

(文見民國《淮陽縣志》卷八《藝文志·金石》。馬懷雲)

同善堂拯溺義地碑

王永德歲貢

周口鎮之同善堂,倡自余澤臣、葛泰臨、白如瓘、姚世隆、劉澍、孫甲林、李欽、陶家寬,事具募啟曰:檢字紙,瘞白骨,拯溺屍,點夜燈,施藥茶,一舉而成五善焉。然五者之中，較其緩急，周口為黃、沙二水交會之區，溺人必多，則拯溺屍尤當加之意。即同善堂衆善奉行其視為當務之急者，度亦無踰於此。抑溺屍，非徒有以拯之已也，必將有以葬之焉。拯而不葬，何取於拯？葬非其所，雖效行道之殣，仍同溝壑之棄而已，故但知謀拯而不思謀葬。所以處溺屍者，猶為得半之道，必其拯不敢忽，亦葬無所苟。然後為溺屍計者，始稱萬全之策，審如是也。倉卒而謀葬，豈能無所苟？惟有捐置義塋，預為之地，此外別無他術焉。蓋事固有相輔以立，不得舉此而廢彼者，其勢然也，同善堂諸公其知之矣。

　　嘗考其事之顛末，覺辦理之善。更有進焉者，鎮東有穆姓地，形勢高平，業已不惜百餘金買作義塋矣。尋復具公稟，乞批示遵行，茲為節其稟，周家口紳商某某等為收埋溺屍，隨緣捐資置買義地，按季派人輪流經理。遇有河流浮屍，撈理義地，以免暴骨之慘。恐事難久遠，先行稟明，察核可否，永遠遵行。時同治十年，宰淮邑者蕭公批示：生等捐置義地，埋骨掩骼，洵為善舉，情事可嘉，准如所稟，存案勒碑，永遠可也。可為憂深慮遠，為百年計，而不為一時謀者矣。蓋從來義地之施，所在多有，無事聞之於官也。茲以溺屍無主，而同善堂主之，同善堂欲常為溺屍主，不得不更謀及主同善堂者。是故假案卷以作厲禁，藉官力以防侵謀，豐碑屹然，見者皆知為溺屍塋。憲批具在，並知此塋之設，乃邑宰所許可，以嘉惠溺屍於無窮者。庶幾有其舉之，莫敢廢焉。拯溺不廢，並惜字掩骨，以及沙河兩岸各渡口，點夜燈以照人行，為一時舉行之事，亦當與為始終，而永永弗替矣。余公印佐需，國子監，皖省人，身業陶朱，而留心善事，超然於世之營商者，與同事者亦皆與同心。茲當勒碑記事，事之善為可嘉，即人之善不容沒。至於勒碑之意，欲主張義地，非為名也。其畝數四至，宜詳載碑陰，以便查考。

　　同治十年。

（文見民國《淮陽縣志》卷十八《藝文志》。孫新梅）

重修郡試院碑代郡守蔣作

吳清俊正陽舉人

　　同治十一年四月望日，重修試院告成。自十年八月初吉鳩工，至逾歲歲時趣成之。長廊廣廈，列坐者得從容其間，非復嚮日之卑且狹矣。試院一稱察院，實本於分巡御史察政蠹民瘼，上告天子兼校文武藝，以興教化而戢禍亂，蓋併臺院、殿院之任。古以畀御史，今以寄學使，則試院之所關綦重，倘不壯不閎，非所以肅觀瞻而式憲紀，庇多士而啟文明也。夫時之需才也殷，故上之愛才也篤。規條以束之，杜其弊，將以求其真；居處以安之，厚其神，將以抒其蘊。小試者，士子發軔之始，寸晷風簷，本色文字，嚴為試而寬為取。取於邑若郡者，待學使之鑒衡；取於使者，儲科第之登進。昔賢有言：階前盈尺之地，使得揚眉吐氣，激昂青雲。待士者以之則士自待宜如何也？余於是歲之冬，舉行郡中科試，校閱餘間，爰書計工，以勒諸石，并綴以文，亦謂廣廈可以喻仁潤屋，亦堪比德，願與多士相勸勉也。吁！自軍興以還，榛荊未闢，芹藻就荒，文風之有待於振厲也久矣。是役也，余詳請各憲倡捐，七邑本期寬其貲力，舉所餘以恢廓書院。迨經動作，舊木悉空，舊旐悉墾，悉新之坐號，悉易以石，左右各二十二行，得號共一千五百八十四，內外堂皇，廳事室宇共四百一十楹，東西轅及牆垣門坊之屬雖多因仍，奚啻刱建於時，薦紳先生庠序之彥督工者為候選廣文于銳一等，皆公勤相濟，故功得迅速，而資無浮靡，統用制錢萬四千八百貫，所收捐錢萬七千二百貫有奇，僅餘錢二千貫有奇，又捐而足之為三千貫，存質庫，子母之取，資月課膏火，而書院遂另籌捐修焉。蓋書院教於平日，試院試於臨時，即以覘其平日，而策其將來，非徒從事文字已也，根柢在經術，體驗在倫常，忠信其中，風雅其表，殖學問勵，品節或出或處，皆足以輔翼名教，而焜燿國家，是則長育人才者，所以厚望也夫。以上官長。

同治十一年八月。

（文見民國《淮陽縣志》卷十八《藝文志》。孫新梅）

流芳百代

粵自三皇以來，混沌初開，惟有伏羲與天地合其德，與日月合其明，開物成務，道偕乾坤，□之□□，類情□與，造化同參。是以分陰分陽，千載仰其精蘊；成男成女，萬世服其神奇。卦画則尊□已定，負圖則吉凶攸分。誠至則應，物感遂通，因之歷百代之久，猶令人奉若神明。爰敬□□云。

商邑廩生柰淩淞撰書。

商邑魚鱗臺村會首：

朱玉璋、朱克昌、朱玉珩、朱天爵、朱名揚、朱彩□、朱天璽、朱天中、朱培容、朱孟三、朱遠賓、朱心一、張世勳、馬金喜、高連雲、李怙公、張殿臣、朱遂興、唐文科、霍兆君、奈文彩、張志□、宋正坤、趙恩超、王學賓、宋福昌、宋玉祀[1]。

大清同治拾貳年正月下浣穀旦立。

（碑存淮陽縣太昊陵。王偉）

敬建太昊伏羲碑記

【額題】日　月

歲貢生王之楨撰文。

邑庠生時蘊章書丹。

---

[1] 以下兩排姓名，字模糊不清。

尝攷河浮龍馬，一畫開爻象之先；洛出神龜，六書為篆隸之始。庖犧者，固斯文之鼻祖，神靈首出之君也。而曆象以昭，定姓氏而婚姻以正，造網罟而漁佃以興。凡後人被其德澤，皆前聖□其經綸□□□□□者。民志虔誠，香已進以三載，而神功浩蕩，德□酹於寸心，窃慕蝌蚪之文，□□□鸞飄鳳泊，□媲古跡是所望，石赤字青，下垂奕禩。□勒貞珉，恪獻神右。

商邑小馬坡會：

□□□、李文清、李景和、季中和、程喬林、王成文、張常榮。

李濃□、陳好義、李□□、王俊一、王卜一、王孟文、王廣文、□□□、李敬業、李法白、王順興、□玉山、楊新印、李文章、王奉先、王化遠、□□相、張敬先、李朝海、李漕海、李林昇、趙金生、趙金平、趙□□、趙□□、[1]

大清同治十二年二月上浣穀旦。

（碑存淮陽縣太昊陵。王偉）

重修太上老君觀碑記

聞之事有創於前必有繼其後，創者既規模之大定，繼於後者當躋事而增華。況茲太上老君堂地傍羲陵，祠並岳觀，凡祀於茲者，莫不目觸焉而慨然思起矣。時有陳公耀庚、王公斌、張公玉林等昭格之下，不勝悽愴，於是，糾合募化以為葺補，遂使殿宇輝煌，煥然一新。予適就館于陳，諸君請予為敘。予本拙愚，弗敢自任。然亦勢不容已，聊以志諸公之義舉也云爾。

淮寧縣學生員毛華國撰文。

淮寧縣學生員安汝桓書丹。

首事常振清、張玉林等。

大清同治拾二年歲次癸酉小陰月初旬穀旦。

（碑存淮陽縣太昊陵。王偉）

太昊陵進香碑

同治癸酉科舉人劉俊德

陳郡為庖羲故都，城北三里陵寢在焉。每歲春仲，數百里間，男婦族聚，虔誠肅祀。宋張文潛之詩曰"年豐父老薦雞豚"，蓋其由來久矣。而其稱顧曰"人祖"，余竊惑焉。攷人類之生，始於盤古伏羲之世，去盤古不知幾何年，人類之生久矣。胡獨於伏羲而祖之，

---

[1] 此碑下半部字多漫漶，以下尚有三排二十一人姓名。

且獨於伏羲而祀之？為獨是上古之世，禮制未立，人無定偶，至伏羲氏始以儷皮為禮，使男女各為配偶，則有夫婦，而後有父子，有父子而後有君臣，有君臣而後禮義，上下有所措。革已往猱狉之俗，立萬古綱常之大，使人得以有祖孫父子統緒之傳，守夫夫婦婦人道之正，而不至淪於禽獸之歸。中原永為禮義之邦者，皆伏羲之賜也。念人道之所由來，思紀綱之所由正，於上古羣聖之中，獨於伏羲而祖之，而祀之，固其宜也。歲時豐稔，肥爾牲牷，潔爾粢盛，以致感慕於不忘，固亦有其心之不容已者歟。

同治十二年。

（文見民國《淮陽縣志》卷十八《藝文志》。孫新梅）

進香朝祖碑記

【額題】皇帝萬歲　日　月

先天太昊伏羲聖皇

【碑聯】

從太極以畫卦彰往察來徵顯闡幽直向先天部秘義

贊神明而生著探賾索隱□□□□□□□□□□

蓋聞伏羲氏，萬古斯文鼻祖也。想當年河出圖矣，洛出書矣，神龜呈數矣，龍馬兆祥矣。前有三皇，後有黃農。抱一為式，畫卦洩天地之奇；開物成務，厥初啟陰陽之秘。繼天立其極，六合託其庇。猗歟休哉，何道之隆也！自有皇陵以來，進香者紛紛，朝祖者藉藉，四方雲集，不約而同，疇非仰赫聲而慕濯靈也耶。今有商邑會首閆文秀、盧振□等領會，三年已滿，立石於茲。謹將諸齋公刻石留名，永垂不朽焉。

邑庠生蕭明祥撰文。

儒童蕭恆俊書丹。

化河地方南大夫莊首事王文秀、盧振永、王文憲、王文鬱、王臨□、王文林、王同、王文法、盧振方、王全惠、王文學、王理、劉太春、王有惠、王文貞、史舒容、高華逢、史國葉、史光義、王得林，以上共施錢四千二百文。

石匠徐文炳、高明然。

大清同治拾三年二月上澣。

（碑存淮陽縣太昊陵。王偉）

流芳百代

蓋聞盤古既分，開物之功，千秋共仰，巢燧繼統，成務之德，萬世維昭。自古聖神首出，其著功德於兩間者，即宜供馨香於百代。恭維太昊伏羲陛下，畫惟開一，□本兼三固，所謂生民未有造物僅見者也夫。千佛道元，唯但肩而作肅；九仙跡渺，尚仰齒以修議，況河圖所演，開五百年聞知之統，肇億萬世主治之基哉。□□河等久窺夫畫卦演圖之盛，各深其水源木本之思。三日齋，七日戒，所率多士以景從一命。傴再命僂，更先士女而折節；區區寸心，誠愨既麇於蓬蓽；渺渺微意，精誠直達夫丹墀。敢竭鄙誠恭短引。

　　商邑廩膳生趙步斗撰文。

　　商邑儒童楊丕續書丹。

　　商邑東關會首王錫璧、耆民楊清泰、耆民趙伯祿、耆民柴世佩、文生周南、貢生王殿璽、王心一、楊明義、耆民柳振清、監生王有義、武生李振川、廩生王炳揚、楊煥章、閔萬太、閔清現、王者棟、呂尚文、趙採楸、趙清一、郭懷明、袁清俊、□潮國。

　　鐵筆李清水、劉景新。

　　大清光緒元年卯月中澣吉旦。

（碑存淮陽縣太昊陵。王偉）

陳州府商水縣西街地方周家村碑記

【額題】永垂不朽

　　陳郡舊有畫卦臺，蓋太昊神靈所託也。爰稽書契，肇自皇初蒼頭而遙自神器，爰歸風姓，而禮教以興，法度始備。洵所謂首出之神，奇歷千載如一日也。胡五峯曰：軒□御世，賢能並舉，治具畢張。此以知能發天地之藏者，自能與天地相參。夫豈若敗塚荒祠，歷時物之變遷而英靈遂與之沒滅也哉。

　　舉人李毓英撰文。

　　文童趙元良書丹。

　　周慶雲、李殿元、周伯魁、王東陽、訾長發、王雲平、郭貴方、王泰康、李樹義、周名魁、張冠英、訾寶三、王廷祥、周天運、周門趙氏子慶雲、李門欒氏子殿元、訾門趙氏子寶善、王門顧氏子泰然、周門王氏子名魁、王門張氏子狗、王門李氏子世超、郭門王氏子□蘭、周門李氏子天命、周門曹氏孫天運、張門王氏子冠公、婁門趙氏子宗明、劉門王氏子萬國、訾門劉氏孫大經、訾門周氏子鎖、張門王氏子天樂、王門郭氏子志芳、周門魏氏子天一、劉門王氏子婿雲平、張門李氏子魁儒、朱門劉氏姪生、訾門王氏子憲明、李門周氏子彥章、王門顧氏子本新、周門張氏子玉平、付門王氏子彥俊、張門韓氏子栓、婁門王氏子狗、鐵門李氏子劉銳、周門趙氏子清章、張門王氏子樂城、訾門趙氏子文學、陳門劉氏子克順、訾門魏氏子城、李門徐氏夫天祿、周門苗氏子臨德、王門楊氏子太原、劉門康氏子清亮、張門李氏子發盛、周門趙氏子奇雲、訾門葉氏子大經、趙門朱氏子敬、訾門張氏夫熱鬧、沈門呂氏子熱鬧、訾門安氏夫振海、王門袁氏子三、李門張氏子世泰、□門王氏子毛、周門王氏子清泉、張門趙氏子景魁、王門姜氏子亮、王門周氏子會成、訾門楊氏子憲興、劉門董氏夫長興、□門王氏子秋、□門李氏子陶然、訾門陳氏子貨、李門王氏子世和、訾門厐氏子□、張門李氏子冠全、李門王氏子廷瑄、周門李氏子煥朝、訾門雷氏子寶森、張門李氏孫暴□、李門王氏子兩□、王門孫氏子太啟、訾門張氏子文思、張門趙氏子長、王門趙氏子青、周門雷氏子昊、□門□氏子□、□門□氏子振生、武門王氏子發臣、周門李氏子□成、□門周氏子□福、□門□氏子宝益、王門張氏姪英才、秦門王氏子□□、張門王氏□□田、李門王氏□□□、訾門魏氏□□□、王門李氏□□□、周門王氏子□□、張□□、周祥雲、張門單氏子冠書、周季魁、周保成、齊燦章、周清訪、張文煥、周清鳳、周祥雲、張才儒、王雲章、王廷正。

石工張斗南、黃好義。

石工李才貴。

大清光緒元年二月十五日立。

（碑存淮陽縣太昊陵。王偉）

進香碑記

【額題】萬善同歸

蓋聞伏羲氏，乃斯文鼻祖者也。想當年河馬負圖，畫八卦以開天地；神龜呈數，定陰陽始成男女。継天立極，六合託庇，則功德大莫與京，豈不猗歟盛哉，何其道之隆也。但自有皇陵以來，朝祖進香者何可盛道。四方雲集，不約而至，豈非仰赫聲之濯濯也耶。今有陳州府淮甯縣北廿五里臨蔡城地方华陀廟會首事刊列於後。

淮甯縣童生賈長清譔文。

淮甯縣監生朱克礼書丹。

首事朱廣田、張文魁、朱廣學、張繼先，各捐錢壹仟文。

張玉法、李長泰、宋登峯、張成業、孔慶蘭、何成章、賈殿選、劉敬先。

鐵筆李清泰。

大清光緒元年喜月吉日立。

（碑存淮陽縣太昊陵。王偉）

商邑楊家崗弟子敬之神碑

【額題】流芳百代

商邑西北距城貳拾伍里西馬坡地方，楊家崗弟子敬立神碑壹座。

蓋聞於皇皞，起自洪荒。継天以立，承巑而王。寔秉木德，是為春皇。厥氣維淑，厥精維蒼。班臨仰位，昭結亥鄉。氏以宓著，姓取風揚。統元體乙，椀繩寢已。蕩乎無境，浩乎無疆。行同顯叔，連自中央。神降成紀，治徙淮陽。木蟲鱗屬，河消龍驤。負圖獻瑞，布數呈祥。俯霄地紀，仰合天章。近身遠物，上較下量。畫通三極，卦應八方。以順性情，以體柔剛。幽聞微顯，來察往彰。十言教立，六畫位當。消息隱約，變化微茫。秉策幽贊，洗心退藏。制氣尚象，穆秀意藏。上奉天道，下立人綱。更因畫卦，制作偏旁。代繩作契，連體成行。用成龍紀，以飭官常。爰啟混沌，往協朱襄。英歷紀歲，庭舍列牆。飛潛有定，居降無妨。中連栗陸，下追陰康。昆連西宅，葛象東張。成功煊赫，遺澤汪洋。歷年如故，亘立不亡。縣名商水，邑號灉溵。近居舊治，遠沐遺芳。向當春畫，既薦馨香。勒珉敍事，永誌不忘。

　　廩生李化南撰文。

　　監生李青雲書丹。

　　首事李秀生。

　　監生李有仁、李振聲、李叔性、張永聚、趙森監、王聖言、張富卿、黃君紹。

　　耆民李潮強、楊平□、張寶貫、范學士、張臨泰、李仗榮、李桓興。

　　石匠李天錫。

　　大清光緒貳年孟春月吉日。

（碑存淮陽縣太昊陵。王偉）

太康縣東門內工字街進香碑

【額題】抱一為式

　　粵稽成紀發祥，德王以木，陳地作都，姓取乎風。以佃以漁而民用足；為畜為牧而庖廚充。定四時，作甲辰，知神靈之首出；畫八卦，造書契，實斯文人之鼻祖。德澤既流乎百代，俎豆宜報以千秋。聖朝致祭謁陵，良有以也。小民虔誠拜禮，豈偶然哉！今太邑信士王銘易等，矢志作善，敬齋神會，每歲仲春，進香朝祖，業已三年告虔，竝欲萬善同歸，於是，勒諸貞珉，永垂不朽。囑文於予。予何文哉。亦惟即太昊伏羲之盛德大業著於史者，聊采數語，以為之序。

　　邑廩生何三省撰文。

　　廩生李風翔書丹。

　　會首李鴻陞壹仟伍佰文，尹見文壹仟伍佰，程光業壹仟伍佰，李思誠壹仟伍佰。王錫易肆拾伍串，劉松林壹仟伍佰，曲成章壹仟伍佰，鄭為□壹仟，萬金璧壹仟文，呂金鐘錢貳佰文，呂遇文貳佰文，楊鳴山錢貳佰文，汪書堂錢三佰文，王廣居錢壹仟文，田明魁錢伍佰文，魏懷江錢三佰文，魏振江錢貳佰文，張峻德錢貳佰文。程光正、程文鳳、王立業、張嵩、薛新田、程文和、孫千里、王興順、柳漢魁各捐錢貳佰文。程黃氏、王柳氏、王□氏各伍佰文。韓柳氏、張章氏、陳□氏、賈□氏、陳韓氏、李薛氏，以上各四佰文。□王氏、鄭高氏、李王氏、以上各貳佰。張顧氏、馬程氏、張水氏、楊水氏、□水氏、張□氏、馬張氏、崔關氏、張章氏、王韓氏、李張氏、水王氏、李鄭氏、李王氏、趙劉氏、周昊氏、鄭馮氏、劉段氏、王□氏、張楊氏、侯李氏、趙李氏、鄭程氏、李王氏、王劉氏、柳□氏、張周氏、鄭李氏，以上各貳佰文。

石工田明魁。

光緒二年歲次丙子春二月既望。

（碑存淮陽縣太昊陵。王偉）

人祖聖會碑記

【額題】百代

淮邑西南離城一十里許□□地方朱七庄，會首劉維明等，恭齊人祖聖會，朝祖進香，於今三年，眾會人等誠心敬意，公獻神碑一座，適友人囑予作文以記其事。予堅辭不能，因不揣固陋，謹按往古崇祀之典，並今茲朝祖之由，以詳為記。

竊憶伏羲、神農、黃帝謂之三皇。伏羲之王天下也，生於成紀，以木德王而都於陳，故陳為太昊伏羲故墟。而陵在城北三里東，去其畫卦臺三里，高幾十尋，望之嶂嶂，儼若峻嶺。水經其前，東匯為池，即白龜獻瑞處。陵左右至今生蓍，蓋地靈也，而羲皇之靈實幽贊之。吾人追論其德，若天覆地載，莫得名言。而經之所記，尤有可考者，列三皇之首，居五帝之先，誠神靈首出之君也。觀其制書契，設網罟，辨支干，定婚配，經世之法，制畧而未備，而八卦之圖畫，精微奧蘊，有開聖人製作之先。是故窮天地之始終者取諸數，察陰陽之消長者審其機，探人物性命之微者會其理，為天下備物制器者尚夫象。而神農，而皇帝，而堯、舜、禹、湯、文、武，而周公、孔子，凡所以君天下、師天下之大經大法，皆有莫能外焉者。非所謂繼天立極，而為斯文之鼻祖乎。雖其德浩浩而難名，斯其澤綿綿而不斬。歷代以來，春秋致祭，著為令典。而廟宇之建，祀禮之隆，其制蓋已久矣。夫前人之建立，若是其周至，朝廷之祭祀，若是其尊崇。凡在眾會弟子，身為庶民，尤宜仰慕聖祖，來朝進香，以圖報本始之意也。且棺槨制自黃帝，黃靈窅塚在橋山，猶曰葬其衣冠。今按《世紀》由女皇至無懷氏，凡十五世，皆襲庖羲之號。而後炎帝神農作，由炎帝至榆罔，凡八世而後黃帝作，然則太昊氏之邈矣。自歿迄今，天地間海桑谷陵變故非一，治亂興衰時勢各殊，而太昊之陵巍然獨存。可知先聖之流風遺澤，烜赫宇宙，千古猶一日也。是為記。

商邑庠生葉天運撰文。

商邑庠生許奉先書丹。

會首李進山、牛文士、劉維明、張金彩、張文秀、于學礼、徐維坤、徐崇礼、楊文士、艾永華、楊舒貞、劉士祿、耆民許天祿、監生葉思誠、黃振清、趙新泰、周鳳鳴、王獻章、□生黃治國、耆民許中庸、李新年、徐明山、耆民張光珪、李慶雲。

李清先刻石。

大清光緒二年歲次丙子仲春月中浣敬立。

（碑存淮陽縣太昊陵。王偉）

太昊伏羲神碑

【額題】継天立極

蓋嘗聞水則有源，木則有本。是人生之本乎祖也。即年遠□湮，亦不可無窮本溯源之思。神靈首出，日月象其明；河洛呈祥，馬圖神其應。洩陰陽之祕奧，八卦開爻象之先；觀天造之文章，六書為篆隸之祖。配干支，作甲子，方興歷像之書；正姓氏，制嫁娶，始定大婚之事。造網罟以佃漁，其義則取諸離；代結繩以書契，其象則取諸天。考星□斗□□明天道之功，畫卦分州難志相地宜之力；得天相而左右纘勤，不讓天皇地皇人皇之殊勳；屏四侯而中外安居，可冠燧氏、巢氏、農氏之偉烈。其生也，人無夭札，物無庇厲，而民賴其利；其沒也，服教百年，畏神百年，而歷代不忘。故至今人往風微，尚存同心沐德之念；千載一□，猶有聚眾焚香之誠也已。謹誌。

商水縣西北留□地方張庄弟子：趙應和、魏自蘭、黃正己、魏得坡、魏醇明、魏春英、魏裕永、李如章、魏亮範、魏自榮、魏裕林、魏大章、魏東俊、□金□、魏慶志、魏敬美、陳□□、□□□、□□□、竇大殿、張得中、李忠智、邵本里、李振清。

西邑文生黃□廉撰書。

石匠李天錫。

大清光緒貳年歲次丙子仲春月下浣穀旦。

（碑存淮陽縣太昊陵。王偉）

陳郡南關紳民進香碑

【額題】壹畫開天

竊維陳郡城北三里許，有古帝太昊伏羲之陵。每歲仲春，鄉邦士庶□□□□□□，以致其誠，雖風□之使然□，伏羲氏之德有以感之也。今我同社等，亦相與周旋，結納燒香，將敬善心，□□連歲豐稔，其感年□人年豐，荐雞豚之詩，謂今日之祀事，不可視昔日而□嗇也。社事之□，今三年滿日，□□人謂不可無記也。□□□□而記之，所以昭虔誠，亦所以冀其永垂不朽云。

淮寧縣學程捷舉□□。

陳郡南關紳民。

會首李學禮、劉運元、崔應魁、趙金章、崔大有、馬占元、周連元、羅□山、□永和、

崔玉□、[1]

大清光緒貳年歲次丙子[2]

（碑存淮陽縣太昊陵。王偉）

淮邑朱家村進香碑

【額題】斯文鼻祖

聞之水有源，木有本，源遠則流長，根深則葉茂。太昊伏羲人之本，物之源也。淮邑迤西六十里柳涉河地方，有水牛朱家村者，司事朱廣宗等慕其德澤，仰其聖靈，數年進香，一念豎石，囑予作文以誌之。予想夫歷皇城，親廟貌，鬭角鈎心樓閣共覩危峻；丹楹刻桷殿宇同瞻輝煌。至其繼天立極之德，開務成物之功，亦人所相傳而相聞者也。予何必贅。予惟願四方之進香者孝父母，友兄弟，別夫婦，教子孫，親洽宗族，和睦鄉里，庶幾神明默佑多福多壽，而後嗣亦與有賴云。

箕城庠生理清瀾撰文。

箕城庠生馬雲龍書丹。

司事朱長舒、朱廣宗、朱長立。

耆民李峻嶺、朱長安、朱廷德、朱廷俊、朱元興、徐天一、黃通實、張長明、朱化安、朱聖修、徐□道、馮筠、朱士修、関德林、朱萬富、李秉仁、徐崇親、張甲恒、朱廣田、孟昭忠、朱玉山、李萬暢、朱廷落、屈名揚、朱金立、徐崇魁、張鳳禮、朱建安、朱祐文、李清山、朱元龍、張松林、馮統修、朱長法、黨玉清、馮安雲、朱廷振、朱廷芝、周文松、李文柱、張永興、朱廷照、李愷旺、王玉章、朱長合、耆民楊萬山、周文敬、朱訓有、高淩霄。

石匠魏文坤。

大清光緒貳年歲次丙子花月上浣之吉旦。

（碑存淮陽縣太昊陵。王偉）

西華縣進香碑[3]

上古草昧初開，神靈代出，載諸史冊，班班可考也。我陳郡為有媯氏之遺封，遙而祀之，實為伏羲太昊之故都。每歲之春，都人士結社修醮，絡繹道路，香火稱極盛焉。誠以

---

[1] 以下尚有六排，每排十人姓名，字多漫漶。

[2] 以下字殘毀。

[3] 碑列人名分十五排，每排二十一人，最後一排六人。第二、第三排字多模糊不清。

開物成務，利民生而興民事者，範圍天地無所過，曲成萬物無所□也。華邑距陳郡數十里，聯合進香者屢矣。今某等偕眾信士結會已及三年，勒碑以遺萬古。爰不揣鄙陋而為之記。

西華縣邑庠生員張鳳樓撰並書。

會首□□□、宋有、□□□、袁成林、宋天成、孔相料、常天王、李東順、馬博敬、馮林、李守錄、范文會、常永興、李尚安、葛有道、常□川、馮堂林、藍吉馬、張□永、汪和氏、石張氏、夏蘇氏、張姚氏、熊李氏、呂陳氏、陳劉氏、周趙氏、周金氏、周梁氏、周劉氏、周宋氏、周楊氏、金□氏、□王氏、王賈氏、淩金氏、宋王氏、宋□氏、宋徐氏、宋王我、宋石氏、宋□氏、宋馬氏、宋閻氏、宋程氏、金王氏、屈宋氏、屈王氏、劉金氏、淩程氏、淩金氏、李榮新、李端陽、李平泰、李平□、李□□、李吉平、和張氏、和郭氏、和□氏、李紀氏、杜李氏、熊紀氏、馮朱氏、杜李氏、胡張氏、杜黃氏、馮王氏、馮劉氏、馮鄭氏、馮張氏、馮熊氏、□相臣、朱金氏、張宋氏、張金氏、張劉氏、張劉氏、張□氏、崔李氏、申朱氏、朱□氏、李王氏、李劉氏、劉田氏、劉何氏、孔馮氏、孔朱氏、張年恕、李東月、李□□、李榮先、李心端、張成氏、姜王氏、記□氏、高李氏、張劉氏、張陰氏、李薛氏、李馮氏、鄧李氏、陳張氏、曹陰氏、金趙氏、孫李氏、李□氏、周祁氏、李姜氏、謝張氏、胡姜氏、王劉氏、熊王氏、張劉氏、張平、劉占鼇、劉王氏、周劉氏、王劉氏、李馮氏、劉賈氏、蔣張氏、錢□氏、李□氏、胡□氏、張亢氏、胡□氏、張□氏、□□氏、韓和氏、馮程氏、□許氏、張王氏、□□氏、張李氏、孫王氏、高□氏、姚澍□、王文鳳、朱德昌、黃胡氏、田崔氏、閻王氏、□楊氏、李杜氏、王李氏、彭王氏、丁王氏、馮孫氏、張□氏、□王氏、□張氏、王何氏、王程氏、胡張氏、□金氏、時周氏，汪王氏、王張氏、張梁氏、晁張氏、離李氏、劉李氏、王方氏、安劉氏、趙劉氏、□安氏、陳劉氏、劉江氏、丁王氏、王葛氏、王張氏、李張氏、杜呂氏、曹張氏、黃龐氏、唐陳氏、□陳氏、萬曹氏、高王氏、張龐氏、王□氏、方劉氏、郭張氏、王□氏、高李氏、周張氏、汪周氏、張王氏、李□氏、劉吳氏、樊朱氏、李周氏、閻馮氏、李劉氏、王陳氏、王□氏、蔡李氏、劉胡氏、趙張氏、王劉氏、王李氏、周劉氏、賈李氏、王李氏、王劉氏、王張氏、王孫氏、王張氏、曹李氏、李王氏、張徐氏、常周氏、張張氏、于李氏、王程氏、毛楊氏、高張氏、李張氏、劉劉氏、宋馮氏、劉李氏、王趙氏、張楊氏、汪□氏、李□氏、李邢氏、李夏氏、李何氏、李□氏、李徐氏、吳王氏、樊趙氏、趙張氏、趙任氏、王王氏、王閻氏、李姜氏、張王氏、李劉氏、劉胡氏、高劉氏、孔郭氏、張王我、和李氏、和康氏、和張氏、高楊氏、萬方氏、朱徐氏、高馬氏、蔣王氏、張胡氏、蔣□氏、楊李氏、張蕭氏、王李氏、李韓氏、鄭李氏、呂王氏、周王氏、張王氏、王張氏，淩李氏、周淩氏、劉李氏、許張氏、李□氏、龐□氏、李王氏。

石匠張萬雲、□書林。

大清光緒歲次戊寅四年花月穀旦。

西華信士公立。

（碑存淮陽縣太昊陵。王偉）

流芳百世

予在室默坐，忽聞門外人聲繁喧，予出而視之，見男女二百餘人，咸來謁予。予曰："何事也，而畢集於此乎？"眾曰："吾輩乃拈香朝祖會中人矣。"予曰：可細述之，以表來意。眾曰：倡此善事者，乃柘邑耀先魏先生其妻孟氏。因先生體弱弱疾，癯不勝衣，孟氏心長憂之。禱於人祖，疾荏瘳，甘受艱辛三稔，領會拈香於陳州，以報神恩，既而疾果愈。吾輩聞而義之，願隨而共成此善。孟氏遂接袁王氏之會，與其鄰王徐氏、張李氏約相遞各領三年，至於今，孟氏之數三年滿矣，不惟先生精神矍鑠，吾輩家悉清安。思吾輩獲福，豈非孟氏之誠心以感神，而神默默覆庇遍於吾輩哉！欲丐一言，將孟氏之善事，勒諸貞珉，以永為為善者師。予聞其言而題之，竟忘譾才，遂秉筆而為之記。

柘邑儒生陳印川撰文。

柘邑童生魏□德書丹。

會首武生陳知方、陳萬松、張節忠、工料張耀先、周瑄、張輔清、縣承［丞］王仁壽、李相廷、向應彩、王廣甲、王廣鐸、宗學礼、吳鳳彩、魏立德、李學文、呂士仁、何万倉、趙占元、魏金玉、張心廣、梁學礼、郭義興。

劉廣德鐫石。

大清光緒六年歲次庚辰孟春穀旦。

（碑存淮陽縣太昊陵。王偉）

商水縣觀音堂進香碑

【額題】流芳萬世

商邑城東北觀音堂地方，光緒六年歲在庚辰仲春之初，余閒座小窗，時有馮家村、楊家村諸善士囑余作文。余才淺學疎，豈能文哉，亦不過聊以（艾家營張家村董家營）太昊伏羲之事載在鑒書約，畧言之，以明諸善士之雅意耳。蓋聞帝生於成紀，原為風姓，德□日月之明，故曰太昊。都於陳郡，作網罟，法備佃漁之用，故曰伏羲。養育犧牲，以選純粹之色，以充庖廚之資，故又曰庖羲氏。於是，觀象於天，德合於天，天應以文章鳥獸。觀法於地，德配於地，地應以龍馬負圖。始畫八卦，而神明之德於以通，初制六書，而繩繩之政有以代。作六甲，定四時，起於甲寅，配以支干，歲月紀而年時不混，晝夜分而度數以明。至於制嫁娶，通媒妁，以重人倫之本，造琴瑟，作禮樂，以合天人之和。無非帝德之所廣被也哉。此余謹湊其事以誌之，豈不令學士文人以笑乎。

商邑廩生李蘭昇撰文。

商邑廩生趙從虎書丹。

會首閆太樂、楊繼孟、馮振忠、鄧桂芳、孔廣有、馮蘭廷、張升殿、李丹林、董九州、孔貽愷、刘天五、孔憲标、刘芳遠、鄧金禮、馬振坤、孔貽安、李甫惠、武生孔憲一、趙鳳□、婁玉□、蘇振清、鄧金燦、□□大、張宗聖、刘□建、孔憲章、孔昭忠、于祥文□□。

　　石工陳忠吉、李春雲。

　　大清光緒六年花月中浣吉日穀旦立。

（碑存淮陽縣太昊陵。王偉）

朝山進香碑

　　【額題】朝山進香

　　嘗考太昊伏羲氏，又曰庖羲，風姓，都於陳，以木德王，神靈首出之君也。歷代崇祀，遐邇拜瞻。以故余柘邑東陳家集吳君夢周率同會人，年年朝祀。一日，謂余曰："吾等往朝於太昊氏者，於今三年矣。蒙神降之福，永無災害之生，人享安平之樂，眾願立碑。余其誌可？"余曰然。余思伏羲氏日月象其明，龍馬河圖神其應。洩陰陽之秘奧，八卦開爻象之先。觀天造之文章，六書為隸書之祖。配干支而作甲子，歷象方興。制嫁娶以正性氏，婚姻伊始。而且儷皮為禮，道重人倫，龍師紀官，治隆庶績。猗歟休哉！万古文明實始基之矣。迄今歷數千餘年，春秋之享祀不忒；東西南朔，四方之敬禮孔殷。非神靈有赫，其向能使之然歟。爰刻立石，以誌不朽云爾。謹將闔會姓名開列於左。

　　柘城縣庠生毛鴻升撰文。

　　柘城縣增生毛鴻遠書丹。

　　吳夢周施碑石一塊。

　　會首陳永志、黃永方、□興讓、吳廣興、吳學周、吳俊周、吳夢周、李魁鳳、李相德、李鈍、李文玉、李相恒、李銑、魏鶴鳴、張慎從、張□、張立德、張立敬、張懷德、張懷亮、侯永修、高□德、吳廣舟、王興業、王興基、陳水清、刘信安、王太榮、王太平、張習端、張習壯、張玉□、王□忠、閻忠□、張大全、李玉□、楊鳳明、呂自成、刘璋、王居慎、陳□□、陳福田、刘應元、梁大賓、田鎖、賈太信、葛在田、刘本誠、刘振山、刘永山、史有才、張奠一、李峰、李金喜、周福全、呂應同、呂應賢、呂國青、呂心至、呂東范、呂心鑒、呂應年、呂金生、刘文南、刘文潮、時玉璽、時玉山、呂玉珍、楊玉清、閻明、閻文萍、杜克倫、杜克奮、顧文憲、李文德、王建德、閻琦、王天永、李登科、梁永緒、戴学堂、梁誠全、梁心田、梁壯心、梁承綱、梁承勛、梁興遠、梁松峰、李貴元、梁壯志、楊广聚、張天朝、常席珍、常全珍、周全珍、周□珠、□大朋、□吉金、□來珍、侯華修、李學昌、王九賓、孫廉、蘇大□、曹建誠、李文德、李富之、李文之、李慎之、李才之、李玉珍、李金居、李文明、李習興、□起廣、□玉光、李存貴、刘懷臣、盧金賢、刘賢臣、李剛之、李應倫、李成明、曹懷臣、曹祥、曹期聘、馬相雲、田文秀、張轉、侯超俊、劉崇善、張玉孚、張玉汝、竇銅、張習孔、馬常昭、趙克賢、耿樹明、張習本、呂應元、李藏□、許志立、劉本□、王玉來、劉勉學、劉金章、魏□支、李相亭、李維耕、王振心、徐興文、李□琪、李魁林、曹心成、鄭連曾、田鳳先、田鳳鳴、李文耀、□金□、陳長成、李文明、李玉明、李錫勤。

石匠□廣德。

大清光緒八年歲次壬午正月下浣穀旦。

（碑存淮陽縣太昊陵。王偉）

始制文字[1]

【額題】百世流芳

河南歸德府柘城縣東北十五里劉庄進碑

會末王永林、李金□、李逢年、吳敬德、吳文林、吳敬修、王□□、張□□、劉□□、劉□□、吳□、吳朝聘、張廣田、□鳴卜、董金晶、林□舞、□□□、□□□、□□□、吳西京、孟廣德、曹保印、曹貴馨、郝出敬、吳長發、吳長貴、吳西止、吳敬義、王清林、葉魁标、孫大用、杜廣封、杜玉璽、杜貴盛、杜五臣、杜玉綸、王□□、王□□、吳西成、王□□、王五□、趙連魁、張廣澤、張士行、蕭□賞、張秉鑒、王祥雲、朱建年、劉心端、王永春、禹建瑞、張廣立、魏金鳳、魏□□、杜九如、張書雲、張登鐸、張金□、張泰山、張心蒙、朱音鵬、張良、李鳳□、李長富、李長印、□□、吳三□、吳三樂、吳東復、吳敬賢、吳□王、宋雲棟、王廣德、曹保印、曹貴馨、郝士敬、郝从玉、吳長發、吳無止、吳敬義、王普林、□魁標、孫□用、杜廣封、杜玉璽、杜貴成、杜玉臣、杜玉公、杜廷□、靳永昌、張鳳山、張義德、楊東科、陳作林、楊國君、張廣道、張廣申、張水□、張□敬、□志鐸、張中禮、郝氏倩、朱振魁、朱致□、朱段丙、王大山、李堅、張文、吳大成、張梓、吳學文、李廷友、張國賓、張國禎、李振堂、孟□良、楊楹、王士年、任清魁、劉□礼、王玉珩、杜廷□、杜玉材、杜廷玉、宋金堂、王之登、王志賢、王□林、張留年、張廣田、張廣□、張保成、趙□魁、趙應試、王大中、王定來、王心敬、李怀德、陳林、楊在田、楊在山、王朝棟、魏朝柱、王本祥、劉大賓、劉明德、劉心廣、劉心春、王萬福、郝□善、陳長有、楊森、趙心堂、周玉祥、韋継周。

邑庠生路□河敬書。

大清光緒壬午年仲春月

（碑存淮陽縣太昊陵。王偉）

---

[1] 此碑中間已斷裂，後粘合。碑上開列姓名共十三排，每排十八至二十一人。有些字模糊不清，僅錄其可識認者。

西華縣進香碑

【額題】萬善同歸

　　太昊伏羲繼燧人氏而興者也。生於成纪，都於陳國，德參天地，明合日月，故曰太昊。教民佃漁以贍日用，教民畜牧以充庖廚，故曰伏羲。此太昊伏羲之所由名也。畫八卦，造書契而天下之文字不爽。作甲曆，定四時而天下歲月不差。制嫁娶，正姓氏而天下之□合以序。其基肇於華胥之渚，其墓遺於淮陽之北，繼天而王，到今受賜矣。故趙公煥章、耿公金山、馮公俊、王公遵信、張公之豐、王公遵斗，齊心向往，已盡三年之誠，負笈來朝，不憚百里之遠。於是，邀余作文，上表聖德，下明己心，勒之於碑，永垂不朽云。

　　趙心□、楊中玉、周銘選、王永福、監生李敦典、王文法、楊振清、趙華山、趙華章、何廷幹、趙振修、□生何良玉、李志明、杜大儒、監生吳遵路、趙傳璧、趙義泰、楊振江、武生楊龍香、胡振強、王成憲、王成合、王訓明、徐蕭鼎、李銘成、李慶和、李尚和、陳貫一、徐栓、徐廷壁、董邦新、耿殿魁、徐麒麟、耿玉昇、耿苦、齊玉行、監生徐芳舒、石金容、徐敬修、趙清山、張峯鐸、董邦俊、王崇山、王殿志、耿心志、劉辛泰、董邦傑、陳□、董太、董邦秀、李炳和、李秉和、耿中普、徐芳禎、徐金魁、高啟貴、周玉仁、彭國治、宋成魁、何永祥。

　　西邑長樂村會首全立。

　　西華縣學生員何海量撰文並書。

　　刻字匠王永福、楊中玉。

　　大清光緒壬午年春二月上旬穀旦立。

（碑存淮陽縣太昊陵。王偉）

進香會碑記[1]

【額題】開務成物

　　太昊伏羲氏之元祀，迄今四千八百餘歲矣。世遠年湮，人往風微，而鄉區僻壤，老者壯者、婦人孺子，雖□香□不憚走□之□降拜跪，時警左右之臨。其意豈有他哉！思一畫定天地之位，八卦開文字之先，萬物各有統宗，百□□□□□□□□，雖沒世而不忘也。陳郡為伏羲故都，陵墓在焉。太邑屬陳郡，去陳郡最近，祀之者人猶眾多，心□虔誠而朝祖進香者綿延不絕。適有陶郭地方善士王學孔等，有進香會，於今三年，議刻諸石，以昭來許，囑文於余。□□□□□□□像之輝煌，与神之所以為前人已述備矣，無容多贅。然有不容不誌者，善信能本其入廟之心，起敬□□，遇父言慈，遇子言孝，遇兄言友，遇

---

[1]　此碑碑陽多有漬爛處，下半截字多模糊不清。

弟言恭，使同今諸公各安其業，訓課子弟，無為非分進香之有稗於人心者亦非良淺鮮也。□□□，旱澇有禱矣，患難有祈，以求諸不可知之事哉！是為序。

邑庠生任守道撰。

眾會首[1]

石工孫常□。

大清光緒歲次壬午仲春下浣穀旦。

（碑存淮陽太昊陵。王偉）

重修岳武穆王祠暨送子觀音堂碑記

嘗思敦善行者，未有不敬鬼神，亦未有敬鬼神而不隆廟宇者也。岳王觀與送子觀音堂，歷時既久，殿宇傾圮，神象剝落，非復曩日之巍然煥然者矣。道士毛悟振駿發善念，相約同心疏募四方，釀金興工，一時輻輳鱗集，越月蕆事。聖象輝煌，大聲靈之赫濯，廟貌燦熳，肅人民之觀瞻，則古跡既得重新，而善士之芳名永垂不朽矣。是為序。

淮寧縣生員蘇忠凱撰文並書丹。

大清光緒八年歲次壬午桃月上浣。

（碑存淮陽縣太昊陵。王偉）

人祖聖會

陳州府淮甯縣周口北岸山貨街叩獻：

開天闢地太昊伏羲氏蓋聞維世之靈福。

眾會人等開列於後：金文章、董春林、姜崇發、姜崇山、李天祥、趙成山、張玉山、張玉成、熊廣仁、熊德山、張喜俊、張喜東、馮長太、唐福明、高太和、陳玉簧、王克有、王續然、□和太。

石工申明□。

大清光緒九年二月二十二日立。

（碑存淮陽縣太昊陵。王偉）

淮甯縣白馬朝祖進香碑

陳州府淮寧縣西南四十五里白馬地方沙河北岸張家埠口北子敬獻：

---

[1] 共十排，每排十二人姓名。字多模糊不清。

首事張天元、李門□、李清信、張世朝、王懷明、范心蘭、張東書、李清彥、李亮榮、司合德、范宗曾、楊振榮、劉虎變、張泰昇、曾傳明、王順前、王守訓、張太禹、付明路、張興春、張興合、付立山、張有然、張應周、張應犟、陳紹南、陳宗可、王懷志、王順志、範眾德、張業、劉文興、喬會朝、陳玉章、李秉立、張泰志、張忠、范裕綱、范成烈、張世有、王若鳳、王吉祥、王□祥、劉□山、張如虎、張世俊、張如金、耿志明、耿應寬、王恒學、李森仙、申禕太、袁尚志、李天祥、王國有、王壽仁、李甫榮、李芳林、李世然、李林榮、李廩學、李聚榮、李志漠、袁世喜、劉士中、李清元、李青嵐、李天鐸、繩元峰、李清華、李清選、李天榜、李廷選、尚傳德、李廷棟、李廣聚、李秉義、范明程、李金聲、章萬繼、李天章、翟中□、李天坊、李天太、李景明、劉振江、韓恒茂、李永合、許懷德、王文和、李同興、張振□、張友志、劉允豪、劉應德、劉懷德、孫逢君、孫逢興、孫成德、楊宏□、張明喜、高振朝、石茂元、楊西生、楊景志、楊振□、范鳳□、孫金榜、陳賜冠、許清蓮、馮□祿、趙玉興、趙□□、趙睢殿、趙長祿、李堂、王□修、孫逢全、孫成山、張停留、楊鳳□。

苑春玉書丹。

張泰書□。

大清光緒九年歲次癸未花月暨望吉日穀旦。

（碑存淮陽縣太昊陵。王偉）

太昊伏羲

予南陳境爰有古陵，柳湖南繞，蔡水東流，古陵何名？碑書太昊伏羲□。推其繼天立極，能不致人誠敬，歷久彌遠哉！太昊西遜□鎮信男女，齊朝祖會拜惟恐後，捐納爭先，會畢而財餘，公議立碑，總領尚先耿公徵文於予。予遂銘曰：

先天後地，初闢混茫。生於成紀，風姓孔□。彰母曰華，容虹繞兆。祥亦物務，恩澤無疆。宛華師善，赫胥臣良。甲歷異英，書契朱襄。官名栗陸，相號柏皇。天葬吉地，蔡水之旁。上奉御祭，犧牲牛羊，我黔首亦薦馨香。

前授開封府通許縣教諭太邑馬淩霄拜撰並書。

大清光緒玖年歲枉旺陽洽如月穀旦。

（碑存淮陽縣太昊陵。王偉）

進香碑

竊維乾爲天，父道也；坤爲地，母道也。乾坤者，古今萬物所以出也。至道滿乾坤，德冠古今，傳□□□□□□□□□天皇、地皇、人皇，誰不知委神功浩蕩，恩□光昌，萬姓仰止，日日感靈□秩八方，震若雷霆。□以上□君□之□下□□□之賤，莫不穆穆皇皇，虔心秉燭，濟濟蹌蹌，沐手拈香，群來勝地，稽首拜上。今有里居鹿邑□□村□□□□會鹿、亳兩郡善男信女朝祖進香，連來二十餘年矣。因年屆耄耋，恐後祀事難继，爰立石□傳後人，□□□□□事云尔。

鹿郡居士尚中山撰文。

亳郡邑居士韓德□丹書。

善士□玉香、孫德□、曹□杰、張名鎖、尚鵬玉、□化德、郭登雲、張本忠、魏大章、張運□、刘登□、李春澤、李保興、朱現章、金福堂、王朝杰、朱同德。[1]

峕大清光緒九年歲次癸未二月穀旦。

（碑存淮陽縣太昊陵。王偉）

朝祖進香碑

蓋聞伏羲氏，固神靈首出之王也。觀天地之文章，六書為篆隸之祖。洩圖書之秘奧，易取諸離。代結繩以書契，象取諸夬。儷皮為禮，道重人倫，龍師記官，治隆庶績。□扶徠有歌，立基名樂，□以象功而昭德，洪荒之運於焉變矣，文明之治由斯肇□。曰伏羲之聖，非羣神所可比，其德立乎天地，萬物之來。其行□乎天地，萬物之□。萬古無極之後，則我輩之生當其後，有默而禱之者，有朝而誦之者，孰不存報本之思。勒諸貞珉，謹將姓氏開列于左，以盡我儕之微章，以報神靈之功德傳之於後，久而不□。是為序。

周口北岸白衣廟街會首周振王、王福慶、王學文、劉洪安、焦鳳林、邱璡華、劉□潤、郭景泰、張保善、賈清雲、陳學詩、越清雲、劉門王氏、陳門王氏、邱門鄭氏、施門黃氏、呂門劉氏、倪門陶氏、康門魏氏、張門杜氏、任門張氏、康門宋氏、王門王氏、李門曹氏、王門孫氏、趙門孫氏、馬門王氏、李門李氏、李門高氏、許門庞氏、李門王氏、袁門李氏、張門胡氏、黃門陳氏、黃門李氏、張門朱氏、王門張氏、呂門魏氏、陳門侯氏、王門萬氏、婁門劉氏、崔門郭氏、龔門于氏、朱門□氏、楊門馬氏、□門王氏、王門夏氏、庞門□氏、吳門高氏、魏門□氏、孫門□氏、□門□氏、趙門□氏、張門楊氏、吳門□氏、張門王氏、郭門曾氏、□門郭氏、王門張氏。[2]

沈邑增生李潤科撰並書。

大清光緒九年歲次癸未仲春月。

（碑存淮陽縣太昊陵。王偉）

---

[1] 善士姓名共十二排，每排九人，字多模糊不清。

[2] 以下三排，字多模糊不清。

陳州迤西三十五里栗七集地方楚家營敬獻碑

陳州迤西三十五里栗七集地方楚家營敬獻碑
【額題】崇德報功
誌曰蓋聞先伏羲而帝者，非伏羲無以纘其者。後伏羲而帝者，非伏羲無以肇其基。所謂開物成務，紀天立極者也。日月象其明，一畫洩天地之私；龍馬神其應，八卦開象爻之先。而斲相緄築以制禮樂，觀天察地以通神明。是草昧之世初開，亦文明之運漸啟矣。所以仰維丕緒，緬懷神功，赤文綠字，莫不□其留遺。白叟黃童，無不受其庇廕。懿歟盛哉！功至矣，蔑以加矣。故萬世黔慕，咸沐德澤。而偏隅弟子，亦表愚衷焉。
淮邑縣學生員鄭謙齊撰文。
淮邑縣學生員劉雲臺沐手敬書。
鐵筆劉秉羲。
會首楚風閣、楚鳳池、楚文煥、楚文□、楚鳳、盧□□、□□□、張鑒□、庞□□、□文□、□文□、劉六□、周天成、劉長訓、□□、張文□、□永□、□文□、劉□□、劉心坦、□□□、庞□□、□□□、□貫經、李長□、周達奇、□大瑞、周允眾、□□賢、曹玉印、曹玉成、楚鳳安、齊□忠、□□□、王文道、賈啟慎、□□□、于孟仁、□玉全、劉□□、□□□敬獻。
大清光緒拾年歲次甲申二月中浣穀旦立石。

（碑存淮陽縣太昊陵。王偉）

同建太昊嶺［陵］碑記

【額題】萬善同歸
帝太昊伏羲氏，成紀人也。以木德繼天而王，都宛邱，今陳州府北關外有太昊嶺［陵］存焉。帝德合上下，天應以鳥獸文章，地應以河圖洛書。於是，仰觀象於天，俯觀於地，中觀萬物於人。始畫八卦，以通神明之德；制六書，以通文字之祖。彼三皇之世，俗尚洪荒，文明未啟，固已粲然改觀矣。況宜其上為上相，栢工為下相，朱襄昊英當居左右。又百栗陸北，赫胥居南，昆連居西，葛天居東，分理宇內，而政化宜其大治也。建等雖不生古帝之世，而仰思□帝之德，不禁夢神遊，與各村善士共相頂禮進香，以報神休於萬一。殆亦天理人心所不得不然者也。憶自光緒七年二月十五日，與同鄉三百餘家各備香資，親詣太昊之嶺［陵］，用伸仰企之忱。今已四□春秋矣。然莫為之記，雖善弗傳。建等議立石，以誌神明之德，並以記諸君子嚮善之誠。非一切朝山拜斗妄神福祿者所得而同也。是為記。

增生高性成薰沐敬撰。

監生符彬源沐手敬書。

會眾丁致正、陳文煥、溫有義、陳印心、高淑業、李建國、王文曆、李朝珍、王□恩、李落成、李珩地、王寶山、丁政平、何國相、黃普祿、王季全、常龍成、王□之、黃景貴、諸智琛、諸祥發、陳廣玉、羅夢魁、李嵩山。

石工張秋成、蕭天成、喬方竹。

廟住持真品。

仝建。

大清光緒十年二月初旬立石。

（碑存淮陽縣太昊陵。王偉）

周口鎮王埠口地方迎水寺街朝祖進香會碑

周口鎮潁河北賈魯迤東王埠口地方迎水寺街公仝酌定，敦起朝祖進香之會，共成善舉，闔會樂從，以同議為名，初自光緒辛巳年，至今三載已滿，闔會人等賴聖祖福德被其廣澤，人丁昌隆，生意順風，百事如意，萬幾得亨，無物酧報，豈敢忘情供獻之外，餘貲數金，既居陳土之地，終為陳郡之民，蒙國朝培養之恩，聖祖默佑之惠，由是以享以祀，以妥以侑，仰廟貌之巍峨，殷然起敬。覩聖容之嚴肅，凜然致恭。其永答神庥，継継繩繩，有舉無廢，謀諸全會購石碣，命梓人列石以記，無不欣然同聲相應，俛編為文。卑不揣固陋，謹援筆記其巔末，以垂於久。

陳州府淮甯縣國子監張俊孟撰文並書丹。

會首徐文錦、陸德修、朱長春、韓全義、賈龍和。

信士女：劉門梁氏、梁門吳氏、朱門劉氏、關門張氏、陳門宋氏、劉門鄭氏、劉門張氏、賈門李氏、董門郭氏、高門張氏、董門連氏、李門葉氏、李門彭氏、王門王氏、張門葉氏、崔門王氏、劉門賈氏、謝門吳氏、陸門吳氏、陸門張氏、劉門袁氏、曾門李氏、路門李氏、張門章氏、徐門王氏、張門李氏、劉門李氏、張門王氏、劉門王氏。

大清光緒甲申年仲春月中浣吉日吉旦同議會公立。

（碑存淮陽縣太昊陵。王偉）

歸德府柘城縣索堌堆集圓滿會碑記

【額題】斯制文字

河南歸德府柘城縣東北三十里索堌堆集圓滿會碑記

會末姚運□、張廷□、趙廣□、劉營之、趙鳳□、馬廣桐、王鳳舞、□□孔、劉心元、董金品、劉克義、曹允聖、張玢、趙文寄、張廣榮、李學顏、孟興龍、王□興、史□田、王心廣。[1]

大清光緒甲申年仲春穀旦。

（碑存淮陽縣太昊陵。王偉）

進香碑記

太邑之西集曰馬台，居民范永安等朝祖進香，樂為首領，三載而不倦，而又欲誌其年月，垂諸久遠，遂殷然求為文辭。余乃本前史所載者，敘而記之曰：古帝太昊，以木德王。德象日月，功邁三皇。畫成八卦，象數昭彰。造六書，文字輝煌。禮重嫁娶，樂作大荒。通德類情，治具畢張。而今拜謁，香楮酒漿。誠無不格，帝其來嘗。

太邑恩貢尚來輔撰。

太邑從九范德山書。

總領會首范永安、監生范德成、范玉鳳、范國義、范德山、范德海、柳漢章、汪青雲、□學章、張長太、張長有、趙會元、趙占元、高金鐸、萬九毫、萬福林、萬景同、萬九經、王元波、王元道、張見讓、史萬選、王發源。

會首從九尚傳文、王貴元、林潭、李平祿、李寶林、胡學修、劉新朝、陳廷獻、王化全、陳雲章、張玉文、楊宗元。[2]

石工宋天會、郭四庚。

大清光緒拾年歲次甲申。

（碑存淮陽縣太昊陵。王偉）

創建藏書樓碑

光緒戊子科舉人任鎮南

從來通經致用之儒，莫不旁搜遠紹，博採羣書，冀以擴其聰明，廣其見聞。然寒畯之士，往往力不能購，亦未始非憾事也。聖朝崇尚經術，欽定御纂各書頒在學宮，非不沾溉多士，而典守者瓜代頻更，復格於吏胥之手，存什一，於千百學者猶有遺憾焉。甲申冬，我邑侯仰之焦公，捐廉具資，屬郡廩生曹君次梗赴鄂省書局，購辦經史子集若干種。又慮無存貯處，乃上請於郡伯吳公仲怡，以修釁宮及譙樓之餘資，相地於學宮右側，創建斯樓。舉前中丞朗軒塗公、郡伯明軒屬公、邑侯稚蓴潘公，迭次所購及新購諸書，庋閣其中，以

---

[1] 開列姓名，共七排，每排十六人，字多模糊不清。

[2] 以下九排，每排十二人姓名，字多模糊不清。

資瀏覽。復於樓之左右，構屋數楹，延師課讀兼典諸書，故門外之額，顏曰"崇經義塾"，而斯樓獨名為藏書云。夫書不必備，期於有用，昔蔡虛齋先生詩曰："欲為一世經綸手，須讀數編緊要書。"斯樓所藏，雖不必奇探酉洞，富比曹倉，所謂緊要者已署具矣。學者由是而致力焉。殫緝熙念典之功，以體之於身心性命，驗之於日用倫常，措之於家國天下，處為純儒，出為名臣，仰副我朝廷崇尚經術之至意，是則購書者所厚望，亦建樓者所厚望也夫。

　　光緒十年。

（文見民國《淮陽縣志》卷十八《藝文志》。孫新梅）

陳州府西華尹坡地方夾河套碑記

【額題】萬善同歸

　　粵自太作都於陳丘而纘三皇之緒，下而肇五帝之基，繼天立極，為萬世首出之聖君也。畫八卦，以昭陰陽；造書契，以代結繩；嫁娶則為之定，庖廚則為之立，其種種治世之鉅典，百姓能常被其利，萬物能常沐其澤者矣。有善士尹君玉琦等，服其庇蔭之無際，因糾合善人君子徧於遐邇，以朝祖進香為急務，越至於今，已歷三紀，是誠鑒察之不爽，怙冒之無疆哉。合會公議，勒名於石，一以誌庇蔭罔外之恩，一以表感戴無盡之意云爾。

　　歲貢生王漢宮撰文。

　　儒童胡自修書丹。

　　會末姚寶財、李順章、監生張懃、監生尹玉堂、胡錫銀、張其哲、耆民張羣林、和三聘、尹應元、尹聚順、尹同德、郭德林、程尚良、姬化□、尹忠文、尹忠元、尹有剛、尹継榮、尹長福、尹來順、尹玉監、邱玉法、程玉良、金玉常、程永禎、王金章、金恒山、程建法、尹天平、尹世珍、尹振邦、尹振梅、魏文初、和惠先、金長泰、裴継先、張惇、馬君賢、馬遇賢、尹三畏、尹漢德、尹漢重、丁會一、馬觀賢、楊慶魁、張殿魁、李福林、李占林、張永志、姚鐘正、石振山、楊振山、曹彥章、曹明玉、曹蔚章、曹乘時、丁三怪、李元章、丁金斗、李明然、張自安、于長思、劉廣明、胡錫義、曹福榮、曹体榮、李廉、丁泰成、丁泰明、丁學如、尹樂堯、尹玉秀、尹樂舜、尹曰法、尹曰居、曹學士、曹庭風、丁瑞先、張大禮、丁會一、劉萬田、張逢秀、葛福有、張殿榮、張永志、尹朝棟、張志南、丁會先。

　　刻字王永福。

　　大清光緒十一年二月十六日敬立。

（碑存淮陽縣太昊陵。王偉）

陳州府太康縣東門地方進碑記

【額題】斯文鼻祖

蓋聞三皇之號，其來尚矣，而說者皆莫之統一。秦博士方天皇、地皇、人皇之議，漢孔安國序書乃始以伏羲、神農、黃帝爲三皇。迨至宋五峰胡氏，直斷孔子《易》、《禮》、《春秋》內外傳，不信傳而信經，其論始定。然三皇之號，不可泯也。夫以分陰陽，畫八卦，使人趨吉避凶者伏羲也；教稼穡播百穀，使人耕田而食者神農也；制衣冠，作宮室，使人寒暑有備而感儀者皇帝也。其功難以枚舉，其澤實及萬世也。今我太邑東門工字街進會人等進香已至三載，索余為文。余慚不文，勉而為之誌之，以答神庥，永垂不朽云。

監生柳鳳吾撰。

儒童張生蘭書。

會首郭淩霄、張俊德、李秉皋、宋如登、呂遇文、張書堂、徐化錦、王盛德、劉敬堂、鄭□修、柳鳳梧、魯金照、淩國興、溫知新、鄭法修、張運、李蘭熙、朱金榜、丁金花、劉守文、宋□建。

石工程榮華、李元紫。

大清光緒拾壹年歲次乙酉仲春中旬穀旦。

（碑存淮陽縣太昊陵。王偉）

太邑西關進香碑記

【額題】萬古流芳

盤古以下，循蚩疏仡，幾無可攷。尚論者，每以太昊伏羲為始，誠以功德昭著史冊，猶能傳之者也。況陳郡係其故都，寢陵在焉。故歲仲春間，四方進香者不絕如縷。茲有善士李金信，率領數十童子，前來朝禮，使得遊其故都，瞻其寢陵，咸知為斯文鼻祖，因生追本溯源之思焉。三年期滿，願勒貞珉，以為之記。

進柏樹四株。

增廣生員鄭澤德撰書。

邑庠生員馬培書丹。

會首郭廷玉、魯鴻□、劉清潔、李崇德、程光玉、侯春來、魯鴻太、劉清山、鄧文祥、李清江、李惟賢、許登科、張桂雲、魯鴻富、曾傳□。[1]

石工周永平。

---

[1] 此碑下部斷裂，刊列姓氏，字多模糊不清。

大清光緒歲次乙酉春月穀旦。

(碑存淮陽縣太昊陵。王偉)

柘城縣進香碑

【額題】萬善同歸

嘗聞祝善之家，必有餘慶。積不善之家，必有餘殃。□人張君鵬翼，誠柘城邑之善人也，朝山拜祖，歷有年所。舉凡勝地名區，何所不到。維我太昊伏羲氏之陵，吾友協眾進香，倍加誠敬，洵可謂樂善不倦者矣。曩有光緒六年間進碑一座，邑朱藎臣嘗為文以記其事，迄今昭然在目。孰意吾友善心弗懈，又率眾三百餘人拈香朝參，茲又數年，復議進碑，囑余為文。余自維固陋，誠不敢妄贊一辭，然誼屬至交，奚容推謝。乃講述吾友樂善之心，與諸公向善之志，刊諸珉，用垂不朽。至於神靈之功德，前碑言之已詳，余何贅焉。

柘邑庠生王松嶺拜撰。

柘邑廩生鄧藏修敬書。

會首生員李富春、從九品張鼎實、陳建舉[1]

石工陳金銘。

大清光緒十一年歲次乙酉仲春月穀旦。

(碑存淮陽縣太昊陵。王偉)

光緒乙酉春李公振省等暨會中群公議建碑[2]

【額題】碑記

太昊招余作文，敬謝不敏，再三強之。夫伏羲氏神靈首出之主也。虹龍/
洩圖書之秘奧，作《易》生於太極，理至□精，畫卦本諸龍圖，數窮其變，當/
□□儷皮，樂奏立基，龍師紀官，鳥明分□，□反作旋，蓋造/
洪荒之運，用啟文明之治乎，此所以超五帝而軼百王，亙□古而如/
蒼翠，皇陵已古，聖德永昭，來茲者□河不辭，羅拜者□雨駢集，此雖/
生員□廣源撰。

李□□書。

會首李振省、沈明義、伴官李金覽、牛振東、徐□興、伴官李守□、李守貴、監和李興道、李守道、武亮工、歐得□、李朋悅、張劉氏、劉于氏、沈紀氏、李王氏、李徐氏、

---

[1] 下餘五人姓名，字多模糊不清。

[2] 此碑下半部截殘，/後為缺字。

衡李氏、衡楊氏、衡陳氏、衡李氏、高郭氏、李孔氏、李鄭氏、衡張氏、衡李氏、衡王氏、衡孔氏、衡江氏、衡張氏、衡王氏、齊江氏、衡楊氏、衡王氏、李李氏、武劉氏、李氏氏、尚張氏、□□□、李鄭氏、武□氏、潘劉氏、張武氏、武陳氏、張段氏、武孫氏、李劉氏、李王氏、李陳氏、程劉氏、李王氏、節江氏、李宋氏、李韓氏、李□氏、李□氏、李安氏、李武氏、宋韓氏、李細氏、□張氏、李張氏、李張氏、李劉氏、李武氏、李衡氏、□□氏、李□氏、李萬氏、李王化、□□氏、□趙氏、李馬氏、□萬氏、□□氏、李王氏、□□氏、□□氏。

光緒十一年歲次乙酉花月上浣穀旦立石。

（碑存淮陽縣太昊陵。王偉）

扶溝縣楊陵岡地方進香碑

【額題】永垂不朽

嘗聞神所憑依者在德，聖之感格者惟誠。德誠兼至而靈昭焉。我伏羲□神聖首出之君也，洩陰陽之秘，八卦開爻象之先；觀大造之文，六書為篆隸之祖，而且配干支，造甲子而曆象以興。制嫁娶，定婚姻，而人倫始正。治隆庶績，原難備舉，功成永賴，萬古不磨。以故靈應致遐邇之感，報施動士民之□，香煙浩大，善士雲集。我扶有姓周名龍德者，光緒六年進香到此，愿許托神之佑生男，繼後領會三載，以答神庥。詎意未起，二神先知，言一出而求則應。歸未逾月，果獲麟徵祥。越二年，而次男復生。嗚呼！靈莫靈於此，驗莫驗於此矣。今龍德領會已滿。前已演戲而賽神，又恐淹沒于人善，因約四方會友，捐資立石，一則彰神之靈，一則旌人之美，事成之餘，命余作文，以記其事。噫！余何能文，亦聊以誌善士之姓名云爾。

扶溝縣楊陵岡地方會首周龍德、趙竣倉。

司歷趙峻岐。

邑庠生員趙瀛洲撰文並書丹。

鐵筆萬廣周、王心安。

光緒十一年歲次乙酉花月上浣穀旦立石。

（碑存淮陽縣太昊陵。王偉）

人之初也

河南歸德府柘城縣東北十八里禹樓、李家集：

　　□□、□□□、戚永貴、張□□、禹祥□、吳□□、吳□□、張民□、□文德、單如亞、李逢□、吳□□、禹廷□、吳文□、張□□、徐□□、劉□□、吳杏□、馬青□、馬

□□、聶金□、吳三思、吳三福、吳三翼[1]□桂廷、黃廷昆、黃廷峰、余金魁、余金生、余龍□、□□章、□□□、徐□吉、□玉璽、□秀章、李□明、劉怀讓、張文銀、杜武臣、杜春和、杜德和、杜洪方、杜九重、□華先、楊廣印、鄭華□、□長超、吳□□、吳朝領、韓玉金、王高山、張□、張□立、□繼龍、□□玉、張坤、張宗超、張雲聚、張玉書、張□□、王寶義、張夢有、王玉柱、宋□敬、吳國周、梁□山、梁大賓、張□□、□□□、□□□、李天章、李生科、李怀□、張大福、張□國、張□震、張□玉、黃□超、張緒龍、單鳳保、單朝柱、單天保、單廷珍、單萬春、張□連、韓金斗、吳長漢、魏金安、王廣安[2]李□廷、韓朝□、韓朝風、王金福、郭保義、周甫興、王振春、李天秋[3]單□□、趙□□、陳玉德、陳全富、周倫儉[4]。

　　大清光緒歲次乙酉仲春月。

　　邑庠生路振潔沐手敬書。

　　石工陳□勤鐫。

（碑存淮陽縣太昊陵。王偉）

邑侯焦公去思碑

廩生曹若枘

　　粵稽宓子賤之宰單父也，布鳴琴之化；言子游之宰武城也，播絃歌之風。尚已亦越後賢，若周濂溪之知南昌，張橫渠之令雲巖，程明道之在扶溝，其治皆振古鑠今，渺難與京。即如吾淮自設縣伊始，歷任以來，夢葵何公，紫拱馮公，雨皋吳公，芝涯汪公，政績卓異，備載邑乘，後人猶嘖嘖稱頌弗衰。今我明府仰之焦公，殆其繼武歟。公，直隸長垣人，領咸豐戊午鄉薦，壬午冬，署吾邑篆。甫下車，即以崇文教、勤撫字、揚善糾奸為競競。見文廟將圮，無以妥神靈而肅瞻仰，即倡衆修葺，煥然一新。又於右側創建書樓，購經史子集庋其中，籍資多士。每月課肩門嚴試，捐廉加獎，與諸生講書論文，娓娓不倦，尤以務實學勵，品行懇勉之人皆悚聽。間嘗以事至鄉，遇父老子弟於村邊隴畔，諄諄以耕讀為勉，遊惰為戒，語言歡洽，誼若家人。凡士民孝義端方、婦女節孝貞烈，皆旌褒。時方患盜，因立保甲以清其源，嚴捕緝以治其標，暴除而良賴以安。其他治行，多類此。無何，積勞致疾，歷久弗痊，遂於乙酉正月交卸。即潛行去任，士民知之，如失慈父母焉。相與紀公政教，以誌去後之思，復繫以歌曰：於惟我公兮，熙然陽春。興學造士兮，勤政愛民。於

---

[1] 後十五人姓名，字殘。

[2] 前十三人姓名，字殘。

[3] 前五人姓名，字殘。

[4] 後六人姓名，字殘。

惟我公兮，敢作敢為。良莠顯分兮，恩威交施。奈壯志之未遂兮，羞懷長才。養松菊於故里兮，竟賦歸來。自我不見兮，於今經年。翹首復回兮，再見青天。

光緒十一年。

（文見民國《淮陽縣志》卷十八《藝文志》。孫新梅）

西華縣東夏亭集地方東街會敬獻碑

神靈首出，德王以木。繼天立極，開物成務。觀象畫卦，斯文鼻祖。萬世永賴。功高千古。

太昊伏羲神碑贊：為皇為帝，超三越五。幸此故都，尚存陵墓，民到於今，弗斷香楮。恭疏短引，勒石不朽。

本鎮恩貢生候選教諭張樹人撰詞。

廩膳生袁作霖書丹。

鐵筆白承贏。

大清光緒拾貳年歲次丙戌仲春上浣穀旦。

（碑存淮陽縣太昊陵。王偉）

太邑西關進香碑記

【額題】永垂不朽

且歷古以來，凡澤被於生民，功及於後世者，予人以不忘之恩焉。況太昊氏為斯文鼻祖，開物成務，繼天立極，其德業之昭垂，猶有莫可名言者歟。故每歲仲春之間，朝禮者如雲，進香者如雨，藉非功德之浩大，何以令人傾慕之若斯也。茲有衆善士不謀而合者六十餘人，來瞻陵寢，虔心拜跪，非有邀福免禍之意，亦仰存木本水源之思云爾。今三年已滿，欲勒貞珉而為之記。

禮生□□來讚文。

增生鄭運德書丹。

會首孔□興、郭玉龍、呂傳勳、和如福、徐廣義、劉福來、張□澄、□福來、李玉柱、田鳳清、馬貴香、程文有、呂德信、趙富□、張明道、張興元、張德魁、劉清坡、胡倫平、張立堂、馬良□、張書君、張體元、徐峻峰、王曉龍、張西義、郭廣銘、張名魁、王盛業、馮聖義、齊玉成、李祥魁。

石工張茂林。

大清光緒歲次丙戌仲春月穀旦。

（碑存淮陽縣太昊陵。王偉）

河南歸德府柘城縣西北三里庄陳陽庄會進香碑記 [1]

【額題】繼天立極

　　蓋聞建非常之功者，□享非常之報，負無疆之德者，自垂無疆之休，而況□□□□□□□□□□□其德□兩地者哉。是以生華胥之深，虹霄為之肇瑞，都光仰之下，鳥獸□□□神首□□□□□□萬世曆數之宗。造書契以代結繩，實千秋文章之祖。制儷皮之禮，以正人倫。闡河洛之精奧，□□□□□五帝不足擬其高深，賢若三王，詎能方其廣大，功莫□焉，德莫盛焉。吾邑王公□□、金公□□□□□者名家，睢陽望族，奉香楮而來朝，不憚百里，趨庭階而瞻拜，已歷三年，邀福之念，□□□□□□□值仲春再修虔禮，凡我同人共此區區之意，嗟爾庶士，聊抒欸欸之情。余嘉其志之□誠，與其□□□□也，爰欣然而為之記。

　　會首陳西林、金□□、王玉景、王玉麟、金玉珂、田意昌、李克端、宋廣忻、陳永有、劉增□、劉環、田應運、田應選、鄧萬春、張採標、宋師俊、劉增財、金玉恒、王立德、□閣、王林、袁汝□、袁中□、劉紀、金□珂。

　　邑稟庠生鄧藏修薰沐撰文。

　　邑儒童汪守信沐手書丹。

　　大清光緒歲次丙戌仲春月。

（碑存淮陽縣太昊陵。王偉）

太昊陵會碑文

【額題】開物成務

　　竊聞亙古以來，懷葛荒逮無稽，唯包羲氏繼天立極，號神靈而首出。日月同其明，河圖應其端，洩陰陽之祕奧，八卦開爻象之先，觀大造之文章，六書為篆隸之祖，配支干，作甲子，曆數初一。制嫁娶，正姓氏，大婚□始。而其儷皮為禮，道重人倫，龍師紀官，治隆庶績，此煊然之德，後世所以不忘也。西華縣東北十里許，任廠村卜公玉振、張公立學等，□生善果，領袖聚會，心存畏敬，致欲切如在之誠意，秉昭明夙夜者。唯德之感，人人焄蒿，時時悽愴，朝祖進香，業已滿期而□不敢玩忽，□□□之也。於是，勒石銘心。委余俚俗數言，以示歷久不替云。是為序。

　　會首張立學、卜王振、武生蔡登雲、張全德、監生王長福、張起太、張玉珍、監生王士敬、鄭文德、王雲立、陳世安、王□太、王從先、張□鐸、劉文生、劉文清、劉占鼇、

---

[1] 該碑下部，字多模糊不清。

劉明五、蔡俊章、林應如、徐士清、宋趙氏、宋方氏、龐□氏、龐王氏、龐張氏、龐□氏、龐王氏、龐陳氏、龐曹氏、龐王氏、龐李氏、龐和氏、宋王氏、魯□氏、程彭氏、宋□氏、□鄧氏、劉程氏、宋□氏、宋石氏、宋徐氏、宋魯氏、宋李氏。[1]

淮邑歲貢龐汝行撰文。西邑儒童張全德書丹。

石工董遠成。

大清光緒拾貳年二月中旬立。

（碑存淮陽縣太昊陵。王偉）

河南商水縣龍塘河地方迤南駱家村進香會碑記

【額題】萬古流芳

粵稽上古太，又曰包犧氏，姓系以風，□廟於陳。以木德而王天下，此誠神靈百世之君也。初則觀於天，以通神明之德，俯則觀法於地，以關萬物之情，日月象其明，河呼神其應，洩陰陽之秘奧，八卦創爻象之光，觀大造之文章，六書為篆隸之祖，配干支，作甲子而曆象以興。制嫁娶，正姓氏，而大倫尹始。且也造網罟□□□後世之利，代結繩以書契，萬古被文明之治。分天兩地之功業，巍巍乎名言難罄，其妙□□。是為記。請□□□□□姓名開列於後。

邑庠生竇雲亭撰文。

儒童許汝州書丹。

會首[2]

大清光緒拾貳年歲次仲春月中浣吉日立。

（碑存淮陽縣太昊陵。王偉）

西華縣東二十里灘理諸村碑記

蓋自混沌初開，乾坤始莫問誰□□圖以画八卦，□曰伏羲。□□作綱罟以便民，□□□□□□，誰造琴瑟以和性情，制嫁娶以別男女，莫不曰伏羲。夫伏羲者，仰□□□於天，繼則觀法於地，觀鳥獸之文與地之宜。近取諸身，遠取諸物，其所以繼天立極，開物成務，□固與天地合其德，與日月合其明，與四時合其序，與鬼神合其吉凶者也。而其功德豈易量哉！今諸村統領聖會一年矣，謹以餘貲進此一石，以垂不朽云。

生員理清瀾撰文。

---

[1] 以下尚有十一排，每排十六人姓名。

[2] 以下字漫漶。

業儒理會雲丹書。

首事理林、理子玉、理繼周、司顯名、司芳名、理繼科、理成祥、理守俊、司理氏、司衛氏、司杜氏、司漠氏、司年氏、司周氏、司李氏、司刘氏、司王氏、司龐氏、司葉氏、司王氏、司和氏、司任氏、司張氏、司王氏、司夏氏、楊司氏、李龐氏、理王氏、理張氏、理王氏、理馬氏、趙張氏、理張氏、理朱氏、理任氏、理馬氏、理漠氏、理王氏、理黃氏、理刘氏、理司氏、理吳氏、理陳氏、理司氏、理金氏、理趙氏、理司氏、理楊氏、理□氏、理□氏、理馬氏、理董氏、理□氏、理□氏、理王氏、理富氏、理王氏、理陳氏、理金氏、理邵氏、理陳氏、□理氏、□王氏、□□氏。

大清光緒拾叄年歲次丁亥仲春月下澣穀丹。

（碑存淮陽縣太昊陵。王偉）

太昊伏羲碑

夫功有益於世而世能名之，謂之功，不可謂之神。功德之及人而人能稱之，謂之德。不可謂之□□□□。伏羲著六書，開文字之祖；畫八卦，類萬物之情；□佭儷，重人倫之本；洩精奧，道統之傳。及其地□□□□，筆墨而不盡，攖毫髮而難窮，真可謂神功至德也矣。孔子云："蕩蕩乎民無能名焉。"豈□之謂□□□，彼其皇陵兮松柏蒼蒼，威靈常存兮地久天長。惠及遠邇兮四方進香，黎民無貳兮男女同行。欲其名德兮愧無嘉章，作俚語兮須微稱揚。

會首王學清、孔慶玉、高希宇、王華雲、張致福、張玉崗、張庭訓、張致友、胡龍德、張致行、韓長發、韓瑞貞、薛瑞蓮、王望遠、張振東、馬思忠、張何林、張致祿、馬振田、馬先甲、馮希庸、高希周、高振德、高良昌、高友壽、高希禮、高敬亮、王克勤、王克柱、薛瑞旦、王大崗、王學禮、高學智、楊繼明、李有然、陳進賢、陳自新、陳逢春、王振治、陳繼祖。

西華縣儒童胡龍圖撰文並書丹。

大清光緒十三年歲次丁亥仲春中浣。

（碑存淮陽縣太昊陵。王偉）

商水縣大張村會進香碑

大清國河南陳州府商水縣西南北蔡寺地方大張村會弟子胡紹羅等敬獻：

且夫神道之設，由來久矣。果何以哉？以之肅人觀瞻，動人愛慕，起人畏敬，興人善念，報人功德者也。豈其無故整其形而祀之哉。斯如太昊伏羲聖祖，其功莫京，其德莫齊。仰觀於天，俯察於地，畫八卦以定四時；遠取諸物，近取諸身，立五行，以作甲曆；定北斗，□南極，道明日月；正姓氏，制嫁娶，恩及群黎。猗歟休哉！真作萬民之基。皇王修其陵墓，庶民聚會來祭。有弟子胡紹羅等各捐資財，募化信女，仰瞻聖祖，來朝於斯。奠前奠後，三獻誠意。跪左跪右，彌陀口提。大哉天皇、地皇、人皇，功莫與京，德莫與京。謹將善士姓名刻列於石，永垂不朽云爾。

商水縣邑庠生李林芳撰文，商水縣邑文童胡雲龙書丹。

會首胡雲清、路玉振、胡紹□、胡紹先、王道行、魏茂裕、胡榮芳、胡紹祖、胡龍宗、胡龍甲、張文星、胡蘭芳、劉益周、魏廣國、朱秀、楊淵、代有邦、郭立中。

大清光緒拾陸年仲春月中旬之柒日立。

（碑存淮陽縣太昊陵。王偉）

伏羲碑記

【額題】人祖聖會

秘洩陰陽，八卦開爻象之先。文觀天地，六書為篆隸之祖。大哉！伏羲。先伏羲而皇者，非伏羲無由彰，後伏羲而聖者，非伏羲無由継。以故豐功所感，遠近咸儀朝祖之德。至德祈季，賢愚共起進香之念。今有商水□□任殿元其心深恭敬，業已領會三年，意切虔誠，敬獻神碑一座，神明有知，其鑒此鄙誠也。是為記。

商邑貢生任殿元撰文，户科楊國珍書丹。

商邑西街地方司事：孫榮宗、楊芝芳、任占元、高瑞云、段文昇、顧大良、胡養顯、王凌□、任中恒、黃汝楫、王東元、李守業。

善士王忠智、楊國聖、高廖、段明堂、孫襄珍、顧明、黃□琳、王□善、朱崢、王連海、王永賓、王□□、孫國珍、詹□□、張效孟、趙立业、賈雲龍、陳□民、陳保全、王漢章、李春田、張秀奇、王玉來、王德生、王文清、党鉄錘、王喜、代豹、任成林、李學文、胡大有。[1]

大清光緒庚寅年己卯月上浣立。

（碑存淮陽縣太昊陵。王偉）

歸德府睢州高都里朝庄集進香碑記

溯自神道設教，由來久矣。功□浩大，傳流後世，動萬古不磨之思，啟千秋追遠之念，孰如人祖德澤長久哉。陳州北關，舊有太昊伏羲之陵在焉。神威赫赫，九州之香烟不斷，聖靈濯濯，四海之感應之無窮。況一畫開天，其端肇自伏羲；□□傳世，憶本始自人

---

[1] 善士姓名共八排，每排十一人。錄文爲可識別的姓名。

祖。□天之道，伏羲、神農、黃帝；後天之學，文王、周公、孔子。陰陽五行，化生萬物，皆八卦所闡發，事理六書、經緯地志、奇偶之蘊，功莫大焉，德莫厚焉。今同會諸人沐神功之深遠，思聖德之洪瀾，於具興起善念，眾有同心，恪具香資進朝賀焉。勒之貞珉，永垂不朽云。

睢州生員褚忠三撰文。

睢州儒童王浚東書丹。

會末竇太、張思成、何林昭、許兆祥、孫全箱、孫尚彩、孫魁龍、申培欽、張占鰲、王魁長。

信女：孫何氏、陳郭氏、陳宋氏、陳宋氏、康張氏、陳□氏、王宋氏、王張氏、張王氏、張周氏、軒張氏、軒靳氏、孫楊氏、□張氏、褚李氏、王祁氏、朱趙氏、程李氏、張柴氏、顧袁氏、許王氏、王尚氏、謝屈氏、謝張氏、孫李氏、孫王氏、劉軒氏、吳張氏、焦軒氏、焦李氏、王程氏、張焦氏、何李氏、張劉氏、王李氏氏、田申氏、王王氏、齊吳氏、劉王氏、屈安氏、楊周氏、袁楊氏、孫朱氏、齊許氏、李孫氏、呈林氏、白祁氏、曹謝氏、谷潘氏、高張氏、姚鄭氏、袁袁氏。

光緒歲次辛卯二月中旬。

（碑存淮陽縣太昊陵。王偉）

大清國江南潁州府亳州西北角新建太昊陵碑記[1]

【額題】一畫開天

大清國江南潁州府亳州西北角新建太昊陵碑記

萬物本乎天，人本乎祖，太昊皇帝者，固開物成物［務］而為萬世百代之祖者也。又為神道之至靈焉。推其姓氏里居，經史有云風姓，成紀人也。陳州太昊陵，有人祖皇帝之墳墓在焉。予曾經過此處，環左右後院，壟塚高起，而前殿亦聳然特峙，或說者謂孔子奉葬子貢擇地也。其晨鍾幕鼓，瞻拜頂禮，固□□□其數矣。茲有亳州郡北距城二十餘里，小黃里賈庄孫君信成陡起善念，糾合會信人氏，勒石以垂永久，囑予刊記。念材質譾陋，辭不雅訓，惟欣記孫君信成能□其□，又幸眾善信人氏之相與以助其成也。遂援筆而為之記。

石工張□□。

龍飛光緒十七年歲次辛卯二月二十五日穀旦。

會首田志□、高□□、孫□□、翟□□、□□□、王興德、胡行□、郭尚言、翟復興、陳□□、王心魁、孫純一、孫化□、孫複□、孫化□、孫化文、孫繩武、邢守訓、邢守明、

---

[1] 該碑字多模糊不清，僅錄其可識者。

邢升常、高必中、邢守仁、劉仁合、孫文彩、王金良、吳斐然、孫有堂。

（碑存淮陽縣太昊陵。王偉）

太康縣迤北四十里黃巢岡集進碑[1]

蓋自盤古混沌初開，代天立極，首出庖羲，開物成務，德□／

鼻祖，昭茲來今，億萬斯年。普天之下，率土之濱，□有血業，皆孰不庇其福而沐其澤。撫今追昔，□□□／

祀，人所應耳。予集有善士孔廣玉，因動追遠報本之思，糾集眾會人等，朝祖進香，今已三載，功程／完滿，囑予為文。撫衷自思，予本才疎學淺，非能文也。亦不過粗具俚辞，僅誌其眾會姓名暨進香之年月日時而已。

會末／

大清光緒十／

（碑存淮陽縣太昊陵。王偉）

淮甯北關義陵聖會碑[2]

【額題】永垂不朽

世代雖隔於遙遠，休風遐想乎皇初爲聖君而思聖治，援古蹟以慕古人，其義陵之起聖會也，北關地方由來已久。商賈雲集，各色生理向無行管，並無取用之意。自買自賣，交易均安，以和以道，何致口角相爭。自光緒十一年春，□有貪利之徒，請領竹木行帖，因抽用與宋姓爭毆興訟。業經前憲李天案下說明□□□，豈容設行。將行帖追回毀銷。斷令各行遵照向章，不准妄行添設，滋生事端。詎意李批猶在，越數年間，至於今春，又有周口地方金典竹木行妄起風波，違□□斷，復在陵會冒行抽用，貽累商民。余等均系北關首事，惟恐新興此例，滋鬧生事，古風不在，雀角相爭。以致聖會人民不安。是以具稟饒天案下，即蒙批示，據稟既有舊規可循，該全興竹木行何得蒙混滋擾，殊屬貪冒不容。著即遵照轉飭停止取用，以安行市，並錄全興竹行批，查北關會場竹木商販，向來□□取用章程，該廠前次並未查明冒然率稟，嗣據該首事李起寬具稟，經批飭停止取用，以免紛擾。著即知照，以後該竹木複以差事獨立難支，控□□將商境竹木商販德興泰、公順合、三益正。以幫差蒙府憲善天批，縣北關會場產境竹木是否來此趕會，有無幫帖舊章，仰准淮寧縣傳到案，秉公訊斷具報。毋任偏累，致滋藉口，旋蒙饒天堂諭高境，不應幫淮境之差，

---

[1] 該碑／以下殘。

[2] 標題係補加。

著即邀請先生處和以息訟端。後經周□胡堯周、苗之碩二位先生急公好義，不憚跋涉之勞來淮，以善言排解愷切婉悅，仍辱饒天，金批買賣行用會場禁地，向無抽用章程，何得開端，以致紛擾。是以謹遵舊規，全興行允諾，又與各首事，請和雖有前□既往不咎，今皆平允以篤前情，庶有向義近道之美，惟我府尊與縣之德政恩澤及民深矣。聖會亦溥恩雲集均沾□□何風之隆歟。

癸酉科舉人特授滑縣儒學正堂劉俊德撰文。

兩湖督標右營五品藍翎把總龔雲漳書丹。

北關首事眾九品李起寬、監生趙純山、監生趙金鏞、監生仝景壽。

武生齊心一、童生孫錫補、監生李仙明。軍功陸金印、耆民張竹林、童生周玉祥。

大清光緒歲次辛卯年桂月上浣穀旦。

（碑存淮陽縣太昊陵。王偉）

大清國河南陳州府商水縣西北離城十八里趙集地方李家寨會敬獻碑

嘗聞天開於子，地開於丑，人生於寅，是人之生，也有其始而能立。人之始者，莫若太昊伏羲。制嫁娶，正姓氏，而婚姻以興；配支干，作甲子，而四時以定。其功業之廣大，何可勝述哉。會中人等虔心來朝，囑予為文。予自揣學疏才淺，不能表揚其德，而遐稽古典，見夫洩陰陽之秘奧，開八卦爻象之先，觀大造之文章，為六書篆隸之祖，而且繼天立極，庶物獨出，為萬世神靈之君也。被其德，受其澤，誠有水源木本之思，欲報鴻恩於萬一耳。予免承眾意，謹搆俚語，以誌不忘云爾。

陳州府商水縣口頭地方文童李之瑞並書撰。

會首李煥如、李寬昌、李午辰、李清山、李殿、喬金棟、李占魁、李簍、張人希、李得江、李西學、李建興、李鐵梁、李應心、李德果、李世殷、李士彥、李百元、李省三、董新年、李壁□、趙□真、李朝統、姜余友、張申、李季才、李□心、段鐵頭、李君祿、李幹成、李長山、李遠夏、李□彩、李民桂、趙學、顧全來、李德楣、李鴻峰、李國春、和有、李鳴歧、李如虎、李全興、李牛、王金峰、李俊兵。

石工李中賢鐫筆。

光緒拾捌年歲次壬辰二月上浣吉日。

（碑存淮陽縣太昊陵。王偉）

歸德府寧陵縣西北二十五里翟莊會進香完滿

【額題】萬善同歸

歸德府寧陵縣西北二十五里翟莊會公建。

貢生徐進齋拜書。

首事朱明魁、劉明立、張萬興、武生李坤、韓體賓、韓振起、□□□、馮□德、張萬林、孟廣玉、劉文遠、趙□□、趙復猷、竇玉治、周強、張祖彥、商學才、□□□、劉光先、王□□、蔡治家、朱明□、許水生、丁玉治、呂珍行、王文與、賈明乘、李□□、許金立、李大明、李福田、李景德、李文彬、趙書□、□樂□、郭□田、李建業、吳□田、張忠良、張□滿、商進廣、丁天祿、潘致仲、張岐山、苗□恭、苗福□、孔保安、陳萬興、張本立、王□□、劉慶玉、李海朝、孟紹標、石□壁、張在行。

光緒拾捌年歲次壬辰仲春穀旦。

（碑存淮陽縣太昊陵。王偉）

陳州府太康縣西門地方碑記

【額題】萬善同歸

蓋自羲農至皇帝，三皇之號，由來久矣，而說者皆莫之統一。秦博士有天皇、地皇、人皇之議，漢孔安邦《序書》，乃始以伏羲、神農、黃帝為三皇。迨至宋五峰胡氏，直斷以孔子內外傳《易》、《禮》、《春秋》，不信傳而信經其論定，而三皇之號不可泯也。夫以分陰陽，畫八卦，使人趨吉避兇者伏羲也；教稼穡播百穀，使人耕田而食者神農也；制衣冠，作宮室，使人寒暑有備而感儀者黃帝也。且三皇之功，未可枚舉，而三皇之澤，實及萬世。乃造端夫婦而始肇乎人倫，位列三皇而君臣之分定，立台傳教而文人之蔚起。且天生之聖以治世，繼天成聖以昭德，迄今千有餘載，自生民以來，莫不被其澤，而實及萬世者也。殆莫非能安人之聖，而人何不思以報聖乎。猗與休哉！何其盛歟。太邑有曾繼富、楊堃並王君名興然者，均係世族名家，樂善好施，拈香三載，勤誠不怠。囑余以文。余本學疏才淺，勉之為序。故勒石以誌之云爾。

太邑吏科席士林撰文，太邑刑科李鳴岐書丹。

會首楊堃、曾繼富、承科王興然。

張景山三百、楊維愷三百、張繼祥三百、周建江三百、王一經三百、胡廣元三百、韋存禮三百。

大清光緒十九年仲春穀旦。

（碑存淮陽縣太昊陵。王偉）

太邑北三十里王集進香會碑記

嘗聞皇古之時，茹毛飲血，渾噩成俗，眇無人焉。迨其後，有繼天而而立者，太昊伏羲氏也。固神靈首出之主。觀天地之文章，六書為篆隸之宗；洩圖書之秘，押八卦開爻象之先。即一畫開天，乾為南而坤為北，離為東而坎為西，則四象分明，有統天御世之功；五行順布，有開物成務之美。猗歟休哉，不誠爲萬古立極之聖也哉。然世遠而年湮，孰念聖德而篤志，是民風日偷，誰仰活化而動心。於時有善士王棟海等，感皇祖之聖德，欲薦馨香。爰率一方眾善男信女，財納賄一年，進香二年，朝三年，功滿告完焉。第善足以表見於當時，猶恐不能傳流於後世，遂勒諸石，永垂不朽云。

儒童張長果撰文。

儒童王炳和書丹。

會首王棟欽、王炳謙、王棟海、王棟祥、王德錄、陳百起、王棟賢、王炳林、傅成林、張文寅、宋天相、馮継雲、馮継新、韓獻珍、王炳和、王棟建、王樹唐、王棟成、鄭雲全、丁本宗。

大清光緒十九年歲次癸巳仲春中浣穀旦。

（碑存淮陽縣太昊陵。王偉）

陳州府商水縣華河地方王家村閣會朝祖進香三載記

【額題】神靈首出

開天闢地

會首貢生□運若、□忠信、曾生任武臣、王古□、王愷、智興□、智興漢、魏樹仁、王振經、雷□雲、李文□、張文□、張自□、智振海、王文典、毛振孝、王德修、張學文、王□章、王心□、張殿□、謝占田。

會首楊□元、馬□行、王西魁、馬萬彩。

同會齋公葡田芳、智德富、智德發、智德賢、智士中、智興全、智興玉、智德宜、智興廣、智□正、智□建、智方科、智□成、智文成、智德□、趙文□、趙心安、趙□□、趙□□。[1]

光緒昭陽大荒。

（碑存淮陽縣太昊陵。王偉）

柘城曹庄進香碑

大清國河南歸德府柘城縣東北十八里分曹庄

會末曹茂積、曹大田、姜興未、曹昭榮、曹金釗、曹國鄭、周立雲、曹偉柱、□□□、□□□、劉睿、董□□、王時令、馮連舉、馮其長、馮治、劉賢行、曹茂賞、曹茂德、付

---

[1] 以下字多模糊不清。

良謀、朱又顯、田本興、曹賓、曹世、宋天宝、宋云長、宋云中、任□、任守田、張廣志、張連登、李東明、朱林上、馬継曾、孔慶珍、王賈智、馬継典、馬継貢、朱文寬、江永魁、刘玉□、李□章、曹思□、朱□尹、鄭花心、宋天林、宋天右、宋天文、王梁氏、王張氏、任趙氏、刘韓氏、刘李氏、袁朱氏、曹李氏、李張氏、曹姚氏、刘趙氏、陳朱氏、刘張氏、張梁氏、周□氏、刘刘氏、高張氏、張李氏、曹張氏、曹張氏、曹李氏、崔楊氏、吳楊氏、楊曹氏、李梁氏、李史氏、徐曹氏、趙王氏、趙刘氏、趙周氏、曹侯氏、李王氏、刘張氏、李李氏。

光緒甲午年二月中旬穀旦。

（碑存淮陽縣太昊陵。王偉）

萬古不朽

維帝太昊氏，成紀人也。宓氏，風姓。以木德，繼天而王。生有聖德，故河出圖，洛出書，鳥獸文章以應之。於是，仰觀天，俯視地，□□□□□六書可代，俾天地萬物，文字義理有所統宗。人倫□瀆，制民嫁娶，天道不周，作夫甲厤，而後姓氏正，婚姻通。歲月日時，下□□□□□□□琴瑟，簀桴土鼓之習革。造網罟，充庖廚，茹毛飲血之俗移。因教佃漁以瞻民用，故號伏羲氏。因為羲神，享神祇，又稱庖羲氏。□□□□□□□德日月合明，故功創三皇之後，道開五帝之先。繼天立基，草昧闢於一時；開物成物〔務〕，文明啟夫萬世。□□生民之福，宜其□□□□□帝，都於陳，葬於陳。生斯邦者，誰不撫故墟而思報本之誠耶。茲因激川顧家村善會搆求琈珉，索序於余。余□□□福帝□□□□□□詞耶。客強之。因聊舉所可信者筆之，或以龍圖虹遠之□聖稱。而人身蛇首之相，此乃誕怪之言，□□□□□□□哉。□□□□□□□蛇身牛首之怪，坐天位，宰天下，予此不足信也明矣。於是為序。

生員李龍江撰文。

文童趙中元書丹。

首事王文魁、魏景葢、武應文、武文明、黃鳳山、武□材、趙恒太、王明遠、武寅山、宋天秩、郭廷璋、陳廣元、魏殿府、魏學香、魏殿德、魏殿堂、魏殿選、徐良臣、王明廷、趙金山、李元喜、魏雙泰、魏恒盛、郭東周、陳□□、任守嶺、任中嶽、郭如賓、支萍遠、李之□、趙忠和、趙萬田、趙萬端、陳魁主、郭金興、顧九海、顧清泮、胡□元、胡金器、王□□、孫登峯、顧十哲、顧十成、顧九□、顧九法、顧九□、顧九福、顧九昌、顧九聘、顧□聲。

大清光緒貳拾年二月中浣。

（碑存淮陽縣太昊陵。王偉）

太邑西北袁庄進香碑記

【額題】片石千秋

　　予嘗過陳郡，謁太昊之墟，不禁喟然歎曰：從古帝王稱郅治者，蓋不乏聞矣。而要伏羲為最隆。當彼洪荒初闢，五穀不全，生靈幾乎塗炭，而咻之噢之遐邇，共荷生成，三綱不明，逸居近於禽獸，而化之導之，中外悉徵會歸休哉。治之盛也。雖溝壑委尸，似非美備之治，然習俗宜然。原非聖人之缺陷，況河洛傳書莫測，淵源之微而乾坤既定，遂窺天地之奧旨，後之人載其德，溯其化，欲為名之而無能名，所幸猶得即其營葬之地，而穆然深思也。籲嗟！流水乎天長，列於前者湖水之清漣也；落霞昭乎茂林，峙於後者峻嶺之崢嶸也。詎非地靈人傑者地愈靈哉！吾鄉有善士袁千峯進香三年，今議逮石，向予而求序焉。予因不遑論其事之何如，而仰維太昊之德，猶如重臨勝地云。

　　太邑庠生朱尚友撰並書。

　　會首徐廣春、王繼武、王金□、黃□□、袁千峯、申崇舉、袁繼全、□登遇、王金康、王明法、王繼然、王進忠、耆民趙儀鳳、張全鳳、□玉羣、徐興文、武生袁庚三、袁德貴、袁功璧、袁春山、袁繼峯、張法萬、王先興、王金儒、袁盛昆、黃東嶺、王殿興、袁所賜、王友信、武生袁盛□、袁心田、袁盛良。

　　大清光緒貳拾年二月中浣。

（碑存淮陽縣太昊陵。王偉）

太昊伏羲碑記

　　夫道足行遠者，不絕椒蘭之芳；人能煦物者，尚貞□石之壽。況開物成務，乃闡發於今古，觀變生爻，或通靈於幽顯，陵寢□□，降監不遠。俎豆尸祝，永無間然。粵自陰陽雲重雲重，剛柔繡繡，狉狉獉獉，或曇或地，渾渾噩噩，或韶差也，攘攘熙熙，或韞韣也。聖人內撫外協裡，表悅萬邦，向化億兆歸厥，握乾開坤，練五色於圓，蓋配剛諧柔，張八荒于方輿，至檢呈祥。赤文綠字，瑤函啟□，白琯丹繩，參天倚數。開二氣之□□幽贊，生蓍□□□之然運然。大道無名，至德無頌，宏功非數墨所能畫，兆極為萬民所同宗。況余等居近陵原，孰非孫子靈降在茲，共仰蒼草之墓，作覩匪遙休然。董卦之台，或生初之恩，奠千秋俎豆，推報本之念，進萬姓心香。

　　陳州府淮甯縣附貢生杜耀翔撰文。

　　陳州府淮寧縣登仕郎楊□棟書丹。

　　石工申明和。

　　鐵筆申金和。

大清光緒歲次乙未年二月上浣穀旦。

（碑存淮陽縣太昊陵。王偉）

商水縣進香碑

【額題】壹畫開天

陳州府商水縣東□店地方朱屯善士張道義□□

蓋聞物本乎天，人本乎祖，祖者本也。民之所由生，制作之所由創，神靈首出者也。洩陰陽之秘奧，八卦開爻象之先，觀大造之文章，六書爲篆隸之祖。配干支，以興歷數。制嫁娶，以正婚姻。□□□，用為琴瑟。造網罟，以□佃漁。當時之創造，使天下之人齊明盛服，紳民載道，婦女盈塗，趨倉恐後，拜謁憬然，真盛事也。即爲人傑地靈[1]。

淮甯縣庠生夏雲峰撰文。

淮邑監生李東岳書丹。

蔡邑鐵筆□□、□□。

大清光緒貳拾壹年歲次乙未杏月中浣立。

（碑存淮陽太昊陵。王偉）

西邑紅花集進香碑

太昊伏羲陵碑文

太昊伏羲者，風姓，都陳，木德王，神靈首出之君也。日月象其明，龍圖神其應，洩陰陽之秘奧，八卦開爻象之先，觀大造之文章，六書為篆隸之祖，配支干，作甲子而歷象以興。制嫁娶，正姓氏，而大婚伊始；而且代繩以書契，造網罟以佃漁，儷皮□禮道，重人倫，龍師紀官，治隆庶績，固儼若歲之有春，日之初開，而萬古文明始基之矣。西邑紅花集地方有張公、寇公、劉公、王公、金公、梁公者，念斯文之鼻祖，動慕古之深心，因而約會鄰親，各捐貲財，每歲仲春，親到陵墓拈香拜禮，至今至及三年，乃欲刊石獻碑，上頌聖德之無疆，一誌同善於不朽。余適教讀其地，切囑為序。余蓋敬文敬古并合眾人之敬，以盡一己之敬，甚盛事也。因不辭固陋，聯敘始末，俾皆勒諸貞珉，永垂勿替云。

扶邑恩貢生候選教諭葛汝洲拜撰。

西邑紅花集文童寇書明書丹。

王純德、監生寇惠元、金鳴綱、寇法彥、張守智、劉清振、梁含玉、劉金成、鄧和風、寇占元、劉寅山、陳生丙、惠德方、王盡臣、張□業、淩清□、寇震東。

---

[1] 此碑後殘，有些字模糊不清。

大清光緒二十二年。

（碑存淮陽太昊陵。王偉）

岳氏源流

水有源，木有本。水無源則竭，木無本則枯。祖宗者子孫之源本也。子孫而忘其祖宗，則是自涸其源，自絕其本。嗚乎！可而況祖功宗德，光前裕後，非尋常比。脫令代遠年湮，滅沒不傳，為子孫者罪將女辭。維我岳氏之初，起自神農，神農生姜水，即以姜為姓，以火德王，號炎帝，都于陳，遷曲阜，傳七世至莖，又七世生垂，垂于堯時為共工。水官生伯夷，易姓呂，舜時為秩宗，又佐禹治水有功，封為呂侯，河南波郡伯子遂以為國。呂氏仲子官太岳，即以岳為姓。生子名先龍，先龍從岳氏，生玄，玄□□歷傳至東昌府休，休生彥真，父子事周節度使。彥真生海，海生孟林，孟林生鉉，鉉生漁，漁仕宋，令使任遷湯陰生成，成生和，和生飛，飛封鄂王，贈三代太師。鄂王，即我岳氏二十四世祖也。王以上世系，散見綱史，歷歷可考。王以後至我國朝七百餘年，合二十九世，載在祖譜世次友脈，明白昭晰，分毫不紊，宗法族類記有所據，祖功宗德賴以不泯，為子孫者庶幾慰悅。特恐繼我後者未克纘承，致以積久忽亂宗法，即為蔑宗忘祖之漸，誠可慮也。於是，商諸族眾，端石記載，樹之太昊陵左掖鄂王廟側。每逢瞻拜，觸目警心，庶我後人繼繼承承，宗法譜牒以時纘修，如水之有源，本之有木，此亦尊祖敬宗之一道也。至王之功德，載諸信史，膾炙人口，雖有頌揚之責，亦無庸贅云。

淮邑廩生張向仁撰並書。

鐵筆徐桂元。

大清光緒二十三年九月中旬穀旦。

（碑存淮陽縣太昊陵。王偉）

歸德府柘城縣東十二里張馬快集進香碑

【額題】皇圖永固

會首張西城、王振西、李生嵐、史景玉、監生荊心元、張心聚、楊桂扶、董金印、張秉鑒、□□、武生張寶進，王冀北、毋玉敬、楊本圖、周玉林、曹懋德、張廣忠、張文太、陳金才、曹齊昌、曹殿坤、楊遠□、王景珠、姚河清、□龍祥、秦敘昌、張國棟、陳童云、宋學禮、劉廣德、曹國慶、曹國曾、王文義、杜孝鐘、余金鑄、宋金有、李懷印、王懷朋、謝富德、謝吉修、謝吉標、謝志修、謝學修、韓夢有、梁萬田、吳□秋、關忠秀、和□丙、張心田、李名善、李才、李鈿、陳民、紀玉堂、張華賞、李從興、李體經、謝文奇、謝文秀、謝文生、邱秋鈿、李金河、趙連魁、余光瑞、徐璐、高賢、張繼曾、張鳳祥、李繼昌、董金斗、董金柱、董金福、吳大善、賈德明、賈標璋、屈歌、屈付、張冉、周建豎、徐秩貴、李心章、李鳳柱、李華福、李怀信、李怀仁、李興德、徐□、王林全、白萬倉、秦敘葦、秦來儉、高科升、□□、曹殿振、□慶、高鐘鍰、楊守成、楊思忠、張天才、張秉善、楊金揹、曹茂林、郝克勤、郝克明、杜九經、杜九遵、董□昌、董廣初、董周□、董□亭、董□民、周志魁、楊金聲、楊金輅、楊金成、韓金章、戚萬錆、徐金貴、丁振清、吳敬紙、吳興長、吳□樂、吳齊祥、吳怀星、□□林、□□□、杜玉盟、王鳳有、周貫三、趙慎、馮忠、王世清、王萬富、王萬修、劉景明、曹□亮、楊桂秀、楊茂榮、楊桂仁、楊桂祿、楊鳳田、楊金銀、楊金亭、張□、劉玉合、張□文、常山、常林、屈樹、屈林、屈榮、張國瑞、韓金□、韓□敬、韓克民、李黑□、曹志樸、米□□、周□德、馬忠鳳、馬忠敬、馬世祿、馬継文、馬継貴、馬継□、馬継□、劉□高、姚西玉、郭祥□、張継文、馮秀清、郭□□、郭金□、郭□心、□炳和、劉永祥、馬継顯、梁法然、張綏周、王登山、劉蓮登、姚克明、姚義成、王金榜、邢保德、邢保□、邢保□、邢鳳照[1]

大清光緒二十四年二月。

（碑存淮陽縣太昊陵。王偉）

商水縣西街進香碑

【額題】流芳百代

謹按燒香作會，例禁綦嚴。然有禁而不禁者，陳郡太昊陵之燒香會是也。蓋太昊初，制嫁娶，人倫伊始，雖愚夫愚婦，目不識丁者，莫不樂道其梗概而深其感被。是故其來朝也，非徒有邀福免禍之心，祇以竭崇功報德之誠。而地連數十郡，士女數百萬，奔走偕來，彌月不息，有非例禁之所能禁者。然官司猶出示嚴禁者，重王章也。官司實禁而不禁者，順民情也。王章重民情順，庶幾於燒香作會之中，不至有燒香作會之弊。此固官府委曲深意夫，又非愚夫愚婦所能及測者矣。適逢任君中恒會中進碑，余特謁之，俾勒之諸石，以待凡作會者覽焉。至於會之如何作，碑之如何進，自有會規在焉，夫何待言。

邑童生倪以文撰文。

禮書潘東昇書丹。

會首楊國珍、孫煥文、黃汝楫、任中恒、高瑞雲、段文生、顧馬套、吳振德。

信士孫國珍、王允中、王欣然、王連堂、韓清潔、孫漣浩、王俊傑、許保全、陳保全、陳萬全、王萊雲、王子深、王藜青、任中智、祝金榜、王水、謝守法、謝長法、王俊德、陳萬田、蘇宗燦、陳潤亭、陳鳳翊、王□元、王有義、王金声、李金榜、鄧雲山、蘇文玉、位五魁、王藍田、王有仁、任継有、王國恩、天和樓、萬盛樓、胡興、盧炎光、張

---

[1] 以下二十九人姓名，字模糊不清。

華清、楊同春、王書堂、於殿元、郭俊嶺、任來子、趙平、王立身、梁參天、陳天經、程潤德、麦澤遠、黃文中、王紅、王興和、関中天、郭秀臣、馬貞元、馬玉運、孫熊氏、趙胡氏、王玉朋、王雙喜、楊平言、王太和。

鐵筆劉金鎔。

大清光緒貳拾捌年歲在壬寅貳月中浣穀旦。

（碑存淮陽縣太昊陵。王偉）

河南歸德府柘城縣東北理嶺子楊莊朝祖進香碑

【額題】朝祖進香

會末[1]

大清光緒二十八年仲春月上浣建立。

（碑存淮陽縣太昊陵。王偉）

太昊陵碑文

【額題】斯文鼻祖

商水縣北離城十八里東馬坡地方張柿園

竊攷伏羲氏，風姓，建都於陳，故寢陵至今在焉。上古倫紀未明，帝乃制嫁娶，正姓氏，通媒妁，以重人倫之本，而民始不瀆。厥後堯、舜、禹、湯、文、武、周公、孔子，因而表章修明之，俾天下之人皆曉然於父子有親，君臣有義，夫婦有別，長幼有序，朋友有信，而文明之運以啟。無人不在倫常之中，即無人不沐太昊之化，所以覩茲廟貌，肅然起敬。此固追遠報本之心，初非祈福禳禍之私也。但恐世人不察，其愚者惑於鬼神不知理。其黠者謂為荒渺無足憑，不知其人雖古，其道常存。焚香頂禮，宜如何報答也。社中諸人進香已十餘年，茲屆圓滿之期，聊贅數語，勒諸琪珉。竊願四方善士誠心朝謁。是即明倫飭紀之意也。謹序。

陳州府府學生員程仁劍撰文並書。

首事張憲魁、武生劉成德、張慶榮、黃蘭會、黃德令、張慶安、尹文章、張憲信、李修枝、張憲貴、張憲保、王現章、楊天十、常心元、趙嘉賓、趙天佑、李大罡、黃吉玉、黃培然、張巾重、周鐵頭、李陽和、顧登逢、顧秀逢、顧鐵重、顧其昌、王金梁、王金寶、李應選、李有才、喬峻嶺、馮書賓、蘇廣德。

鐵筆李法先。

---

[1] 會末開列姓名，分十八排，每排十二人，字多模糊不清。

大清光緒叁拾壹年歲次旃蒙大荒落杏月上浣穀旦立。

（碑存淮陽縣太昊陵。王偉）

商邑西南固現地方于庄閣會碑記

【額題】永垂不朽

嘗聞孔子刪《書斷》，自唐、虞是伏義之生，今已不堪詳陳矣。但計其開天之功，固宜重 /[1]

惛迷數年，百藥罔效，晝夜不安。當斯時也，雖有扁鵲、華陀之醫，亦難望救其性命於萬一 /

進香之聖會，幸獲病愈。連年來朝，誠心整意，三歲三遭，茲值會滿之期，念余文 /

哉。亦不過聊陳俚語，以誌許公朝祖之誠，永垂不朽也云爾。是以為序。

商邑儒童李尚選撰文。

李□□書丹。

會首李子盛、劉毓濱、許安分、李雲深、馮效舜、黨天倫、馮文氏、馮穀氏、馮朱氏、馮明氏、馮孫氏、馮姚氏、馮田氏、馮董氏、馮胡氏、馮董氏、張田氏、張許氏、孫張氏、孫郭氏、田張氏、陳張氏、周齊氏、李馮氏、馮劉氏、馮文氏、杜王氏、馮許氏、李張氏、馮許氏、馮田氏、馮賈氏、馮郭氏、馮常氏、朱邵氏、李張氏、郭焦氏、張李氏、郭賈氏、陳田氏、明韓氏、明張氏、馮侯氏、馮王氏、馮楊氏、馮明氏、馮王氏、馮張氏、馮、馮陳氏、馮張氏、馮王氏、馮朱氏、許孫氏、許杜氏、許王氏、王張氏、王張氏、王張氏、黨張氏、崔張氏、張劉氏、華張氏、王程氏、王馮氏、王馮氏、王明氏、劉胡氏、劉張氏、劉馬氏、劉方氏、劉王氏、侯齊氏、侯劉氏、侯徐氏、侯祿氏、許黨氏、許田氏、許李氏、許陳氏、許□氏、李許氏、李張氏、李丘氏、王董氏、劉王氏、劉張氏、劉喬氏、劉許氏、劉張氏、劉朱氏、劉張氏、劉田氏、劉王氏。

仝立。

大清光緒三十二年春二月十一日。

（碑存淮陽縣太昊陵。王偉）

河南陳府商水縣西南距城二十七里北蔡寺地方陳家村會碑

嘗聞天下有非常之人，然後有非常之功。天下有非常之功，然後有非常之祭。凡後人之祭於前人者，皆其報前人之功也。依古以來致祭者其多而人非常，功非常，祭亦非常者，

---

[1] 此碑 / 後殘嚴重。

則太吳伏羲所獨也。想伏羲之功，有補於世也，作甲曆，信網罟，教佃漁，制畜牧，制嫁娶，制琴瑟而如此之功，猶其小焉者耳。以及大者而論之，問卜巫，定吉凶，決大疑，成大謀而薪傳下替者何在，非蒙尊神之德澤哉。然而感德者莫不來朝，被澤者莫不來祭。余因朝祖進香於今三年，進碑一座，樹立廟院，刻石留名，永垂不朽云。

邑文童郭掄秀撰文。

邑文童傅慎修書丹。

淮邑石工徐貴元刻石。

會首郭振興、郭丕承、郭懷刑、郭掄杏、郭懷坤、陳效賢、陳□鳳、郭明倫、郭懷山、郭鳳堯、□□□、□□□、陳福□、郭君選、郭應春、陳心太、郭懷安、梁方。

齋公郭門陳氏、郭門周氏、郭門工氏、郭門張氏、郭門周氏、郭門五氏、郭門趙氏、郭門胡氏、朱門張氏、郭門王氏、郭門杜氏、郭門胡氏、郭門趙氏、郭門陳氏、郭門楊氏、吳門楊氏、韓門劉氏、周門朱氏、王門范氏、王門郭氏、張門馬氏、范門王氏、楊門位氏、馬門陳氏、楊門范氏、楊門高氏、楊門周氏、周門王氏、周門郭氏、郭門朱氏、郭門吳氏、范門楊氏、楊門郭氏、范門郭氏、范門王氏、馮門朱氏、馬門田氏、胡門馮氏、楊門馮氏、李門趙氏、李門朱氏、李門栗氏、張門李氏、郭門□氏、楊門王氏、楊門李氏、莊門劉氏、楊門郭氏[1]

大清光緒三十二年春二月下浣吉日穀旦。

（碑存淮陽縣太昊陵。王偉）

河南歸德府柘城縣迆北十八里穆王會進香碑

【額題】萬善同歸

河南歸德府柘城縣迆北十八里穆王會

會末[2]

光緒三十二年。

（碑存淮陽縣太昊陵。王偉）

商邑西北距城六里趙橋進香碑記

原夫混沌初分，天地定位，日月運行，循環一氣。暑往寒來，迭相消長。晝動夜靜，互為根柢。灵机奧妙，果誰知之。惟古太昊，首出庶物。以木德王，於陳建都。治世安民，

---

[1] 以下九排，每排十人姓名，字多模糊不清。
[2] 會末開列姓名，分十五排，每排十六人。字多模糊不清。

天示符籙。河出圖，洛出書，陰陽之數顯烈。仰觀天，俯罕地，太極之圖渾著，畫一奇以明靜□動直之理，天地之秘既洩，畫一偶以闡靜翕動闢之義，文字之源已啟。因幽贊而蓍生，覿剛柔而象具。分揲掛扐，每三变以成爻，歸畸置閏；十八變而成卦，自卦爻象之義備。寂然不動，感而遂通，天地民物之情可見矣。先天下開其物，後天下成其務。吉禍凶福可以前知，是有命焉，難以強求。惟恐懼修省，自思患豫防者，乃能逢凶化吉，轉禍為福。可見六十四卦，三百八十四爻，參伍錯綜，皆為君子謀。而有師保如臨父母，正所謂順性命之理，盡變化之道，教天下萬世之人，洗心滌慮，觀变占以求至於寡過而後已也。遠之則在六合之外，近之則在一身之中。其道至大，無不□其用，而神無不統。太昊伏義之鴻功駿烈，直與天地無終極。閱世生人，閱人成世，迄至今日四千餘年，朝祖進香者梯山□□，不遠千里而來，何況敝邑商水，相近咫尺，能安□勿瞻拜恐後乎！爰憶領会，三年已滿，無物可獻，謹勒貞珉，用誌不朽云。

附生趙天佑撰文。

附生殷之輅、文童王世泰書丹。

會首趙玉貫、趙德麟、趙文俊、周天運、王守仁、趙清文、周祥雲、周守先、趙國祥、殷世泰、趙應祥、符振榮、趙臨淵、李國廉、邑附生單岐山、李正璽、劉應聲、趙東賢、趙天秩、程士彥、王體仁、李文修、沈秀榮、李□昇、王雲平、安宗仁、□振平、常金堂、安本忠、孫寶德、張炅、李天章、王世昌、趙東嶽、馬徽成、李會清、李恒心、趙文華、趙清順、趙□□、周學□、王守□、位□超、王萬冬、顧十昌、付來雲、李潤亭、党林朝、常惠、李育春、李潤□、程維新、李啟明、周振□、□金堂、趙鴻德、安□□、李升□、張士□、王運□、王德中、王淩雲、李武□。

大清宣統元年前二月中旬吉日立石。

（碑存淮陽縣太昊陵。王偉）

御祭太昊陵文

【額題】御祭碑

維宣統元年歲次己酉，壬申月戊申朔，越祭日，皇帝遣河南南陽鎮總兵郭殿邦致祭於太昊伏羲氏神位前。曰：

緬懷洪業，丕基遞邅於累朝。景慕前徽，郅治漸臻於上理。維帝王建極乘時，綏猷御宇。裕繼繪於自古，宏啟佑於方來。朕以藐躬，繼登大寶。伏念膺圖之始，宣修致禮之誠。特遣專官，用申祀告。典型有望，臨成憲發無愆。□□遙通，肅奉昭而有格。尚祈昭格，來享苾芬。

宣統元年七月。

（碑存淮陽縣太昊陵。王偉）

抱一為式

　　□□王□□□□□也。有功德於民者則祀之。伏羲垂教萬世，開物成務，為五帝首，其功德誠大矣。功德大者，享祀□□。陳郡□□，因陵建廟，我朝定鼎以來，歲時春秋祭祀，而民間皆以二月供香，南至楚腕，北踰河朔，西及陝□，東達曹□，連騎摩肩，雲集□茲。華邑東北三里山字頭村，近隸陳郡，遠慕羲皇。因聯眾□□，歲連二次，四年為滿，自光緒三□歲荒停止，至卅三年續進，於今四年，欲勒貞珉，以誌其誠。求文於余。余固非能文，竊思伏羲氏一畫開天，□千古文字。所學皆得力於文字。而文字之興，必推本於伏羲。宜其志同道合，追思其盛德，而有是舉焉，是為記。

　　爰作□□，神靈□方。赫赫陵寢，在淮之陽。五門三殿，洞啟堂□。太極□始，□□□□。松柏蒼翠，與蓍齊芳。西人食德，□□綿長。何□□□，□□文於。碣以誌之，之所不忘。

　　會首馬佩玉、陳好學、胡自秀、馬登雲、于土堂、陳順堂、劉清林、胡懷周、李平和、劉鳳先、馬尚友、于振江、于振海、葉□春、尉俊雲、范文章、夏尚忠、宋連登、宋維合、龐文鼎、宋維貞、馬連驥、祀生王占三、增貢業九成、附生郭書堂、□□□、宋國榮、宋維治、宋振清、周如濱、范超羣、張懷鍊、鹿理行、□□瑄、宋維量、范福興、宋國重、范雲峰、劉登雲、□□春、劉敬明、葉孔興、李萬育、范志純、王振乾、宋學榮、金貴□、王振興、宋國旺、李天性、龐好行、劉書文、賈金生、宋維□、張□、宋連玉、李平安、龐同行、宋廣祿、宋維清、宋國民、胡自厚、宋萬峰、王秉禮、金四興、周惠元、陳國宦、安書印、葉廷贊、宋維道、宋□修、劉玉明、□珍、龐九霄、宋連玉、李平安、龐同行、宋廣祿、宋維清、宋國明、胡自厚、宋萬峰、王秉禮、金四興、王辰東、李化藩、王存正、王鳳金、李平□、趙秉霽、王蓮塘、張同山、宋貴、宋維周、馮長樂、李嘉樂、□□興、宋國秀、劉瑞□、葉化貴、屈□知、金□景、龐□□、龐□□、宋□□、金□□、□金□、□□□、□□□、葉鼎銘、宋維幹、□□善、□□□、□□新、□□□、□□獻、□光天、程眾公、王□□、王□□、何學堂、葉應有、周同仁、淩□群、龐景陽、周景禮。

　　石工魏永祥刻石。

　　西華縣學增生鄭際泰撰並書。

　　大清宣統二年二月中浣穀旦。

（碑存淮陽縣太昊陵。王偉）

河南陳州府西華縣後山字頭村會進香碑記

　　河南陳州府西華縣後山字頭村會同立

且天下非常之人，必有非常之功，有非常之功，必享非常之祀。洪荒初闢，草昧初開，有伏羲氏出。畫八卦，分陰陽而天地之位定，制嫁娶，作婚姻，而人倫之道立。且造書契，以開文教。作庖廚，以□火□□交易。作干支，以定四時。功著當時，繹及後世。成開物成務，神靈首出之君也。以故其生也榮，其義□載，後世遠年湮，而墳陵之高聳，廟貌之巍峩，猶今四方之仁人君子結社聯羣，進香禮拜而不能已。北後山字頭村有趙化濟、劉化育等合四方好善之人，聯集鄰村同志之人，於每年二月間進香陵前。今三年已滿，特立碑記事，永垂不朽，並刻眾善士之名於左焉。

　　會首劉化山、劉文成、謝廷明、趙朝臣、趙連珍、刘林雪、刘化育、趙化寶、庞金芳、淩同武、貢生趙明瑞、武生趙連煥、趙連瑄、趙清太。

　　會首宋郭氏、馮王氏、金張氏、柳聶氏、刘張氏、李徐氏、李高氏、李逮氏、刘付氏、刘王氏、刘高氏、刘王氏、趙李氏、胡張氏、丁王氏、胡張氏、刘胡氏、刘張氏、刘王氏、刘王氏、刘徐氏、刘胡氏、刘林氏、張□氏、張石氏、張趙氏、孔魏氏、孔胡氏、孔楊氏、孔許氏、肖張氏、肖芩氏、理刘氏、刘李氏、趙王氏、趙楊氏、趙王氏、趙張氏、趙金氏、趙□氏、趙孫氏、薛張氏、張□氏、陳宋氏、李馮氏、肖賈氏、王王氏、陳杜氏、王郭氏、王氏、張王氏、馮孫氏、馮王氏、陳郭氏、謝芩氏、謝高氏、張陳氏、郭謝氏、張衛氏、王□氏、王□氏、李張氏、王□氏、江余氏、王高氏、王張氏、王李氏、王□氏、王□氏、朱許氏、朱趙氏、□□氏、李王氏、李□氏、宋侯氏、宋□氏、李段氏、李張氏、李□氏、李王氏、□□氏、楊張氏、□□氏、楊郭氏、楊王氏、段李氏、段郭氏、王程氏、何孫氏、□□氏、楊□氏、□金氏、□張氏、王□氏、黃金氏、□王氏、□李氏、□□氏、□金氏、□□氏、李□氏、宋梁氏、宋于氏、宋□氏、張萬氏、□張氏、張周氏、李柳氏、李張氏、李何氏、□王氏、□高氏、刘袁氏、□金氏、□□氏、□□氏、楊□氏、楊王氏、楊高氏、楊徐氏、淩金氏、淩錢氏、淩趙氏、淩任氏、淩刘氏、張徐氏、張趙氏、張王氏、肖張氏、肖□氏、肖王氏、肖□氏、肖宋氏、肖張氏、肖邱氏、王王氏、彭張氏、彭肖氏、彭邱氏、彭梁氏、彭刘氏、肖□氏、肖宋氏、李程氏、□□氏、宋張氏、呂□氏、呂□氏、張□氏、張黃氏、呂段氏、□趙氏、吉李氏、吉李氏、張王氏、張王氏、吉□氏、田王氏、吉張氏、徐李氏、□蔡氏、毋□氏、房田氏、蔡□氏、李□氏、楊□氏、刘高氏、姚尚氏、安王氏、□王氏、□王氏、邱徐氏、□淩氏、黃李氏、□邱氏、萬□氏、□王氏、王李氏、楊毋氏、郭付氏、楊張氏、李□氏、胡張氏、程郭氏、梁丁氏、□氏、□□氏、□□氏、□□氏、□氏、黃氏、張刘氏、□崔氏、□陳氏、□蔡□氏、□□氏、□□氏、彭□氏、彭□氏、婁胡氏、□□氏、申□氏、□□氏、□□氏、常張氏、□張氏、胡刘氏、徐楊氏、刘□氏、刘陳氏、王李氏、王康氏、王刘氏、王李氏、王李氏、□邱氏、□□氏、□□氏、王楊氏、朱□氏、□□氏、□王氏、黃□氏、黃周氏、黃□氏、馬王氏、□□氏、□□氏、焦耿氏、周刘氏、□□氏、□□氏、周李氏、刘周氏、牛□氏、王張氏、牛張氏、楊王氏。[1]

大清宣統貳年歲次庚戌二月穀旦。

（碑存淮陽縣太昊陵。王偉）

重修太昊陵記

天無往不復，地無往不陂，名區古跡無時不變遷，理也，亦勢也。其有不變不遷者，特後人保存之力耳。我陳羲陵最古，陵前廟則創自明初，樓臺重疊，門戶洞開，廊復壁連，綿亙數里。其間松柏森森，古碑累累，斯亦潁北之巨觀矣。然而代遠年湮，時形傾圮，廢瓦荒垣，觸處皆是，維古跡巍然猶存，而廟貌極見荒涼。已歲丁未，淮邑諸紳等糾合同志，慨然重修，陸續籌集會款三千零六十四串有奇，鳩工庀材，輪流監視，而工未告成，旋遭回祿，東西長廊半周，鐘樓一座，盡成灰燼。嗚呼！無為人與，何好事之多磨與？時值邑侯葉公小顏在任，見功作過巨，專恃會捐，恐難奏功，乃自行倡首，復向陳屬外縣各官署商號籌捐二千九百三十串有奇，仍交諸邑紳並入會捐，輪流監修。於是，危者持之，顛者扶之，殘缺者補之，失次者續之，風雨剝蝕者，撲斲丹艧，腐敗狹陋與灰燼盈餘者，間架結構以擴充之，整飭之，崇墉峻宇，鉤心斗角，輪焉奐焉，光輝畢露，蓋保存古跡心宜如是之慘澹經營也。夫伏羲畫卦制字為生民文化之祖，厥功厥德，固宜亙萬古而不替。後之人生斯長斯，惡聽古跡之荒殘消滅而不思呵護保存耶。所以興堵啟宇，爭先恐後，一磚一瓦，必敬必戒，非邀福也，存古也，亦官紳之責也。

工既竣，爰書端委以勒貞珉，俾來觀者咸知修葺之義，庶諸邑紳歷年之苦衷為不沒云。

淮寧縣省立中學校教員陳星蔚撰文。

淮寧縣公立小學校教員孫敬亭書丹。

淮寧縣優級師範學校教員段廣義篆額。

大清宣統庚戌年荷月立。

鐵筆蔣玉德。

（碑存淮陽縣太昊陵。王偉）

淮邑西六十里柳涉河地方黃營村東頭會進香碑

遙溯伏羲，生於成紀。王承三皇，下傳五帝。開務成物，繼天立極。作甲曆以配干支，代結繩用造書契。應河圖，畫八卦而吉凶分焉；本陰陽，布三辰而乾坤定矣。為斯文之鼻祖，立人倫之根基。生於陳邦，歿殯太墟。外修城郭，內建廟宇。河橋映帶，松柏翠密。

---

[1] 最後一排，字漫漶。

時值暮春，善士雲集。朝祖進香，蒸嘗致祭。同會弟子，意整心齊。于今三年，刻銘為記。

淮邑講生夏鳳明撰文併書丹。

石工人魏永祥。

會首黃公正、黃洁慶、王先知、黃端正、黃富云、黃先正、黃身正、劉元吉、王成章、黃翠峯、黃全運、王□□、楊玉順、衛平銀、黃李氏、黃王氏、黃高氏、黃唐氏、黃張氏、夏理氏、黃陳氏、黃馮氏、伍張氏、胡理氏、黃徐氏、黃徐氏、黃吳氏、黃高氏、王黃氏、夏吳氏、丁王氏、王畢氏、王周氏、黃朱氏、□陶氏、馮吳氏、位鐘氏、位陳氏、張田氏、徐理氏、徐馮氏、徐位氏、楊黃氏、徐惠氏、徐関氏、黃丁氏、王丁氏、黃王氏、黃理氏、黃理氏、薛王氏、薛楊氏、尹王氏、馮楊氏、王李氏、王黃氏、王譚氏、黃王氏、黃彭氏、趙梁氏、薛趙氏、薛朱氏、薛朱氏、薛朱氏、薛曹氏、薛張氏、薛徐氏、薛張氏、王宋氏、王畢氏、王楊氏、王李氏、王朱氏、王畢氏、王王氏、王劉氏、宋尹氏、畢李氏、刘朱氏、刘楊氏、王雷氏、刘杜氏、刘韓氏、刘李氏、刘刘氏、刘刘氏、刘理氏、刘胡氏、刘柳氏、刘李氏、刘周氏、王楊氏、刘李氏、刘周氏、李陳氏、李高氏、胡刘氏、胡張氏、李王氏、李朱氏、李胡氏、胡王氏、牛陳氏、牛金氏、牛朱氏、牛刘氏。

仝立。

大清宣統三年歲次辛亥暮春之月穀旦上浣。

（碑存淮陽縣太昊陵。王偉）

（淮寧縣）

太昊陵牆門碑

王宏仁

蓋惟以尊莫大乎帝，以本莫重乎祖，故凡有功德於世者，或法施於民，或以勞定國，咸飾其廟貌，著為祀典，而况乎其為帝，而况乎其為帝而祖。陳州北蔡河之滸，太昊伏羲氏之陵在焉。舊創有寢殿廊廡、戟門、廚庫、宰牲等房，繼立後殿、鐘鼓樓、齋宿房，其券門之前，復闕三門，森若鼎峙而重垣環匝，廣數百步，儼然帝王之居，夫固所以尊之本之而崇其明祀也。歲月滋深，葺理久曠，雖殿宇猶存故貌，而起視其陵寢則夷然矣，門楹則頹然矣，墻垣則潰然矣。余簡蒞斯土，首謁陵寢，不禁愀然長嘆曰：古帝王陵祠損即修治，憲綱所列，有司責也。矧茲繼天立極，開物成務之帝祖乎。且天地間海桑變更，不知幾何，而宛邱之陵，萬古不改，相仍至今，漸爾荒廢，是安可不亟為之所也。自顧力微扼腕無何，比及歲始，遠方祈禱者絡繹不絕，因命廟祝設醮募善，擇耆正，公同登貯以為葺理之資。維時余與同事諸公捐俸倡始，而郡之紳衿相樂來助，糾香資而度之，約可以經營矣。乃鳩工庀材，藉州佐劉茂賢董其役，殫力督率，不踰月間，向之夷然之陵塚，竟巋然而高阜矣；向之頹然之門楹，竟峩然而金碧矣；向之潰然之牆垣，竟隆然而朱堊矣。起敝易堅，輪焉奐焉，遂使過者興思，瞻者加敬。方次落成，而秋霖剝蝕，殿宇又告傾矣。厥功維艱，厥費維鉅，蓋天下有心欲為而事猶屬可為者，有心欲為而事萬不易為者若是，則余又不能不愀然長嘆矣。雖然，昔創而建之者何人，而今獨不能為繼之乎，嗣繼而葺之者何人，而今獨不能為復繼之乎，抑以事之可為而始為之事之不易為而遂所之，是豈所云致力於神乎？爰是請之臺憲，籌諸邦賢，將必使告傾者燦然聿新而獲已焉，然後此之功，誠未可量也。而今此之役，其曷可泯乎。敢勒石以記，匪以為名也，匪以云報也。蓋以志同時之君子共勷厥事焉，並以望異時之君子，共盟厥心焉。

順治十四年。

（文見道光《淮寧縣志》卷二十三《集文》。王偉）

重修大王廟碑

段丕承

宛邱城右舊有大王廟，渺三區，垣蔽圮盡，神像勦污，蓋不知幾歷年矣。乙酉歲，北平姚君名承祚、豫章李君名應元於瞻拜時，擊而愴然，爰謀之諸同人曰：吾與若重荷神休，覩廟貌之傾敗而不能葺，於心能勿惕，顧昔制湫隘，而今猶故址之襲，恐非妥神居，肅觀瞻，意舍其舊而新是圖，惟諸君協。僉曰諾。乃鳩工庀材，爲大殿三間，東西耳齋房各三間，兩序稱中，樹木爲屏門狀，其東三間祀馬神，西三間祀財神，當午爲門，迤上連袂爲歌舞臺，廊宇雄麗，丹碧輝燦，約其費可數千金。丁亥菊月，工將竣，屬予序貞珉。予因獲陪登禮，遍覽佳勝，如入閶闔。煌煌乎龍鱗雉尾之絢綵，如臨蓬瀛；晶晶乎珠宮貝闕之駭目，美哉輪奐，蔑以加矣。乃再拜而爲言曰：盛衰者數，興廢者時。當其衰也，神無能爲，由廢而興，畸人任之，挺然獨荷，不問其貲，準以矩度，運以巧思，鏤刻盡制，塗塈精宜，雲蒸霞抹，鳥革翬飛。籲！茲豐偉功，將安歸信。非人力莫振顛躋，乃覩厥顯，未測其微，廬南燕北，胡聚而比，歲遠湮久，胡瞻而懿，不誘其中，亦莫興齊，孰主宰是，實神之威。藐予小子，珥管紀徽。於爍哉役，不愧作碑。一言既賦，銘以碎辭。銘曰：

巍巍煥煥者神之宮耶，肅肅穆穆者神之貌耶。浩浩蕩蕩者神之德耶，惟神有赫，罔敢弗承。維天子有道，斯莫不效靈。

康熙四十六年。

（文見道光《淮寧縣志》卷二十三《集文》。王偉）

重修絃歌臺記

揆敘

陳州城外西南隅，傳爲孔子絕糧地。明成化六年，知州事戴昕建祠，名曰厄臺。嘉靖中，巡按御史趙繼本，更名絃歌，至今沿焉。祠屢修屢廢，有以告余者，因計其費，使人鳩工飭材葺之，俾復其舊。竣事於康熙五十二年十一月初十日。其邑人備述興廢之由，及山原林麓環拱之勝因。董役者以請記於余。余思之旬日而未得所以爲言之道焉。將陳夫子之道與德歟，則乾坤之容，日月之光，不可繪畫且語之至者，已具於前賢矣。將謂茲臺爲邑人所瞻仰與。今四海九州郡縣之學，皆有夫子廟堂。見者不戒而肅，亦不係於茲臺之興廢，至於山原林麓之觀，又不足道也。是役也，時以至聖遺跡所留，既以來告，不得聽其終廢，故第書所緣始以及畢工之日月云。

康熙五十二年十一月。

（文見道光《淮寧縣志》卷二十三《集文》。王偉）

重修糧城門關帝祠記

錢廷文

關帝祠宇遍寰區矣。貴而王公，賤而牧豎，凡有血氣者莫不尊親，蓋帝之精忠大義，昭垂千古，是以建廟繪形工極土木，秋祀春嘗，虔陳俎豆，追夫時序推遷，興衰遞遭，每不能無升降之感，求其善出一門，創建於前，鼎新於後，歷數百年如一日者。惟宛丘糧城門所建關帝祠爲最著。創建者誰？世襲都閫府公徐季彥也。公爲勝朝從龍功臣苗裔，世官於陳，尚名節，愛忠勇，嘗於講武練士之餘，涉獵經史，閱關帝生平行事，彪彪炳炳，如日月之經天，江河之行地，每掩卷太息，慨然想見其爲人。因於嘉靖辛亥年，蔡河南岸糧城門上建帝祠三楹，奉事維謹，其勵忠教義之婆心，昭昭然在人耳目間也。公誠古今來偉丈夫哉。

天啓四年，公堂姪孝廉時準見其舊制頹敗，起而重修之。嗣者二，在康熙二年，則有處士時魁，在康熙三十六年則有邑庠生徐伯子都閫公之五世孫也。《書》有之曰："予有後弗棄基。"都閫公可謂有後矣。公六世孫監生廷炳、廷輝、廷璘者，復能纘承先志，倡先葺修，鳩工庀材，復於舊觀焉。噫！誌創建之始，歷今二百載矣。滄桑雖變，廟貌常新，春秋遞更，焚祝無替。糧城一祠而今而後，吾知與徐氏家聲世澤並綿綿不已也夫。是爲記。

（文見道光《淮寧縣志》卷二十四《集文》。王偉）

絃歌書院碑記

金山

書院之設，造士也。陳郡治二焉，其一隸畫卦臺。無講誦之堂，無休息之舍，師弟子相與於棲神一宇，朝聚而暮散矣；其一隸絃歌臺。臺之後，樓五楹，廡左右三楹，周垣屬於臺門如異宮，額曰"思魯"，地有餘閒，列以卉木花發生意，鳥說天機，每一過之，令人憶疇。昔讀書時未易得此也。而師徒朝暮亦復落落晨星，其故安在？夫古人造士慮麗雜，而處之閒燕畫卦臺者久矣。尸祝居之勢固不得與之爭，聚而肄業。其時少散而見外物，其時多處非其所，良無足怪，若絃歌臺則旣幽敞而專矣。《語》云："百工居肆，以成其事。"今士人爲學，曾不風雨明晦於事事之地，學業其焉成，雖然，有可居而弗恆厥居，荒嬉毀隨，學人之責也。授之居而不盡所居，具文故事，亦長人者之責也。爰分俸先屬，而都閫趙君助焉，紳士輸焉，得金六百有奇，結屋二十餘楹，於樓廡卉木之隙，鳩工庀材，高氏驊、孟氏調有力焉。一增前所未有經冊，具幾席，修庖湢，設俾諸生修藏游息其中，延良師董戒朝夕，用底厥成，則汰其畫卦臺者並修脯之田歸于一，蓋博廣屬之名，二書院不爲多，崇有造之實，一書院不爲少矣。易前額曰"絃歌"，從地也，亦冀陳人之學道於魯乎，何思。

乾隆二年。

（文見道光《淮寧縣志》卷二十三《集文》。王偉）

重修東嶽廟碑記

崔應階

余按《淮寧志》，東嶽行宮在郡東關外，其剏建不知何時。康熙甲子歲，州牧蕭公重修之，一時雲牖松棟，金碧輝煌，洵勝果也。迄今六十年，風雨傾頹，燕雀巢處，松雲無色，金碧盡改觀矣。余於壬戌歲春來守是邦，展謁之下，不勝時遠人遷，盛衰頓易之感，因思國以民爲本，民以神爲命。況天齊聖帝位冠青華，主萬物生育之權，躋斯民於仁壽之域乎。夫人卽不慕富貴榮利，未有不自愛其生者。人愛其生，卽未有不用情於主我之生者。持此義，以告諸郡民，共爲修葺，有不起而應之者乎。無如歲逢屢歉，人皆艱食，吾不忍以生民之事，而反勞民之生。閱癸亥，歲漸豐，但瘡痍之後，民氣未復。今年甲子，大有頻書，政通人和，百度皆興之候，乃余心甫動，而郡民王瑢等已持簿以倡捐來請。嗟乎，人之好善，誰不如我，其信然歟。余遂捐廉俸，同官紳士亦相率踴躍，富者捐貲，貧者輸力，或爲度材，或爲鳩工，蓋眞有不約而同，不令而速者。於是乎廢者興之，缺者補之，壞者易之，舊者新之，不閱月而廟貌聿新，非復向者傾頹之象矣。今夫神，民之主也。民，邦國之基也。神得所棲，則捍災錫福，而民之生，益得所庇矣。民之生得所庇，則歡忻和樂，上召天休而世運賴之矣。然則此舉也，詎非所以奠安宇內，爲萬年之皇圖祈鞏固哉。爰勒諸石，俾後之來官斯土留心生民者，得以覽焉。

嘗乾隆九年歲次甲子桂月之望。

（文見乾隆《陳州府志》卷二十六《藝文志》。王偉）

新修關帝廟記

金門詔

自古稱忠義者眾矣。上自天子，下逮庶民，內自中國，外至四夷，無分于尊卑貴賤，無殊於老幼男女，莫不尊而親之，敬而禮之者，獨關帝一人而已。關帝之神無不之，天下皆仰之，以爲一方之鎮。矧豫居天下之中，而陳又爲豫之名勝，伏羲、神農之所都也，太昊之陵在焉。以大聖人之所鍾靈，爲揲蓍畫卦之地，文字創始之區，可不憑帝之神威，以鎮四境而肅其觀瞻乎。

歲乙丑，予設教於陳之絃歌書院，謁義陵，訪遺址，詎城北一里許爲蔡水。其東有八卦臺，卽伏羲得白龜於此畫卦處也。遙望南岸，廟宇巍然，崇臺廣廈，周以石欄，覆以翠瓦，雜以古柏蒼松，掩映林間，殊稱巨觀。問之，則曰此元帝行宮，舊所稱宋武襄公狄青梳洗臺也。武襄公墓在其右。予摳衣登其巓，憩而休焉。時從遊有徐生廷璘揖而前曰：此予先世世襲指揮使九疇公諱洪，與弟孝廉公爲鳳陽郡司馬諱注所同建也。其時，因臺之舊址建元帝行宮，使武襄之墓有所護蔭，禁其樵採，托以不朽。仍欲建關帝廟於左，未竟而卒。沿至高祖參戎季彥公，建關帝廟於糧城之上，踞城之東北。成公志也。而此地仍闕然。廷璘之父萬安先生諱伯子，爲郡庠生，嘗欲承志亦未逮，今城北十里許，有白氏莊，舊有關帝廟，屋宇傾頹，神像暴露，里人不能修，請以移於斯地，以鎮城之西北。與糧城門之廟，東西對峙，詎不壯哉。徐生忻然許諾，以成其祖若父之志。時郡太守崔公暨淮寧大令馮公、都閫趙公及闔邑紳士皆踴躍歡忻，各捐貲以助，不數月而落成。徐生導予前而瞻仰，則棟宇巍煥，榱桷翬飛，而衣冠容貌喬喬煌煌，燦然丕新，彷彿帝之在上也。予以此舉三善備矣。先賢邱墓永保勿替，一也。羲陵左右藉以夾輔，二也。都人士之所憑眺，四方遊人之所觀覽，往來名賢供其題咏，三也。有此三善，已足爲徐生嘉。而徐生之可嘉者，正不獨此。其先人以勳臣苗裔，獨誠服崇信於關帝之忠義，數世以來，祖若父所未竟之志，而今之賢公卿大夫竟爲之襄其成，以有此盛舉也，可不謂之孝子慈孫矣乎。予故嘉其志而敘之。

乾隆十年。

(文見道光《淮寧縣志》卷二十三《集文》。王偉)

刱建淮寧縣署記

汪圻

淮之有縣，始於雍正乙卯，陞州爲府而設署，亦建於斯年。其舊基即鐘樓東南兩輒爲治之地是也。自乙卯建署，至癸亥圮盡，僅八九年遂成墟址。蓋其地勢窪下，不可以居。古人營建必先相度，良有以夫嗣涖斯土者，率僦民舍居之。

己卯秋，余奉調宰淮，亦因其舊，曰洞啟重門，則多扞格，曰關防重地，則少規模，出不足以莊觀瞻，退不足以揖實客，余喟然曰陋至此乎。因謀爲爽塏之更未遑也。越明年，售得徐姓大房，爰庀材鳩工，經之營之，約之椓之，垣墉塗墍，體制畧備，申於上，除余願捐者不計外，準以三千兩作十二年扣還焉。雖然猶偪甚，又逾年，署東偏蘇氏宅欲售。余復出資二千兩，拓其地，增搆二十二楹，以爲實客居，由是堂廡內外，前後左右，始秩秩乎有序矣。夫公廨傳舍也。以為傳舍，遂以秦越肥瘠視之可乎。況余家本寒素，先人敝廬數椽，僅蔽風雨，而於傳舍乃不遺餘力，以務觀厥成，幾自笑其至愚且憨。然既守此土，惟陋是安，是余所恥。若云公爾忘私，余又不敢當也。爰版其圖，紀其顛末而為之記。

乾隆二十七年。

(文見道光《淮寧縣志》卷二十三《集文》。王偉)

邑侯汪公去思碑

蓋聞致治之道，時有豐嗇，政有經權，惟因時制宜，其功不朽如此者，其我父臺汪公乎。公舉乾隆庚午鄉薦，初授河南宜陽縣，以治行調任淮寧。淮甯居豫省下游，素多水患。近自二十二年，黃河水溢灌，陳民皆蕩析，城垣衙署半亦傾圮。公下車，目擊時艱，慨然有振興之志，如捐廉移署，崇體制也。修堤築防，備水患也。開造爐場，寬義田之逋負也。裁禁門之陋規，免里甲之派累也。贍門卒之公食，靖丁壯之侵蝕也。二十六年，公膺卓薦入都，引見。旋豫，未入境，河決楊橋。公破浪歸來，察驗災黎，詳請給賑。又念哀鴻遍野，急宜安定。因援古人以工代賑之意，為築城計，申於上，得所請。二十七年，賑畢，即日興工。淮寧舊俗畜牛者，春常飼養，冬則輒付諸屠，當歲荒，私宰充斥。公令民有賣牛者，悉□□官得千頭，藉運城工物料，閱四月，工即竣，計全活者萬人，迨後農家需牛，准繳原值具領。凡此，皆公之歷變知權，故能仁民而愛物也。他若修關帝廟，移文昌，建魁星閣，皆關文教，又公之所以嘉惠士林也。公以陞延安府去任。吾民借寇無權攀轅，徒切緣於北月城內立祠以祀，並建去思碑，俾世世子孫頌公之德於不朽云。

乾隆二十七年月日。

（文見乾隆《淮寧縣志》卷十七《名宦志》。王偉）

重脩陳郡廟學記

孫桔

聖人之道，如日月之經天，江河之行地，四時之循環迭運，雖窮陬荒殻，莫不沛然充溢於其間，其不在一郡一邑之崇奉也明矣。然皆壯其貌，肅其祀，使有志之士咨嗟慨慕，因以上求乎建學立廟之義，則所以鼓舞作興者，爲有其具，是則守令之職，宜無先於此者。

陳學肇於宋熙寧，歷元而明，代更修舉。我朝文治聿新，規模崇煥，惟地勢低窪，丁丑、辛巳間，河決，積潦疊見，馴致傾圮，官斯土者，時勤補塞，積漸之敝勢使然也。予奉簡命來守茲邦，祗謁廟學，見殿廡門垣傾頹殆甚，學舍敧側毀裂，疑將壓焉。爰是諏於七邑長令，令各諮於邑之士紳，皆歡欣報可，願襄厥事。自寢殿邃廡、崇聖祠、尊經閣，以訖鄉賢、名宦、重門坊堵、講堂庖湢之所，基制惟舊，而甌甋梁棟之朽蠹漶漫，悉更新而撤其故，務一勞而永固焉。木石氂甓，丹漆匠作，爲費計千百有奇。經始於甲午孟春，凡八月而落成。乃蠲吉釋菜，進郡人士而語之曰：陳固古神聖之都也，流風餘韻其猶存乎。我夫子闡陰陽之秘，假年卒學三絕，韋編秉乾之健，承坤之順，天德王道，盎然備具。自十五志學，至七十不踰，天人性命之微，晰之最真，體之至切，其昌明羲聖之旨，文、周而降，莫如其精且粹也。爲士者須體驗於戒慎恐懼之功，踐履篤實之學，由下學以幾上達，繼濂、洛、關、閩而興起焉，斯亦入廟而優然愾然者矣。如徒揣摩帖括，弋取科名，以聖人之道爲富貴利達之資，不亦失聖學性道之宗，負朝廷建學立廟之意乎。諸生然予言，請書爲記。

乾隆三十九年。

（文見道光《淮寧縣志》卷二十三《集文》。王偉）

文昌宮落成記

拓月波寺建文昌宮，肇造顛末備載前知淮寧事張大尹記中。始嘉慶九年孟秋，訖十二年七月，歷三歲，陞去。其門內土階未平，其門外照壁未立，其殿後僧藍庖湢未備，侯遽扦衛義殊缺如。余蒞陳之五年，創捐鳩工，重修文廟，役貲趨輸，六月告竣，旋葺絃歌書院，卽餙其餘材，度揆削築，繕補而落成之。大尹劉志亭、千夫長劉靖菴索記壽石。余曰："此踵事也，聊增美耳，庸記爲。"志亭、靖菴合辭而進曰："君子之不居成功固也。抑更有請焉，朱子之言曰不爲則已，爲則必要其成。太保之訓曰爲山九仞，功虧一簣。與夫子吾止之，譬同士人束髮讀書，太上成德，其次成材，黼藻璇圖，丹青瑋宇，蜚英騰茂，原不僅以科第榮，而司中、司命、司祿，早默相之爲國家福，爲郡邑光。聿惟圖功攸終，廼克攸受休畢。且攷《天文志》魁下六星，兩兩相比，爲三能。能，階也。階平則時和，東壁二星主圖籍，府對匡照。斗爲章，於天作之平之倬，彼惟肖矧。今文廟式煥，書院載新，不日成者，無待人之成，並成人之所未成，匪餘力之偶爲，實全神之畢貫，彼負墻而立，拾階而升者，當亦感奮激勵。異日，花磚僾直，屛翰承宣，悉於是乎。占之緇流，爰宅固無論也。佑啟後人，咸正無缺，請壽諸石，意竊在彼不在此。"余曰："誠若是耶，亦克用勸。"因紀歲月，並附勒董事諸紳名于碑陰。又稽張大尹經始時，趙紳萬里之力居多，今慶雲昕夕左右，樂葳厥事，則尤能迪前光也夫。

嘉慶十二年。

（文見道光《淮寧縣志》卷二十三《集文》。王偉）

賓月亭記

吳履坦

戊辰秋九月，賓月亭落成，主人攜客晚眺其上，是夕風氣微涼，月光皎潔，置酒歡飲，徘徊久之。主人囑余曰：亭新構也，請言以記之。繫亭舊閒曠廢地，周圍僅五十步許，坑半之，北偏復購得鄰地一區，方廣稱是。揔半晦餘，形頗狹隘，主人因坑浚池方十丈，深十尺，畜魚子，種芰荷，菰蒲其中。傍池東築賓月亭，下置短壁上位疎櫺，南北直門，西面池水，覆以長檐，護以曲欄，欄內櫺外徑三尺，通人往來，亭南葺矮屋兩楹，西向，作烹茶所，兼寓園丁。亭北稍西於所得鄰地中，建得此亭，四面設牕，周以廣廈，又北建咀華樓，與亭相向，中各陳几案、竹榻坐具，圖書數種，字畫、罏瓶數事，餘地植花卉竹木，園外繚以墻，計百有餘步。墻內濱池隙地，雜栽梧、柳、桃、杏，高下參差，與亭台相掩暎。南置板扉，以時啟閉。茲地濶不盈晦，而經營結構如是。其爲觀似亦僅矣。主人笑謂地不拘廣狹，取適情耳。是雖湫隘，池沼亭台，四時花木皆具，閒則休息其間，乘簾獨坐，焚香啜茗，憑牀讀古人書，倦則投之，隨意散步，聽鳴禽釣游鯉，吟白雪嘯紅霞，數花開未消遣幽懷，或雨晴雲霽，月白風清，招二三風雅良友彈棋看劍，酌酒敲詩，塵囂不到，心跡雙清，覺此中別有天地，爲樂何如。吾因之有感矣，竊見古今人好事者往往酷嗜游觀，馳情臺榭，闢園鑿池，或數畝，或倍之，或又倍之，不惜殫一生精力，經營數十年而後就，後人情好不一，亦有不甚愛惜，視前人經理若等閒，花石草木任其荒蕪，恣人携取，一朝毀去。又或事變時移，消歸烏有，如石季倫之金谷，李朱崖之平泉，顧阿瑛之玉山，佳處不旋踵皆荒煙蔓草，徒共游人憑弔，咨嗟嘆息而已。何若一邱一壑爲功易，爲費省，不勞精竭神，遠不越五六載，景物蔚然可觀，朝夕優游其間，自得一生真趣。世代久遠，或卽荒廢，亦不甚足惜。主人襟懷洒落，才識超曠，蓋亦有見於此。故構亭茲地，初自不嫌其狹隘而不廣也。世人無達觀能得此意者鮮，余愛慕深至，取而記於茲亭之北壁。亭居沙河北岸，主人樓居後，距河二百餘步。主人爲誰？雷君聿齋。客爲誰？郭子雅齋、梁子星標與余也。

嘉慶十三年。

（文見道光《淮寧縣志》卷二十四《集文》。王偉）

重修陳州府文廟碑記

金山

余守是邦之六年，始得鳩工庀材，興宇葺垣，肅妥聖神，敬抒愴結，六閱月卽竣。何慮始之孔艱，而觀成若易耶。舍菜有日，諸大尹及羣弟子咸前請一言紀其實。余惟靈臺之歌勿亟也，樂子來也有聲之詠匪棘也，求厥寧也，天下事爲之弗卽工則不敢爲。亟之弗克綿於遂則不忍亟，不忍與不敢怒，如於數年夢寐中，而正得藉手告焉。殊非一人私幸矣。

陳治於昔爲州，雍正十二年陞爲郡，其文廟則猶是宋熙寧初建舊址也，屢經兵燹，巋然獨存。乾隆元年，金太守靜軒拓敞之，甲午，僅加補葺，越今又四十三年，爲之此其亟矣。辛未之秋，下車展謁，睠顧楹桷，愀然於懷。聖天子尊教勸學，建校崇庠，僻壤窮陬，靡不虔鞏靈承，永言祇肅。況陳實我夫子往來五至，寓居三載，繼太昊一畫開天之脈，啟顓孫巫馬公良諸君子卓卓俎豆間，而酒梁木已頹，宮牆欲圮，且更懼人材放失，儒效濶疎如唐李覯云云也。比以秋再歉穫，春復屯膏，欲興作代賑，而物材不及具，嗣又滑城竊發，睢堡瀰漫。壬癸、甲乙，奉檄莫遑。幸茲事簡時和，民氣樂愷克，與二三子志慮齊一，創蠲協輸，圖功攸終，維新丕作，盡撤大成殿舊材，增高若干尺，廣若干楹，重建崇聖祠於北若干楹，戟門東西修鄉賢、名宦祠，又新建節孝祠共若干楹，立照壁綺以長垣，濬泮池環橋其上，廣若干尺，深若干尺，有梴有舄，載漆載丹，營起於丙子季秋，蕆成於丁丑仲春，閱月凡六，厥工克卽，維遂可綿。默念欲爲不敢爲，欲亟不忍亟，數年怒如之懷，蓋亦亟亟乎弗克，爲是懼矣。抑余尤有感焉，在陳何爲思魯千載，猶聞歎息之聲，成章乃可受裁五教，原有私淑之學，今諸大尹有化導育材之責，羣弟子有譽髦深造之資，生長賢鄉，宣揚聖澤，上無負作人之至意而不敢因循，下無愧在泮之思樂而不忍苟且，則尤吾所厚望，願與二三子交勉之也，因卽書此泐諸石。至監率相度，日夕不怠，知淮寧事劉大尹廣澍、守營劉千戶國棟實總任之。其飭功贊采，紳士趙龍章、趙慶雲、季紳、任克承之力居多。其捐費之均，趨公之勤，觀成之所由，易俱不容沒，例得並鐫姓名於後。

嘉慶二十二年二月。

（文見道光《淮寧縣志》卷二十三《集文》。王偉）

重修絃歌書院記

李振翥

　　明譚御史纘之易厄臺為絕糧祠也，紀實也。厄無與於臺也，趙御史繼本之易絕糧祠爲絃歌臺也，尊名也。聖人無入不自得，非諱絕糧也。恭祀先師，旁祔四科，音容孔儼，非今斯今臺。後樓五楹，廡左右三楹，齋室三十餘楹，庖湢數楹，繚以垣屬於臺門，如異宮。爲造士所，舊名思魯。金太守靜軒曰：吾陳小子，獨不求成章乎。易今名，從地也。

　　余辛未下車，每月展謁，即校諸生於院中。瞻顧榱桷，多就圮敝。比歲不登，兼馳公檄，又以大成殿急需整繕，念具舉之難，不能去諸懷。越五年，事簡時和，縮費蠲俸，與諸大尹及邑紳士創修文廟，心力齊一，工賞趨輸，閱六月告竣，即奉祠院植傾更朽以蔵成之，夫豈事粉澤哉。聖蹟所留，不敢聽其寢廢，亦即譚、趙兩君子紀實尊名之思，而育材敬業，俾二三子斐然知所以裁，則尤切靜軒於魯乎，何思之望宮牆仰止，梁木匪頹，咸與維新，亦克用勸，若夫《太平寰宇記》所載，《東坡志林》之所疑，祇以備考核家一說，非所語於式化厥訓也。第存勿論云。

　　嘉慶二十二年。

（文見道光《淮寧縣志》卷二十三《集文》。王偉）

太康縣

重修文廟碑記

國朝邑人郭昌

陽夏文廟，歷朝沿修，制度各異。其崇儒重道之意一也。明季壬午歲，罹闖逆之變，災於烈焰，遂至傾頹。釋奠無具，講肄無所，俎豆几筵不備，二十年於茲矣。國家初定，大難方平，呻吟甫起。前後治是邑者，率以物力維艱，遜讓不遑。今上御極之七年，北平胡公來蒞是土。月吉祇謁，傷其頹廢，謀所以新之。念哀鴻初集，不堪任茲重役。因捐俸倡始，勸紳士助金。尋召梓人，爰究爰度，卑者崇之，狹者廣之，規制圖其宏闊，材物擇其堅牢，簷阿棟宇，務極軒敞，黝堊丹漆舉以法。於時啟聖祠、正殿、兩廡、戟門、櫺星並建，又建明倫堂於大成殿後，作文昌閣於櫺星門左，移泮池於櫺星門外，其餘齋廚庖庫，以次告竣。名宦、鄉賢祠，無不畢舉。春秋釋奠有具，師儒講肄有所，養老飲射，登降揖讓，有法有則。俊秀之彥，入是門，登是堂，親感興起，其齋莊正直之心果銳。英華之氣，必有油然而生，勃然而不可已者。異日，偉人踵起，士風丕變，斷由茲始。有功名教，非淺鮮矣。是役也，肇於丁未三月，成於戊申六月。人士樂觀厥成，將勒石以垂永久，而請記於余。命曰重修。余謂宜改云重建。夫事仍舊，則宜名修，工獨創，則宜名建。若木石無所資，陶瓦無所藉，一切皆出其經營，而鞏固宏深，大異於前代，則因舊也，而實創始矣。記曰重建，紀實也。

公諱三祝，字北平。奉天籍永平人。董其役者，司教常公諱景星，字徽垣，函谷人。勤厥事而伏臘不解，晨夕維勤者曾生，其學張生鉉，例得並書，餘則次之碑陰云。

康熙七年六月。

（文見道光《太康縣志》卷七《藝文上》。王偉）

奉政大夫分巡湖廣荊州道王君輔運墓誌銘

王紫綬

康熙歲己酉冬十月某日，宗子鐕、鐈、鐪、鈿、鎦，將葬其先大夫奉政君於太康縣之某里某原。先期以狀授鐕，縱縱爾如蘇門請誌。余惟奉政君之喪，亦既慨然而廓然矣，何孺子呱呱泣不休也。余家自太原來，在河南則孟津，在開封則祥符、太康，皆漢司徒後。其在太康，則野翁祖始家焉。又六世為大司農鈍，鈍生少司農瀹，瀹生贈襄陽同知簪，簪生庠生焘，焘生贈順德知府載，載生澧州參政朝賢，朝賢生庠生汝化，汝化生贈雒川令來麟，來麟生贈奉政大夫安邑令榮寵，是為君父。君諱輔運，字開右，號林洲。乙亥拔貢，丙子舉人，丁亥進士。歷官中書舍人、刑部主事、禮部郎中，分巡湖廣荊南道以卒。

君才高喜自負，誦塾師言輒不忘，甫羈貫齠，老、管、莊、儒、墨、名、法鮮不窺，益淬厲為文章，旁魄轇轕，而一規於正。大司寇楚黃甄公令太康，得其文童子中，輒避席曰：“國器也，予齊年子大中丞何加焉。”出枕中書授之。大中丞者，君叔父竹溪公也。由是每試必冠軍。年十六，補博士弟子，旋晉掌故弟子。庚午中副車，乙亥拔於鄉，丙子售北闈，丁丑再中副車。贈大夫筮令雒川，中原破裂，闖寇虐益張，君歎曰：“銅駝荊棘，豈太康獨有完城！”亟以家西行，行八日城陷。乙酉，丁趙太宜人艱，哀毀無逾禮。丁亥成進士。屬贈大夫，再補安邑，銜之者嗾巡鹽使以他事中之。晉撫軍申公朝紀廉威著一時，中外莫敢以私請，余以書抵之曰：“家安邑有子如緹縈哭秦庭者，不食且七日矣。微公何以聞執讒慝之口耶！”蓋申公故知余言為非妄，事遂直。梁園，南望古瓦荒榛中暴骨如莽，度非桑榆所樂處，因奉贈大夫僑林慮。會姜逆煽禍，偽檄飛河朔揭竿以應，武安屋瓦皆震，林令呂計無所出。君則謂死守無仕不仕分也，遂授兵登陴，間出奇設伏，上首功至以千計，賊相戒去境。呂後卒用是擢守徽州。

戊子，謁選人同考北闈，給諫孫君際昌其首錄士也。再丁贈大夫艱，禮如喪趙太宜人。遺弟旭運年未齔，君肩相攜跗相抵也，一飯不與俱，箸橋不下矣。服闋，官中書。奉命修會典，君所條奏，如革屯官、嚴逃人、重磨勘、緝響馬諸大事，章皇帝嘉納焉，考滿，贈奉政公如子，趙太宜人如婦。蘭陽韓君范，候補京師，暴病且革，無所告語，則顧謂僕曰：“王林洲其人！王林洲其人！”蓋韓亦丙子舉於鄉者，欲以後累君耳。

甲午七月，齎詔中州，詔書廣解額則，然猛炬夜倍行。乙未，主刑部，政清犴狴。丙申，錄囚保定，多所平反。遇覃恩加級，得再贈。調祠部，梨園借稱御樂，太醫院藥材浮冒月至二千金，悉力為裁抑，滿漢大宗伯皆才君。丁酉，轉員外。科場獄具，奉命覆試江南所貢士，君引至瀛臺見，章皇帝勞以茶瓜。尋陞郎中。議祀典，君則謂宜黜張浚，進于忠肅。己亥會試，君充提調官。纂修會典，同列皆推君。

庚子，膺璽書僉憲荊南，至則新孔子廟，振回祿災，城襄陽，閱軍實，繕營房，勸課學校，旁及安、德，首拔黃子士璟、李子國藩，二子皆以遺才而一掄元一掇科者也。時方略定西南，荊州者，滇、黔孔道也，八旗往來無虛歲，自北而南者，而駐牧必於是，自南而北者，而駐牧亦必於是，其大帥皆天子宗臣，又皆豐沛子弟也。芻茭君是問，糇糧君是問，長轂艨艟君是問，稍不厭，則鑄譙四至，且一歲之中踵相接、項背相望也。乃飭指諸困，錯指諸埒，君日食以糜焉。當是時，給軍之艘實不貲，仰辦鄰省，由草市轉至沙市，必取道武昌，過洞庭，沂流而上，乃糧行千里，若俯而取之儲偫，而卒無愆期者，君實有法以趣之云。諸大帥習知君才，至解衣脫驂以交歡君；他建牙方面，則牛呼而馬食之矣。

巨寇李來亨遁誅西山且二十年，荊之歸州、長陽、興山、巴東，國家自定鼎來，率委之為其樵牧地。癸卯，上命秦、蜀、楚文武諸大吏合兵以進，而以穆、圖二大帥率八旗禁旅繼之。董提鎮，楚帥也，以綠旗兵先入，其粗則夫二斗，負且戴，由河溶以上，夫之趾與頂上下尺有咫，魚貫行日纔一舍。君乃顧謂諸同事曰："羅漢峪之近孰與石人寨？即士不飽，何辭於執冰而踞耶？"乃改運道從羅漢峪。峪在萬山中，距賊巢八十里，君已從數人履險先至，煮漿以待，夫賴之無逸者。君復為給募值，算緡無多寡悉手自部署，終不使吏持一錢，夫益感奮，樂於踐更，六閱月如一日也。圍久不下，綠旗兵為寇所乘，風鶴百里，遠近無固志，君誓死保河溶。河溶者，時之敖倉也，故不以齎之盜。八月，寇平，諸同事分所俘，君獨以隸之難民籍中，概與之資而歸之，則無不喜悅，有泣下者。諸臺使上其功，凡五紀錄焉。

自庚子至甲辰，君蓋無歲不磬折於馬上諸貴人間矣。嘗乘撲馬夜歸，明日則裹右臂視事，糇糧芻茭、長轂艨艟，蒿在君腹，中間於憂虞，則有疾疢。至是，中氣如縷，逆而上，喘且不止。其答方司李一札曰："西山之役，糧粺以谷量，然錙銖出入，莫不視吾楯鼻墨，即勺豆簿不驗，吾死邊瞑目哉！"十月，代覲行。乙巳八月，復之官，往返又數千里。丙午六月，學使李暴卒，荊、岳、黃未就試，迫於時，諸臺使交章請於朝，僉謂莫如君，凡五旬，歷三郡。已於事而竣，七月詣會城，進十五郡遺於賓興者面試之，俾挾策者言無不酬。楚闈雋五十有三，由君所拔而售者則三十有奇，解元德安王子永清，君錄遺第一人也，鄭子昱文首拔之童子試中者，蓋德郡用李文衡所錄者入闈，故王子獨受君知，其文章定價又如此。歊蒸襁褓，晝一几不食，夜一燈不寢，榜上三十士則未及見矣，遂卒。時康熙丙午八月二十一日也。距生萬曆丁未十一月初九日子時，得年六十。

配張宜人，潁州訓導張公允紹女。子五：長鏟，次鐈，次鐿，次鉑，俱張宜人出；次鎦，側室金氏出。女三：長適袁超，次適袁臨泰，次適張潘，俱張宜人出。孫男三：長止水，鏟出；次尺水，鐈出；三如水，鉑出。孫女四：長適崔皋宣，次許字許重光，三幼，俱鏟出；四幼，鉑出。

君魁碩而給辨，善謔笑，耻為齷齪，故謾語往往屈其座人。

（文見錢儀吉《碑傳集》卷七十七。馬懷雲）

柳都督僉事墓表

李元振

公諱同春，字太和，先世晉之太原人也。至公曾祖諱節，始著籍太康。傳至公父贈公，諱朝現，聘元配樊氏，舉三子，公其長也。公生而岐嶷，少倜儻，有大志，好黃石公兵法及孫吳諸子書，嘗散步東郊，遇異人，授八門遁法，從此益篤志韜鈐，著名於時。明崇禎甲戌，逆闖寇城，公時年二十一，輒隻身入賊營，斬先鋒二人，賊以潰。因知重於總戎陳公。時賊勢猖獗，邑與汴相去二百里，謀將會勦，通問者難其人。公復挾文以訐抵汴，與定計而歸，屆期擊賊，斬浮［俘］以萬計。撫軍張公與總戎陳公、方伯蔡公深嘆賞之，遂議委公守繁塔。蓋繁塔為汴犄角，可以偵賊虛實，非公莫克，勝此任也。既守塔，覘賊最便，賊計窮，旋遁去。無幾，蔡公遷晉撫，太原盜蜂起，蔡素悉公才猷，特疏陳請授太原守備管都司事。公簡軍實，儲芻糧，闖逆因不敢西顧，而中原遂成塗炭。時公在晉，間關修阻，贈公竟身殉國矣。迨王師入關，闖逆鼠竄，公率其麾下投誠，授河堡參戎，招撫流亡，士民安堵。間有頑梗如許林堡、曹子寨、嵐縣等，悉公一矢加遺，終無叛志也。順治三年，擢江西闈正，過里門，撫贈公柩，哀毀幾絕。塋葬畢，抵南昌，越三載，金聲桓兵叛，江以西盡為響應。公以江右為江浙上流，萬一順流而下，東南危如纍卵，非請援莫救，遂夜越城，步行至九江，踰彭澤，走安慶，不數日，抵江寧，密報總督，出師防禦，得東下，皆公之力也。迨王師大彰天討，公復參機謀平賊，招偽官，擒渠魁，復寧、武、奉、靖、新、高六州縣，方公之請援也。金逆怒，磔其家。公元配安氏，子任芳，同遇害。鳴呼！可謂奇慘矣。

八年，調浙江，釐剔漕弊，禁旅征八閩，芻輓恃以不匱。九年，直指杜公彙其功以上。公復詣人闕登聞，兩奉恩綸。十三年，陞石匣副將，其地夙稱多盜，公出方畧，悉捕滅之。一時著有成績。明年，恭遇覃恩，封三代如其官。復賜殉難安夫人建坊銀三十兩，一時優沃，誠曠典也。十六年，世祖章皇帝警蹕三河，公道迎。章皇帝習知公名姓，深加獎慰，特荷上諭，簡公鎮守狼山。時海寇蠢動，公自康熙元年歷任後，嚴號令，修器械，信賞罰，復上防海諸條議，如壽春兵宜增，崇明兵宜汰，區畫井井，上悉嘉納尤行，東南恃以無虞。他如造衙舍，建射圃，煮粥賑饑，禱神禦災諸善政，狼人至今頌之。繼以太夫人年老乞終養，蒙恩允歸旋里。至九年，以疾捐館舍。公恩孝天植，事太夫人能曲承顏色，有所屬必親歷之，不假臧獲，更篤友愛。其在浙，日教季弟，先以兵法領辛卯武鄉薦，嗣鎮狼山，以身在邊疆，不獲時覲天顏，奏請以仲弟生春入侍，賜御前侍衛，拜塔喇布勒哈番，蓋公戀主之誠，惓惓不忘若斯也。至於恤士卒，周族黨，賑貧乏，慷慨赴人急難，不能殫述。銘曰：

嵩嶽鍾靈，惟公誕生。儲茲豹畧，作帝長城。勳猷遙播，島嶼清明。旂常勒績，鐘鼎垂名。梁木奄萎，兆域聿宏。佳氣蔥蔚，紅縵崢嶸。彝體邱原，永言以貞。爰作銘兮，播厥勞聲。

康熙九年。

(文見道光《太康縣志》卷七《藝文上》。王偉)

重修文廟碑記

樸懷實

辛未夏中，余承乏茲土，兢兢惟恐一事或苟，以貽明神羞。每於勸相之暇，即繕城隍，葺道路，亦既次第舉行矣。獨康之文廟，目擊茂草，數躊躇於心而不能已。其竣事於三年之後者。蓋經費廣，而士民貧也。先是定鼎以來，燬於兵燹。令茲土者，方嗇務之未遑，故制多草刱。北平胡公來，始擴地誅棘，殿之廡之宮牆之，又從而丹堊之。至是又三十年。所而風雨剝蝕，鳥雀摧殘，几筵榱桷，將頹毀而不可支。其因時修補，不致廢墜，豈非守土者責乎！於是，謀之廣文司君、范君，又謀之邑之大夫士庶，僉曰：可。乃鳩工庀材，各輸其力，以成厥事。前後工役，計越期始報竣，廟貌遂改觀焉。邑紳士請余曰："是不可以無記。"余逡巡謝之曰：是役也，考而允臧者龜策也。謀而恊從者，二廣文與諸紳士也。勸而樂輸者，四境之羣弟子也。捄度而礜皷弗勝者，庶民力役也。吾一人何紀之有？然余竊有所期於康邑之君子者。

康在春秋，屬邑於陳。陳為我夫子轍跡數經之地，其當年在陳，每繫思狂簡，欲裁成小子，以廣道教。康為其所經歷，亦必多受其裁成者也。今廟祀之，又特為像設之，千百世下，尊其道，沐其教，瞻其廟，思其人，私淑所不容已者矣。宮牆之地既肅，則觀感之意自生，覘基址之宏敞，願學者有器宇高明之思焉。覘廊廡之嚴正，願學者有廉隅峻厲之飭焉。覘戶牖之周通，簷阿之繪藻，願學者有器識明達，去其鄙陋而斐於文章焉。若夫奧窔深邃，俯仰穆清，吾尤願學者之蘊蓄靜深，退藏無躍冶焉。是皆可於學宮中，感發而自奮之，亦猶堯羹舜牆之意也。然則遊斯地者，能讀書知義制行合道，上不負天子儲材樂泮之殷，下無愧吾身長育在泮之志，是則余之所厚期者也。若謂侈輪奐，新耳目，自施其垂遠之勞余一身，豈有望焉後之君子尚其有感於斯。

康熙三十三年。

（文見道光《太康縣志》卷七《藝文上》。王偉）

烈女祠碑記

邑令馮千英

《記》曰："以死勤事則祀之。"又曰："能捍大患則祀之。"若死而能捍大患，此丈夫之所難，而出之閨閫，尤為不朽。蓋人臣以身許國，執干戈，衛社稷，萬死而不顧一生者，固其忠義性成，亦有內德之助焉。故《小戎》之詩，聖人取之，謂婦人亦知勇於赴敵也。而況變起非常，以巾幗殉難，闔門慘禍，奮然不避，如安氏夫人之烈者乎！夫人系出山右望族，驃騎將軍太康柳公同春之元配也。夫人從公任江西，值金、王二逆叛，公夜縋而出，告變於金陵，二逆憾甚，率兵虔劉其署。夫人挺身詈賊，遂罹奇慘。碎屍剖孕，並屠戮長子暨親屬三十二人，事平論岬。奉旨建坊旌表。嗚呼！是非以死勤事而何，是非能捍大患而何？昔魯姑棄子而却兵，殷婦捐生而守正，傳之彤管，照人耳目，矧夫人之忠而且烈，可勿俎豆於不祧乎？邑舊有烈女祠，所祀賢母若而人，貞女若而人，而以年代之久，祠舍傾頹，漸鞠茂草。公之令子正芳實為重葺，乃奉夫人神位於中，而諸烈女復得享二仲之胏饗焉。嗟夫！諸烈女固皆表表於鄉邑者，而夫人其尤不可及也，以之宗主是祠不亦宜哉！今天子褒崇節義，旌揚殆盡，予不佞，承乏茲土，敢不敬體斯意，爰書其碑，而為之辭曰：

浩浩乾坤，男忠女貞。匪名之務，惟實之敦。卓爾烈婦，靖難捐身。鬼神可泣，精氣猶存。陽夏之區，閨門罔越。節烈斷斷，措不勝屈。激濁揚清，靈祠森鬱。椒漿蕙肴，歲祠勿缺。

康熙五十一年。

（文見道光《太康縣志》卷七《藝文上》。王偉）

先賢陳子祠墓記

國朝邑令馮千英

自古聖賢篤生之地，與其壚墓所在，類有奇光，瓌氣蜿蟺扶輿，以毓人文而輝邦國，是宜列之祀典，妥侑神靈，俾後之人得憑以弔焉。而有其舉之，莫可廢也。我陽夏有先賢遺塚二，一為高子羔，在邑西北四十里；一為陳子禽，在邑北二十里。塚前，俱建祠，當中州清淑之氣，於是焉鍾。春秋二仲，既從祀文廟，而高子祠墓久行致祭矣，獨陳子之墓闕焉不舉。詎以《魯論》所載，每問疏淺，望夫子之門墻而未入其室者耶。余謂不然。聖人之蘊，疑問相長，非其善詢，既有伯魚端木之知聖而學《詩》學《禮》，庭誥何垂，能立能言，薪傳何託，立道綏動之化，誰與昭明？溫良恭儉讓之德，奚所闡而發焉。萬世而下，欲聞趨庭至訓，以及聖神功化之極，德容表裏之盛，其孰從而求之甚矣！陳子之有功於聖人也。

間考《檀弓》陳子車之喪，妻與家宰謀為殉葬，子禽諷止之。其詞達而恕，仁人之言，其利溥哉。蓋益進於道矣。是其綱維名教，不在諸賢下，而苟不崇特祀之禮，非所以尊賢哲也，且使過其地者，漫不加敬，以致榛蕪鞠為茂草，數百年後，欲問其事而遺老盡矣。是亦司茲土者之責也。予之來此，慨焉有感，而諸生公詞以請，因為捐俸若干，潔備俎豆，於丁祭之日，至祠專祀，與不徑不竇之高子，同肅明禋，以毓秀氣於斯邦。慮其久而湮也，勒之貞珉，永著為例。後之尹於此者，必無廢斯舉也。於是乎書。

康熙五十一年。

（文見道光《太康縣志》卷七《藝文上》。王偉）

募修二賢祠疏

晉江人縣令張對墀

陽夏，古名區也。土疏人厚，代產賢豪。自王侯卿相以及文人學士，圖志所傳，古蹟夥矣。而其最著，則莫如高、陳兩夫子。今兩夫子之葬於陽夏，不得僅謂陽夏人也。夫其列闕里之門墻，得至聖為依歸，當時函丈後世，廊廡十五國，山陬海澨，無不俎而豆之，名與天壤相敝，所謂天下萬世之人也，若陽夏之人私為己有，謂兩夫子生於某，葬於某，魄戀某方，神棲某所，是不知兩夫子之在天下，妥兩夫子之靈，則可。按誌：

　　兩夫子墓各有祠，既為春秋肸之所，縣南郭又有合祠。前令馮君以湫隘近市，改築於縣治之東，略構數椽，未卒事也。不佞下車以來，廉知其處，見地甚寬豁，而荒蕪不治，且黝堊丹艧，垣牆門宇，皆闕乎未之有舉。私謂名賢祠廟不宜如是，即欲更為葺理。顧以公事馳驅，未得其人以董之。居無何有王、祝二生來謁，首以是請。不佞聞之，慨然曰："生真有心人哉。"夫邑有先賢，而廟貌不振，此非司土者之責而誰責耶？二生又出廣文先生及自所為募文曰：斯役也，獨不若與人少，不若與眾，請公諸同志，予惟兩夫子之葬於陽夏，不得僅為陽夏人也，陽夏不得私十五國從祀文廟之兩夫子為己有。不佞豈得私陽夏兩夫子之祠為己事哉！且前令馮君既已有心鳩庀，何僅如是止也？毋以馮君不得私而留以俟後人，不佞其得私兩夫子之祠為己事哉！生勉之，吾儒作事與緇流羽客大不相同。不佞亦無庸贅述，不逕不竇，聞禮聞諸舊說為募化，且但凡屬詩書名教中人，聞有斯舉，必無以不得與為幸者，若其自外於兩夫子而欲使他人私為己有，則亦不必以斯舉告之，然不佞竊謂秉彝同好，吾陽夏必無是人也。

　　清雍正二年。

（碑存太康縣柴姓陵園。王偉）

先賢高子墓記

邑令宋士莊

　　先賢宅里，一邑憑依，將以先風化、固人心者也。舊傳高賢岡有高子羔墓，距縣西北三十五里，春秋二仲從祀已久，廟墓如制。國學生侯三畏捐地十畝給守墓，可謂祀守不失矣。然廉其入，不能新。其祠，時修時廢，廟宇坍頹，樵牧往來壟上而無禁，是則守土者之責也。士莊宰茲邑，瞻拜墓下，周視愀然。急命工繚以牆垣，計長五十餘步，高七尺，修理祠宇，制神龕，設立主位，山門屏列俱葺，塈題其額，曰"先賢高子羔之墓"。工成，聊記其年月。嗟嗟高賢，言行載在《魯論》、《家語》、《史記》者甚悉，如辰引於上，何煩贅詞！蓋賢人墓地，必非偶然。

　　康邑一隅地耳，勢脈平衍，非有名山大川為之扶鬱，既生陳子，復生高子，入聖人門牆，學成而歸，芳名播於當時，俎豆馨香百代，豈非中州淑氣所鍾，抑聖人之教澤遠歟！夫賢人君子，器物流傳，尚思敬慕，而況衣冠坵墓之鄉，神爽所臨，聖人之車服禮器傳焉，先賢之遺塚在焉，登其堂，撫其松栢，而寧不入廟思敬，過墓生哀也歟！有國工而無良技，是謂拙工。有賢人而無興起，是謂下愚。《詩》曰："高山仰止，景行行止。"又曰："維桑與梓，必恭敬止。"居是邦者亦可以興矣。

　　乾隆七年。

（文見道光《太康縣志》卷七《藝文上》。王偉）

重修漢光武帝廟記

鄭正心

從古帝王肇興，必遣大臣具牲帛，享古先哲王及嶽瀆河海，罔有缺典。蓋以其出雲降雨，有補於造化，其功德足以法今而傳後也。陽夏治東三里許，有光武神祠，父老相傳為演武村，乃光武牧軍處，明末遭兵火焚燬，傾圮殆盡。鄉民耆老等鳩工重建，屬余為文以記之。余竊惟帝以長沙定藩之後，除王莽亂，招納賢豪，起兵白水，興復帝室。當其時，攀龍附鳳，協力扶翊者，有耿、鄧諸賢將，披裘耕釣，不屈其志者，又有子陵諸人。而帝履大位而不疚，興學校，除繁苛，東漢之俗，於斯為美。所謂超三軼五，而馳驟帝王者也。重建廟祀夫奚疑！

（文見道光《太康縣志》卷七《藝文上》。王偉）

重修文昌閣魁樓星記

邑令武昌國

凡郡邑學宮之旁，皆有文昌閣，設梓潼帝君及魁星像，蓋流俗相沿已久，莫知其所由來也。然人心所向，其神必靈，而形家又有方向合局之說，文風之盛，往往由此。

康邑之有文昌閣舊矣。居辰方而西向，高三丈。又城東南有魁星樓，居巽方而西北向，一閣一樓，屹然並峙，為相輔之勢，與城外靈光塔，光彩交映。當時文風頗盛，厥後增高，文昌閣又改為南向，而魁星樓亦漸傾圮，由是科第鮮少。自辛酉以來，士多不遇之歎，即文昌帝君與魁星二像，亦若闇然無色焉。丁丑冬，余調任茲土，有濬河賑饑諸務，前歲則有招徠開墾諸務，至去歲，民稍安集，始修築諸廟宇。而儒博士靳君精於形家者也，嘗為余言，文昌閣不宜高於文廟，宜如舊，高三丈，西向，其魁星樓宜移巳方。余以其言與邑紳士謀之，僉以為然。乃改修文昌閣如舊式，居辰方，而別建魁星樓於巳方，俱高三丈，與城外巽方之靈光塔，為三合聯珠，共成文明之象。鳩工於己卯之仲冬，告成於庚辰之孟春，望氣者咸以為斯文將興之兆云。抑余更有說焉，夫形家之言，所以承地脈也。余與靳君及諸紳士本為儒家之言者也。儒家之言，以修德力學為本，德與學雖不為科名計，而科名未始不出乎此。此余之所望於邑之俊彥者也。豈專恃辰方巳方之合形輔勢，以轉移地氣乎哉！是為記。

乾隆二十五年。

（文見道光《太康縣志》卷七《藝文上》。王偉）

修建興賢書院記

邑令武昌國

　　邑西郭舊有連城書院，明季鞠為園蔬。康熙中，前尹樸君嘗改建於文廟東，曰興賢書院，久之廢。乾隆九年，前尹宋君又於西門內因舊宅為二賢書院，數年後復廢。丁丑冬，余自通許量移茲邑，工賑方殷，民困始蘇，未暇興修。去歲秋，始與邑紳士謀之，皆躍然喜，若欲旦夕觀成者。余迺倡捐月俸，從而助者一百八十六人。工始於春仲，竣於夏五，適遇恩科興賢之歲，故仍名興賢書院，亦肄雅官始之意也。舊存講堂書樓，因而新之，更建四齋，聚生徒其中而廩之，復構精舍於堂之西偏，延師講授焉。
　　昔明道先生由太常丞出知扶溝，嘗經畫溝洫，開設學校，猶以二事未及成而去為恨。而余於數年間，河渠、書院幸先後告成，非茲邑士民之慕義強仁，樂事勸功，何以致此？蓋沐於聖朝之膏澤，密邇於曠野之絃歌，宜其喁喁嚮風而易與為善也。抑余更有厚望焉，諸生日從事鉛槧，間有如黃次公之受書於夏侯，彭子佩之學易於安昌者乎？據案而書，登高而賦，有如袁彥伯之推重一時，謝靈運之名動都下者乎？夫聖言元遠，探之固難。藻耀高翔，能者亦鮮。自非天分高，學力到，則遊其藩而莫窺其奧。所謂學者如牛毛，成者如麟角，況又守其拘墟之見，而自謂已至，欲與前賢媲美難矣。然則如之何而後可也？曰："惟勤與久而已。"韓子云："業精於勤。"荊公云："美成在久是也。"勤非徒呻其佔畢也。歷精覃思務期有得於心，斯謂之勤久，非徒稽其歲月也。寢食不忘，寒暑不輟，無以他事間斷其間，斯謂之久能勤且久，雖由此而進於聖賢之道可也，況舉業哉？此則余之所厚望於諸生者。諸生其勿視為勸學之具文，而不刻意求進也。每詣書院，課諸生藝，即以此意勗之，因伐石以紀其事。
　　乾隆二十二年任。

（文見道光《太康縣志》卷七《藝文上》。王偉）

重修太康縣城記

邑令武昌國

　　嘗覽金仁山《通鑑前編》紀夏后之世，載薛氏說曰："今太康縣即夏太康故城。"則知建都設邑，莫不有城，而康邑之有城為最古。今之城址，舊志謂元至正二年建，係土城。明崇禎中，邑令李君臯始易以磚，增高一丈，加厚於前。經十五年之寇難，城復於隍。清朝順治三年，前令姬君令甲重建，城垣外甃以磚，內實以土，規模如舊而固厚稍減焉。自是後，宰是邑者率因循相繼，或數十年一補綴，不能周城完固。蓋工大費繁，力實有所不逮，非獨一邑然也。

余自乾隆二十二年，由通許調任茲邑。二十四年，亦嘗捐修東甕城矣。而其他尚有待也。去歲冬，奉藩檄所屬城有敝壞者，悉議修治，誠守土之要務，捍民之大政，嘗登城而周視其內，唯西北東北二隅，廣可一丈三四尺，其餘僅四五尺，狹者至不容足，此土功之所當舉者也。又環城而周視其外，女垣存者僅十之二三，城墉之坼裂頹缺者，凡十餘處，此磚功之所當舉者也。皆非區區補綴之功，所可塞責而報命。爰與邑之老成人共議之，上請則費帑，下派則苦民。物之價、匠之直，余獨任其半，而紳士分任其半，詢謀僉同。迺量功命曰，城墉之壞裂者，各撤而繕之；女垣之缺敝者，盡易而新之；四門城樓增修改觀，土之頹毀者，分功加築，週圍如一。

是役也，用磚灰匠工銀二千陸百四拾餘兩。始於三月朔，竣於四月二十七日。凡議遠邇揣厚薄，分財用，程土物，皆紳士州同軒謙等三十七人之力也。凡待畚挶平板榦出車牛具餱糧，皆九十四保鄉民之力也。余則循行督視，慰諭獎勉而已。抑余聞之，古者清風至而修城郭。每歲修之，故所修者寡而為力也省。今也每越數十年始一修，故所修者多而為力也煩。若每歲之冬，周視城垣，一有缺損，即時繕補，則民力不勞而城以永固，於古人修城郭之義始有合焉爾。又聞之春秋凡用民力，雖時必書，至於每歲之修，則為常事而不書。是役也，比之創築則較省，比之歲修則較煩，且紳士輸財，董役之功，暨吾民趨事樂成之義皆可尚，故為文紀之石，且補入邑志，俾後之君子，得以覽觀焉。

乾隆二十五年。

（文見道光《太康縣志》卷七《藝文上》。王偉）

重建官橋記

邑令武昌國

縣西北十八里，有橋曰官橋，跨燕城河，為赴省之通衢。橋有五洞，磚為之。其始構之，歲月莫考。辛巳秋，河決水溢，橋在巨浸中，及河隄既塞，水涸，而橋已壞。涉此津者，步則褰裳，車則濡軌，往來之眾，咸以為艱。余乃捐貲重構之。今春竣事，廣修如舊，而上下加固焉。然邑之橋多矣。余並為之修治。大抵皆因地命名，而此橋獨以官名。夫杜子美詩所稱市橋官柳東閣官梅者，以別於民之私有也。主於道途所經，川津所歷，雖官治之，而民共由之。以為官則莫非官也，非此橋所得而專也。唐張志和築室越州，門阻流水而無梁。觀察使陳少遊為構之，人號曰大夫橋。從觀察以為名也。今此橋之以官名，豈亦因官之所構而名之歟！若是，則余之重構此橋，亦舊令尹之政也，不寗惟是。凡邑中之所宜修治者，皆作官橋觀可也。余因至汴城過此橋，里民請記重構之歲月，遂書數語，而刻諸石。

乾隆二十五年。

（文見道光《太康縣志》卷七《藝文上》。王偉）

夏太康陵碑文

　　夫太康縣東南有夏太康、少康二陵。案之《圖經》，皆無所據，蓋近代所刱始矣。歲在丙午，知縣陶君應遇、丞徐君書受，為禁樵牧立斯貞石，余惟有舉莫廢，且嘉令丞之耐乎其政，又案諸《地記》曰："今縣城夏后氏太康所築，則因城為陵，義當由此。"爰為之文曰：帝承胼胝之後，昏墊之餘，見而三才奠定，百揆時敘，蓬蓬白雲，遵元野而浮戲。翼翼萬舞，據黃屋而沈酣。又鴻流既平，陵谷斯顯波，無惑人之蠱，原有走壙之獸，于氏夷羿在列，彎射日之弓，羲和從浮，載盈川之酒，前歌後舞，于野于田，雖不無佚豫之譏，猶想見承平之烈焉。以視姬德既衰，屈瑤池而流宴。殷軌非順，慙藍夷而遠征，蓋有間矣。若陵之肇始也，崇埤言言，既錫乎帝號，則原野臚臚，亦稱茲歸虛，南望神井，開王之始基。西瞻大陵，朝宗之故績。此則城經屢圮，化鶴之蹤不迷。阜有一成騎龍之鄉宛在，可以棲其神爽，歆其俎豆者矣。

　　賜進士及第兵部尚書兼都察院右都御史總督湖北湖南等處地方軍務留辦河南巡撫事務畢沅撰。

　　署興安府水利捕盜通判奉留西安城工測量銷算官直隸州州判錢坫篆。

　　太常寺博士洪亮吉題額。

　　乾隆五十一年八月，太康縣知縣陶應遇立石，丞徐書受模勒。

（碑存太康縣東南二里許，文見民國《太康縣志》卷六《藝文志下》。王偉）

夏少康陵碑[1]

【額題】夏少康陵碑

　　署興安府通判奉留西安城工測量銷算官錢坫篆。

　　夫帝配天之勛，發祥于自竇馭世之烈，肇跡于烹鮮九有有，截起于一成之田，萬邦來同成于一旅之衆。雖曰盛德之祀，必及于百世，而中興之業，實開於萬代焉。遂使燎原之火餘燼燭于三辰灃陸之舟，凶德終于一瞚。窮門之尸與河龍而並醢，桃部之骨隨防風而共戮。偉矣哉！黃帝之至德，見端于蚩尤。少康之殊績，功成于羿奡。豐沛英主非可言於同日，曹魏幼君所當發之高論者矣。昔者軒轅上升，乃有橋陵之號。殷武迷塚，亦傳蒲坂之虛。則夫因其邱陵，景彼風烈，虞思之二姚，距南臺而百里。治亭之故國，阻洪河而數重。愴念烈祖箎亭之雲，以黃遐瞻文孫崤關之兩偏，黑神無不在，即舉而莫廢者乎！後之隸是土者，護其豐碑，表其遺樹，不能無厚望云。

---

[1] 此碑爲篆書。

賜進士及第兵部尚書兼都察院右都御史總督湖北湖南等處地方軍務留辦河南巡撫事務畢沅撰。

太常寺博士洪亮吉題額。

乾隆五十一年八月，太康縣知縣陶應遇立石，丞徐書受摹勒。

（碑存太康縣東南二里許，拓片藏河南省文史研究館，文見民國《太康縣志》卷六《藝文志下》。王偉）

元至正甲午舉人授湖廣岳州路趙公暨元配恭人周太君之墓

始祖諱太始，居山右，原籍洪洞老鶴巷，洪武初始居康邑。二世祖諱順、諱成、諱興、諱宗、諱奎。順祖裔居清香集，集東有順祖塋；成祖裔居漳洋崗，崗西北有成祖祖塋；興祖塋在清香集西北，興祖裔居集東南香營；宗祖塋在趙村東阡，宗祖裔半居康邑東關，半居杞境趙村；奎祖後派，不能詳記，然家譜載其世居寧陵焉。茲以支派之蕃衍，慕功德之難忘，因念始祖塋建立高賢集南，舊蹤規模廓大，碑基森列，又有邑侯諱世榮郭公立神道碑，撰文以記始祖之德，明季兵燹之餘，不可復識，嘗於追薦之日，訪故碑之遺址，而吾皆無能道者。概其荒涼為已久矣，使不急為修葺，後之人欲從而志之，焉得為志之，爰集同族於墓前重立碑，旁建小碑兩座，並子孫名次詳列。

大清乾隆五十八年歲次癸丑吉月吉勒石。

（碑存太康縣高賢集南墓前。王偉）

重修學宮碑記

戴鳳翔

古者天子諸侯皆有學，天子曰辟雍，諸侯曰泮宮，所以崇奉師儒，廣宜教化也。養老恒於斯，造士恒於斯，習射釋菜恒於斯。學之時義大矣哉。今府衛州縣之所蒞皆有學宮。學宮之正殿謂之廟堂，中設先聖先賢遺像，其傍為東西廡，其後為崇聖祠，有司以春秋二丁享祀維虔，並率博士弟子駿奔走，執豆籩，舞樂歌詩，執事有恪，以昭格之，甚盛典也。

康邑學宮，由來已久。自明季闖逆之亂，毀於兵燹，遂至傾圮不治，鞠為茂草。國朝定鼎以來，與民休息，文教漸興。康熙年間，北平胡公來蒞茲邑，刻意營建，規模一新，向之鞠為茂草者，乃得釋奠有具，講肆有所矣。越三十年，而樸公懷寶重修之，其崇儒勸學之意，興廢舉墜之功，豈必出胡公下哉！自時厥後，百有餘年，風雨之所剝蝕，鳥鼠之所摧殘，榱棟門牆幾頹廢而不可支。不佞以道光辛巳奉調承乏，下車祇謁，目擊而心惻焉，遂慨然有興修之志。惟是頻年河溢，民困未蘇。而余亦以公務鞅掌奔走不暇。壬午春，乃使工書，遍加估勘，計所費不過三百金，即日鳩工庀材，懼以擾吾民也。自捐廉俸以畀之。

又苦董事之難其人也。詢之劉、汪兩學博，得李生永清以董之。李生人品端方，且精於營建事，每舉必費省而工堅重。余見委，閱六旬而事告竣，若作室家，既勒垣墉，惟其塗塈茨矣。若作梓材，既勤樸斲，惟其塗丹雘矣。今而後頹者舉，廢者興，簷阿棟宇，煥然聿新，堂基鼎鼏祭焉。如在俾士之鼓篋釋菜而來者，入其門則必有齊肅恪恭之志，升其堂則必有光明俊偉之思，以及學博依以安詩，學雜服以安禮，學操縵以安絃，咸知名教之中有樂地焉，則余此舉之於學校士風，未必無少補也，豈第肅觀瞻興作已哉！夫廊廡之不崇，舍宇之不葺，几筵禮器之不飭，此司牧者之責也。至若講學志道，立身修行，師長以是教弟子，以是學居則體用之合一，出則康濟之裕如，以無負聖天子雅化作人之至意，則非特司牧者之責也。願與諸君子共勉之而已矣。是為記。

道光二年。

(文見道光《太康縣志》卷七《藝文上》。王偉)

嚴禁盜當書院地畝碑 [1]

為覬切曉諭事。照得朱花村一帶，舊有沙磧官地數頃，經武前任捐入興賢書院，撥戶佃種，每年按廟完納租稞錢，作為肄業生童膏火，所以作養人材，振拔寒畯，俾之月異日新，備國家干城屏翰之用，典至盛也，意至深也。自嘉慶三年以迄二十四五兩年，迭遭黃水漫溢，泥土淤成平原，此地漸成膏壤，該佃戶等稞輕無徭，獲利勝於己業，理當極明，按畝升科，詎人心叵測，賢否不齊，竟有施欠租稞，甚至視為私產轉相盜當者，殊出情理之外。如盧振起等頂種張士林所稞之地，並未報案更名，本有不合。其子盧寅賓胆敢冒名催頭，盜當官地數十畝，瞞官玩法，莫此為甚。若不嚴加究懲，何以清積弊而儆將來。今本縣親詣勘丈，按畝定稞，誠恐鄉愚無知，悞導覆轍，合行出示曉諭，為此示仰各稞戶及軍民人等知悉，嗣後爾等如有私將書院地畝當賣肥己者，查出即照侵盜錢糧之例，從重治罪。其出錢當買之人，無論是否知情，但經發覺，除罰價入官外，亦必薄施懲責；鄉保知情不舉，或且徇情受賄，扶同隱匿，一律究辦不貸。又此等官地，歷年既久，邊界易淆，朦混侵佔，勢所不免。如有舊日侵種官地者，須當及早自行舉首，本縣亦不故為已甚之行，追其既往之咎，仍准計畝納稞，編造清冊，以垂久遠。倘敢有心顢頇，則是罔上行私，怙終不悛，一經查出，被人告發，定當嚴行究辦。本縣知法如山，毋謂言之不預也。各宜稟遵，毋貽後悔。特示。

---

[1] 道光《太康縣志》卷三載：道光四年，知縣戴鳳翔查清各鄉當捐地畝共十頃七十二畝四分細冊存案，合稞錢壹百壹拾肆千柒百捌拾文。又查出朱花村地三頃八十六畝四分二厘二毫，親詣勘丈，按畝升科，每年每畝納稞錢貳百肆拾文，共合錢玖拾貳千柒百肆拾貳文，細冊存案，連房地稞錢共貳百零柒千伍百貳拾貳文，並出示曉諭，將朱花村升科地畝數目，佃戶姓名，鐫立石碑，以垂久遠。

道光四年。

（文見道光《太康縣志》卷三《建置》。王偉）

重修城隍廟記

戴鳳翔

嘗聞聖王之治天下，先成民而後致力於神。蓋神以民為憑依，民藉神為庇護，幽明感召之際，其理微矣。故善治民者，亦嘗以神道設教焉。而神之與民甚親，如嚮斯應者，惟城隍為最著。在《易》泰之上，爻曰城復於隍。自邑告命城隍之名，肇諸此。《記》曰："能禦大災則祀之，能捍大患則祀之。"城隍固一方生靈之保障也。自唐、宋以來，祀典遍於天下，議者紛紛，幾於不可究詰矣。明洪武二年，大正祀典，盡削一切怪誕之說，惟稱某府某州某縣城隍之神，著於令甲。又為之差等，其爵於都門、於省、於府，則有總威靈公、大威靈公、威靈公之勅，而州則稱靈佑侯，縣則稱顯佑伯，準以五嶽視三公，四瀆視諸侯，其義一也。

太康治西南隅，舊有城隍祠宇，靈應丕彰。嘉靖癸丑，有柘寇師尚詔將逼城，時邑中乏令，人情洶洶。會郡丞蕭公名邦，奉檄來攝篆，途次聞警，假寐旅店中夢神促之，行五鼓，馳至縣，與士民畫策守城。翼日，寇至。知城中有備，遁去。則是城隍之神，大有造於此邦也，豈與他邑等哉！道光辛巳，余調任茲土，每朔望祇謁，周視循環，見棟宇摧頹，門墻傾圮，蓋日剝月蝕，雨漏風穿，去前令武公重修之歲六七十年於茲矣。惻然動念，欲為修葺者久之，又慮工費浩繁，一時興作之難為力也。故遷延以至於今。竊幸蒞任七載有奇，雨暘時若，年穀順成，絃誦耕桑，人民愷樂，令之德與，抑神之貺也。今年以秩滿，將之通判任，念夙昔所欲為者，既已捐廉倡始，與紳民等圖之，如修書院，葺學宮，建義學，修志乘，並次第觀厥成矣。矧棲神之所，為一邑之倚庇，尤素所耿耿於懷者乎。惟時都人士聞余捐俸興修之議，無不踴躍贊襄，富者輸貲，貧者効力，鳩工庀材，旬日畢集，經始於孟夏，落成於季秋，計費一千餘緡，美奐美輪，規模壯麗，丹漆金碧，煥然一新，何向之慮，難以圖始者，今直成功如此之神且速也。意者神之盛德，隱入乎人心，而為之宰，固有莫或使之，若或使之者耶。繼自今，神得所憑依，必為吾邑禦菑於未兆，捍患於未然，民無夭札，物無疵癘，俾司牧者，亦得從容以時，率其父老子弟，酌醴陳牲，慶屢豐之年，而拜明神之賜，頌昇平之樂，而歌醉飽之詩也。所謂神人悅豫無疆惟休者與！工既竣，爰紀其始末，泐諸石。後之君子，將有感于斯文。

道光七年。

（文見道光《太康縣志》卷七《藝文上》。王偉）

增修蕭曹二聖祠記

邑令戴鳳翔

古者祀典之設，所以崇有德，報有功也。《記》曰："以死勤事則祀之，以勞定國則祀之，能禦大災則祀之，能捍大患則祀之。"非是例也，不在祀典。治署東偏，舊有蕭曹二聖祠三楹，衆書吏以春秋拜奠其間，享祀不忒，示不忘所自，猶士子之崇祀文昌，農夫之敬奉田祖也。不知建自何年，亦不聞命名者為何許人。歷年既久，寖以頹廢，且其庭基逼仄，前無尺寸之階，以展牲陳幣，規制缺如，當事者時心惻焉。歲丁丑，各書吏相與謀所以興修者，稟請余示。余乃捐廉為之倡，以申月鳩工庀材，越子月而落成。頹者興，廢者舉，廟貌既新，更於前拓其餘地，增建獻殿三楹，如鳥斯革，如翬斯飛，向之居不容膝，步不旋踵者，今則進退有序，升降有儀矣。是舉也，夫非僅為美觀，亦使禮拜堂下者，覩祠宇之壯麗，瞻神像之莊嚴，罔不肅然起敬，知敬神則知畏天，知畏天則知奉公守法，知奉公守法則異日之由吏之官者，烏知不可以其才優守潔為國家用，而豈區區簿書諳悉之為能事哉！雖然，余嘗於朔望瞻拜之餘，覩其題額字義，心竊不解，輒欲更易者久之，爰詔羣吏詰之曰："蕭、曹二公，《史記》著之最詳，以其位相國也，以其爵列侯也，以其勳業著述，則管、晏之餘烈而申、韓之末流也。非有雎麟化行之美，非有官禮制治之精，以聖名額於義何居？"羣吏默無以對。客有解之者曰：自來諡貴法古，名貴通今。按蕭相國何於秦時為刀筆吏，漢興依日月之末光，謹守筦籥，因民之病，奉法順流，與之更始，跡其從入關而收圖籍，因約法而著刑名，不亦一時人傑哉！曹參其舊也，雖文藝不及何而為將從征，戰必勝，攻必取，厥功最多。及何歿而參代相，舉事一無變更，載其清淨，民以寧一，故能胙土傳於奕世，令名垂於無窮，即其功德，均不得與五臣十亂比，而律以儒術則不足，衡以吏治則有餘。近古以來，所未有也。吾聞祖有功者宗有德，今各書職司律令，皆奉蕭、曹為大宗，而祖述之，必當有以尊，異其名者謂之為聖，其與詩聖、草聖之取，類將毋同，況善善從長。管夷吾，霸佐也，而以仁稱。臧武仲，逋臣也，而以智顯。大聖人猶節取之，君奚獨吝於一字之褒，而費此喋喋者為余笑，諾之。不果易，既乃綜其興修之顛末，而為之記。

道光七年。

（文見道光《太康縣志》卷七《藝文上》。王偉）

二程夫子祠記

高崧

程氏祖籍廣平，派衍洛陽，而支分於陽夏。溯自伊川夫子，十傳至光祖，元文帝時仕於太，擇居縣北瑯琊岡，遂家焉。維時祠宇煥然，譜牒昭晳，春秋享祀，靈爽式憑，世世子孫，永守弗替，於懿鑠哉。明正德六年，劉、趙分寇，一切留貽幾為灰燼。崇禎舉人鵾化起而重修之，事未竣，倏遭闖逆之亂，不□□□一於千百矣。

國朝定鼎後，竹軒公留心家乘，客福□溫州府者，數年延訪之餘，頗得頭緒。逮清四公就竹軒所遺，兼採□□□墓碑，溯世繫，先後稍稍有得。未就而殂。其子佐坤什襲以藏越四十餘年，出而授梓。嘉慶辛酉年，重修祠堂。置木主，勲塈丹漆，舉以法。由是以序昭穆，以別尊卑，以明親疏，而尊祖敬宗之心，油然生矣。然溯其淵源，實出明道、伊川二夫子，故名其祠，曰"二程夫子祠"。道光丁亥，余膺阿閣戴明府之聘，任編輯事，貢生程圖南玉柱等，衣冠晉謁，請序於余。余曰："二程夫子，闡危微之精蘊，接孔孟之薪傳，禮樂文章，昭茲來許，為斯道之正宗，即天下後世，皆得而祖述之，豈獨程氏為然哉。而程氏其後裔也，太康之程，又其分支也。是烏可以不記。

道光七年。

（文見道光《太康縣志》卷七《藝文上》。王偉）

太康義學條規十二則碑

縣東舊有社學，遭寇毀。知縣樸懷寶改建於西關外，迄今久廢。道光五年，知縣戴鳳翔捐俸於縣東高朗集西、獨塘集南、王隆集北、平臺崗設立義學四處，延師教讀，歲費修脯錢壹伯貳拾餘千。七年春，奉大憲檄中州州縣各立義學，復捐廉俸錢五百千為倡，邀勸城鄉紳士量力捐輸，連前共得錢肆千串，發當生息，增立城在東門內關帝廟義學一處，西門內天甯寺義學一處，因經費不敷，先行借用廟宇。鄉間增立十四處。五里□監生李益之捐瓦房十三間永為肄業之所、龍曲集王魏氏捐地二十畝，遜母□，長營集、楊廟集、馬廠集、馬頭集、朱花村、朱家口、老塚集、高賢集、崔橋集、吳仁寺，清香集，外丁家集監生張睢自設義學一處，連前城鄉共義學二十一處，併立條規十二則，鐫石以垂不朽。

一、發交城鄉十典鋪各領本錢四百千文，詳明各憲每月一分五厘生息，每年計共得息錢七百二十千文，遇閏加一月息錢，於利滿一委之後，次季首月朔日繳存，以便隨時發為各義學束脩之費。發錢之日，即取具各典商互保甘結，遇有一典歇業，眾典即赴縣稟明，將原額本錢及應繳息錢照數追出，其中本分交現開之典領管，如出結之典瞻徇不稟，致將本利缺少着落，照數賠補。縣中遇有新上交代，舊官將此項發典本錢開列各典所領原本數目及息錢交至何月之處，造冊移交新任查核並稟明本府立案，無論實任署事官員不許挪用分毫，如有挪用，照倉庫正項著追以歸，核實而垂久遠。

一、在城設立義學二處，各鄉適中集鎮分立義學十八處，現在因經費不充，先用借用廟宇，業已飭據紳士鄉保查稟擇定有所學中，除塾師卓椅由近處紳士備置外，其學徒卓椅，俱令自備。

一、聘請塾師只須就近擇延，若聘請遙遠及外來之師，誠恐語言不同，一切均多不便，即着各處紳士於鄰近村莊，無論生童擇其品行端方，經方純熟者，赴縣稟明，以便察看延請、至每年散學之後，是否可以仍舊延請，抑須另延，亦着隨時赴縣稟候核定。

一、各義學塾師修脯，每年每學議定致送製錢三十二千文，按四季分送，以四、七、十、十二其月之初五日給發，如係生員能為無力童生校改詩文，有益後進，於原束脩之外，按作文應試每學徒一名，加塾師脩脯一千文，亦按季並送，約以四名為率，以示限制。如再多則係經縉不合義學調劑貧乏教養童蒙之義。如係延請童生則仍照議定三十二千之數。若學徒父兄情願另送脩金節敬者，聽其自便。

一、塾師如常有事故及自揣力量不能約束學徒者，聽其辭去，仍按在館月日給予束脩，即着紳士另行擇延接續到館，如塾師無故曠課及師範不端者，亦着各紳士查明稟知辭去另延，以收實效。

一、義學之設，非惟啟迪愚蒙，兼可輔行教化。所延塾師於朝夕訓課外，並應將孝親、敬長之道，進退揖讓之節，隨時隨勢為之講解，使其目濡耳染，習熟於禮義之途，則放僻邪侈之心，無自而生，中人以上，皆可勉為成材，即下遇無知，習而安焉，亦不至流為匪僻。至該子弟之父兄，既令就傅讀書，俟其放學歸來，亦隨時勉勵，則風俗自臻淳美，桀驁盡為良善矣。

一、奉發《聖諭廣訓》一書，條教備載甚詳。本縣購覓刻本，業已校對無訛。現於每學發給二本，令塾師每逢朔望六期，為童蒙定句授讀，曉以聖諭大意，讀完一篇之後，再行貫串講解，其誦讀之多少，則視學徒質地之優絀，總期於習熟而後已。該塾師務宜訓誨不倦，毋少稍懈怠。果能訓課有方，學徒盡能通曉，本縣於便道稽查，自當隨時獎賞，以示鼓勵。

一、學徒敬入，必先氣質而後文藝，童蒙嫻於禮節，自然循循規矩之中，今酌定每年正月開印開館，歲底封印散學。開學之日，生徒俱詣至聖先師牌位前，行三跪九叩禮畢，有父兄送學者，同塾師對拜行禮，次童蒙向塾師行三拜禮，每逢朔望，師生均詣至聖先師牌位前，上香行三叩禮毋忽。

一、義學無論在城在鄉，所請塾師，除訓課外，不許干預外事，如塾師召集親友在學閒談飲酒，或群聚議事，談說是非，一概禁止。倘有無知之徒，敢在義學喧嘩酗酒，賭博滋擾等事，着紳士鄉保隨時斥逐，如有不遵，稟官拘究懲辦。

一、童蒙讀書，首先識字，每日早晚讀書若干，必令背誦嫻熟，然後再為授讀。臨改字時，摘其書中之難字，硃書紙背，指令認識。有不識者，隨時呵責之，不聽含糊忽過，則功課認真，塾師多盡一分心，即學徒多受一分益。記曰師嚴然後道尊。此之謂也。如或虛糜脩脯，誤人子弟，自問能毋愧乎。倘學徒群聚戲謔，擾亂學規，無故出遊，功課不進，由塾師隨時責懲，再不悛改，塾師知會本處紳士查明斥逐，以示炯戒而歸核實。

一、小學一書，於幼學最為切要。現奉本府憲發下二十一部，合即每處發給一部，以備塾師隨時講解，弟子計日溫習，則蒙以養正之道思過半矣。

一、讀書存心向道，尊重聖賢，必當敬惜字紙。茲約令各塾中置一化字爐，師座旁置一大紙簍，弟子座旁各置一小紙簍，偶有廢字殘稿，隨手取貯其中，盈則焚化於爐，棄灰於水，以免穢污作踐，為要為囑。

道光七年。

（文見道光《太康縣志》卷二《建置》。王偉）

闔邑殉難記

耿帝德

壬午三月十九之變，乾坤不數，有之大變也。錦城繡域，一時灰燼，男婦老稚，尸堆血流，傷心慘目，不忍見聞矣。然而綱常節義之所在，未始不照耀於天地古今間也。蓋逆闖之慘烈，於黃巢自汝洛繼陷以後，處處解體，人人寒心，或開門迎降，或棄城逃走，死守捍賊，寥寥無幾。而我康獨於陳亡之後，誓死力敵，兩日間，砲火矢石斃賊者，不可勝數。迨力盡城陷，駢首就戮，其間闔戶自盡，舉家就義，子死於父，妻死於夫，兄弟並裁者，蓋幾千萬人矣。屠刈數日，賊始由睢寧破歸德，再由歸德復轉康城，然後由康抵汴，省城備虞已自多日，則我康之守，實蔽汴梁，真不啻睢陽之捍淮南，平原之壯河北矣。人第見屠戮之極，慘動天日，抑知城存與存，城亡與亡，效死之義，君民原一體焉。是雖一時之厄，實千載之光，即謂人人皆忠臣孝子，義士節婦可也。嗚呼！人孰無死，以視死於忠孝節義者，其輕重為何如也。

我朝定鼎，人始有家，白骨滿巷，青燐遍野，親戚朋友藁載而負之，葬城東北隅，封土建塚，樹木立碣，以彰忠魂，以昭義烈，傳之後世，永誌不磨。余時方幼，親覩其慘，追念曩事，不禁悲痛。援筆附記，以俟後之憑弔云。論曰：從古忠烈之氣，多見於危急存亡之秋。板蕩識忠良，不目擊而心傷乎。夫長吏捐軀以報朝廷，子民殞身以效父母。分誼固所莫辭，大節亦其素諳。獨是焚掠之禍，既已難言屠殺之慘，更堪揮淚。嗟哉！康城以十萬戶之邑，男婦不下百萬，乃兩日血誠盡付烈燄，一夕淪亡，幾空城郭。今紳衿知而載者，不過數家數事，至匹夫匹婦，商賈羇旅，投繯墜井，罵賊自焚，千態萬狀，不可勝紀。我國家旌功賞善，首重獎勵之典。儻採詢故老，紀論烈英而祀焉，將烏鳶白骨之地，胥聞歌舞矣。

（文見道光《太康縣志》卷七《藝文上》。王偉）

興賢書院重建講堂記

文學楊木鐸，樂善好施，一切義舉，必為首倡。子紹先，衛千總；繼先，布經歷，賦性慷慨，雅有父風。戊子，太邑修志，以書院為志局，凡有力之家，咸集茲辦理於義學，志書具見，捐輸踴躍矣。惟是院宇失修，恐遂頹廢，因酌議修之。有願重構魁星閣者，有願改造大門者，獨講堂需費為最多。時紹先不在局，眾目屬繼先。繼先慨然曰："是吾事也。雖然，吾不可不告吾兄。"歸與兄謀。其兄紹先曰："弟實護我心矣。"因就其舊趾，營建而更新焉。磚若干，瓦若干，木料若干，工食若干，計費在五百金以外。兩閱月而工竣。昔之斷瓦頹垣，而今竹苞松茂矣。昔之崩榱折棟，而今鳥革翬飛矣。余願諸生之肄業者，英文彪炳，甲第蟬聯，與斯堂先後相為輝映也。

余宰邑八年，每以興廢舉墜為念，行且陞通判去，竊喜邑紳士心與余同，百廢具舉，而余心乃今暢然其無憾矣。嘉楊君之好義，紀其事以泐諸石。

知縣戴鳳翔記。

時道光戊子端節後十日也。

（文見道光《太康縣志》卷七《藝文上》。王偉）

富公生祠記

龍廷霖

國與天地必有與立，與立者何？人心是也。邑宰潔己奉公，盡心字民，乃臣子之常耳。不如是，即無以對朝廷。故字民乃所以報君，於民乎何求？然民心至愚而至神，上以父母愛下，下即以子弟戴上，南山臺萊之詩，樂只君子之詞，在當時，原未嘗製錦稱頌，而人心於是可見矣。

道光戊子，太邑修誌，去富公蒞太之時，已六十餘年矣。邑西北有富公生祠，訪其故事，遺老能道之，或曰生祠犯禁，予曰：不然。國家以孝教天下，而世之獻諛貢媚者，每借生祠以悅上，而遂其私，故禁之。若夫人人自孝其父母，朝廷亦將禁之乎？以富公之德，入民之深，即一邑之父母也。一邑各盡其子職，朝廷方獎勵之不暇，而又何禁乎？

攷公富氏，諱勒赫，鑲紅旗舉人，乾隆二十八年蒞此，下車之始，即嚴請謁，勤無字，理冤獄，停徭役，期年，邑風一變，黃童白叟，熙熙然若遊於春臺之上。相傳上憲移文疏河，公力言其不便，民大被其澤。然余攷縣誌，邑侯武公於乾隆二十二年，奉文挑濬境內諸河，去此僅數年，何為又疏河乎？蓋河工起於二十二年，其中綿歷四載大役，饑饉之後，流離載道，逋負必多。及我公蒞任，而民困始蘇，廉叔度來何暮，民之歌謠，其德有自來矣。又嘗因太邑禾熟將登，忽生蝻蝗，上憲命撲之，公不應。蓋萬足蹂躪之下，禾立盡而民饑矣。上憲率鄰邑官親臨督之。公怒，擲其冠於地，目光如炬，且曰："太蝗皆三眼，此非太蝗也。"抗聲不屈。上憲難之。事遂寢。或曰："如子言，鄰民將死矣。富公之心公乎！"余曰："不然。父母視其子於瀕危之時，天又奪之食，我公與天爭耳，且使邑令人人皆如富公，天將不生蝗，即有必自溺於水，我公何為其有私乎。夫一介之士，得志當時，稍能自持者分耳。而我公派出天潢，居官如儒素，夫人躬績自奉二簋，嘗為太公祝壽。邑民駢肩爭衢踵至，各執瓜瓠梨棗，躋堂稱觥，一如家人父子，及去之日，父老攀轅遮道，婦女巷泣三日，未能出境。然則生祠之報，民猶以為未足也。"嗚乎！我公之潔己字民，出於至性。邑民之誠心戴公，亦出於固然。以至性固然之事，兩出於不能已，於以見天朝培養之隆，而深仁厚澤，吏民胥遊於雍熙，而不自知也。富公其不朽矣乎！

道光八年。

（文見道光《太康縣志》卷七《藝文上》。王偉）

建立義學碑記

邑令戴鳳翔

氣質之所以能變化者，莫如學。我國家承平幾二百年，諸士子涵泳於辟癰鐘鼓之音，沐浴於泮林芹藻之澤，其由達材而幾於成德者，抑何深且至也。而教化究難遍及於編氓，則義學之立宜急，在太康為尤急。康俗舊尚力，好爭鬭，惟詩書之澤，有以柔其氣而化其矜學之時，義大矣哉。夫書院之設，所以育成材。義學之立，所以教小子。二者不可偏廢也。

予宰邑八年，孜孜焉惟恐教養之不逮，每逢朔望於各神廟行香，宣講聖諭之後，必親詣書院，課諸生童。勸之以德行，訓之以文藝，簡其秀良者，獎賞而鼓勵之，並於諸士謁見時，曉以既富方穀之義。自世族以及素封，延師教讀，彬彬可觀矣。至貧窶之子，僻陋之鄉，往往以不識一字，致桀驁難馴。予思有以化之計，非義學不為力前者，擇各鄉適中之地，分立義學。四處附近貧民，可免失教之虞。約每歲費修脯錢一百二十餘千，皆自捐廉俸以給。行之四年，頗有成效，顧區區之心，猶懼其偏而未周，久而難繼也。道光五年，適奉本府飭立義學，並發下制錢一百千。余謹存縣庫。竊幸上有同志，下可圖成，即自捐廉俸錢五百千，為紳民倡。七年春，復奉大憲檄飭中州州縣各立義學，猗歟休哉，真一時之盛舉也。因邀勸城鄉紳士，量力捐輸錢文，合前共得錢四千串之數，發當生息，共立義學二十處，每歲修脯之需，取其息而本猶存，冀可垂之久遠而不廢。令紳士之端方者擇延師儒課讀，俾貧家子弟，不費束修亦得畧識詩書，粗知禮義，由此而躋之庠序學校，不難安知無護雞漂麥牧豕聽經之儒，從此出乎。然而創始固難，圖終亦非易。易有治人，然後有治法。予不敢自為功，所願後之宰是土者，推而廣之，廓而大之，於以化民成俗，返樸還淳，則是舉固亦一簣之始基也。事竣，因綜其議建之緣起，而為之記。

道光八年。

（文見道光《太康縣志》卷七《藝文上》。王偉）

郭氏三忠祠特祭碑文

高崧

郭氏為太康宦裔，由來尚矣。其間簪纓接踵，科第傳芳，載在志乘者不備述。惟明有諱曾者，以舉人授磨勘司令，同潁川侯傅友德平兩廣有功，陞御史台治書。再傳有諱濟者，永樂戊子解元，陞鎮江府知府。又再傳有諱緒者，成化庚子舉人，辛丑進士，歷任雲南左參議。時西南思祿蠻叛，據地千里。奉敕招撫歸侵地，陞四川督糧參政。此皆有邊功於朝而以忠稱者也。萬曆間，邑侯詳請上憲，特建三忠祠，春秋兩丁委官以豬羊致祭。崇禎壬午，逆闖寇太康。三忠祠毀於兵燹，而特祭亦失。迨國朝定鼎，而郭氏衰微，祠堂雖建，特祭未復。時道光丙申三月間，生員郭志進、郭常欽等，具呈詳請藩憲，蒙批。據呈各情，有無志乘可考，是否與祀典相符，仰陳州府飭縣確查妥議詳奪。予因確查太康志書並郭氏家乘，據實轉詳，藩憲復批。由縣按春秋二季捐資致祭，以昭崇敬。余謹遵憲檄，捐錢百串，發當生息，以備豬羊祭品。復以所捐之資，詳請立案。藩憲以如詳，立案準之。此可謂垂久遠而無廢弛者。且路判公為郭氏發祥之始，太僕公有撫封卜兎之功，以配享焉。於戲！苟其宏勳偉烈，足表當年，以垂後世，安有不食其報者。諸公雖沒數百年，而祀典克隆，輿情稱快。其亦道德之不容泯也夫！是為序。

道光十六年歲次丙申重陽日撰。

（文見民國《太康縣志》卷六《藝文志下》。王偉）

詔旌劉用九妻何氏貞烈碑

順陽縣人翰林李棻

劉烈婦諱淑靜，姓何氏，河南太康人。祖岐，勅贈承德郎，戶部主事。父維，貴州思南府知府。何氏生而慧，幼頗讀書識字義。年十七，歸邑庠生劉季芳子用九。又七年，何氏年二十四歲，用九病，度不起。何氏謂用九，"候我，候我，我不令君獨死。"時父以會試將攜家入京，何氏來拜父行，且與訣曰："罔極之恩不能報，大人行，且自愛。兒不及見大人歸。拜家慶矣。"父義之。淚數行下，口不忍許其死，遂行。及用九歿，何氏即不大哭泣，遂啖棗梨數顆，結束倥惚，若將遠行者。內外戚屬咸來諭止之，不聽。已相向大哭曰："汝善事舅姑老，作劉家孝婦亦可甘心，奚必苦苦求死？"何氏曰："吾父昔撰吾曾祖公墓志，盛稱吾曾祖姑陳氏事，今歷歷猶在耳。吾顧不能爾耶！"曾祖公，故沂州同知演也。死數日而殯葬，陳氏殉焉。故何氏云然且曰："用九氣未斷時，既許以死，肉未寒而背之，不數為人。"家人知不可奪，密相戒守之，不令頃刻去左右。何氏竟不得死，乃大恚曰："是不欲我作同路鬼耶！"取嫁時衣物悉火之，以不貽父母遺悽。是晚以口渴紿守者，俾入廚煨棗侑茶，乃潛詣用九之柩右而死焉。蓋用九死在正月二日，而何氏死在其月二十四日，竟得同葬。嗚呼，烈矣！匹夫匹婦爭豆羹尺布，比比至喪身者，此固不足道。即一時憤激，欲蹈節守志亦有矣！然間一二日，顧瞻先後，意或稍衰焉。至五六日，十餘日，則初意索然矣。矧甘言怵語者不一人乎，何氏可謂烈也。有司以其事上，詔旌其門如例。余方樂傳其事，而知府復為余道其女焚衣物時，火中若見有花狀者並出，其邑學生袁嘉賢所謂狀欲得余文，勒之石上。知府與家父為同年，余故義不敢辭，而為之銘曰：

於維淑媛，胄出名門。夫也淑儻，佐之溫溫。一朝失侶，誓節身敦。而不憚死，求若璵璠。群咻罔動，日久愈存。蘭蒸質美，栽培有原。煌煌綸命，寥寥墓園。穹碑聳視，澆風尚淳。

（碑存太康縣東南二里許，文見民國《太康縣志》卷六《藝文志下》。王偉）

何烈婦墓表

陸栗

初太康人沂州同知劉君演卒，其妾陳氏從之死。邑人爭傳其事。事聞，旌門如制。至演之曾孫，字克柔，何氏其元配也。克柔貌魁梧，才敏秀，敦重節義，有古烈士風。何氏佐以柔順，至相宜也。歸七年，爾劉生病，何氏籲天，乞以身代。知不可救，即許以死。迨劉生病革，即不飲食，親族百方勸止，曰："吾父銘曾祖公墓，不盛稱烈婦事耶。吾固耳聞，且父平生教以《孝經》、《女誡》，不欲我為古人行耶。"自經者再，皆為人所救免，乃取其嫁時衣物，悉火之，而為光為雲錦蓮花狀，親族驚嘆。然防益密，俄有弔客至，家人出治饌，因紿女伴以渴，即潛縊夫柩前，經夕顏色如生。時開封佐何君廷臣署篆，率邑屬諸生為文以祭，里中觀者如堵，兒童女婦咸稱曰烈婦云。

（文見道光《太康縣志》卷七《藝文上》。王偉）

清故獲嘉縣教諭竹亭張先生墓表

劉郇膏

嗚呼！此竹亭先生之墓也。先生與先君子居相近，長同遊，同補博士弟子員。先君子以明經齎志沒，而先生登嘉慶甲子科副榜久，次為獲嘉縣教諭。道光丁未，小子膏捷南宮，假歸里門，適先生養疾家居，得拜於牀下。先生愛之如子弟，諄諄以循吏相勸勉。未幾，觀政姑熟。而先生之訃至矣。噫籲，悲夫！時是歲之十一月二十六日也。閱二歲，先生子為慧卜葬先生於祖原，既匃銘於余。同年生鄢陵蘇君源生，復不憚於千里走使持狀以表墓之文屬膏。嗚呼！若先生者其可風也已。

先生始祖諱信，山西沁水縣寶莊人。明初遷太康。曾大父曰燦，邑庠生。生歲貢生瑾。瑾生一峯，國學生，公父也。以公貴，誥贈如其官。妣吳氏，勅封孺人。贈公夢瑞蓮而生公。二歲自識其姓字，故贈公奇愛之。比長，剛介果毅，嚴交遊，恥涊忍，不詭隨，不阿世，意所不可，舍之如割。獨行其是，百折不回，不知者幾以為迂且拙也。弱冠，受知於歙鮑覺生。先生感激知遇，益自刻勵。嘗扃鍵一室，飲食自牖，精心揣摩，以求一當。而卒厄於有司，遂絕意場屋，日與田父野老相往還。杜請託，絕干謁，足跡不履公庭。邑侯某聞公名欲一見，卒不可得。其篤志自守如此，及受命司鐸，尤以禮自處，尺寸不稍假易。

故事，迎春東郊，舉行時祀。惟學博得與縣令同次司儀者，故布席如簿尉。前學博莫能爭，先生力辨其非。因著論以明之，縣令大為愧屈。同僚閻崬碧曰："冷官之氣伸矣。"道光辛丑，河決開封。部使者檄民出芻薪塞河，以軍興法督趣，鄉民譁然。公左右縣令，諭以大義，鮮怨讟而芻楗無後期至。嗚呼！自明季以風義氣節相矜尚，當事者懲於門户朋黨之弊，而實以渾厚和同之風，其間有風裁岐嶒，壁立千仞者，必多方裁抑之，使至於刮方為圓而後已。故百餘年以來，士大夫爭以模棱為通方，以唯諾退避為識時務，稍稍挫折貶損，相與含忍安之耳，一旦國家有小利害，大抵袖手觀望而已，否則陷之矣。若先生其猶古之士歟。先生貌清雅頎而長，眉廣而鬚疏，目光炯炯射人。居常喜汲引後進，正襟危坐，娓娓數百言不倦。與同人辯論往來，必伸其說乃已。膏於先生為同年家子，聞先生訓最悉，欽其品而悲其嗇於用，又重以為慧之請，故特表而出之，使揭諸隧道之石，以為鄉梓風云。

先生姓張氏，諱可大，字化甫，竹亭其號也。

道光二十七年。

（文見民國《太康縣志》卷六《藝文志下》。王偉）

清例授修職郎候選訓導附貢生履亭王先生墓表

甘肅人安維峻

有躬行君子履亭先生者，姓王氏，諱新泰，河南太康世家也。自其始祖諱元佐以來，祀鄉賢、忠義、名宦，入郡縣志、《大明一統志》、《中州人物志》者凡八世。世所稱三司農王氏者是也。祖奉政公，諱魁銘。父中憲公，諱化平。世德相承，以啟先生。先生昆弟四人，兄楷庭，提學，與余誼屬同年宦甘。時曾共修本省通志，志同道合，滄桑後掛冠歸。歲丙辰孟秋，忽抱鴒原之痛。越辛酉夏，郵寄所撰先生事略屬為墓表，不敢以不文辭。按狀：

先生生於咸豐壬子九月，訖捐館，春秋六十有五。貌魁梧，聲洪亮，幼即勤學善悟，出言中理。十五能文章，弱冠入邑庠，六應鄉試，不利，設帳授徒，多所成就，而學益邃。以附貢就職訓導。初，提學出嗣伯父，後及通籍京秩，改官陝西，連遭本生父、本生繼母暨嗣父喪，皆先生親視含殮。提學歸，但同舉葬事，既而四弟、三弟，先後歿，家事一敦先生，勤儉儲積，增置田宅多所，皆人所厭薄不取者，價雖昂不校。於營產中，隱寓濟困之意。堂弟等以地質人，每代為贖歸。及再質且出售，悉聽之。其質地於己者，不久並契地歸還，蓋不忍兼併所親之業也。弟侄輩或乏食，按月資給，從父化岐晚年貧苦，生供養瞻，歿具殯葬。每年糧漕開征，合近族代為完納。初不責償，仁粟義漿，惠周行乞，遇老病，加給衣褲。其居鄉也，有王彥方風。其避亂也，抱管幼安志。其為人排難解紛也，又如魯仲連。而往往賠賕錢文，不但於己無所利焉已也。世局所迫，票選鄉長為衆公推，辭不獲已，乃蒞事。維時權利之風日競，凡置身局所者，每假公以自私自利，甚至為虎作倀，不惜犧牲人民者比比也。先生以清白之操，力挽狂瀾，於驗契、養兵、印花、雜稅諸欸，調停新法，體恤民艱，事舉而費省。同事者和衷共濟，不濫用公錢一文。他邑至取以為法。

噫！以先生之孝友施於有政，而桑梓近蒙其福，所稱躬行君子者，其表見已如此。設使早年得志，任天下大計名臣，事業何不可媲美先世哉！而惜乎以鄉先生老也。先生嘗於莊西闢一小園，築室兩間，植桃百株，隙地栽花種菜，穿池養魚。提學自甘歸，署曰"小桃源"，意謂敘天倫之樂，事可以偕隱也。而先生卒以勘驗河工，勞瘁過甚，一病不起。遠近聞之，咸奔走弔哭，如失所親。宜提學之悼念不置也。配魏氏，早卒。繼配王氏。子男四：屺然、岵然、嶸然、峘然，俱業儒。女四：長適李；次適孫；三、四俱幼。孫男四：在書、在朝、在衡、在銓。

嗚呼！為善無不報，不於其身於其子孫，如先生者可以風矣！因揭於其墓之原。

賜進士出身中憲大夫前內閣特用侍讀年愚弟安維峻拜撰。

咸豐壬子九月。

（文見民國《太康縣志》卷六《藝文志下》。王偉）

贈右都御史劉公松巖神道碑銘

德清人俞樾

昔在咸豐之初，大盜起於粵西，窟於金陵，蔓於天下，而卒藉上海一隅彈丸之地，為旋乾轉坤之樞紐。其時，將帥之臣，赫然稱中興元功，生膺五等之封，而歿受百世之祀者，非一人矣。然而上海一隅獨完，以留待大軍之集者，誰之力歟？則太康劉公之功大矣。

公諱郇膏，字松巖，先世山西洪洞，遷河南太康，遂為太康人。曾祖某，祖某，父某，皆以義行，重於鄉。公於兄弟行居三，生而沉毅，有大志。年二十一，入郡學。道光二十年，舉於鄉。二十七年，成進士。以知縣分發江蘇。始至，即誓於神，不苟取一介。咸豐二年，權知婁縣，開濬白龍潭，官紹塘諸處，為旱澇之備。又以邑無儲蓄，按畝捐粟，分存各鄉，官民互稽，歲以為例。及賊陷金陵，揚州、鎮江相繼失守，東南震驚。時趙靜山中丞守松江，與公鎮之以靜，民賴以安。無何而上海亂。川沙、南匯、嘉定、寶山、青浦，諸廳縣並陷。公時已受代回省。巡撫忠烈吉公督師剿賊，檄公隨營。公率漕勇三百人與賊戰，輒勝。嘉定父老知公才，請於臺司，專以嘉定屬公。三年正月，收復嘉定，遂權知縣事。甫三日，上海大營潰。潰兵至城下，民一夕一數驚。公親出拊循，資而遣之。選丁壯，嚴守望，稽保甲，籍遊民，於是，民心大定。後獲賊諜，知賊某日謀襲縣城，以有備而寢也。

兵亂之後，十室九空。公為民請命，春請停徵，秋請減緩，雖經兵燹，境無流亡。敘功加同知銜，賜花翎，補授青浦縣。疏通漢港，修築圩塘，有便於民者，無不備舉。蓋公之所至類然，而其大有造於東南，為中興大局所關，則尤在於上海。

公於八年冬，調補上海縣，既下車，大減折糧之值，俾小户皆得自納，毋令豪右把持。又嚴定命案檢驗所需蓬廠舟車之費，倡捐經費，歲取其息，由善堂給發，勿令吏胥需索。滬人便之，交口頌好官。然猶賢有司常行之事，非其大者也。自與泰西互市以來，上海華夷雜處，數搆釁。九年夏，民間夜行，或行曠野者，輒被夷人拘贏而去，日失數人，或數十人。懇於蘇松太道，而親察某君不敢問，且擬執以謝夷人。民益洶洶，聚衆萬餘，環道署。公聞趨至，下令曰：無妄動，吾且為爾搜夷館。入，白觀察與俱往。入門，門闑。又入，又闑。觀察急沮。公笑曰："我既至此，肯遽出乎？"盍闑為夷人曰："搜而不獲，奈何？"曰："聽。"若所爲搜之，果無獲。夷人大譁。公叱曰："未搜爾船，誰敢言無。"乃登其船搜第一層，曰無。搜第二層，曰無。夷又大譁。公叱曰："未搜艙底，誰敢言無。"命搜第三層。版甫啟，而人見纍纍然皆盛以巨囊。出之，有已斃者，有悶絶而仆者，皆曳登岸。當岸觀者，歡呼如雷，夷人震慴，伏首謝無狀。立使人乘其船，鼓輪行千里，追回他船所匿者千餘人。於是，夷人畏公，遇鹵簿輒屏立道右，而上海之民，莫不歸心於公。公之得有為於滬，由此始也。

其後，江浙皆陷於賊。上海孤懸賊中，朝不保夕。公練民兵，於四鄉設二十局。撫之以恩，激之以義，無不願為公死。賊李秀成既陷松江，遂犯上海，肉薄環攻，槍礮如雨。公衣冠佩刀坐城堞間，意氣益振，目睫不交者，旬有餘日。賊不得間而去。時諸大吏咸集上海，或以危地難久守，謀他徙。公曰："滬城雄據海口，為餉源所自出，雲帆轉海，各路皆通，異日王師規復，必從此始。奈何舍此去乎？"大吏慚沮。嗚呼！使無公此議，一動足則上海不可守，而南北隔絶，兵道餉道皆斷，雖有肅毅伯之師，何從而至？此固天意，而亦不可謂非公之功矣！然公自此不得於大吏。十一年冬，賊復陷浦東。諸廳縣大吏命公往援。公曰："賊勢盛，宜守不宜戰。"弗聽。公率練勇千，鄉團五百以行。鏖戰數晝夜，部下死傷殆盡。賊呼於衆曰："擒劉某者，賞千金。"公奮身投水，或拯之起。退屯野離墩，收散卒謀復戰。而城中望見烽火燭天，又不知公所在。民大聲號於大吏之門曰："還我劉公。"大吏亦懼。使人招公還。且約曰："自今以往，聽子而行。"公於是籌餉詰姦禁暴，為自固之計。賊雖據浦東，而滬上晏如也。

是時，境內無論遠近，主客皆呼公爲劉青天。劉青天之名達於天聽。有劉令大得民心之諭，見於咸豐十一年詔書。加道銜，以知府用，升海防同知，旋以同知署按察使。未幾，即真，又署布政使，郡佐間曹，驟至藩臬，異數也。今大學士蕭毅伯合肥李公帥師至滬，命公總理營務，恒率鄉團助勦。或李公親行，則公留守。及大兵駐崑山，軍糈皆取給上海。公開濬吳淞江千五百丈，以通運道。而金陵雨花臺大營，亦資上海協濟，兩營月餉無慮，二十萬，公籌運無缺。士氣益奮，進克蘇州，是爲東南肅清之始。公曩者力爭上海不可棄，至是驗矣！蘇城既復，公撫循遺子，招集流亡，通商惠工，勸耕課織，興修學舍，疏通城河，善後之事，次第皆舉。會有減賦之詔，公念數百年吳民積累，坐此罄竭。既奉德音，敢不竭力。參考成書，鉤稽賦，則立均輸遞減之表，旁行斜上，細入秋毫，並歷年州縣浮收，紳士包攬之弊，無不杜絕。及公奉命護理巡撫，為兵燹後第一次徵收漕糧，公酌定漕餘耗折章程，官民咸便，至今賴焉。公以初至江蘇，有一介不苟之誓，僚屬投贈，一切禁絕，自奉儉約，食無兼味，衣敝不易，務在黜華崇樸，為吳士庶養瘡痍而復元氣，此固人之所難，然在公轉為易。

會母程太夫人老病思歸，累疏陳情，溫旨慰留，未遂所請。已而，太夫人卒，公號呼擗踊，悲動行路，奉喪歸里。水涸，行遲三月之久，始達太康。積勞之身，哀痛之餘，觸發宿疾，遂不可為矣。同治五年十二月乙巳，卒於里第。年四十有九。是時，李公以湖廣總督駐軍周家口，聞公之喪，追念在上海時，與公撐拄艱難，情事如昨，為之愴然流涕。乃上言："公厚重剛方，實心任事，為僚屬中不可多得之人，請照軍營立功後病故例賜恤。"從之。贈公右都御史銜，蔭一子，以知州用。其後，上海士民請於上海建立專祠，而蘇州士大夫又請祀於名宦祠。公之一身，固安危所繫，而朝廷之報之者亦優矣！

公娶姜氏，早卒。繼取楊氏，生子一，果。光緒十二年進士，禮部精膳司主事。妾張氏，生子一，窰，增貢生，候選州判。女四人：歸於裴，於吳，於周，於申。孫三人，某某。

公既歿之後二十五年，其子果，具事實乞銘其神道之碑。余謂公政績不可勝書也。惟表明其為東南大局所關，以告天下萬世，因係以銘。銘曰：

盜起粵西，蔓延天下。東南奧區，得全者寡。天佑聖清，留此一隅。
實維滬瀆，管轄三吳。滬瀆彈丸，城大如斗。不有偉人，其何能守？
篤生劉公，是為偉人。夷獠慕義，婦豎歸仁。謂餉宜籌，謂兵宜練。
謂姦宜鋤，謂民宜奠。遂使滬瀆，屹若金湯。賊環於外，安堵如常。
神鉦一聲，飛來天上。惟合肥公，實兼將相。自滬而蘇，以次蕩平。
三吳既定，兩浙皆清。兵何自來，來也自滬。滬何能全，惟公砥柱。
萬口一聲，曰劉青天。功在一時，名垂千年。我謂公功，允關大局。
立石刻銘，為萬世告。

同治五年十二月。

（文見民國《太康縣志》卷六《藝文志下》。王偉）

詠太康古跡

太康縣翰林院工部主事王新楨

高賢墓，高柴字子羔，《左傳》作季羔，《禮檀弓》作子皋。《史記》云：少孔子三歲。《家語》云：少孔子三十歲。唐封共城伯，宋封共城侯。

按：《闕里文獻考》高子柴，齊大夫高氏之族。《甘肅新通志》云：係高十代孫。必非無稽，則其為齊人無疑。項城、淮陽新縣誌均注齊人，一作衛人，吾縣誌直注衛人。邑令宋公士莊所為墓記有云：康邑一隅，既生陳子，復生高子。若真以高、陳二子同為吾縣人者，或以其墓在斯，故為文未暇深考耳。以愚意度之，殆齊人遷居於衛者也。按《家語》子羔為衛士師，刖人之足，及逃蒯聵之難，而刖者為閽人救之者，三逐歸魯，孔子即於是年沒。三年之外，不回齊而回衛，逐流寓於宦遊之地焉。然其墓在吾縣何也？衛與陳接壤，高子與子禽年相若，雙素相契，且與子禽兄子車同仕於衛，意者其來游於陳而然病歿，即卜葬於是其子孫亦重於改葬，或有移居守墓者，而俎豆馨香因千古。此地豈非吾縣之光哉！共候籍里問何方，派衍高奚世澤長。四子齊名愚可貴，三年泣血孝尤彰，難逃仕衛脫魚網，績著宰成歌蟹筐。垂老南遊嗟不返，長留祠墓在吾鄉。

　　光緒三年。

（文見民國《太康縣志》卷六《藝文志下》。王偉）

清贈文林郎邑庠生朱公墓誌銘

　　江西永新大理院推事顧紹鈞

　　謂天可信則夷不餓，顏不夭謂不可信，卒未見善人之無後，觀太康朱公有可徵矣。

　　公諱福五，字慶雲，以字行。其先世為晉洪洞籍，明初遷太康，居邑西北鄧禹臺村。公六世祖諱存良，字成章。身經兩代，克守宅里。高祖諱遐，字澤廣。曾祖諱正武，字帝修。祖諱紹康，字振環，上舍生。振環公善事兄，鬚髮已蒼，責必順受，命必立行，恊力敦業，起家過中人產，慷慨能施，閭黨重之。父諱倫明，字喻義，以德壽膺鄉耆民。母程，為邑望族。喻義公孝行尤篤，終其身，行習著察。宗族鄉黨稱無間言，詳具家傳。公昆仲四人，行二。性堅毅，幼時戲嬉造作，不成不休。初束髮，與隣村王某同蒙館，即識其為奸險人，後某果為一方虎冠紳。成童後，攻苦力學，時同邑李秋圃先生，字又哲，品端行修，學有源淵，乃委質焉。閱八載，得備聞中州諸先正宗傳。值捻匪亂，家中落，兄弟亦各炊，乃辭師以筆耕養親。旋受知景宗師入邑庠。初，公長兄中年夭，遺孤尚幼，甫數齡，被匪擄去，公偕弟徒步數百里，行冰雪中，拚死入賊巢贖歸。力任教養，卒成邑庠。勸兩弟務農，恒分館穀，給匱乏。有兩堂姪貧不能婚，力為資娶，皆成數口家。而公妻子衣食恒不給也。事親致敬致愛，雖貧必豐，處約能懽。兩居親喪，家奠時，擗踴哀號，幾致哀毀。教人確守先正遺範，先行後文，凡從遊皆知以敦品飭行為實際，尤善講畫，門下入邑庠十餘人。年逾四十始有子，撰卿甫能言，即口受經文。稍長，督訓嚴正，章句帖括外，輔以先儒先正諸學說，文行並進，雖粗糲布素不能給，而課程所在，不以饑寒間也。撰卿以十八入庠，時公年六旬。一方後進仰為宗工矩矱云。

　　公雖貧寠，而嗜義厚仁，出自性分。光緒三年，歲大祲，時館穀薄甚，日兩餐，雜以野蔬木葉猶不能。時偶遇父子流徙者，其翁莩屍路側，兒十餘齡，哀號屍旁，牽公衣求救。公惻然，顧人瘞翁，收養其兒。迨年豐能自食，始遣去。凡周給貧苦，分食食人，若忘己之無隔宿儲者。居鄉訓俗善化，雖與村農譙談，亦必語以孝親睦族，務本業，戒匪為。所居下逮婦孺，皆得聞禮義廉恥之大範。解紛息訟，每廢寢食，雖奔波數晝夜不憚勞。晚年植榆數株於門首，顏其楣以"慶榆堂"。曰《易大傳》積善之家，必有餘慶，此榆所以志也。光緒乙未十二月二十八日卒，享壽六十有八。公歿後七年壬寅，撰卿以附生領鄉薦。宣統庚戌，撰卿由舉人會考一等，以知縣分陝西補用，而公不及見矣。公原配孺人黃，繼氏徐。黃孺人母家固小康，孺人來歸時，母氏許以膏腴田六畝為鍼黹費，孺人以情告。公曰："吾固貧，然非阿家所得周也。"孺人敬諾。遂絕口不索母家租。每歸寧回攜甘軟食物入房獻公。公即正色曰："子婦有食物不奉諸堂上，而私吾乎。"孺人瞿然曰："喻矣。"自是，雖一瓜一棗未嘗入私室。中年以病卒。徐孺人當未出閣時，值捻匪竄太西境。孺人偕女伴隨難民徒奔避寇。暮抵扶溝呂潭河畔橋頭，車馬塞途不能前。回顧賊騎已及，孺人曰："女流至此，萬無生理。吾輩各自決計。"遂奮身投河中。幸衣襖厚，得浮水面數里，仰觀星斗，聞人聲知寇遠，呼救獲免。既歸公，家貧如洗。而公上事父母，下課子侄，曷有曷亡，不以中饋縈心者，孺人之助為多。翁姑歿，值節序，祭品几案，必豐必潔，皆躬親。晚患癱，身不下床。逢祭日，猶目監子婦等陳供具，命子代拜先靈而後安。卒於光緒丁未正月二日，享壽七十。撰卿之分陝也。未之省，即奉公暨兩孺人行述，介太康禮部劉具禮謁余，以瘞墓之文請。余既不獲辭，謹據狀，臚其大者如右。公敕贈文林郎。元配黃，繼配徐，皆敕封孺人。喻義太公暨德配程太孺人貤贈如其官。公子男二：長撰卿，次挺卿，徐孺人出。女一，黃孺人出，適苑門。孫男三：欽旨、欽增，撰卿出。欽熙、挺卿出。孫女一，亦適苑門，挺卿出。噫！積善餘慶如可信也。榆堂之慶其遠條且乎。銘曰：

卓哉贈公，豪情壯志，遇窮益堅。行敦孝友，學有宗傳。膠庠造士，鄉閭歸仁。詩書之澤，食報後人。刑於有化，閨門士行。利不苟取，義重生輕。陽夏之原，既固既安。墓門有石，利以其嗣，永式德元。

光緒丁未正月。

（文見民國《太康縣志》卷六《藝文志下》。王偉）

沈丘縣（沈邱縣）

創建文昌閣碑記

李芳春知縣鐵嶺衛人

今夫風俗之淳，人文之秀，禮樂政教之隆，豈非文治使然哉？《易》曰："觀乎天文，以察時變；觀乎人文，以化成天下。"文治所昭，上下應之，顧不重歟？自古一代之興，大而營立宮廟，小而建置郡邑，莫不取法斗極，臨制八方。按《天官書》：斗、魁、戴、筐六星曰文昌宮，貴人之象。魁下六星，兩兩相比，名曰"三能"。三能色齊，則君臣一德。故郡縣之設其文昌一閣，往往與隍廟並建，由來舊矣。考沈邱設治於弘治十二年，草創之餘，建置悉從簡略。今聖天子文明之治，而沈邑自辛卯以後，抱璞而售者，冠蓋相望，號為人文淵藪。其建置臺閣，有助於文教者，豈獨後於他邑？會城南勝地一區，舊有臺榭池沼，為沈人遊覽之所。數年以來，寢興寢廢於茲矣。都人士合貲購求，建文昌尊閣，予來實董厥成。經始於順治十五年三月戊戌，落成於八月丙寅。凡三楹，架板繪像於其上。歲時俎豆，遂為一邑名勝。諸薦紳先生及縫掖輩，屬予一言記歲月，予曰："文昌閣之在沈邱，前此未有也，二百餘年之曠典，待今日而舉，豈偶然哉！豈偶然哉！"予不佞，不欲侈大其說，以贊揚沈邱文教，而文教在是矣。慕義輸貲者，生員李灼；督工告成者，生員朱國才、劉祖述、普櫆。其量力捐金諸神 [紳] 衿，例得勒之碑陰。

順治十五年八月。

（文見乾隆《沈邱縣志》卷十二《藝文志》。王偉）

邑侯趙公重修文廟去思碑

順治己亥，余承乏茲邑，首謁學宮，覿其荒落，因念教化之地，因陋就簡，余之過也。急欲捐俸更新之。但一行作吏，百務未遑。去年壬寅，謀於廣文蕭君及薦紳先生、諸縫掖輩，各輸貲庀材，而余不佞以三年俸餘匡其不逮。肇工於壬寅柒月，落成於癸卯二月。幾幾乎以卑陋為高明，化腐朽為鮮麗矣。諸生數十輩謁余而言曰：斯學凋敝已久，一旦從而更新之，益知凡物廢置有時，斯文□作在人，願吾侯一言以記歲月。余曰：修廢舉墜，有司責也。正誼明道，學者事也。請罕譬而喻知化窮神其極則也。盡性至命，其奧突也。存養省察，斯屋漏不愧，正心誠意，斯重門洞開，以五倫為柱礎，以六經為楨幹，礪名節所以慎廉隅，謹言行所以飭戶牖，蘊之為德行，松如茂而竹如苞，發之為文章，鳥斯革而翬斯飛。老、莊、楊、墨則鳥鼠風雨也，桓、文、申、韓則荊榛瓦礫也。諸士朝斯夕斯，目擊道存，盍退而習靜，蓬華引繩削墨，殫良工苦心而經營慘淡，豈惟是戰藝風簷，奪標文苑，將對金門，步沙堤屏翰。

康熙二年。

（文見乾隆《沈邱縣志》卷十四《藝文志》。王偉）

文昌閣記

李辰邑貢生

沈之勝地，漠［莫］過東南，文昌閣在焉。其地先爲秦氏園亭，折而入于劉，加以闢土啟林之力，有池有臺，有花草松篁之勝。兵火之餘，僅存瓦礫，主人欲賤值求售。二三同人，有感于古之名園，如季倫之梓澤、逸少之蘭亭，稺圭之晚香，中立之綠野，獨非名賢遺跡乎？不再傳，輒爲易主，此何爲者也？且南宋諸臣以遨遊湖山，取其敗，後人指西湖爲尤物。他不具論。唐裴晉公相業高史冊，及其暮年，猶惓惓于午橋莊、松雲嶺未就，軟碧池繡魚尾未長成爲恨。雖大小不同，其溺人心志則一也。因謀之同志及巍然戒師，合貲購求，訪書院遺意，春絃夏誦于其間，庶幾長存此勝地乎！地主劉詒生聞而善之，遂減價以歸諸公家。而三韓李公煥章，適來治沈，念文昌之在沈邑，舊無專祠，既有臺高揭，建閣于其上，肖像而俎豆焉可乎。僧巍然夏臘甚高，委之香火。此文昌閣之所由始也。其書院規模，先講堂，次號舍，次庖廚，繚以垣墉，闕焉未備。今有賢父母戴公康侯主持其上，或薦紳先生網維其間，次第拮据，用期成效，俾諸同人講誦相聞，文章事業皆從此中穎脫而出。異日，宦成名立，記得城南赴館，此真其地也。附閣者原有地一頃二十畝，乃項邑諸庠生王一獬、邑諸庠盧光典二家布施之地。其差糧，俱分認于閤縣紳衿代納。自合貲承買，以及建閣修橋，諸君子備極勞費，均不容泯。巍然師高足弟子通祥，屬余爲文。因並紀以告將來云爾。

花園價銀一百一十兩，紳衿共施銀六十九兩，僧人出銀四十一兩。

施銀施差姓名開列于後：

鄉宦劉祖向施銀一兩六錢、施差五畝，李鼎玉施差五畝，王養晦施差五畝。

進士孫馥施差五畝，唐時亨施銀六錢。

貢生劉璞施銀四兩，劉琪施差四畝，崔瑞鳳施差一畝，李闢基施銀五錢，盧承庠施差一畝，賈廷珍施差一畝，朱國才施銀一兩。

舉人普棐施差一畝。

生員普一沆捐銀三兩，普一湜捐銀三兩，孫世業捐銀一兩七錢，張崑星捐銀四兩三錢，周枳捐銀十二兩，季柔德捐銀四兩，李宗璿捐銀二兩，劉虎臣捐銀二兩五錢、施差一畝，劉虎變捐銀二兩五錢，普一派捐銀二兩，盧加慶捐銀二兩，程顯儒捐銀四兩、施差一畝，李璧輝捐銀一兩六錢，李榮輝捐銀一兩七錢，孫麟兆捐銀一兩，唐時純捐銀三兩八錢，孫韞捐銀一兩、施差一畝，張嘉胤捐銀一兩五錢，張易捐銀八錢，盧承璽捐銀一兩七錢，卞之琰捐銀一兩，唐德俊捐銀六錢，唐時煥捐銀六錢，劉祖述施差二畝，劉祖謀施差二畝，呂守官施差一畝，吳覘奇施差三畝，唐重任施差一畝，唐遠任施差一畝，普一漸施差一畝，普霖捐銀一兩，李裕基捐銀二兩、施差一畝，普梃施差一畝，普魁施差一畝，程樞施差一畝，劉大有施差一畝，張端施差一畝，張幟施差一畝五分，郭顯施差一畝五分，唐時儒施差一畝，韓漢時施差一畝，李升芳施差一畝，李濬施差一畝，顧念梅施差一畝，史簡施差一畝，唐時泰施差一畝，趙瑗施差一畝，永清施差一畝，張克振施差一畝，趙玠施差一畝，顧天錫施差一畝，史直施差一畝，唐大年施差一畝，韓克明施差一畝，孫馥施差一畝，張璞施差一畝，張琪施差一畝，崔鐸施差一畝，李玉祿施差一畝，崔洙施差一畝，孟震施差一畝，李宗玫施差一畝，程范施差一畝，唐德俊施差一畝，趙珣施差一畝，韓石施差一畝，龍旌施差一畝，邢仕俊施差一畝，李瑩輝施差一畝，孫志敏施差一畝，李廷實施差二畝，李霽施差一畝。

康熙十五年。

(文見乾隆《沈邱縣志》卷十二《藝文志》。王偉)

古項竇氏始祖墓碑

【碑陽】

古項竇氏始祖之墓

【碑陰】

始祖諱縊，代居山西沁水縣之竇莊，宋大將軍諱璘之裔也，大明宣德年間，寄籍陳州府項城縣安仁鄉即竇寨而居焉，斯世卜葬於槐店集北二里。祖嗣六人，第三子乏祀，第四子歸原籍繼世，承始祖嗣者惟有四人，然而失全譜，無所考。惟按二世祖諱雄，三世祖諱(寅)，(寅)祖六子，其五者又無考據。四世祖行三者，諱宗慧。宗慧祖亦六子，自是瓜瓞繁衍，名諱不盡傳，序其派字如下：宗慧以下曰希、允、陳、時、之、運，世凡十三傳，共一祖塋云。

大清康熙三十九年孟夏立。

此以下系八世

時祥生員、時禎、時福、時儒、時中生員，時政生員、一夔、時彥、時海、時出、時清、時多、時宜、時鐘、時有、時哲、時睿、時桂、時柱。

此以下系九世

之蘭生員、之斌、之亮、之鳳、之龍、之良、之太、之名、之瑚生員、之殉、之欽、之榮、之貴、之從、之敬、之藝：國玢；之兆：興國、華國、輔國、昔國、國瑾；之顯、之倫、之義、之仁：國琰、國純、國讓；之寧子瑞、之玫、之節、之相、之恒、之萬、之煌、之瑞、之全、之仙、之浩、之德、之信、之耀、之葵、之祥、之宏、之壁、之呈、之璋、之印、之昭、之剛子珩生員子玉、子琳生員；之寬、之泰生員、之光、之則：國珍；之朴：國璣、國輔、國相；之述？之政國泰；之□：國瑤、國召；之璽：國璞、南山；之翔：國祿、國福、國秀、國瑞、國謐、國訓、國諤；之望：國謙、國庸；之田、之台：國城；之炒：國塢、芳旆。

十世

法堯候州選同、運會、運吉、運廣、運昌、龍、隆、祥、光、開、輝、燕、起、慎獨、慎術、慎思、耳順、慎徵、永祺、

漁娶朱氏、守節、有坊、早年無子、永和、永盛、永茂、永慶、慎其、龍樓、位存廩貢生、　錫倬、運疇、庠、錫強、法孔、運勤、法咼、如執、永盛生員、永召生員、永榮、永學、久淑。

永徵、永光、永極、永耕、永俊、永興、旺、福、材、久、善、愷、壙、法轍、法圖、法闓、法渠、法程、法健、法熹、法前、法正、法玉、法蘭、僖、書、醜、雪、儀、存義、存信、升、成、秋、論、禮、鳳、貞、獻、武、文、朝、福、太、運坦、運通、悅、質、熙、心韓、心玉、心住、法魯、法梁、法周、法宋、法唐、法漢、法俊、法禹、法元、法孟、存仁、存智、存禮、心寶、錫溥、錫醇、錫啟、錫美、心印、心怡、心協、心魯、心衛、心烈、心涵、心恭、心超、心沂、宋耿、灼錫、孝失名、心慊、錫爵、錫冕、錫嘏、心穎、錫德、錫厚、運富、錫蓋、野失名。

十一世

世周、世益、世爵、世後、世臨、宏觀、昌緒、榮緒、緒僧、道　筠　俾、世柳、禧、世篤、世豁、世簡、世履、廬松、柏、楠、杞、長、保、佑、英、增、型、財、梓、榮、法、緒、敏、失名、世勛、申、順、祚、枋、科、世第、世宰、世勁、世勳、世協、常、揚、皋、江、品、進、世功、世績、世充、世澤、述、世京、傳、考、耀、奇、升、思位、成、紹、安、閏、世銳、中立、早立、克己、在珩、有恆、金聲、克長、貞基、培基、開基、失名、世統、世繼、世纘、世擴、失名、同相傳公生大明之末年，闖兵蜂擁而來。公執鉅刃百斤，突然抗敵，賊驚廢，莫敢前。蓋力士也。

十二世

願、恒、慎、悢、忱。

同建。

（文見《周口姓氏文化叢書・竇氏》。王偉）

新建社倉碑記

江濟邦訓導福建人

昔周盛時，縣鄙皆有委積以待凶穰。至隋、唐而社倉之制始備。宋朱熹氏建倉於崇安，

而上記於府曰："山谷細民無蓋藏之積，新陳未接，雖樂歲不免出倍稱之息，貸食豪右。自今以往，請歲一斂散，既以紓民之急，俾願貸者出息十二，又可以抑僥幸，廣儲畜。不幸而小饑，則施半息，大饑則盡蠲之，以活瘝寡，塞禍亂，大惠也。乞著爲令"。嗣是而倣之者，則金華有規，清江有約，無非近古之良法。沈故無社倉，惟槐坊、蓮池一二店集，稍稍積穀九百九十石六斗。

歲戊子大旱，民乏食。己丑，益旱甚，民愈饑。倉庾之積，甚不足以食窮餓之民。辛卯春，邑侯劉公至，始憂之，乃自捐俸金數十金糴穀百石貯之。請於兩院，疏文以勸倡僚友及諸縉紳、諸義民等，計所各輸一千五百七十三石。旌以扁額，錫以冠帶，民無弗喜躍應。維時積穀之處，廣至十所，在城則計穀三百一十石八斗，郭外諸集店則共計穀一千五百六十九石。俾至饑歲得穀，就而食之，不令入城。侯春而貸，至秋始償，石息靳二斗，視昔減一。令既布，復上之，輶車使者皆可其計，令刊佈以傳。

歲壬辰，始斂散如前約，民無弗喜躍貸且償，比竣，則計本息已三千八十二石八斗。邑侯又喜之曰："是可以待饑歲，長活饑民數萬矣"。乃出其息，給諸博士弟子爲膏火資，歲額四十石；又出其息，給諸社學蒙師，代童子脩脯，歲額人四石；又出其息以建社倉、社學。縣則於廢司之廊宇，槐坊於公館，紙店於巡司，毛家營、鞠家集於官鋪，新安、迷路、劉虎、東楊家諸店集，皆各有所倉，與學別爲一區，而教養咸備。既又出其息爲義塚，以瘞死亡而無葬埋者，俾澤及枯骨，悉著在令甲。癸巳春，穀價稍躍，貸復如前。民益喜躍，赴倉庾者肩摩擠塞，數苦不繼。一時市價頓減五六，貿易稍平。不幸，而五月大雨，至七八月不休，河湖大溢，四野盡魚鼈之鄉，二麥入口而不得食，禾豆無收。邑侯復憂之曰："是倉之斂，其無望矣！吾將何以療吾民乎？"始捐其息又甚，則並其本益寬之，以待來歲，乃出預備諸廩廠常積者五千石，且糴且賑，且爲粥以食餓者。又捐俸百餘金，以活百餘孤寡，暨諸貧窶博士弟子，暨蒙師，暨諸獲賊兵勇，蓋受食者幾萬口，長活者幾數百。諸輶車使者愈復可之。而侯之陰德滿四境矣。既而猶復憂之曰："是可以活吾一歲之民矣，然而歲有豐凶，未可前料，後之視今，亦猶今之視昔，脫後再艱食，得無復有今日之憂哉！夫吾二三年之間，左提右挈，下勸上請，遂能爲鄉閭立此無窮之計，而今所遭若此，異日者脫墜而不續，又將何以待吾去後之民哉？"邑博士江子解之曰："夫政之興廢在人，不得其人，縱興亦廢；得其人，即廢猶興。後之君子，踵侯之法，繹而行之，歲一少豐，則今日稱貸之民，孰非好義之民，即斂之亦易易。而積之數載，猶可以待異日之凶荒。然則是倉之利，奚止一時，其視而放之者，亦將不止於一邑而已也。侯之隱德，豈渺鮮哉！"文昌君奏上帝曰："今諸申奏，有放無息者活及千人，以子孫顯官報有數。施死者棺殮，病者醫藥，產者饘粥，用心甚廣，俱有作止，以子孫登第報。"又與列仙論曰："今欲挽回太古之風，使真才實能之士，復生於世者，惟有社倉一事，可以拯救貧窶，有能行之，報應如響"。魯公有言曰："愛民者必有天報。"侯之謂哉！用紀其本末，撫其時勢，表其勞瘁，以風代侯之後者。

康熙五十年。

（文見乾隆《沈邱縣志》卷十二《藝文志》。王偉）

沈邱縣利役記

普仲節 知州邑人

劉景營波［坡］在治北六十里。上通三孔橋，下達白沙河，中間土畈，夙號汙下，不翅千畝矣。秋夏積霪，漫然橫溢，莫辨牛馬。說者謂疏渠引流，庶水可洩，而民斯獲利。第虞靡費，寢焉者久。歲壬辰，西華大起築堤，夫素沈助役。牧土者格於體面，怵於成議，發丁壯四百應之，所費不貲，業已成厲階矣。無何，商水築堤，夫又援例下焉。於戲！沈民何不幸罹此極也。鄉民張瓚等，白於庭曰："沈當西、商下流，財賦僅半之，無名夫役，繩繩不絕，其奚可堪？孰若修我縣波流，如劉景營等者，以袪民患，以乘永利，不猶逾於舍己而芸人乎？"邑侯然其說，陳諸當路，僉可之。乃相地籌費，筮日鳩衆，復簡材幹者董厥事。於是，劉景營一帶，淤者排，漫者捍，不踰時而功告竣矣。寧直沈民，暫借安枕，即請役者執此永杜，洎秋大水倏至，旋復就竭，田亦稱有焉。蓋費儉而功倍，害除而利興，觀者目爲惠政云。邑父老詣予問記，余惟《春秋》之法，惟在直書其事，而稱太史公記者，亦曰"其事核"。輒竊取斯義，次述其概，以垂範後人。冀續邑乘者有所採。若曰效世俗侈爲諛諂以淆實，則吾豈敢！

侯姓劉氏，諱世光，字晦卿，別號醴津，直隸淮安人。己卯順天鄉進士。

康熙五十一年。

（文見乾隆《沈邱縣志》卷十二《藝文志》。王偉）

重修學宮記

李旭 舉人邑人

古者體國經野，分田授民，而後即首建辟雍鐘鼓，以爲化民成俗之本，其所繫非淺鮮也。是故歷代相仍，大而國學，小而鄉校，各有規制，厥典亦鉅矣哉。沈邑學宮，自創立以逮今茲，其改作而重修者不知凡幾底。康熙丁丑夏，冰雹肆虛［虐］，碎瓦頹垣，於斯爲極。當事者胥任未久而勢不逭，樂善者亦心徒憫而力不贍。是以歲久不治，日就傾圮，遠而望之，儼若宮牆，猶憶宗廟百官之富；近而睹之，幾等邱墟，遂遺金聲玉振之羞。吁！以聖人尊崇之所，而荒廢若此，良可悼也！

康熙辛巳歲，我肇修夫子秉鐸茲土，甫下車，目擊心傷，不禁喟然曰："是余之責也夫，是余之責也夫。"第以工程浩大，物力維艱，漸積修整，非旦夕可以觀厥成者。今試總其始終而計之：大成殿、戟門，爲邑內翰石渠劉先生重建，承先志也。夫子則易木主，具供器，顏匾額，砌甬道，而聖宇內外燦然改觀矣。次修啓聖宮，妥聖父也。次修兩廡，庇先賢也。次修名宦，崇功德也。次修鄉賢，特設拜宇三間，茶舍一區，重典型也。宮內夙無齋廚，創立數楹，而春秋供饌于是乎備也。泮池周圍磚砌，中建虹橋，而士民觀瞻於是乎通也。欞星門屏壁以及聖域賢關，前後牆垣，悉整齊丹堊，而學宮制度於是乎煥然一新也。約舉所費，除內翰公之重建，並鄉賢後裔之樂輸，而夫子之解於囊橐者，不下數百餘金。始於康熙丙戌春，終於雍正乙巳秋，歷二十載，而後觀厥成云。於戲！廣文一席寒齋也，而沈爲尤甚，經歲所入俸金，節規之外，他無羨膺，斯任者，聊供饘粥足矣。獨我夫子之蒞沈也，軫念頹型，不以饘粥爲先務，二十五載之內，俸金節規，續爲捐修，抑且揭借典當，以襄厥役，則其所以事聖人者如此，是真聖人之徒也。今者夫子秩滿候擢，行將歸虞矣。余業慶廟貌之重光，悵攀轅之無術，而又甚冀來者之克繼我夫子也，故不辭俚鄙，而詳爲之記。

雍正三年。

（文見乾隆《沈邱縣志》卷十二《藝文志》。王偉）

廣惠堂碑記

王士俊河東總督黔南人

古人一夫不獲，引爲己恥。凡以斯民爲天子之民，受之於天，我既爲天子牧養此民，是即民之父母。必視民之饑若己饑，視民之寒若己寒，一有呼號望救者，介乎其側，若己身之負痛，必去其苦而後即安，斯無愧焉。我皇上仁覆天下，澤被萬類，海隅蒼生，己莫不熙熙皞皞，鼓歌太平。而猶念疲癃殘疾，鰥寡孤獨之輩，或有向隅者，特於京師創立普濟堂，令有司廣爲牧養，俾勿失所。皇上如天之仁，誠不忍若輩獨遺覆載之外也。直省州縣，向有養濟院，牧令拘於成例，自定額而外，即漠然不相關切。余自庶常出守許昌，調任祥符，首先建堂，牧養煢獨，比以匆匆代去，未竟厥緒。壬子，奉命總制河東，因令兩省州縣皆仿京師普濟堂之制，建立堂院，收養疲癃殘疾，鰥寡孤獨無告之民。而育嬰一事，亦連類並舉。一時兩省士民，以及閨閣婦女，聞風慕義，捐粟、捐金及膏腴地土，雲集響應，踴躍恐後。堂不一制，亦不一名，而沈邱縣則以廣惠名焉。堂凡二十有六間，周圍甃以磚牆，大門之前，另力[立]柵門一座，榜曰"廣惠堂"。顧工一人，專司堂中啟閉，並代爲疾病者料理湯藥、炊爨。凡男婦每名日給米一升，月給錢百文，冬夏以時給予衣服、被席。堂中藥餌及棺木咸備。嗚呼！沈邱之無告窮民，庶幾其無失所己乎。經始於甲寅之六月，落成於九月。凡爲費四百緡有奇，共計前後官紳、商民、婦女，捐銀七百四十餘兩，捐穀二百石，捐地及價買地共六百一十九畝有零。除建堂置地用過銀兩，尚餘三百金，付當商生息，以爲堂民瞻[贍]養之費，庶幾永久者。

玫沈邱，古爲沈子國，文王第十一子聃季受封於此。自設郡縣以來，改置不一，至前明弘治十七年始創[割]陳、穎[潁]、項邊隅之地以成邑，編户十三里，僅彈丸耳。非稱殷富肥美之土俗也。今邑中士民及巾幗女流，一聞建堂之舉，即爭割腴產、捐金、捐粟，通計其值不下二千餘金，抑何盛也！豈沈邱今日士民之心，有異於昔日之心乎？蓋秉彝好德之良，人人有之，特上之無以倡之耳。明乎此，而凡為有司者，亦可知所從事矣。

是役也，首先倡捐經理其事者，署沈邱縣知縣諸齊賢，直隸盧龍籍、浙江余姚人。董其役者，典史何大義，順天大興人。例德〔得〕備書。凡樂輸銀穀、捐買地畝數目俱附載碑陰如左。堂成，諸令來請記，書此畀之，俾勒諸石。後之官斯土者，尚其留意於斯乎。

時在雍正十三年歲次乙卯四月之下浣。

除官捐外，紳衿士商捐銀姓名附列於後：

錢仁、劉世貴、劉中桂、張大成、張大升、張大豐、李永盛、張瑞雲、吳起昌、劉勞、孫遜敏、張洪印、卜彥儒、張奇峰、程杓、劉中車、劉三謙、劉國林、郭日峙、王士登、李思謙、李大壯、馬延縉、張維機、張元會、孫玢、趙德元、海現琳、孫捷、錢洽、劉世德、張尋、任維贊、孫時敏、李撝謙、孫光被、黃欽、趙文樸、李儒基、馬之附、劉文進、鈕生敬、王希聖、陳善孝、解可法、李靜深、唐樸、王深、李蒲、李鐸、郭大明、馬王猷、劉恝、李溥、趙雄邑、盧懿、唐梅、王雲、曾逮、盧甲觀、劉光第、劉成曉、李鳳鳴、唐橘、李伯言、趙藎谷、林中桂、黃殿坤、劉應麒、張大受、畢廷瑞、楊文英、龐明璞、溫三義、趙焜、牛昱光、張弘增、張奇瑞、張日璉、錢如異、郭德英、郭文樸、普知、董鼐、盧茂松、郭子建、王士友、續百福、竇永極、徐必達、梁國珍、馮峒、閻藎臣、尹時貴、趙弼臣、李國良、張弘義、劉應麟、葉睿招、高珍、鄭三元、昊承恩、程全、戴作林、閻復初、郭本敏、王增益、唐樸、張俊秀、黃道生、李德普、唐繼周、徐克恭、于沔。

外劉中岱妻王氏、劉敏妻李氏、程都妻張氏、劉劬妻劉氏、劉世聞妻王氏、劉堯典妻張氏。

（文見乾隆《沈邱縣志》卷十二《藝文志》。王偉）

皇清處士磻溪竇公暨配欽旌節孝朱氏太君墓誌銘

乙酉歲貢生候選儒學訓導同邑王輅撰文。

丁卯科舉人河內縣教諭同邑田方茂書丹。

蓋國家以孝行節義，風勵天下。每逢皇恩咸得以例上請旌表，其尤著者建坊，次者賜匾。而項城竇公之配朱氏太君，于乾隆三十年以節孝具題，欽賜建坊，蓋曠典也。越至四十三年前六月十九日，太君以壽告終，厥嗣咸護為太君卜葬，後四十五年十一月二十八日，為太君窆引並為竇公啟攢而合厝焉。先事以述乘請志銘，余與竇公為世戚誼，既不容辭，而太君節孝堪不朽，又余所樂道也，謹敬述而志之。

公諱漁，字磻溪，號潛齋，世居古項沙河北竇家寨。曾祖諱陳疏，開封府庠生。祖諱時聖，父諱國賢，皆庠生。公兄弟三人，伯兄諱孔，南陽司訓，嫡母馮孺人出；仲兄諱耕，邑庠生，例入太學，與公皆生母侯孺人出。公身姿英異，神采而貌豐。初，授章句，聰明過人，為文出語不凡。放學騎射，以冠其曹。在儕偶中獨沉靜寬厚，少若老成。又天性仁孝，五歲遭父母責，哭泣跪拜，情義不減成人。長而事生母侯孺人以孝聞。侯孺人疾，依倚幃榻前憂關至不能食。行年二十，遂以病卒，一時皆惋惜之。配朱氏太君，以節孝著。太君，沈丘庠生泗幹朱先生女，進士君錫趙公甥也。生而婉冴，早媲大義。適磻溪公，時年二十一歲，越九月而磻溪公歿，太君痛不欲生。旋念磻溪公身後遺囑而先死焉，以未亡人事如姑，如姑感之，臨終執太君手而泣："願爾得賢嗣如爾待我，以為報也"。撫字幼姑，幼姑德之。既嫁而病且死，猶囑為太君立賢嗣曰："幸從吾言，所以報吾嫂，死無憾也。"太君立嗣子戩穀，以養以教，恩義兼盡。稟承稍不逮，嗔呵立至，或遭拂逆，戩穀不能平，太君從容開釋謂："當靜以待之。茹柏飲冰，孤寡之分也。但祈汝他日能自立，我今負屈困，甘如飴耳。"用是戩穀益自檢飭，學校中稱純儒焉。其教諸孫也，雖甚愛惜，而責不稍貸。皆力學能文，先後入黌館。又，族曾孫蔚然，少貧，不能自立，以太君撫養成材，飧食陳州府學。太君天性渾穆，柔而剛，臨事識大體，存心裕長，拳拳以天地良心四字為之。他若自奉以儉，待人以禮，及女工之精巧又其餘也。初，學政公舉節孝，憲賜匾額。太君歎曰："是好名也。"及合族不惜建坊，太君復歎曰："婦人守節亦平常事，何必矜張乃爾。"蓋不為名，不自矜又如此耳。

公以康熙四十一年二月二十二日子時生，以康熙六十年七月二十日卒。太君生於康熙三十九年正月初四日，病卒，時享年七十有九。嗣男戩穀，邑增生，配劉氏女。繼配同邑處士王天英女俱伯兄司訓。公□孫男二：長煜，邑庠生，配時氏；次耀，邑庠生，配王氏。女孫一，適沈丘邑庠生李井養。曾孫二，煜出，長銀漢，聘沈丘邑庠生楊玉田女；次銀昭，聘淮甯太學生李盛陽女。曾孫女二。□□□侯曰：後報施之說可必乎？何德不必壽！謂不可必乎？而吾人必有後！蓋制之能者□□贏，人之定者天莫負兀。蘭蕙于三春榮，松柏于陽九蒼，無鬱而不逮，每以吾而不朽，于戲，蔡河之濱，槐鎮之界，鬱鬱佳城，惟公與母哉。錄啟□以垂永志。

乾隆四十五年歲次庚子十一月二十八日孤哀戩穀泣血繼立。

(文見《周口姓氏文化叢書·竇氏》。王偉)

旌表處士竇漁之妻朱氏節孝牌坊

節孝坊

旌表處士竇漁之妻朱氏

乾隆四十八年仲冬建立。

【楹聯】霜操歷寒砥節勵行堪作秣陵女氏

旌揚褒淑德撫綱振紀無愧巾幗完人

(石存沈丘縣槐店鎮。王偉)

西華縣

武公超凡自序碑記

余燕人也，祖居義豐。家止貧耕，托跡關東，涉歷數載，迨清朝奠鼎，選士分猷，丁亥仲冬，授任薦邑。甫束裝，人有言華之風土人情，非復嚮之訓習易治者。余才媿謏劣，方以覆餗是懼。拮据三載，本無善政新猷，相為感召，而邑之縉紳先生惟知樂田里，訓子弟，除歲時飲會外，檢身自愛，惟正是供，請託絕焉。閭學生彬彬儒雅，螢窗攻苦，蓬蓽自安，非公不至焉。遐邇居民耕耨惟勤，輸將恐後，解爭息訟，非為不作焉。嗟乎，余亦何幸而遘此乎！然皆華之風土人情醞釀者厚，戕於亂離之日者仍復為淳謹之俗也。但溺職亦久，瓜期已及，有不能久戀於斯者，言念與諸君子手談決拾，與吾士民講藝課農一段，仕優情景，實有不忍別去者。爰勒諸石，誌華之鄉紳士民，饒存古昔之遺風云爾。

順治四年十一月。

（文見民國《西華縣續志》卷十一《金石志》。王偉）

西華縣李方集正疆界碑記

西華令武超凡

余丁亥冬司牧華土，下車日，紳衿父老僉來懇曰：華瘠土也，與鄰封錯壤，然分土分民，其疆界固犁然定也。唯是變亂以來，豪猾侵匿，以致熟地虧額，累及貧民。非我使君，誰為請命。余聞而惻然。甫視篆，即趨告大中丞吳公，蒙面諭，清踏地畝。於是，受命飲水，集黎庶而告之曰："御史大夫有命矣，吾當躬率華眾履畝而量之。"乃減騶從裹餱糧，披朔風，踐霜雪，始於西南，次第周歷境內。戊子二月，至東南人和寨，按邑志即古李方集，離城二十五里，與陳州連界，寨即前令劉伯驥破土修築，為華民避亂，以示分疆者也。而寨之南、北、西三面沃壤，皆西華之版圖。近因頑梗輩恃兵主之強，盤據以為窟穴，且侵佔疆土，包藏禍心，為謀叵測，兩葉不剪，後尋斧柯將奈何？隨申詳兩院臺批睢陳道究理，復檄許州判官何、商水縣典史趙、同陳州知州王暨余，併州縣鄉紳士庶，環集丈明，照舊以古來大路為界，砦集俱屬西華，而豪強侵匿之地畝復供西華賦役矣。闔邑紳衿父老相與慶曰："微使君為華正此侵疆，將恐鄰邑巨猾效尤而起蠶食茲土，則華之膏腴盡矣。奈民生何，奈國課何，今疆界明而賠累息，吾儕小民其安堵矣。"余謝曰："守封疆供稅賦，任勞任怨，皆令之責也。且不敏，何能為役，皆上臺公平明斷之力也。"諸人又皆曰："使君雖不自居其功，但今日之舉，後世所遵為畫一者也，不可不勒貞珉於界首，以垂永遠，且以杜絕異日奸猾之復為侵匿者。"遂命工鐫石撰文，以紀其事。

順治五年。

（文見乾隆《陳州府志》卷二十六《藝文志》。王偉）

西華武侯量地紀畧

　　西華田賦代有變更，宋、元之間，稅輕而役重，然其地荒熟不過七千餘頃，民力有所限也。洪武二十年，分遣國子武淳等丈量河南地，西華計地一千九百九十四頃七十五畝。萬曆以後，徵地至一萬二千餘頃，而民力亦漸竭矣。明季中原亂，華之民半殘於寇，半殘於兵，半殘於水旱、疾疫，而民之存者不過百之一，野之耕者不過百之一。我朝順治三年間，墾地僅一千八百。前令濫報，遂至四千六百頃。民力幾何？乃以二千有奇之實地，而任四千六百頃之虛糧，是以十甲之賦而責之一人之身，必不給矣。侯下車，履畝丈量，里有甲，甲有區，區爲之長，一區計地五頃四十畝，按地稽畝而比於冊，凡越數月而核其實，請命公上減去虛地一千四百餘頃。若夫新學校，修城池，省刑法，平道路，禮高年，恤鰥寡，侯之善政，班班不可枚舉。而淸虛糧，豁重累，尤其大端也。故減十之一則十之一利在民，減十之三則十之三利在民，減十之五則十之五利在民。況減一千四百餘頃之虛地，其益於民何窮也。故紀之。

　　順治六年。

（文見乾隆《陳州府志》卷二十六《藝文志》。王偉）

比例改正地畝以蘇民困碑[1]

　　金闕陽邑舉人
　　□□□□□□□等連名呈稱切照本縣原額地三千餘頃，嘉靖十年間，奉司府明文委官丈地均糧，比時無憑，取則止用鄉市□使小弓，又將□□□□□□□□多出地一萬六千餘頃，自是僉派差徭，俱照地畝，以此差役日繁，民力日薄。其間遠慮者寄典賣田產，預為隱蔽之計，樸寔者□□□□□□□產逃竄，甘為流移，兼以連年災傷，逋負垂亡，不可勝數。馥等雖蒙蠲免，餘地亦照齊民科差，害切身家，有妨肄業，呈俯賜矜□□□□□□張再行丈量，或從簡便，照式折準，庶地畝無虛筭之數，生民脫毫受之害矣。等因。到縣行間，隨蒙欽差巡撫河南等處地方都察院右僉都御史批，□□□□□事蒙批，仰陳州查議□□□及應否再處申奪等因，備行本縣查造比例，本州官步弓丈量過地畝文冊並取本縣原□□□□到州，查得□□□□□□過槩縣通共地一萬九千三百七十七頃一十四畝九分五厘，每畝派徵夏秋糧六合九勺，通共

---

[1] 乾隆《西華縣志》加注：此碑歷年久，字多闕文，因地畝今昔不同，姑存以備考。

一萬二千八百九□□石八斗七升□□□□□□比較，每十畝止量得六畝六分，共量該地方一萬二千七百八十八頃九十一畝八分六厘七毫，共折減去地六千五百八十八頃二十三畝□□□□□，本縣地土照依本州官步弓均過地頃畝數攤派稅糧，庶使民心輸服，而起徵稅糧，易為完納，具由申請本院詳允外，切炤本縣二十二里□□庄人戶，逐戶遵□□□□□□地畝攤派稅糧，相應備造文冊六本，申送本院并布政司及分守道，本府州□□架備炤外，慮□□□□□□□查考本縣仍刊刻文冊印板，一付槼縣十季里長，各刷給一本，共二十二本，用印鈐蓋，則人人有所備照，而將來書手不得任意□□□□□□。示將折減地畝夏秋稅糧數目，除造冊繳報外，今卑縣幸蒙本院俯念生民困苦，准令折減□萬載莫大之□□□□□□□□稟明示，刊立碑石，一以垂不朽之恩，一以杜將來之弊，俾後世有所遵守。緣係折減地畝，造冊立石事理，卑縣未敢擅便。擬合申請□□□□□□□□具申，伏乞照詳明示施行。蒙批，仰炤依該州□數折減攤□□□□□□□□，仍立石刻豎，以防更變。此繳卑縣遵將前項緣由并陳州發下官弓尺寸，及地畝總□數目，一並刊刻，以垂永□炤。

　　順治六年。

（文見乾隆《西華縣志》卷十二《藝文志》。王偉）

知西華縣事武超凡重建儒學碑

邑人王鼎鎮

　　明之季也，三光將墜，海水羣飛。彼華人士救死而恐不贍，遑問師儒。然鴻雁失澤，鶺鴒無棲，又無論雞聲茅店、人跡板橋矣。遑問人士。武侯涖止，諸廢皆興。一曰地畝，二曰學校，養之所為先于教也。三曰城隍，四曰道路，原之所為先于委也。鎮，學人也。請言修學，天下有治化而後有風俗，先經術而後有治化，有學宮而後有經術。其盛也，詩書以□之，禮樂以緯之，登降以導之，遊息以節之，養之以拊鼓之音，動之以干羽之美，牖之以君親之恩，大之以澤致之義。其弊也，或科目焉而流于功利，或品行焉而流于聲色，或課業焉而流于聲帶，或文章焉而流於醴脂。夏曰校，子衿是也。守先者誰？殷曰序，射圃是也。正鵠者誰？周曰庠，鄉飲酒禮是也。龍光者誰？夫父兄之教不先，則子弟之率不謹。魯修泮宮，頌侈述焉。環橋睹漢不聞，其越在草莽也。推此說，自廟貌以及經席，棟宇榱題安在？非長民者之所有事然。自蕪而新者易，自無而有者難。自間架而丹堊者易，自平地而間架者難。棘既恐乎病民需，復恐乎萬事。是我侯蓋獨為其難，而彼華人士乃共享其易也。嗟夫，雲從龍，風從虎，金從冶，木從繩。則自茲以往，蜚蓊響於談叢，抒春華於墨海，朝有振鷺，野無維駒，文翁之化，西華有焉。

　　是舉也，大成殿一，戟門一，櫺星門一，兩廡全，明倫堂一。是為記。

　　順治。

（文見乾隆《西華縣志》卷十二《藝文志》。王偉）

講武堂記

邑舉人金闕颺

　　子曰："善人教民七年，亦可以即戎矣。"然所云教者，豈徒魚麗之陣、步伐之法哉。蓋在于明貴賤，辨等列，順少長，習威儀，以納民于軌物也。故無事則聯比其居什伍，其人使之相安相受，以比追胥之事。有事則率之乘障固圉，折衝禦侮，使姦宄不生心，戎馬不窺郊，則皆善人之爲耳。

　　西華舊有講武堂，每歲以農隙詰戎事，焚蕩以來，鞠爲茂草。令君武侯按舊址而興復焉，不旬日告成功。屬颺以爲記。颺聞諸先正邱濬曰：遠方縣邑得一良令，如得勝兵三千人。則足以安之矣。今侯之賢遠軼召、杜，而壯猷則不啻方叔、召虎也。其皇皇然築斯堂，蓋深得教民之意，而爲未雨之綢繆，使畿南有保障耳。他日富民疏爵，長城倚重，其功寧獨在華壤哉。

　　　　　　　　　　（文見乾隆《西華縣志》卷十二《藝文志》。王偉）

武侯德政碑

邑人王鼎鎮

　　莫難于今之官華者也，上以應流水之源，下以撫瘡痍之眾，軍實之供，不敢望縮諸他邑，然民減于昔者十之八矣。稞秸之數，不敢望少諸他邑，然畝減于昔者十之八矣。養之有道，在拔其病民之根，救之有方，在調其回生之劑。舊令尹之政，公論諱之。鴻雁于飛，集于中澤，是皆于我邑侯武父母深見德焉。夫華民何獨以德我侯也？華地蕪，二月絲而五月穀惟正之供不給。侯力破瞻，狗豁虛地二千餘頃。華民憊茅店月而板橋霜，日用之計不充。侯哀此煢獨，合二年之聽斷，從不聞其罰片紙也。華役城而社借叢之弊不無。侯毅然以神明懾之，滌籓所到，皆效一靈於時。四門既修，金湯之勢屹然，五教皆寬，彝倫之本攸敘。沈潛剛克，高明柔克。公生明，廉生威，澹汩寧靜以致遠。長民者有如是乎！名宦有成議，留待後舉，謀先創祠以快祝釐。《詩》曰："民之秉彝，好是懿德。"勒諸貞珉，不敢不從其質。

　　順治九年。

　　　　　　　　　　（文見乾隆《西華縣志》卷十二《藝文志》。王偉）

武公德政碑記

鄆城李賁撰。

　　自櫶槍氛薄吾豫，豫民飽鋒鏃。若而年，華民尤飽繭絲。若而年，天首南顧，移明府武公陽春，腳於華，兩易葛裘矣！余客歲奉命頒詔晉中令，初夏甫還里。華之西南陲，萬金密邇召陵。其鄉三老，悉桑梓誼也。乃捧幣就余請曰："吾儕小人，微有天幸，獲遘孔邇，闔邑悉畏壘尸祝之。維余窮鄉謀伐石以誌高厚，心焉數之，悱悱不能句，則唯大君子有賜言。"余曰：今之吏綦難矣。簡書厚求其所不便，而使節未必稔其所不安。草笠耕夫，急則如窮猿，緩則為驕子，巨薤不可鉏，稍魷魷輒缺矣。而非然者，擁笏垂魚巢，富貴坐飽肉食，懷金而走珠，則為吏又特易也。有專城社者，於此提刀解全牛，操鏡照胆，目覽詞訟，手答牋書，耳行聽受，口並酬給，不相參涉，松露未乾，棲鳥聞唱衙聲驚飛去。六曹捧文書進疾趨退，墀下非呼無敢平立。關說者虞芮伏几席下，伸牘睨未半，情曖兩破，草詞告密，游手橫索錢，急擊無赦。劇賦如亂繩而量，原隰勾戶口，如指諸掌。六條久寢敝而洗之以時宜，雨旱疫癘之不期，與神無不格。河患崩，崖殺禾，指畫補葺，惟謹塞幃。察疾苦，勞農商，齒遠悍獨急蓋藏，疆禦請寄侮三尺，非面折，即破柱拔鵙耳。上官之驕，過客之廚，徐以手板畫之暇如也。若是也，不謂之才吏不可也。抑且指清泉以誓潔，抱介石以旌心。推轅布囊，刻自奮勵，堦埤夜婦，秋月鶴，影如人，金如粟，馬如羊，而門如水。故人躑躅返潞宮，赭衣例議罰而網解，三面鎺鍰，絲粒澹宕，不霄汙牘尾也。日用但楨，河流一勺，露葵數枝，充忠赤之腹，他無庸矣。若是者，不謂之廉吏不可也。斯二者，有一於此，亦足以大造於民，報朝廷矣！況乎以一人之身，兩擅其傑歟。不束於吏之難，而又不染於吏之易。若是者，不謂之絕代之賢令尹不可也。大要以懸絲掛床而兼拂地鞭蒲，以鞠草裁花而兼戴星履畝，以投巫縛刻而兼退食鳴絃。諸如前類，且載田叟紅女口中。石以代民謠，而余以代石語。他日後公者摩挲石下，聞公之風而興，猶然公之賜也。此鄉三老欲壽貞珉者也。余所以推槃之意，執筆識之，曰華民之感者如石。

（文見民國《西華縣續志》卷十一《金石志》。王偉）

清西華縣劉公祠記

西華之置，自漢始。尹西華而以政著者，亦自漢之戴平仲始。尹西華而以節著者，自明之山右李公始。尹西華而政與節兼著者，又自明之劉公始。公諱伯驂，字遇伯，燕之河間人。崇禎戊辰歲，舉明經。丁丑，任西華，治邑以平刑簡賦、興學明農為首務，歌於薦子三年矣。會羣盜起，公內撫遺黎，外除戎備，雖縣口孔道而保障賴焉。既闖寇以百萬之衆屠中原，大河南北無堅城矣。公獨決死守。尋襲商水，且乘勝寇西華。公堞而伍戒無譁，復為疑兵待瑕而四躪之，諜知有備，掠而西，繼襲扶溝，薄近郊。公豫戢野，投諸臺設伏，殲其梟騎，寇憚不敢逼。時小袁營賊亦數十萬，每近城輒擊走。公易之，寇乃追，襲其營而奪之幟，轉破上蔡，聲言趨光、固。乃夜疾馳，比旦至城下，樹袁幟。公誓衆登埤禦之。寇驅死黨為十，覆雷轟電擊，飛鏃雨注。公督戰不少卻，或誘之款，立斬以狥，守益堅。已而，援絕矢盡，力窮不屈死。嗚呼，烈哉！乃公之死，天也，非人也。當闖寇之口口秦，逸於晉，熾於豫於楚，西北郡縣相繼覆沒，而大梁以南，所恃以為遮罩者西華耳。淮陽以西，所籍以為右臂者亦西華耳。是故有西華則有淮陽，有淮陽則有大梁，有大梁則有河雒，勢相掎也。而公亦坐劍抗戟，務滅茲而後朝食者，公之志也。乃寇欲窺大梁，急急謀破西華者。西華雖彈丸黑子地，有公持其後，寇必不敢專力於汴。不敢專力於汴，即自汴而東可以援歸、睢。自汴而西，可以應關、陝。寇雖彊，勝負其未可知也。況公之才，尤為寇所素憚，此公與寇，所以勢不兩存。比公歿，而淮陽為蕪，大梁為浸，潼關不守，天下事亦從此去矣。使公不死，一十六葉之金甌，其能一旦灰燼乎？故曰天也，非人也。壬午歲，已經撫按臣題奏，迄大清定鼎，詔天下死事者有衂。紳若士僉以公之事聞於上，請之祀典。會公之子福清，緢五公屬與上計，偕謀歸葬。邑之人不忍其以骸骨去也。泣留止之，遂為廟貌以祭，求余為言，且以牲麗之石。余惟公之事，明於職為守官，勇於難為守義，公於是為不死矣。因記其事而為之銘曰：

人臣之紀，大綱是謀。黔首維穀，怒厥虔劉。邦之殄瘁，何命其尤。虎狼雄虓，藐焉若蚌。霹靂其怒，海激其飃。蚩尤黯然，有絕四鍭。毅魄全神，閶闔與遊。挈虹騎箕，服霰駕斗。福我□民，宜我畺疇。汴水之湄，映彼清流。怦乎如見，烈烈千秋。

賜同進士出身欽差工部虞衡司主事提督龍江等關隣治生李賁頓首撰。

清順治辛卯十一月吉旦立。

闔邑紳衿士民等立石，名具碑陰。

（文見民國《西華縣續志》卷十一《金石志》。王偉）

西華邑侯劉公祠碑記

侯諱伯驂，明季殉難。

西華吳中奇

德不以天下無以裨民岩，節不以天下無以炳彝冊。公治長平，俗舊以律占稅役必先簿正，繼以餉遼、租庸薦繁，凋瘵罔吁，富者蹻財負累，駕鶩者屢不較，邑墟亡不比屋焉。公始第垍畝，析戶口，甄其媺惡，視田之多寡以登。下其賦勿一以收責，是其周於則壤之制矣。供億轉輸，例以委諸編戶，歲廩不貲，數十甲以分應，其給終則以貨賄之入，出會之官契，常不掩籍十登其六七，實倉口則塡胥井，百姓無不若赴戮蝪蠋相祈，以免此役也。公實始定吏會之議，使度支在官，不得乘緩急重困里下，以醫瘡而剜肉也。是其審於輸納之便矣。旱魃為虐，赤地千里，寧長平之野罕穀擊，而溝壑伶仃，折骨易子，戶纍纍也。公則平其糴以濟之，即有儲偫必出，以餌餓莩。因而待蘇者以億計。是其悉於救荒之宜矣。青幘白矛之徒，嘯阻市井為窟穴，遠近患之，一旦鳥舉度障內如景不可復搏。公乃堞箕而巖邑之，誘殲渠魁，穿窬拊捷，抽箕踰備，脅而從之者服而毋問也。是其神於詰戎之算矣。

華俗良，獄牿拳盈狂，按簿要囚者喑喑，唯罪罟是充。獄即疑亦無不巧詆，具之上奏，畏卻鍛鍊，周内民安得不在鼎也。公則削木爲牘，而邑庭如水焉，是其得於平允之情矣。東壁數翳，道術伏匿，而學士落落，嘆辰星也。立書院以講藝，藉敦仁以具訓，羽日羽月，唯敵是虞，而人無不家絃而戶誦也，是其弘於教育之懷矣。闖寇陷中原，所在披靡，墮名城，殺豪傑，跮踳而至，探前跌後，足間踰尋，薄我於累卵之際。公則以死自誓，城存與存，城亡與亡，捆然日夕登埤以禦之，是其堅於守備之志矣。迨夫援兵不至，困攖孤城，砲石如雨，公猶冒白刃，援桴鼓，以勵戎卒，而韡韐無敢貳也。矢盡力窮，義不返顧，北嚮再拜，從容就死，是其勇於臨難之中矣。嗚呼！公之治，嘖嘖於走卒兒童而配食縣社矣。況其大節凜然，上以翼日月之光昭囘雲漢，下以扶宗社，庇生靈，而汴流清潁間高風萬古，人人景仰於無窮也哉。

（文見乾隆《陳州府志》卷二十六《藝文志》。王偉）

吳中奇及孺人董氏墓誌銘

謝檳

明進士署江西督學道前南昌府豐城縣知縣敕封文林郎吳二公諱中奇，字偶子，號龍耳，別號尺木子。世居箕城西南隅古纏江里，封君康侯公仲子也。封君庠生。公昆仲四人，皆庠生，惟公發慧最早，成名尤易。初習文，即搖筆作大家規模，不屑爲尋常套語。封君甚奇之。以爲當大加聲光門閭也。及出試，於崇禎己卯年六月，入庠准科。八月，即中副榜，成貢士。至壬午，值河南亂。癸未正月，於河北補科中式。二月，京城會試即聯捷。五年間，由生員而副貢，而舉人，而進士，捷如影響，固封君昌後使然。要非公才情橫溢，落筆驚人，不及此人，固齊以俱慶，歎爲同氣悅者，獨亂世有此，未易也。公能齊之樂。乃未幾，闖賊陷京城，遂避亂南都。弘光元年，授江西南昌府豐城縣知縣，涖任七月，而豐城大治。豐邑士民欲建祠，尸以祝之。公以天下未平，弗許也。由是義聲上聞，勅封文林郎，榮及父母。豫王知公喜讀書課士，薦署江南督學道事，所取生童多中式高第者，豈非公能知人得士耶。事畢，即告養歸。鼎革後，不復仕矣。惟朝夕勤定省，盡洗腆爲養志事。後居喪，極盡哀盡禮，三年未嘗見齒膻粥。後遂淡泊終身焉。公郎諱紹宗，亦聰明似公，能循循率公教，公時呼之爲小友，真善享天倫之樂矣。且修家祠以教孝，聚士子以講學，士林有志者，咸就業問字北面，執弟子禮。師弟之間，人忘公，公亦自忘，若不知身爲青雲客也。晚年，嗜學益篤，手不釋卷，閉門罷往來，而人不病其疏。不尚繁華，常布衣韋帶，策蹇出入，而人不減其敬。不好近習，即塵紛中亦談古道敦古處，而人不議其迂。公生平瘦怯，如不勝衣，而道義所在，則慷慨有英雄之氣。若公者，可謂備四氣於一身，而繼猶龍道法於不墜者與。孺人董氏亦公維德之行焉，宜其享遐福而庸隆壽也。於是，合爲之銘。銘曰：

孝若曾子，忠如汲黯。成父之名，蒙君之眷。進退以時，始終無憾。固屬性成，亦由内贊。壽過於公，天酬其算。令德同歆，芳名永煥。

公生於萬曆三十二年甲辰十二月初，卒於康熙三年，享壽六十一歲。
康熙三年。

（文見民國《西華縣續志》卷十一《金石志》。王偉）

前文林郎西華縣知縣忠烈劉公廟碑

賜進士及第內弘文院編修柘城縣後學李元振撰文。
奉直大夫原任江南泰州知州商丘後學田作澤書丹。
賜同進士出身文林郎原任陝西漢陰縣知縣鹿邑後學楊六德篆額。

故西華知縣忠烈劉公，既祔主名宦祠，僕為文，次其事。嘗論公以殉城大節，不得專廟食，揆諸祀典，蓋有闕焉。西華人亦自言曰："神在名宦，民莫舉也。"乃謀建廟公墓之左，來請於公之子。公子時治鹿五年矣。鹿人相與趨者項背相接，不逾一月而廟成。室堂既具，庸埒屏樹，以環以峙，牓曰忠烈之祠，蓋縣人私為謚，以謳公者，書之志，不詔也。

方公之來西華也，當明崇禎之戊寅年，寇羣起，略走百姓，窮餓且死，郊聚墟荒，以是饑者日附為盜。公既到縣，數逮問父老，先為還定安集之策，有善政十四事。杞人侯邦定作詩以美之，劉文烈公為之序。文烈忠孝男子，懷慨任氣宇，以狀元官翰林中允，死甲申三月之變，蓋非苟譽人者，余不具論。蓋中原之亂久矣。公既治華，有次第，乃益為城守計，增陴卑薄仞，隍塹紹甲，礨矢峙芻粟，罷一切簿書，日夜坐譙門中，色貌朧朧，日不給啖一升，嘗曰："百姓窮餓且死，吾食不下也。"守孤城且四年，賊不敢窺其境。初，賊各為營壘，不相統一，城邑莫有壞者。辛巳正月，河南府陷，遂傳賊為李自成殺渠黨自立，並有其眾，將狗汴以東，於是，汴以東大震。明年壬午，賊果領眾數萬圍汴，不克，途略汴之近地，所過或款或解去，公聞之，怒髮上指，曳袱橫刀，顧馬上，有言款者立斬之。奮拳掀髯，方且呼兵食，誓死固守。嗚呼！竟以孤城坐無援死矣。時歲二月之某日也。死之日，釋戎衣，具衣冠，北向再拜，投於井。嗚呼，壯哉！按祭法，以死勤事則祀，禮也。士君子曉言之，民或忽焉。今觀西華一縣，去公且三十年，人久不見兵革，哺飢護寒之日，忽然有動於中，無問哲愚少長，皆願奉神明，祝春秋，公豈僅以節見者哉！《管子》曰："不重之結，雖固必解。"其法施於民者耶，其足人長念也。雖大烝可也。忠不失職，然則殉城，其烈乎，牲牢俎豆，必有任之者矣。為次侑歌三章，俾肄之以祀公。

公河間人，諱伯驂，字遇伯，以貢士顯。子三人，長鹿邑知縣也，順治戊子，舉直隸鄉試，諱福清；次德清、智清，皆以文學世其家。其辭曰：

宜之雲兮宛虹，波與射兮畦瀛。策勿飄組兮若來凫，差池其羽兮鶴同東西朔南。土會中宵，分日半篋而從躋階宿。幾以顧言兮，儻俶欹譽其容聲。右迎神。

萊有竹兮槑有棠，春粲粲其柳兮秋蒲與黃。和酸若苦傾柘漿，櫺稻穮麥芬且芳。激楚唫蔡發清商，衣芰蕙帶繡而裳。陟左降右質在旁，帝命遲遲兮下巫陽。右享神。

侯之來兮麗青虬，天門闢兮不可以久留，香為案兮玉為樓，中有仙人鳴且求。時暘若雨美疆疇，誰為為之曰靈修，渺兮思余帝所遊，越自今無替祝釐兮，更萬祀乎千秋。右送神。

峕清康熙八年歲在己酉秋七月吉日勒石。

石工武程鐫字。

（文見民國《西華縣續志》卷十一《金石志》。王偉）

王禹烈墓誌

大學士李霨

公諱鼎鎮，別號半隱，禹烈其字也。先世自晉之洪洞徙西華而家焉，遂爲西華王氏。數傳而至公，少負經濟才，有高節，當時亂，能憂其憂，當世治，能樂其樂。蓋古君子也。公髫年失怙，貧弱，幾無以自立，而勤苦力學不倦。同邑先達胡公隆宇負知人名，一見公文，奇之，決必售。而公果於是科登第。蓋庚午、辛未間云。方明之季，四方多故，士大夫多持祿自保，罔盡心所事。公獨慨然思以身爲障，筮仕西安司理，凡折獄懲奸，他人所極力表暴以博神明之譽者，公聲色不動，務求得情，故多所平反。省試分校，所取皆端士。會關中大饑，流亡載道，揭竿者雲起，而郡守倅皆少員變且不測，公悉心籌畫，日不暇食，嚴約束，招徠商賈，人情□□。撫按交薦其能，尋擢臺班，巡按江北。時事孔亟，羽書旁午，公條奏機宜，章數百上，設方畧，倡勇敢，而潁、亳之寇就擒。中外方議其功，顧少忤當事意，卒外補川北道。未任，改分巡衡永。時衡永殘破後，兵民交敝，公勞來鼓舞，不期年，井邑復舊觀。及擢璽卿而去，攀轅送者且數百里焉。蓋公之才效於用者如此。

定鼎江南，盡入版圖。公時爲應天府丞，經畧洪公題授江南臬副。是時，天下新定，擢用賢儁，超轉不次，士大夫攀援而□者不可勝數。公獨恬澹不復有意當世。蒞任未幾，乞休歸。迨次君成進士，讀書秘閣，改侍御，終不一至都下。退而修名山之業，優游泉石者二十年。所著有《四書畧》、《傲病草》、《南巡封事》、《西華縣志》、《半隱山堂遺稿》諸編，蓋公之晚節，可以風世又如此。當侍御爲庶常時，余教習史舘，朝夕周旋，知公生平無愧古人，茲以侍御之請，不可辭，因爲誌其大者。嗚呼，亦足以不朽矣。

公生於萬歷戊戌十月初二日午時，卒於康熙丁未八月二十三日辰時，享年七十，歷任江南驛傳道、按察司副使，以侍御遇□恩進階中憲大夫。元配杜氏，邑庠生杜九□女，累□□人□□□□邑□□□□元□□□□□□□□□□□□□□□□□□□雲南道監察御史□□□□□□□□□□福建建陽縣知縣崔□□□□□□吹□□邑庠廩□□戊子舉人張鳳翼女，俱楊恭人出。次，遵聖，邑庠生，聘亳州守備李明昉女，未娶，卒，側室劉氏出。女三：長，適邑庠生叚有成男，邑庠生用寬。次，適邑庠生張鵬翼男，邑庠生尙友，俱楊恭人出。次，許字廣東興寧縣知縣張鳳翮男輪，側室劉氏出。孫八：光契，邑庠生，娶湖廣洞庭水師營守備于洙女，遵古出。光臯，邑庠生,娶鄢城縣貢監生李坤女,繼娶邑庠生周惠民女。光夔,邑庠生,聘鄢城縣庠生呂一元女。光尹,聘鄢城縣庠生謝之煥女。光萊,幼,未聘。光奭,幼,未聘,俱遵訓出。光房,聘邑庠生張輻女。光魯,聘鄢城縣庠生楊宜昌女,俱遵性出。女孫三:一適禮部主事宋逢泰男檖,一幼,未字,俱遵訓出。一許字鄢城縣貢監生李坤男夢梅,遵性出。曾孫大貞,幼,未□,光皋出。曾孫女二,皆幼,未字,俱光契出。卜以己酉年九月二十四日,塟於岡張村之新阡。銘曰:

　　古之君子,出處語默,不失其時。猗歟王公,先憂後樂,庶幾得之仕而物利學而性繕。沒而聲施陵谷可更,厥蹟不晦,乃徵吾辭。

　　康熙八年九月。

(文見乾隆《西華縣志》卷十二《藝文志》。王偉)

協修西腦悶潭後沙河決口碑記

　　西華縣迤西四十五里王范村,居傍沙河腦悶潭西南岸,於康熙十五年五月二十五日,霪雨浹旬,災自天降,村後河隄潰決二百餘步,房屋盡付東流,墳墓俱成斷案,田禾概歸掃蕩,水勢滔天,無異洪波。橫流七百里有奇,東南抵至商、項二縣,衝決尤甚。民生國稞,均有攸關。生員朱弘猷、水頭秦嘉玉等,據實籲天,援先朝水到協修之例,但世經改革,卷文無存,難於取信,哀懇照康熙十二年東腦悶潭決口,三縣協修事例等情呈控,恩蒙巡撫河南部院佟垂憐淹沒,曲體民隱,准仰管河道嚴督西華三縣印官,親詣腦悶潭決口處所,眼同照例分修堅固,限十一月中旬報繳。蒙管河道文宗王溯流窮源,洞悉舊例批准,淹沒雖同,不無遠近之分,西華應修十分之五,商水應修十分之三,項城應修十分之二,此事之至平者也。文到令行,勢如響應,西華縣知事潘、商水縣知事吳、項城縣知事周,定期於十月十七日齊集腦悶潭,遵奉上憲批示,眼同照例分修督率。夫役歡呼雷動,未過期限,而三縣爭先完竣,克成月隄二十步寬,六百三十步長,永禦一方河患,且免兆姓流亡。謹將顛末,刻石為記。

　　清康熙十五年十一月立。

(文見民國《西華縣續志》卷十四《掌故》。王偉)

于洙暨恭人王氏墓誌銘

　　王遵訓

　　昔夫子之稱銅鞮伯華也,謂其幼也敏而好學,壯也勇而不屈,老也有道而能下。人嘗以三者驗之,吾黨之士鮮有合焉。乃今思我親家青侯于公,其生平梗概,若有適符於斯言者,不禁喟然太息,惜其不幸,而壯年齎志不獲竟伸其有用之材,猶幸而半生出處,尚及追步乎先民之跡也。憶丁巳之夏，驚聞公訃，予方家食弔而哭之，欲為歌以挽之而未能。追今戊午之春，予以具官匏繫京邸。公之子以狀寄予，不以予固陋，屬為墓誌及銘，將以勒石傳不朽。予誼不可辭，輒不敢遜為樸儇而不文也，勉為之載筆焉。按公狀：

公諱洙，字青侯，號聖水，西華之張明里下隄村人也。其數代以上，遠不及考。自公大父光祿署丞禎齊公，即以力田敦行為務，有長者風。子五人，其季，驃騎將軍顯明公，則公之尊人也。公生而魁梧偉岸，聰穎不羣。方髫齡時，適當飢饉亂離之餘，烽火頻警，道殣相望，近鄉之人，得以保首領而不為溝中瘠者，賴顯明公之力居多。追今華邑人士往往能言之，茲不具書。獨念當此之時，士皆菜色鶉衣，匿影蓬蒿間，糊口且患無術，豺能肆力於學。而公受庇於顯明公膝下，得以就塾親師，雞聲燈影，早夜不少懈。以故年方舞象，即由庠弟子員而充明經之選，其為博雅勤敏之士可知已。他如學書則有怒猊渴驥之奇，學劍則有剚兕截鯨之氣。公雖各擅其妙，初未嘗自矜其能。追清朝鼎革，草昧初開，雲龍競奮，士得功名之會者，多以武略為亟亟。公乃棄儒業而應武闈，遂登壬辰科，鷹揚上第，會經略洪公帥師征滇、粵，知公英勇能任事，即令隨軍中備委用焉。及抵鄖、襄，即委任右營事，分防穀、均二州縣。寇平，授荊南道中軍都司，未幾，調赴長沙，以造橋通道題敘紀錄。粵西平，題補辰常道中軍都司，尋以隨征勤勞有年，經略具題，部覆，實授守備，管洞庭湖水師協營中軍都司事。先是沿湖多萑苻之盜，南北梗阻，自公涖任之後，多方防勦，九年之內，變雲夢為安瀾，易枕戈為貼席，非其智勇兼優，有折衝樽俎之略，能如是乎！惜也，剛介不阿，既優肩鉅之才，未推讓善之義，遂忤當事意，目為乖張，致以軍政例削秩。此固公之數奇使然，然強項不屈之氣，亦足以見其一班矣。自從戎以至解甲，歷有十五年，未及一過里門，雖獲與覃恩，榮及父母，而言歸子舍，椿萎萱零，每念及此，未嘗不感風木而滋感。故於請誥軸、立神道碑二事，益以徵公之至性油然，務全其大者云。始公壯遊時，磊落負氣，若不屑與庸流伍者。及謝政，則痛悔簡傲之習而尚衝和之度，以是鄉黨宗族皆以有道君子服之。然為邑里禦大災，捍大患，又未嘗不毅然圖救，而非異懦觀望已也。

邑西七十里許，沙河隄岸，自戊申以後，歲有衝決，數百里居民被陽侯之害者數矣。郡邑守令非不屢檄修築，而人心渙散，迄無成功。公則不避嫌怨，身董其事，一築老窩隄，再築南流渡隄，三築常家河隄，皆不日告成，堅固可恃，沿河數百里，其食德於公者，正未艾也。乃以耽嗜麯蘗，一病委篤，旬月之間，遽成大漸。識者惜之。大率公少具英雄之氣，長裕經濟之猷，出則請纓可以固巖疆，處則卑牧足以高月旦，使天假之年，其所成就，將與昔賢不大徑庭，而究使之未竟其緒也。悲夫！公生於崇禎辛未年四月二十一日，卒於康熙丁巳年六月十八日，享壽四十七歲，以覃恩誥封明威將軍。娶邑庠生王公履順女，封恭人。生蘊琳、蘊琚、蘊繡。楊氏生蘊琇、成龍，贈恭人。沈氏、李氏，生蘊瑛、蘊珵。子七，女四人。銘曰：

豪傑挺生，賦質不羣。行成品粹，如蘭斯芬。名榮於通籍，功偉於行軍，操管城而仗蒯緱，陋夫隨陸，不武絳灌。無文乃才，豐於數遇薄其勳。廬江之祠，白馬徒號，峴山之碑，墮淚空聞。嗚呼，於公當形藏乎華之野，而神遊乎湖之濱。

康熙十七年。

（文見民國《西華縣續志》卷十一《金石志》。王偉）

少司農王公遵訓墓誌銘 [1]

李天馥

王氏系出太原，為晉大族。洪武初，有諱直者遷於河南西華之孝城，遂為入藉中州之始。以耕讀世其家。歷九傳而至贈朝議公鳴世。鳴世生中憲公鼎鎮，字禹烈，起家辛未進士，累官監察御史，出為江南廉察。中憲公生四子，司農公其仲也。公諱遵訓，字子循，號信初，一號湜菴。與余為同年友，故知公為最澈。公生有異稟，沈凝端肅，不妄嬉笑，自為兒時，已如成人。稍長，刻意讀書，無間寒暑，屨未嘗出戶外。公兄遵古，以癸巳歲歿，中憲公哭之慟曰："繼吾家學者此子，今不幸夭矣。王氏其不振乎。"公體中憲意，益大肆力於文章。明年，為順治甲午，登賢書。乙未，成進士。越三歲戊戌，殿試傳臚，授翰林庶常。公念先帝知遇之恩，選館而後，磨礪益力，六經子史，靡不漁獵，而風節凜然，尤以匡維世道、康濟斯民為己任。歷事兩朝，所在體國恤民，飲冰茹蘗，期不負忠孝二字而後已。

公初讀中秘書，至國書、國語，尤精研力索，故御試及館閣諸試，每以公為眉目。章皇帝雅重文學，眷公特甚，乘輿所幸，必令珥筆以從。一日至南苑，會天大雪，命公作賦。公援筆立就。水湧山立，頃刻千言。上愛其工，而又深歎其才之捷也。

辛丑，改授御史。首疏定薄賦之法，以垂太平。疏通用人之法，以佐敬天。革提差，

---

[1] 乾隆《西華縣志》卷十三《藝文志》標題作"王湜庵墓誌"。載文與此差別較大，錄之於下：

王氏系出太原，為晉大族。洪武初，有諱直者，遷於河南西華之孝城，遂為入籍中州之始。以耕讀世其家，歷九傳而至贈朝議公鳴世。鳴世生中憲公鼎鎮，字禹烈，起家辛未進士，累官監察御史，出為江南廉察。中憲公生四子，司農公其仲也。

公諱遵訓，字子循，號信初，一號湜菴，與余為同年友，故知公為最徹。公生有異稟，沉凝端肅，不妄嬉笑，自為兒時已如成人。稍長，刻意讀書，無間寒暑，屨未嘗出戶外。公兄遵古，以癸巳歲歿。中憲公哭之慟曰：繼吾家學者此子，今不幸夭矣。王氏其不振乎？公體中憲意，益大肆力於文章。明年，為順治甲午，登賢書。乙未，成進士。越三歲戊戌，殿試傳臚第一，授翰林庶常。公念先帝知遇之恩，選館而後，磨礪益力，六經子史、性情經術之書，靡不漁獵。而風節凜然，尤以匡維世道、康濟斯民為己任。故生平居官日久，歷事兩朝，所在維國恤民，飲冰茹蘗，期不負忠孝二字而後已。其素所力學然也。公初讀中秘，書詩古文，一以唐、宋大家為法。至國書、國語尤精研力索，故御試及館閣諸試，每以公為之眉目。章皇帝雅重文學，眷公特甚。□□□□□□□□□□□□□□□□□潁水泠泠，山水鍾秀，豪傑挺生，德純學富。出色文林，天□奪壽。學未□行，克昌厥後，子孫繩繩。

定礼制，敷陈剀切，天下赖之。旋奉敕巡视秦中茶馬。部議增引二千餘道，公力言不可，指悉利病，源委洞然，事得中止。秦人勒石頌德。

公在臺十餘年，章疏凡百十餘上，不能悉紀。紀其大者，如請嚴等威之辨以崇國體、請召朝覲各官陳奏地方利弊、請復恤刑以重民命、請加賑救災荒、請定限招解題結以免無辜之枉陷、請行鼓勵以收靖盜之實效。又請先事立預防以備水旱。又謂銓選關用人之大，遲退一延長胥吏之奸，請定限以除積弊。又謂遊棍之條例宜嚴，請定議引律治罪，以便禁緝。皆上關國計，下係民風。上由是重其敢言。

尋晉太常卿，公以樂章絲竹多不合律呂，悉為更正，始得稱雅樂焉。今皇上仁孝誠敬之意出於性生，凡郊廟之祭，必躬必親。公相厥祝事，嚴恭寅畏，式禮莫愆。上觀其勤慎可大用，晉通政使司左右通政。未幾，晉僉憲，又晉太常正卿，又晉副憲，又晉少司農。甫四月，四遷其官，蓋異數也。

公持大體，有益於国者，為之必力；有利於民者，為之必先。如中州舞陽、陳州諸處，食淮鹺，價重民貧，公私交病。厥後易淮為蘆，民始不困，蓋公之力居多焉。天下人無智愚，咸拭目想望其豐采。而公偶以楚撫註誤，解組歸田，怡然自得，無絲毫得失念介其胸中。今聖天子嚮用舊臣，班行之內，老成持重如公者，指未易一二屈。使公不病，則旦晚且復起。起必大用，而公竟以戊辰之秋逝矣。惜哉！

公事親至孝，溫定進止，必溫必肅。每謂顯親揚名，乃人子分內事，於孝非有加也。當中憲公為狂生所誣蔑，滯跡山左時，公奔走道路，力為營解者二年，事白，奉中憲公以歸。在翰林日，太恭人常貽以自織布，曰："清白家以此相寄，差勝無衣而已。"公受而服之，雖極垢敝，不忍棄遺。律己至廉，生平不妄取與，一衣至敷易其袂。自官御史以至少司農，霜清玉潔，名節矯矯。歸里之日，橐中裝惟圖書數卷、敝衣數事，見者莫不嗟歎焉。至於鄉黨親族，遇之以恩，有匱乏者，必為周給。家居日，里人有吳姓鬻子以完公稅者，公聞，贖而還之。又有歲進士應試赴都病死途中者，公為治殯，具給路費，俾骸骨得歸。其好行陰德皆此類也。

自辛丑後，文武鄉、會試及殿試讀卷，凡五任其事，得人最盛，一時醇謹方正之士多出公門。公餘不忘記述，所著有《廣數彙考》、《餘清軒詩集》、《擊楫草疏稿焚餘》及《小窗雜著》、《初學文資》等書。

余與公同學，相得數十年，車塵馬跡與公共之，或晦明促膝，或風雨聯牀，刻燭談心，銜杯論事，未嘗不服公之器識。當求之於李沆、王旦輩，非近今人所及者。方思與公共圖功業，以為報稱地，而公今逝矣。執筆銘公，不自知涕之漣漣下也。

公生於明崇禎己巳年十一月初五日寅時，卒於康熙戊辰年八月初九日辰時，享年六十歲。元配淑人胡氏，文學胡公翰華女，早卒。繼配淑人崔氏，前己酉科舉人、福建建陽知縣崔公攀龍女。子六。孫男四，婚嫁皆名族。一門之內，雍雍濟濟，所謂有德之後必大，此其徵乎。今於康熙二十八年十二月十一日，將卜葬於潁邑郭東之崗。乃銘曰：

聖朝啟運，篤產名臣。太原望族，奕葉嶙峋。遷於箕城，起家中憲。我公繼之，玉光璀燦。公文嶽峙，公德淵凝。人中鸑鳳，為國參苓。在昔中朝，曾承殊眷。聖主嗣興，臣心百鍊。公初侍從，史筆以伸。公後司諫，疏草以焚。諤諤端方，侃侃正直。以張國維，以培氣節。寬租請命，恤獄平冤。人心國脈，以厚以寬。靖獻兩朝，忠懷貫日。間及著書，聖賢可質。克家多子，繼繼繩繩。知公惟我，大書典型。勒此貞珉，君恩祖德。以貽萬年，永無窮極。

康熙二十八年十二月。

（文見錢儀吉《碑傳集》卷十八。王興亞）

王召墓誌

尚書李天馥

王君諱召，字席珊，敬菴其別號也。早遊芹泮，應庚辰貢，廷試首選，入業北雍。季春，偶遘恙，遣人報若翁天章先生。翁聞之，不安寢食，命孫奇才輩具驪從往迎席珊還，仲夏抵家，長幼兒孫聚首相拜而感亦隨之，竟醫不收功，考終正寢，安厝有期，異才輩具狀求誌銘於余。余按狀：

王氏世業西華。席珊高祖克明，建文時昌邑令，繼任臨淮令，忠節崇祀。曾祖景茂，廿隱，弗仕。祖子良，任興化丞，克承先志，詩書衍派，家世甲於宜陽。乙亥冬，余承乏茲教。席珊日侍左右，容止莊重，言論篤實，隆師親友，冠於多士。精治葩經，士多授業於門下。顯述制作，理到之言也。若翁春秋高邁，隱德備著，為鄉飲大賓。席珊承顏順志，克盡子職。太孺人劉氏先遊，席珊哀毀踰禮，事繼母張氏敬養益至。宗黨以孝稱。誠以敦族，信以孚友，恩以恤卑幼，事上接下，秩如也夫。席珊德修行著，學富名成，宜享遐齡，以收令終之慶。惜乎天不□□，一疾弗起，命也。訃音至，余與同寅往哭之，潸然□□□□天□□非□□之為□□□□□於度□□□□□□□□□□□□□□□□，蓋異數也。

公外精明而內運厚，為政必持大體，有益於□者為之必力，有利於民者為之必先。如中州舞陽、陳州諸處，舊食淮鹺，價重民貧。公私交病，厥後易淮為蘆，民始不困。蓋公之力居多焉。天下人無智愚，咸拭目想望其豐采，而公偶以楚撫註誤，解組歸田，怡然自得，無絲毫得失念介其胸中。然其忠君愛國之誠，又未嘗以去位故忘戀闕之思也。今聖天子嚮用舊臣，班行之內，老成持重如公者指未易一二屈。使公不病，則旦晚且復起，起必大用。天下終欲以皋、夔、稷、契之事望公，而公竟以戊辰之秋逝矣。嗚呼，慟哉！

公事親至孝，溫定進止，必溫必肅，每謂顯親揚名，乃人子分內事，於孝非有加也。

當中憲公爲狂生所誣衊，滯跡山左時，公奔走道路，力爲營解者二年。事白，奉中憲公以歸。在翰林日，太恭人常貽以自織布，曰："淸白家以此相寄，差勝無衣而已。"公愛而服之，雖極垢敝，不忍棄遺。僕歸里，必奉珍味爲高堂壽，蓋不欲以淸貧貽親慮也。兩親先後訃至，哀慟如不欲生，殯殮塋祭曲盡其禮，至病劇時，猶諄諄以兩親神道碑爲囑。其至性篤孝如此。公律己至廉，生平不妄取與一衣，至數易其袂。自官御史以至少司農，霜淸玉潔，名節矯矯，殆與楊伯起之嚴四知先後同一轍也。歸里之日，□□□□□□□□□□□□□□□□□□，至於鄉黨親族，遇之以恩，有匱乏者，必爲周給。家居之日，里人有吳姓鬻子以完公稅者，公聞，贖而還之，使其□□□聚。又有歲進士應試赴都病死途中者，公爲治殯，具給路費，俾其骸骨得歸鄉井。其好行陰德皆此類也。

自辛丑後，文武鄉會試及□試讀卷，凡五任其事，得人最盛。一時醇謹方正之士，多出公門。公餘之暇，不忘記述，所著有《廣數彙考》、《餘淸軒詩集》、《擊楫草疏稿焚餘》及《小牕雜著》、《初學文資》等書。其干城吾道者甚大，公蓋本學問爲經濟者也。

余故中州，與公又同學，相得數十年，車塵馬跡與公共之，或晦明促膝，或風雨聯床，刻燭談心，啣杯論事，未嘗不佩服公之器識雅量，當求之於李沆、王旦輩，非近今人所及者。方思與公共圖功業以爲報稱地，而公今逝矣。欲見其音容，聆其笑語，不可得矣。執筆銘公，不自知涕之漣漣下也。

公生於明崇禎己巳年十一月初五日寅時，卒於康熙戊辰年八月初九日辰時，享年六十歲。元配淑人胡氏，文學胡公翰華女，早卒。繼配淑人崔氏，前己酉科舉人福建建陽縣知縣崔公攀龍女，子六：長，光臯，歲貢生，任考城縣儒學教諭，娶監察御史李公豫孫女，□□□□□□□□□□□□□□□□□丁巳舉人，娶文學呂公一元女。光尹，國子生，候選縣丞，□歲貢謝公之煥女，蚤逝。繼娶文學崔公壇女，俱崔淑人出。光萊，國子生，娶中書科中書舍人張公贊明孫女，文學公錦女。側室張氏出。光爽，選拔監生，娶文學胡公其超女，崔淑人出。光益，幼，未□。側室黃氏出。女二，長，適禮部精膳司主事宋公逢泰子，國子生穟，早逝。次，適文學胡公其超子，鴻臚寺序班承虞。俱崔淑人出。孫男四：肇煒，庠生，娶經筵講官工部尚書湯公斌孫女、文學公溥女。肇煇、肇燁俱幼，未聘。俱光臯出。肇烜，聘吏部考功司郎中劉公體仁孫、丙辰進士河南孟縣知縣公凡女。光蘷出。孫女十一，適武舉人候選守備張公圻翰子廩生文桂，一未字，一未字，俱光臯出。一許字，乙卯舉人，杜公之叢子宗顯，一未字，俱光蘷出。一未字，光尹出。一未字，一許字候選知縣孫公石子紹楚，俱光萊出。一未字，一未字，俱光爽出。[1] 一門之內，雍雍濟濟，所

---

[1] 此後公事親至孝，至享年六十歲。又一門之內至永無窮極。與李天馥撰《少司農王公遵訓墓誌銘》所載全同。

按：王遵訓生於明崇禎己巳年十一月初五日寅時，卒於康熙戊辰年八月初九日辰時，享年六十歲。康熙二十八年十二月十一日，將卜塋於潁邑郭東之崗。王召生卒年月日與此全同，顯然有誤。

謂有德之後必大,此其徵乎。今於康熙二十八年十二月十一日,將卜塋於潁邑郭東之崗,乃銘曰:

　　聖朝啟運,篤產名臣。太原望族,奕葉嶙峋。遷於箕城,起家中憲。我公繼之,玉光璀燦。公文嶽峙,公德淵凝。人中鸞鳳,為國參苓。在昔中朝,曾承殊眷。聖主嗣興,臣心百鍊。公初侍從,史筆以伸。公後司諫,疏草以焚。諤諤端方,侃侃正直。以張國維,以培氣節。寬租請命,恤獄平冤。人心國脈,以厚以寬。靖獻兩朝,忠懷貫日。閒及著書,聖賢可質。克家多子,繼繼繩繩。知公惟我,大書典型。勒此貞珉,君恩祖德,以貽萬年,永無窮極。

康熙二十八年十二月。

(文見乾隆《西華縣志》卷十三《藝文志》。王偉)

清光州儒學訓導哲甫姚公(重華)墓誌銘

【誌文】

　　賜進士出身經筵講官禮部右侍郎前國子監司業翰林院檢討庶吉士纂修實錄丁未科會試同考試官年家眷弟王封濚頓首拜撰文。

　　賜進士出身吏部考功司郎中年家眷弟王材任頓首拜篆蓋。

　　賜進士出身戶科掌印給事中加一級年家眷晚生李旭升頓首拜書丹。

　　士之窮達,豈必遇不遇哉,顧其所自表樹謂何耳。夫在邦而聞易,在家而達實難。遇固幸,不遇非盡不幸。余於姚公三嘆!

　　公諱重華,字伯農,哲甫其號也。先世自晉之沁水徙家西華,而臨潁則由乃祖孝廉禹城令澤寰公遷於斯而著族也。公紹麟足,振鳳毛,髫年采芹食餼,試每壓其儕伍。事乃父文學聚之公,以順德聞。明季中原鼎沸,許、臨、鄢、郾,賊蹂躪無一寸淨土,邑人倡納款之舉,以延殘喘,而公以為與燕雀之處室不知禍之將及也,遂奉文學公北渡河,以脫於難。及福藩南下,公遨遊金陵,冀得升斗為仰養計,久而知新亭之泣,無異於子夜之歌也,急賦歸來以慰倚閭。而不意文學公,旋騎箕尾去,毀頓幾難自立,襄事備極豐贍,猶皇皇然若有所求而弗獲,其孝思寧僅敦牢杖履間哉!獨恨看室窺篋,雀角鼠牙,致公疏於誦讀,而僅以明經老為足惜也。雖然公志不克大就,而其操行著於鄉者特詳。余初舉孝廉,計偕北上,謁公於此園。見夫傾蓋來者,東西朔南踵相接也。既而握手京師,出其邀遊草相質,則齊晉吳越,岱泰衡湘,皆為展齒所已涉,其間一丘一壑,沙起雲行,山標海立,風鳴樹偃,人物魚鳥,升沉變化,一切可驚可愕之狀,皆在其嘯歌中矣。乃潁人士之倚公為重,則不但是公輕財好義,闔邑悅服,學宮傾圮,捐貲募化,重修改觀;渚河鍋甕口決,呈請停止河夫,尚治鍋甕,至今援為舊例,闔邑永食其福。鄉黨間,偶有忿爭,片言排解。孱弱被侮者,力扶公道。邑有大利弊,躬詣當事,言無不盡。與人交,不設城府,然多負氣,富貴驕人田子方，不欲見也。以至門植五柳，竹開三徑，題花品石，課魚限鳥，與二三翰墨士及子姓輩尚論千古，斗酒百篇，悲歌慷慨，倏而心腸鐵石，倏而襟懷風月，倏而彥方正直，倏而嗣宗遊戲，欲以轍跡求之不可得已。夫膽決者少遲重，彊直者寡含覆，練達者乏氣骨，而公兼之，豈與拘儒終身守一，迂闊而遠於世情者等哉！使天假之以年，勿論成大名，當大任，即可訓專城，騖振騖遷，得百里而治之，其所就亦未可量，而何不幸以明經老耶！雖然，每見世之成大名，當大任，處則鄉黨服其公，出則湖海揚其譽，生同北斗之仰，歿擬泰山之頹者，或不盡如公之今日，則何必旂常竹素而後為顯，亦顧其所表樹何如耳。余既知公深，而丈夫子方麓復遠以狀來乞余銘，余以義不可辭，因為誌其大者。嗚呼！謂之達於家可也，而何得以未遇為不幸哉。

公生於明天啟甲子六月廿七日酉時，卒於皇清康熙庚申八月初四日亥時，享年五十有七。所配徐孺人，前進士禮部主事徐公諱牛斗曾孫女，郡學生公諱世卿女。子四：長紳，廩監生，候選縣丞，娶王氏，前進士兵部主事王公諱所夢曾孫女，庠生公諱尚瓚女；繼娶杜氏，郡庠生杜公諱懌女。徐孺人出。次繗，娶王氏，處士王公諱一冰女，蚤卒。側室魏氏出。次紀，次纘，俱蚤卒，側室李氏出。女二：一蚤卒，側室李氏出；一許字太學生張公諱睿子太學生克敬，側室李氏出。孫三：希舜，太學生，娶杜氏，拔貢杜公諱怡哲女；希禹，增廣生，娶田氏，合肥縣縣丞田公諱永禎孫女，庠生公諱□女；希孔，娶胡氏，太學生胡公諱景虞女；紳出。希禹出為繗後。孫女四：一許字太學生王公諱允斌子[1]，繗出。一許字丁酉舉人盧溪知縣宋公諱逢盛孫廩監公諱秄子夢熊；一許字太學生盧公諱琯子廷卿；一幼，未字；紳出。曾孫四：力仁，聘太學生楊公諱三捷孫女，太學生公諱標女；修義，聘庠生王公諱夢卜女，希舜出。學禮、範智，俱幼未聘，希禹出。曾孫女二：一未字，一許字候選守備張公諱圻翰孫癸酉舉人公諱文桂子[2]，希禹出。徐孺人先於康熙壬子卒，葬董紀北崗之新阡。今於康熙癸酉十一月十五日奉公之柩而祔焉。銘曰：

亦豪而達，實直而方。彌天紫氣，千頃汪洋。胸無纖累，骨有餘香。其形息乎，此神則吾不知其所止。

不孝男紳、繗泣血立石。

石工彭光先。

（拓片藏河南省文物考古研究所。李秀萍）

雲骨子先生墓表銘

先生不知何許人也。其姓名出處不傳，第見之書帖，稱之遠近。道號曰雲骨子。蓋雲

---

[1] "子"字下空二字未刻。
[2] "子"字下空二字未刻。

無定體也。先生縱遊東西南北者，似之骨有定節也。先生操履險阻艱難者似之。先生乘牛車，琴劍隻僕，韜數卷書，邀遊海內近六十年，上而先達，下而耆庶，多歡與之接。轍跡所到，陶鑄甚廣，門下士，列縉紳，拖紫綬者，在在有人。而先生胥浮雲視之。憶丙辰初至華，教浹歲，嘗述其師涇陽顧先生之言曰：凡講學者，貴講其所學耳。不可遠求，行住坐臥，食息語默，皆有帝，則然非持敬以存養，省察之無由人也。爾輩其砥礪刻苦此學乎。所著書《大全子》，不以示人。其友夏峯徵君孫先生與談心，折爲文以序之，欲付欹劂，而先生不答。嗣後四至西華，始授於門人王氏子謙等。先生氣宇軒昂，有賢豪之品。概其風厲處，若大冬嚴雪而光霽，又若和風甘雨。凡從學，有過初不少容，改而即化，古儒人如郭林宗之車轍，造就遍矣！自先生較之覺太狹。邵康節之行窩仰企深矣！自先生視之又覺太逸。詩發大遊草表，留諸名山湖海，以見志，非甘蹈林叟之伍，辭續萬古篇，尤痛傷諸友人節義，以盟心貞歲寒松柏之堅。允哉！先生之風足以媿鄙薄，而先生之學，足以翼聖真矣！名之以隱，若以教爲隱也，稱之以節若渾乎！其節也，求之禪繼之代。靖節疊山之輩，先生殆其儔歟。戊寅，先生年九十餘矣，遘疾許昌。門人子謙返歸於華，環侍湯藥，凡四閱月，病劇。屢問況，先生曰："吾形雖苦，吾心甚樂。"廢餐四十餘日，時命小子輩焚香彈琴吟詩以自娛。五月念一夜半，語子謙等曰："吾與諸子永別矣。"語畢，整衣冠，拱默而逝，終不留其姓名。聞訃，士傚子美七歌哭之寢館。門人子謙燈等躬執喪，卜塋邑西北十里許無黨城□□。越數日，刻石爲誌，而囑余爲文。予非能文者，第述廿年所見先生之大概云爾。至先生之行與書，垂諸天壤，以俟鴻文巨筆闡揚焉！銘曰：

　　宜山之□，潁水之東。何水無雲，此水融融。何雲無根，此山瓏瓏。英賢□□，□□之□。玉骨稜稜，終於茲宮。

　　雲骨子先生之墓

　　宛丘後學王多士頓首謹撰。

　　門晚晚生王之哲頓首謹書。

　　門生王斌煥、周公孫、張可傳、馮膺、王睿，門晚晚生李國輔、徐崇文。

　　同納石。

　　康熙三十七年歲次戊寅秋月穀旦立。

（文見民國《西華縣續志》卷十一《金石志》。王偉）

洪冷漁墓誌

邑人胡儆

　　洪先生，本江右人也。明之季，其父以醫術流寓於陳。先生旋又卜築於西華畢家口之河西，於自扁其居曰"萍莊"，取萍水相逢之義也。初度之辰，其父夢唐清晝禪師造其廬，乃名之以淸晝，字之以心禪，而元平冷川，則又其別號焉。與先湄園公及理寒石、桑五文諸公交最深，每相聚會，輒旬月不去。文與字畫，傾倒一時。兵燹之餘，皆散佚不可見，獨詩尚有存者。溫厚和平，有三百之遺意。列之唐人，則各成一家，無多讓焉。於乎世無知言者，得不以我爲失言乎。里中諸君子，傷名士之墓淪於荒煙野蔓而不可復識也，乃約捐貲修墓，植木立石，聊寄景仰之思，以爲久遠之計。不知後死者，誰復能繼此志也。

（文見乾隆《西華縣志》卷十二《藝文志》。王偉）

李藩野墓碑

邑人胡儆

西華茅城李氏，與余家里居相望，壤地相錯，□□□□□□□□□李公者，□族姑祖丈，與先王父雖□□□□而情意融怡如兄弟，相爲往還，綢繆密邇，雨檐雪窗，□□爐烟之際，瀞竊見公抵掌掀髯，高談霏論，於當世人情□理及生民利弊，事勢機宜，皆如燭照而數計之。先王父心折意許，以爲一世之人豪而非獨爲李氏之傑出也。爾時瀞猶少，未能悉公胸臆之所蘊蓄。及漸長，每側□緒論，時氽末議，而亦不以爲不可私以爲前輩典型，可與商確今古者其在公乎。□□何而公與先王父相繼捐館舍，閱二十餘稔。嗣君乃克□塋事，而以納□之石言見委，瀞不能以無文辭。因舉公之生平而略述之。

公孝友性成，豐格俊偉，厭眉修髯，才果力確，其先世，或隴西歷城莫□，支脈泊遷於華，爲巨族。世有隱德。寒石先生，公從伯父也。文學足於一世。公之考，庠生諱安和，字虞唐，富好施，樂善不倦，晚年德彌邵兼研精二典。舉丈夫子二：長，諱作楨，字藩野，邑庠生。公其季也，由庠生入太學，諱作幹。長公之歿也，先公二十一年。公之姪，太學生完璧懷一，歲未及週，公撫之，恩義兼隆，及今而懷一承公之餘廕，受族長重任，公正俠爽，同異族姓無不嘖嘖然，稱道懷一爲人中麟鳳者，皆公之家法有以薰陶，而漸染之也。

先是公爲族長，凡族中有是非曲直，爭論不平，□□□於公，以片言判之，無不允服。其有桀傲剛愎之夫臨公之□，即斂手側足，以自就於約束。是時，先王以爲同族所推戴，吾兩家少壯子弟逞氣血，決法律，以相抗者，終不至隕越蕩軼於軌物之外，公與先王父力也。而公之豪邁剛健，樂義勇爲，先王父每嘆以爲弗及。歲值凶歉，有無賴者窩匪草竊，鄉黨患之。公授謀於邑校尉，且助之力，直搗其巢，殲其魁而患乃盡息。

先世固饒餘而公益恢廓充實之。鄉里族黨有借貸力不及償，公即焚券棄債，坦然不介於懷。有求濟，無弗酌與之。生平遇不義事，見不義人，目皆髮指，有古俠士狀。以故人多愛戴，血即有不嚴憚之而不敢輕犯者。公之言行丰采，約略如是。

孺人為瀞從高祖文學諱然世所稱湄園先生之孫女、文學苞生諱令章女也。婉柔嘉克敦婦道，得堂上之歡。大小閫政悉稟承於夫子而爲之，相而助之已無弗就理。蓋一遵以順爲正之訓，而故守之歟。嗚乎！彌衡不遇趙壹無祿，自昔賢豪抱其奇偉可用之資，屈於無所試而終老於草莽閭巷間，可勝道哉。以公之明敏，足以理煩劇也。出宰百里，當亦如古循吏政跡卓卓，可澤生民而傳後世。即不然而挾勇略運其機謀，以制勝於疆場，建立功於力垂，亦所易易，乃都不可得，而僅小試其手，反之才於□□姓之眾，使各安其尊，□大□無所傾軋而已。□□□□□竒之氣，則亦但微露其端倪，而爲鄉黨鄰里□□□□，至其胸中之所蘊蓄，而向爲先王父所許，爲一世之人豪者，究無所表著，止成其爲李氏之傑出焉已矣，豈不可哀也耶。而且嘆天不慗遺殲厥善良，方及中壽，遽返初服。使李氏之族不得長被其恩膏，鄉黨咸知不得親謦欬而沐德教，卽瀞以葭莩之末，追承風旨，每憶與先王父促膝談心時，皤皤二老楷模後輩，而今者先王父之墓木已拱，乃復搦管濡毫以志公之行也。懷賢淸淚，能勿淋浪沾裳也哉。公生於順治十四年四月初十日，卒於康熙五十四年正月二十八日，享年五十有九。孺人生於順治十六年六月初二日，卒於雍正四年六月初十日，得年六十有八。哲嗣三人：長，諱完珍，字抱一，邑庠生；次，完璘；季，完玠，太學生。女二人。孫五人：百魁，完珍出，百龍、百鳳、百行，完璘出；百成，完玠出。曾孫一人，毅，百魁出。孫女四人。婚配皆名族。

雍正四年六月。

（文見乾隆《西華縣志》卷十二《藝文志》。王偉）

新修文昌帝君殿閣記

訓導王士英

今上即位之二年，詔天下郡邑所在，各置社倉，而民間之義塾晨爨夕炊之資，即于社倉焉給之，制其善也。會予以乙巳歲來西華，承乏廣文之署。邑之士類矯矯自好，不□俗俯□□□□里之□□往□□□□□□□□□□□二里許，為東橋集，尤多□學績□之□。橋□□□□而建義館焉，乃以事合其鄉之人士庶，咸集□□座，□袂而起白曰：生逢聖世而不思刮垢磨光，旁搜遠紹陋也，濟以邑父母之甄陶而不克洗心滌慮，誦詩讀書悖也。義館其容已乎？僉曰諾。則又曰：館之建以興學也。然必建明神之閣，以臨之，則其志始肅。建閣而非祀□□帝君其□奚宜。僉曰諾。爰是合錢于鉶，合材于塗，卜基於橋之艮隅，庀材鳩工，度地之廣袤而創殿閣焉。其制宏遠，□□□□□擢而靚深，經始于雍正丁未之三月，落成則□□□□也。蓋是時社倉之成久矣。鬍子瀞者以記事之文□請。余廢學日久，然猶樂進後昆而教之。聞斯役也，忭舞踊溢，嘔噱終日，其能已于言乎。方今禮樂修明，文教蔚興，士生斯世，鮮不骨騰肉飛，思自奮于功名矣。然丹漆弗勤，樸斲終負。柳子厚有言，欲極國恩，惟有文章。余每誦此言，未嘗不漸汗也。旋觀斯閣之建，赫旿紅歟，講室書堂取次就理。士之登斯堂者，體淸心遠晝詠宵興，恢恢乎文章之苑囿，風雅之藪澤也。傳曰：深山大澤，實產龍蛇。班孟堅云：英俊之域，紱冕所興。我知四方之產，將有攀龍鱗而附鳳翼者，其□□以層樓峻閣，誇結构之功，炫金碧之觀而已也。抑□

聞之，帝君者，文章之權衡，禍福之樞機也。《書》曰：德惟一□，罔不吉。德二三動罔不凶。諸生之肄業于茲也，無昏恢，無號呼，無威惕而利疚，則冥漠之中，帝君必呵護而扶持之。其抑摻苟容□鬼魅而心屠沽者無與焉。《詩》不云乎曰"不顯莫予"云。覯帝君覯之矣。盼蠻几幾宴之間，神明斯在。登斯閣者，瞻顧傍徨，可自己乎。諸生而繹余言也，懷文抱質蔚為名儒，蹈德詠仁潤色鴻業。適所謂郡縣之學，徒以聚食者，吾知免矣。不則行屍走肉，徒為治世之頑民而已。是豈余之所望於諸生而亦豈諸生之所以自命者哉。余觀田水月之記長春祀也，以為帝君令□洙父子為其做殿。自扁曰"霄霞"，自為之文而自書之。余以時邁齒鼇之年，染翰伸紙，曾不獲邀帝君之惠焉則何歉。若夫是修是茸，俾勿隕墜，此繼起者之責，亦記事之辭，所不得而署焉者也。

雍正五年三月。

（文見乾隆《西華縣志》卷十二《藝文志》。王偉）

張楚生暨妻錢氏墓誌

淮寧錢廷文

西華有文士曰張楚生。先生二十七歲而歿，降年不永，邑之人士至今惜之。配錢孺人，則以今年五月中卒，距先生卒時三紀於茲矣。余於先生為婚家子姓，以故知先生行□特詳。

先生諱文麟，楚生其字，世為西華人。曾祖善□□□□□□□□□□□□□□□□□□□□□五歲而孤，深懼家學曠墜，閉戶自精，開卷獨得，米鹽靡密之務，不以關心。每綴一文，必能曲盡其妙。士友之見之者，咸曰夫夫也。離蔬釋蹻，易於決流抑墜耳。先生亦愈益自奮，三餘靡失，然終以羸尪善病，盛年而殞。嗚呼，悌矣。當先生疾革時，孺人作嬪有年，侍湯藥唯謹。先生顧孺人言曰：人孰無死，顧有母在，奈何不幸又無子息，二者吾遺恨也。言已，因欷歔泣下。孺人亦俛首而泣。孺人者，余曾叔祖晉侯府君之女也。婉順得婦人道，先生歿，孺人魂亡魄失，每念先生易簀時，謑詆之語，則噭然以哭，時時於娣姒中宣言曰：吾豈不能投帛於棟，從夫子於地下哉。弟言猶在耳，奈何乎忘之，且夫死無子，而聽為若敖之鬼也可乎。

當是時，楊太孺人尚在堂。孺人進愉薦欲，奉以終身，又謀之親屬，為先生置後猶子，錦賢而孝，孺人撫之如己出。當孺人歸先生時，先生已補博士弟子員。余聞之故老，晉侯府君生平伉簡，於人少所許可，獨於先生之名，遊揚不置，常進子姪輩謂之曰：觀張子楚生，閒舒都雅，雖在綺繡紈綺之間，而能溫顏遜詞，不脩廉隅，賢於世之俗子弟遠矣。聞者咸以其言為不謬云。先生又嘗與善相者游。相者曰：君狀貌殊，戌削惜也，精爽煙浮，三九之數，君之厄會也。先生心□之，已而，卒如其言。嗟乎，士之抱寶懷珍，壽命不究，於高□□□□□□□□□知□□□□□□□□□□□□□□□□□□□□□□□□□□□□□□刊落浮詞，不欲為尋□誄□□□者，良□深□。□□□□私而初不係乎葭莩之親也。先生之子錦，國子監生，亦□於錢則余之從姑也。姑早亡。女一，適扶溝杜氏，以峻節□聞。孫一，淑，聘胡公國學生諱可相女。孫女二，長，字扶溝□選縣丞杜公諱宗郊孫開第；次，字黃安縣知縣王公諱□明曾孫心海。先生生於康熙九年十一月初一日，卒於康熙三十六年五月十五日，孺人生於康熙九年四月二十四日，卒於雍正七年五月五日，即以是年十月十九日，合窆於村西河陰之新阡，廼爲銘曰：

博博者地，蒼蒼者天。□之無祿，命也溘然。霜凋玉樹，瘞之窮泉。我思嫛母，涕淚漣漣。形存志殞，終三十年。佳城欝欝，於彼新阡。金銷石泐，視此琱鐫。所不盡者，神理緜緜。

雍正七年。

（文見乾隆《西華縣志》卷十三《藝文志》。王偉）

捐輸義田記

邑令吳大煒

華邑向有學田而無義田。學田始於明萬曆間，里人趙唐所捐。明季荒亂滄桑之際，湮沒無存。而義田之創，則雍正七年十月內。邑紳李君大耀所捐也。李君之捐義田也，詞稱故父名茹芳，本邑庠生，曾讀書黌序，諸生中膏火不給者，每分所有給之，後援例授光祿典簿，常欲□己為□□義田，稍助貧□□資，兼□□□□□願□□□□□地，以承先志。弟非比在官學田，登之□籍，公之□省□□敢聞諸上憲，惟祈行學查收，糧歸本學承辦。庶父志得伸，而義田可永焉。余曰："昌謂川流澤止。止者，渟蓄而不竭，君將渟蓄於鄉校中乎。君行誼既美，名不可不揚，應上其事於制府。"李君曰："此余先人所欲為，謹述先志，不敢渝尺寸。且區區數畝，尤不願以邀名譽也。"爰從其請，牒學履畝收辦訖。

李君又濬田之溝渠，以防水潦，利永久。余喟然謂司訓王君曰：李君尊人，因當日尊師取友之誼，而推及無窮之師友，德意何厚哉！李君純孝，更足法也。親志所在，□夕不忘，輸已不吝，而又弗施美名，計深慮遠，惟惻惻以先人之心為心，則凡所以曲體親志，于茲可想。今逢聖天子躬行大孝，首風諭海內，庶士以敦孝悌，重人倫。若李君者，真孝思不匱者乎。多士當推而廣之，以錫其類。見孝子菽粟，益勵其行。夫豈尋常壺飧之惠哉。王君曰然。王君才品超邁，以文行萃拔膺薦舉，時兼攝教諭事，表率多士，如安定言行而身化之，凡鉅細規畫，精密不苟。後之師儒秉鐸，更以王君為的，其助流政教何如乎。因記李氏義田併及之。

雍正七年。

（文見乾隆《西華縣志》卷十二《藝文志》。王偉）

改建名宦鄉賢二祠記

教諭李南

　　□□□子之遺封也。故城號□城，城之東南，□□□□□號箕子臺，有□□□□□□□□□之□□□□□□□，廟堂後即箕子祠，其名宦、鄉賢二祠，即箕子祠之□□□祭箕子，分祭名宦、鄉賢誤矣。按：廟制名宦、鄉賢之□，以其生前居宦有功，居鄉有德，均無愧於聖門，故由□廡而降祠祀於戟門之外，一以報其功德，一以鼓勵後人，使後之入廟者觸目警心，知居宦居鄉當如是也。今以名宦、鄉賢從祀箕子，於廟制祀典，一無所取，安用此二祠為余職司掌？學有講明禮制之責，故于蒞任之始，即指其失，但位卑言輕，從者鮮。己未夏四月，山右介公來宰是邑，德高望重，一呼而響應焉。閱明年，飲正賓李君大耀獨力捐建二祠於戟門之外，華邑自此始知二祠應在文廟前。人之妥侑既得其所，後人亦有所觀感而興，俱於李君賴之。李君亦賢矣哉。是為記。

　　雍正八年。

（文見乾隆《西華縣志》卷十三《藝文志》。王偉）

剏建張公祠記

教諭李南

　　唐有張公藝者，九世同居。麟德中，高宗封泰山，幸其宅，問所以能同居之故。公藝書忍字百餘以進，載在史冊。俱謂山東壽張人。庠生李機以為壽張，後之所遷，其先實居華邑之倉門村。村有顧會臺，即高宗駐蹕之所，又有書院。今業儒張志忠其三十一世孫也。所居書院遺址，與李生居相接。李生因約同人建祠而祀之。祠成，請記于余。□□無所□□□□之□□□□□□□□□□行事，大約以忍讓為先。今者年近八旬，好學不倦，教子□孫，與兩弟甚相友愛，其子弟諸孫，遵其家法，類皆和睦以處鄉黨者也。想亦有見於同室操戈，勢若仇敵，思以一身挽之而不能，因托之張公以風世與。噫，李生此舉，德與張公等也，而功則倍之矣。後之登斯堂者，思張公益思李生云。是為記。

　　雍正八年。

（文見乾隆《西華縣志》卷十二《藝文志》。王偉）

演疇書院記

河□沈青□

　　道無端倪，推之太極，而學有統宗，要以圖書為本焉。圖書者，天與人授受之符契也。

天不言，假物以顯象，而神聖卽默契之，演其數，察其理，垂之千百世，以維繫乎道統，則天實爲宓犧神禹之師，而伏羲乃傳之文、周，神禹乃傳之箕子、武王，此又理學之源流，溯之可得者也。

我朝聖聖纘承，文教覃敷，靡究靡屆，凡先聖賢儒者之道躅，罔不振舉，立書院以爲興教勸學之地，星羅碁布。去豈獨鵞湖、鹿洞之設，使遠方學者景仰無從哉。陳爲宛邱太昊所都，其屬邑西華則古箕子之國，舊有演疇臺址，峙於學宮榛莽中，敞廬三楹，綽楔題曰"演疇書院"。其興廢皆莫可攷。

毘陵吳侯溶來涖是邦，懼學之衰也，于是，請于連率以前令倉餘爲公費，復益以紳士捐助，選材徵匠，爲屋二十間，齋舍、庖湢、井厠莫不畢具。延名師，爲山長，經費膏火立式法以歲繼之，四鄉多士雲集，絃歌相聞，燈火相照，居肆成事，吾茲有望於西華人士矣。夫疇與卦同興於神物，出於天授，書者、演者，各出其心思才智，以闡發天所不言之隱，而不□□□意糸錯其□□□文也□□□□□□□□之教學所可上於而遠擬者乎。余曰：不然。疇之理數出於天，演之則切於身心。政事日用行習矣。誠能以箕子之所陳者而體驗之，王佐名臣理學夙儒，咸出其中，夫何遠之有？然則予之所期於西華人士者，其本在學道，若夫揣摩帖括，弋取科第，以銜於庠序者，抑末也。願勿逐末而自遠於天。後之縉章綬，擁皐比於茲者，其永貞之。

乾隆四年。

（文見乾隆《西華縣志》卷十二《藝文志》。王偉）

重修廟學碑記

清介錫齡

己未夏四月，余始承乏茲土，涖任之三日，恭謁先聖，禮畢，詣倫堂，歷覽廟貌，學宮雖弗壯麗，亦未頹壞，但其位置不無舛錯。余心竊疑之。時廣文兩先生以考試赴郡，訪諸會講諸生。諸生爲余言曰："向者廟學亦將頹壞，掌學李先生涖任後，請於前父母劉公，倡率捐修，是以至今十載，當覺整飭，至於位置制度，李先生亦常言之，如名宦、鄉賢二祠，在倫堂後，箕子祠前，尤爲失之大者，久欲改建，力弗及，無如何也。"余聞之，心竊自思曰："某叨科名，一行作吏，恭逢聖天子加意右文，書院義塾猶且飭諭修整，以廣作人之化，豈職司守土，而於興賢育材之地，可聽其舛錯也哉！"自是每接紳士，必諄諄言之。越明年，鄉飲、正賓李君大耀獨力捐建二祠於戟門之外，其他猶欲徐及，未幾，已捐館。兼以頻年水旱相因，賑務惟艱，公私交迫，余亦有志未逮。甲子秋成後，歲計頗豐，人力稍舒，前之整飭者，至此亦漸凋敝。正欲及時修整，而藩憲趙公檄飭已至，余遂會同兩學謀諸紳士，除竭力倡捐外，擇其勤勵者，分路勸捐，練達者協力董率，各盡乃職，而其工成矣。是役也，捐三百金，而李君大耀之孫、監生慶悅獨輸其半。殿廡、戟門、聖域、賢關，凋敝者，易舊而新。泮橋、學門，制度狹小，則擴而大之。至於倫堂，宜在廟西，崇聖祠宜在廟後，欞星門宜用木柱，捐金已盡，勢難備舉，移易盡制與廟學，並垂不朽，仍俟之賢有力者。是為記。

（文見民國《西華縣續志》卷十三《文徵》。王偉）

重修大覺寺記

　　今夫用力大則難肩，相因久則易諉，故事有盡而得幹之美，葺而等創之勞者，此非有實心任事之人，出其精神，與之經久，其於興廢舉墜之道，未之有幾也。宿砦鎮之大覺寺，以祠諸佛祖及諸羅漢尊者，北襟滍水，南眺召陵，盡華之西、鄢之東，無與是寺雁行，故勝地也。人言棟宇創自五代，雖誌記無徵，先世相傳，或亦有據。然而歲月既久，作者之精神盡矣。其間風摧雨泐，崩壞傾頹，不無望於後人。明代屢經修葺，迄今幾三百年矣。數十歲前，廟貌仍故，紺像燦然，蒼松古柏，蔽芾雲霄。時節朔望，環鎮士女，大集庭下，勢若禹峽，春流胥濤，秋壯壑赴岸滅，前擁後推，武舞可步，視不得留，莫不嚴戒，潔齋澡滌，洗沭專壹，志慮齋肅形容。迄丙辰歲，霆霖為災，寺以摧塌，殆無寸宇，周圍垣戶，僅以址存。嗚呼，諸佛祖羅漢清靜妥靈之位，而令其圮剝，至是其何以奉靈山而施慈航，使悍然不悟，冥然不覺之衆，超苦海，登彼岸，聲喚其回頭也。本集羆文燦、嚴瑄等不勝慨然，因共募緣於鄰鄉好義者，捐資協助，營建寺殿五間，紺佛像三座，羅漢十八尊，金碧焜煌，丹青掩映，靜室外垣，無一不具。

　　是役也，經始於乾隆八年，至乾隆十年八月始告成事。嘻，備矣，美矣！非有實心任事，出其精神，以為舉興，其何以神諧人讙，經久不廢如此哉？謂不記不可以垂永，乃問記於余。余以神之歆與棄，不係於廟貌之崇卑，而係於人心之善惡，為吾同人果能□隆尊親，慈覃幼稺，義鍾伉儷，愛厚弟昆，信友善鄰，嘉媾懿親。嗜欲不形，名利若空。一念所格，神明可通。明心見性，立地成佛。無疆之庥，永資之矣。不然，即宮殿巍峨，俞奐璀璨，敢邊以此邀福，毋乃迷而罔覺之甚乎！語曰：粢牲非芬，沈璧非潔，神之貺之，視精明之德。故以寺棲佛，人則知之，而□事佛，容有不盡知者，故昭而出之，以為諸實心任事之善士，告諸善士曰："是重修也，不等創建。"如公言是，可以勒於石矣。因敬書之，以誌歲月。

　　賜進士及第探花翰林院修撰侍讀學士詹事府少詹癸卯科四川主考提督福建學政浙江布政使司巡撫安徽等處總督浙江巡撫鹽院事總督七省軍務兵部右侍郎兼都察院右副都御史古蔡程元章撰記。

　　西華縣儒學生員於奮澠敬書。

大清乾隆拾年歲次乙丑秋月豎。[1]

（碑存西華縣宿秦寺內，文見民國《西華縣續志》卷十一《金石志》。王偉）

潘少荃及蔓姜兩孺人墓銘

劉人龍

公世居華邑久矣。潘其姓，煥其名，少荃其字也。其天性和樂，居家事人，初持一心，未嘗變節，不爲翕翕熱，亦不爲崖岸斬絕之行。其奉太翁太母先意承顏，雖值薄貧，而遍身之物，無不備具。明季兵燹死者塞道，公挺身一往，保全兄若弟，俾得無恙。及本朝鼎新，兄弟先公而逝。公撫遺侄四人，爲置宅宇，爲出金幣聘娶之，俾各有室。孝友之本於性成也如此。遇鄰里有貧乏者，輒爲推解。有患難者，即爲保護。至其仁及三族，又無倫矣。是睦姻任恤之行無憾也，又如此。昔時寄葬茅崗，今於十一月二十九日，徙葬於邑西偏十里護當城新塋。元配蔓孺人，繼配姜孺人與之合葬。暨長男，庠生諱棟，字子元；長男婦陳孺人；仲男婦王孺人隨葬於茲。仲男，康熙壬午科武舉，名藩，字子侯，營管葬事，丐余秉筆，以誌其墓。余生也晚，學識譾陋，不獲辭，因略述其生平者，爰爲銘，以誌之。銘曰：

悟得貞下元，參得死生透。不種不根人，天地同其壽。墓木枯復枯，墓草腐復腐，少荃少荃自千古。

（文見民國《西華縣續志》卷十一《金石志》。王偉）

留養所碑記

邑令宋恂

《周禮》荒政移民移粟，廣設權宜之術，務盡畢濟之方，而因地制宜，隨時補救，雖澤施有限，而目擊夫黎繭瘝棘之人，惻然情傷者，籃褸而負之喧，枵腹而□之沫，庶於軫念之。□愍然其稍適□華□邑也。地之亢者苦旱，地之窪者苦潦，蒞茲邑者，左右調劑，欲於簿書鞅掌之中，開廣有□□非頻頻可了。余來茲三年，時念聖天子子惠元元，無遠弗屆，□□□□□民無微不入，凡培堤開溉，有產業者亦既隨機□引去者，重負而廣積衍矣，于養濟宜濟等項奉有成例者，咸起瘠而向蘇焉。然或逆旅羇人父母，他人而不顧冰堅木落言菜䔮賣而無從，雖鳴雁東西，偶留指爪而哀鳴□野，誰堪聽聞。

乾隆十五十六兩年冬，奉□憲札飭□養貧人。余與合邑紳士多方綢繆，彼借枚而棲滿□而去者，緣類以應，希挽肅殺而與之陽和，嗟來之痛，向隅之哭，或告免乎。但

---

[1] 民國《西華縣續志》載此：下有大功德主、化主、住持、匠工等列名不錄。

士君子行一事，樹一策，必令繼此者不至拮据于無可如何，而事為可永。今邑紳李峻極、胡蘊和、李慶元、張純、張壘等，俱以留養經久為念，捐銀四百兩，作息以為經費。監生惠紹周等，于宜濟堂右捐地一區，為建房之所。鹽當高銓、郭盛興等共捐銀六十兩，為蓋□房屋之資。余亦勉助養廉，以補不足。每歲冬至後，開局來□□物萌生時，聽其外，適稽名給食。名無定額，具禀□□□□，可選材徵匠，工成不月，□□一十九間□□□□□□□□□□□□□□□□□□□□催雨苦之時，人有飛色吐氣之概，野處□宿之輩□□，上棟下宇之安，庶幾哉事為可久，繼此者不至拮据于□可如何乎。弟法久而獘易生。異日者領糧吏胥蠹取，則仍有食而無食。牆垣風雨剝蝕，則仍有居而無居。名留而□難留也，養而寔未養也。則必身親瑣屑，時嚴□查，□無□□天子子惠元元民至意，于合邑紳士商店好義之枕，庶有□□。昔人云：苟有心于利物，于物必有所濟。亦仁人君子□□具之隱念也。是用誌之，以期永久云。

乾隆十六年。

（文見乾隆《西華縣志》卷十二《藝文志》。王偉）

理氏學田碑記

李炳章撰

理氏學田寒石先生，世居茅崗村，恥與李自成同姓，改姓理，後人因之。先生以理學名儒，領明壬午科鄉薦，因推官陞任江西監軍道，明季以難終。余予乾隆癸卯，秉鐸來西。先生之族孫元程，邑賢諸生也。余素器重之，嘗語余曰："理氏學田，族人某佃種已數十年矣，某卒，妻仍舊佃種。家貧甚，積欠舊租莫能償。族人憐其貧，不知較。今婦死，田已歸璧。請為文以記之。"予惟先生嗜古力學，忠節凜然。讀其書如見其人。所著《赤城圖》及《語錄》等書，深得先儒傳心之祕，于以知先生立品樹行，有自來矣！而復為創立學田，以貽其族，其所望於後人者良深。後之人亦必有以報先生之厚意，庶不致辜負先生云。

乾隆十八年。

（文見民國《西華縣續志》卷十一《金石志》。王偉）

王先生睿墓誌銘

錢廷文

西華自理寒石先生以氣節文章高自標置，其時有胡亦然、洪泠川諸君子與之志同道合，主持風會，稱一時之盛焉。其流風餘韻，久而未艾。余生也晚，不及見諸先輩，若胡先生溯遠、張先生子厲，皆則古稱先，不肯汩沒於俗學者，余猶幸得見之。其與兩公交契最密，無間形骸者，則元哲王先生其人也。余在幼年，先生以後輩接引之，高情雅度，蓋至今不忘於懷焉。先生歿以雍正八年，距今二十餘年矣，其孤廷煒卜葬有日，以孝廉朱君聲遠狀來請銘。按狀：

先生諱睿，元哲其字，世為西華人。始祖克明，以徵辟令臨淮，其後世有達人。祖諱一統，生二子，長諱多士，以明經任新野訓導；次吉士，先生之生父也。新野君無子，以先生為嗣。新野君風裁峻厲，望之凜然。先生小心敬畏，能事事得其歡心。新野君卒後，太孺人春秋高，先生晨夕溫清，承顏順志，里黨以為難。少而嗜學，尤潛心濂洛之言，規行矩步，動以古人為法。仲弟元照、季弟元池，皆知名士。家庭雍睦，自相切摩。早歲補博士弟子員，旋食廩餼，然迄不得志於有司，比以歲貢入太學，而先生亦絕意仕進矣。

先生賦性端嚴，於人不輕許可，然片長小善，未嘗不津津稱述之。至於師友之誼，歷久彌篤，士大夫無不樂與締交者。嘗從金雲骨問性命之旨，雲骨者不知何許人，蓋逃名遺世自稱雲骨，客死無後，先生與諸同人經紀其喪，擇地而葬之，已而歎曰："世情不古，師弟子之禮，在今日幾不可問矣。願洗此澆風，以無忘先師之訓。"每歲清明，與諸友人共集雲骨墓下，掃地酹爵，相向而哭，既乃各出弓矢習射塚傍，竟日而後去。終先生之世，無一闕者。嗚呼！人生於三，事之如一，貫械讓爵之事不可復覯矣；若夫常景酹酒於裴墳，何點植花於卞墓，而世猶且艷稱之，得如先生之服膺師訓、義同資敬者幾人哉？先生之行誼足以停澆激薄。至於輕財好施，及一切周急扶危之事，不可殫書。雖末俗之所希有，而先生絕不以此自多也，其賢於人也遠矣。

晚年，飭斷家事，幅巾筇杖，徜徉長林豐草間，時時出其緒餘作為詩文，每一脫稿，人手傳寫之。所著有《洗心齋詩集》、《歷代史斷》二書。既而感時會之遷訛，歎知交之淪喪，列數舊游作《八逸讚》，蓋余所見溯遠、子厲者，先沒十餘年矣，端居無聊，恆取所作《八讚》自諷詠之，往往欷歔悲感至於泣下。未幾，而先生下世，人往風微，此可為世道之一慨也已。先生之女遜，少稟家訓，以殉夫著烈，余為作徵詩小引請於四方之能文者。其秋鄉試，遇先生於大梁旅館，殷勤致謝，情事款然，曾幾何時，忽忽三十年矣。先生之神爽長在孤城煙水間，而余濩落無成，年迫桑榆，感舊懷賢，恤恤乎有餘恫焉。幽窀之銘，其庸得辭耶。

元配周孺人，繼配劉孺人，並著婦德，皆前卒。先生生於順治十五年，年七十有三。子男三人：長廷觀，出為仲父後；次廷煒、又升，俱太學生。子女四人，皆適名族；其稱烈婦者則歸胡子本宙者也。以乾隆二十年月日合葬於賈魯河東新塋之次，為之銘曰：

十雉之城，提封百里。望古遙集，多隱君子。吁嗟先生，卓焉高峙。其學維何，枕經藉史。其行維何，採山釣水。旅客孤墳，幾為餒鬼。誰其酹之，有門下士。不有芳型，誰式薄鄙。東漢而還，此風邈矣。我作銘詞，表揚遺軌。疇無師門，庶其仰止。

乾隆二十年。

（文見錢儀吉《碑傳集》卷一百四十六。馬懷雲）

孝行李作楨碑記

上蔡程元章

有西華孝子李作楨，字築野，明崇禎癸未欽賜中式舉人，蘇州推官，監紀江浙兵事。理公邕和世所稱寒石先生之從子也與。

考安和公，俱充邑博士弟子生員，有至性，容□和粹，自齠齡以至成童，矩步恂謹，恒依依父母側，不暫離。及就外傅，每歸，則侍養左右，潔晨馨夕，曲盡其愛，有成人所不能及者。親偶違和，輒憂形于色，跋踣異常，度藥必躬治，嘗而後進。或增劇，則倉皇號泣，祈天身代，或矢穢，舐之以驗苦甘，待常而後即安。親或出遊，則奉杖履以從，執轡待騎乘而後乘，從不假手僕賃。一日，偕父安和公歲試。安和公欲辭學校，高尚其志，學使難其去。命講《周易》、《性理》、《小學》。安和公反覆敷陳詞，旨元暢音韻琅琅，左右無不聳聽。學使者為動容起敬，欲勉留之。不可。乃許告出。孝子時方屬思輟文，忽聞鄰舍生噴噴私語，驚歎其事。孝子乃頰首四望，不見安和公，知已許告出。獨處彷徨，若孺子之違父母，不覺失聲大哭，莫能自抑。學使驚聞，遣使檢視，得其故，深為歎異之。

其生平孝友淳篤，修行于門內者，既若斯。遇姻故之有貧不能以致養其親者，皆不惜金錢布帛，以周恤助之，以成其孝。其永錫爾類者又如此。至若養孀姊終耄耋，育才雋于家塾，又其錫類而無斁者也。以彼之德行，若所為端冕垂紳，儼然立朝，寧以正風俗，必有異于常流，乃卒以一青衿終老田間，化不出閭里，名但暴鄉邦，抑云隘矣。雖然，余聞孝子名已列邑乘，詎知軒輶采風，不將登□□史乎。生不顯庸於當時，而聲光猶能熊熊於沒□□□子榮列一班半級，即富且貴，溺於習俗，封己自私□□子孫長驕惰淫佚之過，以頹溷其天良，苦若聚順堂，□怡庭幛，惠義遍及族黨，作故作德日休，俾穮鋤德色，求□一毛而不可得者，皆惡有所勸。艾隨其所及化行俗美，寧不差強人意，而顧欲以草露功名，浮雲富貴，為孝子惜陋矣。語云士窮見節義。余於孝子，蓋深有感于顯榮富貴之臘毒于人者甚也。觀孝子亦可廢然知返哉。余故樂為之表。以為不孝不友者勸。

乾隆二十年。

（文見乾隆《西華縣志》卷十二《藝文志》。王偉）

高嶷墓誌

張曾太□人

公諱嶷，字虞峯，華邑之名族也。曾祖諱國植。祖諱鳳鳴，字傅于。父諱廷歷，字宗子，康熙甲子科舉人，候選守備。生二子，公其仲也。余家與公世通姻好，故於公行誼知之最悉。公性聰敏，好詩書，方弱冠即遊泮，嶄然見頭角。已□□□淹貫，所為文章，証據今古，出入經史百子，貢□□□□□彥，且天性孝友，□□□□□□執弟子禮，視形聽聲□好無尤方之古人無多讓也。然所以成公之德而與公□孝友，同一嘖嘖人口者，則有淑人魏太君之內焉。公之□淸也，淑人卽粢以色養。公之敦睦也，淑人必將之以恭□。則是詠蓼莪歌棠棣，相夫子以盡婦道者，淑人誠巾幗□之偉也。

　　至於教子一節，尤爲嚴肅有法。延師督課，殷殷□誨。長君堯章，以進士侍衛御前，今任武淸營遊擊，人皆知公義方之教，而不知朝提命日夜化導，淑人實以慈母而兼嚴父者也。堯章旣留官京師，公與淑人眷屬共赴京都，自是而公之義聲播於畿甸矣。余於退食之暇，時修請謁，公誨余曰："夫人以身許國，自宜精白乃心，克盡臣職。"余拜領斯訓，銘刻不忘。卽淑人亦以通家子姪相待，常謂余曰：女與煥兄弟也，又兼兒女姻戚，其同心協力，共勤王事。煥有不逮者，汝必無忘扶助之。余行能無籉，何足裨堯章之萬一。而公與淑人殷勤欵眷之旨如此，此與至親骨肉何啻焉。

　　公居京師數載，見義勇爲，風采凜然，其他未能殫述。就余所親者，如同邑王君怡亭赴都需次，公多方扶助，留之邸第，解衣推食，進年如一日。再若永城劉君展罟、唐縣張君君依、高君殿選會試來都，公一見卽以國器許之，車馬器服所以資給之者良厚。未幾，二君咸登進士，□□劉君展罟，獨入侍宿衛。情意旣篤，遂聯爲姻好焉。又太康進士王君觀者，以復補，需次都中。公與余稱貸四百金，情勝橐迴山流俗若此類者，皆豔稱於學士大夫之口，而公未嘗一語及之。卽魏淑人亦曰：作養人材，成就功名，與夫哀王孫而進食，憐孤寡而施恩，皆人職分之所宜爲者，願夫子好爲之棄。嗚呼，公與淑人劬躬鬻後，培植德門者若此，宜其享壽百年，備受純嘏之錫，而乃年虧大耋，相繼隕逝，天之所以報有德者，固如是其多嗇乎。然公與淑人旣受誥封光寵矣。堯章復以英年鵲起，自奮於功名之會。異時勛猷爛然，霞蔚雲蒸，天之所以報公與淑人者，正未有艾也。今卜葬有日，堯章不以余諝陋無文，使誌隧道之石，余辭不獲，爰作斯銘，以志景仰之思焉。

（文見乾隆《西華縣志》卷十三《藝文志》。王偉）

張文學室南烈女合葬墓誌銘

張遠覽

　　文學張於森，年少而夭，其室南氏從之死。於森之弟太學生於桐，哀其兄之不祿，而念南氏之死爲最烈，心誠有所不忍泯沒者，以余爲同姓，知之稔，於其葬也，謁余請銘。於森，字向午，西華河莊人。

　　少孤，依祖而活，年十餘補諸生，一切時文帖括若不屑者，而獨肆力於經傳諸史。爲人疎略不羈，鄉里頗以狂生目之，然有至性，懇懇然可付以事。顧多病，遭祖喪，嘔血竟不起，時二十有七。南氏者，故儒家女，婚於森，敬戒無失禮，痛其不及事翁姑也，事祖翁祖姑稱孝謹焉。於森歿，旣斂成服三日矣，不一餐，顏色大異，其姒強之食，乃曰："嗟乎！姒知我，夫亡何活？已吞藥，且夕死矣。顧吾夫無子，惟叔姒賢，幸以子嗣吾夫，更累叔姒善教之。"言已再拜，泣數行下。其姒驚啼，前持之，而呼家人奔救，則已死。時為乾隆二十四年十月丙午，去於森之死日辛丑六日，年二十有七。蓋與於森生同年，死同月云。於桐以其子拱辰嗣於森，如南氏言。於是，有司旌其門曰"烈女"。以明年二月甲午合葬於其先塋之次。銘曰：

有茁其蘭，嚴霜何速？結髮之恩，疇云不篤。河莊之張，世蔚其祥。奕奕文學，於族有光。長轡未騁，急景摧藏。窈窕令室，呼天何望。令室曰南，出自儒宗。端莊而婉，教於公宮。乃結其褵，乃修其儀。其儀祁祁，中壼之師。令夕何夕，天風大寒。故衣在桁，新鬼倏遄。日月之行，晨夕必逮。井水不流，藁砧其待。去矣莫延，延斯我罪。一丸在手，妾生何每。敬拜姒氏，泣血沾襦。乞而君雛，為我君孤。言已而絕，魂不可呼。三黨奔走，驚告瞿瞿。聞之有司，有司曰都。號曰烈女，特表其閭。仲春二月，芳草紛敷。同穴以窆，式慰幽途。金銷石枯，我銘不渝。

（文見錢儀吉《碑傳集》卷一百五十五。馬懷雲）

胡氏家廟碑記

劉焯撰。

胡氏家廟者，西華胡子翔陞之所立，以祀其六世祖、明奉政大夫、遼東監軍僉事，諱嘉棟。五世祖，明光祿寺丞，諱拱華。高祖，蘇州副將，諱其智。曾祖，守備，諱夢熊。祖，文學，諱漢。考，筠溪先生，諱蘊和之廟也。胡氏出於有虞氏，遷於越，明初入河南，遂為西華人。西華之胡，自奉政公始。蓋余承乏此縣，知胡氏為望族，筠溪長者也。余亟欲一見之，乃筠溪已病，未幾，歿。其子翔陞等喪葬盡禮。思凡有所以能不歿其先生者，汲汲若不及。筠溪思立先廟久矣，今乃克成之。方其度基之初，人竊謂其家雖舊然非富，有恐終不能就，乃哀毀之餘，扶杖往營，炎風霾雪之中，一椽一甓，必親必諦，辛苦拮据，未嘗呼同族之助也，而廟遂一以成。嗚呼！士大夫執禮明義，莫先於敦本古者，將營宮室必先立廟者，則往往侈土木務彫峻，而不克成其先人之廟者矣。翔陞所居之廬，或不蔽風雨，不能一時修葺。乃以成其先廟，為必不可一朝緩，則其未有一朝忘其親者，即可於是乎見之。充其意，即民德可以歸厚，是固守此土者之所樂道者也。因以其廟碑之辭來請，為據實書之如此。若夫筠溪之為人，則有孝廉張君遠覽為之作傳。孝廉不輕予人以文，得之自可示將來。至於其奉政諸公之行事，則國史家牒詳之矣。乃為銘曰：

胡出有虞，係自山陰。聿來陳國，由明迄今。長平令居，喬木蕭森。家敦詩書，世承纓簪。亦越筠溪，性樂在林。潛德自貴，有子嗣音。先人孝思欽欽，式煥新貌。籩豆是嚴，縉紳是式。邦侯是瞻。孝思皆具，惟其盡之。子子孫孫，勿替引之。

（文見民國《西華縣續志》卷十一《金石志》。王偉）

邱氏父子修橋碑[1]

　　余蒞西華有□□□□者，字君賢。人咸以善人稱。余未之異也。次年春，即以出己財修黃土橋、清流河之石橋告余。余曰："善名豈虛傳哉！"邑人又爲余言，君賢嘗修息縣之紅石橋。楮河橋嘗兩修之，至斯橋也，修石橋者二，修木橋者一，皆不藉他人分毫，然皆乃父志也。乃父文忠，嘗修土石橋。於此培長堤者十五里。故今茲之修也，不忍父功之廢也。及讀府縣誌，參以豫藩趙公艮輿《彰善錄》，皆同。然後，知歸公有傑士風之旌，介公世修懿德之額。有以夫橋工落成，邑人請記於余。余曰："若而人者孝義其兩兼之也。"匹夫匹婦咸知慕義，然或偶一爲之，或一再爲之，不轉瞬而轍跡已易。縱前人爲之開基，而一與利交取之，惟恐不多耳，況其施哉！至持以終身而守以世家，余未之見也。君賢，家非厚藏，而以積德世父爲之作子，爲之述善矣，而又述不一述，抑又難矣。費以數千，無吝色。年近八旬無倦志，不改父政，更無虛日。起孟莊子於今日，幾不知孰先孰後也！彼世之父沒，未及肉寒，輒爲改絃錙銖，無關得失，好爲盡取，聞邱氏之風，亦少愧矣哉！然又聞其施衣食、茶、藥，以濟人生，棺木義塚，以葬人死，自乃父已然也。則君賢之積德世家，又豈獨在橋梁也哉！更施地十六畝，並誌之。

　　賜進士出身文林郎知西華縣事前翰林院庶吉士加三級紀錄二次皋川張鶴雲撰文題額。

　　清乾隆三十三年孟夏吉日。

（文見民國《西華縣續志》卷十一《金石志》。王偉）

凌君西峯墓表

張遠覽

　　凌君，諱西峯，字申亭。其先由江南遷於是，世耕讀，爲善族。曾祖宗輝，祖恪已，父燦，皆有隱德。

　　君幼喪父母，又無兄弟，岌岌若不可活。而君能强力自刻苦，非力不食，晝拮据於農事，夜讀書，尚致力於科舉之學，爲縣學生有聲。歲壬申，中鄉試，屢試禮部不中，乃於歲丙戌揀選舉人得一等，以知縣分發江西，署石城、興安、新淦、東鄉、德安，每到數十日輒移。最後乃借補臨川縣縣丞，旋實補上高縣知縣。其間買硝河南者一，解護罪官兵部者一，充鄉試同考官二，乃以他縣事連劾罷歸。歸六年而卒。此君生平所歷之大略也。娶於侯，封孺人，先君卒。子三：松鶴，生員，於父之軼事，泯無所述而病死；庶子皋鶴，生於江西，十餘歲而孤矣，又喪母，率其弟晴鶴皆讀書，是申亭有子矣。乃稽顙哭請余文，

---

[1] 民國《西華縣續志》卷十一載：鄉耆列名五十餘人不錄。

以表其父墓。

嗚呼！維我先友，內行修而外行和，歷官未久，惠愛流沛，循聲揚播，民莫不禱頌而求其來，莫不歌哭而恨其去。上高多山，有不宜稼者，乃分其桐子，教其種桐，樹成，其利甚於稼，民賴之，呼為"凌君樹"。訟獄立剖於一言，案牘不宿於五日，奸吏褫魂，良民銘腑。諸牧令每見，開府曰："諸君能如凌上高者乎？吾無憂矣。"其為政，不必有烜赫神奇之迹，而田間鞭牛而謳，皆頌聲也。其歸也，柴門茅屋不改其舊，野服戴笠，人不知其為令尹也。

其生於雍正二年九月二十五日，卒於乾隆四十九年二月十三日。於明年某月某日葬於先塋之次。孫培文、蘊文，松鶴之子也。

（文見錢儀吉《碑傳集》卷一百六。馬懷雲）

沈公德政碑記

金敬五

邑侯沈公，浙之仁和人。名望，字玉庭，號玉溪。乾隆三十一年，由丙子科舉人簡發河南。歷試固始、偃師諸邑，皆藉藉以循良著。壬辰，始任西華。華邑大半皆瘠土，遇水潦，衣食常苦不給。風俗頇樸，往往以無知罹罪。公下車後，盡心撫字，凡築隄禦水，建倉儲粟諸務，鉅細畢舉，親赴四鄉，教以孝友睦婣，任恤之道。有訟者，憐其愚昧，多所省釋。又善為開導，俾知終訟則凶，各令悔悟而自止。當三十九年冬，公解餉西行，民恐恐然如嬰兒之失慈母。既歸，懽頌之聲，徧滿街巷。近數載來，河水漫溢，自官及民，莫不踴躍趨事。購料出夫，間有力不能將納者，公曲寬貸，措置悉協機宜。公嘗分任開挖引河，除公項領給外，尚需銀四千餘兩，公乃自出俸廉以竣其事。邑人不知是役也。今且請假將歸，適城垣傾圮數十丈，例藉民力修葺。公曰："民困矣。吾將行，何忍復為苦累。"又自捐己金三百繕完之。蓋公自蒞政以迄於今，其本諸心而措諸政，唯恐有一民之或傷者，終始如是也。夫世之稱邑宰者，動皆汲汲置身繁要。以公之才，蜚聲上下，郡屬大疑難事，賴以決斷者屢矣。乃澹然泊然，不以大官大邑為榮，而樂與華邑之民，推誠相與，至十餘年之久，宜其德意，入人之深，而人不能忘也。敬五貧賤士時，蒙公獎進，得聆其言論風采，稍窺見公之學術，乃知所以有守有為，去就綽綽者，其素養有自來矣！因為之頌曰：

惟宰親民，民依為命。憫愚恤勞，尤資善政。公惠茲土，布敷優優。勿矜刻察，罔藉刑求。靜則有常，動亦不擾。愷側慈和，瀸嫗默抱。美利不言，厥利斯彰。勒諸貞珉，世世靡忘。

乾隆四十九年。

（文見民國《西華縣續志》卷十一《金石志》。王偉）

重修西華縣署碑記

邑令葉期頤

　　西華縣署，自乾隆十七年，宋公重修之後，閱三十餘載，雖未盡壞不可支，而古老卑陋亦實隘而難容。見賓畫諾，舉無其所，他無論已。前之廉吏，大抵愛民力，惜民財，因陋就簡，聊且苟安。余蒞任之始，門堂內室皆楹桷腐黑，瓦磚缺破，垣牆亦就傾斜，所謂卷席避雨，露坐迎涼，在所不免。慨然曰："為令宜戴星而入，民事是圖安居，非其所計固已。第考古者，卿大夫士，其宮室，以命數為之，非徒示有遵以宣主恩恤民隱之所在，宜有以稱其事耳！苟有社有民，而居處湫隘，同於閭閻卑陋，局促之中，必無以澄其心。心不澄，則不能慎，又何能勤其政？昔人於宦所，尚有新樓閣，治亭榭，修政於戶庭，而養心於暇日者。讀永州新堂及豐樂亭、喜雨亭、竹樓、芝閣諸記，未嘗不慕其為政心閑，廳署之間，其不聽壞漏不治，蓋可類推。豈圖宴逸而忘致力於民哉！見其作，知其志，出其身，以親民。安吾身，必思安吾民。今不異於古所云也。用捐廉一千兩，鳩工治之。自秋徂冬，厥事以成。頭門、儀門，整之以肅觀瞻。大堂高之，以理牒訟。東西兩庫，國帑攸關，完繕之，使加嚴密。更築樹德堂及廊廡五楹，以公餘思清、思慎、思勤焉。東偏茅屋十餘間，以為庖人障蔽風雨。至二堂、三堂、內室，則因其舊補葺罅漏而已，費不繼也。蓋未嘗勞民一力，賦民一財，以作吏所，應受之俸廉，修作吏所宜居之堂室，不矜華，亦不侈大。視事有所，退思有所。今以利用安身，後且利夫來者。敢曰宏擴規模，亦嫩意，庶幾修舉廢墜之一端耳。[1]

（文見民國《西華縣續志》卷十一《金石志》。王偉）

清故理府君墓表

　　吾邑理氏自寒石先生以忠節著，其族之人無問簪縷褐布，率多激昂慷慨，見義勇為，蓋其性質然也。府君諱世發，字榮遠，行二，於寒石公為八世族孫。曾祖諱廷檜，字霄軒。明季逆闖寇西華，殉城。劉公檄里民壯者登城守，數晝夜不遑，食息霄軒。公奮臂踴躍，劉公嘉其忠勇，里人自今傳之。祖諱文略，字統三，喜排難解紛，脫人於禍。人號理髯云。父諱夢麟，字瑞符，行三。承舊業頗豐，樂施與。遇鄰里相構者，直言解之，需財輒傾其囊，以故家中落。府君生，當其時，至不能從塾，師從伯父。四表奇君之貌，召而授以書。兩閱月，《論語》、《學》、《庸》皆成誦，先生大奇愛之。後竟以貧廢恭。兄明發，艱辛備嘗，而事瑞符君母劉氏，則衣服飲食所欲，皆遂瑞符。君病危，時值炎暑，兄方遠商荊越，

---

[1]《西華縣續志》卷十一《金石志》注：工竣，期頤記之。計其時在乾隆之季年也。

府君寢食俱廢者六七晝夜。瑞符君沒，府君哀毀骨立，黑肌深目，時時流涕，幾喪明。為母在，吞聲忍淚，嘗於膝下，指示白黑，以解慈顏，迨母沒而寢苫泣血，竟喪厥明。嘗戒其子曰："吾讀兩月書，覺聖賢言語，不過為子盡孝，為臣盡忠，是兩大事，無斯二者，雖終身讀書何益？"府君配梁孺人，一子，名元程，字漢階，縣學生。予初識漢階時年尚少，大庭廣眾中，喜為議論，豪宕淋漓，罔所願[顧]忌，及遇可驚可愕之事，奮袂大呼，必力爭而後快。予每盡言抑之，然未嘗不喜其為人也。週年沈潛經書，篤嗜朱程，言動舉止，望重鄉邦，求之士類，蓋難其匹，及讀所為榮遠府君狀，見其一門之內，父子祖孫，相承四五代，情性行誼，乃後相類若此，其皆古之所謂善人者也。故既採府君之大略，兼敘其先世而並及其子，以揭於其墓云。

乙酉選拔己亥副榜金敬五撰文。

文林郎知貴州鎮遠縣事張遠覽書丹。

文林郎候選知縣管西華縣教諭事李炳章篆額。

皇清乾隆五十七年歲次壬子冬十月丙寅朔，男元程立石。

（文見民國《西華縣續志》卷十一《金石志》。王偉）

馮靜宇墓表

馮君靜宇既歿之十年，孝子承之，乃克葬君於高曾祖父之兆。明年，乃稽顙於余，以請表其墓，意哀且誠，於是，為之表曰：

馮君諱欽止，靜宇其字。父會五子，君第四，生而英爽，料事即多中，見者以為奇童，援例為太學生，非其好也。事親謹，兄弟敦篤，既喪父，伯兄又仲季，又疪病，室家飄搖，而君煢然獨支其間，卒以無虞。歲饑，盡以所儲粟給其族。又糴粟於汝南，散給於里黨，見有男女相持而哭，問之鄉人，李蘭賣其妻也，立為贖還之。先是人有貸，無不予。一日，盡焚其券，曰："吾老矣，止一子，他日不令索債也。"君聰明而多識，星曆推步，兵刑占相，卜葬之學，無不究，而尤邃於醫，問疾填門，風雨昏暮，無不即為診視。以藥囊從，慮有難得之藥，急莫辨也。君疾革，呼其子曰：已矣。囑一言，以為利之心為義，則義無不行。以從欲之心從善，則善無不就勉之而已。

君生於康熙五十三年十一月四日，卒於乾隆五十三年二月十六日，年七十有四，其葬於嘉慶二年三月二十六日，以兩夫人祔，皆王氏。子令聞，太學生，為其兄安國後。今承大事者，太學生承文，君所謂止一子者也。

嗚呼！君以殊異之姿，不羈之才，橫逆螫害，迓至頻攖，堅忍刻苦，以濟於平，而優遊暇豫，以考終命。此不足為君悲。獨其心怵惕惻怛，而不見於事，其意折衝摧暴，排難解紛，銷鬼域而掃讒邪，而不得其施，以至於如朱家郭解之所為，亦一不能為氣抑鬱，而莫伸情於邑而誰語。顧僅以區區為善於鄉，聊俛焉以修馬少遊之行，即鄉里所翕然稱之，第皆其浮踪末跡，卒無有能知其真者。此足爲馮君悲也。嗚呼！此孝子所以用心懇懇必求，余文以爲之表記。

嘉慶二年三月二十六日。

（文見民國《西華縣續志》卷十三《文徵》。王偉）

重修桃花橋碑記

金敬五撰。

華邑地勢卑下，水患頻仍，邑西及北尤甚，故田間設溝渠最多，而皆以河名。紅花集居邑之西北，東有橋，曰桃花橋。跨兩堤，高皆五六尺許，並行廿餘里，獨無河名。按縣志東曰潁堤，西曰淩家堤，皆起於邑之西北隄。過橋而西南又十餘里，始一折而南，一折而西，不復相近，蓋數百年於茲矣。中間嘗多積水，而地當南北通衢。舊有石橋，不審創於何時，規制既狹，年久而圮，行人苦之。邑善士劉麟周等，捐貲倡衆，始重建焉。增廣數尺，傍豎石欄，積一歲而始成。計費金二千餘兩。夫以一事之成，而為千萬人往來之便，可謂美歟！方橋之始建也，工人於橋足下得小石刻，但載起工落成歲月，及作記者姓名，與橋之名。乃知創始萬曆二十七年，作記則鄉先達都諫王公也。碑久沒，無知者，橋名桃花。以工之起竣，皆三月也。今者重建茲橋，又適工三月之期。而起而成，與創始者，若合符節，正值桃花爛熳，而復得橋名，於久湮之。余意者，物理之成毀，人事之廢興，豈亦有數存於其間耶！蓋不特後先繼美，光於前烈，亦往來行人所聞而樂道者矣。工起於嘉慶四年三月，竣於五年三月。首事二十餘人，構材鳩工，朝夕省覽，以圖鞏固。唯劉麟周與王公臣、凌楚蘅、李爲康任之，可謂賢勞者矣。府學生金寅與同事者謀勒諸石，來請余文。遂並書之，以為後人勸。

嘉慶五年。

（文見民國《西華縣續志》卷十一《金石志》。王偉）

重修元故金牌萬戶將軍李公祠堂記 [1]

間嘗披覽載籍，宗廟之制，自天子七至於適士一，尊卑遞降，周典也。李唐時，公侯曰家廟。趙宋有祠堂之名，即適士一廟之遺式。近時，士庶家亦有之，以報本追遠而孝思不匱也。又禮祭法云，先王之制，祭祀厥名有五，戰亡之士不與列，史傳記則言之詳矣。將軍死綏，縣官悽嗟，春秋俎豆，而時祭焉。矧乃爲人，後之子若孫，寧無魚菽之味，薦

---

[1] 民國《西華縣續志》卷十一《金石志》注：文間有訛字，俄頃俄作俄，竣事竣作峻。又稱伯顏氏亦喪失天祿，既稱天祿，當指元帝。元帝係卻特氏，作伯顏誤。

及於忠魂也耶！在昔元季，金牌萬户將軍李公諱彦良，字□□，忠義士也。西華名族。事元順帝。東方于紀擾亂區夏，公奉帝命討賊，殁於陣。嗚呼！公死王事矣。是宜血食千秋者非歟！遙憶公亡後，元主贈賜有常典也。而後世薦奠祠宇，涼必赫奕於鄉曲。第公卒未久，伯顏氏亦喪失天祿，玉步再改，鼎社遷矣！兵燹屢作，邑里殘矣，祠堂之興廢，無可考耳。而李公蹈義履忠，令人永懷不忘也。夫士君子之仕亂世，爲國虎臣，禦侮一方，常危急存亡之秋，生死呼吸之際，遺臭流芳，判於我頃。惟一義權之斯善也，否則穢青史。公之爲元將，兵敗而身死者，義也。義則流芳，譬諸幽谷之蘭，人服媚其芳香矣。視彼偷生，苟免赧顏，殁世獲保首領於牖下者，均之一死也。而棄義之子，穢行惟腥，真里巷中之糞土焉耳。且人臣事君忠爲大，閑不可踰也。公危不避難，惟辦一死，以報所天，忠矣。是其猝然蘧若茲乎？由於賦性剛毅，浩氣四達，而莫之能遏也。故一旦臨大節，趨死如歸，不屈於威武焉。有貞烈之士，甘爲降虜，以求活也耶！嗟嗟，李公致命，遂志無虧於忠，生爲萬夫之長，殁爲百鬼之雄。冥塗生光，英風孔張。到今百有餘霜，世咸欽重焉。予何間然乎哉！吾聞天鑒不爽，先世罹非辜，後裔獲餘慶。公殁後，前明時，其七世孫伯華，字樸菴，以孝廉爲景寧郡王之婿，時制謂之儀賓。世俗因帝婿，官曰駙馬都尉，群呼爲郡馬。世世相傳，以爲榮。榮固榮矣，非無妄而受福也。乃仁天愍李公之數奇祿位，施及雲礽，俾幽冥之中，無抱恨於喪元焉已矣。乾隆四十二年，李公裔孫聖岐先生，暨族侄淑躬夫子瞻如親家，傷先靈之幽棲靡定，後昆之祭埽無所。糾合族衆，爰建祠堂，而春露秋霜，子姓群集，恪祀遠祖教孝也。但爲時無幾何，而凄風苦雨驟壞見告矣。嘉慶五年，聖岐先生子騰霄，謀於同宗志合願從者，得人復重新焉。翼翼祠堂，前人作之，峨峨祠堂，後人紹之禮。《中庸》曰："夫孝者，善繼人之志，善述人之事。"騰霄其聞風興起者，與工竣勒石，以述祖德，垂諸來世。囑居誌其顛末。居鄙樸人也，嘉李公之忠義，非命而卒。謹序如右。

己未科恩貢生候選直隷州通判年家眷姻晚凌念居頓首撰文。

十五世元孫月吟沐手敬書。

嘉慶五年。

（碑在西華縣前李李氏祠内，文見民國《西華縣續志》卷十一《金石志》。王偉）

重修西華縣文廟碑記

徐漢

國家之治在人材，人材之興由學校。所以，虞夏商周之學名不同，而實則一也。三代而降，道在孔子。集羣聖之大成，立百王之師表，故歷代相沿，上自郊畿，下至郡邑，莫不設學，以崇祀典，所以廣聖教而育人文也。學者思欲神遊，數仞之内，夢想美富之容，景仰乎太山梁木之巍峨，瞻拜乎禮樂衣冠之隆備。顧可廢而不修，敝而不新乎？西華古隷陳，久為聖跡遊歷之所。舊有學宫，其創建始末，載在縣乘。固邑之士民所靈承而向慕者也。予承乏斯邑，謁廟之初，周回顧瞻，垣墉頹圮，榱棟腐蠹，遂集官僚及諸生謂之曰："教莫先於興學，茲可緩乎？"僉曰："此非特我公之志，亦前任魯父母之志也。"初，丹陽魯銓以進士來知縣事，首以修復學校為己任。乃集士民，諭令集資相助。衆欣然從之。旋擢安徽寧國郡守，不果行。予遂索所擬章程，更為酌定，擇紳士張遠覽等諳練者董其事。木石瓦甓，丹漆黝堊之屬，既合既盈，卜日鳩工。細大偕作，先正殿，次兩廡，又次戟門、櫺星門以及啟聖祠、名宦鄉賢祠，次第修舉。隘者拓而宏，卑者增而高，腐朽者易而固，漫漶者飾而新。神宮嚴閟，法宇靚深，蓋向之敝陋而傾頹者，至是皆煥然改觀矣。是役也，始於嘉慶七年九月初五日，成於十年四月十一日。工畢日，諸生請予為文以記之。予維聖人之道如天，朝廷作人之化亦如天。諸士子生際盛時，固當幼學壯行，淑身善世，非徒以文物美觀瞻，徇虛名也。自今而後，吾願邑之士求諸身心，以立作聖之基。參諸經史，以為學古之助。毋盜虛聲，毋務浮文，毋為青衿所刺，毋為儒行所羞。則居而明體，可以窺聖道之淵深。出而達用，可以作廟堂之輔弼。庶不負向之靈，承向慕心，而虞夏商周之才，亦由此其選矣！予既嘉魯君之與予有同志，而又喜邑之人樂此義舉，能成予之志，而因以成魯君之志也。是為記。

知縣事徐漢記。

資由衆集，邑紳張遠覽等並董其事云。

嘉慶十年四月。

（文見民國《西華縣續志》卷十一《金石志》。王偉）

史太爺斷定司家渡口地方與陸城地方協修隄工並倚子崗地方隄界與本地方隄界斷案碑

此案於道光十六年三月間，蒙史太爺斷定，司家渡口地方與陸城地方地畝，均同書差丈明，斷令照依乾隆十九年宋憲詳定章程，五里以內，一頃地出夫一名。五里以外，十里以內，一頃二十畝地出夫一名。司家渡口地方在五里以內，經丈地有七十九頃，應出夫七十九名。陸城地方在五里以外，十里以內，經丈地有七十頃，應出夫五十八名。以後兩地方每歲協修隄岸工程，大小不等，各應按出夫數擔土。至於支營督工差役併夯夫，均應照兩地方夫數攤辦。另有司家渡口地方與倚子崗地方，交接隄界，久遠不清，亦蒙史太爺斷明。司家渡口地方與倚子崗地方，隄界薄削之處，互推不修。至道光十七年六月間，業蒙訊明沙隄兩地方交接，及危險之隄，共三十六丈□□□，道光十三年，蒙恩堪口居中之界，各分半修。司家渡口地方業已照界修築，工竣。倚子崗地方亦遵斷照界修完。茲恐事遠年湮，再起爭端，立石永久存照，兩地方牌戶，姓氏開列於後：

□□呂惟一、呂預之、李長安、馬□□、任德華、霍雷震、□宗政、常敦、□□祥、霍漢文。

□□□德涵、劉春禮、王□玉、王敬業、樊名揚、王天佑、楊永□、王高□、方大典、□有□、楊君法、劉文貴。

　　陸城鄉保正楊曰岷、孫進祿。

　　司渡口鄉約霍同升。

　　皇清道光十八年歲次戊戌桂月中浣。

（文見民國《西華縣續志》卷十四《掌故》。王偉）

尊經閣壤賦碑舊式

　　尊經閣壤賦碑，乃華民為中丞魏公深所立也。蓋公於有明嘉靖二十一年，從華民請，舉壤土而丈量之，以定徭賦，豁除虛地三千頃，其所用弓，即陳州發下六尺二寸之官弓也。百年來遵守弗違，不意為世亂焚燬。予請於上臺，復以舊度之式，勒在碑陰者，積畝而度之，豁去虛地復二千餘畝。而顧視碑石，歲久，文字剝落不可讀，何以傳之後世乎！乃取糜碎之石，瘞之此碑之前，俾後有事壤賦者，指之而有所稽查焉。其陳州原弓式，仍刻於自序之碑陰。

（文見民國《西華縣續志》卷十一《金石志》。王偉）

西華縣古官弓式尺度

　　右碑存尊經閣前。碑陽，滿洲武君超凡之自序。其陰，壤賦之舊尺度也，寬尺有奇，高可六尺。竊意當為六尺二寸，而更拓之，如碑陰所載。然後，可以昭示後世。惜碑陰上下俱殘，非復原度，而循吏風規不肯以墾地邀功之意，隱現言外。武君原修西華志今所傳順治志本，武君所有事也。此文自序處不矜不伐，而惓惓於華俗之厚。言尺度，又推言前代，而不自以為功。因備錄之，以諗觀者。

（文見民國《西華縣續志》卷十一《金石志》。王偉）

重修汾溪義濟橋碑記

　　曹昆林撰。

　　竊維懸絙而渡立記，近於荒誕，乘輿以濟行，權似乎市恩。此徒杠輿梁之成，所以著為功令也。吾村南隅有溪焉，古名汾河。有橋焉，舊曰義濟。偏絡繹道，居往來之要。馳驅輻輳，地當南北之衝。考剙自何時，古碑之文字已盡。詢其興由誰氏，父老之傳言漸湮。雖重修代有其人，而物久總無不敝。矧此溪滙召陵之瀾，洩畎澮之水，則覩鯨波之洶洶，蝃蝀於焉，消剝聽龍馭之，轆轆甗甗，能弗震驚乎！王公瑨、李公惺，兩里人宗，當時物望也。懼全勢之將頹，幸有基之可憑，爰仍舊規，增加新設，礜石上鋪，非徒觀霜朝，人跡卑闌旁駕，蓋深慮元夜谿聲。無如厥功浩大，其費繁多，嗟行人之多艱，既莫畫此地之波。嘆傾囊之無幾，亦空鞭他山之石。以故恭稟於縣尊方公，祈捐於四方善士，計始課終。鳩工庀材，竭蹶數人之心。經營一年之久，而後始通觀厥成矣。甚矣，修廢舉墜之非易易也。厥功告成，諸公索記於予。予才淺學疏，自覺借筯逞疵，忝為東道之主，亦知操觚貽誚，謬充西席之賓。因思橋梁之設，所以通遠邇，便往來者也。今遠邇咸占利涉矣，往來共樂康莊矣。業瘁心力於一時，宜傳聲名於百世，則為之記也，不亦宜乎！爰倣古體，恭歌短章，以美兩里勷事諸公，以嘉四方樂施之士。歌曰：

　　活活之水，巖巖厥梁。百爾君子，作善降祥。與時同固，偕水共長。億萬斯年，遺美流芳。

（文見民國《西華縣續志》卷十一《金石志》。王偉）

重修前邑侯劉公祠堂記

　　前明邑侯劉公，諱伯驂，直隸河間人。崇禎末為西華宰。值闖賊內訌，城潰殉難，葬城東二里許。邑之人就墳前立祠以祀。我朝受命崇德報功，劉侯之祭得列祀典，向例春秋之祭，亦自於祠舉行。奈歲久，祠宇傾沒，未經申請重修，里之人亦無復有捐貲葺之者，僅就祠基旁，行望祭之禮，已數十年於茲。予本年夏，捧檄權宰是邦，下車之日，虔詣堂下，見夫頹垣斷楹，盡沒於荒煙蔓草之中，欲加繕葺，顧以其時，暫其俸薄，有志而力未逮也。然心已愴然矣。適南流渡口太學生王君應韶具稟呈案，願捐貲重加繕治。予允其請，並令其躬親督理，無假手吏胥致草率，爰親身鳩工庀材，閱月而工竣，為堂、為階、為牆垣戶牖，葺次丹雘，煥然一新。於是，奉劉侯之主入祠而復舊祀。夫以國家秩祀之典，聽其失墜焉而莫之舉也，則廢典。以劉侯之殺身成仁，而不能使之血食於茲土也，則滅義廢典。滅義，其何以為政？今幸劉侯祠宇得以堂構聿新，無廢祀典。又喜王君之急公好義，而能相與有成也。遂援以筆而為之記。

　　署西華縣事龍眠張慶昌撰文。
　　儒學生員周海旭書丹。
　　武生馬青魁、李夢熊、馬青山助監。
　　石工霍振宗鐫字。
　　大清道光十有八年歲次戊戌嘉平月穀旦立。

（文見民國《西華縣續志》卷十一《金石志》。王偉）

趙濟寬墓表

孫葆田撰。

君諱猛，字濟寬，西華人。趙氏在康熙時，有以割股療親疾，舉孝行者。君其來孫也。祖履吉，武學生。考素存，太學生，妣張氏。君為人狀貌雄偉，身長六尺。少讀書，通大義，既而棄文習武，弱冠，入縣學。嘉慶十三年，丁父艱。十六年，連丁母艱。既失怙恃，又鮮兄弟。時值河南大饑，君與兩叔父析居，僅有薄田六十畝，乃痛自發奮舉，向時馳馬試劍之好，一切屏去不事，而獨竭力於耕田。常偕亞旅作出入，晨而興，至暮弗怠。布衣粗食如常人。晚年，乃置田十餘頃。所居曰趙灣村。宅後有圃數畝，種雜果樹數百。本引河為池，以時灌溉。又於圃內為靛池，每歲獲利甚豐。由是邑中數殷實之家，咸稱趙氏。然君性豪落，不拘小節，以敦樸率下，而篤於天倫。事庶母如所生。庶母有女，適張氏，家貧而早寡。君迎養家中，歲杪，始送歸，新歲則復來，以是得保貞守節五十餘年而後終。君卒於道光二十年月日，享年五十有四。娶謝氏。子三：長錦堂，早卒。婦郭氏，以節孝旌；次玉堂，大學生；次華堂，亦太學生。女二。孫六：鱗閣，光緒元年恩科武舉；鳳閣、傑閣，俱為武學生；尚賓，廩生；雲閣、文閣，俱為太學生。曾孫十人：連壁，武學生；壯，附學生。嘗因凌君甲烺問學於余，乞余表其曾祖墓。余謂君以孤露之餘，服田力穡，卒致富厚，而能以勤儉教家，為善於鄉里，救災恤鄰，敦宗睦族，可不謂豪傑之士。與昔漢晁錯論當世之務，莫若使民務農。近世言利之臣，乃欲首重商務，至設為商部，以籠天下之財。使得如趙君者，經營其間，所舍施必有先後輕重矣！會壯應優科試，至省門，索文甚急。余姑以是應之。俾碣於墓，亦欲使異時治國聞者有考焉。

道光二十年。

（文見民國《西華縣續志》卷十一《金石志》。王偉）

賈魯河隄西境上下號交界與淮隄交界碑

賈魯河隄，由來舊矣。交界不明，修築所以無藝。自道光二十三年，西境河隄之外，與淮為鄰，有決口二。道淮反扳西，今不得不因憲斷以正交界。練莊村地方下號隄界，自立樓岡橋北起，南至前孫莊西頭老土界止，用官弓丈明，共九百七十弓。正係西隄，以南係淮隄，越淮隄口里，又有西隄一段，自薛埠口龍王廟起，至莊南隄西老土界止，共二百三十五弓，係西隄，以南俱係淮隄。蓋隄界分明，於今為烈。業蒙于仁憲斷定，謂西居上游，淮居下游，河水一出，在下游者被其害。被害者宜除害，不得委為異人任也。故據理以斷曰：上不幫下。鐫於石，以垂永久。但交界明而修築有藝，庶後世相安於無事矣。是為敘。

特授陳州府正堂加十級紀錄二十次於憲臺於道光二十六年十一月二十二日堂斷。

題署西華縣正堂加十級紀錄十次顏爾拭遵憲斷敘文。

邑庠生孫明倫書丹。

首事趙龍安、胡玉山、姜東山、武生趙培林、生員孫明倫、監生王正國、宋成順、耆民薛廣度、耆民孫廷祥、趙明誠、趙中林、孫廷道、趙惟冉、牛天詔、趙茂林、趙自習、孫良恭、尹恆、孫廷位。

鄉保牛天文。

道光二十七年三月上浣穀旦。

（文見民國《西華縣續志》卷十四《掌故》。王偉）

捐書施地碑記

劉拱宸撰。

竊維《河圖》孕乎八卦，《洛書》韞乎九疇，玉版金鏤之實，丹文綠牒之華，原道之文尚矣。然而眾注皆聖賢心法之傳，諸史為歷代政治之跡，以及諸子百家，各有新義。學者所當稽攷焉。西邑人材林立，然半屬寒微，雖欲旁搜博攷，勢不能聚古今之載籍，羅列於前，如是而欲彪炳辭義，發揮事業，以釋其義，參傳注以觀其通，綜典章之詳略，識旨趣之淵微，亦未由也已。予濫竽講席，虛糜膏脩，已三載矣。自愧風塵俗吏，學殖荒落，而復德薄能淺，無以為多士式。今將去此南旋，話別依依，又乏長物，以伸投贈之雅，因檢篋中所存經史及別集若干種，復購益數種，藏諸東壁，置架排列，以公同好□。齋長司其出入。每歲開館時，取讀者向齋長查點，逐一註記。散館時，歸還，銷簿，違者議罰。有遺失者，加倍罰賠補數函。六月六日，攤曬一次，俾免蟲匿，以垂久遠焉。願肄業於斯者，旁參博覽，互相考證，以求其義理之歸，得其會通之妙，庶勿負區區期望之意云爾。是為記。

咸豐二年。

（文見民國《西華縣續志》卷十四《掌故》。王偉）

劉公去思碑

周敬祖撰。

歲壬子，我邑士民公延前任賢侯伯瑗劉夫子，掌此衍疇書院，教士以道，視教民為尤重，固所謂民之父母而兼立師道者也。士民感其教，慕其道，於去後公議立碑，以誌不忘，求余文。余鄙甚，烏能傳？然義舉不容辭。因採諸眾口以述之。

夫子名拱辰，字星平，伯瑗其號也。江西新昌人。甲辰進士。庚戌冬，來宰是邑。初下車，觀風課士，即優獎士子，以道學為急務，其善政，難枚舉。第即其明人倫，惠窮民，省徭役，嚴關防，巡察四境，而堂懸大鑼，則寃無不白。差無妄派，胥吏無敢舞弊，權奸無敢私干，盜賊強暴俱潛蹤斂跡。是知教以道者，亦自轉而學道也。即於非道無不革悔，其非道者，亦自轉而學道也。故政甫三月，士民以重士愛民，政悔刑明，惠義兼施，吏肅民安等區，懸城四門焉。然夫子不好名，即出卻頒示，俾將區盡撤去。蓋以恪盡宰職，行必以道，惟恐非道致干罪戾耳。不幸任未週年，痛丁外艱。合邑如喪父母，弔泣類千人。弔唁庭懸莫容，即一老不遺齊踴地。萬民無福，但呼天兩語，亦可概見。無如公請，借寇為例所禁。乃乘其交代羈留，公延主席。登堂見箕子正殿將傾，並此院房破碎，心惻然，欲全修而無力。捐廉百餘金，重修講堂三間，補葺齋房十間，更增置東齋房三間，以安諸生。即以箕子衍疇關道統傳與諸生，日講人道之理，與天道發明，猶恐未喻，復著《考略序》示諸生，並屬傳示鄉民，俾知遵道受福，以補在任時政所未逮。似較陸子九淵講《洪範》於荊門者為更密。日勤加訓課，遠來益衆，取鑒正箕臺課草，又捐資刊刻，以為鼓勵。斯一時從學有連登賢書，食餼採芹者甚夥，以視夫文翁之守蜀郡，修舉學宮，招下縣子弟，以道擴成雅化者，有何遜焉！然惜乎主席年餘，於癸丑夏五，因母病思家，奉送而去。顧其人雖去，斯道宛在，果誰能繼其後耶。《語》云："三代上，道在君相。三代下，道在師儒。"若劉夫子為宰、為師，雖均未久，可謂兼盡其道矣！復以此質諸衆。僉曰："信哉，賢也！"乃記石。

咸豐二年。

（文見民國《西華縣續志》卷十一《金石志》。王偉）

王元善暨閻宜人墓銘

劉拱辰

公諱擎一，字秉健，元善其別號也，世為華巨族，居停城村，自明初卜宅於城西南隅南流渡口。曾祖諱宏室，祖諱習聰，父諱秀嶺，皆有隱德。公少時，家無立錐地，自是刻意勵行以勤儉自持，數十年如一日，而家業漸豐。事母孝，鄉黨無間言。道光壬辰，歲值水災饑饉，鄉之嗷嗷待哺者甚衆。公出菽粟以濟之，乃獲無恙。至橋梁道路之坍塌，廟宇之傾圮者，皆能竭力成其事不少吝。凡以遵母命也。公有德量，與人不設城府，凡事以情恕人，以理遣，故與事無忤，此又為予所深信而敬服者，其所謂古之君子歟！家居，篤志訓子，思以《詩》、《書》貽蒙。君置輔，早歲入庠，旋食廩餼，負才名。公命從予受學兩載，性情敦篤，文思博雅，予方以偉器目之，冀其遠到，以承先志，而大為顯揚。乃於公歿後，哀毀骨立，未幾，亦以病卒。嗚呼，天之報施善人顧如是哉！公援例授武德佐騎尉，配閻氏，素行賢孝，勤儉理家。生丈夫子一，即置輔。娶倪氏，鄢邑拔貢、嵩縣教諭、振柄公之次女。置輔病，篤氏刲肱和湯藥進，以柏舟自矢焉。公側室李氏，郭氏。次子修輔，國子生，係李氏出。娶曹氏，臨潁拔貢、署理松江府分府同鑑公姪女。郭氏無出，因公歿，絕粒不食，自殉。公之德有以感之也。女三：長適鄢邑東李門；次適臨潁增廣生宋公維曾之子；

三亦適鄢邑東李門，皆正配閻氏出。孫禁，修輔出，繼嗣置輔。孫女二，俱幼，皆修輔出。

公乾隆五十三年十月十六日午時生，咸豐三年三月二十六日申時卒，享壽六十六歲。宜人，乾隆五十三年二月初五日子時生，咸豐五年三月初三日申時卒，享壽六十八歲。同合葬於莊西南隅，乾山巽向。恐久遠難誌，是宜有銘。銘曰：

溯方規之卓卓兮，實秉質之醇樸。仰襟期之落落兮，無世情之彫琢。積厚德於耳鳴兮，欲回春于黍穀。憫哀鴻於桑梓兮，廣散仁人之粟。宜爾嗣之昌大兮，藹桂庭之芬馥。胡主器之遽萎兮，恨萌兆於飛鵬。問蒼天其夢夢兮，曷報施之反覆。悟消息於象數兮，知剝極而必復卜。明德之有後兮，茁蘭芽之簇簇。歌薤露而生悲兮，莫報生芻之一束。今卜宅兆於岡阜兮，永聯輝於嵩嶽。

（文見民國《西華縣續志》卷十一《金石志》。王偉）

重修賈魯河畢家口橋碑記

凌去欺撰。

吾邑賈魯河，本洧水也。源出密縣西南馬領山，至新鄭，滙溹水為洧。蓋濟即溱也。洧則二水合流之稱。自扶溝入縣境，逕習陽城之西，茅城邑之北，西折入潁，載在水經，昭然可攷。今環城三面，南入沙，則元時賈魯之所改疏也，故河亦不名洧而名賈魯焉。河有畢家口，在縣南十五里許。雖曰小鎮，實則通衢。余嘗薄遊其地，徘徊風景人物。西望潁水，巢父許由高風足式也。南弔洪元平之墓，北望寒石先生祠，名士豐範，忠臣孤魂，更有耿耿於懷者。口舊有橋，歲久圮傾。某君等葺而新之，事竣，屬余一言以序。余乃書以遺之，道我懷古之情如此其深。又先賢子產乘輿濟人，孟子譏之，聞人務德云。溱洧之水，淺不可通舟楫，深不可施梁柱，殆欲為子產解嘲也。今觀洧水上下數百里間，其為橋梁者不知凡幾，則務德之言誣矣。夫子產為政，類非不知大體者，濟涉一事，或為治之初，法治未立，一時權宜之計。孟子恐人習為美談，沾沾焉務為小惠以悅人，故譏之以示教。余博稽儒先，參以己見，如此並書以遺之，庶論古者不執務德之言過疑孟子，亦不執孟子之言過詆子產云。若茲橋之利濟行人，首事者急公若何？捐資者好義若何？是則有識者所共知也，余故弗贅。

首事捐資人姓名暨橋工鉅細，殆附列碑後與。

（文見民國《西華縣續志》卷十一《金石志》。王偉）

重修祖師火神菩薩廟碑記

張金榜撰。

粵自五行位定，潤下與炎上同功。八正門開，忍欲與守寂並勵。資長養於鼎鼐，利被生民；忍虛寂為法輪，說感頑石。幸至德之遠播，人人報以馨香；快寶相之同瞻，户户奉為俎豆。祀典肇於三代，自古為昭；崇奉盛於六朝，迄今未艾。極虹梁紫柱之勝，擅刻角畫棟之奇。此元冥祝融所由，並詳於《戴禮》，而伽藍舍利，宜其特稱於釋經也。

　　西華城西南于劉村，舊有祖師、火神、菩薩等廟，庇陰一鄉。祈雨晴而立應，超登上界，施悔懺於無方，允屬此地之福神，洵稱仙都之淨域。普不言之利，德本無疆；燃長明之燈，城真不夜。衣被原為實惠，日夜飲食之經。智慧本屬夙緣，清淨虛空之教。占既濟之封，相得益彰。朷室欲之方，如響斯應，蓋禍淫福善，垂佑遍及一村。而題榱丹牆廟記，遂綿百世者矣！爾其四圍天壤千頃，平疇秋清；遙看半是丹山綠水，春霽曉望，輒指桂殿蘭宮。龍溝煙凝，如結迓神之社；歌臺夜讀，疑賡醒世之鐘。□水波紅，年年浴駕鴛之殿；箕城月白，夜夜鳴鸛雀之樓。尤足以厭報賽之心，而酹祈禱之願者也。無如星霜屢易，寒暑遞遷。海或成田，陵忽作谷。荒苔深而螢出，落葉積而蟲鳴。朷換紅羊，偏逢三災之石。嘶聞白馬，難全雙樹之林。金鏡易虧，繡囊慣解鐘磬謝簧篥之飾，蒿萊增觀感之嗟。故址不存數椽，僅記重以風雨剥食，烏鼠摧殘。瓦罕青豆之房，廚乏依蒲之飯。神棲破壁，佛坐枯禪。頹廢若斯，流連何極。然剥極必復，困久斯亨。畫壁蕭條，輒動遊人之感；瓊臺剝落，易生善士之心。村中俊卿常先生、暨獲于公、澄齋李公，首發慈心，先倡義舉，既先已以捐貲，復募眾以化緣於此。庀材鳩工，補衰起廢。金容再煥，紺殿重新。樓閣改觀，非必玉梁。自至趾基復故，豈真銀殿飛來。是則因果譜中，任吉人之造福給孤園，里推長者之布金也。彼夫橋架銀河，漫道鵲填之力，樓懸滄海，浪稱蜃氣之墟，何若茲役，借善信之捐施，堂邊廡之壯麗，以斯雅量酹此。夙因余以里下腐儒，猥膺摘辭之請，感諸高義，願呈記事之文，爰諾眾言，勉為斯製搜乘述往，全仗珊瑚之一枝，積簣期來請，鑴峋嶁之七尺。

（文見民國《西華縣續志》卷十一《金石志》。王偉）

周長公墓誌銘

劉拱辰

　　公諱敬祖，字報如，號蘭孫，姓周氏，箕城名宿也。安閒豁達，脫略塵俗，卓卓然與古為徒。少受業於張桐岡先生。先生愛其材，卹其貧，使訓蒙於舍，而資以書章必題其綱維，詞必貫其脈絡。每至筋節彙萃，義蘊深細之處，猶必近據本經，旁引他傳，詳為助證，曲暢其旨，由是紆徐以入，探盡佳境，掇芹食餼，累蒙優拔，友教四方，門中亦多知名士。及晚年，庭有六子，皆英俊。因欲歸而裁之，以為用世資。乃復設帳於家，靜待來學。稍有贏餘，即以實盤飧購古書，時與箕潁諸名士晤坐，劇談共賞。其識解體製之高，骨力神味之厚，優柔饜飫日湛，於是，疏絕冗繁，不謀蓋藏，一歲不登，盎無斗儲。兼以家門不幸，長子垚及海旭、炳照，皆於遊泮後賫志早卒。遂以淡志功名，專力傳授，甫登明經科，蓋亦不言進取云。庚戌冬，余承乏宰箕，初下車，其子海暢、海蓮等，皆以文附課。余愛其巧，不落纖濃，不傷雅，清真簡鍊，深合應試體。因問家世，並索公舊稿披閱之，則覺識卓神清，言簡意賅，又於沉摯之中，運以疏宕之氣，樸茂蒼勁，盤鬱幽深，實有胎息於古者。於是，珍其奇，不忍釋手，既並其子若孫院課諸作，盡付剞劂，以著家學淵源之自而求，所以遂其養者尚未盡悉。乃以未暇省私引，為一憾事。既而，余丁內外艱，歸籍未久，箕之士大夫延主書院。因於校課之暇，潛造訪之。入其門，則殘煙數縷，老樹留春，雖城居，無市囂氣。登其堂，則庭乏積，塵器不彫，篩非洞宇，有邃古風。立未定，見一羲皇上人，衣貌俱樸，岸然出拜者，則公燕居服也。揖之，坐與談理數，則語細韻長，滿座皆春，恍悟其岑寂中得味良深。寬閒地遊心最遠。凡其享高年，履康泰，多男衍慶，品望日隆者，類皆由是。是故機趣相投，與之契合，酣論終夕，快意而歸。越數年，其少子暢以歲試附佾。又數年，其季子蓮以優等食餼。又數年，其孫輩若筠、若召、若棠，遞入文武庠。時余守陳，適有皖氛之警，羽檄紛馳，公務叢積。求如汲長孺之深閣臥治者不可得，乃因其科歲來郡，屢問公，及其試將歸，又致意焉。蓋以心遠地隔，不擾車塵，形勞神逸，何厭案牘，逍遙境中。公攜幼孫節篯篤優處之，但憂中尋樂，理固研之愈精，忙里討閒，趣亦恢而彌廣，暮雲春樹，闊縱匪遙，樽酒細論，庶可袪煩鬱，而疏清曠凝思。未久，而蓮突以述略至，余驚視之，則公壽終八十有三，已與厥配合厝矣。因蒙夙知求以為泉壤光也。余意嗒然。不勝鑑亡之悲，謹抒見聞，歷志情蹤，而又欲操觚之士，有平矜釋躁學公之養其深者，並銘之。銘曰：

　　其體閒以靜，其氣舒以徐，其格深而幽潔，其姿卓以紆餘，其窣乃自卜一空廓之域，以永奠厥居。弔斯墓者，謾為其人往風微，尚可於風晨月夕領略其神韻之清虛。

（文見民國《西華縣續志》卷十一《金石志》。王偉）

續修文廟碑記

　　竊維建學興賢朝廷之盛典，修廢舉墜有司之良圖。況先師廟為禮樂之宗，教化之本。司斯土者，不思亟加修葺，將何以育賢才而思政治？西邑文廟重修於嘉慶十四年，歷歲已久，風雨剝削，牆垣梁棟，漸多朽蝕，將就傾圮。道光戊申，前宰顏公爾栻倡捐修葺，經費未集。因迴避解綬。後任趙公文瀛，劉公拱宸，收集捐貨，庀材鳩工。先自大成殿、啟聖宮始，次及兩廡、戟門、欞星門。工未畢而資罄。兩公俱因履任未久，相繼以丁憂去。辛亥歲，粵西髮逆倡亂，擾及數省，流毒未已，而皖北捻匪又揭竿而起。十載以來，有司土之責者，議征繕理隍陣供軍旅勤，撫字鞅掌不遑，而廟工遂無暇議及矣。

　　予於咸豐辛酉，選授斯邑，下車後，行謁聖禮。見向之修葺者，尚皆未施丹臒，未修者益見朽敗。即思捐修。因軍事方棘，有志未逮。今我皇上御極，丕振軍威，以次削平巨寇，僅存捻匪餘孽，挺險奔竄於齊魯皖豫間，無異釜底遊魚，不難尅期殄滅。乃會集鄉之士大夫、耆老、學官暨其子弟，相與謀所以畢前人之志，成輪奐之美。咸皆踴躍樂從。因令分任其事，司勸捐者，治陶甄者，購材木者，監工作者，奔走經營，各效其力。於是，內而壁池，外而宮牆，以及名宦、鄉賢二祠，先賢、先儒木主，無不修整，丹粉黝堊，無不鼎新。經始於乙丑季春，至仲夏告竣。自茲以往，多士瞻宮牆之巍煥，溯授受之淵源，垂道尊師，明經飭行，知性命之宗旨，能格致於事物，三代之學，不可復見於今歟！予於多士有厚望焉。是為記。

同治乙丑年邑令徐炳。

（文見民國《西華縣續志》卷十一《金石志》。王偉）

重修西華考院碑記

蕭麟德撰。

同治丙寅，天子既平粵逆，底定中原，乃作新斯民，振興文教。各大吏奉宣德意，勵精圖治，百廢俱舉。而我月墀顧公以是年八月令吾西華。甫下車，即捐俸為諸生延師開課，禮賢下士，情文優渥。既又以為邑無考院，慮關防不密，進諸紳而謀之。僉曰："今困倉，故考院地，盍易而重葺焉。"公乃慨然首先倡捐，復諭邑人量力出貲。躬率諸紳，相度形勢，鳩工庀材，期年，而廨宇號舍，燦然大備。公又以為木號易搖敗，悉易以石。總計費近六千貫。其不敷者，皆賴公極力籌畫勸捐以成之。己巳十月，縣試，多士觀光，踴躍納卷者幾千人。轂擊肩摩，歌聲沸衢巷，前此十餘年所未有也。夫吾邑自前明至國初，科甲聯翩，人文蔚起，近已稍不逮前。賴公之力，作新而振興之。相與涵濡聖化，砥德礪才，為邦家光，則是公大有造於吾邑，而士林尤食公之德於無窮也。是役也，雖因而實創，司事諸公張君實始終其事。凡出貲者，均勒石以垂不朽云。

同治己巳。

（文見民國《西華縣續志》卷十一《金石志》。王偉）

衍疇書院添買地畝碑記[1]

邑侯月墀顧公既重建考院，吾華人士相與刻石頌公之德。公曰：未也。國家取士，設歲科兩試，邑宰得校其優劣上之郡，上之學使。惟爾多士尚其植品嚮學，勵志研精，勿剽襲為能，勿浮薄相尚，養根竢實，幾於有成，以貢於大廷，雖邑宰與有榮焉。多士聞之，咸奮發鼓舞，矢無負公言。公又曰："考院者，校藝之場，而非儲材之地也。"夫士非培養

---

[1] 民國《西華縣續志》卷十一加按語：地畝爲縣令顧月墀於守城捐款項下撥，又勸捐，共錢二千一百一十貫。購地二百八十四畝，爲書院修膳之資。觀記文在重修考院之後。

則品不立，非講貫則學不進。邑宰期多士意至厚，其能不為多士謀。先是邑衍疇書院，貲費為守城移用，而守城時捐款尾欠，尚千餘貫。至是公命諸欠者償歸書院，或抗不用命，則敦勉而董戒之。又極力勸捐，共得錢二千一百一十貫，購得地二百八十四畝，其庶乎師長之修膳，生徒之膏火，不患無所出矣。自吏治不修，守令視官為傳舍。其於興文教，厚風俗之務，率漠然無所縈懷。即或思有所建樹，沮於疑謗，而不克蔵事者，又比比也。公既謀修考院，俾多士免露坐之苦，復為之區畫貲費，計長久，培其氣而興其學。自時厥後，多士有所資，藉服公之教，捐除其舊日庸陋之習，日進於高明。而吾華文教風俗，馴至光昌彬蔚，蒸蒸未有艾，可不謂厚幸矣乎！季武子曰："願封殖此樹以無忘甘棠。"是即我公之甘棠也。吾華人士亦願封殖，以無忘我公。

　　蕭麟德撰。

　　同治八年。

（文見民國《西華縣續志》卷十一《金石志》。王偉）

重修衍疇亭碑記

　　張嵐峯

　　道可為帝王師，行可為人倫表。此其人不必求之三代後，即三代間不過數人焉。殷之箕子，固孔子所稱為仁，而人心所共瞻仰者也。當播棄之際，佯狂為奴，與微子、比干，名行其是，各得其心之所安。迨殷鼎革，周受命，正宗臣見節之秋，乃拜師訪道，即殷然以《洪範》九疇授之。此豈有尋常形跡之見於其間哉！蓋大道為公，不使皇王經世之大法，自我而絕敘，聞知者可增一席於伊尹、萊朱後也。王氏樵云人心微危四語，聖學傳心之要，而未及政事之詳。水火金木土穀數語，善政養民之功，而未及心源之備。惟《洪範》一書，性命政事，綱目畢舉，仁也而及聖矣！第訪之而始陳，封之而不受，宏先知先覺之量，守不臣不叛之身，若箕子者可謂有伊尹之志，而於伯夷同清麥秀，一歌心跡，可想見焉。夏侯泰初云微子仕之從也。箕子、比干志之從也。或盡材而止，或盡心而留，皆其極也。致極，斯君子之事矣。亦知言哉！西華古蹟箕城，殷圻內地，高宗陵在焉，故存箕子臺。今書院是又有衍疇亭，在城西北隅，輿圖可考，非附會也。亭建於前明萬曆二十一年，歲久就圮，僅遺趾存。乙亥歲，孔公穉山署西華篆，湊有公款，欲重修之，未果。林公湘甫來尹是土，即此款交首事等，尅期修之。首事等亦不辭勞瘁，搆亭一所，並厚築其基，亦求永固，煥然一新，復其舊觀。夫高人畸士一行可嘉，其居寓所存，鈞遊所在，後人慕其流風餘韻，猶且樹之碑碣，著之論說，以期永久而不忘，矧其為古聖遺蹟，足徵河山者乎！余司鐸茲土，流覽舊趾，每於士紳議重修，以無資姑緩，兩邑侯為斯盛德之舉，固先得人心之所欲。余故樂為之記。

（文見民國《西華縣續志》卷十一《金石志》。王偉）

冷飯店重修聖殿關帝廟碑記

楊彥修撰。

凡廟皆可以疊廢而疊創，獨至聖先師廟，除各都郡州縣奉旨勅建外，不敢別有剏搆者，非獨格於功令也。人生戴天履地，莫測高深，則亦淡然忘之矣。苟有欲繪畫乾坤者陋耳，尼山道極參兩，實有蕩乎莫名之歎。故捨宅布金，奉彼氏者，往往有然，而於吾教無聞焉。今西華縣西南冷飯店，北距城七十餘里，有聖廟一座。未悉其剏自何時，日月變遷，風霜剝蝕，漸且靈光歸然矣。邑之人懼其久而就湮也。爰規其舊制，鳩眾庀材，圮者陼之、陊者平之，堊者丹之，潔者（熷）之。舊供文武兩聖像，茲則專祀文宣於正室，統於尊也。遷祀壯繆於別殿，妥其位也。列祀四賢於左右，從其配也。以同治十二年桐月中旬經始，迄光緒十二年梅月下旬蕆事。功成，諸生請余記之，以垂不朽。余惟是舉無私剏之嫌，有興廢之美，秩然煥然，可謂善繼前修之志者，乃倣古廟堂碑例，敘其巔末，泐諸貞珉。俾為吾徒者，知聖道之大，莫與京不等尋常之仙壇禪寺，可以私意為廢剏也。是為序。

光緒十二年梅月。

（文見民國《西華縣續志》卷十一《金石志》。王偉）

重修皮場王廟碑記

金曰柱撰。

華西北之赤狼村，有神廟一區，俗傳謂裴昌王廟。是未考王之姓氏與其出處，始終而訛傳以稱之也。今廟貌頹圮，有善人趙純一募化四方，舉而新之，工竣，求記於余。余不善屬文，而特以傳說之訛，姑欲證之，而勉為之記。

嘗考諸傳，王，漢時人，姓張，諱森，為湯陰縣小吏。縣有皮場，積久朽蠹，異蠍生焉。居民遭毒隱喪，無計驅除。迨王典場務，虔禱於神，而異蠍永絕。王沒後，民感其德，請於朝，賜爵皮場公，廟食其地。趙宋時，建廟汴京南門外，至高宗南渡，王隨行扈蹕，介胄佩劍現形。自陳及定鼎餘杭，高宗嘉其功，進封王爵，大崇廟祀，而仍襲皮場之號者。人禱祀，靈應如響，若赤狼之有廟食。考其所由，諒亦感王之德而立廟以祀之。夫以王之為吏也，憫民遭毒，代為請命，誠至格天，異蠍頓除，則沒為神明，必能為民禦災捍患矣。且宋運中衰，君臣播遷，以王之靈陰為扈蹕，使南畿復興，尚綿百五十年之天下，則當今聖明在上，其輔翼贊勷於冥冥之中者必益力，有不久安長治，俾斯民永享太平無事之福乎！然則王之廟貌，故而復新，血食千秋，與名山大川，五祀八蠟，載在祀典者，同受歲時之享獻也，宜哉！而獨惜王之姓氏與其出處，始終人莫之知。雖神幽而尚晦，無所恫怨，而其如人心之茫昧，何故因其間記而備敘之，以證所傳裴昌之訛云。趙善人者，余素未識其人，聞其蓬頭跣足，赤日冰雪中，邀遊自如家。與之衣不衣，冬夏自補一衲。人餽之食弗食，朝夕自乞一盂。日募善緣一錢不自用，遇廢橋危路則施之。嘻，是一大異人也！已茲廟之重修而請記也。曰記施財者，記勸工者，施財者多人，文不勝書。勸事者一人，和君應實。至其輯舊創新，如關帝、火帝、觀音、眼光、韋馱諸廟，余亦姑從其請，而附記之。

（文見民國《西華縣續志》卷十一《金石志》。王偉）

清邿建栗大王廟記

國家承天右序，懷柔百神，四方上下，罔不致靈贊順，翊我無疆之休，而大河之神為尤著。道光中葉，栗恭勤公以治河名臣，盡瘁王事，生而為英，殉而為靈，聖天子崇德報功，寵以大王位號，河壖之上，廟貌巍然。嗚呼，偉矣！王於嘉慶之季，嘗宰西華，仁風所被，至今在人心目。光緒十三年秋，河決鄭州，邑當其衝，惟城襟帶賈魯河，恃隄以自固。余適承乏於此，日與僚佐躬親修守，奔流湍悍，旦夕告潰。城南袤延數十里，岌岌乎汨沒可待，乃顯示奇蹟，卒致功於堵築，危而復安。自是困於水者年餘，而隄汎無患，且當昏墊之頃，雖窮鄉僻壤，亦鮮有滅頂隕其生者。邑之人相與慶，幸以為此，吾王之賜也。乃僉以立廟為請。余惟王者，進退羣神之祀，凡以為民而已，有禦災捍患以死勤事，而又徵著靈爽，陰福斯民者，秩祀之典，必備焉。從民望也。矧此邑為王舊治，固吾民所得私者，吾觀桐鄉會葬羅邑，侑神則茲邑亦王之桐鄉羅池也。廟食其何可闕如？於是，首捐俸金，繼以勸募，卜地城東先農壇之左，為王立廟。材匠萃集，衆工具興。崇墉雕甍，秩秩旴旴，凡為殿三楹，左右廂事，以楹前為臺，以迎神送神，堂階門庭罔弗治，齋庖湢匽罔弗備，經始於十六年二月，越八月工竣，共糜錢五千三百緡有奇。落成之日，余偕同官刑牲致祭，妥神居而展拜焉。蓋自是王之精爽得所憑依，亦邑人士尸祝之心，願右庇於來茲也。爰記以泐諸麗牲之石，若監修暨捐貲姓氏，則別著於碑陰，並係以神弦之曲。其辭曰：

縶金隄之穴潰兮，河流湯湯，維蕞爾之城社兮，障以隄防。乃塞菼而伐揵兮千夫邪許。沐我王靈兮固吾圉王，昔從此都兮二天同戴，緬甘棠之芾舍兮勿翦勿拜，崇祠大啟兮畫棟雕梁，以妥以侑兮奉百世之蒸嘗，士女蔫馨兮坎鼓蹲舞，雲車風馬兮王其永福於此土。

知西華縣事東臺鮑振鏞記。

生員理廣芸書丹。

光緒十有六年歲次庚寅秋九月。

（碑存西華縣城東廟內，文見民國《西華縣續志》卷十一《金石志》。王偉）

于絅齋墓表

黃舒昺撰。

先生諱錦堂，字絅齋，陳州府西華縣人。高祖諱某，以貢生選魯山訓導。曾祖諱某，

祖諱某，俱未仕。父諱孟韓。本生父諱孟蘇，均以先生貴敕封修職郎。先生生而厚重沈毅，恂恂然有成人風。性孝友，事父母篤於愛敬。母病癱瘓，侍養尤盡誠孝，為人所難能。十餘歲，讀《朱子》，窮理以致其知，反躬以踐其實。敬者，聖學之所以成始而成終也，用朱墨圈之，勵志正學，實基於此。踰冠，補諸生，益殫心學問，嗣於舊篋中得《近思錄》一冊，讀而嗜之，檢束身心，研窮理義，互相發明，愈覺親切有味。咸豐乙巳，河內李文清公家居讀《禮》，先生聞其學行，遂負笈徒步六百里往從之。己酉，復肄業河朔書院。文清極稱許。而先生於公之清風大節，深造邃詣，蓋尤所佩服焉。既而謁霍山吳竹如先生於保定。竹如稱之曰："篤志，好學，果於任道。"自是講論切至，所造益精。自謂見竹如先生後，心性之論定，朱陸之辨明，而學乃不迷於嚮往也。

　　咸豐庚申，學使景公以篤實闇修虛心向道保奏。同治辛未，選光州訓導。壬申，履任至，則以端士習，勵風俗為首務。士有積學敦品則獎之。或操行弗謹，干預詞訟則懲之。在任數年，善者知勸，而惡者斂跡。六安涂公朗軒撫河南，聞先生賢，調署開封訓導兼充大梁書院監院。大梁士子多蕩檢踰閑，從來為監院者不敢問。先生嚴條約，謹出入，督功課，昕夕糾察，雖院中常數百人而勸勤規戒，激濁揚清，不殫勞，不避怨，雖毀謗橫加，屹立不搖。迨事後，無論善與不善，咸感嘆曰："自有監院以來，無有如于先生者也。"是冬，大計卓異，上官以廉介樸實，勤謹有為保奏。先生歉然不敢居。次年，卸開封訓導而專監大梁院事。涂公倡明正學，與先生極相契。迄辛巳，涂公改任，遂力辭監院。即日回光州原任。士子喜其復來，不勝慶幸。州紳李方伯憲之素講正學，解組在家，嘗問學，執弟子禮。光緒壬午，廖學使以學術純正，士林悅服保奏。承部委採訪儒林傳及忠孝節烈，不濫不遺。庚寅六月二十一日，卒於任。距生癸未之年，享壽六十八歲。

　　嗚呼！師道之不講也，久矣。《周禮·天官》以九兩繫邦國之民曰："師以賢得民，儒以道得民。"周子曰："師道立，則善人多。善人多，則朝廷正，而天下治。"自後世，功利之習盛，而學校之教化不明，士不興行，人多敗德，風頹俗敝，江河所為日下也。先生為師，獨能溯周官之遺範，紹濂溪之芳躅。學宗伊洛關閩，而不參以姚江之別派，道契河津餘干，而尤近守平湖之家法，其生平負質剛方，無同流合污之見，其立身折衷禮義，有難進易退之操，蓋頹流之砥柱，吾道之干城，先生其卓然有以自任，而不為世俗所搖奪者也。至於平居待人，忠敬開懷，患難始終，有恩及修堡禦賊，保全鄉里等事，皆不具述。特述其為師範及學術之大者，以示後學。先生娶王氏，無出。繼馬氏，生子三：長梧閏，邑庠生；次梧崗，太學生；三梧廂，邑庠生。一女，適王氏。孫男五：樹人、樹楷，俱業儒；樹藩、樹模、樹棠，俱幼。梧廂肄業明道書院。予嘗勉其讀儒先之書，砥躬飭行，庶克紹其家學焉。茲介其友來求文，余不敢辭。謹據行狀，以表其阡。

　　光緒十六年。

（文見民國《西華縣續志》卷十一《金石志》。王偉）

凌甲烺墓表

周雲撰。

君諱甲烺，字叔炳，號保生。凌氏其先居固始，明初遷西華，遂爲西華人焉。祖諱松林，咸豐癸丑進士，仕直隸肥鄉雄縣知縣，擢永定河北岸同知，保升知府，贈道銜，誥授中憲大夫。祖妣皮氏，誥封恭人。考諱顯德，廩生，任直隸靈壽、盧龍、河間、武邑、肅甯、大名、雄縣知縣，同知銜，誥授奉政大夫。妣劉氏，誥封宜人。中憲君父子仍世宰雄縣，有惠政。雄之人為中憲建專祠，而奉政附祀焉。於國史循吏皆有傳，皆祀名宦鄉賢。

君自髫卯，已異羣兒。方六歲，中憲君授以《孝經》、《忠經》、《小學》諸書，即曰："願照此學之。"九歲能屬文，嗣是學日進，文益以有聲。江夏何鐵生太守以編修督豫學錄，以為博士弟子而冠其曹。光緒丁酉，自廩生選為拔貢，督學者，則徐悔齋也。是時，君之名盈於中州，悔齋亦有"當今無輩"之語。君往隨中憲君在畿輔，貴築黃子壽布政方主講保定蓮池書院，君從之遊。貴築以為才，且賢得日聞所未聞，學之植柢，實在於斯。及歸豫，而里安黃漱蘭通政主講開封信陵書院，亦極重君。君宗主洛學以必得實用為歸，不斷斷於彼此是非之見。其舉措蹈履，必則古昔，維嚴其發之於文，則抒其胸臆必盡，而必不悖於儒先之指歸。自羣經子史，以逮天文、地理、兵農之書，無不貫也。古今來之治亂得失，與民生之利病，亦無不悉也。然持以問世，則往往不投時人之好。丁酉秋闈，君之卷，余房所呈薦也，終以不合主司之尺度而擯。至是已屢薦不售矣！既撤棘，與悔齋言之，相與太息。余之聞君固自悔齋也。戊戌廷試，亦惟以直隸州州判就職而已。君雖承世簪纓，然被服儒，素無子弟邀糜之為，亦不屑家人生產之計，校其事親也，存能養志，沒能盡禮。母服既除，以為祿養，永無所及，絕意功名，日以著書為事，於經濟特科則不赴。禮學館之聘則不應。蓋其幼而承祖若父之訓，出而得兩黃公以師之，又嘗納交於安曉峯、夏滌庵、孫佩南諸君子，其充於中者，有其素矣！區區甲乙科之得失，固不足以為忻戚也。辛亥而後，杜門家居，非義之洊避猶塗炭，蓋十有三年。以甲子十二月初四日卒，年六十八。妻尚氏，封孺人，先卒。子元瑞、元鋆、元衡。女二：長適淮甯補用同知劉星伯，次殤。孫三。豫桐、豫樟、豫燾。著有《續中州人物考》、《豫齋集》、《遣懷集》，又續輯《中州文徵》、纂《西華縣志》，皆未及竟。所蒐輯前賢之遺編，刊而章之者至多，於《理寒石集》，最足以見其志。嘗謂生平刻勵甚於寒石也。君之卒時，方亂，先一年，八月城陷於匪。元衡為劫去，幸得脫歸。元瑞兄弟即以君卒之月，葬君於祖塋之左。尚孺人祔焉。以碣葬未及謀納幽之文。其門人諡之曰"靖康先生"。越六年，郾城郭正誼子廉，以書述君生前之意，兼以元瑞之狀，來屬余為表墓之文。子廉嘗問學於余，又友於君，余與君雖未得一面，然重君學行已久，既聞其卒則深惜。夫篤志好古，持守節概者之日，罕其人也。豈忍違君之意乎！又一年，乃即元瑞之狀而敍次之。

光緒十六年庚寅。

(文見民國《西華縣續志》卷十一《金石志》。王偉)

重修南柳城寺碑記

【額題】萬善同歸

　　縣南三十里有柳城村，附村之南有柳城寺，何異乎？然不異而異者也，夫村與寺不自爲名，悉沿柳城之名以爲名。則柳城之於人，當必有足言足志者，城可廢而名不可滅，不亦異乎！考魏正始二年，欲廣田爲代吳計，鄧艾以爲陳、蔡之間，可令屯兵，且田且守，歲有大獲。時柳舒爲陂長，城之得名，蓋以此。今遺跡僅存，然爲大村落。寺舊在村東里許，地勢隰下，屢圮於水。前明有邑人王都堂敬民者移建於此，爲室二十六楹，中祀佛祖、伽藍六祖、天王火星，及南堂觀音、廣生、閻羅諸神像。我朝二百餘年，屢有修葺。是則《曲禮》所云："有其舉之，莫或廢者也。"夫釋迦稱尊參悟者，豈隨空夫八垢諸神附祀。頂禮者儼然遍於六時，春祈秋賽，共用俎豆之馨，雨剥風侵莫禁，漂搖之漸，村人士觸自愴神，僉謂非舉而新之，不足以明尊嚴，而昭誠敬也。顧鹿苑有基，原不必許訽舍宅，特鳩工無力，尚藉夫須達捐金，於是乎徙鼎用衆，而爲托鉢沿門之計。是役也，始於辛卯之春，期年落成，而煥然一新矣！睹茲梵宇重開，平林盡成，祇樹應知，慈航再渡，寶蓮胥現，香花新蓋，廣諸天之界，佛面增光，抑亦妥羣聖之靈，神明有托者矣。嗟乎！事之盛衰，因隆及替，人之輓補，有廢必興。夫柳城已廢，柳城之名猶存，且以名村者，轉以名其村之寺。意柳城之於人，必有足言足志者，村若寺假柳城以爲名，而柳城之名，即藉之村之寺，相傳於無替，則又異而不異者也。若是乎南柳城寺可以修，可以重修。

　　例授修職郎候選儒學訓導馮崑玉沐手敬撰。

　　邑人儒生馮堃敬書。

　　木泥石塑各工俱列名。

　　首事李長俊等八十餘名各施錢，住持道徒叩化不錄。

　　大清光緒十八年春月中浣穀旦。

(文見民國《西華縣續志》卷十一《金石志》。王偉)

添修磚橋兼修大路碑記

　　從來工之廢興視乎勢，事之難易視乎時。我華西偏跨渚河，以爲梁者爲黃土橋。其東南爲夾河套。每值春夏，陰雨連綿，鄢、扶之水，洩瀉莫禦。氾濫汪洋，行旅扼於迷津，舟子視爲利藪。雖疇昔屢經修補，而自黃水衝決而還，日削月朘，而病涉者仍不可勝計。非添修磚橋，廣培道路，奚以通險阻，而便行人，則其勢難兼，值饑饉頻遭，閭閻困窮，將募化四方，共成善舉。而捐貲皆苦於無所出。斯其時又難。邑侯幹生馬公，以光緒十七年來令我華。體恤輿情，關懷施濟，而於境內道路尤加意焉。嘗喟然歎曰："斯邑之所屬，惟西南最遠。斯邑之要途，亦惟西南最險。"於是，捐廉以爲之倡。於大河套添建大磚橋十，於尹家坡補修小磚橋二。自西關至逍遙集，凡路途汙下之處，皆召集貧民共效梯陾。每日按工給賞，以資糊口，民之趨以全活者不下數千家。此誠思艱圖易，以興工代賑濟矣。他日者畫接頻占，漸陟要津，統宇內元元之衆，示周行以順長道，消反側而歸蕩平，未必不於此肇其基也。噫嘻！率作者導其前路，襄事者步其後塵，殷富者輸其貲財，困窮者效其筋力。由是人無褰裳之苦，駕無臨河之嗟。凡君子之遵道而行者，孰不羨其遺澤孔長也。蓋自光緒二十四年二月經其始，至三月吉日工竣，共費錢一千一百餘緡。例得勒諸貞珉，永垂不朽云。

　　花翎同知銜，西華縣正堂馬嘉楨捐錢肆百千文。[1]

　　己卯科舉人揀選知縣邑人朱俊卿撰文。

　　候選巡政廳邑人曹開祥書丹。

　　光緒二十四年。

（文見民國《西華縣續志》卷十一《金石志》。王偉）

朱俊卿墓表

　　王新楨撰。

　　朱公亮功，余己卯鄉榜同年友也。庚辰會試，出門之次日，遇於途。於是，同過汴，同至京，同寓而居，同炊而食。乃得日親其風範，渥聆其教言。循循然莫不有規矩，經術湛深，文章巨麗，卓然人師。余心早已師之矣！迄今四十五六年，公歿且二十年矣。宿草拱木，念之愴懷。乙丑暮，公之孫仲和與馬君子中偕來，出公行狀，屬為文，以表於墓。余曷敢以衰老荒疏辭。按狀：

　　公諱俊卿，字亮公，號俊甫，又號靜齋。祖紹先，國學生。由陳留遷居西華，遂為西華人。父倫修，六品頂戴，敕贈文林郎。公沉靜寡言，幼遵庭訓，喜讀書，十歲就外傅，受業於杜雲程先生。弱冠入邑庠，旋食餼，每試輒冠諸生。陳郡太守劉伯瑗先生特器重之，手書"窮經安有息肩日，學道方為絕頂人"聯語以贈。屢困棘闈。年逾五旬，始領鄉薦。先以歲貢就教職，歷署羅山縣教諭、新鄭縣訓導，又主講本縣衍疇書院，並友教四方，而館於郡城，于宅尤久。平生謹獨戒欺，置功過格以自考。其教人，無少長，必授以《孝經》、《小學》、講經史，課文藝。在學官任內，一如在家塾時。故門下之登賢書，捷南宮者，指不勝屈。尤多敦品勵行之士。公中年失怙，事繼母金太孺人，克盡孝敬，家鮮奴僕，

---

[1] 民國《西華縣續志》此載：餘城守營學官典史等各捐錢不錄。

特為置婢奉箕帚。後婢母訪其情，訴其哀，公憐之。商諸堂上，俾母女同去。居喪哀毀逾恆。行事一如文公家禮。姊妹五人，家半寒素，不時顧恤。第五妹夫亡，殉節。為請旌表崇祀節孝祠，辦理忠節。總局採訪切實，凡邑境之忠孝節義，皆得崇祀無遺漏焉。自奉儉約，一羔裘四十年。而喜濟窮困，不吝推解。至修補橋路，創設同善居，皆樂爲之不倦也。或以關說詞訟請托，則婉辭而峻拒之，遂漸退，無敢再幹者。年逾七秋而視聽不衰。無事不出戶庭，早起晏眠，終日端坐無惰容。課讀弄孫，頤養以樂天年。著有《訓家要錄》、《崇德堂文稿》。卒於光緒二十五年己亥五月，距生於道光甲申九月，享壽七十有六。葬於城南新阡。娶衛孺人，德耆臣元公女。生性淑慎，嫻女箴，躬勤儉，事翁姑以孝稱。教子撫孫，理家待人俱有條理，允為公內助之賢。卒於光緒二十二年甲午三月，祔葬公墓。子男一，霄漢，廩貢，翰林院待詔，選訓導，前公卒。女一，適太學生王生林室。孫男三：長潤葉，附貢生；次潤藻，朗仲和，直隸試用縣丞，歷署天津地方審判廳推事，察哈爾警務處警正；三潤葆，邑庠生。孫女三：長適太學生趙國鈞；次適太學生袁松茂；三適儒童馮殿卿。曾孫男五。昭琳，師範學校畢業；昭玲、昭瑯，中學兼師範畢業；昭琨中學肄業；昭琛高等肄業。曾孫女六。現元孫男女各三。瓜縣淑衍，玉樹蘭芽，何其盛也！要非公之積德厚而流澤長，曷克臻此！嗚呼，公之學行豈待表而後見，然非此無以慰後人之思，因自忘譾陋，為揭於其墓之原。

光緒二十五年五月。

（文見民國《西華縣續志》十一《金石志》。王偉）

凌公怡堂墓誌銘

高釗中

箕城商聖衍疇之地，名儒循良，代不乏人。我朝咸豐、同治年間，同邑人士，同官畿輔，同宰名區，厥維四人，凌公筮稍後。然承皇考中憲公清白之貽，父子同官一省，先後同宰一邑，愷澤豐功浹洽，黎庶黎庶，廟祀而尸祝之，尤爲彼人士嘖嘖所樂道。

公諱讓賢，字怡堂，先世固人。明初遷西華。入國朝，有諱謙讓者，由武舉官至雲霄鎮參戎，以武功顯。傳三世，至中憲公諱松林，道光庚子，鄉試以第一人發解，咸豐癸丑，成進士，由知縣官至直隸補用知府，崇祀名宦鄉賢祠。雄縣在畿南，為衝繁要區，地勢湫隘，每霪潦，瀦水爲災。中憲公蒞政七年，捐俸築隄，以資宣洩，百姓感之，為建專祠。中憲公二子，長順德，候選教諭；次即公也，幼穎異，十歲能文，弱冠補博士弟子員，食廩餼，隨中憲公肥鄉、雄縣任。時粵匪北竄，公出入戎馬間，解餉交河軍次，為中憲公分勞，勤於簿書錢穀，奉上酬賓，儀節嫻熟，如素諳者。援例以知縣用，需次畿省。

戊午，補靈壽縣，縣為陸清獻公舊治，清獻有祠久圮，公捐廉修葺，以志景仰。邑本簡僻，值饑饉，公禦災捍患，稟請上憲，民間禦寇，准施鎗銃，格殺勿論。由是盜不敢犯。

是歲，蝗不入境。冬抄，散賑傾囊稟不吝。大府檄採辦樹株。公曰：樹株必採自民間，委官之科派，吏役之需索，閭閻騷動，不堪其瀆，瀝陳災黎疾苦狀，懇免斯役，以抒民力。疊奉嚴飭不顧，卒獲減徭以息民。邑人德之，有前陸後凌之頌。於松陽書院懸道媲先賢綽楔，以志感戴。旋丁內艱，哀毀逾禮，得肝氣臂痛之症；服闋，補盧龍縣。縣為永平府附郭，積案如山，有十餘年不能決者。公入讞局月餘，塵積俱清，太守異之，事必咨商。凡有益於民者，次第施行。相國文忠公過盧龍語曰：子官聲甚好，勉之。

丁卯，丁中憲公艱，服闋，再出。遊方伯智開時為永平府守，精於察吏，於僚屬不輕許可。顧獨重公。嘗致函曰："自十年陞任永平，接見盧龍人士，咸稱前縣尹凌公賢，下至田夫野老，莫不動色相告曰好官好官，何惠政入人之深耶！公究心水利，奉委辦大清蘆僧等河工，修壩防險，閱四年，幾瀕於危。委署臨榆，旋調雄縣。縣為中憲公舊治。公每來此辦理河隄等工，村嫗里老咸識之。下車諭紳耆曰：中憲公蒞任七年，慈惠在人，父老籲請入祀名宦，足徵民情愛戴。余亦惟恪承先志，與百姓共疾苦。紳耆不得以素稱洽契，動以私事相干。人知公之清操不可犯也，凜凜無私。謁者俟留村口決，例歸民修。公以水鄉瘠苦，將應領款留存，為歲修計，倡費督修，逾數月，工竣。而河間本任飭至瀕行焚香祝餞者絡緯[繹]。刊石於隄上，曰凌公隄，[1] 以志去思。隄當南北孔道，輪蹄輻輳，騷人韻士過而歌詠之。近二十年哀然成衰曰循孝。贈言以公兩世循良，後先輝映，可謂善述其事，克迪前光者矣！

河間亦附郭縣，獄訟繁滋。公且訊且判，案無留牘。巨盜白洛玉，奏請飭拿。重犯也，以輯獲功，得議敘。邑南八里鋪橋，為南數省衝衢，倡捐千金重修。又捐千金修楊河西隄。是時，澱水漲溢，公殫心宣洩，以保民田。查河之員遝至不能出，公之擘畫，俄與肅寧。令互調人，以由繁調簡，為公惜。公謂附郭事繁不如簡，僻之得一心民事也。旋署大邑，逾年飭赴武邑。本任訪得蠹民十餘事，嚴禁而懲創之。嗣以失察經紀索飯費，議罰俸，奉旨寬免。公蒞數任，肝氣舊疾時發。光緒十一年正月初十日卒於官。距生於嘉慶二十五年八月十二日，年六十有六。當公之任河間也，適某貴官奉查河渠，倡議以河間及大城等縣為壑，太守和之。公力爭之。議雖終止，而心實銜之，故有調簡之飭。夫士伸於知己，而屈於不知己，游方伯之察使也，採於輿論，使方伯猶在畿疆，公之宏猷當大展，何至區區以百里終，惜其膺簡而去之他邦之早也。以公之才智，如薰心利祿承意旨而希進取，即至顯官不難。顧負其初心，而棄民瘼如弁髦，稍知自愛者，不為以公之賢而為之耶！配劉宜人，與公同年生，光緒二十六年五月十七日以疾終於內寢，年八十有一。宜人事翁姑以孝，相夫子以敬，教子以義，御下以慈，持家以勤，自奉以儉，性不喜觀劇，尤嚴內外之辨，家政肅然。年逾七旬，諸子固請以西法照相，卒不許。男子三：甲棟，增貢生，鹽提舉銜，候選通判；甲堃，優廩生；甲烺，光緒丁酉科拔貢，候選直隸州州判。女六。銘曰：

---

[1] 凌築隄在河北雄縣侯留村，有凌公隄刊石。

凌家之橋，汴水迢遙。凌公之隄，拱衛邦畿。橋畔之人話發祥，凌公世世能文章。隄上之人歌樂只，凌公愷澤如流水。賢侯駿業開必先，凌公繼述能象賢。循孝詩歌萬口傳，名宦祔祀廟巍然。碑刊去思公去矣，詩書教澤貽孫子。即日雛鳳聲逾清，累葉勿墜賢侯名。馬鬣四尺崇封高，松楸檜蔚齰齚逃。靈之來兮渡虹腰，吉云常護凌家橋。

光緒二十六年五月。

（文見民國《西華縣續志》卷十一《金石志》。王偉）

重修觀音寺四殿碑記

張文耀

蓋聞紫府清都須達布祇園之金，蕊珠玉虛梵刹燃不滅之燈。所以茫茫彼岸，須乘寶筏以問津。渺渺浮塵，尚借金燭而開焰。然而，龍宮象塔，匪屬天成。白馬青鴛，皆緣人力。苟其革故而重新，自當載筆以誌銘。西華縣治南三十里，舊有觀音堂，東連淮、徐，西襟嵩、洛，四達通衢也。神像廟貌，巍然為一邑巨觀。商賈士大夫遊覽題詠，稱盛蹟焉。但年遠歲久，風雨鳥鼠毀傷，未免傾圮損折。善士柳哲、住持僧如存，慨然大發願心，募化四方，檀那量力，捐貨重修佛殿、六祖殿、天王殿、金剛殿，鳩工庀材，約費百餘金，閱數日落成，煥然一新。可以妥神且以壯觀。彌天願火，原從竺國西來，泛海路長，亦折蘆花北去。傳言龍象大力，負擔佛法，良不虛耳。惟是集寸縑成文錦，覆一簣為丘山，賴茲衆力，共結善果，爰刻石誌，用垂不朽。

（文見民國《西華縣續志》卷十三《文徵》。王偉）

金妝閻羅神像碑

陳揚烈

從來明則有禮樂，幽則有鬼神。禮樂備而可訓可行，鬼神靈而弗聞弗見。然為微爲顯，道豈有殊，而事鬼事人，理本無二。天地神祇而外，鄰里鄉黨之間，匹夫有為善之誠，因心生象，衆庶多待興之質，緣象警心，思器宇之光明，不忘素以為絢課，繪工以黝堊，惟冀敏則有功。西華南柳城閻王殿者，北望長隄，賈友恆瀿河之地。東臨粉堞，戴平仲禱雨之鄉。田高土厚，木茂泉潔，境內無惶。在當日原多善政，社中有廟，即今時甚有淳風，存好賢惡惡之心，惟是人民和樂，鮮畏敬奉承之所，尤資善信捐施。況夫關節不通，包龍圖曾加此號，亦且死生異路，韓擒虎願有其權，不亦烈乎！伊可畏也。考其創建之年，殘碣尚有綠字，稽彼重修之日，新碑具有赤文。為桷為栥，度材則梗楠杞梓。中規中矩，取象則跂，矢鳥翬然，棟宇雖崇而威儀未備，禍淫福善，何由著其聰明，修吉悖凶，無以覘其正直，是豈聲靈之丕振，而寬猛之交形者哉。於是，土木之工既竣，丹黃之事遂興。召良工，命大匠，展其彰施之技，盡其粉飾之材，和藥而取方，諸頒點睛之手，勾疏而開靈瑣，寧邀誤墨之人長康，則善寫維摩惟新可矣。導則工摹地獄，庶幾返之香界，重新俎豆，增葱葱之色，金容再煥，棟梁藉弈弈之光，應知刑暴鋤奸。不是天親面目，須念佑賢輔德，猶存彌勒心腸。□時畫者，散雲霞之彩，粉地增輝，斯人動懺福曰：自廣於於而至，恍如法眼臨身，貿貿然來，不啻金人入夢，淵淵其鼓也。三揭大類於彌衡，烏烏者其歌也一曲幾同乎。楊惲屈膝拜稽於堂下，鞠躬匍匐於階前，欲消切已之災，□□大命，用丐長生之路，更有餘慶。某襄邑鄙人，宋州狠士，未舍耕於名勝，恆□援乎生徒。昔從遊者趙凌宵用囑託落成之句，今□□者石國幹亦慾恿弁首之文，於以揮毫，不辭謏陋，值此雲衣初爛，為言盛事權輿，若令電目常明，自有法中龍象。

（文見民國《西華縣續志》卷十三《文徵》。王偉）

重修武官臺廟碑記

劉燮撰。

　　從來論事必考其真，因名必稽其實。華邑西南，義濟橋南高臺竦起，上建佛祖、觀音、廣生諸祠，廟貌巍峩，樹木蒼翠，一方巨觀也。然命名之義，余嘗疑之。丁未中秋，蕙圃曹公邀余偕遊於其上，覽其舊記，俱未疏明其由來，訪諸蕙圃，遂指其地而言曰：此臺本名務官，謂其以農務為官也。昔曾屯糧於此，經兵燹燒毀而斯臺幾廢。今既以武名載在縣簿，歷有年所，亦不必深為之辯。蕙圃者，吾邑之宿學也。余乃為之釋然於心，暢然於懷。既而入其廟，徧謁諸神象。由曲廊，越禪院，循幽徑，周圍閑步。覽朽穀之遺跡，弔兵燹之故事，為之浩然長嘆，以數百年之餘燼，猶復常留若是。其亦神靈默有所存以警人歟！未幾，左顧右盼，南臨名刹，隱隱鐘聲相應。北繞汾水，悠悠波光相通。東界潵川，西接召陵，朝暉夕陰，氣象萬千，真有不可窮極者。時則斜陽微照，輕映壇上之經；清風乍臨，忽動簷前之鐸。白馬鮀來，正當地靈人傑；青鴛飛去，居然海闊天空。余與蕙圃唱和其間，觀其殿宇傾敗，幾於雨過佛頭，門壁損虧，未免土埋碑字。適有老僧在傍，煮茗款留，謂將欲興衰起廢，願先生為我光。孰意越一年，蕙圃已作芙蓉城主矣！今歲暮冬，余承蕙圃少君命，得與臺之左右諸君子交。復為遊覽，其際第見紺宇流輝，殿光偕日光並麗。暖宮耀彩，天花與雪花齊飛。登彼浮界，寶鼎之香煙頓新。來此祇園，銀臺之形勢非舊，缺者補，廢者修，以視前日初遊之境，不啻別有天地矣！無何，羣相索記於余。余慚愧惶恐，思我蕙圃友不置不得已，勉強徇衆，舉其顛末，敍其地，記其時。首其事者，諸善士。贊其成者，諸善士。一一備載諸石，以俟後之相繼而興者。至於佛教之元妙莫測，觀音之變化無窮，廣生之舍，宏光大餘，固不敢知要，亦無容多贅云。

　　光緒三十三年。

（文見民國《西華縣續志》卷十一《金石志》。王偉）

清創修西華縣學堂碑記

　　天道無不變之運，皇王無不變之法。《大易》之垂訓曰化而裁之。存乎變又曰變而通之，以盡利則知堯、舜創揖讓之統變也，歸於通也。湯、武開征誅之局變也，濟其窮也，亦因乎時而已矣。三代以後，商鞅變法而秦亡，莽變法而漢熄，安石變法而宋憯，遂使數千年來明主賢相出乎其間，亦不敢輕言變法。言變法率藉此以爲詬病，然彼惟不知時，抑亦不善變者矣。至今日而海禁大開，歐風東漸，列強環立，其視眈眈。即使前聖處此，安有守舊而不變者哉！景皇帝乾樞獨運，下昭各督撫，停科舉，興學堂，以育人材，而圖自強。時也蓋有不得不變者也。

　　西華令舒公樹基，仰承憲剳，欲就學署舊地設立中學堂，小學堂，師範學堂，邀集在城首事張君璿、馬君附驥，在鄉首事郭君玉珍、趙君傑閣，綱維其事。張君尚寬、楊君永春等共襄理之，遂協商二十里首事，一里捐銀一百五十兩，經之營之，謂可不日成也。會官紳齟齬，致興大訟，幾成大獄。中輟者凡五閱月。舒公去任，沈公福源來署篆，仍邀諸紳告厥成功，時光緒三十二年秋七月也。以明倫堂爲禮堂演說之所，其東則教習院，共三所，各三間，不廈不柱，窗牖明亮。又前則食堂五間，可容數十人。又前爲廚房院，共三所六間，外以圓門界之。其西爲講堂院，北屋三間，丹楹刻桷，極爲壯麗，兩頭配以圖書所、文案所，亦甚整齊，東西講堂各五間，前後穿窗，窗嵌玻璃，中爲重門，簷牙高張，其勢崢嶸，門以南爲官廳三間，與北堂對峙，其工亦相埒，東西俱以圓門界之，三門對照，形若貫珠，監學舍即附於門左。又西齋房，共七所，每所三間皆南，其戶直北爲體操場，外周以圍牆，其後就書院之講堂爲食堂，就書院之齋房爲自習室，前即二門蔽之，扶以玲瓏之牆。大門起於學宮之旁，左則接待所，右闢一院，植以花木，西屋三楹，收支所，亦閱報所也。屋皆覆以瓦，魚鱗森列，路盡鋪圓以磚，其平如底，局勢宏敞，規模備具，諸君之用心亦良苦矣。開學後，三堂肄業者百有餘人。嗚呼，盛哉！諸君咸曰："斯舉也，費數千金，經一二年，是不可以不記。"又謂予始終其事知之悉者，必言之而詳忘〔悉〕。予之不文也，因述其顛末，筆之於石云。

　　五品頂戴光祿寺署正銜庚子辛丑恩正並科舉人西平縣教諭移補訓導長葛張嵐峰撰文。

　　教育官練習所畢業優廩生楊永春書丹。

　　督工首事陝西候補縣丞壬午科舉人馬附驥。

　　奉祀生張尚寬。

　　藍翎同知銜張璿，監生胡松林，花翎候選州判郭玉珍，優廩生楊永春，武生趙傑閣。

　　大清宣統元年歲次己酉冬月上院〔浣〕穀旦。

　　白德方刻石

（文見民國《西華縣續志》卷十一《金石志》。王偉）

鹿邑縣

閔公建學宮碑記

楊六德

　　吾邑學宮，其在明朝創建者有人，脩理者有人，咸勒之金石，載之邑乘。壬午之變，學宮官廨析為瓦礫，蕩為丘墟。每朔望瞻拜及春秋享祀，掃地布茲從事而已。行道之人無不噓唏嗟嘆，使我心惻焉。公於順治五年五月來蒞茲土也，甫下車，即振肅紀綱，維新百度。念臨民莫要於官署，而教士須先乎學宮。但公帑如洗，既無可支之錢糧，而里甲初集，又無堪派之丁徭，無米之炊，賢者難之。公權宜設處，捐小民之贖鍰，爲脩學之公費，且鳩工庀材，規畫井然，吏不爲奸，民不知役，而大功告成。未幾，而聖殿建、兩廡立，廟貌重光矣。未幾，而名宦、鄉賢修，君子攸躋矣。未幾，而戟門、坊壁有，抗將將矣。嗣是朔望瞻拜，春秋享祭，博碩肥腯，神罔怨恫矣。嗣是而明倫堂成，學博弟子員以時習肄其中。泮池之內，橋門之外，觀者如堵。向之噓嘘嗟嘆者，今皆舉手稱慶，以爲數十年之廢者脩、墜者舉矣。嗣是而邑之俊秀子弟魁於鄉薦，捷於南宮者，科不乏人矣。噫！宦蹟如公，可以尸祝而俎豆之矣，其以卓異行取而超遷爲晉州刺史也。迄今更幾歲，鳧舃雖飛，遺愛如新。望官署而肅肅，入學宮而雍雍，其經始之勞，教育之澤，不可忘也。爰記之，以待後之永諸金石者。

　　順治五年。

（文見乾隆《歸德府志》卷七《建置志》。王偉）

鐫道德經記

　　老子，吾邑人也。史載、國載、縣載、鄉載，里甚詳，著書上下篇，言道德之意，與孔子非殊。顧孔子言中言庸，而老子言虛言無，殊矣。然《易》有先後天，先天言其體。易之用，皆後天也。天下萬物生於有，有生於無，此無極太極之說，世故莫能易。孔子罕言命，而性天道，非學者所得聞，孔子不言無也。孔子於易與義，文為三古，不必其盡同而雅言，則《詩》、《書》執禮。老子以自然無為為宗，謂失道而後德。禮者，忠信之薄，而亂之首，處其厚，不處其薄，以明道也。孔子隱禮，後之指而托之《詩》，惟禮已亂，恐妨教也。老子不以可道言道，既世所難喻而辭，復過為抑揚，故世不經而子之。漢孝景以老子義體獨深，改子為經，始立道學，令朝野悉諷誦焉。自司馬子長《世家》孔子，而《列傳》老子於申韓之首，言世之學老子者絀儒學，儒學亦絀老子。謂道不同，此孔老之由以分也夫。嵩恒泰華並峙為山，江河淮漢並流為水，其體一也。甘辛異味以適口，麻絲異物以適體，其用同也。老子以慈儉不敢為天下先，為三寶，此與仁義禮何異！蓋凡古著書未有不合於道而能垂久遠，以成一家之言者也。則老子亦何可厚紬也。文景君漢，曹參相齊，皆用之而效，後世假仁義以行貪殘，處奢傲而貌禮文，以至於亂，豈儒術之咎哉！董子曰："道者萬世無敝，敝者道之失也。然則道失而敝，學之者之誤也。"杜光庭箋註六十餘家，發明不同，宗旨亦異，或明重玄，或明虛極，或明理國之道，或明理身之道，既各從其所見。至於恠誕之流，假神仙之說，或專指為養生之書，以至方藥祈禳，厭勝房中黃白等術，或並舉身隱形變化物象之法，皆謂之道，不亦誣乎！班孟堅載老子鄰氏有傳，傅氏、徐氏、劉向皆有說，其書之亾久矣。唐玄宗既註《老子》，改定章句，刻石渦口老子廟中，今已久毀，然是經之在天下，固自不毀，而本邑獨無傳書，則邑人之羞也。嚴君平曰：上經配天，下經配地，以陽行陰，故分上下二篇。以陰八行陽九，故上下共七十有二首。上經四十，下經三十有二。河上公曰：上經法天，天數奇，故上經三十有七。下經法地，地數偶，故下經四十有四。凡八十有一首。今行世者，皆八十有一首也。項羽妾塚中本，安邱望之本，河上丈人本，俱五千七百二十二字。王輔嗣本五千六百八十三字，一五千六百一十字，今字數又復漸減矣。然多寡不同，皆增減助辭，無害於義。子長《史記》五千餘言，而葛玄譔序，直謂五千文。夫五千，舉成數也。而妄者或盡削助辭，以就成數之五千，固已然魚魯豕亥，義亦有奇焉。今錄近梓輔嗣本，凡五千三百一十字，立石老子廟前，以志吾邑聖人之經，非能有窺於此道也，並鑴焦弱侯考異于石，繁不及徧載，畧其字之無害，詳其義之不同者，俟後明道之士稍有可覽觀焉。

邑甲午舉人揀選候選知縣後儒胡平拜記。

大清康熙二十年歲次辛酉正月上吉。[1]

商邱貢士周紹書丹。

（文見光緒《鹿邑縣志》卷十《藝文志》。王偉）

新建真源義學記

邑令呂士鵷任菴

乙丑之冬，來令茲土，歲序不登，民多失業。余請散義穀之在倉者賑救，殆無虛日。比年，四效寧謐，民力稍暇。文廟之荒蕪，義倉、城垣之傾圮，亦既次第脩葺矣。獨是文風未振，習俗未改，將何以起頹風而臻上理哉。夫旌別淑慝，固有司之事也。余覽邑志所載王諫議云：俗尚儒術，故貴士人，輕刀筆，故賤胥吏。未嘗不掩卷嘆息，以為未及百年而風俗漸頹，人心日壞，小民狡黠好訟，胥役日繁有徒，和光同塵，好諛惡直，絃誦之聲不作，爭鬪之事常聞。嗟嗟！此豈盡在下之過歟？蓋由教化寖衰，民無興行，故日蹈於為非而不覺。所謂君子愛人，小人易使之訓，則莫善於學矣。《禮》曰："受成於學。"韓昌黎

---

[1] 原注：以下列職官三人，訂正後儒姓氏三十五人，皆不錄。

曰："業精於勤，荒於嬉；行成於思，毀於隨。"故化惡莫若進善甚矣。學之關於政治者大也。況今聖天子崇學右文，勵精求治，經筵講義頒發行省，俾諸民人皆得誦而習之。此固文運寖昌之時，而多士烝烝蔚起之日也。茲幸際大中丞閻公振起教化，嚴檄所屬，以故各屬咸重厥事。余敢不仰體而為之捐俸薪，創義學於邑城之東偏，敦延名師，主持壇坫，又置地貳百畝，以歲租所入供其膏火饘粥，俾四方嚮學之士，皆得就正於有道。時為文會，共相討論，較之裹糧以求師，負笈而遠遊者不既遠哉。由城邑而推之郊遂，由郊遂而推之鄉域，橫經問業當不乏人。將見真源之學彬彬日起，於以為朝廷之真才，為鄉曲之佳士。王諫議之言，又將驗於今日矣。若夫敗類之子屢飭不遷，稗秀亂苗必鋤而去，是去惡即以長善，余亦不敢依阿模稜以負今日造士之意哉。

康熙二十五年。

（文見康熙《鹿邑縣志》卷九《藝文志》。馬懷雲）

尊經閣記

呂士鵕

余於聖殿之陰，創尊經閣三楹。既落成，鹿之多士聯翩來觀，仰而嘆曰："美哉，峩峩乎！"余進而詰之曰："若等以是為觀美耶？"鹿邑僻邑，雕甍畫棟亦或掩於南陌北阡，不必令長竭朝夕之俸，以與民競綺麗也。顧聖人既往，而聖人之所以為教者何存，聖人之道無不散寄於倫物，而聖道之所以著明者何在，曰經而已矣。夫多士不亦各治一經乎？入耳出口，循章而摘句，以希一日弋名釣利之獲，吾謂之褻經也，殊甚。蓋經以言常，所以道吾父子、君臣日用之常也。經以言理，所以理吾心、理吾身、理吾國家天下也。聖人本天以垂教，而使人各自復其在人之天以合在天之天，匪人攸訓也，所謂惟帝其訓也。是故君子畏天不敢不畏聖人，侮聖所以侮天也。君子尊聖不敢不尊聖人之經，尊經所以尊聖，亦所以自尊其天也。然必何如而謂能尊之乎？什襲高閣薰沐而莫敢發則置之耳。二氏之徒長跽以繙，膜拜以諷，又庸愈於覆瓿哉。吾為多士約，出入聖人之宮墻，則必思何以為聖人之徒；服習聖人之詩書，則必求所以為聖人之行。拳拳於早夜，凜凜於幽獨，兢兢於語默動靜之間，而不敢須臾之違，於以出為良臣，處為莊士。經綸乎一世在茲，開繼乎千秋亦在茲。雖不必旦奉緗帙，夕參鄴架，而其所以尊《經》也至矣。不然幾微之不敬，非所以尊《禮》也。斯須之不和，非所以尊《樂》也。善不興，惡不懲，何有於《詩》。政弗醇，化弗美，何有於《書》。知進退存亡而不失其正，然後謂之能尊《易》，匪崇王黜霸而辨義利之微，豈得謂之尊《春秋》乎？毋曰《經》，糟粕之遺也，粹精在是矣。毋曰《經》，註我之物也，師保在是也。多士登此閣，宜思其義。不登此閣，亦宜存其心。尊之尊之，慎無荒《經》蔑古，流於無忌憚之歸也。多士再拜受教，曰諾。

（文見康熙《鹿邑縣志》卷九《藝文志》。馬懷雲）

重建精忠祠記

呂士鵕

　　縣治之西北隅，有精忠祠，為唐真源令張侯巡建。每歲春秋祭祀，易代不絕。明崇禎間，鹿邑屢被寇難。城之內外一椽莫存，而祠亦因以廢。自入版圖以來，有司承凋敝之後，因陋就簡，葺茅架屋，方廣不盈一丈，雖祀典未闕，而其所以報功德、安忠魂者則未之或足也。余惟張侯當祿山陷東京時，楊萬石首先倡降。侯率吏民哭玄元皇帝廟，誓以忠義奮發，興師以彈丸黑子之區，抗漁陽百萬之眾。前後拒戰，捍蔽江淮。其心寧不知真源之不可圖存，睢陽之必不可固守哉。蓋以江淮之將士，如虢王巨之屯守彭城，賀蘭進明李賁之擁兵臨淮，皆畏蠕觀望，不足有為，坐視睢陽之存亡，如秦越人之視肥瘠。斯時也，侯一棄睢陽，則江淮半壁望風而靡，誰復有擔柱其人者。故侯明知力之不敵，身之必死，而嬰守此尺寸之地而不去。誠見睢陽一日不之破，則江淮一日猶可全。嗟嗟！使天下之擁兵者如侯，賊安得牧馬潼關而使朝廷播遷西蜀乎。後之議侯者乃云食人寧若全人。夫守一城而可全數十百城，死萬人而足生數千百萬人，其輕重大小之懸絕，雖至愚者亦知之。人孰不先私而後公，全身以遠害，而至割所愛之肉以享死士，亦可以謝睢陽之人矣。迨其失守三日，而張鎬率四節度之兵至，廣平王亦收東京東南數千里之地。戎馬不生於郊者，誰之力？余謂不獨真源之人祀侯，即余江淮之人尤應世世祀侯勿替也。聞諸故老言，崇禎壬午，城破之日，有閻、張二君子者各據臺而守，糾合義旅，殺賊無算，保全男婦數千人。迨今甲寅、乙卯間，逆藩叛亂，豫州與楚接壤，烽火不驚，蓷苻無驚，豈非侯之忠義浹於人心，歷千百世猶食其報於不衰乎！余每讀侯之傳，而嘆侯之忠烈炳若日星。今忝官此地，見舊祠基址猶存，因捐俸鳩工，同志者鼓舞贊成其事。經始落成歲月、及木石氅塈丹漆之費計若干，別有登籍，未具書。余不敏，敢鐫石以為之記。

（文見康熙《鹿邑縣志》卷九《藝文志》。馬懷雲）

重脩觀復亭猶龍隄記

呂士鵕

　　邑之昇仙臺，相傳為老子仙蛻處，蓋未知其詳也。其址在城之東北隅，南與陳希夷先生之白雲菴相望，地俱窪下，滙潴積潦，漫衍成隄，望之如澄湖浩淼，而菴與臺出沒於波光煙靄間。當風日清和，柳岸蘆汀、漁舟與鳧鷺相亂。殊有雲林陂澤之致。余蒞茲土將三年，日惟泊沒於簿書間，一登眺，未嘗不徘徊四顧，神思奮發也。臺址舊有觀復亭數椽，剝剝不治，欹立風雨中。其前為猶龍隄，數為水波蕩齧，坍崩斷沒不可行。余撫景愴然，為之捐俸增葺。舊亭繚以垣墻，築隄建坊，列植榆柳，使花驄油壁皆得往來馳縱於其間。

公餘之暇，邀致賓客，於以啣觴而賦咏，亦足樂也。嘗玫中州名勝，各郡邑之遺跡甚多，而真源僅昇仙臺、白雲菴，又皆仙蹟幻境，而求當日虞詡、陳頵、張巡、魯宗道、田京諸人讀書用兵之地，了不可得，豈異教漸漬於人心者久而趨此忘彼，因之淪落蕪滅，訪求者無其人耶。今復使此亭委於榛莽，則後之憑弔者不愈傷乎。蘭亭遭於右軍，而清惝脩竹之勝流美至今。坡公一潟西泠，而花□長□遂與湖山增麗。山川勝跡，固有待人而□□□矣。余風塵俗吏，何敢遠企前賢，亦惟地有名，庶不可使之淹沒已耳。

　　是亭也，基高數仞，四面臨流，繞岸林屋，多具天趣，小加花木掩映，或不令繁臺諸聖專擅其名。然余力尚未之及，踵事增華，又有望於同志者。

　　康熙二十七年。

（文見康熙《鹿邑縣志》卷九《藝文志》。馬懷雲）

呂侯新建精忠祠記

　　江右中丞宋犖商丘人

　　臣子知其分誼而已，濟不濟，非所計也。何者？利鈍成敗之數，在天不可知，臨變而為所當為，我之所自主也。是故君父不言報稱，國士如是，衆人亦如是。臣節不問尊卑，秉鈞如是，一令一尉亦如是。凡以義原於天，忠根於性。非關後起之恩私，得時遇主之感憤激昂也。郡南百二十里，在唐為真源，張公令此。當安祿山之叛，且守且戰，百折莫可挫其鋒。以彈丸之邑，千百饑羸無救之卒，制狂賊數百萬之衆，無有敢越此而窺江淮者。區區一書生，安危繫天下之半如此，可不謂雄哉！脫使得一旅以為聲援，得一飽以延朝夕，靖塵氛而復社稷，功豈在汾陽下哉！而不然也天也，公知盡吾人事耳。人盡而天不應，公固無如何也。天下後世悲公之不幸，而有知公歿寧之心乎？即信大義之有在，而能如公盡分之誠乎？迄今俯仰川原，陣雲猶結，弔古之君子，未有不感慨興歌。求昔提戈血戰之蹟，而如或見之也。矧夫春礿秋嘗，載在祀典，與日月山河共千古者，而顧容束茅尺棟以褻之乎？鹿之西門外，舊有精忠祠祀公。亂後傾圮無存，而別築小亭如笠，上戊設帷以祭，且四十餘年於茲矣。邑宰呂侯核其廢址而益大之，捐祿糈倡紳士，拮据經營，極丹艧之麗觀，可以妥忠魂於九地矣。邑人美侯之舉，礱豐碑，來予請識其事。夫倡義勸忠，興人心而樹風化，良有司之職也。顧今福利中于人心，獨有崇佛廬、飾道觀，棄律令而自愚耳。如侯之知所務幾人與？此固吾之所樂道也。然而循分自盡，得喪莫懷，鹿人士尤宜因公而堅信之哉！

　　康熙二十八年。

（文見乾隆《歸德府志》卷二十九《祀典略》。馬懷雲）

呂侯新建真源學舍記

編修韓竹天水人

　　鳴鹿，古仙鄉也。己巳秋，余奉命之楚，便道過之，經猶龍隉，知為柱史故址。停車謁焉。行次一額書曰伊人宛在，意者秋水兼葭有寄興乎。迤邐而北，見是堂規模弘敞，甃石方新，軒廂洞開，始落成時也。堂之四面，皆環湖水。危樓層矗於南，高臺聳峙於北，左繞雉堞，右隣道宮，固極地之勝也。且雲影天光，互相掩映，令人動鷲湖、鹿洞想。詢之里人，知為邑侯呂公新建講堂也。夫鹿乃梁園屬邑。吾聞范文正公舊闢書院於平臺，後凡有習業其中者，出皆為當代之英。公之爲建是堂也，堪媲美矣。再次，臺前見亭下一碑，刊孔子問禮處。始恍然曰："所謂伊人，其在是乎？"窺公之意，殆有曠百世而相感者。夫老氏開元教之宗，孔子集羣聖之盛，以二聖人講禮處，寥寥數千載，曾未有繼起者。公將以仙令之才，樹河陽之政，直欲上紹二聖之芳縱，後開來世之道統者，非特與文正公書院媲美而已。里人揖余曰："察先生言，貌似能文者。吾公歙人，諱士鵷，號任菴，迺鹿之福星也。其性和而平，其容溫而厲，其政事文章久矣，播之當世。今建此堂，以禮樂教養人才為急務，堂中有石，未鐫。敢乞先生表公之志，一言以實之何如？"余曰："余固聞公之政矣，且躬逢其勝，焉敢過辭。"乃述曰：是堂而以講名，其旨深矣。昔馬融講經絳帳，王通講學河汾，後世佟為美談。今公開學於斯，抽經訂業，振敝起衰，為爐鼎杏壇煥色，為國家培養英才，為禮樂垂示教源，非細事也。將見藜光螢火，碑影堂陰，千載而下，戴公功德寧有極耶！所願業是堂者，當體公慇勤作養之意。遊是堂者，當各生循禮樂善之心，斯可以承公繼起之志，而無愧斯堂，既而又私喜曰：鳴鹿，仙鄉也。老氏以道德傳，孔子以問禮傳，今公以講學傳，聖賢事迹，前後一轍，燦若日星。余因是得附末光，幸甚矣。是為記。

　　康熙二十八年。

（文見康熙《鹿邑縣志》卷九《藝文志》。王偉）

重修養濟院記

國朝知縣呂士鵷

　　古之為政者，以養民為先，自孝友睦婣，以至任卹之義，無不相生相養者。其在王制，則鰥寡孤獨，瘖聾蹣跛者，皆有常餼。此後世養濟院之所為設也。豫州居天下之中，其民務本力農，卓魯之遺風，猶有存者。而鹿邑界居亳、宋之間，地多汙下。歲乙丑，余奉命知縣事，待罪於茲，凡九年矣。嘗捐俸修常平倉，以貯輸穀備荒歲，乃求所謂養濟院者，在城東，僅存廢址，而窮民鮮安宅，因鳩工庀材，於農隙興作，越時乃成，不狹不隘如舊制而止，因拜手而誌之曰：嗟乎！百里之任，古天子以一邑生靈寄之有司者也，農於我乎，勸士於我乎，教工商於我乎，惠通矜鰥寡孤獨之窮而無告者哉！今有富人愛其子者，擇使而為之傳，則必為之調其飲食，節其玩好，而時其勞佚，然後可告無罪。若其出入焉不問，起居焉不省，因之顛仆焉號咷焉亦不知，則此使將何以復其主人與縣令天子之使也。百姓，天子之子也。孤老幼弱，疲癃殘疾，又其子之孤孽而顛連無告者也。孟子謂"王者發政施仁，必先施之有以也。"夫今縱未能如赤子之豐其飲食，給其玩好，而快焉無不足於其心，亦何至坐視其顛仆號咷而莫之省憂耶！今天子仁聖，賜民田租於秦晉轉徙之民，勅所在官吏，招集而還其鄉里。蓋古者任恤之義如此，而況吾邑之民乎！況吾民之鰥寡孤獨而無告者乎！為臣子者宜何如勤職，以稱上意旨也。按舊志，鹿邑孤貧者六人，歲有常餼，而院年久荒廢，似為闕典。近者秦、晉、河、洛，皆旱且蝗，鹿雖稍熟，然有備斯無患，用是修葺常平，次及茲院，而志其大畧，以告後之官茲土者，因時修舉，其永存勿替焉。

康熙三十二年。

（文見康熙《鹿邑縣志》卷九《藝文志》。王偉）

謝公渠記

國朝胡處鈞邑人

鹿邑為豫省邊鄙，其地無名山大川，關隘津梁之衝衝，民俗樸拙，不習工商懋遷有無之業，一切輸將之奉，俯仰之需，胥取賴於耕農。厥田中下，沮洳斥鹵者居三之二上，而睢、柘、太康諸邑，皆高原曠夷。稍遇霪潦，如建瓴下注，而境內河渠通下流，瀉水者又率多於閼不能達。故歲逢水毀，闔邑萬頃之田，半為滙澤。用是財匱，號為瘠貧。蓋前此司牧者俱未遑直念也。

今上御極四十年，我福山謝公始蒞茲邑。甫下車，詢民疾苦，即思有以富而教之，未期月，弊漸除，利漸興矣。越明歲，值有水潦之災，高原下濕，彌望皆巨浸。公具以情請于上臺，特具疏入告。獲俞允，蠲免田租三之一。復發倉平糶，饑民賴以全活者，蓋數萬家焉。公懲是因，徧歷郊坰，周行循視，而又聰敏強記，一經涉歷，無不瞭然於心。于是，慨然曰：天行之為災，亦有備而無患也。遂出教於民曰：某舊渠起某地，入某河，宜疏。某陂澤起某地，入某渠，宜濬。而通流河道則排決兼施，令其深廣，受水倍於他時焉。其工即起于被災次年之春，民方乏食，公自為捐穀千石，有能開渠若干者，給穀若干。於是，民皆鼓舞競奮，次第告成。間有未竟厥工者，嚴督之，不以初終異也。凡為新舊河渠，共若干道，水潦行以無患，向所謂沮洳斥鹵之地，望其黍稷既與與而翼翼矣。於是，闔境之民競為名曰："謝公渠"云。於戲，懿哉！觀所以名渠之意，則民之不能忘也固矣。以鈞所知，四野之民皆將次第而獻頌焉。而是渠也，落成獨先。濱渠之人果告為伐石紀美，而命鈞為之記矣。鈞亦有數百畝向為汙澤，不足以贍養，今且拜公之賜矣。雖不文，能無誌乎。嘗讀召康公之詩曰："蔽芾甘棠，勿剪勿伐，召伯所茇。"又曰："勿剪勿拜，召伯所説。"

夫甘棠非召伯所自植也，非有滋溉樹藝疏瀹培築之勞也。而甘棠又非流衍汪濊之澤也。愛其人，思其所說，猶曰召伯召伯焉。而況於經營敷引心力周咨之所建者乎。惠流者思，功遠者世。渠稱鄭國，澤美西門。秦漢以來，未之有改也。後之言謝公渠者，則自今始矣。重休襲美，播之無疆，其亦將有徵於斯文。

康熙四十年。

(文見乾隆《鹿邑縣志》卷二《河渠志》。馬懷雲)

重修紀公祠記

鹿邑，唐真源也。唐元宗時，尹子奇寇睢陽，真源令張公巡誓師于元元皇帝廟，身百戰，卒以殉文。文山所謂爲張睢陽齒鬼神泣壯烈者也。明季流賊寇鹿，時山東膠州孝廉紀公諱懋勳，字楓山，宰是邑，以身許國，日夜督戰守，後事不可爲，遂具衣冠百拜，自縊于南城民舍。嗚呼，殺身成仁，其聞中丞之風而興起者與！憶崇禎間，土寇蜂起，風聲所至，有百里之寄者，多送款效誠。甘倒戈于前塗，不則狠奔鼠竄，苟延命于旦夕，以故諸賊猖獗，如入無人之域。使守令而皆公也，流寇豈能蹂躪豫土，荼毒兩河哉！惜乎，孤城獨守，不能竟公禦賊之志，而僅以身殉也。然當日士大夫偷生苟活者，卒亦不能不死，今皆與草木同腐，而公獨以忠烈著名，步張中丞後塵，公真不死矣夫。或以公之縊死民舍而少之，是猶張、許當日同守睢陽，而人疑許之獨死偃師也。噫！小人好議論，不樂成人之美，自張、許時已然，又何怪于今日哉！《朱子綱目》大書張巡、許遠死之，是知均死耳，何分于時地乎。公涖鹿政績未能枚舉，即鋒火倉皇，猶親督民殯葬，恐棄民枯骨灰燼中。嗚呼！亦可想見公為政愛民之一斑矣。

邑舊有精忠祠，祀唐真源令張公巡。予承乏是土，往謁忠烈公，拜已，相者又引予拜公主于祠內東南隅。予怪而詢之，邑之父老紳士合辭言曰："紀公舊未有祠，康熙二十八年，邑侯呂公于精忠祠後葺茅三楹，以祀公，久傾圮，因遷主于是。"予甚戚焉。曰："必重建公祠。遷主南向。"邑貢士張子壯猷聞是語而義之。遂倡衆捐貲，閱歲而祠成。丐文于予。是善承予志也。故樂為之記。

乾隆元年知縣宋鋒。

(文見乾隆《鹿邑縣志》卷十《祀典志》。王偉)

重修濬清水河碑

國朝趙璠邑人

鹿為豫東南，鄙連江左潁亳界，地濕下，得雨暘時若，錢鎛起土膏，可足俯仰資。儻恒雨，太康、柘邑水順下流，若建瓴然。雖良耜，無奈涬泥勻勻原隰盡污萊矣。張斌營為邑左臂，承清水河下游，更東之東南之南者，前邑侯山東謝公蒞茲任，走郊原，相高下，形揆蓄洩，方舊溝有阻遏，疏之力沮洳無出入。開之決，迤邐曲折不辭，瘁俾水得所滙而後已。三十餘年不爲實沈苦。父老聚頌謝公渠德浸浸不去口。日月荏苒，流淫久闊者，塞而狹，深者淤而淺。週年來，霪雨頻肆虐，膴膴而湯湯矣，蚩蚩而招招矣。邑人苦之。邑侯顏公亦從山東來，意盡然傷。爰詳碩大中丞繪圖入告，天沛殊恩，議賑緩徵。差員視水顛末，急發帑，募丁壯，濬河疏渠，民畢鼓舞力作，畚鍤備舉。顏公朝夕指劃無寧晷。擇紳士督率，不數月，闊深視前倍。已而有年。嗟乎！水旱不時，何地蔑有。有之而委於數，斯民饑則罪歲，苟有備無患，人事修足勝戾氣，何必求救荒奇策。獨是善作者不必善成，善始者不必善終，美意良法歷久就湮沒，古人之所以致慨也。今謝公既底法，顏公復踵事，小民已食德無窮。期後來牧者，以顏公心、謝公心以心民心，則善善相因，雖有水行由地中，自謂吾鹿爲豫東南鄙樂郊也可。

乾隆九年。

(文見乾隆《鹿邑縣志》卷二《河渠志》。馬懷雲)

屈家橋水利碑記

許焱

水所以利民也，亦以害民。順其性，則民享灌溉之利；逆其性，則民罹浸溢之災。鹿邑爲豫州之釜底，地勢最下，有洪溝二道，分處東北、東南二鄉。其上洪溝之水，由晉溝南行入茨河，舊與下洪溝分隔數里，不使東歸者。以下洪溝地尤卑下，滙神塚窪諸水，瀰漫數十里，直注下流，恐妨東南之田舍廬墓也。惟是南入茨河，故道日漸淤高，而東北鄉諸水，若偃王陂、孟家湖，又停蓄爲患。因其勢而利導之，此固司土者之責也。余下車三匝月，急加查勘，訪之邑中耆舊，爰具牘申請，將晉溝至唐家橋開濬，俾上洪溝之水，仍入茨河。復令疏通下洪溝，自屈家橋起，迤邐以入清水河。庶南可循流，而東有分洩。上溝之害除，而下溝亦可高枕而安矣。乃東北諸民利其便己也，欲決上洪溝之水，自西而東注之，以重下游之患。用是，下令填平，勒石永禁。以屈家橋爲界，橋以東疏之，橋以西塞之，自今日也。以往兩濬上下，蓋除往日之沮洳，共服先疇之畎畝，民業以安而民心亦靜。後有起而爭之者，亦將有鑒於斯文。

乾隆十七年。

(文見乾隆《鹿邑縣志》卷二《河渠志》。馬懷雲)

重修文廟碑記

知縣王世仕

睢陽之南，鳴鹿舊壤。規方百有餘里，農安路伍，士勵膠庠，欲尚敦龐，沿習近古。

前之人既昉三代井田之制，以制鹿之田，知其必崇三代學校之教，以教鹿之人。宜及今而無替也。仕於乾隆二十一年丙子，由甯陵量移受篆後，齋謁文廟，見正殿剝落，簷角就傾，其他處率卑隘缺陋，或多毀妃，瞻仰之下，心竊悚焉。退查邑志，學宮遭燬於明季，我朝定鼎順治之六年，前令閔三元首創修之，嗣興修於康熙四十年前令謝乃果，規制斯備。厥後垂六十餘年，未有議及者。竊慨起化之地，莫之省憂，是無以肅士氣，振民志也。時以鹿境地下，當上游之衝，屢被水患，戶鮮蓋藏，欲即興修而需費鉅，程工久，捐輸期會慮難翕從，迺寢。其議。二十二年秋，境大水，哀鴻徧野，其請賑恤帑金十萬八千兩有奇。復荷皇上天恩，以工代賑，發帑金三萬三千兩有奇，挑濬河渠，邑賴以濟。二十三年，歲大熟。二十四年春，仕宰茲土已四年矣。迺集闔邑紳士鳩工庀材而興修焉。首修正殿，仍舊棟宇而新之。次重建尊經閣，擴其規模以五楹，次修兩廡，各坊亭、鄉賢、名宦祠、□□□□□□器皿悉以度。泮池初土也，易之以石，櫺星門外，按《闕里志》立石表柱二，內旁建齋房三楹，殿後周圍築墻百餘丈，輔以遊廊，迤邐通行，明倫堂在宮墻之東，概易椽瓦新之。堂後舊有教諭、訓導二宅，毀廢年久，莫可稽。廣文借居民房。爰清理故址，建儒學正副兩齋署，共若干間，各工具舉。明倫堂又東則新建萬壽亭焉。朔望慶賀之辰，仕偕諸寮吏暨闔邑紳士，聯班叩首，瞻颺黌宮密邇新增巍煥。邑人士以時習禮，彬彬仰止，三物六行之教，必有敦崇不怠，而預徵華國選者，將民俗亦自此日上也。興工於乾隆二十四年春二月，落成於二十五年秋八月，共費工料銀萬餘兩，有輸之紳士者，有輸之伍民者，節豐年之餘粒，用之起化之地，不介而孚，集若響應，蓋黃童白叟共樂觀成。於黌序之聿新，故司土者無嫌，踵前事增美也。其規方基址，有居民儗舍年久者，皆給緡助遷。南北共長一百六十二步，東西共寬二十二步，其捐廉添設香案、祭樂等器，暨司事鳩工姓氏，合併附識鐫碣，以垂永久。

乾隆二十五年。

（文見光緒《鹿邑縣志》卷七《學校志》。王偉）

創建鳴鹿書院碑

知縣梅茂南

邑之鳴鹿書院，前邑宰呂任菴之流風善政也。任菴，歙人，康熙初令鹿，多惠政，而於河汾講學風尤致意焉。相邑城之東北隅，闢義館一區，顏之曰真源學舍，即今所稱鳴鹿書院者，是其前為猶龍隄，為宣聖問禮處，是殆有道德之遐思，禮教之遺想乎。道光四年甲申之秋，余調任茲土，甫下車，訪之行次一額書曰伊人宛在，余溯洄從之不能去。無何，行其庭，在新之堂頹然矣。誦讀之處，闃其無人矣。嗟乎，此非昔之槐市耶，而今竟風流歇絕也。豈非為宰者之責耶。鹿邑古鳴鹿地，近接梁園，亦人文藪也。自老聃希夷而下，如田君壽軒、介肅王復軒諸賢，皆一代偉人。其他學行卓絕，亦未易更僕數，高曾矩矱、舊德未湮，而天地靈淑之氣，又復時鐘於仙臺丹井間，於此不宏以鵞湖、鹿洞之規，致使士多野處，而匿其秀。余甚為鹿之人材惜，而鹿之人轉將惜余，亦風塵俗吏之所為也。聞之師道立，則善人多。余性素樂宏獎，爰於公暇，訪鄉賢而謀之，首捐廉三百緡為之倡，而諸鄉賢亦各輸己資為之助，更廣集一邑之力以善其成，且謂向者一畝之湫隘，而僻處雖遠囂塵，而地則向幽。向幽不可文，曷移而南乎？南，文明之象也。於講學宜，因是卜宅於猶龍隄之西南，而疇昔舊舍葺之，仍畀義館，則成人有德，而小子亦有造也。

是舉也，經始於道光戊子歲春二月，落成於己丑歲秋九月。

道光九年。

（文見光緒《鹿邑縣志》卷七《學校志》。王偉）

重修廟學碑記

知縣瑞徵

同治戊辰夏，重修文廟功成。規模仍舊，棟宇維新。翼翼皇皇，如跂如矢。殿廡暨名宦各祠，計八十間，其東萬壽宮為歲時祝釐所，西明倫堂共十五間，周垣百餘丈，土木竹石，髹漆工累數千，歲歷四週，費錢五百萬有奇，邑人或以財，或以力，趨事爭先，厥功並懋。居工次以指授代鼛鼓，閱數載如一日，任怨任勞，克勤克慎，惟邑紳王德本等績為多。先是廟重修於乾隆庚辰，後四十餘年壬戌再修，今又八十年矣。風雨摧殘，日就頹壞。宋撐瓠瓿，幾無完者。移丁祭於書院，見者慨之。每議修繕，以工繁費鉅而輟，且爾時寇警頻仍。民嗟蕩析，戒嚴歲至十數。城壞池淤，先為保障計，他務未遑也。

歲乙丑，大患。既粒人奠厥宅，百廢待舉。適前令尹八閩楊君來權篆，紳士爰有修廟之請，楊君可之。邑紳前兩廣爵督徐公廣縉、四川布政使王公德固各助千緡為倡，餘則計畝鱗派，量力勸輸。推紳士幹敏者督工役，司出納，饋食於家。議既定，鳩工庀材，是用興役。役甫興，楊君及瓜期，代者隴西任君，弗獲觀厥成而去，而徵適承其乏。是時，百堵漸興，功已得半，閱歲，廟貌畢備，惟塗丹臒。仲春，偕廣文恭請先聖先賢各木主於廟，行釋奠禮，祀事孔明，觀者咸嘖嘖稱道之。粵數月，丹臒俱葳，將刊貞珉，以垂永久。請徵記其事。徵不敏，曷克副諸君子請，然因之有感焉。溯自宋仁宗慶歷時，詔郡縣各立學宮，一稱盛典。而王荊公慈溪縣學記有孔子廟廢不治語，南豐宜學記亦云。蓋創之者未久，修之者已難為力也。況茲邑文廟傾圮歷八十餘年，今輪奐聿新，豈徵之善於紹事哉，亦諸君子相與有成爾。

同治九年。

（文見光緒《鹿邑縣志》卷七《學校志》。王偉）

扶溝縣

邑侯蕭公德政碑

工部尚書尉氏人靳于忠

歲甲申，皇帝定鼎秋七月，詔簡碩人咨名世，其材器備公輔者，先試諸郡縣，俾能民。明年乃及中原。余特得扶杖觀治，越再期，扶庠宋子一范、蒲子生彩、路子天命、盧子世延、林子光祚、何子鳴遠、張子標芳、張子嚴、李子中秀僉至，為余道其邑令蕭侯治蹟。其邑之父老咸分工采石，特書侯政，將世世子孫食侯德。既而曰："子老成人，宜筆。"余得近侯治聞久，兼諸子請，乃不辭。尚以余聞質諸子見，諸子曰："諾。"

侯始隱恒山，不求聞達，及拜扶，有難色。侯母太夫人賢而明於治，趣侯受檄，侯遂如扶。比至境，悉奉其太夫人指，懸書國門，一時城郭荒殘，甲諸郡邑，夜符竊發，城雉朝焚，戶口浮沉，煙火斷續，間有半廈猶存，復苦多奸竊據。侯惻然恫之，為著令國中，凡久亡而歸者，竟入而家室。其有張暴堅拒弗納，繫以亂民，置之法典。旋稽民室之無主者，呼若鰥、若寡、若孤獨廢疾之人以就養。於是，聞風來歸，幾空鄰國。諸子觀乎！僉曰："諾。"

其後登陴遠望，赤地黃蒿，白狐狡兔尚盈郊藪，農祥弗克臻。侯乃集舊農，教以力田。先之邑佐，復命耆老為設給牛種，賑恤貧乏，自備公費。恐驛站興而害稼，急陳災傷致僅呼免而力農以至，未繼旬，而歸耕得八百戶，婦子開墾已三百七十七頃，視前日僅以七十頃終，扶田何啻霄壤！聞是時風雨節而麥禾實，以侯瑞致有年，諸子觀乎！僉曰："諾。"

扶故多河利，帆影車聲，山珍海錯咸聚，若天府焉，賊興路阻，商賈不入。侯曰：國不通商易賈，則貨財乏，工用匱，其國益貧，無或有嗜利無厭，以為邑令取怨於下，遂禁市勿漁稅築館，勿疏防給路引，勿交譏察以恣劫奪，至今商賈赴為樂土，諸子觀乎！僉曰：諾。

扶俗多佳士，頻年兵容盛，士氣阻，侯草檄下司鐸冊，子衿之樂貧而好學者，得張標芳以下七十餘人。童子之質美而可教者，得何際美以下五十餘人，聚之學宮，侯為立社給粟，蠲役頒書論文之曰：侯中諸子侍丹黃盡數千言無倦，諸子觀乎！僉曰："諾。"

當西氛熾北綱弛，綠林燕，白刃驕，扶之人晝多閉戶待斃，而夜枕弗甯息，侯曰：吾力能為爾剪渠魁，脅從罔治。維時大奸欲逞，羣黨尚伺，而侯不吐不茹，不援不陵，除鉅惡，貽長利，而聲色不為動。繼今郊壘盡平，社鼠不作，不謂山寨憑嘯之徒盡滌心腎，而遊手玩心，至相引而為賭博者悉弗聞。諸子觀乎！僉曰："諾。"

大兵之後，定有奇獄疑訟，以勞上官案牘，扶風以剛逞聞，遂至有罄金錢以飽提呼，空城市以避株累者。侯慮遣吏往諭弗勝，乃單騎馳郡伯請示，以昭告下民，使知朝廷寬政，毋有恐害。旋入四寨，廉餘夫四百人以實城郭，而城郭士民皆喜色相告，誓合力執挺以衛社稷，無復有更急私仇忘公憤、犯義誣詞千賢父母怒者。諸子觀乎！僉曰："諾。"

扶昔城高池深，兵利粟多，維其邑孝廉劉君恩澤之與有謀，當千金賊陷城，劉君以腹患不及防，遂夜半被執，不屈墜樓死。秀才何生際龍，當逆闖入城，驅眾平垛，何生必不往役，投城渠死。時移事更，忠義之氣消付署雨寒煙，無能言者。公聞之，慷慨悲壯，議先列其木主於邑故保障祠，以備他時入告。庠生張文孔妻，十八而寡，養公姑，撫遺孤，歷八十餘年，以完節終，其孤單而寒不言，其友言之。侯曰：吾為邑長，自合表其邑之貞女烈婦，以彰教閨閣，甯關若子孫事耶！乃往旌張母之里，而助資以合其穴墓。諸子觀乎！僉曰："諾。"

侯長材大署，坦度真心，每聽訟必達時洞勢，緣情比倫，不務以得情喜。如鄉人李三友，自入城，室出所藏金，而李袞必執以為盜，三友怯辯無所措，及伏侯堂下，片言輒折，斥罪李袞，悉以千金付三友去。友驚喜如創受侯賜，低徊不忍離其側。諸子觀乎！僉曰："諾。"

余因離席而起，謝諸子，存其口實，無庸余筆為侯不朽。諸子曰：未也。吾聞游康衢者似傲，飲蠟賓者如狂，其民忘也。民忘治乃上微，先生幾不識侯績。然侯今宰扶澤扶事小，旦夕入佐宰天下事大。而帝室為銘，勳臣隣為取法，必特命台臣詳察。侯初蒞何郡縣，報最何政事，終始何歲，以成良臣襄治全書，茲役及扶諸生稚子何足徵？必也吾子。余復諾。呼介僕注，頃言付諸子往，以圖諸父老石。

侯氏蕭，諱讓，字光胎，長軀，美髭髯，立山行時問對，聲如擲地金石。籍北直保定府博野縣人。順治初，以書經拔貢詣闕。

順治二年。

（文見光緒《扶溝縣志》卷十四《藝文志·碑記》。王偉）

郝氏重修外祖馬氏先塋記

聽選監生八世維新撰文。

邑庠生十代孫廣祿書丹。

此吾始祖成，承祀馬氏之塋地。馬氏世居韓村里，有地一十二頃，汴有房若干間。我祖于明朝初入贅其家。時民俗大都入贅者。印侔諸子，以韓村地悉與祖成。祖既承馬氏之業，遂以馬氏塋為先塋。其塋地頗廣，一十二畝有奇，傳祀二世，乃徙居孫岳崗之陽，是後專業于孫岳崗，而韓地以漸而棄，居止既遠，則祭掃自疏。塋鄰有高氏者，而輒將塋地乘隙侵毀，漸行開披，歷數世，祇墳墓間盡為高氏桑田，而無後一丘之存矣！

余長，與族人之長者坐談往事，言偶及此，不勝悼恨，尤約族人紳、池等於天誓眾，具詞于官。時邑侯永平王公，洞鑒民奸，嚴核宿弊，第竊據日遠，舊址靡存，僅封邊七畝二分，其餘尚為高氏莊路侵佔，未獲盡復。西北俱至大路，東西俱至高大禮，北寬四十三步，南寬四十五步一尺，東長三十七步一尺，西長四十一步，自是築垣四圍，中植松柏，每年清明日、十月朔日，族人俱少牢庶饈以奠，與孫岳先塋同時舉行。斯根本之地不至遺忘，而我祖成之誌亦庶乎遠有繼之矣！雖然，非自繼先而已也，所以啟後也。吾族子孫仰庇先人厚德，固將傳之無既，惟願世世享此福澤，則世世崇此禮祀。牆垣時整，勿為人所穿逾，樹木時修，勿為人所剪伐，則根本固而枝葉永茂矣！是記先長伯撰于萬曆十年仲秋，後歷及明末，時際鼎革，物遭後燹，塋石亦因是傾裂焉。于清朝初二年間，九代勝等感鳳木而往瞻先塋，萃石錄文述先志，以誌不朽云。

邑庠生九代孫郝勝等重立。

大清順治二年歲次乙酉中冬吉旦。

（文見《郝氏族譜》。王偉）

重建魁星閣小引

臨淮人邑令蔣其昌

蓋聞菁華既萃，必開其先，呼吸可通，務乘其吉，故在天成象，即以驗人事之可憑。維神式靈，正以彰有孚之足據，理有固然，事不容略者也。魁星處斗極之中，孕太陰之秀。玉衡聯彩，景運著於六階。珠絡躔輝，文明徵於上國。至若先分太乙，發奇兆以掄英緯，繫文昌示赫靈而司命，凡此功名之士，皆資翊贊之休，所在欽崇，罔有玩佚維扶。隸四域之中，近三垣之炤，分亢分角，類皆進賢，忠輔之候，占應昂應奎，又多篤鍾輝映之髦，譽其於魁宿，倍當敦隆。乃舊閣久頹，荒榛莫問，既無可以興作覩，亦非所以妥明神，誠缺典也。不佞濫組來茲，興懷是役，敢倡末議，普約同人，並力鳩工，建閣如舊，翬飛鳥革，增新採於城隅，翼震乘離，肇吉方於異位。庶乎突青雲而捫日，瑤華常丙于泰符，聯紫炁以開天，名宿競騰於帝座。爰鑴片石，丕式千秋云。

清順治十一年。

（文見光緒《扶溝縣志》卷十四《藝文志·碑記》。席會芬）

羅兵憲公傳

蔣其昌邑令臨淮人

兵憲羅公，諱玹，字孟玉，號東泉，其先晉之洪洞人也。明太祖甫定豫省，思以天下之望族實之。其始祖鼎昌，被詔移豫，遂隸扶溝。當授永平府司獄，生子錦，補太學生。錦生俊，永樂庚子舉於鄉，歷官漢中太守。俊生贇，登成化壬辰進士，授新昌令，英才駿發，政頗有聲，擢山西道御史，初巡陝西，再巡山東，鼇蠹摘奸，民安吏肅，識者卜其後之必昌，而兵憲公即其塚君也。公舞象列博士弟子員，成化丙午，以第一人領鄉薦，己未成進士，披聖賢之奧，標理學之宗，知名之士無不奉公為楷模。而文教初開，漸臻昌博，則公之力居多也。

初理東兗，會大饑，萑苻四嘯，領郡者一齊以刑，狴犴幾滿，公按獄多所平反，全垂死者無算，且多方蠲賑，日待食於公者可萬人。直指使上其狀於朝，遂擢監察御史。乃公臨民則慈姁若召、杜，登言路則鯁抗若黯、宣，撤妓泥樓，舉朝嚴憚。柄政者不能容，出知鳳陽。鳳陽為明太祖發祥之地而皇陵在焉。設有守陵太監、護陵守備，威儀同撫軍，璫之饒有力者任焉。自監司而下，例具屬禮，郡守雖間一分庭承接，少不贍則謠諑隨之。蓋此輩素暴，翼以赫赫之焰勢，不得不侮守土之官以張其威，而守土者又每畏其朋比上臺，時資緩頰，勢不得不循僚屬之禮，以蘄其效，是以璫日橫，守日卑，戛戛乎不可返矣！

昌世居濠上，先王父曾為公部民，其紀公則獨不然，當公履任謁陵後，例應即參守府，執儀注者請行。公曰：先師未謁，何得遽通交際，且予又烏用此先施為，乃竟不往。璫之氣遂自此沮，不能一刻安，務去公而後快。奧援甚捷，即調嘉興，又調延安。雖未獲竟公之施，而百餘年日下一日者，公直返之綰組間，公之風力為何如也！

延安居陝之邊界，鎮羌撫瘵，歷有令聞。秉銓者以公論不可久掩，晉公憲副，備兵固原，其所謂良二千石事，即公亦終以未暢為憾也。固原界屯驛之衝，靜隆多不逞之輩，其臨鞬一鎮，又不減於守陵之璫，官此者徒仰屋挈肘耳！公則遊刃為之，而漾池靖玩黷戎服法矣！自理兗迄茲，凡二十餘年，有利於國者靡不興，有病於民者靡不革，雖得時而駕，莫敢挫鋒而心力已竭，因之疾作，累辭始歸。養重東山，維桑是庇若公者，誠不昧於出處之大者哉！不肖昌濫組來茲，偶接孝廉名芝徵者詢之，知為公之曾孫，因有觸於先王父之所紀載，縷告孝廉。孝廉曰：先曾諱玶，正德癸酉舉於鄉，即先兵憲之同乳弟也。熙朝鼎升，家乘散佚，雖於邑之列傳誌先兵憲之大端，而實不若君之詳，敢借如椽以備太史。維昌譾陋，寧敢颺言。但自先王父暨昌凡三世，皆待治於公，今昌又與孝廉輩聯磁鐵交，是固與公有世講之緣矣！敢不勉承，借伸懿好，非久孝兼當夾曰絳霄，光彤管而壽貞珉，固仍屬之孝廉也。是為傳。

順治十七年。

（文見光緒《扶溝縣志》卷十四《藝文志·碑記》。王偉）

重修玄帝廟記

張熙璧

張子閒居，杜子著書，客有訪漢世事者，因咄咄然不出一語。適有鄉人楊起遠、張世龍叩扉來謁，張子天厭其剝啄也，因啟戶延之謁曰：吾邑有豪□□俠。諸君曰："椎牛灑灑，以啖遊客。公等何披荊拔藜來揖余乎！"兩人笑曰："知公立坐□□林泉嗜賞，然非無事公所也。"邑西天井崗，原建有玄帝廟，歲久，風雨飄搖，崔穿鼠竊，起等結杜釀金，就其廢缺而補茸之後竣焉。公一言以記其事。張子於是憑几而問曰："東有青帝，南有赤帝，西有白帝，中央有黃帝，吾帝載祀典其功，並重世人，獨祀玄帝而不祀四帝，厥故安在？"兩人默然良久曰："不知也。"張子曰：居吾汝語其事，蓋昉自明初，成祖靖難起兵，建文遣將禦示之。每合戰，北風輒起，南軍披靡。及金陵破，成祖登大寶，因神異其事，以愚天下曰："朕之有天下，玄帝助之也。因冶金蓼嶺之椒以崇祀之。上好，下其相沿風成，於是乎建宇而尸祀者遂遍天下也。不然，世人何厚于玄帝而薄於四帝乎！"兩人首肯曰："微公言，其誰知之。"因持文再揖而去。

張子仍杜門著書也。

甲午科舉人邑人張熙璧撰。

康熙四年七月十五日。

（碑存扶溝縣韭園鎮後鄭村北天地崗南頭。王偉）

重建扶溝縣堂上梁文

三韓人知縣高錫爵

伏以花縣親民，首重具瞻之地；銅符行政，光懷寧止之思。堂上既肅規模，階前自標準則。邑分漢室，從斯陳紀立綱；制煥歷朝，咸藉厚民善俗。前峙兩岐之阜，勝擅桐邱；後縈雙洎之流，秀鍾艮岳。人文蔚起，豪傑挺生，戶誦家絃，明道之淵源不替；桃榮李茂，安仁之豐碑常懷。法斷取衡於案前，民情不壅於堂下。熙熙穰穰，往來之仰止方殷；鬱鬱彬彬，咕嘩之觀摹時切。詎意流氛孔熾，土寇繼興，市廛頓作邱墟，堂構盡供釜爨，巍巍峻宇，寧無禾黍之悲，肅肅崇基，每動荊榛之感。我清定鼎，殘邑雲蒸，突豕遠諳，飛鴻競集，已見聿新百度，急宜重建官衙，甫脫瘡痍，恐艱土木。幸紳衿僉謀盛舉，黎庶好義樂輸，夙昔威儀，得改觀於一旦；將來臨蒞，當稱勝於千秋。豫卜吉期，先施畫棟。撰上梁之俚語，助羣役之歡聲；先億兆之謳歌，繪太平之景色。

拋梁東，祥雲縹緲日曈曈，洎流浪暖魚龍躍，東作融融年歲豐。

拋梁南，冰心一片若寒蟬，薰風時拂扶臺下，平秩南訛桑土置。

拋梁西，樂郊會見集輪蹄，家家咸有西成慶，煙雨漁村路不迷。

拋梁北，化洽偏陂儀不忒，翠屏古柏鬱蒼蒼，燦爛奎光拱北極。

拋梁上，惠愛滿腔思保障，清泉漢井溢無涯，常令斯民慰卻望。

拋梁下，署雨莫教咨乃夏，嶽雲桐霧兩無心，止水虛舟不逆詐。

伏願上梁之後，官守箴規，民遵教化，德星聚而豹變鵬搏。嘉穀登而倉盈廩積，森嚴三尺，不令城社作憑依，敦敘五倫，每見閭閻多揖讓。崔苻於焉警息，路不拾遺，鼠雀從此永消。案無留牘，思波共沐，樂利均沾，帶礪如新，河山永固。

康熙四年。

（文見光緒《扶溝縣志》卷十四《藝文志・碑記》。王偉）

清故文林郎廣西平樂府賀縣知縣杜三公墓誌銘

賜進士出身誥封中憲大夫西華眷弟王鼎鎮頓首拜撰文。
賜進士出身大理寺觀政箕城眷年□張圻隆頓首拜書丹。
賜進士出身湖廣常德府推官潁州眷年門侄甯誥頓首拜撰額。

長風縹緲，破我雀羅。有君子儒皇皇然若有求而弗得焉，則杜子孝廉也。曰先君筠圃世所稱臨賀侯者也，以康熙四年卒於賀，歸而謀葬期在五年之季秋，例有誌銘，以光泉壤，願借子大夫一言為重。噫！以勤處事則祀之，載在祀典。此太常事也。吾何與無已則姑言其狀，以俟後之董狐。按狀：

公杜氏，諱俊彥，號筠圃，故徵君泰徵公之季子也。生而英敏。弱冠入庠，風雨之夕，一燈熒然，若迸寒泉而振夕飆也。文尚大雅，豔冶空明，一時士林皆宗之曰：此吾泰山北斗也。故時雖離亂而所在皋比。興朝定鼎，首膺拔擢，及上成均，大司成甚器重之曰：此吾小友，不當在弟子列也。然雅戀親幃，絕情杜進，視膳之外，仰天擊缶而歌，烏烏！他不恤也。宰賀之命，有數自天。間關千里，子然一身，亦可想王尊之於九折版矣。及其入賀，則首重均徭，上里不獨贏，下里不獨詘也。其後大軍壓境，經費百出，而卒無累，則以前此者預則立也，信都不反，而督師疑之，意在掠閭邑之民不憂，處則鳥獸散耳！公曰："無畏也，有我在，徭乃安堵。"俗刁而頑，夙稱逋負，詢其所以，則羨耗重且雜蓋煩耳。公自奉原薄，惟正之外泊如也，而誰不輸，而又慮民未知禮之未生其共也，演六言，以訓之屬，導人以督之，勤月且以課之。若是乎其揆文。而又慮民未知義之未生其信也，團鄉勇通以練之，教坐作以習之，俱霸降以驗之。若是乎其奮武。千里一官，清風兩袖，上無負於當寧，下無罪於小民，讀聖賢書，至此可以無愧矣。雖有齮齕何害，方擬□棹，未幾訃聞，悲哉悲哉，一何至此！

公年才知命，雅擅琴詩，過庭自訓，教子成名，人間樂事，蓋已奪其八九。設使不仕，則必不粵；設使不粵，則必不亡。其仕也，誰為之？其粵也，誰驅之？豈非天乎！

考古世系，自滑而扶，則當以自滑為始祖，三傳者盡軒，四傳者雪厓比部郎也，五傳者敏齋，六傳者龍坡，七傳者懷柔孝廉公也，八傳者泰徵，九傳者即筠圃焉。

公生於萬曆四十二年六月初八日，卒於康熙四年九月初一日，享壽五十有二。配張氏，生員張心繡之女。生男三：長之昂，丁酉舉人，娶劉氏生員劉澤灝之女。仲之叢，廩膳生員，自襁褓為仲伯承嗣；季之昌，娶何氏生員何寵賜之女。孫二：長宗茂，聘盧氏生員盧徵良之女；次平樂，未聘。女一，適太康縣生員姜芳德之子元善。孫女三：長許聘生員何際熙之子，次未許聘，三許聘太康進士張見龍之子。茲以九月初七日擬葬城南之祖塋。宜銘。銘曰：

生也華胄，長也太賢。文以人播，人以文傳。入也立身，出也揚名。志在《春秋》，行在《孝經》。然則先生，佛也仙也。執允十中，義用三德。然則先生，騷耶雅耶！無欲而剛，履虎不咥。

康熙五年歲次丙午玖月穀旦。

不孝男杜之昂、杜之昌，孫宗茂、平樂納石。

石工翟春。

（碑存扶溝縣文物保護管理所。王偉）

皇清扶溝縣鄉賢名跡

賀縣知縣杜公諱俊彥，天性孝友，持躬方正，邑人例以陳太邱，凡有曲□多於公□成焉。初考推官，缺載議授廣西賀縣令。天末僻邑，兼值民失教養。公為□賦，□撫人民，誠信以結攜貳，宣文以化頑梗。□□泣罪，撫流移，以□□成勞，卒於官。後孚□樂，贈□□。

河南道御史杜公諱子昂。

知扶溝□□□。

儒學教諭汪之相、訓導廖先登、□□行□。

（碑存扶溝縣文廟院內。王偉）

扶溝縣重建縣治記

賜進士第整飭□寧等□監軍兵兼理錢糧□傳江南布政使司右參議兼提刑按察司僉事邑人盧世揚撰文。

賜進士第甲辰會魁邑人何際美書丹。

陝西鳳翔府扶風縣知縣邑人杜俊章篆額。

上御極之三年甲辰秋八月，為邑侯高公涖政之初，甫下車，即詢以治扶所宜□先，一時縉紳大夫、博士弟子、洎邑之父老咸進而言曰："扶溝宜興革者寧僅一二事，惟是縣治當明之末毀於兵，令是邑者率就民屋以居，於觀瞻不宜。今日之政，惟政為第一事。"公曰："諸君子及父老之言是，余其徐圖之。"越次年己巳，政和道洽，百務畢舉，縉紳大夫、博士弟子、洎邑之父老又相繼以請，公即上其□於□府撫軍□藩□臬司郡太守，咸報曰可。公於是首捐俸餘七十兩，紳衿及百姓捐資八百二十二兩有奇，歡忻踴躍，隨其多寡悉輸於庭。公則鳩工庀材，量能授役，先前堂、次後堂、次三堂、次主室、次大門、次儀門，規模定矣。又次則戒石坊一座，六房左右各十間，庫房一間，主室之左右廂各三間，羣房廚房共二十一間，三堂之東偏曰花廳三間，前植桃李松竹，而相聯翼者七間。其西偏曰書室二間，又次則寅賓館三間，衙神祠三間，至此則廄牧之所，演武之所、若鼓樓、若典史宅、若倉若獄，以及甬道、戶牖、出納、公貯之所，悉漸次修舉，翼以重垣，寧堅勿鼛，寧棟勿華，勿雕鏤、勿□□。是役也，經始於乙巳冬十月，告成于丁未冬十一月。噫！縣治之廢也，迄今二十餘年矣，一旦創建之維新，厥功亦偉哉！蓋天下事不一勞者不永逸，不暫費者不永寧。惟是因民之皆樂為者而利導之，故事易集而功最速。余觀縣治政事於此待理焉，訟獄於此聽乎焉，歲時賀覲於此拜稽焉，月吉始和於此讀法焉。而且賓交之所□往來，會稽之所持等，於此□接受成焉。茲且嚴嚴翼翼，壯麗弘深，則公之嘉惠於扶人者寧可數數焉！凡民可與樂成，難與慮始，以久廢之址，一旦捐資樂輸而士若民欣□□難色，則公平日所以得士民之心可知，士若民所以沐公之德化而風俗亦可知矣。凡此皆士民之所欲書以昭茲來者，公亦不得而辭也。

公仁慈愷悌，博覽經史。精于古今治理之得失與生民之剔弊，凡興學育材，通商連賈，均徭役，勸農桑，諸大政不可勝紀。於創建縣治一事，尤得治扶之光，一宜書；慮審謀精，無事督責，數十年之廢基，因民之所利以宜之，二宜書；扶溝士若民急而公誼不待上之督責，自能捐資效力，以共襄大舉，三宜書；事既竣矣，歸其功於公，且以望後之蒞斯土者知公之得民如此，亦將有所觀感而興起焉，四宜書。余扶人也，知之甚□例□書□書。公諱錫爵，字康侯，奉天府遼陽人，由蔭生擢扶溝知縣。

皇清康熙八年歲在己酉孟夏四月上浣之吉。

儒學訓導孫遂、典史張純仁、闔縣士民仝立石。

石工翟應春、張端。

（碑存扶溝縣城內。王偉）

扶溝縣創建鼓樓記

邑人何際美

丁未冬，扶溝縣治既成。越三載，庚戌秋，余得從諸君子及士民，後復有建立鼓樓之請，既而邑侯高公集諸縉紳，及通庠諸士於庭，復召二三耆老，議之曰："不佞承乏茲土，兢兢飲冰。自矢朝夕之所圖維者，惟是惜民財，弛民力，為務往者，創立縣治，興不得已之役。予己捐俸薪之餘，身為士民倡，幸賴縉紳士夫及諸父老同心協力，用共襄茲大舉，是以民力未勞，民財未費，而工已告成，猗歟盛哉！今復休養者數年，歲頗豐登，邑之紳衿耆老，復有建立鼓樓之議，同至公庭，萬口一詞，謁予而言之諄諄。噫！昔人去利不百者不興，害不百者不去。以桑梓之人而歷陳桑梓之事，知之自無不切。使非大有關係於縣治，裨益于民生，諸君子何為是切切詳言乎！余既不敢重拂輿人之情，第鳩工庀材，所費浩大，獨力既有所難成，而用民之力又恐勞我赤子，再四籌度計，惟有合眾人之力，以共集其事而已。余叨為一邑長，綿力在所不辭，仍捐俸餘，先為之率，更告縉紳、大夫、通庠諸友及二三百姓，隨其願之所至，凡資財糧糧，瓦磚木料，以及人工灰麻之類，不限多寡，惟期量力樂輸，不強以所不欲。異日者厥工告成，茲樓聳峙於桐岡之巔，往來之人咸相與語曰："此如矢而如翬者，此皆邑之士若民，與其邑令長，相濟以成茲盛舉，于以見人心之同，而風俗之茂美也。豈不幸哉！諸君子及父老，其圖之！"一時，諸縉紳邑庠士及二三耆老，咸相與舉首加額曰："我公之言誠，士民之願也，扶邑之幸也！請如議從事。"我公則首捐俸資，為士民率。而學博孫君諱迻，又以公之言，為縉紳勸，衆皆樂輸。羣材既集，我公於是經營調度，相其地勢，較舊址更加崇弘壯麗焉！因命典史張君諱純仁董其役，子來趨事，鼛鼓弗勝。筆工于辛亥首春，迄工於是年初夏。落成之日，萬井歡騰，士民咸瞻，一時能文之儒，率皆作為詩歌以詠其盛。復命余為文以紀之，余愧無藻詞，如古斯幹所云者，第勉述始末。並勒公言，以志盛舉，以昭來茲。

康熙辛亥初夏。

(文見光緒《扶溝縣志》卷十四《藝文志·碑記》。席會芬)

社學記

邑人何際美

天下不可一日無政教，故學不可一日而亡於天下。古者先生既設大學，以養成材，而復設小學，以養童蒙。其所以教人之法，詳而有序。故古之天下皆可用之材也。然則，後世社學之設，其即小學之遺意乎！立社學使鄉里童子讀書其中，亦使鄉里之貧窮而館穀不能具者，不至自棄於教外。噫！法誠良矣哉！

扶小邑也，止有大學，而社學之舉，前此未有。考之邑乘，並無其籍。邑侯繆公甫下車，即思毅然創為之，然苦教者難其人，亦無其地。會有楊生者，負遠賈强有力者之債，貧甚欲售其居。邑侯憐之，即捐資估值以予，其地寬廠而屋亦堅固。是年，舉明經者羅子名紳，能文章，而優於行，即延為師，歲出束脩二十四金，皆侯俸薪之餘也。邑人樂公之舉，其童子之俊秀者皆來學，比屋而居，誦讀之聲達於閭里。每於公務之暇時，進諸童子，而考課之，人皆勉於學。侯之樂於為善，而成就人材，固如是哉！昔明道先生之為令也，諸鄉皆有校，暇時親至召父老與之語，兒童所讀書，親為正句讀。有不善則為易置，擇子弟之秀者，聚而教之，其在晉城與在扶溝皆然，至今扶人尸祝之不忘。今扶為明道先生舊治之邑，其民亦頗易治，而侯又得宜為師者以教其人，吾因信其教化之大行，而風俗之有成也，將與明道先生並美矣！豈可不載之邑乘，以興起來哲乎？是宜書。

康熙十年。

(文見光緒《扶溝縣志》卷十四《藝文志·碑記》。席會芬)

重修陸家橋記

盧世揚

　　陸家橋，古平政橋也。創於陸氏，爰有陸名，示不忘也。跨惠民河上，距邑東五里許，往時間架鱗次，負販之聲，曉夜相聞，明季兵燹，焚掠殆盡，物盛而衰，不獨一邑為然也。清興以來，歲稔商通，南自吳、越，西達秦、隴，輪蹄絡繹，取道於扶者率以此橋為咽喉。邑之南西兩郊，即次居停以及賣漿、炊餅之家，乘時逐末隆隆有起色。奈橋久而圮，旅出他途，客邸猶昨，生計蕭然矣！則陸橋非邑民阜財利用之大關也哉！一僧窺民病涉持簿作緣，遂飲啖其中，自己酉歷壬子，非無義助不盈漏巵，星霜四易，築舍無成，邑中士大夫僉以其狀聞之邑侯高父母，父母曰：此有司事也，何以僧為！逐其僧，收其簿，令義民按簿質催，樂輸者聽力，不從心者勿強也。特捐清俸，佐以設處，鳩工庀料，命邑尉督之，敷政餘暇，單騎稽核。於是，橋柱之堅直者仍之，橋板之腐敗者易之，板必六寸，釘必盈尺，護板以柴厚倍之，覆柴以土厚又倍之，旁植扶欄，甯樸勿華，經始於秋，落成於冬。曾幾何時，而青龍儼然駕水上矣！余每思天下事，力任則有功，交委則立敗，道佛於陳，興濟於鄭，良可浩嘆！聖天子付民社於良有司，良有司肯子視民家邑，本之以誠，濟之以斷，何弊不革！何利不興！往往塗飾耳目者，於臺使憲駕旁午必經之地，除道成梁或可應侯至。偏僻猗豹，眾利攸歸，膜外置之，間有迫於公舉者，亦惟是印簿一扇開緣數兩付善信待眾擎斯己耳！孰有見義必為、任勞不恤如我高父母者哉！高父母撫扶九載，百廢俱興，縣署、譙樓、官衙、神祠煥然更新，未易更樸如陸家橋，雖近實僻，乃自以為功不遑暇食，一草一木必親必躬，即父母為子侄營堂，構計久遠，不是過也。非才與誠合明與斷，烏能使民忘其勞、邑不知費、報竣若斯之捷也！推此心也，津梁環海，舟楫廊廟，取之寸丹而有餘裕也。嗟嗟！時易勢殊，車轍馬跡，雨灑風飄，土無久而不坍，木無久而不腐，是在後之同有是心者隨時修葺，勿忘民瘼，則陸家一橋利賴萬年可也。敢因記事而並告之。

　　康熙十一年。

（文見光緒《扶溝縣志》卷四《建置志》。王偉）

小扶亭記

屠又良

　　蒞任三月許，耳目營營，惟薄書也。以余江南風土，問甲拆於草木，字畜於雞鳧，言人人殊，因思時作越陌度阡計，庶得悉農時，則又未遑。夫世無農時未悉而可令一邑者，廨東數十武，得十數笏地，蓋茅葦之所竊，鼫鼠之所穴，不知歷幾年矣。所誅荒穢，剷崎嶇，材不多庀，工不再飭，遂築亭於中之南，以廊引其西，又折而北，不繪不雕，爰覆以茅，或贈名卉，隨時種溉，得稍暇，觴之詠之，無弗與客偕，額之曰"小扶亭"。亦曰僅容一席，聚數膝，昭其儉，故曰小也。客曰是亭也，敞然洞然，日月風雨雲物，環至而交集，飛禽上下，佳樹榮落，可以觀時，此君志也。盡扶之雨暘寒燠，農桑疾苦，皆於茲亭是繫，小云乎哉！余喜客言有足勵，因誌之。

曰康熙丙辰花朝前二日。

（文見光緒《扶溝縣志》卷十四《藝文志·碑記》。王偉）

清故待贈儒林郎前錦衣衛世襲千戶隆寰王公暨元配馬孺人合葬墓誌銘

【蓋文】

清故待贈儒林郎前錦衣衛世襲千戶隆寰王公暨元配馬孺人合葬墓誌銘

【誌文】

清故待贈儒林郎前錦衣衛世襲正千戶隆寰王公府君暨元配馬孺人墓誌銘

賜進士出身候補內閣中書前庚子科解元弟鳴球頓首拜撰文。

資政大夫原任刑部郎中二品服又加三級兄美頓首拜書丹。

吏部候選同知兄玉筍頓首拜篆額。

姪璿以先長兄隆寰公暨嫂馬孺人行實，屬余為墓誌銘。余蕪陋不嫻於文，然此家事也，義不可辭，謹按其行狀而述其概云。

長兄諱騰鳳，字隆寰。其先卜居於順天，為錦衣衛世襲正千戶。永樂初，始祖隨親軍大將軍朱能征討，建有奇績，得授此職。後叔祖諱先者，依潞藩分土至衛，生二子，長早殤；次諱世虎，因襲職焉。元配鄒氏，早世無所出，繼配周氏，生子即長兄也。長兄生而穎悟絕人，丱角能屬文，內行醇謹，事親以誠以敬，愉色婉容，宗黨內無閒言。娶陳留明經馬公諱京之仲女，丁丑科進士馬孔健之妹也。于歸後，端莊靜正，工細刺，善中饋，孝事尊嫜，克相夫子。迨甲申，流寇猖獗，一鼓渡河，遂南游江淮間為避地計，不復躐足行武，以野服自娛矣。時叔氏性嗜酒，長兄雖處搶攘，而甘旨之供必具酒醴。即或問友他邦，馬孺人復能剪綵紝績，易酒以奉晨昏，務期堂上人得遂歡心。蓋其天性然也。長兄伉直無隱諱，意所不平，輒義激形於色，殆所謂見義必為者乎。至與人交，則坦易和樂，善氣迎人，達於眉宇。人無疏戚長幼，望見顏色，無不愛慕。故居江淮亳壽間十餘年所，人多德之。且生平慷慨樂施，子每遇窮疾無告者，必多方濟之而始快。時有逋欠，亦不責其償。常出券千餘缿，對債主火之。其廉于財有如此者。性尤好客，嘗遍歷天下，凡遇名山大川，輒與二三高懷曠達者登眺豪飲，共相嘯傲。以故四方名士咸願與為結納。郭林宗之友多天下，李元禮之名重海內，何必古今人不相及也。

乙未歲，叔氏病劇，長兄遠在秦中，藥瓢膳具賴馬孺人一手拮据。及長兄歸來，而叔氏病將革矣。哀毀幾絕，爰具含殮之儀，盡蹣踶之節，一合於禮。因山川修阻，隨葬於正陽關之西村。夫以作客他鄉，遙遙千里，仍得歸襄大事，人以為孝感焉。信矣。

河南方伯徐公以庚子年下車，與長兄有姻婭之好，走使遠招，因攜家北徙，路過扶亭，見其里敦詩書，俗尚醇謹，遂家焉。在扶應事接物而外，惟以課姪輩讀書。璇姪因得補邑諸生，選貢太學，考州佐貳。居亡何，扶有二吏犯法，鞫審當不赦，長兄極為白之得免。二吏感恩，暮夜持金致謝。長兄力卻之。迄今欽義慕德不獨扶之都人士已也。後徐公擢湖北中丞，以戚誼托訪豪蠹。長兄日夜伺察，越三四月得五六十人。然長兄慈良成性，恐其事屬風聞，或為仇所誣，故寧失出，勿失入也。竟按不報。嗚呼，此可以知長兄之行矣。

長兄生於天啓五年十二月二十七日辰時，卒於康熙十五年八月十九日酉時，享年五十有二。元配馬孺人生於萬曆四十七年十一月十四日子時，卒於康熙十一年正月二十八日酉時，享年五十有五。生男二，長璇，丁未準貢，考授州同，娶朱氏，早歿，繼娶鄢陵庠生常公諱源欲孫女。次璣，聘梁氏，早逝。女二，一適泉州府督捕海防同知濠上蔣公諱其昌次子太學生偉；一適鑲白旗開封府南河同知三韓高公諱錫爵長子太學生其傑。孫女一，幼未字。今卜於康熙十五年庚辰十一月二十四日，合葬於曲岡馬孺人之墓。爰繫之銘。銘曰：

不撓於利祿，其神乃全。不躓於顛沛，其知乃便。以孝行者合天，以逸處者合權。孰不行義而勇無傷，孰不澤物而惠無方。濬茲發祥，永茲偕藏。

大清康熙十五年十一月二十四日。不孝男王璿泣血納石。

（誌存扶溝縣博物館。王偉）

廣文夏初楊公墓誌銘[1]

【蓋文】
皇清彰德府臨漳縣儒學正堂楊公之墓
【誌文】
廣文復初楊公墓誌銘
賜進士第整飭徽寧廣德等處地方監軍兵備道兼理錢糧驛傳江南布政使司右參議提刑按察使司僉事眷弟盧世揚頓首拜撰文。
賜進士及第文林郎知樂安縣事前卓異今候補眷晚生張見龍頓首拜篆蓋並書。
廣文楊公復初，余諸生時，筆硯友也。復初為文刻苦嬌異，俯首平流，有不屑為伍之意。余弱冠對案操觚，頗相善也。回憶已四十餘年矣！余倦飛知還，公已抽簪卻掃，雖家侄附公甥館，然音容可望而不可即也。無何，其子呈秀涕泗以誌請。余何忍辭！按狀：
公諱執徵，號復初。其始祖諱貴，元末自謂南遷扶溝，遂家焉。德隱不躍，後以中子

---

[1] 此誌刻於兩方石上。

諱鼎貴，累贈中大夫，山右大参。明興數十稔，扶邑無發甲者。鼎於永樂十八年魁南宮，選庶常，改給諫，跻方伯，桐邱文獻首稱楊氏，至今猶傳廷器先生云。公之二世祖諱□，其胞弟也。塤箎兢爽，聲望赫然。然絕盛難繼，書香中落，越六世，至逢春號中和者，憤然徵之弗嗣祈後昆以邁跡，有子三人，延師督課。公其塚器也，仰承先志，丙夜膏焚，不妄交一人，不輕發一語，鞭心于經史帖括中，故試必冠軍。芥拾青紫，拭目俟之，乃屢戰棘闈，目眯五色，豈非數與！國朝定鼎，以明經分訓唐邑，正身律物，戶履常滿，朝煙欲斷，有叩必鳴，唐之子衿有君家龜山先生之目，三年遷諭臨漳，公即以課唐邑者課漳邑，雨化既久，陶成更眾，如□沙李竹陳兩先生，皆公所朝磨夕礱而奮飛者也。

　　漳當孔道，令旁午應酬幾無暇晷。邑民疾苦多所撫摩。如邑與磁間，一漳流漳，壖遷徙不常，加賦難豁，以致一地重科，合邑患之。邑令入臺諫疏奏其事，下部議。然時事孔棘，增易而減難，非重貲不能挽救也。公慨然捐百金為士民倡，累年之害始除。嗟乎！寒甗之儲幾何，倘緘縢而守之，準復望首蓿署中作例□活人功德哉！公之毀家紓國不止加惠後學矣！當事方欲上剡章授民社，公睠懷三經，拂衣而去，其難進易退之節，殆與臺雀爭高矣！返舍閉戶，闢一塾以課子栽花、種竹、吟詠其間，戶外事緘口不言也。邑父母高其誼虛，飲賓敦請。公累辭弗許，鶴髮丹顏，五登上庠之筵，邑人榮之。非盛德積功，邀天眷而光國典，詎易臻此者哉！

　　公生于萬曆二十三年乙未七月初十日，卒於康熙十五年丙辰六月初六，享年八十有二。元配杜氏，繼配羅氏，兩郭氏，皆先公卒。繼配高氏，子二：一呈瑞，出亡未歸；羅氏出；一呈秀，邑庠生，高氏出，娶待贈文林郎張公諱可從女。女一，適庠生盧徵彥，高氏出。孫男三：長名章，聘邑庠生何周錫子邑庠生何際禹女；次名韋，聘邑丁酉科舉人杜子昂弟邑庠生杜子昌女；次名卓，未聘。孫女二：長許字邑庠生郝濟膏子儒士郝爾梓；次幼未字。公學成於已德孚於眾，淡泊名志，解推弗吝，與物無競，亦不隨俗俯仰。平坡顯晦，所遇不齊而耿介之性老而彌辣。年逾杖朝，端坐而逝。雖位不配才，而齒德並尊矣。將以本年十二月二十二日葬于祖兆之次，爰為之銘。銘曰：

　　得之天也厚，修之人也全。雖苜蓿之盤，兩地同冷而更老之席，五趙必先。嘻嘻！馬鬣而兆鳳毛，外翰之壟也，依稀內翰之阡。

　　大清康熙十五年十二月廿一日不肖男呈秀泣血納石。

（誌存扶溝縣城南關路西。王偉）

新建火星廟碑記

　　公買座廟地基一處，南北叁拾捌步長，東西捌步寬，用價銀拾陸兩五錢，大殿後磚井一圓。

　　邑舊有火星祠，歲時伏臘，祈禳雲集。惜其祠逼市廛，地不盈尺，卑隘不堪，甚非所以妥神也。信士李明文、丁士禎、單增財等請於邑侯，各捐己貲，兼以募化，因其地而擴充之，改建大廟三楹，益以拜殿，加以門屏，棟宇深邃，牆垣整飭，金碧丹堊，輝然煌然，與曩時不啻天淵也。工將告竣，欲序其改作之由，托予為文以記之。予曰：自清興以來，邑之諸人氏大作善事，凡有廟宇煥然一新者，文廟與火星祠耳。禮曰：聖王之制，祭祀也。能禦大災，則祀之，能捍大患，則祀之。非此族也，不在祀典。火神之祀，其來尚矣。非特其禦災、捍患，深有功於民者乎。其它淫祠猶有舉之而莫敢廢者，是廟之建焉察已哉。第其規模宏敞，

　　物力浩繁，首事者獨能極力經營，克告成功，始事無遺謀，終事無誹議，厥勞誠不細也。使慕義急公盡如斯役，天下安有不可成之事，又何有廟宇頹廢之虞哉！是不可以無記。因為之述其顛末，勒之貞珉。是役也，經始於康熙八年秋月，竣於是年夏月。其輸貲共濟者並書之於後。

　　賜進士第原任整飭徽寧廣德等處地方監軍兵備道兼理錢糧驛傳江南布政使司右參議兼提刑按察使司僉事盧世揚撰文。

　　康熙十六年歲次丁巳四月十一日。

　　開封府南河分府三韓加一級高錫爵、賜進士出身文林郎知扶溝縣事西湖屠又良、賜進士出身文林郎福建泉州府德化縣知何際美、吏部候選知縣丁酉科舉人杜之昂、乙卯科舉人杜之叢、貢士何稽尚、貢士劉澤匯、貢士張標芳、貢士王璿、儒學司訓孫迹、兵備後選守備鮑文洪、癸卯科武舉何龍文、典史張純仁、文武生員盧維寧、萬民欽、盧維楫、何天錫、盧廷晉、盧世廷、何周錫、盧世選[1]。

（此碑原嵌在扶溝縣火神廟東牆上，現存縣博物館。王偉）

重修關爺廟記

　　創立者，前人之功；重修者，後人之事。扶溝迄北二十五里三色崗，舊有關帝大廟，至明季以來，年以久矣。廟宇倒塌，神像殘壞。今有會首宋良民等約眾積資修飾，金妝神像，復舊如初儼然，厥功告成，是不可無石以記之也。故勒石刻名，以垂萬世不朽云。

　　會首宋良民、宋國海、張學正、張文廣、張文明、宋景星、宋國讓、張文煥、宋景和。

　　庠生宋國綸、宋國柱、宋景昌。

　　木匠宋萬福。

　　漆匠李文方。

　　金塑匠宋秀玉。

　　刻石匠趙居正。

---

[1] 此後字漫漶。

康熙十六年九月吉旦。

（碑存扶溝縣呂潭鎮高臺廟村關爺廟。王偉）

扶溝縣新建文昌祠記

屠又良

　　國家創治，戈止而文敷，可須臾緩哉！顧樸械化始朝廷，國楨所繇彙進，鐘鼓振自官師，里選所繇蔚起，膏光雞唱，父迪兄咨，而家學淵深，家聲豹炳，則是文之熾昌，人為之矣，豈冥冥者司其權邪！然而天人之際，相感微而相召速也。故太微垣北斗魁前，文昌六星實宰文章之命，其星明則太齊同，王者致太平天瑞臻，不明則道術隱藏，感召夫豈遠歟！及閱今世所傳文昌化書，又說主孝友、祛愍、修媺，兼以錫嗣，斯其理殆與聖賢相為表裏，則夫祠文昌而俎豆之，當亦與古人設庠序學校之遺意，未甚刺謬也。余始至扶，見戶習詩書，人敦弦誦，諸其故家望姓，簪纓軒蓋，鱗次羽集，後先輝映，為兩河冠冕，此固作之者朝廷，董之者官師，率之者父兄也。而修之在昭昭，則佑之在冥冥。文昌祠之建立，亦烏可以，粵稽文昌居太微垣西北，今祠于扶城，在先天之艮，後天之乾，當厥位也。鄉先生杜君叔抑實經始之，且曰：趨蹌祠下，是儀是則，孝友無虧，克昌厥後，其于扶之風俗庶幾有裨益哉！夫裨益風俗，是又足以輔有司之不逮也，因喜而為之記。

　　康熙十七年。

（文見光緒《扶溝縣志》卷十四《藝文志·碑記》。王偉）

城隍廟祈禱靈應碑記

屠又良

　　國家畫圻分邑，建令丞、簿、尉等官，崇立社稷、文廟、城隍廟諸祀，然地有大小，事有繁簡，故丞、簿或置或不置，而社稷、文廟、城隍諸祀盡域中皆然。蓋以植國本、一以敦文教，一以資篤祜，幽明並舉，春秋成秩，凡以贊皇風而厚民氣也。夫神以城名，既與令之以縣名其官者同而又歲享俎豆無窮之奉，其秉直司聰揚靈剡剡當必有異於世之。凡為神者亦曰居其位，盡其職云爾。而扶溝城隍則更有異，康熙十四年，余捧檄來吏茲土，自念拙陋不能有功於世，又幼奉先文林清白之訓，庶幾恪共自檢，稍蘄寡過，下車謁廟輒與神約，朔望瞻拜，必以所行事告之。會十六年春夏間，雨三旬有奇，余齋宿為文禱於神，三日即止。七月又久旱，民皇皇於秀者之不實，耕者之不得播種。余又禱神，應時雨注，歲則大熟。十七年八月大旱，則又禱丁神，雨亦立至，是冬無雪而多風。土膏中乾，麥氣不發。余以次年正月朔前一日，入廟請命。是夜，忽風定，霰飛紛紛竟夕。三月，麥將熟不雨，余禱於神，境內得雨數寸。至六月，旱太甚矣，瞻雲焦愁奚啻千里，齋心虔禱倍於疇昔，而扶競得雨。蝗自東來未嘗入境。入秋大雨，霪霖四十日，壞廬舍、城堡無算，遠近隴畝悉為巨浸，無可奈何，唯朝夕哀籲於神。是時，梁、宋、陳、蔡之郊西成十損八九，而扶獨不傷。十九年春，狂飆時作，三春僅微雨者二，余禱於神，次日風輒止，三日而膏雨沾足。凡余受事迄今祈雨者五、祈晴、祈風止者二，祈雪者一，神之靈也，捷於槍鼓。嗟乎異哉！用兵以來，百姓之困于茭芻饟饋者數矣。況扶以汴南小邑，凋殘之餘，民氣未復，苟非歲事有成，其不至哀肅羽而歡星留者也幾何矣！而數年間屢祈屢應，雖水旱而不為災，豈非神之哀我人斯而左右裁成，使余得藉手以告無罪也乎！揆諸不已典，此非所為捍大災禦大患者乎！夫上以答天子欽崇之意，以錫庶民盈甯之福，固神之自靖則然，獨余尹茲六載，深沐神貺，遂至於此，則余之所厚幸而神之迥有異於尋常者，故為臚紀歲月，用誌不忘，且以見靈爽有赫□乎吸可通，稍欲一言一事之難，以質諸神明而不可者，以自敬焉。

康熙十九年。

（文見光緒《扶溝縣志》卷四《建置志》。王偉）

清故文林郎廣西平樂府賀縣知縣筠圃杜公元配張孺人合葬墓誌銘

賜進士出身誥封文林郎河南開封府扶溝縣年家眷晚生仁和□又良頓首拜撰文。

賜進士出身文林郎前知扶溝縣事改江南鹽城縣知縣宗姪杜多廷頓首拜書丹。

賜進士出身吏部考功郎中愚姪杜桂頓首拜篆蓋。

余初□扶，詢邑中文獻，其克以文章行業世其家者，唯杜氏為最。乃與孝廉子昂交且久，得悉其先代梗概大約，世德積累，非獨儒術，抑亦壹德行足徵焉。孝廉母張太君治字雍肅，訓子孫以義，孝廉及弟子董事之如嚴父。己未秋，以疾卒。越明年庚申八月，孝廉持狀涕泗謁長跽請余曰：先慈之棄不孝昂昌也，有年矣，敬遵遺命，將以是秋閏八月十六日合葬于城南十里之祖阡。念先慈無才有德，婦道父道終始克盡，皆不愧古之閨範而不得言述其生以垂貞珉而光窀穸，則不孝孽罪戾滋深，唯明府哀而銘之。余不敏，然聞太君懿行甚詳，方以失其芳型為惜，遂不敢以不文辭。按狀：

太君張氏，繫出扶溝之望族，少嫻內，大健醇謹，于歸後事舅姑以孝，相夫子以順，處姒娌間謙婉和睦，內外無間。時賀君方為諸生有聲，每篝燈夜讀，太君輒佐以女紅，夜分不倦。臨賀君仲兄扶風君中年未有子，其尊人泰徵公暨母劉恒以為慮。會太君生次子之叢，意欲以為之後，太君知之，輒欣然曰：均為吾舅姑之孫，則為吾子，與為吾姪奚等耳。甫帀月，即舉以與之，泰徵公大喜，及劉病卒，太君佐臨賀君，經紀喪葬，必誠必信。未幾中原寇訌，汴南州邑所在殘滅，獨河北安堵。臨賀君奉泰徵公挈家避地其間，授徒糊口而盡□無恙。

王師既定兩河，乃歸里舍。臨賀君遂以恩貢入太學，北上有日矣。念泰徵公春秋高，定省有缺，欲不果往，太君曰：婦與子一也，我在，復何慮焉。遂行。太君晨夕孝養，必有甘脂而自奉泊然。時孝廉年在象舞，初就外傅，太君諄諄提命以凶隕越家聲為最，後聞臨賀君除邑之命，歎曰：千里仕宦，何如在家拙守之安，顧君命不可違也。命孝廉及弟昌隨侍之臨賀。臨賀君竟以積勞成疾，卒於家。孝廉間關艱苦，扶櫬以歸。太君哀痛欲絕，力疾視事。孝廉之祭葬以禮，皆太君教也。一女，適太康姜氏子。早寡，守節三十餘年如一，雖貞志性成，亦太君之訓誡有素矣。嗚呼，此二惟持之所謂女者哉！

太君生于明萬曆三十九年九月初五寅時，卒于國朝康熙十八年七月初二日子時，享年六十有九。子孫具臨賀居之誌中，是為銘。銘曰：

婦也淑母也，賢內則備懿行。傳年中壽澤世，廷看如緋光，重泉萬吉，宅城南阡。氣鬱鬱，神繹繹。

康熙十九年歲次庚申閏月十六日。

孝子杜之昂、之昌仝泣血納石。

（誌銘存扶溝縣博物館。王偉）

蔡河水患說

屠又良

按張單口，本蔡河故道也。其源有大溝河、小溝河、小黃河、雙洎河、白沙河，自鄭州京水湖逕朱仙鎮至扶溝之呂家潭入蔡河，達西華境二十餘里，流入沙河。蓋扶邑勢處窪下，眾水所匯，而俱洩於此，其地形高下，瞭如指掌，宜疏而不宜塞，斷斷無疑矣！疏則俱利而可久，塞則苟且目前而俱害，又斷斷無疑矣。余閱邑乘，所載水患不一而足。西華隣扶而處其下流，於是，議塞張單口，以為自全之計，紛爭聚訟，迄無已時。康熙十五年，華人復訟之上臺，因藉口於莫可考。據之碑辭，志在必塞，勢若仇讎。於是，大中丞佟公命郡伯張公親往履勘，張公既以原有小黃河及惠民河以洩水勢情形申覆，而復命余細勘。余輒詣河干，召里中父老訊蔡河故道。自張單口至李家莊，兩岸俱有堤，河深丈餘，及陳家店，張家莊，羅敷廟，蔡河橋、柏子岡皆然。自柏子岡至賈家莊南，河深七尺，又南至丁崗橋，止深三尺餘，自此至西華界二十里，淤塞成平壤矣。然地形微窪，其故道隱然猶存，此非宜疏不宜塞者乎！華人則曰："我朝頻年河決，費金錢何翅百萬，祇聞塞之，不聞疏之也。"噫！此又不達之甚矣！夫治河而塞之者，以其橫流旁溢，不循正道，故遏其衝潰，而使之由地中行，此宜塞而塞，塞即為疏，非謂堰閼上游，禁其由高就下之勢，使不得去也。若以華人塞張單口之意，推之治河，是將埋底柱壅龍門，而令不得入海耶！不待智者而知其必不然矣！自余計之，張單口至華界五十餘里，所當大加疏濬者十二里，其餘稍施畚鍤足矣。若自華界思犢岡至華城北入惠民河，不過十八里，再達周家口，直人沙河，為力尤易，扶人皆願竭力為之。使華人同心，亦疏其境內之道，是各任其勞，而實共享其利，不愈於興無益之役，搆無已之訟者乎！余故按之地勢，合之民情，請諸上臺，上臺亦深以為然。顧念東南用兵，百姓方困於饟饋，時訛舉贏，有所不忍，故且權宜止息。今禍亂漸平，閭里得稍息肩，休養數年，民氣當足，欲為兩邑規百世之利，舍此無由。則與西華同請上臺，報可而行，一勞永逸，此在後之吏茲土者也。抑余又有說焉。考志中，東北有白沙湖，西北有馬家湖，西南有翟家湖，今皆不可得其處，詢之土人，皆曰不知，大約歲久漸湮，變為田矣！不知古人體國經野，其因勢利導，俱有良法深意存焉。不然蕞爾扶邑，既有諸河，又有諸湖何耶？余待罪六年，兩罹沉災，而今年尤甚。昨出城看水，自北石橋抵呂家潭，延袤二十里間，村舍如鳧，舟行秄杪，極目無際，內痛於心。使蔡河既通，三湖如故，寧復若此耶！嗟乎！居今復古，不笑為迂闊，則罪以喜功，然而利害釐然，凍思春煦，暍念茂蔭，不能不撫卷竊歎也！邑有君子，為桑梓計，其不何以教我乎！

　　康熙十九年。

（文見光緒《扶溝縣志》卷三《河渠志》。王偉）

捐石坊記[1]

　　何濟美

　　康熙癸亥、甲子間，重修文廟將告成，而欞星門未建，先是萬曆四十五年，河南被水災，扶溝尤甚。太醫院吏目郝維康，出粟千石，貧民賴以全活者數千百人。巡按御史疏請於朝，諭旨建坊，未就，流寇起，石料散仆於道，雜瓦礫中者五十年。維康之孫諸生羽猻慨然曰："吾祖有石坊委諸路隅，若移為文廟門，亦先子所願也。"因謀諸弟紹祖、繩祖，遂捐之。嗟乎！世祿之家，鮮克有禮，每見鉅族後裔，至有鬻祖父賜碑為酒食具，若葺理孔廟，輒吝不忍畁者多矣。郝氏獨能捐千金之石，則其尊師重道，又曷可少哉！且太醫君捐粟助賑，世遠年湮，故老已無能道者。而此坊巍然獨存，他日過此地者，必且曰：此郝君褒賜之坊，而移之於此者也。則逎祖之德澤，藉此以不朽，而孝子慈孫之心，其亦可以無憾矣！

　　康熙二十三年。

（文見道光《扶溝縣志》卷四《建置志》。王偉）

重修桐邱峯頭三清殿玄帝殿大門青龍白虎殿碑記

　　夫桐邱之名肇自何代，其始於春秋之世，本屬鄭地，乃平王東遷封鄭為懿親，桐邱縣之名，或在晉、楚爭鄭之年，其肇□□，余不必詳考。其創廟之年歲，先□載其廟中之神明。夫廟中之神，有最尊者，則最尊之中，又更有為最尊護法者。然三清曰玄帝，又觀其

---

　　[1] 光緒《扶溝縣志》標題作"郝氏捐石坊記"。

門內兩側而侍坐東西者又為何神，曰左青龍，曰右白虎。噫嘻！我知之矣，夫誘人為善，必先明其神之本源，使人知所向以□□道設教之基。夫所謂三清者，玉清為太壹是也。上清為靈寶，即堯、舜時，治水之禹曾撰靈寶文，靈寶即夏□神禹是也。太清為道德，即關令尹喜求老子至家是也。□所謂玄帝者，《月令》有云時行冬令，其帝顓頊，其神玄冥，北方玄帝即顓頊是也。至於護法之神，有青龍、白虎師旂章指揮三軍，有青龍、白虎之形焉。安知此青龍、白虎不即旂章所或而畫之神乎！蓋玉清玄帝本屬修心煉性力士，謹護道壇得成仙體，不然青龍、白虎□□□，而侍坐門內也。即今桐邱北有一楊家崗，去桐邱咫尺，有一□乃曰三清玄帝，廟貌頹敗，神像毀損，又見其青龍、白虎衣破體壞，心下甚是惆悵不已，於是，募化男女，萃聚物夕，□□供食供飲，無敢懈怠，一舉而朝然告成。□□□然廟新而神不金裝，終為虔心未懇，又於是訪求巧匠，共詳□□整之，則金塑麟炳，儼然如在其□焉。又不數日，而棟宇斗拱，堊黝丹艧，榱桷輝煌，山節藻梲，鳥翩翱飛。曰：惟國啟之勞，不知此工告成，遂有萬世不拔之固，萬姓永賴之福。桐邱立小扶亭之西，去郡二十餘里矣，由西望晉浩然之陵，南望屈原楚地之距，東望扶邑郊關之境，三殿之有利於一郡也，豈淺鮮哉！況此崗上應茂林長松，鬱結靈氣，有九仞之巍巍，有九仞之峩峩，不得揚善人之一舉，則廟終於頹而神無所棲矣。今稱神對對，稱生之義然也。自此而揚善人之後必昌大乎！吾于何卜之？卜之乎三殿新峙諸神之新。

扶溝縣儒學生員劉、鄢陵縣儒學生員李。

康熙二十四年四月十五日。

（碑存扶溝縣韮園鎮後鄭村北天井崗南頭。王偉）

重修城隍廟大殿碑記

何際美

扶溝城隍廟，在縣治西門內，規制弘敞，廟貌嚴肅，神之靈赫異於它郡縣。明末，跋扈將左良玉以救汴至扶，兵無紀律，大肆淫掠，遂焚其正殿。及兵敗，有潰卒潛匿城內者。時邑人方糾眾保聚，而卒忽於稠人中跳出，大言曰："前此火廟者我也。"眾切齒，遂醢之。噫！神之靈亦可見矣。

國朝初定鼎，庶事草創，廟略加修葺，僅蔽風雨，其門廡之存者，以次理之。而正殿則工程浩大，未遑也。有住持羽士戴雲岫者，朝夕虔共，其誠信足以孚人。又里民魏洪基廠為募化，鳩工庀材，始撤其舊而大創建之。棟宇輝煌，神像莊嚴，復如舊觀。經始于康熙二十四年二月二十日，訖工于今年四月初二日。邑人士嘉其成，而屬余文以紀其事，且曰：事神之道，願有以教之也。予竊以為，自有天地以來，不過陰陽二氣流行於兩間而已。陽者為明，為人。陰者為幽，為鬼神。歷代帝王之治天下，明者，設官置吏以治之。幽者，柴望祭告以懷之。然神之福佑，實本於治民者之得其道，即如城隍之神，以郡邑之中衛民者，惟城池為大。物之大者，皆有神以司之，亦理之必然也。國家稽古禮文，加五等之爵，令有司歲時朔望躬詣行香惟謹。而邦人瞻仰，儼如大帝，豈徒餙美觀，崇儀文，以媚神求福而已哉。蓋為之上者，既清廉正直，以禮讓教其民。其爲之民者，亦必奉法率教，父義母慈，兄友弟恭，子孝，夫婦有恩，男女有別，子弟有學，鄉閭有禮，貧窮患難，親朋相恤，婚姻死喪，鄉里相助，無墮農業，無作盜賊，無學賭博，無好爭訟，無以惡凌善，無以強暴弱，無以富吞貧，無以小加大。如古人之所為者，斯教化端於上，風俗成於下，尊卑之體統既正，庶民之心志亦定。如是則神錫之福，時和年豐，四民安業，則治民以治幽，事人以事神。

昔我夫子告季路者以此，無古今，無治亂，如生民之理有窮，則聖賢之言可改，真萬世經常不易之道也。否則，上以是教而民不遵行。禮讓蔑聞，廉恥道喪，人皆以勢利相尚，所謂五倫之道澌焉無存，以賤凌貴，以少欺長，不和不均，盜賊公行，強梁橫肆，士民悉吞聲而不敢言，以至武斷鄉曲，小民望風而畏之。

嗚呼！風尚如此，即日施財帛，修橋修廟，牲牷粢盛，香楮山積，向神明而禮拜之，祇遺之罪戾耳，何福之能邀焉。何則人可以私干，一旦同嗔怒而喜悅，神則聰明正直，斷不能以此歆之。且人之耳目有所不及，而神則無隱弗燭，又安能為之欺罔耶。世徒見作惡者無報，而為善者未必得福，遂疑鬼疑神無權，而不知天之報施善人，罰及淫人，或遲之一年，或遲之數年，或遲之終身，或遲之子孫，歷歷不爽，特愚者、貪者、趨時者止眩于目前之盛衰得失，未嘗綜始終，通長以計之耳。即如吾邑啓、禎年間，事雖無老成人，若少讀書，知道理者，于目之所聞，靜夜中平心思之，其善其惡，或禍或福，豈不昭然如鏡之在懸哉。至于慷慨死義，與夫遭滄桑之變，玉石俱焚者，此蓋天運之無可如何，即聖賢亦囿於氣數之中耳。然為善不責報，君子亦修其身，以俟之而已。予之所言，其理如此。

吾扶地居中土，沐浴朝廷之德化，已幾四十餘年矣。舊染污習，業已維新。惟是與二三父老稽首瓣香，再拜于城隍顯佑伯之神曰：富貴福澤，邑人士不敢以非分妄邀。但願明神默佑，自今伊始，風調雨順，人鮮夭札，永無兵革之苦。又常得愛民若子賢父母如明道先生，相繼臨吾撫，嗣是所生人皆天資樸茂，不至如異時之鷙悍強戾，世世納稅供役，為國之良民，則神之福茲土者至矣厚矣。庶幾上不負聖代崇祀之典，下有以慰萬民禱祀之意也。神若有靈，尚其鑒茲。

康熙二十四年。

（文見乾隆《陳州府志》卷二十六《藝文志》。王偉）

扶溝縣重建儒學記

知縣周士皇

聖至吾夫子，自京師首善之地，極於郡邑之窮陬僻壤，莫不立學而敬祀焉。其棲神之正衙，曰殿門、曰欞星、曰戟，石坊表其外，泮水橋於中，周垣丹腠，金碧焜煌，儼然王者之居。而饗保無既，可謂至盛矣！故郡邑之志，必志學校，且必至其修建為守令某。然則非守土者之責歟！唯其廟貌徧天下，歷世既久遠，是以規制廣狹之不侔，守土之或勤或惰，與夫父老子弟之能識理道、慕義無窮，以急公之急者，正未可同日語也。故凡落成之後，例必貞珉以紀其事，蓋以幸其成之之難也。而余特紀其事之獨易焉。

中州自流寇荼毒，扶邑近其衝，又數被奇災。戶口略盡，今休養雖數十年，而生齒尚未盡復也。則措費洵難，乃余一倡於前，而扶之人無賢與愚，無與與不與，羣相畢力於其後，至有捨宅獨捐其值之半者為邑民高穎。邑西距山數百里，輦灰石頗費。而邑庠生郝羽翀忻以其祖光祿公維康所琢石坊獻諸公，略不取直。光祿於荒歲捐穀千石，曾題請自備建坊。因兵燹未及立。羽翀率弟姪等移成櫺星門，用垂不朽。可謂善繼先人之志者。偶池地貯灰，因獲昔人所藏遺灰百餘斛，甃甓以饒，計費一而為功幾於三倍焉，何其易也！習故者人情也，向之棟宇，既因陋就簡於百年前，物阜民殷之日，乃一旦欲拓大其規模，慮無不難色，竊相非笑之，謂是不為惜物力者，而顧相與是而共易之何也！況乎其費非素籌，材非素蓄，發議於父老子弟初未相信之際，其為欲速而懼成之之莫可必也，亦明矣。而卒易成而無難，令何修而得此於扶人哉？吾於是而重有感矣。感夫民志之易以通，而德化之易以動也。昔二程子俱產吾楚之西陵，伯子亦常宰於此邦，余承乏守茲，夙夜祗懼，惟恐或背於前人，尚疾其景行，猶未彷彿什一也。敢謂民風之遂易復古耶！今由是觀之，何其風欲之近古也如是，何其人之急公慕義不沒於利也如是。能以令之心為心，知其所先為宜先，而是非不惑也如是，豈非昔賢德化之所及，雖流風之遠，而正心相感，有不自知其志之何以油然易動哉！子曰：齊一變至於魯，魯一變至於道。又曰：斯民也，三代之所以直道而行也，詎不信歟。後之君子，其亦知所景慕哉！不然，以葺學一事，謂足以塞有司之責而昭示來茲也，斯末矣。

康熙二十四年。

（文見光緒《扶溝縣志》卷八《學校志》。王偉）

賀侯杜先生俊彥墓表

李來章

賀侯姓杜氏，諱俊彥，號筠圃，為開封之扶溝人。世以其宰賀而民德之，且竟終于賀也。歷隱其姓諱里居，而尚稱"賀侯"云。侯以康熙四年乙巳卒于賀，去今二十有二年矣，賀人之事侯，食飲必祭，死生必告，疾疫水旱必禱，儼然銅章墨綬日臨涖其上，不知其沒而久已歸骨於故土也。又聞其一時所經畫，至今賀人遵為令式，間有欲從而紛更之者，則賀人羣然譁，且曰："侯政善，吾濟便之，傖奈何亂舊典為！"蓋直道之難泯也，久而益信。如賀侯者，固將歷百千年，更至萬年而猶為未死，則一時之齮齕而力敗之者，亦徒勞苦，何足為侯病焉。

按賀即古臨賀，為五嶺之一。在周為百粵地。裴氏記云："自九疑之南，崇山峻嶺，高排霄漢，綿亙數百里，皆賀之境也。"其風俗淫頑而尚鬼，不帖服於聲教；又時值王師搗富川，獞搖以餘孽自嫌，多疑畏，蠕蠕然觀望於叢木幽篝之間，益難治。侯以癸卯來賀，輕賦均徭，清獄賑窮，力為安輯。又以土語譯解聖諭，躬至其處反復開導之。荒溪巖峒椎髻徒跣之民，環聽多泣下者，曰："微聆侯之訓誨，幾不可以為人！"有羅某者，先是以偽鎮納款，居賀東之信都鄉，部曲舊人，錯處左右，多挾厚資。適富川告捷，當事欲移軍臨賀，坐以謀叛，連類剿滅之。侯力白于軍門，以身家保無虞乃止。賀人得以免劫掠。侯之治賀，其大者多此類。噫！可謂強教悅安豈悌之君子也已。

公居恆甘淡薄，其在賀，尤以廉潔自矢，有塵甑魚釜之風。以佐郡者欲匿賀之民租自利，寓書屢為言，侯固不從，因被誣去職。未幾卒。囊篋蕭然，貧無以殮，諸大吏憐之，多厚賻。明年，其嗣君孝廉之昂，始克扶櫬北歸，從葬於先塋之次。

初，侯病，賀之人老少流涕，祈禳日以千數。甑山有老僧，不知其俗臘，土人言自其閉關坐盤石上已六七十年矣，日視侯於署中，曰："侯之治，遠過李明府郡，今聞侯病且劇，既不可以身代，獲親為侯進藥一匙，老僧願足矣。"及侯櫬將北，又命其徒一人，攜瓶鉢間關相從，踰五嶺，涉瀟、湘、洞庭、洋子，歷鳥道蛟宮之險幾萬里，以勞至絕。瀕絕，猶笑曰："我為師送侯得達鄉井，雖死無憾也。"其為賀人感而不能忘有如此。

侯以明萬曆四十二年甲寅生，其貢於鄉在順治二年乙酉，其葬在今上五年丙午。御史西華王公鼎鎮為誌，已納于壙中。二十六年丁卯，鄉後進李來章本嗣君所為行述，而兼質以己之所聞于賢士大夫者，為之表其墓。于世系、素履，不復贅列，獨紀其始終於賀者，以見直道之在人心，且使世之宰百里者，胥得奉賀侯以為楷模云。

康熙二十六年。

（文見錢儀吉《碑傳集》卷九十。王偉）

黃甫岡記

何際美

秦家、黃甫二岡，隣封有力者欲開此二處，則以扶地為沼矣！康熙二十八年五月間，奉文鄢、扶二縣查議，直至十二月間，知縣繆應晉同鄢陵縣知縣許承彭會勘定，另尋故道，於朱家庄等處，疏濬出水，扶邑得免水患，議定詳上，關係甚大，宜誌之以垂後。

按：秦家岡，其地形高下與利害始末，舊誌於本條下載之己詳且盡矣。其遺文可攷而知也。總之，此岡蓋天設之，以障鄢、尉境內三十六陂之水，使我扶人不至為魚，自開闢已然，斷斷不可開者。週來紛紛之爭，起於此地居人與二境為隣者，地畝無幾，猶之寄籍於扶，而連田阡陌，實在鄢、尉之境，欲嫁禍於扶，以利歸於己，且藉口以扶人而陳扶溝之利弊，易欺公祖父母之聽，又夤緣從前尉吏以熒惑當事者，稍不聰察，遂為所誤。此近日爭秦家岡之深謀詭計也。皇甫岡地界鄢陵，其西窪下，與雙洎河相去甚近，蓋雙洎發源於陽城山密縣之境，經新鄭、長葛、洧川、鄢陵，始入於扶。鄢陵之境，自有引水歸河之道，今不於本境尋訪，而徒欲鑿皇甫岡以灌扶，其意以本境開渠，未免有傷田畝，故令隣邑獨當其害，獨不思人情一也。若洧川有水，亦將決之以注鄢，鄢甯甘心否耶？鄢人亦不仁不恕甚矣。此皇甫岡之情形也。嗟呼！此二岡若開，扶溝其為沼矣，實大利大害所關，惟恃賢父母留心民瘼者，為民立命耳。康熙二十八年五月間，奉文查議，鄢、扶二縣會勘，議論紛紜，竟成道傍築舍，直至十二月，扶溝繆公同鄢陵許公，自秦家岡以至皇甫岡，遍尋河跡，訪求故道，始得鄢陵朱家庄等處可因勢疏濬，出水入河之道甚便，而秦、黃二岡萬不可開，永為遵守。議定詳上，報可。此一役也，既不病扶，亦不病鄢。鄢之水有所歸，而扶免於患，此萬世之利也。是宜大書特書。

康熙二十八年十二月。

（文見光緒《扶溝縣志》卷二《疆域志》。王偉）

重修芝亭寺記

王琰

嘗聞漢明帝時佛入中國，使敬之奉之，暨唐憲宗迎入宮禁，禱而祀之，至明而成化，發帑藏金建廟立寺，欽崇無所不至，無非祈佛澤爾多益萬壽無疆。是以皇王君公無不敬理沙門，況齊氏乎！所以普天之下，各設寺院。然芝亭之寺不知創自何代，作廟翼翼，桂殿蘭宮，列岡巒之體勢；霞彩星馳，射斗牛之宮墟。四方之人致敬致誠，以享以祀，靡不欲保佐令之風調雨順，民安物阜，世世享樂利不休；家給人足，處處歌盈寧之慶。不意歷年之遠，又遭明季兵燹之後，殿宇頹圮，牆垣傾廢。先有周子三綱，目睹心傷，糾眾聚金復為修飾，奈鳥鼠不除，風雨飄搖，而牆傾殿摧，又復勢如累卵。況連年旱乾水溢，室如懸磬，孰是肯堂而肯構重為修理也哉？幸有里人王子自好，羅子守甲、施子孝圖、梅子希善、施子君定、左子學周、杜子自美，不禁悚然曰："此時不修，幾為丘墟瓦礫矣。"慨然動重修之志焉。退而思之，千金之裘，非一狐之腋；大廈之成，非一丘之木。於是，糾里閈者，約社口捐金庀材，營辦經理數年，於是，梂之陾陾，築之登登，是斷是度、是尋是盡，百堵皆作，勯至偕工，仰觀大殿巍然壯麗，群殿煥然生色，將見嘒嘒其正，有覺其楹矣。大勢嚴整，如跂斯翼矣。廉隅整飭，如矢斯棘矣。穹窿峻起，如鳥斯革矣。簷阿華采，如翬斯飛矣。上者如松之茂，下者如竹之苞矣。且寔寔犖固，枚枚礨密，丹臒耀采，金碧輝煌，層巒叢翠，迥出雲霄之上，飛閣流丹，俯臨崇阿之下，厥功已成，神已妥止，往過之人，孰不稱美哉，輪而美哉。爰問誰為之，新廟奕奕，孔曼且碩也。眾人為余告曰，乃王子自好倡率於前，眾會人協力於後。而王子自好曰；否否。非予之力所能為也。實我佛於冥冥之中默佑以助之也。厥後，天錫純嘏，介爾景福，享福萬年，何以非我佛之陰佑者也。今功已告成，因勒之石，以勸將來之信善。

皇清康熙二十九年歲次庚午仲秋望後之吉。

（碑存扶溝縣柴崗鄉芝亭寺內。王偉）

扶溝縣西桐丘重修玉皇廟碑

扶溝縣西桐丘重修殿宇神 /[1]
聞之理與氣俱而無以名，其 /
矣哉！第質而言，天聖賢明，其 /
玉皇上帝明乎理有所屬，而氣有 /
祀圜丘，秋季有祀於明堂，良 /
祭為效大事為類陶匏繭栗 /
宇朔為神像，未聞有所禁制 /
丘為扶邑之右障，舊有 /
皇廟宇，歷年既久，風雨頹敗，有 /
貌然維新，即加以彩裝而金 /
不知與之言天公或不測無已 /
扶溝縣 /
大清康熙三十一年歲次壬申九月十 /。

（碑存扶溝縣韭園鎮後鄭村北天地崗南頭。王偉）

重修關聖帝廟記

邑南關內街之東，有關夫子一祠，不知創自何代，基址雖狹，在昔已然矣。左右居民比密，家道咸亨，僉以為神明之佑，以故禋祀時虔。歷年既遠，棟宇欲圮，義士鄢廣見等募緣更新，規模雖仍夫舊，而檐阿整飭，金碧輝煌，煥然改觀矣。厥工告竣，同事者之姓字，義不容泯，因索不佞一言以記之。

歲進士杜子麟謹撰。

計開生員王朝珍、李經國、蒲壁、杜自欽、楊呈秀、郭展素、范裕光。

鄉耆廉生光。

街民鄢廣見、李三義、劉起鳳、何永常、鄭維玹、李呈禎、毛奇遇[2]。

泥水匠盛宗陽。

---

[1] 該碑僅存上部，/處文缺。

[2] 後五人姓名字殘。

木匠張文立。

金粧匠劉毓俊。

油匠鄭見素。

石匠翟應春。

大清康熙三十一年歲次壬申孟夏穀旦。

（碑存扶溝縣城南門大街內路東牆上。王偉）

大覺寺重修鐘樓碑記

太康縣西北六十里小扶城大覺寺，舊有鐘樓一座，建自何年，已無所考。年久頹壞。王門周氏萬曆年間重修一新。清朝鼎新，其樓狼狽。會首王崇正糾結眾社，重新修建，不數月而煥然改觀。□列□社姓氏，爰鐫諸石，以重永久。

計開：

會首王崇正、王傑、周氏、生員王倫賢、□□□、□□□、□□□、□□□、□□□、□□□、□□□、□□□、□□□、□□□、□□□、□□□。

龍飛康熙三拾肆年三月下浣吉日。

石匠鄷世昌，木匠王□成，泥水匠王加祉。

（碑原在扶溝縣崔橋鎮古城村，現無存。王偉）

創建火星廟戲樓小記碑

炎帝福祐下民，其為靈昭昭也。是以扶人士之瓣香祈禳，演戲報賽仰答神祇者，嘗趾相接。向者李明文等既有諸善信為開拓基地創建廟宇矣，而戲樓缺然，甚非所以壯觀瞻而唱太平也。今信士高辛□、李□美、李希孔、杜允治，義民官張應昭等，廣為募化，創始於七月初七日，告成於十月十五日。其共事輸資者不可無記，遂勒之貞珉，以垂永永，庶使人感知神之靈應與諸善信士之相與有成也。

康熙三十五年歲次丙子十月十五日文林郎扶溝縣事加三級趙如桓。

儒學訓導李鎬、訓導平詣德、典史王振興、河南道察院杜子昂、乙卯科舉人懷慶府武陟縣教諭杜子叢、壬子科舉人杜賁、甲子科舉人萬九思、吏部後選州同杜宗郊、武舉高慎、貢生盧徵良、貢生杜子麟、監生高天爵、監生李之芳、耆老杜元會、候選經歷李培高、侯選巡檢李振邦。[1]

（碑存扶溝縣博物館。王偉）

---

[1] 以下為文武生員姓名七排，每排七人。碑右刻陰陽官、僧官、道官、商人、木匠、鐵匠、泥水匠、主持、石匠等人姓名，字多模糊不清。

創鑿泮池記

邑人甲辰會魁何際美

　　邑侯趙公菕扶,將及三載,興衰振敝,百務俱舉,民氣和樂,家給人足,士風丕變,詩書弦誦之盛,禮義仁讓之休,甲於兩河,稱上理焉。蓋倡導自上,化成於下也。當公之甫下車也,即毅然以修復廢墜為己任,三日行釋菜禮,覩大成殿屋瓦脫落,漫漶弗飾,遂捐貲鳩工,撤其舊而新之,且曰泮水為一邑文運所關,上自國學,下逮郡縣,未有竟致缺如者,否則是使士脈淑秀之氣,鬱而不宣,甚非所以崇獎學校,培養文治也。復捐俸首倡,因之廩生二十人,各輸其一年廩餼,於櫺星門內,創濬泮池,修砌嚴整,翼以曲欄,石採諸山,工授以值,役人之力若干,而不以為勞,用磚甓灰石之材若干,而不以為多。經始於康熙三十五年五月朔日,告成於十月望日。惟公之治扶,廉毅明敏,凡百興作得宜當理。故泮池之成,子來赴公,人心競勸,事無不集也。邑之人士謀紀諸石,而屬余為之記。余以謂:天下不可一日無政教,故學不可一日不設於天下。蓋學校者,王政之本,教化之原也。自古政治之盛衰,風俗之厚薄,視其學之興廢。《記》曰:"國有學,術有序,黨有庠,家有塾,其為制已綦備矣!"頌之美魯侯者曰:"思樂泮水。"蓋一時彼都人士,覩其鷺旂芹藻,益以彰其崇儒重道之盛也。是以士生其際,既有以致其心志意知以善其內,復有以謹其耳目手足以善其外。其通於性命者,行於事物;由於事物者,洽於性命。而皆有以貫乎人倫,其於家則父子親,長幼序,夫婦別;於天下則君臣義,朋友信,不出黨庠術序之內。而齊家、治國、平天下之理,畢得詖行邪說,無自而作。又以其敦行之餘,通經史、嫻文章,以發明古昔聖賢之旨,翊贊太平文治之美,何其盛也!扶於河南為小邑,無珍產奇貨來四方遊販之民,田桑之饒有以自足,無遊販之民,故其俗一而不雜。有以自足,故其人樸略而易治,況山川之鍾毓,亦間有茂美易成之材。然而風俗之日漓,文運之不振,終遜於三代之隆者,毋以教之未盡其方。學宮興賢育材之地,其規制尚有未備歟!按:

　　扶之文廟,向以迫於城闉,未置泮水,後濬於櫺星門內,旋以形家之論,復議塞之。公之創修泮池也,考卜審度,適符舊基。惟其留心學校如此,固宜其人文蔚起,風氣日上也。是以工甫告竣,其年省試,陳子大任遂以大易魁其本房,學識荒陋如豚兒,功駿亦倖與賢書,是亦文教聿新,多士彙徵之彰明較著者矣!抑余更有進焉。學校之設,非徒欲人工文辭,求速化,為仕進之階也。將使人敦實勵行,共勉於人倫、名教之地,以無負乎聖賢端本之教也。吾願邑人士化其凌競澆漓之習,復乎敦龐淳樸之舊,以茂美易成之材,副聖天子右文之雅化,與賢邑侯作人之至意。處為良士,出為良臣,使仁義道德,文章事業,躋於三代之隆,不僅以風雲月露之辭,競榮名而博青紫,不亦偉歟!余既耄而衰,雖不獲從賢士大夫之後,聽鄉樂之歌,飲獻酬之酒,猶能抒為俚辭,以頌揚聖代至治之休,思詠賢侯樂育之德,尚俾後之人覩泮水之漣漪,芹藻之輝映,思風俗淳厚,人文鵲起所由來,不且載公之美於無窮哉！

公諱如桓，字廷一，號仁菴，宛平貢士。董其事者，儒學廉能之吏，領價採買官運糧，每石額定價銀六錢五分，經費水腳色樣，俱在其內，防病民也。然額價之畫一有定，而米價之貴賤無常，稔歲或可支辦，歉年則賠累無算矣。於是，守土者不得已，議協濟於民，民惟正之供，加以攤派，是官病而民亦病也。吾教諭李諱鎬，訓導王諱衍也。至紳士之捐貲督工，有事茲役者，勒諸碑陰。

康熙三十五年十月望日。

（文見光緒《扶溝縣志》卷十四《藝文志·碑記》。席會芬）

創建公署記

杜俊章

扶溝逼處汴南，固用武之地也。宋明道先生嘗以德化民，後之登斯堂者，皆有高山仰之思焉。迨歲既久，求巋然獨存如魯靈光者已不可得，惟有殘柏數株、枯槐幾樹，蕭然于荊榛瓦礫間已耳。三韓高公分符茲邑，慨然興懷曰："官居民舍，長民者之過也。"乃采眾議，申請上憲，於是，捐廉勸始，邑人同心趨議，首建廳治堂，繼作宴寢堂，堂之前由戒石而儀門、而大門，樹之屏焉。環以左右科房，堂以後由二堂、而三堂，界以扃鑰，翼以輔弼之廊，庖湢之舍。迤而東，若庫、若倉、若殿；折而西，若幕廳、若典史宅，若射圃。去儀門東偏數十武，昔禮土地及寅賓處也。披尋遺墟，蔚□傑□，事神友賢，於是乎再繚以周垣，覆以高甍，華亭曲徑之掩映，名花佳木之培植，靡不次第具舉，規模宏遠，庶幾向陽出治與明道先生後先相望矣！是役也，經始於乙巳十月，落成于丁未十一月。民不告勞，用不耗帑，則以我公之衷益有道而經紀有方也。是為記。

康熙三十五年十一月。

（文見光緒《扶溝縣志》卷四《建置志》。王偉）

重修關帝廟碑記

宛平人邑侯趙如桓。

董家橋舊有關帝廟，不知創自何年，歷歲已久，不無傾圮，余蒞扶之日，捐俸薪之餘重修之。舍其舊而新是圖，一時正殿、拜殿、兩廊、大門以及棟宇、神像頗改觀焉。是役也，經始於康熙丙子年十月初二日，訖成於康熙丁丑年三月初十日。邑庠生郝子羽璉請余為文，以紀其事。

謹按典制，凡神之能捍大患，禦大災，有功於民社者，其地皆設廟以崇祀之。禮也，義也。惟關聖帝君祠廟徧天下，自通都大邑以至窮鄉僻壤，薄海內外，無不肖像，敬奉之唯謹，豈非以其忠義正大之氣，浩然流行於上下之間，如江河之行地，日星之麗天，實有以懾服乎人心，故天下之人震動恪恭，羣然奔走之恐後也耶！然人之事神亦必有道，非徒廟貌輝煌，崇其觀瞻已也。顧必為之上者，精白乃心，以教訓斯民。而為其民者，父慈子孝，兄友弟恭，尊齒尚德，姻睦任恤，興仁興讓，訟獄衰息，盜賊不作，好義終事輸將，王稅以為盛世良民，斯則坦白簡易，事人以事神之道也。扶邑地居大梁之南，雖蕞爾小邑，然沐浴於聖化者深矣！以其地瘠民貧，瀕河多水患，年來亦有一二獎政，足擾我父老者。余以簡命來涖茲土，下車將一載，亦署有所興革。凡學宮、泮池、廟祠載在掌故者，皆漸次修葺。而茲廟之成，特其一也。在余亦祇盡其職分之所當為，敢曰徼福於神哉！而此地之士若民，亦祈時和年豐，物無夭札，室家和平，人皆樂業，所望於神明者，均有同心。夫出其赫聲濯靈以保佑乎一方，而錫之休嘉者，神之貺也。至於移風易俗，導民以善，苟一事之足，以誘掖斯民者，無不隨時大書特書，亦長民者之責也。余文雖陋，俾勒之石，使此方之人知所勸焉。

清康熙三十六年三月。

（文見光緒《扶溝縣志》卷十四《藝文志・碑記》。席會芬）

城隍廟靈夢記

順天宛平人趙如桓

鬼神之道，天道也，即人道也。天與人遠，人故無畏，而鬼神則上下於天人之間，動靜存發，往往人不及知，而鬼神知之，鬼神知之，則天亦知之矣！是鬼神乃天道視聽之所寄，人心邪正之所不可掩者也。扶亭城隍，素稱顯赫，其最著者，莫如降夢崔勤一事。余三十六年五月十七日，扶之東路劉家庄，有於趙孟勳井中撈得一幼女屍者，相其形狀，皆突唇青，下體血著，不問而知其為姦殺也。第不知淫暴者誰，難以遽定獄案也。是日，箕城有梁三元者不見女，至劉庄認井中屍即其女，以冤狀控。言其女名十姐因拾麥迷途，遂罹慘害。余雖受其訴，亦不知淫暴者誰，難以遽定獄案也。余因此事幾廢寢食，乃詢劉庄共幾家人，共幾姓。居者以數對。悉拘而羈之，其眾俱在，獨失一人曰崔勤。問勤何之，其堂弟崔應鳳曰："傭工他所矣。"余復責鳳以招勤。越三日勤至，稱冤如眾口。余慮其枉也，復糾劉家庄之眾共宿於城隍廟，余齋潔以禱曰："余治扶之陽，神治扶之陰，固相助為理者。今白日之下，淫暴橫行，求其姓名而不得，神不牖我以聰，俾淫暴者得漏網，余固不明，神亦不職。"禱罷而寢。夢余坐堂上，有二役賫文投，啟而視之，內書二言云：欲知奸殺真凶，只問崔勤、崔鳳。余覺而異之。時漏下三刻矣。有道人者寢門外，蹶然大呼而入。詢以故，道人瞪久乃言曰：適見二人入廟來，恐其瀆公寢也，跡而求之，忽不見。余益疑之，豈夢中投文者即此二人耶，遂訊崔勤、崔鳳，不假刑法，一訊而服。詔稱五月十一日，崔鳳於苜蓿地中見一幼女哭甚哀，問其姓，曰：梁氏。問其居止，曰：迷矣。歸而告其兄勤。勤往求之，日已晡。勤視女姿，遂擁而淫之。女號聲震野。勤懼事之敗露也，遂解身衣之袂衫塞其口，女呃而斃。翌日，勤逸於東安。忽念女屍腐敗，人必跡於苜蓿之地，是累鳳也，復乘夜歸，投女屍於趙孟勳之井，後起認與三元狀符。余廉其情，判勤恣行淫暴，當律斬。鳳知情不首，定以決杖，申上臺，俱報可。越二年勤授首，於是，三元之訟平。

嘻！神之靈爽顧若此哉。向使神不牖我以聰，則罪人必不得。罪人不得，則斯女含冤於九原，居人株連於縲絏，不知幾經歲月，余亦負不職矣。孰知天道誅惡，寄其權於鬼神，鬼神復降其靈於余之夢寐。由是觀之，天人之際，豈甚相遠哉！乃世人不寤，恣為冥行，妄意鬼神可干以非分，悖孰甚焉。夫聰明正直之謂神，鑒觀有赫之謂神，聖人設之。以助禮樂刑政，人能盡人之道，而天道之鬼神即寓於人，天惟本天之道，而人道之鬼神即通於天，其理一也。嗚呼！無在非天，無在非鬼神，人顧敢以恣為冥行，不畏於天，而上干鬼神之怒哉。

康熙三十六年五月。

（文見光緒《扶溝縣志》卷十六《志餘》。王偉）

重修天寧寺記

邑人杜之昂

趙侯治扶之次年，迎其太公於北平，就公署而侍膳焉。太公性慈祥，樂捐施，其於梵剎神宇，每不吝資力以整頓之。侯亦先意承志以奉之也。一日者，太公杖策遊天寧寺，見山門低壓，後殿寢頹，惻然有蓋造之意，又慮侯為扶守土，學宮、官廨而外，皆非其所有事，遂默而不言。侯微伺太公意，則重以修請。太公果喜溢眉宇，自解囊橐以竣事焉。工成，太公歸北平，揖余於臺中，請余有言以壽石。余應之曰："賢公子牧吾扶，唯是人民社稷之是務，外此者非所事也。今太公以修建佛寺請，無乃非守土者急乎？"太公默不言，余退而思之，吾扶之有天寧寺，乃讀法奉制之所，非他淫祀可比倫也。太公之修天寧寺，亦非欲以種福田，求利益也。蓋本其愷悌慈祥之意，欲我侯體之，以保茲赤子，凡赤子之無知入於罪罟者，皆當所矜恤，是以佛心為吏治也。侯之先意承志而不敢違其命者，正體其愷悌慈祥之意，以保我扶之赤子。凡赤子之無知入於罪罟者，每哀矜而勿喜，不又以吏治行佛心乎！吏治行其佛心，以保我赤子是忠於國也。吏治行，其佛心無拂乎太公慈祥之教，是孝於家也。忠與孝俱何事不可有為，必孜孜以非守土者所當事，而重違其親志，則古來仁人孝子之用心，皆可以不必矣。是故茲寺之修，以職官論，則非其所急，以人子體親之心論，則修寺亦慈祥所麗也。今太公歸不言矣，余原其心，乃走郵筒而為之記。

工興於康熙三十七年二月初八日，竣於是年五月二十日。山門升幾尺，後殿增幾楹，墻垣丹堊，計資若干，並附於碑陰云。

康熙三十七年五月。

（文見光緒《扶溝縣志》卷十四《藝文志·碑記》。席會芬）

邑侯趙公生祠碑記

杜之昂

今上御極之三十七年，歲在戊寅，為邑侯趙公三載政成之期，紳士父老欲建祠瞻禮，抒蟻忱於萬一，垂模範於永永也。先期合詞以請。公曰："余奉命知此一方，惟夙夜兢兢，不克負荷是懼，即勉副厥職，可告無罪於父老子弟，亦分所應耳，何德之與有？今茲之舉，是重吾不德也，止之便。"諸人士唯唯而退，既而相與謀曰：以闔邑愛戴之誠而固辭之，公固謙謙君子矣。其如吾儕欲報之情何！遂庀材鳩工，創始於六月十四日，告成於八月初一日。是役也，材不斂而盈，工不督而勤，惟人心競勸踴躍從事，是以未及兩月，工以告竣。既成，始白其事於公，公欲止之不得也。乃曰：崇既往所以鼓將來。余不敏，其益勵所不逮，以無負邑人士之望可矣。噫！既不忍重拂輿情，復有德而不自見德，有功而不自居功，匪獨公之雄才偉畧，長於政治也。其學問深沉，氣量淵雅，有大過人者，邑之人謀壽諸石，而屬余為之記。余雖繫官京師，未獲與茲盛舉，然無容以不文辭也。

公燕京世家，明經上選，青年博極經史，於古今致治之故，興廢措置之宜，講貫而諳練之者，已既有素，及蒞吾扶，本其家學以惠兆姓，而潔己愛民，矢公矢慎，期無歉於迓心者，以無負乎朝廷，是以講聖諭以興民行，修文廟以崇聖道，創泮池以培文運。其律己也，省供億、卻常例，禁苞苴，絕請托，虛公而非以狥人，明斷而不執意見。其於民也，嚴保甲，靖奸宄，以弭盜源；驅遊惰，懲賭博，以敦本務；禁誣控，息訟獄，以勸親睦；設義學，延師儒，而單寒知學；捐米石，立粥廠，而孤貧獲養。公尤加意農事，每朔望屬鄉長督課勸誠之，時或單騎履畝，省其勤怠焉。由是人益力耕，收穫倍昔矣。五年審編，所以稽戶口、均賦役也。往者率有例金，審編不及一二保而中止，每按畝增加，民之疾苦不遑恤也。公則詳為審定。凡老疾孤幼，酌與除減，里胥無敢以往規進者。所需冊費，皆取辦於己，民不與聞焉。歲有漕米條鞭，內雖有額征，而水腳貼運費且數倍，故事率派之地畝，每逢輪辦，邑里騷然。公出其家貲，以佐漕運。三年以來，民無輪輓之擾，而公之賠累已以萬計矣。曩有疑獄，公虔誠以禱，神果錫之夢，與意之所指適符，獄遂以具。人服公之至誠，幽明感格矣！扶雖彈丸，俗尚武健，淩弱暴寡，而巨奸豪右亦往往魚肉良善，遙制事權。公獎善懲惡，扶弱抑強，力挽頹風，使民洗心滌慮，非忠信明決，燭奸畏志，安能移風易俗若是也。他若築墩堡，修河柵，清街衢，建倉獄，隨時舉行，不沽名，不市譽，為斯民所瞻依不忘者，難悉紀也。是則建祠而瞻禮，發乎情，止乎義，其不介而孚也。忠愛其上，不忘報稱也。其謙讓未遑也，治益求治，不自滿假也，其欲止而卒不獲止也。上以誠信愛其下，下以誠信敬其上。公與民相與有成也，一舉而數善備焉。是烏可以無紀，為之記，豈徒誌營度之歲月，堂宇之壯麗已哉！亦以述其始末，載公之德於無窮，俾後之尹茲土者，有所觀感而興起也夫。

趙公諱如桓，字延一，順天宛平歲貢。

康熙三十七年六月。

（文見光緒《扶溝縣志》卷十四《藝文志·碑記》。王偉）

邑侯趙公辦運漕糧紀實垂遠記

杜子昂

余在臺中，扶父老以趙侯之辦運漕糧告，且言欲壽諸石。余異之曰：當任而碑非制也。侯為吾扶賢令尹，豈愛名哉？乃欲以頌揚累大德乎！父老曰："非所謂頌揚也，蓋將以招來茲也。"舊例入豫漕糧僉派於丁地中，有司徵解上臺，時當起運，即豫遴各屬廉能之吏，領價採買，官運糧每石額定價銀六錢五分，經費水腳色樣俱在其內，防病民也。然額價之畫一有定，而米價之貴賤無常，稔歲或可支辦，歉年則賠累無算矣！於是，守土者不得已，議協濟於民，民惟正之供，加以攤派，是官病而民亦病也。吾扶趙侯於康熙三十五年，始下車即有遴廉採買之命，是時，米價騰湧，每石貴至一兩二錢，吾扶漕米該千三百十二石有奇，又代偃師買運，復有四千七百六十二石有奇。時值之價倍於正額，復加之以經費水腳色樣，費將不貲，侯一粒一夫未嘗取給於民，悉自稱貸賠之，扶民未之知也。三十六年，米如三十五年之數，時值每石九錢五分，尚浮正額之三。三十七年，米數千三百七十有奇，每石一兩七分，已浮正額兩倍。三十八年之米數亦如之，時價每石九錢，亦浮正額之三。侯役家人採買於濬、滑兩縣道口，復運至衛輝並小灘水次。四年來之經費水腳色樣，侯悉如初下車時，未嘗改絃易轍，計其所賠幾數千金，侯即不出於口，吾民獨能無感於心乎？此請誌垂遠之所由來也。余聞父老言，竊心儀之。夫吏治之不古，莫患乎其人之貪且吝。貪則必取民以益己；吝則不肯損己以徇人。為吏者每欲辭貪吝之名，而卒不能不蹈其實者無他，其視利重也。視利重則民事輕，明知有利於民，而於己無與，姑因循以俟之，利亦莫能興也。明知有害于民，而於己無與，姑因循以俟之，害亦莫能去也。今侯之歷歲賠累而口不言德，是誠能去其貪吝之見，以盡其父母之心，諒亦今聖天子所樂聞者也。後之蒞茲土者，慎勿謂廉吏可為而不可為，而讓美於侯，亦不可謂為民省費而釣譽於己。不止此漕糧也，凡有可以生民者，皆不惜髮膚以斡旋之，則侯之垂法後世將無窮矣！父老以斯言列諸貞珉，俾繼世有所觀感云。

康熙三十八年。

（文見光緒《扶溝縣志》卷十四《藝文志·碑記》。王偉）

清故待贈參之劉公暨配李孺人墓誌銘

【蓋文】
清故待贈參之劉公暨配李孺人墓誌銘

【誌文】
皇清待贈參之劉公暨配李孺人合葬墓誌銘
敕封徵仕郎翰林院庶吉士現今十七次鄉飲大賓年家眷弟朱陽賈大任撰文。
南陽府泌陽縣儒學訓導眷晚生何功敘書丹。
壬子科亞魁吏部候選學正眷弟杜貴篆蓋。

　　學博劉君諱晟者，同□柘城縣，世著賢聲，朱陽書院會講之期，雖嚴寒酷暑必至，至必竟日。以是得聞其祖參之公懿行頗悉。公捐館，晟為承。重孫次其行事，衰服麻絰，踵予拜泣請曰："我大父之行，微先生其誰與銘！使其有知，九泉當銜德勿或替。"予聞者言，淒愴哀感，不覺淚涔涔下，因念素所聞於學博者，不忍以歿世而弗揚厥休，是宜銘。按狀：
　　公諱三才，參之其字，先世晉之洪洞人，明初遷河南之扶溝縣，因家焉。代有隱德，至公父善庵公以孝友聞。配楊氏，早世，繼吳氏，公事之如所生。時當明室板蕩，災癘流行，土寇猖獗，乃避地於邑北之張楊市，賊猝至，公父罵賊，不屈而死。是時，家人悉鳥獸散，比賊退，始知遇害。公呼天搶地，哽咽幾死者數四，乃率其弟三元遍覓骸骨不得，號泣遇賊，三縛而三釋，蓋賊亦感之，不加害也。抱恨終天，往往寤寐中驚起奮呼，左右皆為雪涕。奉繼母將徙河朔，道經西郭，見一少婦裸體縛于樹下，於恅惚中亟命婢釋其婦而解衣衣之，送之還，不問其姓氏。徙長垣，道遠餱糧不繼，其室李氏脫簪珥易食藏之以供姑膳。雖顛沛仳離，未嘗一日缺甘旨者，凡以此也。公處世端方，宅心慈厚，遇非禮之事，輒義形於色，至閭人之窮，百方拯救，必如其意而始快。孺人之內助殆無異，其善行不可沒矣！後之人能世其德，續學砥行，置身仕筮而光顯之，非天之報施善人不爽也歟！子二：長紀翰，娶馬氏；次紹翰，娶賈氏。孫三：晟，歲貢，任歸德府柘城縣教諭，娶馬氏，紀翰出；遷，聘庠人李光杭孫女；昭，聘庠生常維世女，俱紹翰出。孫女二：一適太康縣庠生李方侗長子儒士作梅，紀翰出；一適祥符縣處士劉昌長子勳，紹翰出。曾孫三：圻聘庠生賀建賓女；址，垣，俱幼，未聘。曾孫女三：長，許字祥符縣處士張士維壁畫；其二幼，未字，俱晟出。
　　公生於明天啟元年，卒於康熙三十九正月，享年八十歲。孺人先卒於康熙三十四年七月，距生於明天啟二年七月，享年七十有四歲。涓吉于康熙四十年十月十二日，合葬于邑南馬村新塋。爰系之銘曰：
　　峨峨名閥，淑向孔昭。彭城芳裔，藜火淩霄。自晉之豫，昌大以饒。老成在望，卓然銘超。惠隨川遠，德與山高。子孫麟振，垂紳鳴鑣。隧門有閉，白楊□□。□□□□，

□□常標。

時康熙四十年歲次辛巳十月十二日。

承重孫晟，孤哀子紀翰，孫邐、昭，曾孫圻、址、垣泣血納石。

（誌銘存扶溝縣博物館。王偉）

改建義學記

扶溝義學舊在南街，前邑宰繆捐俸買武生楊發早故宅所成。因循相沿，其事寢廢，疾風甚雨，牆垣盡頹，僅存破屋五間。教化不興，亦守土之責也。及登明道先生化民臺，見夫崇閣峻基，岌岌欲覆，與義學同慘目焉！夫先生為吾道津梁，講吏治者在一時一方，而詔後學者在天下萬世，何可因循退諉，使其流風餘韻漸為湮沒，兩念並興，事可相濟。臺畔地基弘廠，若義學移置其中，俾宰是邑者拜先生之祠，興教化之念，未必非提撕驚覺之一助也。因將義學故址售羅姓為家廟，得價五十七兩。於先生祠左建立講堂三楹，工未半，適邑宦張紹祖、生員張天樞捐其入明戶科都諫參衡公所築廢閣以助，講堂既成，環以垣牆，共費三十七金，尚餘二十金，化民臺之傾頹，亦得以修葺告成焉。余今者老病歸休矣，事與願違，志士所嘆，自茲以往，追縱先賢，大興學校，是所望於來者。是為記。

扶溝縣知縣後學莆田吳士熺。

康熙歲次乙酉春日立。

（文見光緒《扶溝縣志》卷十四《藝文志·碑記》。席會芬）

重塑關聖像記

吾三色崗高廟村，舊有關聖廟。時久，風雨剝蝕而廟貌傾圮者，彼善信士宋至言等既已經營而修理之。若神像不繪，瞻謁無光，予何忍焉？於是，約眾集資，命匠鳩工，丹青之飾，無所不備，而神像不繪者，今亦與廟貌而俱新。豈曰以邀福哉？亦新以增瞻謁之光耳。故工成銘之，立石以記之。

會首宋至言。

生員宋國綸、張天機、張文舉、張學綸、宋至平、張君愛。

金塑匠赫□□。

石匠謝海。

大清康熙四十五年十月十五日立。

（碑存扶溝縣呂潭鎮高臺廟村關帝廟牆上。王偉）

重修玄帝廟記[1]

扶治西南隅，地名黎夏，即古新汲，故 /
扶郡之名勝地也，有玄帝廟，創建何代 /
異顯赫，威鎮朔方，伏魔掃 /
四方縉紳士夫，善婦信男，時伏臘朔望會於此 /
風雨飄搖，殿中祠諸神像頹□。噫，竟距 / 有善人趙維世、葛顯□、□□□等目 /
廢宇，猶思修補而□□之祝。況吾儕井中之蛙。/
遂同心募化，董事鳩工，未 /
重新，神像煥然。大功告成，屬余為文以紀之 /
覼顏千詩云，恭敬神明，宜無悔怒。又曰：神之聽之，式穀以□。□將前□，以為後善者劝 /
督墾都司陳英稽首書丹。
時康熙五十一年歲次壬申仲冬月穀旦。
今將善信人姓名開列於後。
泥水匠□□迪、李□德。
金塑匠李□福、張□明。
木匠尹學甫、韓起鳳。
石匠王□□、李□□。

（碑存扶溝縣柴崗鄉唐莊村。王偉）

杜子叢墓誌

【蓋文】
皇清文林郎原任直隸順天府通州寶坻縣知縣前懷慶府武陟縣儒學署教諭己卯科山西同考試官樹滋杜公暨元配傅孺人合葬墓誌銘
【誌文】
清文林郎原任直隸順天府通州寶坻縣知縣懷慶府武陟縣儒學署教諭己卯科山西同考試官樹滋杜公暨元配傅孺人合葬墓誌銘
賜進士出身吏部候選知縣山右徐溝縣門生董昌頓首拜撰文。
賜進士出身候選知縣山西盂縣門生梁植頓首拜書丹。

---

[1] 此碑 / 以下殘，字多模糊不清。

賜進士出身吏部候選知縣懷慶府武陟縣門生千殊頓首篆蓋。

杜夫子歷世中州古桐丘，由鄉進士署武陟縣教諭。己卯，以《禮經》聘入山右內簾，取士四人，昌其授薦也。放榜後晉謁館中，見道範謹嚴，知其德性向學遂養者素矣。後一謁於武陟，再謁於寶坻，領教訓，凡持己接物，居官奉職之道，胥腑摯詳切，觀政後行，于夫子同朝任事，取則不遠不謂。癸巳秋初，平仲諸世兄走使求誌銘，昌不勝驚且悲痛，急發函，知夫子仙逝已愈歲矣。嗚呼痛哉！夫子竟厭世而莫挽耶。胡天不吊，失我典型，方將匍匐哭奠幾楹，念奄奄伊邇。昌于夫子生平知之悉，誌銘何敢以不文辭。謹按世譜：

始祖二公，由洪洞遷滑，由滑而扶，遂家焉。三傳及蓋軒公清，以明經口府大同清傳雪厓公潛，因長男進士紹貴，贈戶部尚書郎，嫻詩文，工書法，為文獻之祖。潛傳敏齋公綏，尤歲薦司訓浮山。綏傳龍坡公孟卓，潛德弗耀。卓生巽庵公津，萬曆癸酉舉人，知懷柔縣事。津生泰征公化雨，邑庠生，有隱德。雨生三子，次芝圃公俊章，前辛酉舉人，授陝西扶風知縣，幼未立嗣，承大人命，取胞弟廣西賀縣知縣，贈河南道鑒察御史篤圃公俊彥次子為己子，諱子叢，號樹滋，即昌本房夫子也。生而穎異，年舞勺，以孝謹聞。朝夕嚴慈膝下，孺慕誠篤，蓋其至性有過人者矣。喜讀書，初就外傅，即工制藝，十五入邑庠，甫乃冠，食廩氣，每試冠軍。壬子選拔入國學，應大司成試，置監無識者，以玉堂偉器卜之。亡何，怙恃繼逝，喪盡哀，葬盡禮，此其根本節目之大者，遠近嘖嘖稱道不衰。服闋，己卯登賢書。噫！以夫子之才德文學出而大魁天下，霖雨蒼生，如持左券而取符，乃所所遇不遇，夫子亦恬于仕進吏，隱首蓿齋頭者幾二十年。初膺簡命，即恪供厥職，修整學宮、學壁之外，地久被兵丁占住為己業，捐俸二十餘金盡回贖，規模宏敞，復舊制。以時考課諸生，不問寒暑，必手示以先正楷模。由是鄉會中式者，指不勝屈。撫軍有多士景仰之薦。夫子之隨分盡職者，即此可見一斑矣！

時有官民勢不相安，百姓鳴鐘聚眾拒捕。撫軍令懷慶守急選賢能官員撫諭，夫子宜不得辭。所至之處，諭以理法利害，或投戈聽命感服有泣下者，非誠信素入民深能如是也。修邑志，縣公甘蒙上臺意，聘入志館總裁，一凡序、記、詩、傳悉擇有關地方者，文簡而意該。書呈上，付軍諭云：獨武陟誌得體。蓋子之潛心于左氏、司馬子長之筆，其素所蘊藉者然也。然資性高曠，時与同門孟方何公、知交乾如徐公輩，詩酒往來，攄寫懷絕，著有《陟城吟》一帙，每讀一遍，可以想見瀟灑出塵之致。戊子俸滿，升寶坻令，地近京師，旗民錯處，多刁惡騙詐之弊。甫下車，依清慎勤自誓，留心綏緝。不避權要，嚴寬互濟，闔邑貼服頌神君。邑額設有紅剝船一百八隻，為通州起剝糟糧設也，每只以民地十頃供給之，計地一千八十頃。皇上欲插屯莊，差戶部右堂黑撫軍趙、內務府大人並上臺及州縣文武官隨來者四十餘員。夫子力為解說云：供給之地，有船戶，朋戶，貼戶之分，凡有地五十頃，出地十頃，供船一隻，曰船戶。如不能五十頃者，以兩人共合五十頃，出地十頃，供船一隻，曰朋戶。至貼戶，則零碎湊合出地自二分至十畝至一頃，共合十頃，供船一只，由是地皆零星分散，雜于民田中，勢難屯耕。理解明悉。大人、撫軍以此復命，事遂止。紳士旗民咸得安堵。頌德澤者詎一二世已哉！

邑東境距海百餘里，蘆葭繁衍，一望無涯際，蝗蟲卵育其中，無虛歲。乙丑，命下捕蝗，大人及各上臺查驗督責，冠蓋相望于道，夫子勞心瘁力，晝夜無寧晷，記工捕蝗，每日數千人，費千餘金，傾囊賠苦，不忍累百姓一錢。逾日，蝗漸盡而督責者愈迫。蓋之所苦者蝗，而官之所苦者不獨蝗，說者謂稍事斡旋，便可報最。夫子慨然曰："吾已守道恪盡吾職而已，得失顯晦何計焉！"遂杵當事。意因自檢，案無留牘，錢糧不虧脫然掛冠。邑人士求詩文翰墨者門如市，囊空不能旋里，爭相賙饋，攀轅臥轍，如失慈父母焉。及抵家，蕭然琴書四壁而已。教子課孫，雍雍一堂，恬如也。

平生嘉言懿行，難更仆數，自幼學以及壯行要，皆中有真見，時俗不能移，易為文章，世爭傳誦。善草书，摹得義、獻神骨，于詩歌尤工，吟詠滿篋，驅駕李、杜，竚俟梓行世也。配傅孺人，陽夏世族見玄公女，即昌師母。幼秉貞順，於歸後，克嫻婦道，事翁姑謹恪綜理，內政寬和，中有規度。隨任武陟，以家務告歸，念夫子奉侍無人，遣侍婢陳氏往侍焉。此即穆屈逮下之德，閨閫中所難。其餘可以類見。先夫子終十一年。今將卜吉合葬城南之新阡。

夫子生於崇禎十年三月初五日寅時，終於康熙五十一年七月初五日亥時，享壽七十六歲。師母生於崇禎八年七月十九日巳時，終於康熙四十一年正月初五日卯时，享壽六十八歲。男四：長宗隆，由增廣生員援例入監，娶歲貢生何公諱際熙女，繼娶鄢陵原任廣東惠潮道僉事田公諱希尹孫女，府學生員田公諱承祖女，繼娶李公諱魁元女；次宗登，府學生員，娶府學生員吉公諱蘊奇女，繼娶陳公諱國柱女；三宗顯，廩膳生員，娶西華原任戶部右侍郎王公諱遵訓孫女、現任湖南瀘溪縣知縣王公諱光夔女，繼娶太康姜公諱周翰女，傅孺人出；四宗訓，娶西華李公諱國俊女，陳氏出。女一，適原任徽甯兵備道盧公諱世揚次孫歲貢盧公諱征俊次男、府學生員諱□，早卒。傅孺人生。孫男三：長承緒，娶尉氏候選州同王公諱丕承女，繼娶翟公諱琰女，宗隆出；次承顏，三承志，俱幼未聘，宗登出。孫女四：一幼未字，宗隆出；一許聘府學生員傅公諱敦長子，宗登出；一未字；一許聘府學生員傅公諱梅三子，宗顯出。噫！夫子品誼卓越，昌叨入藥籠中，追憶音容，猶如昨夕，然欲立雪教下，再領一言而不可得。撫今追昔，可勝悼歎。顏氏子簞瓢陋巷，附夫子而行顯，昌冀悸於此，因志其行實而為之銘曰：

岳降哲人，惟國之楨。儀行在茲，乾健坤承。囂大誠小，誰叩蒼冥。德立不朽，豐碑增榮。貽谷未艾，子孫繩繩。

大清康熙五十二年歲次癸巳九月十六日。

不孝男宗顯、宗隆、宗登、宗訓；孫承顏、承緒、承志泣血納石。

（誌存扶溝縣城南練寺□杜官村北地。王偉）

重修玉皇閣三官廟及前門東西廊房周圍牆垣碑記

　　玉皇上帝三官之神，考諸詞典，闕無聞焉。或曰以其主宰而言謂之帝，以其職司而言謂之官。不見夫忽然而風雲雷雨，忽然而日月星辰，與其四時之推移，寒暑之代遷，往者曰往，誰為為之而亙古不見也。來者曰來，誰為叱之而其出無窮也。其間由屈而伸，由伸而屈，緊豈無神。《傳》曰：禱爾於上下神祇。茲即所謂天神地祇，是耶非耶。余言此言也，吾不謂無理，亦不謂無其神。先儒云：造化之蹟，二氣之良，能是已。如必謂有神，人馬端冕凝旒垂紳正笏於冥虛之中，則吾斷不敢信。雖然，人生斯世曰戴天之高而不知其高，曰履地之厚而不知其厚者，比比也。苟目觀此旒紳笏者，儼然在上而悚于中，或時凜一天高地厚之懼也未可知，此亦建祠設像之本意歟。然斯祠也，日久頹壞，幾成丘墟。曩歲單紳等聯會結社，鳩工庀材，歷數歲厥正告成。於今西殿神像、前後門院房屋煥然一新，會眾爰勒石志之，俾後起者繼葺修理，繩繩不絕云爾。

　　單恂撰文，姜曰宗書丹，王懷瓊篆額，王福刻石。

　　大清康熙五十五年

（碑存扶溝縣大新鄉新南村。王偉）

扶溝太康萬氏先塋碑文

　　萬氏之在扶邑，漢、唐以來，世居趙崗。元末紅巾兵起，合族逃散他省外縣者不計其處。洪武定鼎，有祖諱福聚者，自尉氏旋里，始遷萬崗；其弟福成遷太康。迄今兩縣人丁頗繁，而水源木本，皆趙崗之所遺也。今趙崗已無萬氏尺土，而祖宗墳墓猶存，苟非勒之于石，竊恐久而淹沒也。故特糾合族共立一石，非敢曰報本追遠，庶祖宗遺跡賴以不失云。

　　扶溝縣舉人遠孫九思謹誌。

　　太康縣吏員遠孫天祚追祀。

　　大清康熙五十九年十月初一日立石。

（碑存扶溝縣文物保護管理所。王偉）

邑侯趙公全杜氏節孝記

萬九思

　　侯未蒞扶之前，有諸生郝羽翀者子六人，異母三。長中膏，次霖膏，元配王氏所出也。三見膏，四漢膏，繼配姚氏所出也。五豐玉，六作霖，則庶母張氏出焉。漢膏少而殀，婦杜氏請為其夫立後，翀弗許。遣杜氏歸母家，發廩粟贍之。杜氏者，孝廉賁之女姪，諸生如苴之胞妹也。年十七歸郝，越四年而寡，矢志終身，慮其夫無祀，故有是請。見其翁之弗許，且欲遣之歸也，遂大慟，欲以身殉。未幾，翀即世。氏復請於諸昆弟。諸昆弟執其父之亂命，遂成訟矣。一控於前令周侯，許擇嗣矣。周陞任去，不果行。又控於胡公，亦著議立嗣。郝昆弟仍執前見，胡兩袒之，案亦弗定。氏曰：終不為我夫立祀乎。復控之於趙侯。侯曰：前二令之不肯判斷者，溺於翀之亂命也。郝昆弟之不欲即斷者，亦溺於亂命也。吾今以法斷之。例有凡無後者，許擇昭穆相當之人，以承繼。由同堂以及近支，近支無人，則求遠族。又云：如或為本人所親愛之人，亦聽其自便。是律明大法而順人情之意，已寓於其中矣。再以情論之，年少無子而能矢志靡他，亦可矜而可敬者。設同堂無人，猶將擇於遠者，以為孀婦終身之倚，豈忍見其生操栢舟之志，死為若敖之恫乎。於是，肆宴設席，大會扶士及郝昆弟於公廨，先示以法，復諭以情，昆弟皆感泣，乃定議。以中膏之四子，為氏之長子，以奉王母之祀。以見膏之次子，為氏之次子，以奉姚母之祀。侯擇吉不憚五十里造其家，使氏告於其祖父良人之前，正名定分，永無後忿。復匾獎其門曰"盡孝全貞"。是日也，大雨如注。侯蓋帷衣袽為之盡濕。觀者無不興感，於是，鬩牆之變平，今且既翕矣。氏感侯之德，立牌於家，朝夕焚祝。嗚呼，人孰無良，特患長人者無以動之耳。今觀侯若此，所謂不介而孚者，非耶。虞芮質成，化及兄弟，其斯之謂矣。是不可以無記。

趙公諱如桓，字廷一，順天宛平。歲貢。

（文見乾隆《陳州府志》卷二十六《藝文志》。王偉）

明詔晉階中奉大夫正治卿五雲盧山暨配淑人秦太君墓碑

公諱傳元，字貞復，一字□廷，號五雲，行四。初配趙，贈淑人，繼配李、李、馮，皆早卒。萬曆壬午科舉人，丙戌科進士，禮部觀政廷寶公之孫，樂公之子。男六：戀忠、戀孝、戀廉、戀節、戀學、戀修。孫三：維□、戀學出；維甯，戀修出；維宗，戀孝出。公初任山西潞安府黎城縣知縣，二任山西太原府榆次縣知縣，三任禮科給事中，膺正使冊封□□□，四任刑科右給事中，五任工科左給事中，巡視廠庫，管理布花。六任山東布政使司參議兼按察司僉事，整飭臨清等處兵備道，清人肖像，春秋以祀之。七任陝西按察司整飭莊浪等處監軍備副使。八任陝西按察司整飭環慶等處副使兼理鹽清屯田水利驛傳監軍兵備道。九任陝西按察司、整飭洮岷等處按察使司按察使。十任誥授通議大夫、陝西按察使司按察使，食正二品俸。

賜進士及第經筵講官內閣大學士兼兵部侍郎年家晚學生胡煦填諱。

清雍正七年立。

（碑存扶溝縣江村鎮周塢村。王偉）

扶溝縣重修儒學碑記[1]

余忝烈翰苑，邀殊恩遣使中州，兩番典試，三載衡文，夙夜兢兢，惟期興學育材仰副聖天子作人至意。辛亥冬，因校士陳州，道經扶邑，謁文廟，見夫殿宇門垣傾圮頹敗，等於荒煙蔓草，心竊憫之。詢知霪雨為災，未遑修整，有士子盧宸、李超等，以新天子臨御之明年，淮州縣升學。扶邑應列大庠，當事者漠不留意，共懇於余，祈為題請。余念例限於前，機失於後，若不量力而更舉之，詎免以蚊負山之誚乎，且諸生奚必以升學為誠，能留心本圖，加意整飭，則人於神而致敬，神自於人而介福，計無復有逾於此者，諸生勉乎哉！迨三載，報最。檢校中秘之暇，忽有欸戶而告曰："予小人，豫省扶邑使也。"多士曾面承誡諭，培植黌宮，隨以升學所捐十之一，益以募眾，所捐十之九，共成厥事，雖祭器、樂器、佾生、學署，未及整理，而崇聖祠已不至偏處矣。忠義祠、明倫堂已稱得所矣。至正殿、戟門、欞星門、東西廡，與夫周圍牆垣卑者崇，缺者補，已俱告竣矣。經始於壬子仲春，落成於癸丑季夏，是皆昔日勸諭鼓舞之力也。不有記述，奚以傳後，懇丐一言，勒諸貞珉，以為將來勸。余不禁喟然嘆曰："扶之士，可謂勇於為義者矣，可謂能受善言者矣。"方余之在扶也，因景攄思，因人致詞，未敢必所言之不虛也，而竟不以余言為謬，其尊崇聖教，輔冀文運若此，不但為一時盛舉，即踵厥事者後之視今，未必不猶今之視昔也。瞻聖容之嚴肅，睹廟貌之輝煌，主祭者必誠信而灌獻，助祭者必敬謹以對越，捧帛執爵，以逮牽牲贊響，亦必恪供乃職，無敢戲渝諸生整飭之功，豈其微哉！聞之神無怨恫，卜介百福。自茲人材鵲起，科第蟬聯，其有射策南宮，擢入翰苑，與余比肩而襄文治者乎，可預為扶人賀矣。謹摭巔末，以答多士之請。

賜進士出身提督河南省通省學政詹事府少詹事充河南庚子乙酉兩科主考翰林院侍講學士加一級紀錄十二次吳應棻撰文。

署扶溝知縣事候選府同知慕震生書丹。

敕授文林郎知扶溝縣事周鈺篆額。

原任儒學教諭王琴督修。

儒學教諭靳十泰。

儒學訓導李百枚立石。

雍正十一歲次癸丑冬十月上浣之吉。

（碑存扶溝縣文物保護管理所。馬懷雲）

---

[1] 光緒《扶溝縣志》卷十四《碑記》標題作"重修文廟碑記"。

普濟堂記

制憲王士俊

　　知扶溝事周令於縣治搆普濟堂一區，而求文以記。普濟堂者，余節制河東，宣上德意，檄所部創建。令既集事，遂具其狀來告。扶溝隸開封，南境鄭之桐邱在焉。雙洎夾流，溱洧縈帶，為汴南名邑。而余獨望古欣慕曰：此有宋大儒明道程先生所嘗蒞茲士者也。蓋先生為政，以教化為先，不為谿刻煩苛之行。其治扶也，戢焚舟之暴，均蠲賦之恩，鑿井灌畦，發粟貸饑。語其犖犖大者，豈非詩所稱豈弟君子，民之父母者哉。且先生嘗舉視民如傷一言，榜諸座隅，以自儆。夫視民如傷者，文王之所以惠鮮鰥寡，懷保萬民，而先生誦法聖訓，懸之心目之間也，如此。此其為聖人之徒，而經術吏治，卓乎古循良之選也。欽惟我皇上如天之仁，智周道濟，四海之內，羣生和而萬物殖，而聖慈弘大，又恐一夫一婦或不與被堯舜之澤。雍正二年，特頒諭旨，命直省照京師例，建立普濟堂，以贍無告。此誠聖天子視民如傷之聖心。凡百有位，苟不能至誠惻怛思念而行之，其何以副詔命慰黎元，而況蒞賢者過化之區，朝夕出入其治事之堂，扶之臺洎之水甘棠在焉，而座右之銘目若無睹也者，如負職何？如負古人何？若周令者，其聞明道先生之風而起者乎！堂建於天寧寺之後，厥址隆然，築舍凡十五楹，所覈無告者入焉。後此則繼續以進，而所居益式廓之。是役，令以五十金創，而邑之紳士、商、民咸奮曰：是吾儕事也其忍辭。於是，釀金得三百九十兩，堂之費一百五十五兩有奇，而以二百三十兩權子母，干質庫，目前授食取之。令所捐五十金，差足利賴我煢黎矣。邑人曰：未也有初鮮終，其何以計長久。於是，眾捐地三百六十八畝，而貢生張世太、義民鄢英、楊公義數尤多。噫！是何其樂善之心之再三而不竭，而忠厚長者之意遍於人人耶。抑豈明道之言，一命之士，存心愛物，於人必有所濟此邦，固大賢之所漸摩，而流風餘韻猶有存焉者耶。先是令核邑孤貧一百五十三名，其能作勞以活者，別為區處，而堂所入一十四名口，至是生息益裕。凡民無告者、疾病醫藥、葬埋之資皆具，而餘則以及其他貧民之不給者焉。今而後，普濟之義其告厥成矣。抑余有念明道之至扶也，嘗經畫溝洫、開設學校、未成而去、先生借焉。夫利民之政，患在不知，知矣不為，為之而或成或否，又有數存乎其間。若茲堂之為而成，成而可久者，其尤先生之所心許乎。知扶溝者之幸，亦余之幸也。

　　周令名鈺，大興縣人。尉孫樫，福建人。其樂輸紳士、商、民，備勒碑陰，以附不朽。張世太等捐入地畝，乾隆元年，奉飭發還本主。

（文見乾隆《陳州府志》卷二十六《藝文志》。王偉）

建八蜡祠碑記

扶溝令周鈺

　　古昔聖王以神道設教，凡有功於民神之神無不載在祀典。《禮記》八蜡：一先嗇，二司嗇，三百種，四農，五郵表畷，六坊，七水庸，八貓虎，教民春祈秋報，以重農報本也。延及後世，罟焉不講。我大中丞尹公治豫，慨然有復古之志。於是，濬渠築隄，勸農課桑，利民之政次第備舉。因遍飭州縣，各立八蜡祠，以報順成。嗚呼，盛哉！是誠仰體聖天子愛民若赤之鴻庥也。余既黍斯土，敢不承宣德意，當即捐俸創始，相度基址，鳩工庀材，而邑之紳士、商、民遂交相勸勉，接踵樂輸，乃搆正宇三間，大門一座，飾以繪綵，繚以周垣，工肇於乾隆三年二月二十五日，落成於五月初四日，巍煥整肅，祀典聿新。自茲以往，時和年豐，民安物阜，感神靈福庇之弘慈，即無不歌頌尹公教民之德意也。因鐫捐輸紳士、商、民之姓名於後，而為之記。

　　乾隆三年五月。

（文見乾隆《陳州府志》卷二十六《藝文志》。王偉）

節孝坊

節孝坊
大清乾隆叄年拾貳月拾捌日奉旨旌表已故武生郝永平之妻節婦王氏
乾隆伍年拾貳月拾伍日建。

（碑存扶溝縣包屯鎮郝崗村。王偉）

董氏先塋碑

　　水源木本不可忘。我董氏原居山西平陽府洪洞縣，元末至河南，自北南遷，以歷世久遠，兼以明末流寇作亂，戈馬蹂躪，家譜無存。今據所聞，則猶有可誌者於下：

　　我董氏初來河南時，同胞弟兄三人，一名車、一名轄、一名釧。一居扶溝練寺南董家村，一居洧縣，一居扶溝縣北西馮陵，即本祖塋之始祖也。自始至今歷十一世，幸據所聞，知我董氏所自來，但恐世代愈遠失傳於後，因敬序來歷，立石自墳塋前，使後世子孫得識水源木本云爾。

　　乾隆七年歲次壬戌季春吉旦合族公立。

（碑存扶溝縣江村鎮西馮陵村內。王偉）

固城天爺閣碑

聞之《夏令》云：十月成梁，九月除道。雖曰王政所不廢，而實萬民所永賴也。固城北隅，舊有玉皇閣，上以妥神，下以通行。第日久，車多斬致□下，□□則為景行，坦塗□□□免□溺病涉。此處誠不可不修補者。□□□□□□□□□則久圮，豈事之易為乎。城中村長韓思順□□□□以□□□□之苦，因聚諸會友而謀曰：北閣之下，轍深積水，□□□□□□抑□□將閣□□□□□洪□會貲□餘□修補□，厥工成，[1]

乾隆十一年歲在丙寅五月廿五日立。

（碑存扶溝縣固城鄉固北村北頭路邊。王偉）

重修化民臺記

郡守崔應階

按《扶溝志》，化民臺在縣治南街，宋明道先生書院後。蓋扶人士被先生遺澤之深，築之以誌不朽者也。先生當神宗朝，上疏論時政，忤安石，除知扶溝，息焚舟之患，黜壅水之害，善政不可勝紀。去扶之日，扶人攀留之不得，乃以先生所築之亭為憩息地者，永留甘棠之愛，意何深也！亭始在公署後，元時易亭為祠，肖先生像於文廟西廡之南。明景泰中，移建縣衙內，築化民臺。成化癸卯，復改建於琴堂之西，益書齋三間。至嘉靖丙午，又改建於南街西巷，易祠堂為書院，塑游、楊二賢象配之，復築化民臺，高丈餘，臺下有池，上建橋，蒼松古栢，蔚然交蔭，誠邑中大觀也。自明季至本朝康熙六十一年，代有賢令，時勤修補，故其規模猶存。追乾隆四年，霪雨浹朝，臺榭橋梁，以及大門圍牆，盡皆傾圮，過其地者，幾不勝銅駝荊棘之感矣！乾隆十二年春，署令吳溶蒞任三日，以重修為己任，捐俸倡始，紳士有力者樂輸，同事者十五人，庀材鳩工，閱兩月而工告竣。由是臺益高，池益深，門牆益增而固，且旁及書院之六楹，亦漸次修整，余因之有感焉矣。上下千百年，世運之盛衰，民風之漓漓，不知幾變更矣，乃先生以憩息之所，而因亭作祠，因祠為臺，因臺而恢宏之以書院，先生善教之，得民心若此，詎不深可嘆哉！紳士為誰？若盧生宸、薄生永秀、嚴生志伊、高生起士、郝生容德、李生發唐、杜生德修、高生光第、路生於宣、盧生愈邁、張生起、李生超、單生守任、高生天健、杜生雲祥皆踴躍從事者也。余心儀先生，知其流風餘韻至今不沒，而又嘉邑之士大夫皆能相與以有成也。於是，樂為之記。

乾隆十二年春。

（文見光緒《扶溝縣志》卷十四《藝文志·碑記》。席會芬）

---

[1] 以下四行，每行二十七字，模糊不清。

重修文廟碑記

【碑陽】

邑庠生員七十六歲老人盧宸薰沐敬撰。

國子監監生嚴中寬薰沐書丹。

邑庠生李超薰沐篆額。

賜進士出身文林郎知扶溝縣事加一級雕陰馬伯輅、原任扶溝知縣加三級紀錄五次燕山周鈺、康熙丁酉科中式扶溝縣儒學教諭加一級鳳翼張懋志、原任扶溝縣儒學訓導加一級紀功一次臨武郭元吉、扶溝縣儒學訓導加一級鈞陽宋甲、陳州營駐防扶西二縣左司宛邱劉永福、扶溝縣典史加一級右百漕運。

竊思文廟為斯文根本之地，雖修葺營辦，責在有司。為諸生者亦當思有以培植之而不得諉為異人任。吾扶邑文廟，自雍正十一年蒙督學吳公校士宛邱，道經於扶，拜謁之下，目睹廟貌傾圮，聖像剝落，爰集宸等於庭而面諭之，諄諄以修葺為事。宸等恪遵面諭，勉力募修。僅越十有三載，而風雨鳥鼠之患傾圮者如故，剝落者依然。宸等日夜疚心，恒苦振興無人贊勷之侶。且扶邑地瘠民貧，屢被災祲，即有注意芹藻者，無如謀生念急，好義心緩，雖重以兩先生之命，而力不從心，難為無米之炊。是以屢欲重修而未果。幸有前任方伯趙公，仰體聖天子崇儒重道之意，於乾隆十一年特下修理文廟之檄於各郡縣，縣主牒送儒學，兩學師留心學宮，倡先捐俸，且再三命宸與李子超、杜子掄樞、萬子裕嗣、薄子三祝、李子西庚六人分董其事。宸等固不辭勞避難，而平日之注意芹藻者亦皆感激奮興，或摻簿而募化，或慷慨而捐施。所費雖云不貲，曾未期年而輻輳雲集矣！

宸等營辦有貲，措置從心。廟貌傾圮者整飾之，聖像剝落者金塑之，且兩廡舊制六楹，先賢先儒之神牌不克依次位置，今擴為十楹而位置得宜焉！宸等奔走廟庭，仰瞻聖像，覺肅倍常，敢侈為已力，庶於斯文根本之地少盡萬一雲爾。但攷文廟舊制，尚有兩齋四號、會饌堂、倉庫、射圃、庖廚、儒林坊均未補建，是誠不可以已者。可惜連遭霪潦，竟嘆中止，然而耿耿於懷，卒未稍釋也。奈宸老疲無為，不克從眾人之後復董其事，自茲以往，再有如趙方伯之振興於上，惟願同學者加意培植，仍前分董其事，將見根本篤厚，人材蔚起，宸猶欲扶杖而觀澤宮之盛矣！是為記。

大清乾隆十三年戊辰閏七月上浣之吉立。

【碑陰】[1]

雍正癸丑進士青浦縣智者縣萬方極、

康熙丁酉舉人郁文炬、

---

[1] 捐資人姓名，分二十六排，每排三十人，字多模糊不清。

康熙戊子武舉衢州參將李華高、
　　康熙壬午武舉鬱茶、
　　康熙甲午武舉張柄、
　　乾隆乙丑武進士李永和、
　　拔貢高方煜、盧振、欒啟實。

（碑存扶溝縣城關鎮豐園小學。王偉）

巡撫鄂公批文

　　李田村被水之處，據委員勘得該村地勢三面俱高，向南有溝一道，下接周塢，因而相爭執，未開引溝，是以積水為害。今議於向南舊溝微窪之處，開挖引溝入周塢之東溝，俾該村積水由溝下行，歸於清水大河等因，並蒙布政司傅、按察司秦、守道金、管河道沈、陳州府馮、各批牌署同。
　　乾隆十五年立石。

（碑存扶溝縣博物館。王偉）

皇清處士王公諱國禎字維周洎元配孺人楊氏之墓碑 [1]

　　國禎為五世王姓之曾祖，自河東卜遷於此。楊、王、陳、賈四姓一族之起因來源，以為他日立石寫譜之質也。
　　古者因生曰姓／
　　它族大抵一脈相傳，而吾家則楊、王、陳、賈四姓共一族焉。興姓氏之曰來次／
　　先朝國多□□征役，父子兄弟不忍遠別，無已，胞兄弟四人分為四姓，繼此不□源，改村居。其北為陳、賈，南為楊、王。北家父姓陳而子姓賈，南家父姓楊而子姓王，相嚴耳□。後因考試冊結，督學使者見而怪之，遂各姓其姓焉。□□□同宗共祖，一姓之兄弟分為四姓，今則各敬互愛，四姓之親睦猶如一姓。第念居四姓之□□矣，皆在河東□□，郝家灣尚存一塋，世遠年淹，河□□□□墓□石□無從記憶，所□聞者，自河南分卜葬于村南之東偏，為吾家始祖楊樂馬墓，二世、三世皆因年代之久遠，已失其名。四世諱承文、承湯、承禹、承堯兄弟四人。五世諱國禎、國俊、國彥、國仕、國英兄弟五人。國禎為五世王姓之曾祖，餘皆罔所考。豈非墓□立石□□□族譜故耶。
　　秀承祖宗庇蔭，祖父教訓，幸隸膠庠。今據所見聞，詳其姓氏，次其世系，以貽後人。迨乎歷世之遠，有不識為何氏之裔，並有不辨為何祖之墓者。爰從始祖楊樂馬及二世、三

---

[1] 該碑／以下字有缺。

世以下，謹書為備□文，可以見聞分派別，雖九族之漸遠，□一以□宗睦族，實脈之同源，有志未就，附之於此，以為俟他日立石寫譜質云／

仍孫邑庠生凡秀己亥歲抱病謹撰並為記。

子習孔、習孟、魯及其孫奉祀。

大清乾隆二十年二月／

（碑存扶溝縣練寺鎮楊王村東南角。王偉）

明敕授光祿寺監事羅公諱承休字鶴亭暨元配張孺人墓碑

乾隆二十四年歲次乙卯十月初一日立。

明敕授光祿寺監事羅公諱承休字鶴亭暨元配張孺人之墓

　八十七歲邑庠生眷晚生盧震薰沐填諱。

（碑存扶溝縣羅氏祖塋內。王偉）

明泰興縣縣丞路公（伯通）暨配孺人墓[1]

明泰興縣縣丞路公暨配孺人之墓

公諱伯通，字失傳，路氏二世祖也。

邑庠增廣生員眷晚生盧臨午頓首拜填諱。

裔孫／

乾隆貳拾陸年歲次辛巳三月上浣吉旦。

（碑原在扶溝縣東關糧食管理所院內，現存扶溝縣博物館。王偉）

羅王塚陂水濬水碑記

董豐垣

羅王塚陂，在縣西北四十里，塚西為秦家岡，與鄢陵接壤，西高東下，藉以障鄢陵三十六陂之水者，皆此岡為之橫亘也。塚東有舊渠，達馬家河以入惠民河，扶人洩水之所也。康熙五十四年，生員秦顯祖借開羅王陂為名，逼近秦家岡開挖新河控，經開封府孫詳，據扶、西兩縣勘明，舊渠在於塚東，顯祖私挖新河在於塚西。議押顯祖將新河堵塞，舊渠疏通。嗣後再有逼岡開河，貽害扶民者，照故決河防律定擬等因，奉布政使牟批，飭勒石永禁在案。乾隆二十七年，邑民王廷周等，以舊渠淤塞，呈請疏濬。本縣親詣履勘，斷以

---

[1]　該碑已斷裂爲五塊。／以下字多模糊。所列裔孫分十二世，共計七十九人。

羅王塚為界，塚東舊渠仍聽疏通，以資宣洩，塚西毋許私挖尺寸，以杜上游之水。仍於塚旁勒石永禁。遂書此以為記。

乾隆二十七年。

（文見光緒《扶溝縣志》卷三《河渠志》。王偉）

王氏始祖墓碑記[1]

五里墩王氏，玫外家也。取大外祖諱亮寅子宗福，因往來睦眾，外祖諱士和、士英亦然。故王氏始末 /
玫述諱金者，居同里，學同□ /
槐樹王氏也。明初，同胞二籍賈魯河東關帝廟，今之 /
龐家莊龐氏女，有子三人 /
西兩縣知縣，其後家業鼎 / 氏為扶望族。乾隆甲申秋 /
事，玫義不容辭，謹記平日 /
於分門別戶，舉現今子姓 / 丙子科舉人吏部候選知 /
乾隆二十九年仲秋上浣。

（碑現存扶溝縣城郊鄉王墩村內。王偉）

重修保障二勳祠記

張映臺

敕授文林郎賜進士出身知扶溝縣事隨帶加三級紀錄五次張映臺撰文。
壬申恩進士扶溝縣儒學教諭史辟書丹。
戊午科舉人揀選知縣候補扶溝縣訓導李健篆額。

古人云：凡有功德於民者則祠之，言乎其實被者不可沒而所系思者足無窮矣。至於勢力孤危，存亡旦夕之會，獨有人馬死力以捍衛，濟□功德，入人之深，猶百世不忘也。余承乏扶邑以來，□其地僻人和，屢歲豐稔，百姓以無事為福，官以清淨藏□，未嘗不□前□之識，是邦者不盡旦乎而已。人士有獨為其難□，若□之幸際明時，退食從容，殊不易遘也。邑來之有二勳祠，一祀扶邑令王公諱廷華者，明正德辛未春，值霸州盜起，寇我扶溝，攻圍三晝夜，孤城嚴備，民賴以全活之，記詳矣。一邑人明河間府通判何公諱岑者，為孝廉時，當柘寇師尚詔襲破歸德等處，上城守四十七策，助邑侯死守，卒遠遁糜爛無聞，關紳之紀又詳矣。是二公者，經前歐陽公奉勅建祠，春秋崇祭。至我朝褒忠勸義，典祠如

---

[1] /後字有缺。

故。於戲！此人之不忘二公耶，抑二公之有以致人之不忘而得以食其報耶！昨見廟宇灰燼不幸火之，方修葺而未得也。適何後裔功璜等捐資鳩工，踴躍勸事，不匝月復其堂構，榱桷一新。工既竣，請余為記。因慨然曰：二公之德不可沒也，祠之宜也，矧厥孫子忍見其祖廟之壞也，責在保障者。睹二公之所以祠與夫既已廢之，旋復興之之所由來，知捍忠禦災，凡有濟於斯民而職所宜盡者，何不可少自愧勵，毋徒以太平之暇日，僅付諸閑閑泄泄已也。是為記。

乾隆三十一年歲次丙戌仲春上浣穀旦。

（碑存扶溝縣博物館。王偉）

孔氏始祖墓表

孔氏為至聖後裔，支分派別中州之地，勢若棋布，而遷太邑之始祖則克常是也。蓋克常之父諱思友，任汝寧別駕，解組旋里，路由太邑，留三子克常寄籍高賢集西北隅，名其地曰孔家岡。及克常祖之卒也，葬於岡之西北夏岡洼。迄國朝定鼎，人遙風微，代遠年湮，遺塚幾不可考，私心竊憫之。歲甲午，余既糾合族眾纂修家譜，復于岡之父老輩細加訪詢，而遺塚之舊址始識於此。爰是率族遠近蠲金出貲，於地之鬻者贖出，土之圮者築之，春秋時具香楮灑醴，設奠拜掃，俾太邑孔氏咸知木本水源之思焉，亦義舉也。但恐前此之殘碑既沒，則後此之昭示無據，子子孫孫將復有不克記憶者，其何以詒奕禩而垂無窮也。因復勒石立碑，以誌不朽云。

敕授修職郎尼山書院世襲國子監學錄十二世孫毓琬頓首拜撰。

時乾隆四十二年歲次丁酉仲春上浣穀旦。

塋地九畝五分三釐五毫，中長七十步零一尺，南北寬同三十二步三尺。

（文見扶溝縣楊丘營村《孔氏族譜》。王偉）

皇清處士王公諱志樂暨配崔孺人之墓碑

【額題】林水源

皇清處士王公諱志樂暨配崔孺人之墓

先公之先，古晉洪洞人也。明初，其遷祖兄弟二人，同至扶。一居城南五里墩，一居焦家橋東北關帝廟。公蓋關帝廟裔也，先塋舊在關帝廟。國初，公由關帝廟遷居五所樓。歿後，子孫卜葬於此。遂於此為始祖云。

眷世晚生高嵩峰薰沐敬題。

時乾隆四十二年歲次丁酉十月朔立石。

（碑存扶溝縣汴崗鎮五所樓村。王偉）

重修魁閣欞星門碑記

　　勅授文林郎庚午科陝西解元知扶溝縣事加五級紀錄五次北地趙文重、勅授修職郎候選知縣己卯科舉人扶溝縣教諭大梁楊春隆、勅授修職郎扶溝縣儒學訓導縮葛李琴、駐防扶溝左司李雲路、扶溝縣典史張淳履。

　　萬壽壬申科舉人吏部候選知縣邑人郝廷松撰文。

　　儒學增廣生員邑人郝廷柏書丹。

　　乙酉科拔貢吏部候選直隸州州判邑人嚴從寬篆額。

　　吾扶翠屏山在城之東南隅，上建魁閣，古柏蒼鬱，北與學宮相輝映，舊矣。近漸傾圮，文峯不振，文運奚興！祀事之餘，邑侯陝右趙公與儒學祥符楊公、長葛李公倡諸首事勸捐，闔邑重修之，甚盛事也。爰構材于孟春，至仲秋而告竣，更以餘資築台，砌數丈橋梁一座，並以學宮□柏，重修欞星門之頹廢者，俱整肅如初。嗚呼！文廟重新，魁光燦爛，賓興在即，折桂匪遙，此亦振興文風之大端也，豈不偉歟！且夫士亦貴自樹□耳！文星耀於北斗，雖似術家之說要，亦天人之應。儒者談聖賢書，端在本誠正之學，刻意好修，處則稱明體達用之儒，出則有致遠經方之略。於以上映靈光，為國家有用之偉器，無虧學業，合符天文，理固然也，沾沾以魁閣之建謂高樓對紫柏，即可以甲第連青山，恐朱衣未許，神之默佑尚有待也。余承眾囑為記，竊顧與諸社長共相黽勉，上迓神庥，乃無負賢邑侯、賢師長作養期待之雅意，是則余之鄙意也。是為記。

　　大清乾隆四十八年歲次癸卯桂月穀旦。

（碑埋在扶溝縣五七廠大門前。王偉）

北屯地方准免硝碱白地雜差碑記 [1]

　　【額題】永垂不朽

　　北屯地方具呈，監生劉遠圖／稟為乞免雜差以恤民／立地方時，念繫硝碱白地／差徭，一概免派。嗣因／地漸成熟，遇有大□□派，／牌民互相觀望，情甚拮据，今思地僅二十，／歲荒歉，戶多絕賣回籍，且自今水患頻仍，地復／實繫苦樂不均，差徭不平，懇祈仁天，念百姓／之不□，恩準免派雜差，以昭平允。生等闔方人民感戴萬世，頂恩上叩，特授扶溝縣正堂加五級紀錄十次紀軍功一次趙太爺批查，繫硝碱白地，准免雜差。[2]

　　大清乾隆五十二年十二月二十日。

（碑存扶溝縣城關鎮第一中學院內城隍廟門前。王偉）

---

[1] 該碑十六行，字多模糊不清。／以下有缺字。

[2] 以下四行，列宋永貴等四十五人姓名。

扶溝縣魏寨海崗地方遵奉府檄縣示均平差役碑記[1]

　　法必善而後可久，法積久而弊易生，螯奸剔／也。扶邑地方大小遠近不等，因無定規，往往弊滋其中。乾隆三十二年，海豐張太爺列其中兩地方之大小，定輪流之章程，遇有差役，雇用騾馬，大地方八匹，中六小三，四路輪流。既而復小地方應差，如遇急差，遠處地方不能即赴者，又設頂補小牌一面，著近城地方代辦，後有緩差，再令遠處補還。又於四關地方立小牌一面，按地方分月值日支應，另有專責。此政一行，上不誤差，下不擾民，牌懸二堂，永為成規。奈時移勢換，日久弊生，膽書閣行詭謀，將木牌隱匿，任意派差。乾隆五十四年春，魏寨紳士王公聘等，海家崗紳士韓射斗等各以違舊挪差，隱匿木牌，擴派賣放勒掯等情，控兵書於府憲蘇太老爺案下，蒙批。準提訊牌提到府，當堂審明兵書挪差，擴派賣放，勒掯舞弊屬實，當將兵書掌責二十，杖責二十，將木牌卷宗兵書發回。本縣行牌，飭諭嗣後雇用騾馬秉公輪流，勿任蠹役舞弊，致於未使。本縣趙太爺遵文，斥革枷號三個月，仍恐四鄉不盡知聞，特復出示曉告，木牌交放兵房，務照公平輪流，以清夙弊。此屬今日之新令，猶不越昔日之舊治。太爺之良法，昭若星日；府憲之飭諭，可作鐵案。理宜溯委尋源，利敘貞珉，權於公所，不準後來者往以考驗之行，而已往見在，各太爺之勞心撫字，亦愈洋溢於無窮也。是為記。

　　大清乾隆五十四年歲次己酉孟秋下浣穀旦。

（碑存扶溝縣城關鎮第一中學院內城隍廟門前。王偉）

明故處士郝氏二世祖大公行一墓碑

　　明故處士郝氏二世祖大公行一之墓
　　大清乾隆五十五年三月朔旦。
　　十二世侄孫爾寧等立石。

（碑存扶溝縣包屯鎮郝崗村。王偉）

明故鄉飲大賓郝氏二世祖通行二墓碑

　　明故鄉飲大賓郝氏二世祖通行二之墓
　　大清乾隆五十五年三月朔旦。
　　男利、寬、安義奉祀。

---

[1]　／以下有缺字。

明故處士郝氏二世祖彬行三暨齊張孺人墓碑

明故處士郝氏二世祖彬行三暨齊張孺人之墓
大清乾隆五十五年三月朔旦。
十二世孫大統奉祀。
十二世侄孫爾寧等立石。

（碑存扶溝縣包屯鎮郝崗村。王偉）

明故處士郝氏二世祖禮行四暨翟田孺人墓碑

明故處士郝氏二世祖禮行四暨翟田孺人之墓
大清乾隆五十五年三月朔旦。
男讓、原、宣、政奉祀。十二世孫爾寧等立石。

（碑存扶溝縣包屯鎮郝崗村。王偉）

皇清應贈儒林郎吏部候選州同知郝公暨配應贈安人盧太君合葬墓誌銘

【蓋文】
皇清應贈儒林郎吏部候選州同知郝公暨配應贈安人盧太君合葬墓誌銘
【誌文】
皇清應贈儒林郎吏部候選州同知郝公暨配應贈安人盧太君合葬墓誌銘
誥封文林郎丁卯科舉人原任河內縣教諭遷歸德府教授升湖北通城縣知縣署興國州知州記軍功一次加三級紀錄五次眷姻弟王月信撰文。
萬壽恩貢生吏部候選教諭愚表姪盧永祥書丹。
儒學生員愚表姪李華山篆額。
公諱容歙，字久長，其先山西洪洞人，明初遷扶溝。傳八世至方伯公諱維喬，號中嚴，嘉靖甲子科舉人，隆慶戊辰科進士，歷官山西布政使司布政使，公之伯高祖也。高祖諱維康，號嵩嚴，光祿寺掌醢署署丞。萬曆四十二年，歲大荒，慨然出粟萬石，代賑桑梓，全活者甚眾。當路表稱于朝，奉旨建"高義匡時"坊。至皇清雍正六年，又蒙恩綸祀忠義祠。曾祖諱勝，字守謙，府增廣生員。祖諱紹祖，字伯述，府增生員，以公貴貤贈儒林郎。祖母王太君貤贈安人。繼祖母于太君貤贈安人，生祖母湯太君貤贈安人。父諱澤膏，字恩沛，邑庠生，拔入国子監太學生，以公貴誥贈儒林郎，以长孫廷松貴貤贈文林郎，嫡母盧太君以公貴誥贈安人，以長孫廷松貴貤贈七品孺人。生尊段太君，以公貴誥封安人。公姿性敏達，以家事紛繁未獲潛心經書，援例入國學，又因急公，升為候選州同知。乾隆二十二年，奉旨挑挖賈魯河，以工代賑，邑侯七詢於公，公開陳利弊，勤勞照付，凡三越月，貧民均沾實惠。

郝氏先塋祭田四五十畝，每歲之所出不足以供糧項，公調理之，十數年間，增地三十餘畝，春秋祭祀無缺。而地中所出仍日增月盛。賈魯河有岳家橋，東達吳、越，西通秦、晉，傾圮數月，行者病之。鄉黨鄰里羣推公為首事，捐資募化，鳩工庀材，不數月而告成。高闊增於舊制，水陸歡悅，而公不自以為功。王材崗舊名右軍村，崗之前有右軍塚，塚之前有右軍廟，以水旱相仍，廟貌傾頹殆盡數十年，行者傷心。乾隆四十一年，歲頗豐，僉舉公為總會首，公首先捐資募化，同志翕然景從，六越月而工竣。前堂後閣，極鳥革翬飛之觀，生平大致皆樂於為善之居多云。配盧太君，邑庠生天和盧公女。溫慧幽淑，孝慈兼盡，自安無非無議，而德性優于尋常，應贈安人。側室郭氏、湯氏。子三：長廷杼，湯出，娶邑人太學生諱紹程李公女；次廷檢，郭出、聘杞邑太學生諱開元趙公女；次廷槐，湯出，聘通邑乾隆戊子科舉人，歷官興國州知州號誠齋王公女。孫二：長月淡，次月潛，俱廷杼出，皆幼。女二，長盧出，適邑人太學生西侯嚴公次子諱旭春；次郭出，尚幼。乾隆己酉歲六月八日以疾卒，享年六十有六，以庚戌冬十有一月八日葬于郝家崗祖塋之次。銘曰：

桐丘突兀，洎水奔騰。山川薈萃，郝公篤生。才奇而雋，德淳以清。奉公竭力，兩代崇榮。形藏吉地，神返玉京。千秋百世，嗣續崢嶸。

孤哀子廷杼、廷檢、廷槐，孫月淡、月潛泣血納石。

乾隆五十五年歲次庚戌葭月穀旦。

（誌存扶溝縣博物館。王偉）

金粧白馬寺諸神像記

【碑陽】

【額題】流芳百世

邑庠增廣生員杜林煦撰文。

恩賜耆老杜去疑書丹。

洋洋乎神之無不在也。蓮花不染，天花亂墜，折蘆過洋，慈航渡世，勝跡妙蒂，無事殫述。設其像，思其意，觀於外，動於中，惕惕然不敢以不堪對越者存之。時時有一正口是與者鑒之臨之。則所謂金繩開覺路，寶筏渡迷事者，庶幾乎近之矣。

白馬寺在扶邑北，創建自古，歷久長隆，念鳩工備材，整飾聖像，金碧輝煌，奕奕動人。瞻仰之下,怵以起敬,□以從善,是即神道設教之意也。厥工告竣,謹志其事。[1]

金筆匠岳治菴、鄒文化。

鐵筆匠嚴惠。

主持戒僧源常。

大清乾隆五十七年歲次壬子九月中浣吉日立石。

(碑存扶溝縣白潭鎮白馬寺院內。王偉)

皇清誥贈文林郎郝公(容德)暨配誥贈七品孺人陳太君合葬墓誌銘

【蓋文】

皇清誥贈文林郎郝公暨配誥贈七品孺人陳太君合葬墓誌銘

【誌文】

定承乏扶訓之初,進邑諸生,詢以鄉先生之流風而求佳助焉。聞有郝封公者,富而好禮,惜不及見矣。居既久,時聞邑人道其生平崖略及父子閒居應酬瑣事,愈思之。今秋重九後三日,其次子已告增廣生員廷柏,奉其所述,奉公行略,來求銘曰:先考諱容德,字乃大,太學生,誥封文林郎。先世自明初由洪洞遷扶之孫岳崗,八傳到隆慶戊辰進士,官山西布政司布政使諱維喬,其伯高祖也。高祖諱維康,光祿寺掌醢署署丞,出粟千石濟邑饑,崇祀宗義。曾祖諱勝,府增生。祖諱紹祖,府增生,以仲孫貴,誥贈儒林郎。父諱澤膏,邑庠生,入太學,以仲子、長孫貴,累贈儒林、文林郎。初,先祖育子晚,仲、季生益暮,惟先考嫡長能成厥志,家事皆委焉。當是時而族弱,家資頗饒,強橫輒內視之,嘗以為憂。先考以為人患不自立,立在禮,禮在讀書,煩雜中,皆躬任教子弟專意句讀,師必擇名宿友朋,文字集共具心精潔,視其賢益敬厚。欲附館,無以辦備,全代備之試。無資斧,量選近以贐之,由是蹭蹬者,時時縱鱗去。先大兄亦叨公車選,遐邇滋願納交矣!而遇人,無門巷街塗,富貴賤貧,識不識,禮貌未嘗不恭。謹見苦困,未嘗不矜恤,或婚喪苦飲饉,告以艱難,未嘗不資助,助未嘗吝傾囊,計事後償與否也。晚年持行益力,鄉邑莫不仰重,見者皆以期頤祝焉。初先考再任事,無賴者猶時叫於門,度所求或難饜設以債忍要之,忍要之,輒笑曰:諾。姑少與約,以續償。久之見公良和厚,又所與多鉅人,恐不見告以悔,仍同之。遇紛難,力為排解,遂相親睦。田畝被侵佔,佯不知,久自謝還,即受之亦睦如故。

先考年八十有四,乾隆五十年二月二十二日卒。先妣陳太君,康熙壬辰進士、任汝寧府教授莘農公女,誥封七品孺人。乾隆十一年正月初一日卒,謹卜本年十月十八日合葬孫岳崗之新阡。子三人:長廷松,壬申舉人,候選知縣;次廷栢,邑增生;次雲龍,武生。女

---

[1] 下為擅耆老徐柳等四十八人捐錢數目,字多模糊不清。

一,嫁鄢邑陳生大士。孫男四:曰灝,處士;曰溥,庠生;曰洲,庠生;曰澍,處士。孫女六,俱嫁。曾孫二,瞻屺,瞻遠,俱業儒。曾孫女四,其二已嫁。元孫,守文,尚幼。定曰:封公吾不及見矣。長嗣茂如公,邑名士,早登賢書,書法為人所珍。軀偉而微短,病癱十餘年矣,猶時以矮几墊足為人作書。多有借其書易錢米禦凶年者,益作與之。以書濟饑固樂之,抑家訓存焉。前予至扶之年卒矣,亦不得而見也。幸見其次公,亦能書,名亞於兄。觀其貌,皤然長厚君子也。所述封公行事,視予前所聞無稍溢者,其信可銘矣。故即其語,略加序次,為銘曰:

化強難禮其術,禮所生從孝出。禮者華,孝者實,由其道,俗可壹。吁嗟千年固此室。

乾隆六十年歲次乙卯菊月穀旦。

禹郡辛卯科舉人揀選知縣借補扶溝儒學訓導加一級年眷晚生徐方定頓首拜撰文。

邑庠生愚表侄李華山頓首拜書丹。

邑庠生愚表孫盧景瀛頓首拜篆蓋。

承重曾孫瞻屺。

不孝男廷柏、雲龍泣血納石。

(誌銘出土於扶溝縣包屯鎮郝崗村。王偉)

重修玉皇廟殿側火神廟天仙廣嗣二聖母宮並橋北七聖祠金粧四堂神像暨創建黃籙殿補修垣牆碑記

扶邑東北隅二河交流,巨鎮拱峙,崗勢鬱盤蜿蜒三十里許,有村焉,曰楊灣。林樹茂密,環繞如幃,前有深池,廣可百畝,錦□□□,荷香蓊□,亦村中之巨觀也。村之西盡處,飛閣聳翠,高出柳帳為道院。中向明而峙者,則玉皇廟建焉。連建而東為天仙宮,再東為火帝祠,位坎向離,而後建者為廣祠堂一,與西之白雲寺遙相輝映,形若枕拱。余嘗一過其地,低徊留之不能去。傍閣而西有橋梁,橫當其沖,截橋而北建者又有七聖祠,頹敗瓦落,視玉帝諸廟摧殘尤甚。知必有達者起而新之,他日重經故道,烏知不煥然改觀耶?聊以其神卜之也。

嘉慶元年,余館於馬家村。風雨以時,物阜民康,而群廟果次落成,廟貌蔚然,法像一新,復以羨貲創建黃籙殿三間。至於垣牆,撤其舊而崇之。工既竣,村之首事李君進功,余案友也,屬記于余。余維昊天罔極,聖德至教,靜專動直,經書擬之不能盡,而或欲管窺無乃不可乎。祭法云:能禦大災則祀之,能捍大患則祀之。今天仙、廣嗣皆以聖母名,其禦大災、捍大患也可知。黃籙殿,道家傳為騰黃所,則亦孝子事其親,忠臣事其君云爾。而火神則為五行之一,七聖可以該焉,則又無容贅。七聖者何?木金水火土日與月者是也。夫帝出乎震,相見乎離,致役乎坤,說言乎兌,勞乎坎,相薄相生,品物流行,而王宮祭日,夜明祭月,俱載在祀典。余故特為章表,使知非淫祀比。而後之與君等齊識同心者,嗣而理之，庶群□得與玉帝廟永垂不朽云。

  儒學廩膳生員邑人王步雲撰文。

  儒學生員邑人齊長華書丹。

  儒學生員李彭齡校閱。

  大清嘉慶元年歲次丙辰暑月吉日立。

（碑存扶溝縣呂潭鎮崔莊村內西北角村民家中。王偉）

明處士宋公諱朝車之墓碑

  明處士宋公諱朝車之墓

  水鏡初開放影澄，揚輪光動九華燈。燭龍初徹三清界，看到幔梯第九重。

  大清嘉慶元年秋九月立。

（碑存扶溝縣呂潭鎮門朝東村。王偉）

重脩支亭寺後佛殿暨金粧佛祖菩薩伽藍六祖韋馱山門四帥神像記 [1]

  歲丙辰，余講學於支亭寺之後佛殿，時屋瓦已殘破矣，然絃誦者猶可弗／皇帝龍飛初御之年也，禪讓繼虞夏，治化軼商周，凡百廢墜靡不修舉而獨聽／吾輩願與子重脩之。余曰唯唯，願從諸公後。於是，敬募戚里，鳩工庀材，不／慈雲者，無不競羨，為一方巨觀。熙朝盛事也。而余於是竊更有懷焉，聞／歌於詩也。此寺崇崗拔地，古木參天，脈孕嵩少之秀，星聯奎壁之精，地靈人傑，設黌庠可裕儒業，對西天之古佛，談東山之遺徑。孔顏樂事，正自可尋。余／固已蒸蒸然，有人文蔚起之機矣。自茲以往，借此勝地，更延名宿，宏開絳／者，乘文明之運，儲楨幹之材，美思皇者，未必不於是乎詠也。勤物色者未必／肇械樸菁莪之化，行見聖天子興賢造士之雅意，流播無既，蓋至是而余懷庶可無憾耳。豈第曰造七／皇猷增光昇平哉。

  斯役也，倡首者若而人，輸貲者若而人，均有助於釋門。即均／

  邑庠廩膳生員杜監林、邑庠增廣生員侯貢、國子監太學生張允輝、督工首事耆老王進城，羅聖龍。

  大清嘉慶三年歲在著雍敦祥肙月日，主持僧興廣、興德。

（碑存扶溝縣柴崗鄉芝亭寺內。王偉）

---

[1] 該碑／以下有缺字。

重修三義廟暨金塑法像碑記

　　當漢末造曹瞞弄權，天子失馭，藩臣捍侯擅強兵坐而觀者相環也。君臣之義掃地盡矣，昭烈一旦讀詔流涕，欲倡大義於天下，帝君桓侯高其義而從之，烏牛白馬祭天告地，誓同生死，匡扶漢世。此桃園盛世，光昭千古，而吾邑三義廟之所由建也。

　　邑舊有廟，顏之曰三義，以祀漢昭烈關帝君張桓侯之神，屢經重修，相延不替，迄今風雨摧殘，推為瓦落。邑中善士蒿目憂之，捐貲募化，拆其舊而新焉，法像亦煥然改觀，蓋義之所集，心嚮往之。今固不異於古所云也。工成告竣，問記于余。余維建廟固以肅神，而神道設教之義，即於此寓焉。三聖無尺寸，乘勢卒成帝業，留綱常於萬古，著友道於人心，生為明人，歿為明神，精誠之結，與上天流通而往來相應故也。《書》曰："惟德動天，無遠弗屆。"《易》曰："二人同心，其力斷金。"三聖之義可以識矣。人無智愚賢不肖，莫不侈談友愛，廣結聲氣，而或參以二三□□□末，所在多有，入斯廟而瞻拜其像。噫！三聖兄弟怡怡一諾，邱山浮於花萼，而為同巢共乳者所汗僵而莫之望，斯愛斯慕，觸於目而印於心，肅然有從先之志焉。則所望於慕義者正未艾也。是為序。

　　邑庠廩膳生員王步雲薰沐撰文。本邑儒學生員李景雲薰沐書丹。[1]

　　嘉慶六年歲次辛酉孟秋之吉。

（碑存扶溝縣江村鎮江南村南頭路北觀音寺。王偉）

誥封指揮使毛公諱順贈恭人元配孫太君神主碑

大明誥封指揮使毛公諱順贈恭人元配孫太君神主

大清嘉慶八年歲次癸亥十月壬戌朔日立。

十二世孫辛卯武舉□選□龍敬□□□族奉祀。

十四世孫邑庠生員振□薰沐頓首百拜敬書。

（碑存扶溝縣崔橋鎮毛寨村毛家墳。王偉）

三官廟重修山門添塑護門將軍飾金粧各殿神像碑記

府庠增生南園張成治撰文。

儒士李家琪書丹。

儒士李常樂篆額。

---

[1]　以下首事與捐資人姓名，分十九排，共計二百零三人。字多模糊不清。

凡廟多距要衝，往往嫌其有喧囂氣，香水雖繁，非勝境也。而三言廟僻處邑東關外南偏，車塵馬跡，恒不數數，到斯亦幽矣。間嘗登域而望，見左瀠河流，右跨高崗，巍巍然與三裏池尼庵作犄角勢，又號其壯哉！都人士遊覽及此，輒不禁低徊流連不能去云。今首事諸君子慨執牛耳，使耳目一新，未必即鄘時陳寶之見而于混洞諸說外，別三賞心處也。是為記。

嘉慶十一年歲次丙寅首月上浣之吉。

主持朱重福、朱重有，徒張天學。

金粧匠鄭國贊。

木匠楊起如。

泥水匠趙寶福。

石匠閆景。

（碑原在扶溝縣處貿局南牆外路上。王偉）

重修山門碑记 [1]

【碑陽】

／碑序

／神廟，故古先聖王崇祀典，重祭祀，無在而非報神之功也。雖然，位有尊卑，而稱白衣天仙者何也？或如道家所說曰昊天，曰金閣，其性本素，誰敢／出□穴。《易》曰：帝主乎震，先儒之釋也。□曰：事涉乎渺。《書》未記也。余又／宇宙者，自天子以至庶人，皆得設像而祭焉者也。於是，扶邑東南三十里。山門當創建之初，廟貌崇峩，神像輝煌，巍巍乎以巨觀也。但年歲久而／也。今幸邑中信士呂良棟、呂璋、呂宏毅等浩然義舉，鼎力是□化善，有同心捐資相／整齊而山門更為之廣擴，當告竣之日，而眾相祝曰：侖哉奐哉，籩豆／志云耳。

／葛豫章撰文。

雷易章書丹。

住持／

泥水匠葛耆科。

金塑匠李贊能、王桂、李臨川。

木匠蔣永祥、袁克文、齊崇惠。

石匠崔天王。

---

[1] 該碑上部有缺。標題係補加。／前有缺字。

【碑陰】[1]

（碑存扶溝縣練寺鎮呂廟村。王偉）

重建李空同先生祠記

　　李空同先生崛起明弘、德間，以氣節文章雄視一代，蹈厲風發，雲驟海湧，鯨呿鼇擲，倡率前後七子，爲復古之學奔走宇内，照耀河嶽，至於今屹然，後之人適不知量思決棄藩限，妄逞讒慝之口，或陰師其學而陽諱之，百六十年來，承敕學之士，噤不敢言李何。嗚呼！何其慎也！余少喜先生詩學之三十年，益歎爲不可及。乙丑冬，奉敕來視學按部扶溝，求先生後不獲，詢祠宇亦無有，爲之憮然。同年殷竹坡適宰是邑。余告之曰："志之久矣，以歲歉未遑也。"明年秋，將北去。竹坡書來，言武生李慶雲其世係於先生無考，而願捐己地以爲祠，請許之，並爲之記。余樂竹坡之好義，而先生之靈之能牖其邑人也，書此一授之，且一吐其宿憤，以譣世之不敢學空同先生者。祠在城西南隅空同巷，西接大程書院，橫十步，縱十七步三尺，地狹，僅建堂三楹云。

　　賜進士出身奉政大夫翰林院侍讀提督河南學政歙後學鮑桂星撰並書。

　　嘉慶十二年丁卯十月穀旦。

（碑存扶溝縣人民武裝部家屬院。王偉）

尹氏始祖考暨始祖妣之墓碑

尹氏始祖考暨始祖妣之墓

祖塋祭田五畝四分，凡向來所出籽粒，除公用外，餘錢七千文，立碑一座，盡行費完。

嘉慶十五年歲次庚午花月中浣之吉立。

（碑存扶溝縣白潭鎮尹家村。王偉）

清處士米公諱盈倉字萬鎰墓碑

清處士米公諱盈倉字萬鎰之墓

---

[1] 捐資人姓名，分二十五排，每排四十人，共計千人之多，字多模糊不清，可識者有董、恒、曹、新、呂、韓、張、范、郭、楊、李、嚴、任、侯、桑、蘇、王、劉、史、祥、周、趙、蒲、何、焦、葛、萬、姜、陳、金、馮、賈、羅、三、崔、孫、梁、謝、鄒、薄、聶、魏、高、胡、鄧、魯、牛、吳、甯、單、展、江、安、河、信、柴、翟、解、喬、花、盧、丁、朱、溫、田、和、杜、龐、洪、程、屈、寇、許、于、廉、盛、徐、向、肖、宋、黄、左、閆、柳、段、戴、淩、孟、邵、南、北、晉、司、藩、方、霍、夏、姚、惠等百姓。

考吾族出於懷慶府武陟縣，自清初遷於扶溝縣江村居住。始祖生二子，長良德，生四子；次良功，生一子。蘭之嗣，僅勒於石，以示後世云。

時嘉慶十五年歲次庚午陽月吉日立。

（碑存扶溝縣江村鎮北江村米家墳內。王偉）

萬氏護保墓地墓樹垂誡合族後世碑記

吾族□照衍派，魏封受姓扶風，肇基其未遠矣。惜哉譜牒不傳，謹按趙崗萬氏墳古碣，自西漢武帝時即居是村。迨元、明之代，遷居扶城南之穎村，即俗所稱萬家崗云。村南有塋，乃元末明初上世祖諱福聚者葬於斯。按族譜，以公為始叙。《書斷》自唐虞之例，墓有地，地有樹，自明迄今，四百五十一年，前後左右各門殯葬，厥次累累，則墓地之廣袤可想矣。奈後來子孫無識，或侵地焉，或伐樹焉，俾墳地奇衰，墳樹童枯，嘉慶十四年己巳春，族長叔祖莪公，召邑庠生化成、秉純、□成、□楊、□□、元英，武生國華、貢生象輝、贊禮長發、奉祀生俊卿，太學生丕成、一桐、銘、國禎暨武魁□□倫、子成、來成等語之曰：嗚呼！飲水當溯其源，未有不愛護先人墳塋而得稱為孝順子孫者。似此不正，伊於□朝，歲但□褚不可伎聽以聲，墳者不可伎以形。今邑侯丁公仁且明，以振光風化為志，曷借威勸孝則侵暴□光之過，庶有□乎？丕成等奉命以狀□□，公覽之，慨然曰：嘻！百行莫大於孝，孝莫大於愛親，愛親莫大于尊祖，尊祖而後能敬宗，敬宗而後始能睦族。方今聖天子以孝治天下，縣令以孝教萬民，有不率教者，刑以懲之，明刑以弼教也。爾其速正爾地，植爾樹，有梗頑不遵教令者，□□□三尺之法在。於是，退而正其四隅，植其松柏，量其四至畝數，共墳地十畝零四釐七毫陸絲貳忽，墳垣地東長柒拾□□□寸，西長柒拾步，南寬二十二步零三寸，北寬三十三步四尺。社夥場地南寬九步零陸寸，北寬九步壹尺，中長□□□□尺五寸，墳路東西兩寬俱貳步，長陵拾步。用是扶碑立石，撅敬述公語而誌之石。

歲進士吏部候選儒學訓導十四世孫象輝撰文。

勸孝勿侵地，勿伐樹，歲時必拜掃，願我簇人以此為法懲戒。查例載墳樹干枯者鄰稟官查明，砍伐充公。如擅自賣墳樹者，一至十株杖一百，枷號三個月；十株以上，發邊遠充軍，盜賣墳山及私捏文契，發邊遠充軍。願我族人以此為戒。

大清嘉慶十五年歲次庚午七月十五日合族人等公立。

（碑存扶溝縣文物保護管理所。王偉）

皇清□封儒林郎重五張公墓誌銘

【蓋文】

皇清□封儒林郎重五張公墓誌銘

【誌文】

皇清□封儒林郎重五張先生墓誌銘

例授文林郎壬子科舉人己酉拔貢署汲縣教諭年再姪劉忠頓首拜撰文。

開封府鄭州增廣生員眷晚生徐同儼頓首拜書丹。

例授徵仕郎辛酉科拔貢生吏部候選直隸州州判世再姪王世緗頓首拜篆額。

余同年友張君維城，字宗屏，以文章行誼著。然少孤，其二伯祖重五先生實成就之。嘉慶十年秋，訪宗屏於扶，先生病不起，常以未獲親炙為憾。辛未，余館于宗屏家，春暮將葬，其家孫維坤持狀請銘，不獲辭。按狀：

先生諱樹聲，字重五，漢張留侯之裔也。世為江南望族。厥考宏禹公始，以岐黃業游於扶，遂家焉。生四子，長諱樹文，考授正八品經歷。先生其次也，幼穎異，出外就傅，卓然有成人風。繼以父母春秋高，十七歲接理家政，備盡色養，親歿，哀毀如禮。事長兄以恭聞。撫諸弟以友聞。並為子姪延師督課，俾克成立。時以立品敦行、守身保家之道最之。嗣是姪輝齋以廩貢生任陽武縣司訓，姪孫宗屏由廩生考取己酉拔貢，候選在籍。凡言家法者，咸推先生云。樹芳，先生堂弟也，幼年來扶，為之授室，且同爨焉。族孫見龍，無所歸，亦養之。己巳歲大祲，嘗傾囷粟哺饑人，置槥瘞殣葬死亡之無後者，諸善事尤彰彰也。嗟呼！鄉黨自好之人，非無可取，即號通材，負盛名者，亦多為人所推服。然求其倫理克敦，遇新族故舊，咸有恩禮。誠子孫守清白勿驕益，以墜家聲者，卒難概見。若先生者，真得孝友睦姻，任恤之遺意□。

先生生於康熙五十八年十二月二十二日申時，卒於嘉慶十年九月二十二日申時，享壽八十九歲。配韓氏，應贈安人，先卒。嘉慶辛未三月二十五日，卜葬於邑東郭外先塋之次。子三：士煒，韓安人出。燦，候選州同，出繼長門；熠，從九品，俱副室潘安人出。女七：潘安人出者二，李孺人出者三，馬孺人出者二。孫二：維坤，維墀。孫女二，俱熠出，娶聘嫁字皆名族。銘曰：

至性真淳，首敦彝倫，勤儉持身，慈祥待人。養供和平，發為菁英。各立行成，實大聲宏。眉壽無害，儀型宛在。丸丸松檜，過者咸□。□茲幽宅，顯榮奕叶。銘石不湮，永視斯碣。

承重孫張維坤，降服子張燦泣血納石。

嘉慶十六年三月下瀚穀旦。

（誌銘存扶溝縣城關鎮門虎營村。王偉）

重修城隍廟東西兩廊並葺黃籙殿過庭門碑記

城隍廟前舊有東西兩廊暨黃籙殿，過庭環列左右，所以壯觀瞻以妥神靈也。奈年深日久，風雨剝蝕，傾圮數楹，都人士目覩心傷。僉曰："有其舉之，莫或廢也。宜重修焉！"

於是，募化四方善士，鳩工庀材，革故鼎新，不逾月而工程告竣。此故神靈之所感而然亦人心之善機所動而莫遏也。用勒貞珉，以志不朽，捐貲姓氏，例得書碑。是為記。

賜進士出身特授文林郎知扶溝縣事加三級紀錄四次胡秉鈞捐銀二十兩。

陳州府扶溝縣教諭田本腴捐銀二兩。

陳州府扶溝縣儒學訓導朱心傳捐銀二兩。

陳州營扶溝縣左司曹自立捐銀二兩。

陳州府扶縣典史張永瑞捐銀二兩。

邑庠生員杜興邦撰書。

住持道官李重善、弟重光、重祥、徒天元。

首事杜桂陵、拔貢張維誠、府知事杜寶林、武舉路廣漢。

鐵筆張逢庚。

時嘉慶貳拾壹年歲次丙子拾月上浣立。

（碑存扶溝縣武裝部院內。王偉）

重修玉皇上帝閣碑記

宿乃其體也。天可修乎！亦修其祠焉而已。稽自上古聖神，繼天立極，神道立教之說起，而天下之人齊，明盛服以承之在其左右矣。果視之而可見，聽之而可聞乎！不謂釋氏設象教以天為玉皇上帝，而其祠遂遍天下。此固城北門玉皇閣建於有明之初，年深日久，風雨飄搖，烏鼠剝蝕，是亦共工氏之頭所觸也，而其祠即不得不重修也，未暇考覈，□不敢附□之舉，煉石而補之。而吾友韓子秀嶺者求記于余，余奉先君子之教，吾友之所知也，釋氏之說，仁者言之謂之仁，知者見有言天即理也。理無往而不在，亦無物而不有，存其心，養其性，至誠君子之所以事天也。□且無也，不有何獨於所以事天也，彼百姓日用而不知，不謂之事天可乎。況自漢、唐以來，無神不有祠，神在而祀之，使人各存其心，各養其性，□其天焉。庶無負重修玉皇之本心也夫。是為記。

嚴希濂撰文、韓文山篆額、韓東山書丹。

嘉慶貳拾叄年歲次戊寅孟夏上浣吉旦立。

（碑存扶溝縣固城鄉固北村。王偉）

重修芝亭寺碑記

【額題】流芳百世

聞之莫為之前，曾美弗彰；莫為之後，曾盛弗傳。邑西兩南隅去城十五里芝亭寺，自朱明迄我國朝定鼎以來，幾經重修，載在琪珉。□而今，前後大殿廟貌剝落，東西配殿神像□心□淡，以及墻垣頃圮，禪堂敗壞，有山僧隆智者目覩心傷，敬諸□地方首事，募化四方，善人君子，各捐己資，鳩工庀材，興工於四月二十日，竣於十一月初五日，如鳥斯叢，為蟬斯形，廟貌煥然一新也。金碧輝煌，光焰奪目，神像發皇也。築之、營之、□之，墻垣鞏固也。履茲土者莫不曰廢者舉，墜者修，此山僧勤勞之力耳。實我佛祖陰為之□□□□，佑□眾善士，樂於起事之為乎！後之人聞斯役而興起者，是□在事者所淙，望君□勒之石，以志不朽云。

邑人業儒翟立殿篆額。

張舒敬撰。

施常新書丹。

主持隆智、隆海、隆珍，徒洞魁、洞安、洞修，徒孫和、印、福。

大清嘉慶二十三年歲在著雍攝提格逢畢辜上澣穀旦立。

（碑存扶溝縣柴崗鄉芝亭寺內。王偉）

陸橋隄工記

知縣王德瑛

歲嘉慶己卯八月初旬，黃水由上南廳漫溢，境內各河隄埝沖決無算。賈魯河陸橋迤上，平梁張陳四姓，決口尤甚，隄陷計九十餘丈，水勢平落後，尚寬四十六丈。惟時馬營大工，費帑以千萬計，河南北岸要工林立，大吏日切憂勞，雅不欲以此區區者重煩憲慮，因將各決口逐加查勘，督飭附近紳民幫修完整。陸橋一工，計派下游各地方所出夫工料物，約值錢二千餘緡，於九月十四開工，竭半月之力，堵閉斷流。當水勢橫溢時，分河流十之六，浩浩蕩蕩，望東南若銀漢之輝天，父老深以不得種麥為憂。堵閉後，立即消減，望若匹練，漸且如帶如線，不二日已全涸復，惟隄根澄然一泓而已。又五日，而種麥完竣矣。向之為此事者，差役四出，號樹催夫，民不堪其苦。余為公平攤派，親身驗收，於是，輸將者恐後，霑塗者忘勞，即續派協濟之上游各地方，亦一呼即至，蓋民情固大可見也。善後土工，不願重累吾民，自捐錢三百一十千。襄事者典史張永瑞、府知事職杜寶琳、監生聶言亮也。

嘉慶二十四年。

（文見道光《扶溝縣志》卷三《河渠志》。王偉）

署扶溝縣正堂李太爺德政碑

世之論治道者皆曰法古。法古者，由舊也。然有善由者，有不善由者。善由者但求合乎古人立法之意，而不拘泥於陳蹟；不善由者苟因循於相沿之陋習，而不振作以圖新，如倉儲，舊制也。今何如者？保甲，舊制也。今何如者？推之，一切條教號令皆舊制也，而在昔為良法，在今為弊政，不惟無益，而且為害於此。而藉口曰：吾由舊也。其于古人立法之意合耶？否耶？況官斯土者來自遠方，本處民生利弊不能周知，使非留心諮訪，其何人舉以告之？即有告之，而吏役為之雍塞，為之讒譖，官不能善治，民不能蒙福，試思捧檄筮仕，誰不矢為循良者，而宵小環侍左右，惟曰以由舊二字相束縛，雖有長材，其奈此何！戊寅夏，李太爺來署扶，甫下車，問民疾苦，紳士耆老引擎上陳，又得少府張公幃幄啟迪，雍塞者通、讒譖者退，一時革除舊弊多端，其最大者如米十季、官白菜、無票催車等項，皆多年積痼，胥役所欲常恃以作奸者，一旦消化。聞公精於醫，其殆以醫國手來醫扶與，扶民何修而得此。昔明道先生治扶，教化大行，父老子弟習為美談。今公治扶，革除弊政，雖不敢謂與明道先生相比垮，而謂之法古，謂之善法古，或可無愧也。惜握篆未久，弊端未及盡除。今勒石存記，一以志公之德，且以俟後之為民父母者有所觀感焉。

公諱高，字耐圃，福建閩縣人。張公諱永瑞，字志齋，順天大興人，例得備書。

嘉慶二十四年歲次己卯四月立石。

（碑存扶溝縣博物館。王偉）

學田膏火記

高甲三

明道書院自周寨學田之入，諸生藉以為膏火者幾六十年。邇來文運日昌，每屆課期，會者輒百十餘人。前邑侯新城江公慮東西齋不能容也，因別擇一區立為義學，以分校來學之士，而兩處膏火皆取資於學田。周寨歲入之租，遂不符用已。公又歲捐俸金以助之，然俸金之助不可以數數然也。為久遠計，莫若廣設學田。於是，吾鄉好義者相繼而起，監生王世孝捐地二十畝，耆老孫標捐地八畝，監生李祖廷又以所典閑地四畝捐入，並生員萬元英于嘉慶八年捐地十四畝九分，未及刻石，共計地四十六畝零。日者陸賢侯下學，諸生而稔之，謂然歎曰："何其盛也，是不可以不志。"

書院齋長杜興邦、李昆源暨義學齋長李南金、曹東山，命工磨石訖，問記於予。予以為斯地之租，有功于人士也大已，諸生得與於斯者，刻意銘心，有所資而深造之，知較諸鑿壁之匡衡，映雪之孫康，隨月之江泌，必更有進焉！續薪傳于春風，有何難哉！升明道先生之堂，入明道先生之室，當自今日始。

恩科舉人吏部候選知縣高甲三沐手撰文。

邑庠生員杜興邦書丹。

生員張成治地原當價八十九千已于嘉慶十八年歸入書院，為此詳載，永遠遵照。

道光三年歲次癸未七月上浣穀旦。

（碑存扶溝縣博物館。王偉）

重修天仙祠菩薩堂三官聖母殿暨前後諸廟並山門戲樓碑記

　　粵稽縣誌八景，桐邱宿霧居其一。昔仙令湘崖蔣公題有"古桐邱"匾額，遺蹟宛在，其曰桐邱郡、曰天井岡、曰霧烟山、小五臺，地同而名異也。扶邑地勢平衍，岡阜無奇特出者，惟霧煙山為最，相其形勢孤聳，南距峻嶺而北環洎河，近映翠屏而遙拱嵩嶽，諸神聖之靈，其萃於斯而妥於斯也，固其宜廟。夫地宜廟，則廟之豈無故哉！嘗徵諸故老所傳，昔年全盛之時，蒼松翠栢，干霄蔽日，殿宇輝煌，香火鱗次，真勝境，誠名區也。且風雨節水旱時，人民和輯，五穀豐登，宛然休嘉之景象焉！而由今朔昔，或毀於凶年，或傾於風雨，遂令勝地鉅觀變為瓦礫荊榛之處。嗟乎！亦可以觀世變矣！歷觀古碑記，自前代創建後，廟貌神像幾經頹廢，亦幾經重修，獨三官、聖母殿、地藏菩薩堂頹廢依然，數百年無有起而復之者。嗚呼！斯亦天道之不可測，人事之不可知者也。邇者近村諸君子觸目感慨，羣相謂曰：天仙祠將及傾圮，地藏菩薩、三官聖母兩廟空存遺址，倘非及時圖之，不幾令前功盡廢乎！由是倡善捐資，鳩工庀材，經月餘工程告竣，而前後諸廟暨山門戲樓並煥然一新焉！茲覩崇山之顛，廟貌既已巍巍，林樹亦復森森，視向者所稱霧烟山之佳景，桐邱郡之勝蹟，毋亦彷彿其美觀歟！天下事創固難，因亦不易，創與因必俟其時，待其人，乃可相與以有成，若諸君子各體此意，庶幾創建之功得修之者而益彰，而重修之力亦與創之者並著不朽矣！余於是嘉諸君子，更於是望後之諸君子焉！是為記。

　　邑庠生員楊青雲撰文。

　　邑廩膳生員姚永安書丹。

　　國子監太學生鄭效孔篆額。

　　大清道光七年歲次丁亥孟秋上浣穀旦。

（碑存扶溝縣韭園鎮後鄭村北天井岡南頭。王偉）

重修節孝祠碑記

鄢陵人教諭蘇玉生

　　丁酉之夏，何君超凡、李君翼庭、張君應乾、路君之從，與予言曰："自來識蒼松於寒歲，知勁草於疾風，石號望夫，較孤孽而愈苦，竹名慈母，立頑懦而非難。"故縹緗馨香，其姓字桑梓俎豆於春秋，雖所遇不齊，而各成其是。則有名門令媛，甲第淑人，生分銜羽之禽，中斷連絲之藕，別鶴名操，琴悲綠綺，離鸞欲舞，鏡破青銅。視三生而若寄濱，九死而如歸，惟接派勉以立孤，而同枝願輸己子，蓋始終不易其操，亦永世克成其孝者也。又有家貧，親老祚薄，兒穉凋敝，一家蕭條四壁，薪惟掃葉，莫熟堂上之餐，線不紝綌，難完膝前之履，痛呻吟於白髮，教咿唔於髫齡，為人作嫁，鴛鴦繡到而吞聲，抱紡倦眠，蝴蝶夢回而飲泣，終身凍餓。大事頻仍，永體泉下之心，竟以媳而代子，克成璞中之玉，還以母而兼師者也。或有變生意外，勢處非常時，幾浼其玉潔，心自抱其石堅，花貌絳唇，忽齒青鋒之劍，蘭心蕙質，俄投白練之縑。此情更慘於貞姬，其道足參乎賢媛。若夫姑媳、連嬬、妯娌、併寡、孫媳，際祖母之遭，逢小星完塚，婦之志行，一身兩難寸心千古矣！凡此者，或就義以從容，或捐生以慷慨。率其天性之真，兼聞詩書之訓，蔡河之水清矣！魯姑之廟宛然比隣，明道之院教化成此，流風對峙立雪之堂，文章本乎節義！昔者斷瓦頹垣，終難禁淒風苦雨。週來，高堂崇陛，已共都化日青天，特以勸事之人，半歸零落。樂施之士，未得流傳。請書巔末，永勒貞珉。

清道光十七年。

（文見光緒《扶溝縣志》卷十四《藝文志・碑記》。席會芬）

米十季碑文

具呈舉人侯先甲、廩生薄繩邕、生員張逢春、李金、監生何士重、史泰逢、劉占元，為懇革十季以除民害事。

緣扶邑辦漕，按某保某甲用長單派，列花戶姓名，註明應完漕糧若干於此單之中，擇一愚懦殷實之戶，點一紅點，謂之十季，又用小印票，亦如長單所開寫，俾花戶各照本名完漕，謂之易知由單，此長單交十季收執。此易知由單，交十季分送各花戶，既應十季之名。原差視為奇貨，鎖押、嚇嚇、勒索錢文，無所不至。為十季者，又皆不識字、不認人，每一十季承接易知由單不下數十紙，往往不知所送而窩留者多矣。而各花戶又必待得此易知由單始能完漕，否則收書不收，欲完不能。夫錢糧無十季而原差能催糧，豈漕糧無十季而原差不能催漕乎？錢糧無易知由單許民完糧，何漕糧無易知由單不許民完漕乎？原易知由單之設，用以防弊，今反借以滋弊。十季名色，鄢陵、通許、祥符俱無，獨扶邑有此民害，懇自今以後，革除此弊。易知由單可去則去，不可去則發給各收書存留，不必分送各花戶，可也。花戶完漕務必隨到隨收，截與執照，毋許揑阻。蓋辦漕者收漕也，非收易知由單也。而催漕長單必不可再點紅點，為原差作嚇鬼之符。上叩署扶溝縣正堂加三級紀錄五次李批：

查從前設立十季，原為徵收漕糧，例限嚴迫，非錢糧分上下忙徵解可比。是以每年花戶內責重一人就近按戶分送易知由單，照額催完，既免延漏而歸迅速，故歷任循照辦理也。今該舉人等以點充十季者每多不識字之人，承接易知由單，豈能查送週到？致未得由單之花戶阻滯完納，轉無裨於。公議請裁汰十季，將易知由單發給各收書存貯，差催各花戶赴倉自行查照完納，以免官民煩擾等情，果如所議，各花戶無須點充十季分單催納，即踴躍輸將，克期完納，無延誤之慮，事屬可行。准所請。存案。

道光二十二年。

（文見光緒《扶溝縣志》卷六《賦役志》。王偉）

扶西應差章程碑記

　　陳州府正堂王批：為扶西爭差勘定章程，判以糧隨地納，差附糧行，此古今各地方藉民濟公之義也。然差有按糧按戶之異，民有本境隔境之分，如寄莊則地為本境，而民為隔境也。本境第知科差於糧，而不知其難混者在戶隔境，但知避差於戶，而不知其宜遵者在糧，二者皆非。此扶邑張承軒、寇永安等與西邑凌喆所以互相爭訟也。據淮寧縣詳稱，斷令凌喆就地當差，自屬公允，惟差目大小正雜各別，寄莊究與居民不同，本府詳為分析之，開單附卷，以示體恤而息訟端，兩造各取，具遵結存卷。寄莊應差題目：軍需、河務、欽差過境、奉文採買硝斤不在內，其餘門戶雜差，概不攤派。

　　卷存工坊。

　　道光二十二年七月初五日。

（碑存扶溝縣榆林集廟內。王偉）

唐知縣安民告示碑[1]

溝縣正堂加六級紀錄十次唐[2]。為 /
宜潔靜，嚴肅經昭誠靜。查呂潭有山陝會館一處，近聞有閑 /
合行出示嚴禁。為此示仰該處，請邑人知悉，爾等勿 /
永不許差役、博戲、滋擾。倘有不遵，定將鄉地人等一併帶 /
右 /
二年十月十九日示。
實貼。

（碑存扶溝縣呂潭鎮呂潭北街。王偉）

重修張橋王橋楊橋碑記

　　盧義古溝，黃甫崗口，瀉水之故道也，向由張橋、王橋、楊橋、霍橋、龍橋以下達於賈魯河。自道光十四年，洎水漲發，將盧義溝淤成高阜，橋盡傾圮。上游水深丈餘，壞田百餘頃。至咸豐二年，積水更大，廬舍俱在水中。不惟無可耕之田，並無可居之房矣。上游等公呈懇勘，請示挑挖，以蘇民命。屢批自與下游等商議明白，再行挑挖。上游等因思一村之田，籽粒無收，而糧差如故，若不將積水浚出，是上游之民有死無生矣。三年春，

---

[1] 該碑共七行，上部缺失，下部字跡模糊，僅據可識認者錄出。標題係補加。
[2] 據光緒《扶溝縣志》載，唐鑄更名唐錫籌，於道光十一、十八、三十年三次出任扶溝縣知縣。

乃以積水害民，叩府勘疏。蒙批，盧義溝既為洩水要道，何時淤塞，因何並不及時挑浚，仰扶溝縣查案勘明稟復。事關水利農田，勿稍延誤，切切。再呈蒙批，仰扶溝縣迅速查勘。籌議興挑，勿再延宕，切切。三呈懇府委勘蒙批，候即委員會同查勘，籌議興挑，繪圖稟復核奪。是批出而下游之人亦情願各挖各段矣！下游等遂于上游吳嘉祥等以遵諭稟明公，懇詳銷上下牌民均照舊溝調理，令水有所出，永不興訟，並具有甘結備案。上游因將淤溝疏通以洩積水。自張橋、王橋、楊橋至霍橋而上，上游之田得種者十有七八，春秋雨季，俱已收成。因將張橋、王橋、楊橋修整，以便往來。是斯橋之得以修整，由上游之積水已除，有可耕之田也。上游之積水得除，由下游牌民均願各挖各段也。下游之願各挖各段，由府憲已批委員查勘籌議興挑也。現橋工已竣，仰余為文。余叩及事之始終，竊以為斯橋所由成，誠義舉也，因歷志之不志，用刊諸石。

扶溝縣儒學正堂方成法撰文。

扶溝縣稟膳生員吳賓書丹。

大清咸豐五年歲次乙卯仲冬穀旦。

（碑存扶溝縣韭園鄉鄉政府院內。王偉）

前明光祿寺署正諱樂馬字遇阜楊公暨元配趙安人之墓碑 [1]

前明光祿寺署正諱樂馬字遇阜楊公暨元配趙安人之墓

楊王陳賈四姓碑記

吾族自始祖起家於扶，孫支繁衍，族頗巨焉。迄今四姓同宗，上承祖德，實一本也；下衍宗派，實同氣也。況報本睦宗，人有同情而合敬同愛之道，願為族人諄切而詳明之。原四姓始祖舊在河東郝家灣，地勢凹下，每以水災為憂。我祖念切族誼，糾合族眾，於乾隆六十年卜遷於茲，歲時享祀，子孫群集，庶不至有遺忘之失也。迨我父又念家族無譜，無以考世系源流之辨，因于道光三年創修家乘，自我始祖楊樂馬以下，手書世次，以昭來茲焉。族之人僉議立碑以誌之。夫碑者，埤也。上古皇帝始號封禪，樹石埤嶽，故曰碑。周穆記跡於弇山之石，秦始刻銘於嶧山之巔，此碑之所從始也。洎晉、宋間，人稱神道碑，蓋地理以東南為神道，碑立其上而名耳。抑又聞之：大宗所以收族。《尚書》又云"以親九族"。蓋尊祖則敬宗，敬宗則族合。今者四姓聯為此舉，尊祖者於斯，睦族者於斯，奉行勿替，將見孝弟之心愈長而親睦之俗愈成也。附贊之以為合族追遠者勸。

例授修職郎吏部即選儒學教諭明經進士十一世孫澔沐手撰文並書丹。

皇清咸豐六年歲次丙辰中和節中浣穀旦。

（碑存扶溝縣練寺鄉楊五村內。王偉）

---

[1] 碑左邊為楊樂馬從九世至十四世孫約二百零八人仝立石。字多模糊不清。

清真寺重修大殿創建講堂暨置基開院碑記

劉維清

呂家潭清真寺，不知創自何時，歷年久遠，風雨剝落，局變猶是，而大殿殘晦，梁木朽腐，縣經學未立，難興作養人之化，殿前狹隘，不免出門面牆之憂。斯三者俱屬要事，宜急補葺，不可忽也。然工程浩大，事難驟舉。掌教阿訇金公鶴嶺執其事，約同諸親，輪流鍋聚，繼以捐輸，積金庀材，鳩工命匠。飾大殿、創講堂、置基開院，歷數年而三善備焉。斯役也，經營千有餘日，廢錢五百餘緡。

邑庠生員劉維清撰文並書丹。

掌教阿訇金鶴嶺督工篆額。

大清同治四年歲次乙丑桐月。

（碑存扶溝縣呂潭鎮清真寺內。王偉）

明游氏始祖妣井太孺人墓碑

明游氏始祖妣井太孺人之墓

扶治北一舍許游家崗有游氏者，本山西洪洞人也。自明初來遷，分為三支：一在通邑之大崗，一在本邑之刁陵崗，一在於茲，居雖異地，要皆一本所傳。至其始祖葬于大崗東首，其始祖妣葬於此崗之巔，或因兵燹未息，迫令權葬而然；或因各處均有奉祀之人，從便而然，遠不可稽。獨羨瓜瓞綿延，生齒日繁，居大崗者，人文蔚起，名登仕版者甚眾；居刁陵者，才士挺生，身履青雲者亦復不少；惟游家崗世重農業，不甚以功名意，然而報本追遠之意，均未嘗一日忘也。數年前，有游公字步雲及諱紹光、諱明揚者，經營塋中貲財，頗有積儲，欲為其始祖妣立石誌墓，以垂不朽。奈其事未舉，步雲與紹光公賫誌以沒，今合族公同商酌踵其意，以成其事，以所以慰先靈者在此，所以倡孝思者亦在此矣。是為序。

恩進士郝自修撰文。

邑庠生員十四世子萬榮書丹。

同治十年歲辛未仲春吉日立。

（碑存扶溝縣包屯鎮孫岳村南。王偉）

重修祖師等廟並金粧神像暨樂臺戲樓碑記 [1]

扶邑西二十里許霧煙山，舊有玉皇、聖公聖母、祖師、廣生、三仙、三官、火神、三

---

[1] 該碑右上殘，僅錄存文。

清等神在焉，由來已久。自咸豐八年潁逆為亂，四方居民逃難于此，遂築以為寨，今十有餘年，戶口擾攘，風雨剝蝕，榱棟門牆咸頹廢而不可□越。今潁逆即熄，合方善士目擊心惻，共慨然有重修之志，因各捐己資，鳩工庀材，不數月而頹者舉，廢者興，牆門棟宇煥然聿新矣。工竣，屬予為記。竊思神之所自始於神之所宜祀，古人已詳之矣，無煩後贅。但予嘗遙瞻山之左右，峯霧靡漫，嵐煙蒸騰，有時而全著廟貌，有時而半露尖峯，不啻蜃樓海市，足壯觀瞻焉。且山峯有井，名曰天井，每逢陰雨，其泉上注，晴則即晢。且南據峻嶺，北臨雙洎，西接潁川，東連北陳，臨其上者無不如在目前，誠一方勝景也。故我扶八景雖巨觀，而桐丘宿霧稱獨最焉。夫以此地而妥神靈，宜乎神靈之來格也。是為序。

邑增廣生員姚步雲撰文。

候補伴官崔應述書丹。

國子監太學生鄭心人篆額。

大清同治十一年歲次壬申孟冬仲浣穀旦。

（碑存扶溝縣韭園鎮後鄭村北天井崗南頭。王偉）

清真寺造修大架碑記

嘗聞莫為之前，雖美弗彰；莫為之後，雖聖弗傳。呂潭清真寺，舊有大架一抬，繫吾教當大事之日，眾鄉老飄然長逝歸主，共用之物也。被捻匪屢擾，因而毀壞，眾鄉老欲造修之。貲常不給，徒有餘憾矣！茲幸請阿訇鄭公名萬選者，品高才優，見此大架帷欄俱敝，目覩心傷，隱然有不安枕之意思。本方多貧寒之家，不憚煩勞，約同鄉老馬元福、陳占魁往他方捐貨，革去舊制，別求精美，數月之間，則華欄素帷俱各俊麗，而大架煥然一新，鄭公之德，馬元福之勞，工竣於癸酉歲。

掌教阿訇鄭萬選督工。

後學儒童李鵬撰文。

邑庠生員郭宗璞書丹。

同治十三年新正月吉日。

（碑存扶溝縣呂潭鎮清真寺。王偉）

清真寺碑

竊聞俟百世而後相感者，心也；曠百世而不惑者，道也。惟聖人心一而道同，斯百世相感而不惑。若至聖穆罕默德，為真主所篤降，品居最上，德臻至極，洵所謂集大成者也。真主愛之者重，故言之所示者深。降授天經三十部冊，總包乎前聖億萬之經而特授之。穆罕默德集之為經，以傳十一代之子孫，為吾教奕祀領袖，並不容毫髮捐益於其間也。第人心好異，往往惑於新興之說，遂墜入迷途而不可救焉。呂家潭吾教雖稀，其尊聞行知悉依古行，絕不誘於新歧，猶慮後人傳聞易誤，或被邪說煽動，致乖古行，敬將至聖所遺古道條例，筆之於珉。俾萬世奉行，以志不悖云。

　　真回老人李道遠謹識。

　　古條例：舉旨封齋、開齋，不越初三日，重念古禮乎，重念法體哈。開齋主麻邦答後並宜拿手萬濡哈，並一切瑣勒後念大稱。洗亡人念拖哈位忒爾後叩頭，還補拜後叩頭。食喪家飯，穿鞋站者納則雞鵝鴨先退，後剮念經，先念額歐濡。抬手後不宜大撤手。糖蜜宜食不宜斷。[1]

（碑存扶溝縣呂潭鎮清真寺內。王偉）

繼修補祖馬氏先塋序

　　增廣生員十八世芝田撰文。

　　邑庠生十六世孫郝恩照書丹。

　　外祖馬氏先塋，吾始祖成親視封樹以定規模者也。原地一十二畝有奇，自二世徙居孫岳，漸被鄰人侵佔，前明萬曆十年，八世伯祖維新，約族人稟官，嚴核僅得還七畝二分，寬長步數，載勒于石，並四圍築牆，以圖久遠。歷清初二年，九代叔祖勝，十代伯祖光祿，復萃石錄文，以為切確證明，庶後日不可復侵。無如黃水為災，未歷數傳，垣牆傾圮，遺址已無存矣。去歲甲戌秋日，守塋人高俊元，請築塋牆，以防牲畜。族人謀諸長，叔高祖月潛即於九月中，命族眾偕往踏丈，矩東西暨北三至，又被鄰人高、劉二姓莊宅據占七分五釐六毫八絲五忽，並七畝二分亦不可得。本擬稟官核丈，奈伊托人講和，二家情願將西坡地五畝餘換入吾馬氏塋，以贖伊舊占吾塋地若干。揆之于理原屬不合，姑念吾祖成住居韓村，高、劉二姓與吾原有桑梓舊情，又迫數次托人求請，因代白族長，強為允許，各立換約，塋地始定。經換之後，塋地僅存六畝四分三釐二毫二絲五忽。宜將現存塋地畝數四至步尺，並新換得坡地數四至步尺，另行勒石，以垂永遠。

　　大清光緒元年歲次乙亥仲秋吉旦。

（碑存扶溝縣文物保護管理所。王偉）

重修岳家橋碑記

　　【額題】永垂不朽

　　劉丹桂

---

[1] 此碑殘，未詳刻立時間，以下捐資者姓名，字多模糊不清。

嘗聞橋也者，所以防人之病涉也，或謂起自黃帝，然世遠年湮，疑者闕之。中天之際，文明漸啟，而洪水橫流，氾濫天下，無橋之制，亦無橋之名。迨至成周，每歲十一月徒杠工成，十二月輿梁成，自是橋制愈出，橋名彌多。其名磨滅不彰者，姑置勿論；其傳者，秦有金桂、漢有玉欄，留侯遺跡受書，司馬著名題柱，綠楊新月，不減於利涉濟川，朱雀敘陽，並古於飛岸臥波。他若應七星，似半月，黿梁架雁齒排，跨綠楊，俯清流，雖不同於騎驢灞岸側帽天津要，亦與渡織女，架彩虹，齊彰明於世者也。夫古跡往矣，難枚舉矣。茲有橋焉，其名曰"嶽"，東距山東、閩邑，西通山陝、四川諸省，客商往來，車馬輻輳，亦河南一勝地也。同治五年秋，經黃水偃塌，僉議重修。會首運法、業賢、來留等公量力公派，鳩工庀材，遂煥然新焉。是橋也，掇之浮元，駕海役鵲，維河因遜盛名，而所謂遙情萬里美號千秋者，何多讓焉？余不敏，本無文，因謂不獲已，聊作俚語，勒諸貞珉，俾永垂不朽云爾。[1]

大清光緒二年歲次丙子孟夏上浣穀旦。

（碑存扶溝縣文物保護管理所。王偉）

齊敬賓墓碑 [2]

明敕授鴻臚寺序班諱敬賓字欽士齊公暨德配

大清光緒二年歲次丙子十一月朔。

從男朝璽、朝京至十一世孫同立。

（碑存扶溝縣曹李鄉刁陵湖。王偉）

張氏先塋石匾

張氏先塋

大清光緒歲次庚辰□陽月□□立。

（碑存扶溝縣文物保護管理所。王偉）

重修軒轅廟碑 [3]

從來事之創始難，守成猶難。矧豐功臣制乎！／

---

[1] 以下字多模糊不清。
[2] 該碑下殘。
[3] 該碑／以下有缺字。

軒轅黃帝者，有熊國少譽之子也。生而神靈，幼兒拘齊，長而敦敏，成而聰明，抬兵修德，形正／
　　布三皇之後，功列鬱之先，凡生中土者，食其德宜報其功，吾扶近軒轅之墟，其功／
猶如一日，是廟之建創自何時，始于何人，舊志莫考，歷宋、元、明間，代有重修，迄今風雨／
　　燹之後，穀不豐，未敢遽籌是舉。比年來，時和年豐，僉議重修，眾皆踴躍以為有可／
工庀材，承先髴既往，詒成緒於將來，庶一舉而兩善備矣，詩有之以似以續，古／
　　余嘉此舉之善守成而不墜先人創始之志也，遂援筆而為之序。
　　大清光緒九年／

（碑存扶溝縣大李莊供銷社前路東。王偉）

創建六世祖竹峯公家廟碑記

　　我何氏為扶邑舊家，歷明及清三百餘年，家廟之制頗稱完善。向建東西兩祠，其中為五代閣。東祠奉祀職方祖見寰公，西祠奉祀侍御祖中寰公，長、二門列祖皆附祭焉。惟敕贈承德郎、河間府通判孝廉公竹峯祖向無專祠，我族眾久以為憾。蓋因功名民社，血食一邑，曾敕建保障祠以祀，復設祭田二頃餘畝，奉例豁免差徭。置春秋祭期，縣尊主爵，我族人隨班行禮，亦云榮矣。獨家廟中神位附祀於五代閣內，終為缺典。茲於光緒四年，歲遭荒歉，執年恐廢租礙祭，因邀同族眾議停。迨光緒九年，日積月累，漸有巨鏹，我先胞叔祖輝山公侶議于始，長門叔祖仙亭公等，二門宗兄清鑒等議建於後。遂鷄卜鳩工，創建大殿五楹，拜殿三楹，金碧輝煌，頓湧大觀。及工竣，尚有餘金，復售既枯柏樹十五株，買地四十餘畝。我族人似可稍釋遺憾矣。嗟嗟！積之厚者流自遠。此役也，雖族人恪承先志，不無微勞，亦由我公靈爽不昧，佑啟後人之所致乎！至于事載邑乘，恩浴百世，昭然于宇宙者，似勿庸贅。桓承命秉筆，謹述創建之所由，以示後人而不計文之工拙也。是為序。
　　六品銜邑庠生員十一世孫桓沐手敬撰。
　　增廣生員十一世孫砥廉沐手書丹。
　　督工九世孫監生璠，十世孫六品藍翎汝欽。
　　十一世孫六品銜武生清鑒、十一耆老占元，十二世監生家儒、盡先把總武生成之，十三世孫監生芳、耆老安仁。
　　大清光緒十二年歲次丙戌清和月中浣穀旦。
　　鐵筆李鳳岐鐫。

（碑存扶溝縣文物保護管理所。王偉）

康氏建修祠堂碑記

【額題】永言思孝

　　康氏，邑之望族，邑之舊族。祖先君由洪洞遷茲，康東彥等人勸募族眾各出貲財，運材採石，建此祠堂。特為之記。

　　王協極撰文，潤田書丹，原田篆額，韓存敬鐵筆。

　　大清光緒十二年歲次丙戌季冬月上浣穀旦。

（碑存扶溝在白潭鎮康家閆村。王偉）

扶溝縣重修雙洎河碑記

邑人王方田

　　披輿圖，河、淮二瀆之間，惟溱、洧見於詩書，其源皆發密縣，洧出陽城山，溱出雞洛塢，東經超化寺與洧合，迤邐東南，經新鄭、長葛、洧川、鄢陵，由扶西之孟亭入扶境，南經故城，下達史家湖。明葉始有雙洎之目。正德間，洧川栗家口決，而故道遂湮，後修而復壅者再。迨嘉靖朝，邑侯林公欲疏南流故道，而憚其功之難，爰取捷徑，引之東流，由縣東韓橋下入賈魯河，為今雙洎。於是，雙洎下游成滄桑之感者，於茲垂三百年矣。光緒丁亥秋，河決鄭州，雙洎之道，自縣西鄒莊迄曹臺十五里，悉為黃流所墊，一如平壤，遂致上游之水氾濫無歸。時中丞倪公、方伯劉公、方垂詢民瘼，而郡伯吳公亦先事籌及，思所以濬淪之。邑侯車公乃據情上陳，得帑金逾巨萬。蓋將師周官散財遺意，以土工之興，廣賑恤之惠也，乃躬詣水次，相度原隰，測以圭，揆以度，深闊方位，一仍其故。大誥邑人，諏吉興事。而邑之人亦遐邇交集，紳若士僉量能授事，鳩乃工，董乃役，主其出納而典會計，罔不惟清惟勤，慎厥攸司，事畚鍤者日役數千夫，勤則稱事授值，資以贍養；惰者亦時加督責，俾獲自糊其口。故人各盡力，而功無愆期。

　　是役也，蓋興始於己丑之二月，而告成於四月也。適李筱圃觀察奉劄治賈魯，亦先後竣工，於焉兩河順軌，其流湯湯，隄防完固，農田衛矣，帆檣上下，商賈利矣。閱時三月，而大工告成，德澤之洋溢，不偕斯水長流耶！抑又聞之，聖王之用民也，必兢兢於豐年無年之辨，扶之河決以來，民用昏墊，再離寒暑，殘息支離，不堪用命，顧乃起斯民而用之，而民亦翕然樂為用者，夫豈鹵莽而報哉！亦自大府而下，所以拳拳於斯民者，意美而法良耳！丁不履畝，赴役者聽，則戶不擾也；假工賑濟，法外推仁，則惠有加也；計工給資，獎勤勵惰，則恩不濫也，一舉而三善備。凡屬興築，民將子來，況斯役之保其田里，奠其室家，所以禦災而捍患者，更十世利乎！其不疾而速，不勞而成也固宜。時方田奉諱家居，實親其役，既以感仁恩之推暨，而又幸其事相與以有成也，爰記始末，勒之石，以當輿人之頌云。

光緒十五年四月。

(文見光緒《扶溝縣志》卷十四《藝文志・碑記》。王偉)

大浪溝建閘記

熊燦

大浪溝自李集地方入境,上由鄢邑汨羅江溝水漫淹,鄢、扶兩邑為患,屢次興訟,經知縣孟憲璋修迎水壩一道,以防水溢。光緒十六年,溝水漲發,被鄢邑奸民竊扒,邑西南數地方盡受水患。紳民赴本縣控告,熊邑侯會鄢陵縣知縣汪親詣勘明,議準扶民在周營許埠口建閘,視水之大小啟閉,民胥賴焉。閘告成,鄢陵縣知縣汪同本縣熊邑侯立條規三章,刻石存李集地方,以便遵行。

附:大浪溝建閘條規

一甄石閘一座,係扶民借地修築,將來溝水漲發之時,由扶民前來保護,閘口被水沖刷捐壞,仍許扶民修補。如有奸人故行拆毀,由周營鄉地送究;若失誤覺察被人捐壞,即責成周營鄉地賠修。

二河水大,坡水小,即上閘以防河水出;坡水大,河水小,即開閘以放坡水入。凡閘板之啟閉收儲,均由扶民覓人經理,酌給費用。

三閘板被水浸爛,由扶民修造,如在閘口被人竊去,該周營鄉地賠補,如在收存之家損傷遺失,即由收存之人賠修。

光緒十六年。

(文見光緒《扶溝縣志》卷三《河渠志》。王偉)

重修鴨崗北橋記

溫玉如

嘗考王政,天根見而成梁,與農隙修道路同義。《史記・秦本記》冬作河橋。至《河渠書》尤於橋之法特詳。類以橋趣也,取意於喬,利行人便往來,故急急也。邑南三十五里許有二浪溝,滙塔兒灣陂水,南會渚以入沙,鴨崗橋跨其上,石為之。輸蹄絡繹,為陸道之要衝。其始修之歲月莫考,近因年久而圮,夏秋之交,水漲溢不能渡。涉此津者,步則塞裳,車則濡軌,春冬尤病涉焉。遂致行出他途,迂道以十餘里計。時或補葺損缺而沖漫腐撓,隨修隨復,間有毅然肩其事者,又築舍無成。蓋善後實難之。今者榆林朱振倉,眾素以善士稱。慨然任之,量綿力未堪蕆事,迺向附近富有力者言曰:是非善舉乎,盍捐資先倡之。僉義其說。即以狀聞之邑侯熊父母,報可。且為出條告飭成之,乃庀料鳩工,諏時卜日,因橋之故址為水門者三,上下四周鞏固礱密,雖洶濤巨浸未易囓毀。自是而四方賓旅及邑民庶之取道於此者，坦坦平平如履康衢矣。是役也，為費約五百餘緡，皆義助，未聞以解囊見吝。且董工趨事者無漏卮、無辭勞，宜乎！經始於春，而即告竣於秋也。時予與修志之役，問為記。竊以橋屬鴨岡，故以名明所在也。橋有二，茲以北稱，示有別也。予嘗至鴨岡，登而四望，東則陳，西則許，北即鄭之故墟也。昔者子產乘輿濟人之地，依然如舊。而世變益遠，流風遺俗無一可問者。茲之舉，猶若被子產之化焉，是善之不可沒也。爰記其始末泐諸石，後之君子尚有感於斯。

光緒十六年。

（文見光緒《扶溝縣志》卷十四《藝文志·碑記》。王偉）

前邑侯孟公去思碑

呂陽桐

皇上親政之次年春，前邑侯孟公將入覲。扶人聞公之行也，羣萃於公所建之考院，酹酒獻歌以餞之。判袂之夕，欣欣焉，慼慼焉，蓋甚喜公之復官，而又深悲公之去扶也。夫公僑寓於扶，一客星耳，非有重權顯位足以震懾人心也。而扶人之慕公，歡吉鼓舞，出於至誠，又非苟為陽鱎已也。乃在位則化之，去位則思之，去扶則愈思之，何令人之感慕一至於此？

公山左章丘人，歲己卯，以進士來令扶。時奇荒之後，庶務紛若，而賈魯、雙洎諸水又時橫決漫溢，屢為民害。公外渾內聰，動得體要，凡所經理，如置器平地，靡不妥帖，未三年而元氣復。扶舊無考院，每童試皆就署編席為舍，公創建之。公務之暇，惟好讀書，每坐講堂誨諸生，諄諄訓迪，動逾千言，典型在望，真不異立程門雪也，由是士風漸振。公素戇直，不善承上官意，秩將滿，竟以吏議降縣尉罷官。羣情皇皇，屢赴省垣欵留，而公淡如也。去官後，仍屬於扶，歷任邑侯敬之如大賓，有疑謀多取決焉。丁亥秋，黃河南決，扶當其衝，知公者咸薦公於大吏。太守吳公、中丞倪公亦知公之可任也。初委賑恤，繼司茭芻，竭力瘁心，卒以勞績復其官，而公之名益譟。夫奇才異能，必無屈而不伸之理，而賢士大夫之得垂不朽者，尤必遞遭坎坷，備嘗艱苦，始可享其名而竟其用，此又上下千秋，造物牢不可破之成局。而公之於扶，適當之扶之於公幸遇之也。則公雖去，公之名與公之德不能與公俱去也。爰誦曰：古之遺愛也。

公印憲璋，字覲南。

光緒十六年歲次庚寅荷月中浣。

（碑存扶溝縣博物館，文見光緒《扶溝縣志》卷十四《藝文志·碑記》。王偉）

重修關帝廟火神廟土地廟菩薩廟碑記

關帝廟、火神廟、土地廟、菩薩廟，未暇詳創自何時，但年歲久遠，不無風雨之損，兵毀不壞。去歲春，里人楊方重、穆金純等倡議重修，各捐己資，不數月而成。落成之日，囑予作文。予非能文，亦自不揣陋，聊以此舉之始終，而略為之記。

邑庠生員李海泉撰並書，

里人孺童楊春普篆額。

鐵筆齊榮楷。

木工楊興太、岳金榜。泥工劉失、翟師大。畫工周國彥、方志道。

大清光緒貳拾壹年歲次己菊月中浣吉旦。

（碑存扶溝縣韭園鎮後楊村。王偉）

邑侯熊公準廩祿抵地丁銀碑文序

粵稽漢有博士，而無所謂廩生也，唐有生員，而無所謂廩膳也。明有廩膳矣，而沿革尚無定制也。迨國朝嘉惠士林，不惟免其差徭，而且增其米饌。凡諸生之廩膳與公車之路費，春秋闈之旗匾，皆准藩庫於報解銀兩，時列入四柱冊中開除項下，此朝廷養士之深心，然非賴賢有司善為通融，烏能均沾實惠哉！我熊老父臺大人，印燦，字康雲，鄂之名族也。下車以來，常以栽培人才為急務，茲於修縣誌、立文社之外，復使廩膳銀抵糧銀，其無糧銀者，並準以族鄰之糧銀抵之，而廣文崔君獻五、學博曹君子彝亦與有力焉。

是舉也，廣二百餘年之特恩，懲九十六縣之流弊，上可對乎天子，下無虧於地丁，扶之人士刻骨銘心，爰勒貞珉，用垂久遠云爾。

賜進士出身戶部陝西清吏司主事加三級記錄一次項城張鎮芳撰文並書丹。

光緒二十三年歲次丁酉清和月上浣。

（碑存扶溝縣文物保護管理所。王偉）

邑侯田公創建小學堂碑記[1]

將欲鏡清寰海，砥平方隅，暢德九垓，揚威八埏，而國無其人，誰與共理。聖朝自甲午、庚子以來，軍興旁午，四夷交訌，需才孔急，屢飭各省改撤書院，創建學堂，□貫行□以□□□，蓋《周禮》興賢之鴻規，王書升之鉅典，甚盛業也。然通衢大都，財力雄富，創置較易，而下邑瘠區籌款非易，在舊址□□□素號□約，兼庚子歲荒歉，振□尤未易也。邑侯田公子豐，北齊巨室，久宦京師，曉天下之利弊，識朝廷之急務，光緒廿八年，下車即慨然以為國□才為己任，及詢諸□□□邑□□□□□□慨□□□□□乎！吾侯捐俸金以助斯役而已。乃出廉俸三千金，因立雪舊址，增開棟宇，庀梓良材，雕

---

[1] 此碑斷爲兩截。

□□□□□□□□□□□□□□□□□□□□明。購邑內膏腴二百餘畝，積蓄生息，以充異時經費。恭依欽定章程，摘要力行，以防後生蕩踰。拔取聰穎子弟，日給肴饌，以資日月。就次□□歲□□□□□□□□□□□□良，邑之父老乃奔走感激而相告曰：赫矣皇猷邁德，宣仁宣降，循吏惠此下民，惟我田公惻惆性成，殫心學堂，為國育英，敦請彈內無可，將其十室□□□有急□。東有大河，西有喬嵩。田公之德，水廣山崇。上憲獎公，急公好義。會將超遷，□□利器，禱祠田公，永成典型。于萬斯年，□□朝廷。爰祈爰祝，爰誌輿辭。爰勒貞珉，以告來茲。

邑紳壬寅補行庚子辛丑恩正並科舉人呂丹桂撰文並書丹。

大清光緒三十年歲次甲辰仲秋上浣。

（碑存扶溝縣文物保護管理所。王偉）

明故癸酉科武舉例授明威將軍劉公諱德明字俊卿暨配李恭人之墓碑

明故癸酉科武舉例授明威將軍劉公諱德明字俊卿暨配李恭人之墓

光緒三十一年立。

（碑存扶溝縣崔橋鎮大劉村。王偉）

紀景仰德教碑

今日世界以商戰、以藝戰，而要旨莫先於學戰，德之勝法也。俾士麥歸功！國家文明之母也。扶邑學堂開辦已歷年矣，而風氣錮塞，士多墨守，□□□！自光緒三十二年五月，武昌紀夫子人堂主教以來，目嘗固陋，情形愁焉。授兼任其勞，日夜不遑，心力交瘁，而學堂之規劃忽爾改觀，學生之精神頓□慶倖，曰：吾儕得覩光明，知正路矣。由此，學去其庶幾乎！未幾，學使孔公耳而思之，全省公也，一邑私也。若堅禹夫子于扶，是以一邑之私益，而害全省之公，育之德未嘗去也，提倡之功未嘗去也。傳雲立德、立功、立言，列之三不朽。夫□□□息□救勸幼稚，恐其言之不□，語之不□，蓋使人知感□而後已，□父□□□勒貞珉，以誌紀念。夫子印景仰，字□夫，武昌其世家也。

甲午恩科舉人揀選知縣光山熊起清。

扶溝縣生員□方化。

扶溝縣學堂受業生公立。

大清光緒三十二年歲次丁未桂月下浣。

（碑存扶溝縣博物館。王偉）

城隍廟重修舞樓及廟左裙房記

乙巳重九，予偕友人登太山。步其絕頂，酒半醺，悟空道人黃本治迓人天齊宮。至則碧藕香溢，紫筍氣沖，嘉賓滿座，肅肅雍雍。詢其故，道人曰：治素癖修築。及冠，黃冠於茲，諸廟之牆損瓦脫者，業已頗事補緝。獨隍廟舞樓，簷折桷摧，經費浩繁，且六臘月吉，舊有香火會，雲集拜禱者，苦暑畏寒，無棲止之所，竊心悼而無可如何，爰邀紳商舊族其議所以。修理之議已協，將起工，僉推予為領袖。予愧莫荷，再四辭。有姚君美德者，予之表兄也，慨然曰：自來與作出吾二姓者居多，況茲舞樓將興于權貴族曳廷柱，前人創之，而後人不克，因之乎？弟主之，吾為弟分其勞焉。於是募化本街，得百餘緡，越丙午孟夏朔造。工自舞樓，彌月告成。後募四鄉，於廟左建房六間，以供進香者之憩息。四方聞之，樂輸恐後。有供錢谷，有贈木料，有助夫役，一轉瞬而輪奐備矣。事竣勒石，成以功德歸予，予則不敢沒無化主之好善，諸首事之宣力，姚君美德之慘費經營，獨襄厥成也。故臚舉而筆之。

邑廩膳生員功德主鴻若冉祥鈞撰文並書。

首事人[1]

木工閻文才、胡拴。

住持姚本緒、李本一、黃本治。

大清光緒三十二年季冬月朔。

（碣存扶溝縣舊縣街舞樓對面城隍廟臨街牆壁。王偉）

趙氏祠堂碑記

夫祠堂者，安先人之神主以奉祭祀、尊祖敬宗，隆報之儀、展追遠之誠也。我趙氏前有祠焉，越明季，遭兵燹之後而舊基無復識矣。今歲甲子之秋，家譜告成，於莊東南隅創建祠堂，規模雖非壯麗，而吾先人之神主得所憑依矣。謹擇于十月初一日安祖祠堂。凡我族眾群昭群穆咸在而不失其倫焉。吾願以往四時以薦馨香，朔望以勤灑掃薰蒿，悽愴可展如在之誠，禴祀蒸嘗，永懷不匱之意，報本追遠，舉視諸此矣。若夫踵事增華，有基勿壞，是又所望於來者。茲余為斯祀，刻諸碑端，並樹條規鑴之於後，凡我族人俱宜留意焉。

一、祠堂所以報本，理宜肅靜，勤灑掃，嚴鎖鑰，輪流看守，不許追放什物以及閒人喧嘩，並禁藉端居住。

一、子孫入祠堂，當正衣冠，即如祖考之在上，不許喜笑，對語疾步。

---

[1] 首事人姓名，字多漫漶。

一、祭田七十餘畝，六院經管課價，以備四時祭祀，有餘用之公項，不許典賣。

一、墳塋樹木只許公同修理，不許私自砍伐，私賣強賣。

一、祭祀務在孝敬，以盡報本之誠，不許跂倚欠伸，噦噫嚔咳。

一、家長當以至誠待下，謹守法禮，庶合古人以身教家之意，更須以量容人，視一家如一身。

一、宗子上為祖考之祭主，下為族人之表儀，所關非輕，必預立之，使家眾知所統守，如其不肖，擇次賢者易之。

一、族正掌理合族事務人等，凡事令族人分掌，必量才用之。若人有過，湏會眾箠之，不許推諉唯諾。

一、子孫須恂恂孝友，實有義方氣象。見尊長，坐必起，行必序，應對必以名身。勿以爾我相稱。近君子，遠小人，和新友，睦鄉黨，務必勤儉耕讀。不可奢侈邪淫。如有其事，必稟命族正而後行。若或有過，受族正呵責。不論是非，但當俯首默受，不許分理。

一、上條規定，各當遵命謹守。如有違者，即屬不孝，許族正責罰。不從，陳之於官。

（文見《趙氏族譜》。王偉）

信阳市

信陽市（信陽縣）

重修信陽州儒學文廟碑

薛所蘊

今夫事之興廢盛衰，豈不以人哉！從來國家以武功創，必以文教守。信陽昔稱文獻邦，自申伯錫茅而後，以道德、節義、事功、古文辭，表見史冊者，代不乏人。即科目之鵲起踵接，亦甲越兩河。乃十餘年來，不無少衰息者，豈賢山澦水之靈，時鬱時通乎！仰亦學校之教湮，而振興之力寡耶？

州城乾艮之地，舊立黌宮，創自明初，屢圮屢修，遞有增設，迨其末，歷辛巳，罹流寇之變，咸歸一炬矣。有守備董者署郡事，因廢址構大成廟三楹，以奉俎豆，意甚盛也。第庳隘不及前制之十三。

順治四年丁亥，幸遇我公祖陳公備兵茲土，初釋奠，臨其地，即戚戚欲新之。奈兵火之餘，物料湧貴，時絀未可舉贏也。迨我公以冰蘗之操，弘屏藩之治，不期年而政成俗阜，爰進學博諸生而謀之曰：予之興賢育才，砥礪多士者，不遺餘力矣。然使先聖羣賢褻越於蔓草瓦礫之中，舍采合舞，無以嚴其跋倚漫易之氣，而生其駿奔儼恪之誠，則入廟而忘敬，又何以望其尸居而知儆，即吾玉汝之心，何以克抵於成乎？務有當急，其勿憚勞費。爰自括俸金貳百餘兩，下逮僚幕諸生捐貲各有差。庀材鳩工，撤舊楹而廣之。庚寅冬十月首事，越百日落成，棟宇嵯峨，輪奐嶜崿，入者如見衣服禮器，然丹堊未施，公旋中中山之謗，坐是棄置莫問者又一載。既我公祖、觀察管公、郡大夫高公蒞申，清正之守，經緯之美，與我公有合德焉。甲午春，慨然肯堂構而暨茨之。又得宋、王兩廣文拮据相成，重構明倫堂三楹。公復蠲金，施大木百株濟之。論者以為非常之功，必有非常之人以繼其志，蓋天之作合不偶也。諸生感前後舉事之盛，成功之艱，以予夙隸史舘，徵數語，貞之石，為公誌不朽。然公於十四城及南宛膠序，咸有蠲貲，區區一申，又未足以盡公德造之萬一云。

公諱聯璧，號孚尹，楚襄之光化人。

順治十一年。

（文見乾隆《信陽州志》卷十一《藝文志》。馬懷雲）

傅公登榮建信陽州大堂碑

州人宗伯何瑞徵

申陽州治，前朝崇禎末燬於寇，無一椽之庇。皇朝應運，司牧者雖歲有締構，皆湫隘不蔽風雨。郡龍夭矯而來，結脈高敞，非大廈不足控其奇。賴前太守高公建大觀樓，嵬然鉅麗矣。而黃堂庫狹，不稱象魏之雄。受事於庭者，擁促無威嚴，抱簿書以進者，蝟縮無所役足。堪輿家言，申之閭閻寥落，甲第晨星，職是故耳，故人咸惜盛事之未舉云。我公握符是郡，慨然欲更新之，然慮民性未孚，未可重勞。及期年而物阜民康，百務具舉。爰召工師而命之曰："俾爾以俸金百，採木魯氏之山。"召陶人而命之曰："價勿爾鐫，器勿我窳。"鳩工於邯市而傭之曰："吾飲食，汝計日酬若值。"子趨父事，鼖鼓弗勝。始事於乙未之秋，落成於丙申之春。為楹五間，高廣數倍於昔，民不知費，工不言勞，輪奐聿新，觀瞻聳肅，或疑為鬼工焉。蓋公忠孝昭於太史鯉庭之訓，淵微初承家學，弱冠有成德之譽，天性仁人也。愛人如子，其革贖鍰，裁火耗，卻筐篚，懸魚茹蘗之操，見仁者之廉，其投之艱大而不撓，幹以非禮而不怒，畀之寵異而不驚，見仁者之度。讞獄無敢隱以情，胥吏無敢舞以文，錢穀岐雜無敢遁以數，見仁者之明。八固山數萬之師，一至天閑旬月之喂養，而至皁餯劣卑晉，接豐餽餉，人人苦之，而公應之裕如。其他理繁治劇，莫不游刃，見仁者之才。即如信陽最苦者驛站，輪蹄雜遝，日無寧晷，受篆之日，纔贏馹十餘，自履任至今，兩年餘，倒買過三百餘匹。站錢減少，咸出自蠲坐騎，及稱貸旂下親知以補之，從不累里下。令亟請上臺題准，增設明港、潭河兩驛，申民得以稍甦。仁人之利，其溥何如乎！惟恩勤之及人者深，故不勞而功集如此。今且以卓政第一，召為維揚二千石，後之登斯堂者，念始事之勤，亦如公之信而後勞，相與丹臒墍茨，以壯臨蒞之色也，其德不朽。睹斯堂者，念捊循之惠，指為甘棠，相與敦禮守義，以承歌詠之風也，其德亦不朽。因推郡人之意而記之。

順治十三年。

（文見乾隆《信陽州志》卷十一《藝文志》。馬懷雲）

州守賈獻之去思碑

州人宗伯何瑞徵

公初筮仕為通許令，其聲績應需次清華，而主爵者欲歷試之，乃以邑令高第擢申陽守。申陽，古要害地也。楚之應山居其南，鄂與宛之桐柏居其東西，汝之朗居其北，使者相望，往來於朗與應之間。申當子午之衝，輪蹄動以二百里計，驛騎每多倒斃，差使又肆誅求，民應之不聊生，吏司之亦不堪命矣。

公以俸入充官廨，不以津貼困窮簷，魚肉驛舍者，脅息而莫敢雄。行申若不知有置郵之苦者。諸上臺間以公事至，善事之，罔或失其懽。然皆約己裕人，未嘗以飾廚傳累廛市。或自出按行郊野，不多從騎，呵挈梐自隨，不以資於村落也。申地西南多山而瘠，東北平衍而磽，水旱俱易為災，凶荒率致無救。一經兵燹，遍地荊榛，間有豁除，僅餘甌脫，初行清丈，報額視他邑倍多，迨義興屯，偽增於懸坐不少。而尺籍一定，雖凶歲必按籍而稽，且不待新絲新穀之期，復有條議黃臘之派焉。公仁心為質，痌瘝乃身，饑由已饑，咎歸予咎。往者天心降割，申罹百年來未有之奇荒，曰殍曰離，有監門之圖，未能盡繪者。公設法施賑，出俸錢，召買若干，勸中產輸助若干，所全活者甚眾。而無何有編審之令，實欲於賦額有加也。公曰："申賦不衷，見額已倍蓰他邑矣。賦浮田者三之二，田賦稱者不及三之一焉。田浮賦則無之，即加，加於何所？"或謂公不畏大司農課賦額殿最乎！公曰："民且不保朝夕，以民殉官，何如以官殉民，吾不忍以一最易單赤矣。"竟持見額以應，上焉者亦莫能以格繩之。而又於條議蠲其全，於黃臘減其半，立三限之法，以春夏秋季月受輸，輸必以衡，取盈而不取耗，絀繭絲於保障，伸撫字於催科。嘉惠生民，真無量功德哉。乃申與諸邑壤相錯，皆在茂林深菁之中，逋藪所在有之。殊多陰陽閃爍，畫疆而守，不得過而問焉。故盜不能獲以時，而公遂以此受過而去矣。申人士遮挽之不得，謀立石於五父之衢，而屬予以石言，識公德於永永。予謂公之德深且巨，此一片石，海水之滴涓也，不幾斗酒豚蹄，而謝滿車之甌窶耶。余曰："此固不足為公重，而俾來茲者興焉觀焉，為規為隨。"而申享清淨寧一之休，大有足為申重者。予素不嫻於頌，而茲誼不容辭，採輿人之誦而記之。予且將藉公為重矣。

康熙五年。

（文見乾隆《信陽州志》卷十一《藝文志金石》。馬懷雲）

重修先賢子貢祠記

正白旗人道憲羅文現

余昔承乏部曹，廁名史館。流覽載籍，得窺聖賢遺烈。如我夫子繼天立極，道契古今，闡百王之謨訓，為萬世之師表。其德行文章，傳之及門諸賢，垂裕名教，施諸政事者，炳若日星，歷歷可稽，未嘗不深高山仰止之思。

歲丙子，濫膺簡命，分察豫南，駐節申陽。申陽為古名都，素稱沃壤，民物豐饒。北翰中原，南襟湖漢，高山環郭，峻壑當關，號為險隩。自流氛擾攘，土寇肆暴，郊圻鞠為茂草，忝離鴻雁，比室淪胥，其雍熙之盛，不復問矣。迨興朝定鼎五十餘年，深仁厚澤，流被天下，雖越海窮陬，莫不咸沐綏懷之化，矧申陽一隅之地耶。故土宇之荒蕪者漸已開闢。民物之流移者漸以來復。城郭學校之傾廢者，漸以修舉。余不敏，下車之後，蒿目時艱，每以不能仰副聖天子嘉惠元元之至意，反衷多怍。乃於幾務之暇，考之志乘，見所載夫子訓端木宰信陽數語，不禁喟然歎曰："大哉，聖人之言，約而能賅，擴而彌廣，誠為吏道金箴。"雖先賢治績，莫可徧識，而親承聖教，施諸政化者，猶可想見也。前朝正德間，創有璉瑚書院，崇祀有年，曩為火燹所壞，銅駝荊棘，湮沒無存。乃跡其殘碑斷碣於城之西北隅，因感疇昔景行之私，遂爾捐俸鳩工庀材，重建大堂三楹，額以"性道"，仍其舊也。翼以兩廡，敞以重門，前臨之以"君子亭"，渡濠而南，復葺"鳶飛"、"魚躍"之館，以為士大夫憩息之地。迤東百步，築臺樹軒，下搆水榭，以為講學習藝之處。其他觀射、勸農、庖廚、燕享，各有其所，制度可謂粗具。且周潴重湖，樹以松柏，藝以羣卉。自公之暇，乃與四方賢豪，以及州之屬吏紳士，瞻遯無間。由此而遵聖人之教，仰賢者之風，咸相警省，內守之以廉平，外勗之以勤慎，毋奪民時，勿侵民利。加之以撫綏教養，而民知所化。為下者善良樂所勸，奸慝凜所懲，深耕易耨，以教其本。畏威懷恩，以事其上，克臻上理。天下可以治平無事，而況南、汝二郡已哉！斯祠之建，實人禆於世道人心，寧視為遊觀之勝耶。後之君子，嗣而加葺，當與賢山淮水並垂天壤，誠不朽事也。因勒石以記云。

康熙三十五年。

（文見民國《重修信陽縣志》卷三十《藝文志》。馬懷雲）

改建子貢祠碑記

前朝正德間，創有瑚璉書院，為兵燹所壞。乃跡其殘碑斷碣，於城之西北隅，捐俸鳩工庀材，重建大堂三楹，額以性道，仍其舊也。翼以兩廡，樹以重門。前臨之以君子亭。渡濠而南，復葺鳶飛魚躍之館，以為士大夫憩息之地。迤東百步，築臺樹軒，下搆水榭，以為講學習藝之處。其他觀射、勸農、庖廚、燕享各有其所。制度粗具，且周潴重湖，樹以松柏，藝以群卉云云。

清康熙三十八年立。

（碑存信陽子貢祠東首，文見民國《重修信陽縣志》卷十三《教育志》。馬懷雲）

重修道署碑記

建昌人國朝監司李承祖

國家設官分職，衙署重焉。非徒以肅觀瞻，而實賴以振綱紀，率庶僚，察民隱也。申陽地當孔道，東抵淮揚，西跨宛鄧，南控荊楚，北拱燕京，四方車轍馬跡之所往來，稱雄鎮焉。洪武初，置觀察副使分巡汝郡，邑舊廨在城之西偏，逼處湫隘，地形窪下，水潦至浸淫為壑，吏胥褰裳以從，居恒苦之。縉紳嘗為予言曰："署東有堂頗塽塏，盍遷諸？"奈蒞任以來，馳驅鞅掌，僕僕無寧晷，心雖欲遷，而工費莫措，不敢以土木貽吾民慮，遲之又久，而未果修也。辛丑秋，奉委督運，赴荊子關，未歸，而家大人自湟中凱旋，道經申署，見階除卑濕，庭廡索然，遠書示承祖曰："居官服政，所以教忠，因陋就簡，不可訓也。"迺捐囊橐，鳩工庀材，結搆具備，而寸椽片瓦，不費民資。未五浹旬而落成。紳衿耆老懽忭踴躍，立碑稱慶，志喜也。九月抄，余自外至，瞻仰堂構，高明正直，軒爽洞開，無所壅蔽，不特可以資吏治，而內有以澄心學，曠如也。且寅賓有舘，鐘有樓，禱祀有祠，役有舍，凡所以承宣布化，施政教時者，靡不周至。噫，善矣！而吾因之竊有感焉。夫天地，蘧廬也。光陰，過客也。矧茲傳舍寄居幾何，鰓鰓然好壯麗其觀哉！然其所以務欲改造者，良以紀綱由此而立，法令由此而施，庶績民風由此而表率，則登斯堂者，膏澤未徧必思所以周之，輿情未伸必思所以達之，火耕水耨必思所以恤之，鼠牙雀角必思所以消之，萑苻之寇未泯也，何以弭之？烽燧之烟未息也，何以靖之？蚤作夜思，兢兢乎所當先民之憂而憂，後民之樂而樂者，正百端交集於心，而敢以斯堂自遐乎哉！則今已改造斯堂，原非為一人計，而為後來撫茲土者計也。

承祖不才，恪遵庭訓，自閩中作宰，卓異刑曹，旋陞戶部郎中，欽差監督太平倉，陞授斯任，近二十年，兢業憂勞，惟仰體聖諭清慎勤三字，以為守法。額其堂曰"清慎"，誌不忘也。亦即家大人所謂教忠之意也。撫心自問，祇期以不愧神明之照察者，以不負聖恩之浩蕩云爾。

康熙六十年。

（文見乾隆《重修信陽州志》卷十《藝文志》。馬懷雲）

重修信陽州儒學碑

孫鳳立州人進士

申陽自周申伯受封，而文獻代著，迄明季，如何仲默先生之文章，董重夫、張季升諸先生之事業，類皆高掇巍科，名馳海隅，志載之甚彰彰也。洎後人才漸稀，科第寢熄，間有一二登賢書者，復抑鬱坎壈，鮮預世用。用是官牆削色，無以為後學勸。斯果人文地脈，遠不古若歟？毋亦撫字茲土者，不能相繼而振興之歟。歲辛亥春，厚菴艾公來涖斯邦之初，即為訪鄉耆，禮賢士，恤民瘼，減征耗，理沉冤，公聽斷，美政嘉績，罄楮難書矣。至其崇祀先師，培植學校，尤出尋常萬萬者。謁聖畢，仰瞻畫棟，見前任道憲，如陳公、孫公以及州牧龐、陳二公，俱捐資整理，越今六十餘載。日被雨淋雪壓，以致殿宇蕭條，廊廡頹弊。因瞿然有感，亟同學師以語諸生曰："學官鞠為茂草，固大夫之羞也，抑爾多士之咎。"幸逢道憲費公，捐俸十二金。雖亦可以修補，而實不足於用。余其相率而為攄清俸，爾多士其亦括廩餼，庶煥然而聿新之。顧事謀諸始，尤慮可繼。自今新監之贄儀，日例半鎰有二。余弗納，汰其四而存八。新生之公宴，舊例一鎰有四，亦不納，汰而存十二，以為陸續補葺費。至若樂器禮服之殘缺，凡爾佾舞等，亦各捐資三金，以為之備。自茲以往，永垂定規，以志不朽。諒亦多士所樂從，而不病余之倡斯舉也。抑余之意，尤有在焉，緬維孔予之德，廣大配天地，高明並日月。今茲廟貌，弘廠所以象其大，輝煌所以象其明，爾多士幸遊聖門，顧不可觸目而思振乎？由斯以後，其立心也，制行也，以及凡有著述也。睹其弘廠，即必規其正大，見其輝煌，即必進於先明。修此三者，日新又新，即聖賢所樂引以為徒矣。又安在文章事業，不可追蹤先達耶。維時鳳得與陪其列，聞公言，爰樂為述之，以勒諸石。

雍正九年。

（文見乾隆《信陽縣志》卷十一《藝文志》。馬懷雲）

雙林第三代洞宗三十三世石慧大和尚之塔

胡煦

雙林石慧福濟禪師，徽州程氏子，髫齡穎慧，幼嗜空宗。年一十六，依應山智耀披剃，旋依雙林寺介衡為侍者。衡知為法器，因受具足戒。期夕咨請，倏悟本源，得付受焉，即以雙林後事委之，介衡固曹洞嫡派也，師任坐方丈者四十八年。其間，兼理光山之淨居寺、息縣之塔院寺、叢林三處。其接引來學，總不違曹洞賓主君臣正偏之旨。至於講解經論，悉取證於《五經》、《四子書》，故所說明白坦易，無不可解。若乃隨機赴緣，則是非齊掃，法病同抬。真如金剛王寶劍，無不斬然決截。故能使碧巖青嶂，翠竹黃花，信手拈來，途途是道。有時寂然無語，一棒一喝，予奪瞭然。所由承其旨者，罔不悉飲甘露而去。今宇中龍象，得法於雙林寺，亦復不鮮。信陽乃南北孔道，師在雙林最久。而開期接衆資糧，無不足之患者，由本寺所置及檀越所施者半。而前後觀察使及牧信陽者，欽其德望，接其言教，亦莫不有寺田之建置焉。後嗣守之，似續而不廢，固萬年如一日也。雍正十年三月二十五日，示病而化即塔於雙林之東。紫弦居士為之銘曰：悟無生忍，轉大法輪。君臣偏正，雙寂雙明。棒喝照用，非見非聞。空有不立，知寂全冥。日午三口，夜半天明。微塵海納，須彌芥形。前後際斷，非去來今。

雍正十年三月二十五日。

（文見民國《重修信陽縣志》卷三十《藝文志》。馬懷雲）

重修紫霞觀記

清苑人州牧張鉞

凡人發一善念，非有以貫金石格鬼神，其始一二人信之，其後未必千萬人從之也。即信從矣，亦未必歷歲時竭［謁］頂踵不憚艱難，以必期於有成也。蓋有所為而為善，與無所為而為善，誠偽於是乎分。惑於因果報應之說，與激於故宮禾黍之感，公私又迥別矣。

申陽為豫楚通衢，車馬輻輳，其縉紳先生喜俠義，其都人士女樂施與，精舍之盛，甲於他邑。而金碧輝煌，係一州之瞻仰者，紫霞觀尤著名。觀之來也，不知創自何時。前大殿五間，塑三清神像，東西廊十二間，塑十殿閻羅。後層高閣三間，塑玉皇上帝。東院三間，奉東嶽帝也。東院後又三間，奉真武師也。西院三間，奉三官帝也。西院後又三間，奉純陽祖也。模規壯麗，制度宏廠。匪僅以棲丹客，凡邑中歲時朝賀，飲射讀法，咸於是乎在。重修於前明嘉靖四十五年，迄今百有餘載，棟宇傾圮，丹堊剝落，行路傷之。夫事之無關於興廢者，聽之可也。若夫百爾嵩呼，藉以覲天威於咫尺，州長朔望賴以申約法之三章，是招提也，而典禮係焉，魏闕同焉矣，匪可任其頹敗者也。然而功程浩大，點金無術，世無獨孤信善，孰是捨金沙以佈佛地者哉？不謂有李生揚發者，太學彥也。慨然引為己任。又以獨力難為，復為倡率街民田秉直等，多方募化，載歷寒暑，七閱春秋，敝東郭之履，不以為勞，禿淳于之舌，不以為苦，罄季子之金，不以為困，甚至積雪滿脛，堅冰在鬚，猶持簿於村庄，餐風於道路也。既已銖積寸累，陸續建修，重臻巍煥，又於大殿前創卷棚五間，東西門二座，戲樓一座，瑰麗尤加於曩昔。

余甫下車，即聞李生名，間因公事至觀，睹畫棟雕甍，不禁為之三歎也。嗟乎！彼何為者耶？或曰："祈將來之福，結再生之緣也。"余獨以為否否。夫人雖至愚，其視現在之金錢，與他年之利益，孰緩孰急；痛癢之髮膚與化去之形貌，孰幻孰真；而顧肯解橐募修、厭精勞神，舍其有憑求諸無據者乎？惟一念之善，貫乎金石，因以感乎同類，而冥漠中亦若或啟之，若或相之，俾莫大功程，不數歲而觀厥成也。從茲百爾執事，儼對揚者，瞻同丹陛；讀法令者，肅乃觀瞻。則紫霞之重新，不獨為騷人逸士選勝之所也。而一邑之聲名文物，冠裳玉帛，咸壯其彩焉已。至若三清、玉帝、東嶽、十殿之名目，余不知其誠有是否，然以人道考之，天子治天下，必三公論道，六卿分職，予有功，奪有罪，而後萬國理。彼廟中之冕者，旒者，猙者，獰者，賞善而罰惡者，救苦而救難者，事雖涉於杳冥，要之幽明一理，不當盡指以為無也。《書》不云乎"作善降祥，作不善降殃"。又曰："天道無親，常予善人。"若李生者，可謂善人。非耶舍己從人，功成而不居，殆亦無所為而為者矣。是舉也，經始於乾隆七年九月，落成於乾隆十三年冬月，約費千有餘金，余蓋心儀李生與州人之樂善，而為之紀其大略云。

乾隆十三年冬月。

（文見乾隆《信陽州志》卷十《藝文志》。馬懷雲）

重建奎樓記

清苑人州牧張鉞

儒者魁首科名，詩書其龜鑒也。舍是而問道於星宿鬼神，誕矣！藉曰有之，奚必其我聽也。即聽矣，昂昂七尺軀，不自奮翼，而於渺冥中乞靈造化，小兒笑人哉！雖然，朝菌蟪蛄之智，烏足以測遠，欽若既命，其於日月五星，蓋兢兢焉。厥後，實沈台駘之分，以及聚井、聚奎、聚箕尾、休咎諸徵，又何歷歷桴鼓應也。《天官書》：斗星戴匡，六星，一曰上將，二曰次將，三曰貴相，四曰司中，五曰司命，六曰司祿，蓋魁神之為政於科第舊矣。他邑率建閣於黌序之巽方，肖像事之，以主文風。吾申何獨不然？且吾申跨獅淮為襟帶，而賢嶺秀峯，紫雲、筆架諸名山，起伏左右以為岸沙。覘者曰："堂闊水明，龍虎相抱，風脉秀矣。其中應有以文章致位列卿者。"自何、孟、董、王諸君子後，人才輩出，甲第蟬聯，幾與鳴珂之里相伯仲，以故信陽之名甲海內云。曾幾何時，形勝依然，人文漸衰。前輩風流，邈不可追。無所歸咎，毋亦事神之有闕與，何古今人之不相及也？諸生前揖予曰："吾申舊有魁星樓，建於南門外之通衢，震兌相向，以接西來之山水。每當夕陽啣山時，登樓一眺，日透殘霞，萬峰皆紫，光搖碧水，一帶如金。雅與文人之慧業相宜，今則瓦礫之場矣。此亦吾州文脈盛衰之一大關鍵也。"予曰："信如諸生言，盍建諸。"因上其事於觀察任公，並請為文，為以郡人倡。由是慕義而輸金者，且踵相接焉。落成之日，丹壁朱欄，高出城堞。鈴鐸之聲，隨風遠落。山水靈秀之氣，得滙於此，文風之盛，庶有兆乎。雖然，神亦何嘗之有，學則靈，不學則否。諸生各自奮翼，攀秋桂於月窟，賦春宴於曲江。次第而起，以迫前烈，無使後人笑。拔地倚天，岑然聳出者，靈於昔而不靈於今，邑大夫其亦與有光也夫！

乾隆十三年。

（文見乾隆《信陽州志》卷十《藝文志》。馬懷雲）

重修觀音大寺碑記

申陽多古剎叢林，若賢山，指南、朝陽之屬，皆巍峨整肅，廟貌聿新。余每以公事過而瞻謁，未嘗不深嘉茲土士民之好善樂施，娓娓不倦也。州之北距城十八里有觀音大寺，其廟臨通道，為往來士大夫商旅憩息之所。廟僧清亮樂行方便，寒暑茶湯不少撤，客至如歸。人皆德之。余往還踵禮，見其梁棟牆垣傾圮頹廢，多輒感慨。廟僧無儲蓄，不能重葺。夫崇居廣廈，固非一木所能成；紺殿珠宮，須賴十方之協力。唯冀州屬士庶人等，各萌善念，隨分捐輸，共襄善舉，則重奐重輪、翬飛耀彩，不幾與指南、賢山等寺同。其巍煥永垂不朽哉！是為序。

布政使璫篆額，助銀十兩。

信陽知州保撰文，助銀十兩。

生員蔡思問書丹。

乾隆十四年十月立。

（文見民國《重修信陽縣志》卷五《建設志》。馬懷雲）

殷太宜人墓表

王艮

太宜人殷氏，始祖千戶侯、汝錫王公之嫡妻也。本山東齊安德州籍，元末提三尺劍，從明太祖定鼎金陵。後因成祖師起，戰沒夾河。遺一子諱悅，字伯和，甫四歲。太宜人不忍沒夫勳，徒步背負伯和公，赴請優恤。草昧倥傯，查黃遺失，怏怏而返。又赴南京，始獲優恤。贈汝錫公千户侯，伯和公襲正千户。宣德六年，調任信陽衛後所，太宜人隨任，遂永信陽籍。初太宜人之京師也，有弟某者頗富，託人貸路費。弟笑曰："姐家有南園桑，北園棗耶。"太宜人蓋永誌之，乃盡鬻衣飾往。追伯和公掌所印，威望甚著。舅歎曰："不意吾甥振拔至此。"太宜人笑曰："窮兒子何勞稱羨，有南園桑北園棗耶。"至今知者猶以爲口實云。於戲！吾始祖之沒於王事時，太宜人正少婦，子幼家貧，親戚無所託，如奪其志，或不克令終，王氏絕矣。乃能徒步負子，跋涉兩京，遂啓後人數百年之息蔭。武則有武德、明威、廣威、昭勇、鎮國數將軍。文則有翰林宮庶一人，明經七八人，博士弟子員數十人。固知祖公之忠烈，宜食於不朽。然非太宜人之節有以成之，曷可至此。太宜人之墓於茲，幾四百年矣。墓旁阡陌，原無家產。林木葱蔚，石謁琳琅。及我熙朝定鼎，河山改革，僅餘荒墓一所，蒼松二三而已。至康熙末年，置地數畝，可供守墓者之居。乾隆九年，補立墓碑，過此者適知爲太宜人之墓云。而余重有感焉。皇恩浩蕩，建坊旌閭者比比也。太宜人未邀片石之榮。並州志亦遺而不載，可勝悼哉！每春秋展墓，及開讀家集，末嘗不欷歔太息淚濕衫襟。今則髮種種而齒搖落矣。然猶幸能悉其梗概，敬勒貞珉，置諸墓道，俾後世子孫，知吾家有百世不可挑者，倘能爭自奮勵，不遺先世羞，固太宜人所應食報者，曷勝切楚。

清乾隆癸酉。

艮其十世孫也。

（文見民國《重修信陽縣志》卷二十九《藝文志》。馬懷雲）

申陽第一井

申陽第一井
乾隆甲戌秋。
錢唐鍾璉書

（文見民國《重修信陽縣志》卷四《輿地志·金石》。馬懷雲）

伴書庵碑記

知州鍾璉

子貢祠由來舊矣，明季以兵燹傾圮。國朝康熙丁丑，道憲羅公重建，顏曰瑚璉書院。數十年來，典守無人，一任風雨漂搖，岌岌乎棟折榱崩焉。余來牧茲土，目擊情愴，鳩工庀材，補葺而丹艧之，延吾鄉名宿祝君霽爲書院山長，獨慮責無攸歸，久將終圮，謀諸紳士，咸薦賢隱寺戒衲海屏爲專守，司灑掃，以時啓閉，芟榛莽，植嘉禾。余曰善。抑又以儒、釋未堪雜居，於祠右另建伴書庵爲海屏居室，護祠有人，而儒、釋各判亦兩得之道也。

書院田租，除山長脯脩外，量撥若干，修理祠內外。蒼松翠柏，羅憲所植，以爲祠宇庇蔭者，老幹扶疏，橫斜掩映，亦祠勝概也。迄今存者，松四十五株，柏三株，盡付海屏護守，俾後此無得藉端剪代，用銓諸石，昭示來茲。所撥地畝，南以池爲界，北以祠後堰爲界，東以溝爲界，西以溝爲界。

乾隆二十一年。

（碑存信陽伴書庵內，文見民國《重修信陽縣志》卷十三《教育志》。馬懷雲）

重修城隍廟碑記

信陽州城隍廟，自嘉靖丙戌州判楊恂作重修記，後之修葺者無徵，蓋修之而不記之，美弗彰耳。歲丙子，州人張貢士大成、曾州佐昂千與耆民胡之成、朱溥以時和年豐，得於城隍之神，請新其廟。余既序而行之，茲告竣，請余爲之記。今天下府、州、縣皆遵制立廟，祀城隍爲民祈福。民之祈於神者，宜雨而雨，宜晴而晴，倉箱以盈，疫癘不作。神錫是福於民，而民饗祀報之，猶牧令能愛其民，而民歌孔邇頌有斐也。祈若弗應與尸位同。信陽山谷叢雜，平疇交錯，量晴課雨，民情各異，爲之神者難矣。神方濯濯厥靈，雨暘時若，是烏可以不報斯役也。踵舊規，增新飾，無鉅工，然一椽一瓦皆民脂民膏也。今而後被人感應，歲慶屢豐，民安壽考，神福無疆，民之報本正未艾矣。是爲記。

南汝光道曹繩柱撰文。

知州鍾璉篆額。

鍾珹書丹。

守備周岳陽、吏目秦永忠並列名。

邑人貢士張大成、州判曾昂千、耆民胡之成、朱溥重修。

乾隆二十三年。

（文見民國《重修信陽縣志》卷五《建設志》。馬懷雲）

指南院碑記

邑進士郭宰六撰文。

附生郭燕翼書丹。

法有開山之祖，具創之所始與所由成，兼擴而大之之功者，相其陰陽，流泉經營，締造卜築，以擴上方之勝，此創始落成事也。若棟宇恢宏，梵音流布，鐘聲佛號，杳杳冥冥於蹊徑中，有云山曠□□□□□於窮巖嶔谷。外則擴而大之，其功亦不細矣。城南指南寺者，地當南北之衝，大河繞其背，震雷峙其左，賢山拱其右，龜峯筆架如羅紋指□隱現出沒，不可勝數，亦勝境也。入其中，花木繽紛，芳草鮮美。琳官法院，竹林陰翳，森森出牆外。令好奇探幽者，沉吟往復，樂而忘疲。寺僧佛可告余曰：知此寺所由昉乎？觀察西蜀彭公與賢山眼聽音和尚之□□，當康熙初年，兩人步履郊野，吟風弄月，樂其勝概曰：是可創寺。以手指南，觸機而動，因名曰"指南"，亦引人前進意耳。令其書記筆形狀，修築住持。爾時審基定規，登登馮馮，捄度興勝。欲延引十方，有志而未逮，佛可承其後。數十年間，搆材鳩工，重修佛殿後樓，兩廂房□丹者丹，堊者堊，曲者曲，橫者橫，繩而直之，爽而塏之。木石瓴甓節稅之屬，不事華飾，要以堅厚久遠爲率。於乾隆二十八年，係有本寺監院湘碧，引領大衆，開期接納，半生勞瘁，皆體當年未竟之志可也。敢自矜功乎，曷爲僧記之。今聞其言核其實，深以爲然。夫事不自始，待人而成者。昔人有言，蘭亭若不遭右軍，則清湍外溢，遂成空山矣。是寺也，因彭公觀察之志，而前後諸僧之勤也。蓋洞天福地，散在人間，天臺雁宕諸盛概，詎寧負遠乎。余嘗遊武陵桃源，其境亦平平耳。誦淵明記述若神仙，彷彿人迹不到之地。至勤歷代名公歌詠不休，所謂此中人語，不足為外人道也。余因僧言，記其創始擴大之由。至言之不文，行之不遠，亦由誌實耳。更贈以詩曰：

余與徘可遊，行住了無異。爰溯其生平，忍苦見高義。人家好子孫，尚□□□志。
乃以招提境，恢擴前人事。紺宇與琳宮，燦燦西來意。接到十六人，選佛由茲地。
是曰開山祖，繼後誰不思。短歌淡而淸，勒石垂之寺。

又附昔日指南舊作一律：

春風已度廿餘天，冉冉南橋柳色艷。雲水空中蕭寺見，石林深處午鐘傳。
到門竹影分幽境，折檻梅花傍老禪。座久塵機渾欲息，疏簾一碧漾茶煙。

乾隆二十八年。

（文見民國《重修信陽縣志》卷二十九《藝文志》。馬懷雲）

施公生祠碑

施誠，浙江會稽人。於乾隆三十八年知信陽州。有德政。乙未春，內擢，邑人餞送之。施留別詩云：

訓士勤詩書，課農力耕桑。報最書上考，千古稱循良。伊余廁其間，落落無短長。
尸位鰥厥職，咎足召天殃。二氣忽已沴，愆伏乖不降。□□□□，□□□恒暘。
在田不生苗，何由飽粃糠？哀鴻集於野，四境召流亡。詔書下九重，官粟振太倉。
湛湛新雨露，爲民洗痍瘡。大哉皇恩溥，兆茲豐年祥。時絀□舉贏，建學開明堂。
□□索私錢，厥惟多土將。荊榛闢荒穢，芹藻留芬芳。禮門與義路，萬仞煥宮牆。
於焉盛文教，几席列圭璋。況逢熙朝化，作人邁虞唐。三年代庖治，承乏警巖疆。
前型緬姚范，身後芳名揚。仰止希繼軌，可笑不自量。奚爲重吾愧，獻頌還稱觴。
清風歌肆好，欲讀嵩高章。擬之古申伯，汗流走且僵。感此意良厚，德薄非所當。

斯舉雖近誣，亦足勵官方。弊積利未興，私心實皇皇。殷勤謝多士，誼重情難忘。明當朝天回，一一分施張。[1]

乾隆三十八年。

（碑存信陽教育局院西首，文見民國《重修信陽縣志》卷五《建設志》。馬懷雲）

重修關帝廟碑記

粵自先王制爲祀典，凡上益國家，下利生民者，莫不立廟祀之。如帝君正氣參天，丹心貫日，義漢而功高三國，扶劉而澤溢萬年是也。惟其屢徵威赫，顯示英靈，所以徧祠宇於九州，薦馨香於累世，典至重矣！州治東舊有茲廟，前殿三楹，後殿三楹。奈世遠年湮，周遭傾圮，僧舍無存，春秋舉祀時，頹廢荒涼之狀，與祭者無不怵目動心，甚非崇德報功之至意也。余自蒞任以來，見後殿經寶捕廉捐俸重修，燦然一新。而前殿力有未逮，因與寶議，自捐廉俸，恢宏舊制。而耆民之好善者如趙鵬翯、歐陽恭、袁瀚、涂致模、生員武聯登、龔致宜等竭誠董理，踴躍輸將，遂使前殿崩塌悉爲補葺，並且塗金聖繡，聖像莊嚴，畫棟雕梁，歌樓華麗。又以余資新建廊房、駿廄、禪室、山門，共數十楹。以致狹者闊，故者新。此雖紳士之好意者衆，寧非帝君之感召者神耶？查本廟向無香火養膳之資，雖前任州事艾公審明，又經施公丈量甘、李二姓無糧田地三分，約三百六十餘畝，坐落申陽臺。又有艾公審明胡、劉二姓無糧田地一分，約十餘畝，坐落胡褚店，俱斷入本廟，存有前卷。至於佃户優劣，屢經叮囑，一任本廟住持驅留。蓋因此廟荒廢已極，幸寶捕廉訪得萬壽宫僧人通慧清規克守，足當斯任。遂令來此居住，照理香火田糧，可謂得人。用是詳述始末，恪勒貞珉，以垂久遠。後之君子，倘隨時修補，間祀典克光，而神靈之所以錫福者，有寧有涯際也哉。是爲記。

賜同進出身奉政大夫知信州事候補同知弓養正撰文。

歲貢生鍾珹篆額。

拔貢葉霞書丹。

乾隆四十三年歲次戊戌孟夏月上浣穀旦立。

（文見民國《重修信陽縣志》卷五《建設志》。馬懷雲）

改建南關石橋碑記

申陽，楚粵之通衢也。城之南，溮水縈抱。舊有小河引流，會繞城東，架木爲橋，□□□患。予詢之耆老，昔觀察曹以閣州士鮮科甲，户乏蓋藏，遂俯察地理，掘

---

[1] 此詩刻在信陽施公生祠碑之上半段。其下半段則刻槐堂記。

□□□□□□鎖，州人漸有起色。予聞之，深以斯橋之急宜興建，而嗟獨力之難舉也。□□□□□□□久，州人爭輸恐後。董事監生黃自有、主薄譚立誠等，集料鳩工。橋成之日，請予履勘。予顧而樂之，遂題其橋，曰永嘉橋。□□□□□□□□□□云云。

　　知州保長暨署知州廉洙自撰文。

　　歲貢郭燕翼書丹。

　　乾隆四十八年。

（碑存信陽市永嘉橋上，文見民國《重修信陽縣志》卷六《建設志》。馬懷雲）

重修上堂寺碑記

　　上堂寺居馮家莊東偏，堅山其少祖也。中有樓榭亭閣，掩映參差，若遠若近，如迎如送，莫不豁目而慰藉焉。乾隆甲辰四月，天降冰雹，烈風雷雨，古木俱拔，兩殿兩楹，瓦石齊飛，牆垣並敝，棟宇凋殘，神像敗露。族弟大化會諸族衆，捐貲繕葺，頹圮者修之，殘破者補之，殿宇維新，諸像炳若。功竣，命余為文，以誌大概云爾。

　　郝大猷撰文。

　　乾隆四十九年立。

（碑存信陽馮家莊東，文見民國《重修信陽縣志》卷五《建設志》。馬懷雲）

創建祥瑞庵碑記

　　吾讀書齋中，忽鄰媼叩扉請見，以創廟落成之故，求序於吾。吾近而詢之，媼曰："余雖與先生鄰，而余之為是舉也，先生亦知之不悉。蓋余馮出也。適夫氏劉諱永祥者，夫家故貧甚，乃與兄析居，益窘迫無所藉。幸鄰人邱姓名必智者，大力扶之，始得就生意於十八里廟店。辛勤拮据，歷十有二載，置田秭十二石，此鄉里人所共知也。顧余命孤，生子輒不育，夫置側室亦無出，而夫且於乾隆五十二年卒矣。先，余夫在日，曾立王姓九歲兒為嗣，逮婚娶生子，而二人相繼物故，遺嗣孫年甫八歲。每撫摩之，百憂交感。故余既悲我生之不辰也。又恐余夫婦竟於此而沒也。爰塑觀音大士像於居室而朝夕供奉焉，迄今二年矣。茲乃易為殿宇，因之剖厥田產，余夫墳前田地五斗，東莊田秭十石，稅糧三分，授之嗣孫以承；劉氏田之前後田秭二十六石，稅銀三錢四分，置諸廟中，以事我佛。余削髮焚修於內，招一二徒子，承繼香火。余夫婦勤苦一生之所致者，不至逐東流而逝也。願先生文之為余誌焉。"吾聞之，不禁太息曰："聆汝之言，知汝之志，傳之萬禩，汝名不替焉。"用文因其詳書其語，俾勒於石。

　　邑增生丁燦撰文並書丹。

　　創建尼僧照瑞立石。

嘉慶二年二月。

（文見民國《重修信陽縣志》卷五《建設志》。馬懷雲）

義塚碑記[1]

　　知河南信陽州事。查為呈明指修城工節省項下，承買隙地以為義塚事。嘉慶十八年六月內據職員馬鑒亭、涂傑、生員袁方聲、楊震春、監生席殿基等呈稱前事，竊謂興仁興義，事有同情，治幽治明，理無二致。惟深恩普編於生靈，斯厚澤兼施於枯骨。恭維州主，查父師慈祥為念，清慎持躬，蒞我申邦，暫羈縻於百里，撫茲子姓，已作養於三秋。聽政餘閒，學校被春風之化，臨民丞[2]，閭閻慕冬日之仁。迺復仰聖天子仁愛之心，體士大夫屏藩之意，嘆一隅之傾倒，誰憐虛設嚴關。恨十載之因循，疇復心存保障。前此片詳畢事，必思經管之有常，後來幾度玩時，祇慮捐資之無策。我查父引為己任，不敢畏難。藉彼衆擎，俾成舉，易懽心，聯士庶，樂輸爭慕。惟風趨事在方隅，生成載庚，不日以實心行實事，是外寧顧怨勞。以公項辦公工，此中儼如冰雪，不惟全城並葺，抑且有廢俱修。設二閘於源泉涸轍之間，備悍衛更兼資灌溉。建四塘於蔓草荒烟之內，仍舊貫實盡煥新圖。補缺修防、瀦水之石塘都穩；增高築厚，郢門之驛路皆平。且以節省餘資，用費仁心，遠慮郊邊隙地，無關場圃之防，境內窮民，常患葬埋之苦，爰成沛券，起立義墳。俾暴露無虞，免慘仁人之目。蕢桎可掩，曲體孝子之心。蓋推矜孤恤寡之懷，恩更有所波及；遵掩骼埋胔之典，德且無不淵涵矣。職等仰體慈懷，勉勤善舉，用價百金以外，計稞九石有奇，擇高阜則瘞彼孤魂，餘窪田則息歸書院。伏望專司簿籍，派以諳承，共理掩埋，遴諸董事。並乞具詳憲案界址，庶免夫侵欺。勒石道旁，惠澤可垂諸久遠，謹呈。計粘呈買地文約一紙等情到州。據此，伏查州境每有因貧屍棺未厝，殊堪憫惻。該職員等呈請，捐修城工節省項下購置地基，設立義塚，以安幽冥，實屬好善可風。查得城工董事涂查家道殷實，馬鑒亭、席殿基等，向來辦公誠實，即令經管其事，並查有户書潘廷選人實妥實好善，即令其理，掩埋簿籍。即年滿退役，亦可仍令共司其事。理合據情，詳請批示，以便勒石，而垂久遠。伏乞照詳示行，蒙本道憲崔批，埋憂結草，地有幽雲；好義分舟，人憐舊雨。矧茲首邱，失社鼠之依，甚者腹葬入城狐之咽；上世招魂，存缺典官禮。用彰蒼山，訪舊少新墳。梓情奚忍，再進之施莫及，一抔之恤宜加。今據議請以城工羨餘，置立義地，俾各遷葬得所，遴諸首善馬鑒亭等經理，以餘息歸書院等情。款節工需，事誠義舉。三年版築，重泉沐撮土之多，片石賡歌，一體記成人之美。仰即照行。此檄蒙本道憲特批，該紳士等，以指修城工節省之項，設立義塚，實屬好義可嘉，亦由賢刺史實心行政，德化咸孚，措施

---

[1]　民國《信陽縣志》載：此石在四里廟南大路北，已仆倒在地。

[2]　"丞"字後原空一字格。

咸宜所致，既據經詳，仰候道憲批示。一面勒石以垂久遠，檄本州吏目沈炯書丹。

嘉慶七年九月吉日勒石。

（文見民國《重修信陽縣志》卷九《民政志》。馬懷雲）

重修蕭曹祠碑記

八議垂諸《周官》，三宥定為《王制》。罪疑［擬］為輕，刑措所以置於不用也。昔秦肆苛法，民命不堪。至漢而蕭、曹二公始創九章之律，致君澤民。法善莫於此矣。迄今千百餘年，內而閣部，外而州縣，莫不遵循。廟祀正以示模範於奕禩云爾。

嘉慶八年十一月。

（文見民國《重修信陽縣志》卷五《建設志》。馬懷雲）

賢嶺松風碑

【碑陽】

賢嶺松風

張炤題

【碑陰】

遊賢隱寺因登山絕頂

柳州南汝光道張炤

博得公餘半日閒，頓拋塵俗叩禪關。隔林清磬雲中寺，繞徑蒼松雨後山。
境靜真能成大隱，地空何處證春還。眼前花竹維摩偈，住相優曇盡可刪。

小住招提話去留，隨風吹上碧峯頭。欲窮蓼沈疑無地，任眺河山不藉樓。
楚豫雄關雲北向，齊梁軼事水東流。時和恰共豐穰樂，何但登臨記勝遊。

（文見民國《重修信陽縣志》卷三十《藝文志》。馬懷雲）

南汝光道曹繩柱題瑚璉書院碑記

書院面城，城濠如帶，植以芰荷菱芡，濠北田若干畝，歲歲勸農於茲。田畔有橋曰平政，有井曰申陽第一泉。田北即院門外地，有君子亭。橋與亭皆鍾牧所修復。夏秋之交，良苗懷新，荷花清遠，助藻思，發高吟，興復不淺。院牆左隙地一區，植柔桑數百株，浙杭種也。信陽地廣而人庶，歲所入菽粟而已。鍾牧自杭買桑秧數千，分植於州，俟既長，以杭人蠶桑之法教之，著為《圖說》甚詳。今樹已拱把，是厥土攸宜也。按周制五畝之宅，樹之以桑，申地故周域，代遠年湮，民不復由，鍾牧以是爲政，一二年後，其利溥矣。噫嘻！古之仁政，庶而富，富而教，遂成上理。余觀鍾牧重修書院一事，育英才，謀農桑，教養具舉，如是而繼端木之後，登其堂，治其民，學道愛人，此心可質，斯不愧景行者乎！

嘉慶九年甲子，南汝光道張灼復整理之。

（文見民國《重修信陽縣志》卷五十三《教育志》。馬懷雲）

敬惜字紙碑

竊思奇偶本乾坤之秘。考文見聲教之同，此聖賢之鼇宣萬世之標準也。古語云一字千金，固人之所當珍重而愛惜之。無如片紙隻字，非填塞於途傍，即污辱於泥中。總因收揀無人，遂致踐踏日甚。今有州署姜諱渭源者，觸目驚心，創議積資，除刻碑製竹簍花費外，淨賸市錢一百五十串文。蒙州主批准，發存州城鹽當店內，按月二分出息，思爲永遠之計。專派工人沿途收揀，城市街巷以及書館沿立字簍，按五日收拾一次。工人不得因循怠惰，熱灰置之河中，順流而東。俾工人有寄身之資，而字迹不致墮污於泥塗。此綿遠勿絕之念，百年不敝之心，謹勒於石，以垂永遠云。

信陽州主周震甲捐銀二十兩。

右堂胡鳴遠捐銀四兩。

揚家司沈守純捐銀四兩。

明港司陶治捐銀四兩。

嘉慶十年十二月立。

（碑存信陽蕭曹祠內，文見民國《重修信陽縣志》卷五《建設志》。馬懷雲）

宮牆萬仞

宮牆萬仞

嘉慶丁卯六月，[1] 南汝光道張灼敬書。

（文見民國《信陽縣志》卷四《輿地志·金石》。馬懷雲）

重修文廟碑記

張灼

信陽據三關之險，當楚豫之交，為古來兵爭地。宜俗之相習於武健，而非其人之不

---

[1] 民國《信陽縣志》卷四《輿地志·金石》書作"嘉慶辛卯六月"。按嘉慶無辛卯年，故改。

可以文。蓋壤接江、汝，固昔文王化行所及，柔惠正直，申伯遺教存焉。春秋之世，申叔時楚賢也。楚子伐陳，以蹊田奪牛之對，既縣陳而復封之，君子以為有禮。其論子反也，曰：信以守禮，禮以庇身，彬彬乎其有文矣。信陽故申也，世亂則武競，世治則文興。今海宇承平百七十年，民不見兵革，涵詠帝澤，絃誦四起。燕秦之俗，盡如鄒、魯。信陽之人，無不蒸蒸慕學，由其慕學之機，益迪以聖人之數。詩書禮樂，日趨於盛。則又在官斯土者之留心於是也。甲子冬，灼膺簡命，觀察南汝，駐節於申。至則首謁文廟，遵往例且政本也。既將事周視大成殿，兩廡棟宇，半就傾圮。泮池戟門，亦多漫漶。且池及門不相直，以為不稱崇奉，失尊禮先師之意。又人道貴親，宗廟在左。子雖齊聖，不先父食，崇聖祠宜在大成上，反位其下，聖心不安，益非所以教孝。考之州志，併諏州人士大夫。蓋廟自明末兵燹蹂躪，至乾隆甲午、癸卯兩次修建，及今又二十餘年。上雨旁風，靡所蓋障。位置之失，迄未是正。余所謂事無亟於此者，文翁所以化蜀也，因與虞牧籌所以修之。甫議工，虞以憂去。署牧李相與捐廉，為州人倡。以履任未幾，未訖事。丁卯，王牧至，繼起而力圖之，州人歡然從事，述工於二月廿六日，不逾年而工竣。廟崇加煥，瞻視以肅。改建崇聖祠，以其地祀文昌三代，展泮池於離位而正其橋門，尊經閣既奎樓各處，以次修整，煥然改觀。城北有瑚璉書院，併欲整理，以勵文教。相傳子貢為信陽宰，故書院祀之。古未有信陽名，其說出王肅偽家語，事叵信。然聖人之門，獨曾子、子貢，與一貫之傳。子貢有文章，聞性道，學聖人之學，以子貢為階。天下祀至聖，不必其地，子貢之祀，猶是也。嘗親至其祠而瞻禮之。書院廢墜已久，爰集生徒講學，延師與為振興鼓舞，蓋將以希賢者進而希聖。子貢之宰信陽與否，可毋論也。茲當文治煥巍，聖教昌明之日，非徒以土木之工為崇先聖，蓋所謂望於州人之學者甚厚。將使户詩書而人禮樂，過斯境者，樂人俗之美，如見文王申伯盛時，而志其地為山川之險隘，益以徵我朝休養樂育，蔚然盛世之治。而官此者，亦欣覿文明之氣象，願與人之士大夫，雍容於俎豆揖讓間，不其懿與。

嘉慶十二年。

（文見民國《重修信陽縣志》卷三十《藝文志》。馬懷雲）

潘氏義渡碑

郭氏，貢生潘英之妻，乃衛西村監生潘嚳吾之母，名門閨秀，早歲冰居，樂善好施。每歲淮水陡漲，行旅維艱，命其子購山中大木，造船橋濟行人，並施地十餘畝，為養工修補之費用。比鄰人感其義，公懇信陽州知州批准，給示立碑。不沒善事云。

嘉慶二十年立。

（文見民國《重修信陽縣志》卷六《建設志》。馬懷雲）

重修瑚璉書院

知州查彬

余於嘉慶庚午，蒞任此邦，下車後敬謁賢祠，詢之父老，知故書院在弋陽山側。康熙丁丑歲，觀察羅閣齋以其地近市，非士子所宜處，遂移置此祠。而以瑚璉名之。百二十年，牆垣零落，風雨凋殘，傾圮略盡。予初以未設膏火，恐不足爲溝貧士勸，遂檢舊牘，凡歷任無著公產招佃收租者，悉作書院之資。額設生童正、次、附外課名數，定其膏火數目，歲不敷，則捐廉補之。躬親月試，猶乏餘資。延召而課讀也。章程既定，肄業生童漸衆，而登賢書獲俊選者，如郭聚奎、曹芝等數人，科歲考如危長曾等。每試得售者，半出其中，蓋風會駸駸乎上矣。始閣齋觀察之營建也，即以祠爲講堂，然唱名問業，官吏、生童雜處其中，甚非所以尊先賢備體制也。余首捐廉，於祠之東，另建講舍，而仍其故址，爲端木子專祠。其餘添設齋房，爲諸生肄業之所。歎後集貲甚難，仍餘隙地，爲他日賢有司式拓之基，蓋不惟藉以薰陶多士，抑以表尊崇先賢之意云爾。抑又聞之，士先器識而後文藝，君子守身如執玉，學者誠飭躬圭璧。窮力治經，以希賢希聖之思，爲清廟明堂之器鬱尊黃目，前後交輝，無不下學上達焉。余故以學識名堂，以彰多士。由學識而幾於一貫，由文章而通於性道。用以答盛世之栽培，綿先賢之餘緒，則潨河賢首山英水靈於已乎在，庶不負此講堂之成，而爲余之所厚望也。蓋嘗論古之教治以吏領之，故州長、黨正，以時庀民，書其德行道藝之士。後世設郡邑之學，師與吏遂分，然建立書院，則鄉先生舉其任，牧民者爲之經紀其成，猶古鄉大夫遺意也。是在後之賢有司，力挽頹風，實心經理，延真材而奏實效，不至有名無實。但士氣蒸蒸日上，則又余之深幸云。辱多士鐫諸石，並刻書院條規於其陰，庶幾多士得以永守焉。

嘉慶二十一年。

（文見民國《重修信陽縣志》卷十三《教育志》。馬懷雲）

重修蕭曹祠碑記

知州景綸撰文。

吏目沈絅書丹。

余嘗讀史漢，所載蕭、曹二相國，皆起秦刀筆吏，漢興，依日月之末光，位冠羣臣。聲施後世。歷朝賢相若唐之房、杜，宋之韓、范舉莫及焉。夫豈碌碌府吏胥徒所可攀鱗而附翼者哉。惟此二公，初或爲沛主吏，或爲縣掾，不知始自何時，而天下之習文卷、隸科房者，咸尊之爲鼻祖。由京部、院迄州、縣莫不崇其祠宇，美其輪奐，尸祝而禱祀之。此於禮雖僭，而志則可尚，故爲法所不禁。信陽州創自國初，舊有祠三楹，居儀門之左，日久傾敧。丙戌三月，吏書張遐齡，請以字紙八項餘息並各房捐貲重修。暮春之念三日鳩工，仲秋之十五日告竣。禮書何緒忠等復請泐之貞珉，以誌歲月。余以爲該書等既已知敬二公矣，抑亦知二公之所以可敬者乎。蓋觀以文無害，獄市勿擾。二公始以無奇，追收圖籍而棄金帛，進謹厚而斥刻深，二人同心，遂安海內。擅功名，傳後裔，其局量亦宏遠矣。若人之虎而冠者則不然，當其舞弄文墨以憪權，變亂黑白以滋弊，孳孳爲利，悖取而悖出之，未嘗不極口腹飲博之欲，自負爲儔伍庸衆之豪。曾幾何時，而運移勢去，日暮途窮時，老憊以誣人，觸法網而不悔。方之二公豈非陽敬而陰忤之耶。此余所以蒞茲二載，夙夜競競，常以"載其清淨，民以寧一"之二語銘之座右，奉爲圭臬。仰希二公，顒若畫一，守而勿失之治，特愧才薄德菲，心有餘而力不逮歟，願與爾等共勉礪之也。是爲序。

道光六年九月立。

（文見民國《重修信陽縣志》卷五《建設志》。馬懷雲）

潘郭氏節孝坊坊聯

八日內姑堉繼亡，撫五歲孤兒，祚薄門衰，盡滴半生血淚；
九重土絲綸渥錫，泐千秋彤管，冰寒霜冽，長留閤邑閨型。
翰林侍讀毛樹堂題，道光七年。

（文見民國《重修信陽縣志》卷六《建設志》。馬懷雲）

重修賢首山寺碑記

王家相

豫之南多山，信陽爲最。信陽之境多山，賢首爲最。溮河繞其南，與州城南對峙若屏障，騰雲冠峰，高霞翼嶺，不獨爲一州之名勝，殆中州清淑之氣畢萃於茲焉。道光五年春，余履觀察使任公廨，故近南城，青翠在眼，心嚮往之。越明年重九日，乃克登其巔，而謁所謂賢首寺者。寺不知建於何代，或曰自梁、魏間，然無碑誌可考，而古殿崔巍，與蒼松茂竹相掩映，適據此山之勝。因詠何大復"樓高窺萬井，潭迥落千峰"句，翛然有超塵之思。寺僧爲余曰：寺於康熙初重建，迄今百餘年。正殿及藏經樓，棟宇傾欹，不修且壞。方年穀順成，風雨時節，民殷物阜，百廢俱興。而寺踞崇巖，日就坍塌，曷以宏象教而肅觀瞻，請修之。余應曰諾。乃首爲捐廉以倡，夫釋教爲儒者所不道，昔賢論之至矣。尤切者莫若昌黎韓子。顧後世猶以其未晰佛之宗旨爲病。夫佛之宗旨，亦清淨無爲而已。非能毆天下盡棄倫常而從其教。而其因果報應之說，足以警覺愚頑。故歷代尊崇至於今不廢。且寺宇之設，必在名山勝地，莊嚴美麗，爲山川增色，擾擾者從而遊焉。而道心爲之一動，而塵機爲之滌除，是其教雖遁於吾教之外，實在吾教範圍之中也。道光十年秋，寺僧天機來告曰：募修幸成矣，凡金裝佛像若干尊，修大殿五楹，後樓五楹，其餘棟楹梁桷，板檻腐黑撓折者，蓋瓦級磚之破缺者，赤白之漫漶不鮮者靡弗治。千年古刹煥然一新，願有以記之。余按山名賢首，又名賢隱，任觀察宏業考之最詳。以為後漢汝南周磐，棄官奉母，特徵不應，既名賢首，以表其孝，復名賢隱，以志其高。然則山以人得名，寺以山得名，將敦本務，抑浮競，使醨邊淳而返樸者，胥在乎是。佛教之不能外乎吾教，豈不信歟。昔柳子厚之溪以愚辱，而信陽之山以賢榮。夫佛為彼教之大聖人，固不必以賢著，茲山之靜而有常則賢。茲寺之建而不拔則賢。寺僧天機，提倡宗風不墜厥緒，其亦可謂賢矣乎。時當季秋，霜林漸落。寒山蒼翠，徛齋對菊。泚筆而為之記。

道光十年。

（文見民國《重修信陽縣志》卷三十《藝文志》。馬懷雲）

重修文廟碑記

嘉慶甲子冬，遂城張柳洲奉命觀察南汝光，駐節信陽，與州牧等捐廉，爲重修文廟倡。爰更新大成殿，改建崇聖祠，正橋門，展泮池，祀文昌三代於左，暨後之尊經閣，閣旁之奎星樓，各以次修理焉。考之州志，詢諸州人，視乾隆甲午、癸卯兩次重修者，煥然改觀。又以其餘資整飾城北瑚璉書院，延師講學，以勵文教。堂哉，煌煌乎一州之勝事也。迄今又逾三十年矣。道光丙申夏，雲膺簡命觀察涖茲，遵例首謁文廟，禮成周視。仰棟宇之凋殘，恨風雨之寖淫，非所以尊先師，即非所以振文教，竊耿耿焉。頃之，州牧周來揖予，言謀所以重修之議。予曰：立教莫大於崇文，崇文莫先於尊師。伊古天子視學，必釋奠先師先聖焉。文廟所以祀至聖先師，固守土之急務也。遂次第捐廉，爲州人倡。夫國家承平幾數百年，聖教昌明，有如日月經天，江河行地。仰瞻成均辟雍作廟之壯麗，曠覽通都大邑立廟之崇宏，極之窮鄉僻壤，莫不尊經重道，家祀丁而户拜庚。況信陽涵郅治之和，沐聖人之澤，休養樂育，萃武健而煥文明，其人文又蒸蒸蔚哉。既而，州牧升授光州署牧，李與坐補牧區，相繼力圖，紳民亦欣然從事，既命鳩工庀材，遴能董事。更新大成殿琉璃瓦，重建尊經閣五楹，明倫堂五楹，東西廡五楹，奎樓一座。其餘壞者易之，缺者補之，卑者崇，樸者飾，規模仍舊，瞻觀備新，不踰年而工竣，並將城北璉瑚書院亦加意撙節，妥爲經營。吁！美矣。

南汝光道李凌雲撰文。

道光二十年。

（文見民國《重修信陽縣志》卷五《建設志》。馬懷雲）

重修蘭徵寺碑記

州治北十八里有寺，曰蘭徵寺。當孔道，地不周一畝許，山門內有殿兩層，有神像。

僧居右廂，其左廂爲官府往來暫憩坐所。上下殿污脫者半，怠事慢神，其咎安在？余抵任時小憩茲寺，住持僧普慶以募修爲請，且曰：失今不治，後益敗壞，所費益侈，先兩殿重神也，有餘力漸治兩廂可也。余嘉其志，願共成之，而又愛其言之中於理也。取以書之簡端。

信陽州知州萬孚撰文，捐錢二十串。

譚可宗書丹。

道光二十二年立。

（文見民國《重修信陽縣志》卷五《建設志》。馬懷雲）

新修演武廳碑記

信陽有營，自雍正八年始。大閱及於信陽，自道光六年始。其有演武廳也，自本日始。國家武備修明，超越前代。聲靈震顯，中外畏懷，蓋太平二百餘年矣。溯自列聖以來，整飭戎行，有備無患。諸大臣仰承威命，訓練惟謹。下逮兵弁，莫不蹈厲奮發，糾糾干城。信陽地界荆、豫，三關之險，比於百二。考古南北分據，如齊、梁、魏，及宋、金之間，常恃以爲邊鎮而以兵爭之。今六合一家，烽火晏然，然山川形勢之勝，自來攻取防守之蹟，如儼然在目也。國初，沿明之制，分巡南汝光道駐信陽。雍正八年，設信陽營，守備領之。區區一州，而為監司駐劄之所，復以守備分轄營務，非以地關險要之故歟？守備轄千總一，馬守兵四百有六。分防三關、碻山、遂平及遂平之平頭垛。各馬守兵若干。道光九年，增一汛於碻山之溝竹店。十三年，信陽復增申陽臺、吳家店兩汛，而南汝光道請以兵備銜，雖部議或准或否，而斯地控制之重可知矣。校場無演武廳，監司藹軒李公倡捐興修，守備張公董其工。工竣，命孚為記。竊維國家可百年不用兵，不可一日不演武。信陽營曩屆大閱之歲，或調至汝寧、襄城，並營合操，自程梓庭中丞逐營校閱，次及信陽，至今因之。夫校閱益嚴，營汛益增，而獨缺一演武廳。每治事如綿蕝者之為，非所以昭其備也。信陽形勢扼要，武備最重。尤非可苟且缺略為也。是舉也，隱然見扼塞守險之地，整軍經武之制加詳焉。於以明恥教戰，體國家安不忘危，治不忘亂之意。一事雖微，烏可已哉。廳既成，適汝寧太守鹿儕廖公飭民壯，添演擡鎗。計一府九屬置擡鎗百，推之南陽、光州，可得擡鎗三百。營伍外似增一長城。然則民壯之成勁旅也，亦自今始也。

南汝光道李浚雲、南汝光道傅崇武、信陽州正堂萬孚、信陽州正堂管玉和、信陽等處守府張士凱、信陽汛部廳候補守府余漢元、碻山汛司廳韓韶和、三關汛司廳葉大灼，申陽臺汛司廳董荆山，吳家店汛司廳梁大田，遂平汛副司廳張鵬程，平頭垛汛副司廳董義，共捐錢五百五十串。

信陽州知州萬孚撰文。

百總王有貴督工。

盛占魁書丹。

清道光二十三年季冬月立。

（文見民國《重修信陽縣志》卷六《建設志》。馬懷雲）

翟秉權德教碑

廩生郭世楨撰文

先生印秉權，庠名淮翰，世居城西篤祜溝。事親以孝聞，處兄弟友愛極篤，同堂數十人皆爲其至性所感，雍雍然親睦成風。嘗從謝藹亭、余連溪兩先生遊，俱以大器相期許。其爲文，洋洋數千言，貫穿古今，揮毫立就。潛心經史，神契妙悟，往往發前人所未發。每讀書必期致用，考古誼有合者，輒見之躬行。以此知博學能文尤先生之餘事矣。乘鐸鄉邑，士無少長，必勉以心得實學，於寒士尤加意焉。其教嚴而有法。西北奇傑之士半出其門。鄉塾之雅意作人者，率多仿其規模，以爲程式。然則先生雖不遇於時，而遺澤之流長正未有艾也。後以明經銓訓導，不就，隱處山間，怡然自得。蒔松種菊，落落焉有陶靖節風。言貌冠衣，胥敦古處。人笑其迂，先生晏如也。性寬和仁恕，與人無爭，人亦不忍負之。里有爭訟，得先生一言輒解。蓋德望之譻服人心如此。與人晉接，偶然之頃，皆有規度可觀，豪強者見之無不悚然斂息。鄙陋之鄉化爲彬雅之俗者，先生之力居多焉云。

（文見民國《重修信陽縣志》卷四《輿地志》。馬懷雲）

游河鎮來家廟碑記

謝柏春

嘗謂鬼神之有無，人心之敬肆爲之。《詩》曰："相在爾室，尚不愧於屋漏"。又曰："昊天曰明，及爾出王。昊天曰旦，及爾游衍。"然則吾身之上下左右，莫非鬼神者何所在，而亦何所不在也。而或者求之於禱祝感應之間，吾未見其說之果有據也。游河鎮舊有來家廟，未審其創自何時。大都爲祈穀報賽而設。余少時屢過其地，瓦屋數椽，漸不蔽風雨。數年復過之，舊基傾頹盡矣。而斷碑殘碣之間，有石像四，見有跪而叩之者，問之。居人曰："是能降福於人，求無不應，遠近之人，操香楮而至者，踵相接也。"余笑而未之應。前年春，附鎮諸君子會議建廟，募金督工，歲餘而告竣，屬余爲文。問其建廟之故，僉如向時居人言。余曰：鬼神之說，信有之矣。鬼神之靈異，余亦或聞之矣，顧此廟非自今日始也。何以昔者未傾之時，將傾之際，曾不能震動斯人之耳目，便不時修補之耶？何以必待荊棘縱橫，始一顯其奇於荒煙蔓草間耶？然必以爲誕妄而不可信，而奔走求祈於其中者，又何以舉國若狂耶？其有耶，其無耶，吾烏得而知之耶。而村之人既以爲有矣，諸君子且以爲有，而建廟以祀之矣。則人心之所聚，鬼神即於是乎依亦固其宜。抑余尤有說焉，鬼神者，聰明正直而一者也。今將縱爾欲，敗爾度，入廟而祝曰："神其佑我。"神聽之乎？

今習於險，趨於詐，入廟而祝曰："神其佑我。"神聽之乎？大抵鬼神之庇蔭不可知，而吾心之善惡則可知。吾心之善惡既可知，鬼神之庇蔭亦無不可知。聖人以神道設教，其意蓋有在焉。吾安知村之敬鬼神者，不即以有求於鬼神之故，而反而自求其心，相率而入於善之地，而因以受福於鬼神也，且不即以受福於鬼神之故，愈知心之不可以自昧，而因而父勉其子，兄勉其弟，即以一鬼神之說，亦可以大有造於一方也。轉移之機，鼓舞之權，將於是乎在。苟非是之求，而享祀豐潔，神必報之以福，而其他皆可不問也，則即謂斯廟之建，無鬼神也可，則即謂斯廟之鬼神冥頑不靈也可，然鬼神必不可矣。然而諸君子建廟以事鬼神之心，亦必不然矣。余故於其成而樂為之記。

（文見民國《重修信陽縣志》卷二十九《藝文志》。馬懷雲）

信陽知州董元新恩免民夫碑

王政莫要於施仁，吏治莫急於除害。常讀柳子《厚捕蛇說》，竊歎賦重之毒，一至此乎？徭亦如之。古申南北通衢，差便往來，絡繹不絕。乾隆年間，國有大事，偶派民夫，後遂踵而加甚，無論用役多寡，動必沿村勒派，滋擾不休，富者能以財贖身，所難在貧者耳。方差未至前數日，即拘城中，至有枵腹以待者。及差至，束縛馳驟，疾如雷霆，雖夏暑冬寒，不勝其苦，將怒罵鞭箠有所不免矣。民命其何能堪？前令時公筠石痛見其弊，批示豁免。嗣是宣、師諸公皆由舊，民甚德之。恐其久而變本也。擬出示勒石，蓄於心而不果至，我父師澦川太守董公，自中鄉來權是州，素耳愛民仁聲，下車即值凶年，毅然捐廉勸賑，於民命即甦之餘，又察弊之重者，舉人等用敢公呈請免夫役車馬，蒙批云：申州地當孔道，差務紛繁，前州偶出民夫，沿為民累，風霜於役，既多枵腹之嗟，老弱盈途，咸切剝膚之痛。本州下車伊始，即經訪悉前情，雖值軍需旁午，深憐民生不辰，每遇大差過境，均不惜重價僱夫侍應，未肯稍資民力。一片婆心，諒為合境共知也。今據公稟，請批勒石以垂永遠。前來具見思患預防，深洽本州素志，准如所請，勒石示禁，以絕弊端。自今而後，差保人等，如敢有再借民夫名目需索擾累情事，無論紳、商、士、庶，均准隨時指民稟請究懲可也。奉讀金批，至誠悃惻，語語從肺腑中流出。舉欣欣然有喜色而相告曰："是誠除積弊而療民瘼也，真不負聖天子牧民至意。"爰為之頌云云。

舉人張四象撰文。

監生許東璧書丹。

舉人孫體仁、張培中，貢生涂齊治等二十餘人同稟請立。

咸豐二年。

（文見民國《重修信陽縣志》卷十一《食貨志》。馬懷雲）

信陽知州張慶元豁免五里赤土等村夫馬碑記

五里、赤土、衛東三村，當信陽光州往來孔道，民困差徭。有因而毀家斃命者，其情甚苦。茲准地方紳士陳夢蘭等之請，批予永遠豁免夫馬，特立石以示來茲云云。

咸豐八年。

（文見民國《重修信陽縣志》卷十一《食貨志》。馬懷雲）

創建信陽試院碑記

余典汝郡十有二年。凡八次校士，以信、羅二邑文風爲最，廳試者亦比別邑爲多。查各屬皆有校士之所，而信陽闕如。每屆校士之期，均於暑中大堂下搭蓋片蓆，或遇炎天烈日，或驟雨飄風，奔避無所，又須自攜桌凳，不然則席地而坐。關防又不能嚴密，士子苦之，甚非所以體邮士人，優待斯文之義也。余自道光庚戌之冬，來攝道篆，深悉該州情形，傳集紳士，勸以捐修考棚爲急務，均辭以經費過鉅，籌款孔艱。又進學官而諭之，如有好義之士獨立捐辦者，余必請於上憲，從厚優獎，迄無應者。適洋河岸生陳龍光慨然呈請，獨任其事。爰度地於州署之東北隅，卜者云吉。遂購買民房數十間，毀而平之，方欲興辦，適楚北不靖，兵差絡繹，戎馬倥傯，未及舉行。龍光年老病篤，囑其二子陝西藩經歷榮林、附貢炳林曰：考棚之役，爾等必善成我志。二子乃於咸豐八年鳩工庀材，建瓦房七十餘間，共用錢八千餘緡。十年九月告竣。其考案則礱石爲之。工程以陳榮林獨任其事，可謂樂善不倦，能繼志述事者矣。予將爲請獎敘，榮林曰："此先人遺命，非有所爲而爲者，不敢邀恩，以違先志。"聞陳氏父子多行善事，不使人知。今其子若孫均能文，將來光大門閭，正未可量也。計頭門三間，廩保房三間，禮房三間，聽事房三間，看守考棚房二間，惜字庫一間，龍門一所，大堂三問，東考棚二十間，西考棚二十間，大堂東西耳房共四間，衡文所三間，收存試卷房三間，簽押房三間，廚房二間，廁房二間。

南汝光道廖甡撰文。

廩生陳珊林書丹。

清咸豐十年九月立。

（文見民國《重修信陽縣志》卷十三《教育志》。馬懷雲）

聽綠軒記

黃國瑾

申陽道署之西偏曰葵園，園之西有齋數椽。左右修竹百餘竿。同治八年，外舅父青餘觀察於是，爲顏曰"聽綠軒"，而命甥黃國瑾題其旁曰："聽"。古人作聽。《說文》，聆也，其轉爲聽，一訓任也。前《漢文帝紀》其漢民欲徙塞下者，聽之是已。觀察使，故行官也。方問俗而不得專政柄，所貴因時補救，不容立意更張，以擾成事。汝南屢遭兵燹，民氣未復，此正簡政清刑，靜養滋蓄，俾暢其機而休息其旁之日；若草木之自冬而春，從肅霜嚴雪侵剝殆盡之餘，而爲有幾希之萌，固在護惜愛養，因其秉賦之自然，以極於暢茂而博其蕃衍計，固非揠苗助長者之所能致也。軒之所以爲名，蓋取濂溪綠滿不除之意。而其所以甯壹是邦者大要，固亦猶是哉。嗟乎！公之志如此。後之繼公來蒞者，苟皆率由勿失，民困其將蘇乎是，則今日之厚望也夫。因詳述，以爲跋。

　　同治八年。

（文見民國《重修信陽縣志》卷四《輿地志》。馬懷雲）

重建觀音河石橋碑記

　　申陽之南有觀音河，界連豫、楚，爲驛傳要徑，南北通衢。舊有巨橋綿亙兩岸，行者便之。乃衝激日久，潦水暴發，遂就坍塌，六年於茲。乃張羅氏與其從姪張雲路出其所藏，鳩工庀材，爲之建造。石借他山，卜吉興作，經數月而橋落成。計十五空，長一十二丈，寬七尺，較舊制尤爲堅固。噫！異矣。夫十匠九柯之設，百花萬里之雄，杖投豈遂成銀，鼎徙能無用衆，乃獨頒仁粟，量鼓親操。不把義漿，挈瓶早倦，彩虹影活，雁齒痕新，奚詠乎一葦之航，媲美乎七星之駕。將見綠楊新月，重憩行人；非同朱雀斜陽，徒存野草。漫天風雪，騎驢者得得而來。徧地霜華，聞雞者於於爭赴。而且庚郵馳檄，不虞帶水難通。子產濟人，自此乘輿無用云云。

　　知州孫家臻撰文。

　　同治十年張羅氏重建。

（文見民國《重修信陽縣志》卷六《建設志》。馬懷雲）

重修大成殿記

　　文廟崇祀之典，至我朝而綦隆。考諸會典通禮，乃禮部刊定圖譜，於釋菜儀文賢儒位次，頒示特詳，其他祠宇齋寮未之及焉，非缺也。蓋禮由義起，其當於人心者，即無乖乎禮意也。壽彤與戊辰之歲，來權兵備，朔望謁廟。見其規模殊勝它邑，唯前值兵燹，亂民寄居，多致殘毀。崇聖祠又偏處乎大成殿之左，而明倫堂乃居殿後，文昌例專祭，而祠宇乃附廟中，是皆未當乎人心者。唯時先其所急，因率州牧張君捐廉完修兩廡，余始次第改圖，而倉卒去任。仰承恩命，復巡此邦，下車視學，則見土木丹青營造未已，而殿後明倫堂已易爲崇聖祠矣。明倫堂則移在南隅，以向之官廳爲之矣。堂前添齋房三楹，勢頗幽敞。

廟外宮牆磚石玲瓏，無向日閉塞之像。文昌別自爲宮，易向之文昌三代祠爲正殿，移三代祠在殿後，即昔之崇聖祠也。殿前爲官廳，即昔之文昌正殿也。其東南建立專門，外置照壁一。互易間兩廟，規模整齊，各當人心。不圖數年前意中之事，忽觀成於旦夕之間。此非司牧者倡率於前，衆紳民輸忱於後，未易成此盛舉也。時州牧孫君權是邑，急詢所由，方知爲李氏力。李氏者，故刑部主事李君根固家也。李君豐於財，中年早卒。其室孫宜人持家有法，常爲惠於鄉里。聞司牧者將有是舉，遂令其子增生毓淮具呈，願獨任之，以息衆力。孫君上其事於大府，並遴選諸紳共襄厥事。計自七月興工，至十一月告竣，總需銀一千九百兩有奇，皆取諸李氏。故謂李氏力云。吾聞李君之爲人也，篤誠謙讓。今其室勇於爲善如此，殆所謂深明大義，善承夫志者與！孫君爲治，能得士心，故一集議而紳民踴躍輸將。此可見人之欲善，誰不如我矣。夫法制每歷久而定，盛典必待人而行，天下事待後人之竟其志者，多矣。世有如孫君者，又安見無如李氏者耶？予嘉紳民之好義，而願司牧者勿以善小不爲而悠忽以去也。故備記其事，以勖來者。

同治十一年。

南汝光道傅壽彤撰文並立碑。

（文見民國《重修信陽縣志》卷五《重修建設志》。馬懷雲）

靈壁池題刻

【碑陽】

靈壁池

【碑陰】

信陽城東南有觀曰佑清。觀前有池，癸酉歲旱，攜僚佐禱於此，有奇驗。既新其觀，復署斯池紫清三玉。池之東，詰靈所居，其是謂之乎。壽斌並識。[1]

（碑存信陽市第七中學後院操場。王興亞）

守真武臺廟規碑記

太學生張正清

竊以先祖之功，善繼並貴於善述。生人之事，能創猶貴乎能守。申城西北隅有真武臺廟一座，係正德皇帝敕贈太子少保、致仕資政大夫、户部尚書兼都察院右副都御史張公諱雲，幼時誦讀於茲，建修而成也。傳至生立清等輩，已及十世。迄今廟貌猶存者，賴前人生叔高祖處士張伯强、祖生員張新亮、伯父增生張攀桂，遞相傳流，主持廟事，隨時修補，

---

[1] 時傅壽斌爲南汝光兵備道尹。

所以未至朽壞也。今將廟事交生經營，贊補續修，雖未能煥然一新，然久毀之西廂房重新建立，頗近整齊。因是邀集族衆公議章程。言定，後日接管廟事者，必須擇族中略有餘資、端正之人，庶可以繼述前功而香煙不墜焉。並議明，西關外有三義廟一座，廟西有大地一段，廟側有園地一塊，亦雲祖建留，每年地租錢俱歸主事人收管，為補修真武臺廟之用，須憑氣盡心辦之，至廟招僧主持，務於公正。廟隣共擇善僧。規立之後，不得紊亂。爰刊碑誌，以垂不朽。

同治十二年。

(文見民國《重修信陽縣志》卷四《輿地志》。馬懷雲)

修永貞寨碑文

昔人謂鄉民難於圖始，可與樂成。今觀吾鄉寨工之興與文昌之建，而益嘆人言之不謬也。憶清咸豐年間，粵匪盤距金陵，盜賊四起，九年、十年間，毫寇迭擾，州境震動。余適奉上憲命，勸辦團練，因念鄉民烏合，非設險不足以守，乃勸明港等處築寨置防，並深知吾鄉痛苦，必難集事，始藉諸鉅鎮以倡其始也，奈鄉民志在偷安，悍然不順。余知事不可為，避居南境，既而苗逆肆凶，陳、張繼起，州境東北一帶，盡為賊踞。鄉民逃居他鄉，流離轉徙，瘟疫傷寒，死亡過半，乃羣然仰天椎心，悔吾謀之不用，而時已晚矣。今上元年，楚師來據，匪徒反正，鄉民踉蹌殆盡。是時，人煙寂寥，村落坵墟，思為餘燼之收，已乏點金之策。乃鄉民痛鑒前車，謂毫寇猶存。尚虞竄擾，願共矢心力，以保室家。強余以董其事，義固難辭。於是，李、董二姓捐施寨地，衆首事借墊貨財，鄉民按口計功，齊力操作，即於二年三月興工，是冬，陳逆過境，遂賴以守，乃益信有備無患。果勝於向之流離奔走也。自是以來，補缺壞，造旗幟，製火器，備戰守，歲無息日。至五年而重掘外濠，改換磚牆，增建碉樓，前後費錢五千餘貫，計厲賊蹤四至，我寨無傷焉。是冬，賴匪殲於海濱。明年，張逆殄於小東，民得少息。蓋始而逃竄四方，繼而踞寨防守，至此已七八年矣。十年春間，衆議武備既息，宜修文事，爰議李玉成所施公局地段，建文昌宮五楹，以為學舍，共輸費三百餘貫。是豈非以兵燹餘生，幸逢休息而思有以要其成哉！抑余有感焉。

昔築寨之始，襄事者為家兄紀澤、陳君九偉、丁寧君明善，常飲粥茹菜，共礪枕戈，今際承平，余適赴銓北上，而陳君倏已奄逝，家兄與丁君明善亦既老且病矣，可勝慨哉。繼事者為家弟瑞澤與陳生炳五、王君麟書，復議他日增修前殿，以祀東嶽，則斯役為寨工之成，固必俟前殿告竣，而後為廟功之成歟。夫創建廟宇，不可不識也。而寨工之繁劇，與兵災之始終，尤不可不備識也。故援筆而並書之。

進士李裕澤撰並書。

同治十二年。

(文見民國《信陽縣志》卷六《建設志》。馬懷雲)

重修葵園碑記

南汝道傅壽彤撰文

葵園在道署西,經始於張君柳洲。六十有餘年矣,予前後三遊於此,始以帥師過申,一覽遂去,園之蕪闕不得問焉。既而代蒯君士薌權道篆,值中原甫定,民氣漸醇,始稍稍種花竹,葺園中西偏小軒,顏曰"聽綠軒",願與吾民同休息也。予去蒯君至,蒯君再去,予又奉天子命兵備是邦,軒前之竹翳然茂叢,當軒有一亭,舊名"環翠",而蒯君已取希文《嶽陽樓記》語,更其名曰"後樂亭"。於予懷深有契焉。然環顧園中,池則枯涸,石則偃臥,堂室則未題署,乃復引泉灌池,名曰"荷泮"。疊山成峯,峯後架洞,名曰"歸雲"。數山之峯,山頭嚮之堂,曰百五十峯草堂。堂後為花塢,曰"萬花聚"。堂右室三椽,曰"定香室"。聽綠軒之南有屋,窗瞰菜圃,曰"菜香書屋"。屋之南,曰"來秋聲館"。南向一亭,當葵園之門,曰"青青亭"。周以迴欄。間以疏籬。予時容與其間,覘卉木之蔚盛,感林鳥之和鳴。裴裹風景,深會物理。興之所觸,遂成十詩。朱甥予高方事漢人隸法,為予書之甓,猶子崑復手鑴以嵌壁。於是,闢園外西圃曰"寒畦",分種菘韭。署東偏小齋曰"葵陰學舍",使子弟讀書其中。園之前有屋,舊一鶴巢,巢之左有室,予取向聞吾師何先生子貞之說,命曰澹勤,復成詩四篇,朱甥與崑又書而刻之。甚韻事也。予因思古之君子隨處而安,然跡其所至,往往修闕補廢,不憚葺理者。夫豈欲視聽之娛,耽林泉之美哉?亦其時有所不能已耳。使居此園者於戎馬在郊之日,而惟以松石自賞,栽植為樂,固失仁人之用心,即干戈初定之時,不慮土木之艱勞,亦未必不傷斯民之元氣。然際此民氣既復,於前人已成之規,近暑數畝之地、復頹廢於荒煙蔓草之中,良亦非君子物我同與之量矣。予於是園,故因時而補綴之。若夫呵護重惜,使草木得以暢其機,是所望於後之君子。

同治十三年。

(文見民國《重修信陽縣志》卷四《輿地志》。馬懷雲)

瘞骨會刊刻條約記

蓋聞除骶埋骸,王朝之善政;制棺置槨,古帝之良模。是以文王化治西岐,澤沾枯骨;祖遜恩周豫北,惠施桐棺。非聯冥漠之歡,實本仁慈之隱。事傳在昔,稱到於今。吾申自髮捻倡狂,民人喪亂。沿門瘟疫,閭閻半陷死亡;數載干戈,士女多遭屠戮。屍填巨港,誰為瘞玉之人;賊滿中原,不少摸金之尉。嗟遺骸之竟棄,顧同類而何堪。是誠行道所感傷,仁人所悽惻者矣。今有員外郎李君晴峯之子廩膳生李毓信,青年向善,素性樂施,邀好義之同人,捐貲作本;籌施仁之妙策,抽息僱工,徧拾殘骸,那計防風骨重;爰埋吉壤,免致暴露魂傷。而且憐無主之穨墳,僱人培補,施已成之棺木,助彼困窮。義塚纍纍,禀官禁牛羊之踐；規條種種，勒石免歲月之湮。從此白骨蹤藏，四境之孤魂永托；青燐火斷，歷年之浩劫全消。雖助以麥舟，祇求無憾。而結來草束，佇忘報恩，甯看俠魄扶持，科第同綿於百代；更期仁風傳播，規模永式於千秋。

　　户部主事李裕澤撰文。

　　歲貢李祥元書丹。

　　又知州張批：據禀城西隙地，本為羈旅貧民厝葬之所，成為牛羊馬豕畜牧之場，目擊情形，心傷暴露，集貲建塔，請立禁碑等情；具見仁懷惻隱，澤及幽泉。同殷拯岬之忱，宜荷結環之報，洵為義舉，實屬堪嘉。合行出示申禁，以垂久遠。該生等仍隨時經管，勿任廢弛，是所羣望。碑文條約存案。至施棺木，每年四十件，多寡難定。本州助錢五十串，歸入存本生息，以資備辦，即具領請發可也。外條約：一除預為僱工撿骨及修瘞骨場並勒碑等費，約計九十餘串。外存本金二百串，經官存公所。每年每百二分行息，使其上流下接，輾轉年久，免致廢弛。一每年共出息錢四十八串，提錢十二串，僱工二人，輪流在附郭義地逐日撿拾骨骸。該工人若藉故推諉，查出加倍罰工。一每年提息錢十串文，分為春秋節，多僱工人，修培崩裂義塚之費。一每年提息錢二十四串，備辦棺木四十副，按季分助，使貧寒者得免暴露。一餘息錢二串文，作為按年經管雜費津貼。

　　光緒二年六月立碑。

　　南汝光道劉成忠捐錢四串，南汝道傅壽彤捐餞十一串，信陽知卅張嗣麒捐錢五十串，前知州孫嘉臻捐錢四串，儒學董純青、李永發捐錢二串文。

　　分司秦喬章、劉夢麟捐錢四串，分州閔賧曾、吏目傅楨捐錢四串，都司田慶和捐錢五串，武殿魁捐錢二串文。

（文見民國《信陽縣志》卷九《民政志》。馬懷雲）

重修明港石梁橋碑記

　　明港為申北重鎮，距州治九十里，南北通衢。曾設驛站，置丞司之。咸豐季年，土匪蠭起，據爲賊巢，築寨於明水之南街，負固以抗官兵，驛道遂梗。同治二年，官剿平之，民始歸里，修寨居焉。明水緊貼寨垣，自西走東，灣環一道，兩岸列肆，港穿其中，以名斯驛，由來久矣。舊有石梁一架，長二十餘丈，橫闊八尺，每屆仲夏，大雨時行，山水怒下，橋輒圮。道光初，有楊公者名字、里居不復記憶，分司此驛，毀舊梁而新之。梁面鎖以鐵齒，交錯如犬牙，然牢甚。迄今五十餘年，屢經衝突無恙也。昨夏六月朔十日夜半，大雨如注，竟夕淋漓不少休。天方曙明，水陡長數丈，波濤洶湧，四面環撲。立傾寨垣十之七，怒流齊奔寨內，陷廬舍一千餘所，合寨男婦冒雨走避。羣哭集於北街之凸處，存亡在呼吸間。明港自本朝二百三十四年僅見之怪水也。分司載之姚君適蒞此驛，衙署淪沒，眷十餘立水中，倉猝苦無舟楫，善水者背之出。姚君躬率胥役，撫綏亂民，雖雨際水中不顧也。日未午，雨止水退，溺斃者僅數人。惟石梁衝折三丈許耳。刺史張仲翁方校士於鎖院中，聞信立即輟試而來，邀同州城董事張君廷策、路君金階、寨長楊運同估橋工。其時，北路歲歉，奉文勸諭捐輸。明港村經首事楊運等樂輸約計二百金，適罹此災，即以所辦之數，為辦理轎工之用，不敷，仍由城局捐項內籌給，以免擾民。當諭寨長楊運總司其役。楊公年八十，經往來於風雨烈日之中，不少休息，僅閱月而工告竣。統用錢若干串，橋式依前之舊，牢固如常。今秋楊公運擬勒貞珉，以誌災異而記善舉，兼以銘從前楊公之遺愛，問文於余。余自昨歲司鐸於茲，閱兩載矣。目繫其事，爰詳敘顛末於右。

　　信陽州知州張嗣麒，驛丞姚廣厚。

　　舉人陳連川撰文。

　　廩生仝履懷書丹。

　　幫辦首事陳炳林、張萬和、郭泰然、林文科、徐致敬、譚有功。

　　光緒五年三月吉日立。

（文見民國《重修信陽縣志》卷六《建設志》。馬懷雲）

兵備道朱壽鏞創建豫南書院碑記

　　壽鏞奉備兵南汝光之命，來巡是邦，使者向駐信陽。舊有申陽書院，規模太狹，經費未充。應課諸生以膏火無多，未能踴躍。使者間月一課，亦不過敷衍塞責而已。庚寅夏，倪公校閱來申，請以捐存之款創建書院，集三州俊髦而試之。一如大梁、河朔之例。籌給膏火，廣購書籍，以爲多士觀摩之助。公曰：善。又商諸同僚，共謀集腋，僉曰：善。合前捐之款得銀八千兩有奇。是年秋，在信陽州治南城內購得董姓住宅一所，價銀一千五十兩。旁基差隘，棟宇半傾，適有宅東之劉姓、董姓、張姓、宅南之王姓，各以敝宅求售，悉購而廣之。價銀計六百兩有零。徘徊審度，諸待經營，物料未儲，苦無端緒。且鳩工庀材之任，復難其人。博訪周咨，審聞州紳中書科中書陳君庭模者，世守清芬，急公好善，其才品號爲一鄉冠。延之董理。初遜謝若未遑也，既知義弗可辭，遂毅然引爲己任。以辛卯歲二月初吉開工。磚瓦木石之須，斤削坊堋之役，選求精當，督作勤勞。雖木屑竹頭，未嘗置諸無用，允能工歸實際，款不虛糜。三閱月而一律告成。計整新原宅四十二間，增修齋舍七十一間，器具庖廁惟備，又補治街南宅十八間。共費銀二千兩零。購書已用約五百兩。存汝陽黃德聚典生息銀三千兩。餘款以備本年脩膳膏火之需，尚慮不足，仍由壽鏞捐廉補之。落成之日，顏曰"豫南"。統閡屬而罔外也。是舉也，非倪公之訓無以策其始，非同僚之助無以立其基，非陳君之力無以畢其效云云。

　　光緒十七年。

（文見民國《重修信陽縣志》卷十三《教育志》。馬懷雲）

陳庭模重修信陽試院碑記

　　信陽試院創意於陳君龍光，繼志於乃嗣榮林、炳林，舉凡拓地鳩工，庀材運料，各費，靡不毅然獨任，竭力殫思，而且盛美弗居，堅辭獎叙。陳氏世多善人，至此益信。自咸豐庚申落成後，州人士衣被其澤，迄今三十餘年矣。歷官斯土者每兩任交接之際，相率傳舍，其中移徙紛紜，不無作踐，雖時補綴，寖失舊觀。又軍務平定以來，人文蔚起，奮跡觀光之士倍於曩時。號舍不敷，輒形擁擠。州牧耆君齡患之，屢欲增修，以鉅款難籌，無從集事。適炳林嗣君庭模聞而請曰："此乃先人未竟之志也。"於是，購置試院西偏民房一處，重建東西號舍二十二間，衡文所五間，執事房五間。其舊日門庭、堂室、號舍、院落，敗者易之，傾者扶之，損者完之，疏者益之，由内而外，煥然聿新，裝飾必周，桌凳惟備。以光緒庚寅仲春開工，閱十月報竣。共費製錢二千九百串有奇，悉取給於其家。事既畢，奉身而歸，此可謂善承先志者矣。

　　南汝光道朱壽鏞撰文樹碑。

　　光緒十七年。

（文見民國《重修信陽縣志》卷十三《教育志》。馬懷雲）

南汝光道朱壽鏞德教碑[1]

邑廩生陳世搢撰文

廩生劉子榮書丹

　　郭家瑤、李聯輝、陳庭淦、劉振鐸、翟鴻羽、董培黼、熊賓、蘇振鷺、熊友龍、陳鳴清、董啟華、汪傳緒、劉啟恒、喻鑑清、陳恕修、周蘇嶺、危尚志、陳萬集、陳廷琥、陳方訓、劉子榮、李煦觀、沈世杰，皆豫屬一時之英俊也。

　　光緒十八年立。

（文見民國《重修信陽縣志》卷四《輿地志》。馬懷雲）

四氏後裔重立恩例碑

　　嘗考古來歷代帝王、功臣、賢相子孫，不過受一世之封蔭，未能受世世之榮寵。惟我至聖先師，德配天地，道冠古今，制禮樂以定千秋之朝綱，刪詩書以挽萬世之人心。漢

---

[1] 該碑碑文未見輯錄。民國《重修信陽縣志》概述其内容：朱壽鏞捐廉五千金創建豫南書院，講堂、齋舍，共一百二十餘楹，購置書籍萬卷，培養二十七屬縣士子，成就甚多，士子感之，爲立德教碑。

高祖過魯，免孔氏子孫賦役。明帝永平十五年，免顏氏子孫賦役。元成宗大德二年，免孟氏子孫賦役。明正統七年，免曾氏子孫賦役，更爲憫其流連而賜之□，念其放逸而錫之田。宗嫡代襲詞林，支庶俱免差徭。我四氏世被惠澤百世萬世者也。迨清太祖定鼎以來，尊師重道，綸恩倍渥。順治十三年，詔令四氏子孫，散居各邑，除國稞以外，大小賦役差徭，一概蠲免。康熙四年詔令廩、貢、生員事例，原與齊民有別，一體優免。世祖憲皇帝雍正二年，復申舊例，詳載《大清律》、《學政全書》。乾隆三年，軍需河工重加優免。道光二十四年，黃河口開，到處均派蔴銀，四氏蒙衍聖公札移優免。歷期恩例煌煌，昭垂日月，無如歷久弊生，間有請□成例之書役，每遇差徭流行派繞，孰知光緒十二年，本州城牆坍塌按銀科派，約地、書役舞弊，直向四氏擾累。四氏攜家譜恩例至聖府呈驗，蒙衍聖公劄移信陽州，請煩賜發出示，勒石學宮前，恩憲耆齡沿村出示，使書役、約地知有恩例，不敢擾累，如有妄行派擾者，指名揭告，立即拘究，決不寬貸等情在案，復蒙仁憲周書麟，移兩學師尊趙文選、步鳳樓，仝准其勒石學宮，以垂永久。庶皇恩亦廣，祖德亦昭。而四氏後裔□於光天化日之中，而有司之鴻恩與金石並垂不朽矣。

　　至聖裔領首執事官：孔廣儀、孔廣業、孔昭德、孔昭音、孔昭均、孔昭林、孔昭順、孔昭應、孔昭緒、孔昭驛、孔憲唐、孔憲農、孔憲章。

　　復聖裔首人顏崇敏、顏崇美。

　　宗聖裔首人曾毓鵬、曾時惠、曾繼業、曾繼廉、曾繼棠、曾繼揚、曾廣樹、曾廣譽。

　　亞聖裔首人孟廣運、孟廣清、孟廣霖、孟廣譽、孟昭清。

　　儒童孔憲瑞、孟昭漢撰文。

　　執事官孔憲國書丹。

　　光緒十八年小陽月立。

（文見民國《重修信陽縣志》卷十一《食貨志》。馬懷雲）

續修明港石橋碑記

　　丙申五月自六月庚子，以至辛亥、癸丑、壬申，前後三十三日，四大水壞明港石橋，失橋板四十五塊，橋腿四，馬頭一，商旅不行，文報爲隔。州憲饒公調淮河鎮渡船以濟，道憲朱公委前署司尊王公勘其實，並估其工。籌款未集，而吳午峯先生請身任之。命其子言泉妥爲經營，以期永久。於丁酉冬日興工，以艱於運石，戊戌夏未克，竟又壞於水，冬十月乃克竟，共費錢千七百緡。州憲、道憲嘉之。上其事於撫憲以聞，上諭予"樂善好施"額，且旌以坊。顧斯橋也，當天目諸山水之衝，每雨驟水漲，沿河樹木柴草相挾以下，故橋板不能支。又自道光九年，前司楊公聯之以鐵，四十餘年無傾圮患。至光緒戊寅而一壞，丁亥而再壞。前則前州憲張公移公款以修之，後則前州憲徐公、前道憲耆公捐廉以修之，皆與癸未前通憲邵公創之爲木欄，丙戌前道憲改之爲鐵欄，蕩然亦歸烏有矣。今言泉奉父命以蒇事，舊橋七尺寬爲板五，乃增爲九尺寬爲板七。舊碼頭多磚而少石，乃易以石而去其磚，均永久計也。豈獨行旅稱便乎？抑於郵政有裨焉。宜州憲、道憲、撫憲嘉之深，我皇上褒之至也。先生之美與斯橋不朽矣。橋既成，明港人德之，請於司尊姚公鎸諸石，而以其文屬，謹詳其適末於石。先生名斗南，午峯其字也，壬戌舉人，以密縣訓導致仕，見年八十，爲一鄉望。言泉乃先生第三子，武庠生，名心藹，言泉亦其字也。勤苦興家，遇善舉，揮金不惜，橋梁事尤癖好。工匠石灰俱有成算，斯橋其一斑也。先生長子心溥，廩膳生，以樂輸敘縣丞。次子心錦，附生，敘訓導。季子心果，監生。孫十數人，皆穎異力學。培植厚而枝葉榮，理固然哉。

　　舉人仝履愫撰文。

　　李則應勸事勒碑。

　　光緒二十五年明港人公立。

（文見民國《重修信陽縣志》卷六《建設志》。馬懷雲）

邑侯胡公去思碑記

　　光緒歲次丁未，公刺吾州，未期年，政教大行。猝膺主爵者之差調，州人士皇皇然如戀慈父母。亟電稟大府，乞借寇，不報，共謀立石於五父之衢，以誌去思。僉告予曰："公政吾州，德我民，我民德之子，州人其詳舉公之德民與民之德公者，以文言記其實，勿辭。"

　　公印藩，字桐侯，浙之人。優治術，嫻文德。大府知其能，使刺吾州。吾州係古義陽軍，爲申伯舊封地，荊襄居其南，鄖與宛之桐柏居其東西，許、潁居其北。自瀠車通軌，五方雜處，素稱難治。近年宰斯土者又不久於任，民風益疲弊。公下車，即思所以挽之，以爲行政不一端，其要莫先於養與教。夫養者，非盡人而飲食之也，務袪其害，使閭閻得所安耳；教者，非盡人而訓誨之也，務植其根本，使教育得普及耳。公於二者，皆以實心任之。乃清釐詞訟，得其情折以片言，人莫能售其欺。是以健訟者屏跡，冤獄多所平反。一時鞭箠所至，誦神明焉。無何，公案無留牘，城鄉亦少雀鼠爭。張釋之、于定國決獄之平，不過是也。州東北與西北境，與他邑皆犬牙錯，逋藪所在，多有良民，幾不聊生。公捐廉偵探，嚴密訪緝，獲犯悉置於法。宵小由是斂跡，民獲安堵。至其所犯情節較輕者，則發習藝所練習工藝。更籌款擴充，聘宣講員，逐日講古人嘉言懿行，使各犯勉爲善良。彼西門豹、尹翁歸治盜之方略，未足喻其完善也。有時赴鄉鎮勘案件，或暇日按行郊野，問部民疾苦，屏侍從，挈樴自隨。復嚴戒胥役不得受民間一物。雖趙忭之一琴一鶴，湯斌之一主一僕，未能方其儉約也。其他凡屬地方公益，有關休養之道者，罔不次第舉行，茲特詳其最者耳。既而政簡刑清，民得休息，爰謀所謂教者，以境內學務廢弛，緣事無專責，難圖進步。亟籌款設勸學所，選品學兼優者董其事，並擇四鄉文行並備者分任勸導之責。風聲既樹，鄉鎮之以籌設蒙、小學，報者日益夥。公悉手諭襃嘉，竭力提倡。公餘之暇，即親蒞勸學所，與諸學界研究教育事，且慮小學之無師資也，復設教育講習科，以預培師範才。未幾，而蠶桑工藝各實業胥規畫精詳，擬即擇人舉辦，適奉大府差調之命，致未竟其志，州人惜之。受代時，猶殷殷以學款支絀爲念，將官庫纍存稅契贏餘鉅萬，全數提充興學費，此固州人士所日求之而未得也。彼漢文翁之化蜀，何以異是？噫！我公德澤之厚，與州人愛戴之至，人人如置一喙。然州人所以戴公而欲誌諸久遠，以爲後來法者，猶不止此也。昔成周以六計察官府之治，而廉居其首。端木之宰信陽時，孔子訓之曰："治官莫若平，臨官莫若廉。"我公之善於其職，平易近人，蒞任未久，治行已卓卓在人耳目。卸篆後，清風兩袖，晏如也。是公之廉以持己，不但可以自信，而並可徵信於人者也。今又將所征房地稅歸公之平，餘銀若干，慨然捐出，以濟學費之不足。是更挹其廉泉以潤物矣。然非恪守六計之條，恢宏胞與之量，曷克臻此。昔端木子宰信陽之流風善政，必又於我公親見之哉！予素不能文，率而操觚，恐未足表揚於萬一，特以州人戴公之心誠，故不辭蕪拙而樂爲之記。

　　候選直隸州州判癸卯科副榜王熙頓首拜撰。
　　光緒三十三年。

（文見民國《重修信陽縣志》卷四《輿地志》。馬懷雲）

南汝光道黃公德政碑記

　　官而視官若傳舍，蓋有數載淹留不事一事者矣。其以民事爲家事也，則雖蒞官日暫，亦能數實惠而繫去思。南海黃公小宋，起家丞尉，躋令牧任兩河繁劇區者八，前後凡三十年。復冠豸冠，考政法於北燕南粵。渡東瀛三島參工既返豫，以去歲仲秋，奉檄觀察豫南，揭來申陽使署。值歲杪，多攘劫，則往巡宛即邊疆，捕斬巨盜嚴壑間，清其六用奠畎庶。今春始苦旱，繼又病久雨，值豫隣吳、楚皆缺糧，民情洶懼。遂巡光汝綏緝之，爲所屬商訂守望章程，以輔巡警之不逮。還轅之日，即聞將有代者來，距受篆纔月有餘。去兩度巡行五十餘日，居官十有五旬焉爾。而於此十有五旬之中，鋤奸蠹，理訟獄，察吏僚，平道塗，勸稼穡，舉百廢，其政教之逮於屬府州縣者，申士民不能備知。就申所知言之，如開闢境各校運動會，尚武也；籌師範學堂需款之不足，補匱也；創設工藝廠、樹實業學堂基礎，謀富也；禁外商販大宗米糧出境暨囤積居奇者，重民食也；修治途衢，利行人也；顏新坊表，資觀感也；題額祠，廊昭文物也；振恤寒畯，作士氣也；若巡警，若商會，若教育，若自治之研究，無日不接見任事員紳而爲之實事求是，履憲章也。凡此皆彰彰在人耳目，有程效之可稽。使公久於斯任，獲展其設施，吾閭里之受福豈有際哉？而公瞬且受代去，康誥曰："民情大可見。"以公之事，料民之情，瞻望臨歧，挽留無術，更安能默而息乎。雖然，公視事之日短，惠民之澤長。又自言蚤歲趨庭侍先人宦游斯地。故此，見我父老子弟尤覺依依愛戀若家人。然則我父老子弟允宜共勖，毋墜公之盛績，以力臻于富教之盛，方不負公初心。徒惓惓于公之去也，抑云末矣！且公行年七十，而治事之暇，猶復倡提風雅，酬恣謳吟，天授精神，必將有用。安知前緣未盡，豫南之不更託公絣幪乎？爰記公政績，即合陳同人辭意以送公，並泐石垂不朽。

宣統二年孟夏月吉日。

信陽王永欽、徐大中、李開昭、梁世勳、謝光琦、仝鎮、艾祥清、席崇光等謹撰。

（文見民國《重修信陽縣志》卷四《輿地志》。馬懷雲）

潢川縣（光州）

重修光州察院碑記

國朝徐化成

豫州處天下之中，汝郡復據豫州之中，光又汝之隘塞地，猶腹心之有喉，肩臂之有指也。襟黃帶淮，廣輪四達，南則西陵、沅鄂、百粵、金碧，東則壽春、滁泗、吳會、甌越，西則宛、洛、荊、襄、三巴、秦、晉，北則彝門、朝歌、韓、魏、燕雲以及遐荒。微服冠蓋輪蹄之屬，執郵霍驛，莫不假道其間。至於上臺行部使者觀風，或攬轡而諮詢，或駐節而容與時月之內，殆無寧晷。此光州察院之設，其所由來遠矣。

亡何，歲次乙亥，流寇破南城，蹂躪焚戮，歲以為常，瘡痍之輩，冀保殘息，於鋒鏑死亡之下，恃有北城在耳。辛巳仲春，北城復破，毀闉闍，填池隍，公署民舍，悉付祖龍。察院因之而就燼矣。於時遺民弔影，珠米難炊，老稚殞乎溝中，少壯逋之異域，青磷泣雨，赭壁迷烟，堯封禹甸之區，寧堪作甌脫視乎？恭遇興朝定鼎，銳意敉寧，起草昧而維新，闢乾坤于再造，然而劬勞向野，户口未盡復也。劍刀作佩，田疇未盡易也。癸庚是虞，儲偫未盡供也；呫嗶在塾，禮樂未盡習也。前之縉綬來者，食瘠壤，撫瘵民，筋力坐消於應酬，精神半耗于催督，國之庶政，巨如社壇封樹之經，邇如道巷門渠之量，尚不遑餘力以辯治之，況郵亭傳舍，欲反舊觀，有不類築室而謀諸路人者鮮矣。

不佞承乏茲土，自戊子蒞治以來，日鰓鰓焉斁弗勝厥任是懼，首為民問策安集，諭開墾，招商旅，鋪竿木，浸假而賦役定，徵徭均矣；浸假而絃誦作，文物變矣。既而葺兩城丹樓如霞之觀，營學宮，移宗廟，百官之美，又為之芟荊汰莽，鳩工庀材。緣察院之故址鼎新之，繚以周垣，樹以塞屏，前為門三楹，儀門亞之，中為堂五楹，後堂如堂之制，前後各翼以廂。最後為書房三楹，重門洞開，所以別內外、資游息也。是役也，百工俱脩，三月告竣，費不需國課，工不動里甲，一錙一銖，皆取於簿俸與鄉紳士庶之捐助者，合力成之。

余因是而重感於興廢之數也。人情當開基締構之初，生齒蕃息，物力殷阜，不難噓成雲而吸成雨，往往有亟為呼而緩為應者。論重建於兵燹流離之後，家縈蔓草，户若石田，盱半菽為煎膏，籌粒粟為擊髓，使非光之好義樂輸，豈能值凋殘舉大事，而毅然恐後若此乎？不揣孤陋，謬為記述勒諸石，以質天下後世之司民牧者。

時順治七年庚寅之夏。

（文見乾隆《光州志》卷三《志餘》。王偉）

重建崇恩祠堂門樓碑記

陳棐

　　崇恩祠堂者，浮光民士為郡侯徐公去任後思念不忘，建以報德也。公以北平華冑從龍，世祖章皇帝初命郎為大夫，筮仕吾光，續刊郡乘，碑勒衆口。歷三年，擢守天台。去之日，州士若民家繪一像，奉若私親。去公日久，思公愈篤，父老輩遂輸金購城中隙地，建祠一所，設長生位，逢公誕節趨而祝者，雖窮鄉童壽，莫不畢集。念公强仕，麟祥未廣，於祠內建觀音大士堂為公祈嗣。念公太夫人春秋高，請禪僧海秀住持焚誦，為太夫人延壽。關夫子為國保障也，梓潼帝君主持文運，炎帝司命火食也，各建廟祠內，為籲繁祉也。祠內奉公像者三棟，而為神廟者四宇，蓋此四廟者，實皆為公頌禱地耳。父老輩猶以紫戟未竣，于心弗暢，復各捐貲建門樓一座，逢誕節設鼓吹以稱祝慶，門額題榜曰"崇恩"。見公之德光人士者高且厚，而光人士之矢報公恩者，甚久且長也。當其工就，住持敬譽瑱珉，向余索記。余為公編戶，悉公甚久。自公去任近十五六載，因思公來牧時，兵燹之餘，在古人謂刑罰世重之時。公則仁育義正，勸善興賢，恥以威刑肅物，則羊襄陽之規也。而開誠布公，去惡，退不肖，則張益州之治也。其持身也清以直，其馭下也溫以栗，其課士而養民也樸械，興歌樂只，載詠求之，近古未易得也。自公去光，歷守天台，監司晉、齊，右轄東粵，左藩全豫，宏恩覃敷，濊澤敷流，其祝頌者皆與吾光不少異。欣逢我皇上嘉意民瘼，課諸方伯吏治，公以旬宣第一，晉九級。且晚內召，宅揆為霖，天下其沐恩而崇報者，將見遍九垓中，與吾光不少異。續鑴常帛，勳誌詞垣，又不知凡幾，茲舉不過見吾光先得人心之同然耳。是為誌。

　　　　　　　　　　　　　　　（文見乾隆《光州志》卷三《志餘》。王偉）

修楊椒山先生祠記

國朝胡延年

　　古之抗疏批鱗，排擊佞倖，而身膺慘戮，智愚同悼者，史不絕書。即以勝國言之，三百年間，爭臣拂士，輝映後先。獨椒山先生，則薄海內外，童兒女婦無不知其姓字。歷今百有餘年，人心如一日也。先生起家孤貧，筮仕郎署，遇主無特達之知，履位非糾繩之職，而諫馬市一疏，攄丹瀝赤，忠愛凱切，有非歷代能言之士所可及者。乃封章，甫入，譴禍相隨，脛碎指折，竄斥遠陬，斯已酷矣。迨逆鸞事敗，環詔累遷，凡在人情，莫不懲艾往車之覆，樂承新命之榮也。夫何創瘢未合，驪頷再攖，豈非蹇蹇匪躬，慺慺體國，懷忠取義之至者哉？且賜環之役，相嵩實左右之，彼方自欲引為知己。而先生則裁以大義，歸身於國，伏蒲請劍，首及元臣，以至楚毒備加，畢命西市。嗚呼！至今讀其疏詞，覽其譜傳，即風雲鬼神，猶為悲黯，固宜心與星日為昭，名與天壤俱壽也。

先隆慶二年，直指郝公傑上言："臣所部保定府故贈太常少卿楊繼盛產是地，其史民為請立祠，哀死勸生，以昭永祀。"詔可其奏。賜祠曰"旌忠"。於是，郡守賈公洪檢故牘，得前都御史曹公亨，副憲曹公金、何公東序所捐羨金，為先生營葬祠。事未竟者尚存若干，因四倍其數，卜地城西，中構三楹居先生象，而旁列二亭，刻先生前後二疏，其用意實詳且厚矣。余生長天中，夙慕芳軌，每恨不得從先生故里瞻仰遺容，往歲癸未薄遊茲土，曾一拜祠，深慰生平。今復叨守其郡，下車後即為祇謁，先型密邇，遺范時新，其快慰更可知也。因廟貌久湮，稍加塗塈，愧未能更為增崇，聊以志仰止之忱云。

（文見乾隆《光州志》卷三《志餘》。王偉）

重修光州文廟記

楊士珆

今天子神聖御極，勵精圖治。凡宮府內外，無不革故鼎新，赫然改觀。而其所最加意者，尤在學校，特詔追崇孔子先人五代為王。繼復增廣鄉會額數，繼復令天下各學立考課法。繼復令天下學使，取人文最盛之地，小學陞為中學，中學陞為大學，大學照府學額錄取。嘻，盛矣。似此右文之化，重新之象，誠千古所未有者也。

按光州學宮，自康熙丙子後，無大修之舉。雖官此土者時勤葺補，不過百分之一。迨後風雨不時，鳥鼠為患，以至正殿僅存，前楹已圮；明倫堂及東、西前門，俱已頹壞。且荊棘瓦礫，穢不受趾，凡屬有情，皆不勝黍離稷苗之感。郡守劉公乃愴然曰："學校，儲才之區，多士發軔之地，忍令其頹廢至此乎？"於是，集諸生，計經費，鳩工庀材，訂期趨事，不三月而工告竣。鄉之博士弟子徵言於余，余思公之所以惓惓為此舉者，非徒飭學宮之廟貌而已，蓋將進諸生而勗於學。

夫學者，所以學為聖賢也。學為聖賢者，所以心乎聖賢之心也。諸生縫掖其衣，自當以聖賢之學自命。然或一日之間，玩愒中乘，朝勤暮怠，非即吾心已圮頹乎？昵頑比匪，遊戲徵逐，日去益而得損，非即吾心之穢污乎？甚且天人之辨不明，理欲之界不講，是非舛錯，非即吾心之荊棘瓦礫乎？吾願諸生肄習其中者尊聞行知，明體達用，且翼翼然絕玩愒之漸，遠比匪之黨，別天人理欲之分，斯上不負天子右文雅化，下不負良有司惓惓盛心。乃若視今之輪奐壯麗者，僅為觀瞻之壯；今之肄習其中者，止為青紫之藉，豈不重負此修舉之心也哉？至公之良法善政，鏤諸豐碑者，固非一事，而修學育才，特公之一端云爾。

公諱學禮，字可立，號檜庭，浙江山陰人。

康熙六十年。

（文見乾隆《光州志》卷三《志餘》。王偉）

重修鎮潢橋碑記

知州劉學禮

　　光州為淮西巨區，東達吳，南適楚，西北出汝、蔡、大梁，而州治實介徐、揚、荊、豫，四方商旅所必經焉。

　　州有兩城，南北對峙，潢水直貫其中，舟車負販與夫州人士往來，趾相錯也。每當山水泛溢，則徒輿病涉，舊雖設有浮梁，歲久易敗。明神宗時，刺史南海陳公易以石橋，顏曰"鎮潢"，計長三十六丈，下具九孔，可通舟楫。橋之上列廛貿易，其利賴於民生者甚溥。苐泥岸沙隄，衝激洊加，以故橋北屢圮。然隨圮隨葺，害未甚也。丙申春，橋南忽陷三孔，往來阻絕。余承乏茲土，凡有關於國計民生，皆將於余是責。矧此橋為千萬人往來之所必經，余不及早是圖，職守之謂何？奈銳意修復，而工鉅役大，動需歲月，又懼其難繼也。會息邑國學劉生允澍慨然倡首，捐地二十頃相助。余方擬拮据從事。旋以於役西藏，閒關萬里，兩歷寒暑。斯時也，余身之不有遑計光治之橋哉。

　　辛丑秋，余返自西藏，見向之未圮者僅存三孔，慨前功之將廢，慮後效之難圖。因與州倅陸君集紳士耆老而謀之，稍有成畫，猶慮其中阻也。癸卯春，石大中丞蒞豫，飭綱振紀，百廢具舉。余因間請事而次及之，且請免陸君諸差遣，以專董乃事。已而，皆得所請，遂舉斯役而屬之陸君。晨夕庀材，量功斵吉，畧基址，稱畚築，費不需於國課，役不派於里甲，咸因紳士商民之樂助，當事之分俸，而余亦極力佐之，復有不繼，且呼將伯於鄰封。由是匠無虧直，工無墮力，而天心亦若默為之助，終歲間無水潦霆雨，河平沙漲，中流可涉，而人得施其力矣。且於河洲上下，現出舊石累累，乘便取用，約計省貲不下數千金。工始於壬寅冬，迄今未及二載，已告厥成。余因是重有慨也。

　　古者關津道途，司空職之，城郭、畎澮、陂障、舟梁，無歲不修，其廢不舉，則以為大故。赦渠邱城惡，巫臣憂其無備，陳無川梁，單子知其將亡。今之守土者，豈其備官而未之聞耶？凡余任光以來，諸所興造，非土工是好，而民是勞也，亦職分所當然耳。橋之圮九年於茲，余豈敢謂其成之，猶待於余自其始議也，有冀其復興者，有嘆其將毀者，有謂余除舊制而易以浮橋者。余雖期是橋之成，而亦未敢必其速成也。向非劉生之義倡於前，諸人之樂輸於繼，陸君之力勤於始終，更非值天時之順應，與大中丞之然余請而屢加鼓舞。則未知余果克觀其成否耶？於是，備述其由，並列捐助姓名，勒石而為之記。

　　康熙六十年。

（文見乾隆《光州志》卷三《志餘》。王偉）

創修弋陽書院碑記

黃鈉

　　書院之立，用以興學育才，助庠序所不及。肇於宋，盛於元。近則沿而彌廣，各省率於會城置之。其外列郡，固莫能以周逮也。今上御極之六年，中丞雅公來撫豫，即於大梁書院，加意振興。猶念遠方之士，負笈寥寥，爰檄距省五百里之郡，分置書院，其肄業名額及館試冊卷，逐月申報，一照大梁甄錄贍資。所為推廣皇仁造就多士者，意良渥矣。

　　維時秋試將屆，署州事者迫於報命，暫假僧寮以處師生，而經久之計，蓋未遑焉。遞沿十餘年，兩城南北轉徙，迄無寧宇。癸酉冬，幸值郡伯吳公移蔭吾光，於凡興革事宜，罔不誠心體察，多方振舉，如文廟奎閣諸鉅典，業皆鼎擴其制，載煥其觀，次第底績矣。暇日詣書院，集諸生談經課藝。輒以僑寓非便，且堂廡狹隘，不足以旁招屬邑羣英，乃相址於南湖，得亢爽之墟，捐俸購置，一時殷室競相激於公之高誼，輸情捐助，旬月間不督而事集。經始於己卯九月，匝年而竣。有會講之堂，有列居之廬，有藏修之室，有貯書之齋，其餘重門庖湢，無不畢具。誠足以萃州邑之英雋，相與樂羣敬業，而不慮其無以容也。則公之用意，詎不為渥且至哉！

　　史稱河南守吳公治平為天下第一，未嘗詳其治蹟。然觀其於賈生，始則召置門下，既乃薦之文帝，所陳治安諸策，當時雖未盡用，而其議論之洞達國體，千古推之。則吳公平日之留意人才，藻鑒不爽，即一端而其治已可概見矣。公涖州七載餘，廉明寬仁，州人靡不仰若慈父，善政殆不可勝紀。而於書院之設，復不以有司簿書所不責而稍緩之，若此較諸漢之吳公，不更為切而有徵歟？惜乎！漢之吳公以廷尉召，而公且以調去。至書院規模已具，而經久之計，抑猶未詳，此則其不能盡慊於懷者也。然而公殫慮創始之勤，其愈不可諼爾矣。州人以慕思之篤，結於寤寐，僉以不能借寇為恨，因於書院右建公生祠，祝公福位攸崇，異日得如次公之再臨潁川，良州人之厚幸也夫。爰鐫石紀公創建始末，庶公之德澤教思與貞珉並垂不朽云。

（文見乾隆《光州志》卷三《志餘》。王偉）

陳君紫崖墓誌銘

夏力恕

　　君姓陳氏，諱翠，字芝山，號紫崖，由博士弟子員入太學。江州義門陳氏，與浦江鄭義門，後先輝映。鄭之後吾不識，君故江州苗裔也，明初徙居光郡。君之祖諱裴，官至兵部督捕右理事，德業聞望，詳載豫誌。父諱敏中，性純孝，以母馮疾革時，呼扇未至，於是，終喪不忍持扇。生子三，長翼，次習，次郎君，皆異母；女三亦如之。君，張安人出也。君之伯兄嘗以資即需次京畿，久且窘，君鬻產千余金，親往佐晨夕，洎倦游歸，年已六旬，僅一子奄逝，宗祧幾絕。君破產為置側室，遂舉兩子。君之姊妹皆早卒，咸經紀其家，其無子而為之後者，不啻我所自出，稱貸而嫁之，甥之不能嫁者二人。君卒之前，二十有八載，嫡配曾即世。君年甫壯，遂終身不再娶。其於宗族戚友，歡盡忠竭，值歲饑，疾疫流行，遠近居民死者枕籍，施藥拯救，全活無算，如是者三年。嗟乎！前之人所稱義門者，其不以是歟？

《記》曰："萬物本乎天，人本乎祖。"人生而無忝，厥祖難矣。推父之孝，以孝其祖，以孝其始祖，以及其所自出，皆本乎祖之義也。由祖父以下，其屬遞殺，范文正公謂：自祖宗視之，則無親疏。由此推之，自天視之，人亦無親疏也。故凡克篤鄉里者，未有不睦宗族，睦宗族者必先友其兄弟，友兄弟者必孝其親，孝其親者必率其祖。君實猶習坎焉，漸而達之君之門，歷千百年不替斯義，以迄於今也，豈不偉哉！《記》又曰："有夫婦，然後有父子。"君之不再聘也，其義又較然者矣，

二十年前，余薄游西江，與君邂逅臨汝之署，末俗好諛，幕下士平時雅抱氣節。及與主人宴坐，或論事，雌黃黑白，視意所趨，莫敢忤。君與余獨落落，遂為忘年好。余髫年誦小學，即知有江州義門。及長，與君交而不知其為苗裔也。君之孤繼曾不遠數百里以狀乞銘，余始知之。君一子即繼曾，郡廩生。女四人，孫五人，女孫二人。君生於康熙某年月日，年五十九歲，卒於雍正某年月日，葬於郡東雷勝岡之陽。

銘曰：涓流簹滴千里源，紺芽微栦百尺根。詒厥孫謀曰義門，一家之政施於國。鬱鬱蔥蔥君乃宅，振振揖揖神所格。

（文見乾隆《光州志》卷五《傳誌》。王偉）

朝議大夫太史閻公墓誌銘

高玢

康熙五十三年二月二十一日，太史戒過閻公卒於京邸。公子國緯，先是年生，方在繈褓，賴從侄閻續原執喪事，幸厥配胡恭人攜孤撫櫬旋里。公歿三十年，始卜兆歸窆。公子國緯乃以狀，請誌於余，以余知公最深也。按閻氏之先，自洪洞遷固始，數傳至可立公，以長子性聖貴，贈山西道監察御史。次子庠生性善。性善生澤澍，即贈公也。

公生而警敏，自幼有大志，恥就外傅，惟奉庭訓讀書，上宗《史》、《漢》，制藝則取先正，而取材於天、崇諸大家。初就童子試，邑令梁公器其文，曰："大器也。"遂置第一。年二十一，以歲試第一名，補博士員。越年丁卯，領鄉薦第一。戊辰，聯捷會魁之第九名。辛未對策，釋褐，館選庶常。余與公三試皆得附驥，而公獨置身青雲之上，其不及公遠矣。

公館選後，輒通曉清書，一時同館後進若勵，令式諸公，多從公遊，皆自謝不及也。公居庶常未數月，聞贈公病，即請假歸省，以事阻不果行。次年春，引終養例得脫歸，而

訃音適至，垂涕疾驅，路人泣下。乙亥，服闋就職。丁丑，散館，授檢討。而公以太夫人春秋高，追懼從前，告歸之晚曰："木天可再入，萱庭難長恃也。"於是得請，即行。承歡膝下者二年，太恭人促之，復補前職，自是聲聞達帝座。壬午，有典試滇省之命。乙酉，有總裁詞館之命。丙戌，則有提督粵西學政之命。其視學粵西也，念學校為人才所出之地，而三十二學無訓導一官，非所以作人也。遂會撫臣，具疏特請，得如所請，而師儒左提右挈矣。往者，試士止一藝，公期以二藝為率。每一題，必開發其義，又擬作課文以為諸生式。由是風氣日變，人材蔚起，皆公力也。先是，公典試雲南，號稱得人。及門趙君燕鄰，高士也，嘗令廬山，未三月，即自免歸，惟山水詩酒自娛。公曰："真吾道中人。"寓書萬里嘉之，其以古道照人也有如此。

公少時豪氣未除，聞朝貴之模稜者鄙之糞土。遇儕夫，或以語侵之。余私責之曰："君號戒過，而捫舌之誡未聞耶？"公笑而不答。久之，名其堂曰"師夔"，而語其姪輩曰："唾面自乾，盛德也。願汝曹效之。"昔馬援之教其兄子不過爾爾，而公之勇於改過可知矣。公生順治十八年九月二十四日，卒年五十有四，屢荷帝眷，三遇覃恩。公生為儒臣，歿有令譽，門第子孫，天實相之矣。是宜銘。銘曰：

　　天祚盛德，克昌其後。迺生太史，亭亭獨秀。晨庭詩禮，作述一堂。紹衣家學，源遠流長。公之為文，自闢蹊徑。力掃陳言，遠追先正。帝曰汝才，宜直彤廷。從容講幄，稽古之榮。滇南粵西，敬敷文教。桃李成陰，公門斯茂。惟我與公，形骸兩忘。名節共矢，風雨連牀。為公也惜，歿不以年。重公之器，清廟瑚璉。仁人有後，振振其趾。勿替引之，肇禋肆祀。

　　乾隆八年。

（文見乾隆《光州志》卷五《傳餘》。王偉）

方節婦黃氏傳

楊名斐

節婦姓黃氏，父穉愿先生，為郡庠學醇獻，其先世多忠貞大節。氏濡染家風，少成若性，比笄，適方子希聖，克執婦道。舉一子景興，甫周晬，希聖攻苦病夭。舅氏子皋先生，方以明經窮老於鄉。中年，七子皆殤，至是復遘子喪，日益衰頹。世產數十畝，廢斥過半。氏含辛力作，上供翁姑饔飧。常寒夜紡績，手凍裂不能持軸，就燈上烘之，烘已，復績不輟。比景興稍長就傅，即循循塾誡，儼若成人，見者皆愛憐之。氏亦迫望其錐穎早脫，以慰衰顏，每晚令其持書詣祖書舍講誦，約俟績完歸寢，偶一早歸，必仍訶遣之。子皋先生雖心慮其過嚴，然亦不能禁也。

乙未夏，景興年十三，又以痢夭。時子皋先生年已七旬，延室悲呼，以傷心致篤疾。氏調視湯藥，目不交睫者四十餘晝夜，而翁訖不起。氏哀毀骨立，泣謂其姑曰：媳育此不禄子，禍及衰翁，媳罪大矣。媳敢復以私痛傷生，致孀姑耄而無依耶？"爰謀於族衆，擇嗣成服，經紀喪事，始終如禮。事姑色養倍至，一衣一履，必曲體所欲而敬進之，且晚潞瀡，絕不假家人手。嘗預為誡曰："姑耄矣，齒牙脫落殆盡，吞啜維艱。汝輩粗累，恐或拂老人意，反損天和。凡飲食必吾製之，吾嘗之，老人庶不棘於吻耳。"婢嫗時以其語述諸戚屬，聞者咸感動垂泣。復於女姊之獨且貧者，解推收恤，俾與姑共處，以愜其歡。女娣之未字者，治奩遣嫁，恒中夜催刀尺，姑每遽起止之始休。撫嗣子恩義兼盡，春秋禋祀，及冠、婚，弔問諸典禮，務令循謹周匝。族人有犯其墓樹者，以厚遺勸止之，其人感愧不受而去。家故無多僕從，僅一二婢嫗，每與之同搯作，共甘苦。間有獲於女工之贏者，供姑之餘，悉分賜之。故其門內皆有骨肉父母之戚焉。蓋其貞惠旁孚類如此，苦歷三十二載。

乾隆元年，州人士臚厥事實上聞，建坊旌閭。無何，遘奇病，瀕危者再，姑憹惶不知所出，籲天請以身代，已而，果稍痊。逾年姑歿。氏躬營葬祭，一如所以治翁喪者。又逾年，始卒。人以為慈孝相成，造物若默為之應云。

（文見乾隆《光州志》卷五《傳誌》。王偉）

光山縣

陳公祠記

程世昌

玄黓執徐之歲，余邑陳侯以賢能內擢去任。士民攀留不得，久之，謀所以俎豆之者，伐石爲碑，而徵余言以紀其惠政。余嘗讀漢史，所稱去後見思者，獨氾鄉侯何武，而所居無赫赫名，何以稱焉？夫守令職在牧養，法當如慈母之護嬰兒，安所得赫赫者而稱之？侯之蒞余邑也，五載於茲矣。弢治城堞，闢除草萊，安集流移，夏楚猾蠹，均賦役而里甲無擾，清盜藪而夜柝不驚，捐俸以代無藝之征，推食以恤貧窶之士。善政牘不勝書，而大指則歸於一廉。侯性本恬澹，守己端方，苞苴不入，自奉敝衣糲食晏如也。瀕去之日，幾不能治行裝，此豈赫赫近名者，所可以聲音笑貌爲哉？侯故江南望族，已復度榆關、涉遼海，以益發抒其雄傑之氣。故其服官之日，一唯乃心公室而竿牘情面，交際餽遺，概從謝絕。其於升沉利鈍，直義命以安之，了不經意也，而究之循聲雀起，應天子璽書之召，然則廉吏亦何負於人而必以赫赫著稱耶？由此推之，凡爲吏者，爲廣漢，爲翁歸，不如爲氾鄉也審矣。

侯諱洪柱，號九巖，滿洲籍，江南清陽人。

順治九年。

（文見乾隆《光山縣志》卷二十一《藝文志》。馬懷雲）

重修儒學記

清 程世昌

光山儒學，自宋嘉定五年，州守柴中行重建。明嘉靖時，撤塑像易以木主，而光山之像巋然獨存。萬曆戊子，邑令牛應元重修。辛卯，邑令汪先岸增修。崇禎末年，流氛煽焰，殿廡盡付一炬，而像仍無恙。非有神焉呵護之與？然而四壁徒存，蓋瓦零落於荒烟蔓草中，反不如木主之爲便已。邑故才藪，文獻甲中州，甲乙榜科常五六人，或三四人，何以後遂寥寥也？根枯則枝萎，源涸則流乾，理有固然。當事者目擊心恫，非不爲刱建之議，而兵荒洊至時詘[1]，未可舉贏，議加編議勸助究同築舍。余不自揣，歸田十年，計力耕之所獲，得贏糧數百斛，爰爲修舉計。於順治壬辰之春，入山採木，木之干霄者，多在巉巖絕澗中。挽絚而上之，窮百夫之力，始能致其一於水。次歲適旱，河水斷流，迄不得下，委積於荒

---

[1] 乾隆《光山縣志》卷二十一《藝文志》所錄此文，下無"未可舉贏，議加編議勸助究同築舍"。

洲斷岸之側，濕熱交蒸，蠹生菌長。明年運到，半作溝中斷矣。再命工師，分途而出，多方搜訪，山水乍盈乍涸，又不時阻梗，自夏徂秋，幾費推挽，始達郊關，而余適病，氣息奄奄，一籌莫展。乃屬家弟世會代董其成。弟素敏練，有幹材，率其幹僕，宵旦經營，權輕重而次第布之。復於徬徨瞻顧之餘，念從祀諸賢几筵未設，何以羽翼宮牆？罄出私囊，搆兩廡十八楹，以補余力之不逮，而廟貌始初備完繕。是役也，不費公家一縉，不役里甲一夫，即士民好義者以寸橡片石相助，必酬以值，工始於癸巳年七月，閱二年而竣。勒石例有一言，以為後來揚厲，故不暇旁引，而第述其締造之艱難如此。

學宮之役，年來心血所寄也。恐一旦溘先朝露，湮沒無傳，漫從病榻中草此數言，以紀其實。吮毫濡墨，不禁泫然。

順治十一年甲午九月十四日，韋庵老人記。

（文見民國《光山縣志約稿》卷三十一《藝文志》。馬懷雲）

邑侯孫公清除粳粟記

闕碧霞

國家有一定之經制，法在必遵；即有甚愛民之有司，不能損益於所必遵之內也。有司有一定之催科，法在必行；即有甚驕蹇之百姓，不能頑鈍於所必行之外也。然則有司亦奉行惟謹，援引經制，以行其必徵之催科耳。雖然，墨守相沿，無所釐剔，上下蒙隱，莫此為甚。此即有司可以無曠職報最，百姓亦以故事口碑諛其說，以厚道為父母地，誰曰不宜？然史傳循吏，何以稱焉？若夫有實心者，必有實政，有實政者，必有實惠，如我光邑侯孫公，足以當之矣。余光山自鼎革以來，邑侯之蒞光者，咸謂光民凋殘之餘，以無擾為撫輯。催科一憑胥吏，遂為成案，而里役之黠者，至相呼應從事，一則曰經制如是也，再則曰催科應爾也。光之民敝不可起矣，誰從執成憲向上而控之？惟侯則曰："朝廷軫恤民依，而賦役之出自百姓，有一定之經制：或有一時之流弊，國書俱在，可考而知也。余既不能寬法內之仁，亦安可不剔相沿之弊。"於是，稽圖籍，閱《賦役全書》，至粳粟一項，已在正額條徵；胥吏執流弊為成案，又入雜派並徵。侯憮然曰："此何可訓？前此之徵，必有他故，偶為借支，可嘗試乎？此法當除！"於是，請之上臺，報曰："可。"噫！吾光之民受侯之惠豈不溥哉？迺侯又有遠慮者，謂弊可杜亦可生，今日以為流弊而除之，他年安知不又援成案而復之？曷垂諸石，以著久遠。以一年計之，便民者千金；年年計之，其便民幾何矣？此寧但光一時之民口不足碑，且舉光民之子以及子，孫以及孫，皆口不足碑也。侯之衣被吾光者，雖古循吏何多讓焉！今幸沐薰風，敢不拜手敬書勒石。

順治十七年。

（文見乾隆《光山縣志》卷二十一《藝文志》。馬懷雲）

新修明倫堂記

胡虞冑

自有虞氏，上庠既設，三代因之，名雖不一，子輿氏得其旨，而蔽以一言曰，皆所以明人倫也。後世相沿，設博士官，置弟子員，詔州縣立學，自先師廟而外，則皆講授有堂，肄習有齋。所謂講堂，即今之明倫堂也。乃不他取義而獨倣子輿氏之說者何？居此固古今致治之微，權使人日遷善而不知，消其邪心而莫覺也。吾光向稱望邑，其頖宮規制，頗云大觀。泊崇禎辛巳，獻逆一炬，虎兕之謂不在當日矣！我國朝恢宏聖道，扶進人倫。前者邑中丞程公世昌獨力搆大成殿，其弟世會亦協力成從祀兩廡。至明倫堂猶然荊棘中。邑宰循良後先相繼，屢欲興修，力詘不果。庚子之夏，馮翊孫公來蒞茲土，目睹邑弊，惻心思捄，謁先師，見講座露設駭然。聚紳士謀之曰："邑之弊其由斯乎！"昔魯國寖衰，賤妨貴，少凌長，小加大，淫破義，名分蕩然。先師攝相居三月，羔羊不加飾，道不拾遺，男尚忠信，女尚貞順，化僭革强國以大治。求其為治之要，不過別尊卑，分貴賤，順少長，制為養生送死之節而已。今國家化民成俗而堂取明倫，豈非別尊卑，分貴賤，順少長之至意乎！於是，減俸鳩工，斂異材，仍舊阯，數月而堂成。過其下者，顧名思義，肅然心動焉。吁！公之因時舉事，明聖道，正人心，以安吾邑之民於衽席，得致治之本矣。雖以黼黻皇猷協理太平可也。公方欲具公饌，聚諸生授經講藝，朝夕斯堂，究明倫之旨，而遽以刺史蓬州被擢。邑之父老子弟，願借時月莫可得。則守公之畫一而引伸之，是又望於此之良牧，率公之教訓而力行之，是又望於後此之諸生矣。謹記。

時順治十八年辛丑七月也。

（文見民國《光山縣志約稿》卷三十一《藝文志》。馬懷雲）

重修啓聖祠記

別策

祀典肇秩，至聖崇文教也。顧大成有殿，即啓聖有祠，由來舊矣。順治辛丑秋八月，予來視縣事，詣學宮瞻拜，大成殿肅如也。登明倫堂，問啓聖諸祠何在？博士率諸生言曰："光邑學宮，前不可考。宋嘉定五年，監丞柴中行重建。明代遞有修葺，載在邑志，班班可考。崇禎辛巳，學宮盡被寇毀。至順治癸巳，邑中丞韋庵程公捐建大成殿。次年，中丞之弟貢生世會成兩廡。丙申秋，邑令管君聲駿修戟門、櫺星門。庚子冬，邑令孫君自俊建明倫堂，而學宮大畧可觀矣。惟啓聖、名宦諸祠未及建，而孫君擢蓬州牧以去。予聞是言不禁瞿然曰："是予之責也。"夫大成有殿，而啓聖無祠，豈特非制，恐終不足以妥至聖之祀也。遂刻日鳩工，選木捐俸以辦，經年而工告竣。雖楹庭樸畧，未臻塗丹，而於規制則亦已備矣。居無何，余以前任之故解組將去，謹記數言，以書興修是祠之歲月云。

順治十八年。

（文見乾隆《光山縣志》卷二十一《藝文志》。馬懷雲）

別侯徵收便民良法記[1]

陳棐

　　程明道曰："吾不得一郡伯邑牧，以試平生之所學。"蓋郡伯邑牧，萬姓係命，厚綏保釐，迓無疆之休，率端本焉。然郡伯殿龔黃之最，又全賴邑牧有卓茂之良。

　　考光邑舊額地四千二百三十九頃七十畝。地分三十里。里分十甲。照甲論差，名曰熱欠。值年、戶首、看櫃、認皂、催收，歷久以為故事。明季慘罹流氛，燕雀幕空，土赤田石。幸我清定鼎，哀鴻再集，除荒徵實，初糧未多，孑黎漸有起色。迨其後，荒萊日墾。自順治十五年，通縣行糧增至六百一十四頃七十畝。未幾，復奉自首文，覆增糧五百三十六頃三十畝。近又每畝坐加六釐有奇。嗟乎！糧之數日益甚，而額數益不可減矣！然猶增糧之數也，中間甲胥徭役勾攝保歇，巧飛愚弄，深吸暗撥，萬千狀態，殆不可綜覈。辛丑秋八月，別侯以青箱名冑來蒞縣事，加意撫摩，憫吾邑之疾苦而籌之曰："熱欠病在科索，莫若自封自收。熱欠病在解需，莫若官收官解。至認皂戶首適以擾民，曷若請文永革，官便民，而民亦自便。"遂以牘上，即如所請。侯即設櫃儀門立兩欄舍處，各民書於內，止令登記納數，銀則花戶投封。投者當給印票，絲毫不假民書手。

　　光民從此無雞犬之驚，省追呼之擾。即山叟埜媷，僻谷窮林，無不通曉簡易。行之匝月，倐變數十里，星雷莨楚之呻吟，為咒觙羔羊之拜祝。如此者三年，光民忻沂色起矣。

---

[1] 乾隆《光州志》載文與此稍異，茲錄出於下：

　　程明道曰："吾不得一郡伯邑牧，以試生平之所學。"蓋郡伯邑收，萬姓係命，厚綏保廈，迓無疆之休，率端本焉。然郡伯殿龔黃之最，又壘賴邑牧有卓茂之良。

　　考光邑舊額地四千三百三十九頃七十畝。地分三十里，里分十甲，照甲論差，名曰熱欠。值年戶首看櫃認皂催收，歷久至今，以為故事。中間甲胥徭役，勾攝保歇，巧飛愚弄，深吸暗撥，萬千狀態，殆不可綜核。感天之仁愛捅瘵，大造彈丸。辛丑秋八月，別公以青緗名冑，僑寧鴻才，奉筒命插，摩惴憫疾苦，爰聚紳矜子元於明倫堂籌之，曰："熱欠病在科索，莫若自封自投；熱欠病在解需。莫若官收官解。至認皂戶首，適以擾民，曷若請文永革。"一時，紳矜子元諸起對曰："若此善法，蓋官便民，而民亦自便。吾邑不見此照規者，百餘祀矣。"洵若此行，允協上旨。次日，紳矜同父老楊大功等相率來輸秋稅銀，公即設櫃儀門，立兩欄，舍處各民書於內，止令登記納數，銀則花戶投封，投者當給印票，絲毫不假民書手。

　　光民從此無雞犬之驚，省追籲之擾，即山叟野婦，僻谷窮林，無不通曉簡易，行之匝月，倐變數十里，星雷莨楚之呻吟，為咒觙羔羊之拜祝，如此者三年，光民忻忻色起矣。是果天之仁愛歟？抑公之大造歟？紳矜子元觀此善治，聿謀久遠，於是，復請明文，壽諸貞珉，庶幾便民之法，經久不替。異日，我公持衡宰輔，總理戶曹，未必不本此良規，為天下賴也。是用石。

　　順治十八年。

紳衿子元覩此善治，聿謀久遠。於是，復請壽諸貞珉，庶幾便民之法，經久不替。異日，我公持衡宰輔，總理戶曹，未必不本此良規，爲天下賴也。是爲記。

（文見乾隆《光山縣志》卷二十一《藝文志》。馬懷雲）

重修淨居寺塔碑銘

王祖晉

夫滅惡生善，支提以名，控寂乘幽，呵護斯立，惟虧全之有數，迺剝復以相尋。淨居塔者，唐神龍中，釋道岸之所建也。千齡電逝，五級雲隤，委多寶於荊榛，蝕諸天之風雨而寺僧竺鼎，地資奈苑，道闢桑門，金殘而點石徒存，代遠而珠埋莫識。爰紃緇蠹式廓，祇林結彼，衆緣葺茲。聚相捫巉巖，以求廢址，罄巧匠以奪神工，懸華蔚而有光，迦業造而無縫，遂使露盤礙景，依然雁墮遺墟；星甗攢霄，復覯鳩摩舊制。十方永鎮，千福同資。其銘曰：

茫茫浩劫，悠悠梵天。簍空影去，紺宇蕭然。林度西來，松枝東指。面壁十年，浮圖再起。堵坡湧去，瓊級鬱盤。雲蓋朝紫，風鈴夜寒。崇搆更新，宗風振舊。蘇山峨峨，與之並壽。

（文見民國《光山縣志約稿》卷三十一《藝文志》。馬懷雲）

新修大蘇山梵天寺記 [1]

胡虞胄

如來妙明真性常住不滅，而十方寶刹不能金剛不壞，必不免於葺舊鼎新者。蓋時有久近，世有治亂，斯刹不得不有廢興。然正惟刹有廢興，此如來之所以再來，而衆生之得藉以共證也。予里之有大蘇山也，自衡嶽思大和尚以大小乘引喻，行菩薩三聚戒[2]，駐錫於茲。智者大師隨來謁，入觀得法。此刹之所由興也。中間歷唐、歷宋、歷明，蓋不無興廢，然其賜名、賜藏，固可考而稽焉。明季寇荒頻至，佛子伶仃，香消火爐者二十餘年。時有和尚慧門探三車十二部之奧義，得其未曾自焦山閱藏，即雅慕蘇山，因帶鶴西來，欲就普賢道場說安樂行，指點靈鷲舊識。既至，但見荒烟蔓草，棟餒牆巖，一笠一瓢，了無住著，乃尋古碣，得蘇文忠公詩序云，此刹毀於廣明庚子。和尚躍然曰："此最勝因緣也。昔歲在庚子毀於斯，今歲在庚子其[3]興於斯乎！"然向來之寸土一木，皆苦無一可因，湧塔化城事誠不易，乃發大願，力出疏持鉢，首告於邑有司，次及十方檀越。近遠跋涉，早晚經營，

---

[1] 民國《光山縣志約稿》卷三十一《藝文志》標題作"重修大蘇山梵天寺記"。

[2] "引喻"、"行菩薩三聚戒"，據《民國志》補。

[3] "是"字，據《民國志》補。

抄絲募粒，誠不啻磨杵團沙。越兩稔，鼎建前後大殿各五楹，東西禪房各倍之。復七寶裝嚴一新，如來妙相晃耀如百千億日。回視二聖，結庵之後，依然靈山勝會，八部光輝矣！和尚以功竣，而予里在其袈裟趺坐之內，乃遣弟子屬予爲文記其事。且曰："寺有土田器具，恐後不無闡提壞法者，並祈一言及之。"予曰："唯唯。"令此剎前日不廢，安得和尚現再來身，杯渡衆生？令此剎今日不興，安得衆生發菩提心力裹厥果？今此如意福田，人天眼見，正如來妙明真性遍現於一切。正所謂常住不滅，不隨此剎爲廢興者也。若闡提擴法，則有邑有司存佛法護國，豈宰官不以國法護佛乎！

　　康熙元年壬寅春月記。

（文見乾隆《光山縣志》卷二十一《藝文志》。馬懷雲）

重修光山縣堂記

王起岱

　　說者謂凡事之成，必以勤敏，而其效集於嚴、弛於寬。然則欲刱建者，將必武健嚴酷，始足以勝任而愉快乎？何以靈臺有不日之成、營洛大和會之吉也！是則成功底績，其道蓋有由矣。余蒞光，以甲辰春二月望。當未至時，即聞其堂署傾圮，諸事頹廢，業怒然深以爲憂。及至，而夏雨連綿，每視事時，見梁棟輒震撼有聲，筍栝如飄籜墜地，乃決志圖興修焉。幸其時雨潦河漲，木筏得通，價不多而取材裕，是殆天時人事兩湊之力歟？而余以爲審宜而制用，循物以成務，其中更有幾微之合也。余之抵光也，其人衆嚚然，其物力詘然。議者止簿書爲恤，何遑他務之及？然以多事之地御之，以行所無事之心，遂若一無所觸而恢恢有餘。於其間，時無不有其便，而物無不有其適。是故事溢木湊，既有可爲修建之機，而風雨飄搖又迫以必欲修建之勢，時至事起，亦遂適然以成厥功。且夫巧者明於利否之分，捷者希於苟且之圖，則以堂之既朽，而木之可資也，亦必資之民力以爲功。而不肯爲捐己之愚。夫不損己則損民，不捐己亦不損民，則必曰吾姑待之，而不肯爲必竟之圖，如是而何以成功？

　　夫惟予之鈍且拙也，故不以公廨私室殊觀，不以經營爲煩，而亦不俟懸令以程苛責爲督，則功之成，又何需於嚴威而始集哉？而揆於其原則，固吾在上者之功也，夫人即有必爲之志而爲之上者。以前此之因循，而一旦爲鼎新之舉，將有紛更之嫌，以爲興大功，動大衆，或者耗其惟正而生擾累也。於是乎苟繩而束縛之，而掣其肘不得展，泥其踵不能前，又何以底績？然則茲舉也，末吏之刱興，總爲憲烈之垂貽而已矣。於是，記建斯堂，並續是堂而建者附記之。是堂始事於康熙三年五月，落成於六月。而是年，在城則東門樓次之，城堡十二座次之，大堂，二堂，三堂之捲棚又次之，庫樓房、快手房，堂房又次之；其冬，則東門橋次之。至四年春，沿塔隄成焉，北門橋建焉，治東之營房修焉，二門內之土地祠新焉。至六月，西門樓又成焉。五年二月，則察院之捲棚、皂隸房，官廳與縣治兩廊之禮、工二房，咸以次修舉。至六年三月，而塔頂合尖。四月，而二門式廊，賓館聿崇，而在鄉有墊鋪界牌之修，沿路有桃柳棗桑之植。凡所興舉，咸自茲堂肇始，例得附此並書。

康熙六年。

（文見乾隆《光山縣志》卷二十一《藝文志》。馬懷雲）

重修永濟橋記

張文炳

邑之東南，羣山翠焉，山之趾，水之壑也。總萬山而計之，其為壑也多矣，而皆大會於潑水。春夏，洪流建瓴北下，商賈行旅，賦瓠子焉。前甲邑紳畢中丞建橋其上，榜曰"永濟"，誌功也；又曰"萬金橋"，誌費也。康熙戊申夏，陰妖起蟄，河伯不仁，假道縱之，橋因以圮。所謂永濟者，其何以濟？不幾以萬金飽流水乎？邑令朱公有憂之，顧其佐趙公曰："當吾世，而民病涉，令之恥，尉之羞也。盍思所以底厥功，材賄器用，予取予求哉。"趙公拜手曰："敢不竭手足之力，繼之以胼胝！"相新舊，度基址，計工匠石，問材木工，咨煉冶氏，與石工同臥起，與斯役均勞逸，風雨之晨，霜雪之夕，未嘗不在也。越三年，續成。皇蹕四牡，冠蓋蹄輪，履康莊而出坦途者，莫不誦朱公之德，而稱趙公之功不衰。余不覺鼓舞以起也，曰："美哉丕績！"豈惟斯民是賴，繄畢中丞實式憑之矣。水之神曰實沈，實而虛之則不沉矣。前之廢也，遭其實也；今之舉也，復其虛也。二公通神明之德，識天地之宜，斷而守之以堅，故能再造無疆，功同明德也。永濟一言，中丞公開之，二公扶之，鼎足而同垂也。彼陰陽果報之說，亦必諸作善降祥之天，不在其身，則在子孫也，此固婦子室家碑鑴心口者，余固無容喋喋也。

康熙十年。

（文見乾隆《光山縣志》卷二十一《藝文志》。馬懷雲）

重修文昌閣記

范景賢

嘗聞事之未可驟興也，雖剏始者不為功；事之難以中止也，在繼起者宜為力。矧一邑之風化攸端而觀瞻是肅者乎？余自丙辰秋來蒞斯土，甫三日，晉謁學宮，瞻拜之餘，見大成一殿，從祀兩廡，廟貌巋然。隨登明倫堂，禮啟聖祠；訊以文昌閣，而苔蘚盈階，蒿萊滿目，遺址猶存。紳士故老為余歷歷備言其事，因知是閣之初名登龍也，始於嘉靖前令沈君之剏建，繼而更名文昌也。由於牛令之修葺，延及萬曆乙未，則有陳令之重新。歷年以來，鄉會濟濟，名甲天中。迨崇禎末年，而流氛一炬，灰燼無餘，以致人文寥寂，伊誰之咎！余用是惕然自念曰：閣之有關於文教也。如是，是余今日之責也。於焉鳩工庀材，議制五間，高三丈有九尺，長四丈有三尺，廣闊四丈上下，飛檐雕欄畫棟，圍牆前立而左右之，可以迎朝霞送夕暉也。約計數百餘金，傾囊而出，未嘗費公家一緡，役民間一夫，經年告竣，雖不敢謂美哉輪奐，而較之從前荊棘，不無頓殊焉。禮門義路，升堂入室之基也；泮池月宮橋，賢才樂育之地也。乃亦頽廢多年，淤泥閉塞，終當竭力更新，次第修舉，庶幾文運休明，多士彙進也。

時康熙戊午三月。

（文見乾隆《光山縣志》卷二十一《藝文志》。馬懷雲）

重修涑水書院記

甘琮

治之西北枕流慶山，雉堞埏其上，聳層巒，叢古木，洋洋乎大觀！元令鐵木兒不花搆講堂，營齋舍，祀司馬溫國公於其內，名之曰"涑水書院"云。溫公爲有宋賢相，經綸贊天地，著作傳古今，實生於光，固光之人所寤寐親之，羹牆見之者也。聞風者興起，入廟者觀型，自元迄明，遂爲禮樂詩書之地，中遭兵燹，鞠爲茂草者不知歷幾春秋！前令管公起而復興之，彬彬稱盛。又經數十年，飄搖薄蝕，又非其舊矣。龍眠楊公抱澄清之志，具濟世之才，康熙己未歲，縮綏吾弦，修舉圮廢，百度維新，乃於中秋月潔籩豆而祀於堂；其意恭，其氣肅，凝神而儼若者久之。仰瞻俯矚，見夫四壁徒存，宇傾棟折，惻然而隱痛焉。謂紳士曰："予爲諸生時，讀《資治》諸書，久已想見其人，竊嚮往而不能置。今見其衣冠劍佩，不啻親炙於當世。誰守此邦，而巍然廟貌坐聽其頹垣斷礎，夜雨啼螿已乎！"爰捐俸鳩工庀材，命者民陸兆麟以經營其事，一載而功告成。邑之人登其堂，朝夕左右於其側，無不油油然束躬自好，强學修行，以無負殷殷枌建之至意。《傳》曰："師道立而善人多。"得司馬相公而奉之，其爲師也多矣。而公之神交若接，曠百世而相感，其必有合焉者乎！

康熙十八年。

（文見乾隆《光山縣志》卷二十一《藝文志》。馬懷雲）

修接龍隄記

周怡

古者建邦啓土，度地居民，流泉夕陽，左瀍右澗，遐哉尚矣。厥後規立，城邑審局面勢，莫不以土厚水深爲兢兢焉。夫不厚不深且不可，而況剝削其自有之氣脈乎？弦固東南都會也，先朝科第如林，閥閱相望。皇朝受命，文治愈新。弦之捷南宮者，僅三人；歌《鹿鳴》者，纔二人耳。丙午以後，天荒寂寞，十數年於茲矣。土不學歟？學不精歟？抑天實困鬱是而生材獨靳歟？殆不其然。揆厥所由，則以乾岡掘塹，斫毁真氣故耳。嗟乎！狃目前苟且之計，忽百年久遠之圖，坐使通經學古之士嗟雌伏，而泣鷖遷者何人也耶？康熙癸亥，歙縣吳公理吾光山。公餘眺望，步自西城，瞿然顧，適然驚，既而慨然曰："是余之責也。"山川有靈，其默啟我矣。爰是相遠邇，規基址，捐俸募役，命日程功，不踰時而龍隄成。公顧而言曰："使形家之理而果無之也，則亦已耳，如其有之，彼西兑秀靈之氣，得不延之而來耶？"於是，邑之人士，咸稽首公前曰："有是哉！公之錫吾儕者厚，而愛吾儕者深也。"前之令斯者，其始病於不能知，其繼病於不能為；縱欲為之，而其終又不能果也。熟有見而知，知而為，為而成，斡旋造化，興啟人文如公今日者哉！繼自今，凡吾邑之說禮樂、敦詩書者，孰不遇斯隄而拜明德也歟！[1]

康熙二十三年。

（文見乾隆《光山縣志》卷二十一《藝文志》。馬懷雲）

邑侯陳公編審記

周怡

福山陳侯牧弦之期月，政成化洽，恩溥德洋。有弦土民，亦既父母愛之，神明仰之矣。歲在辛未，編審屆期。公惻然憂曰："民食比歲不登，稷麥方淪巨浸，且災深繭栗懸未，泣向匍匐矣。茲復令之奔走，官下資糧，扉屨耗之，公私科擾又耗之，杏蒲之望既虛，鹵莽之形立見，是歲再歉而民再饑也。無食無民，安用此虛名負版者為？"爰是焦思蒿目，卻顧躊躇，入或不言，出或不語，如是者幾宵旦。一朝，下隍廟，集父老子弟而詔之曰："若等豈有墾田不報，以慢維正之供者乎？"僉請曰："不敢隱。"又詔之曰："弦邑丁不徵銀，若等豈有生聚繁而不登户籍者乎！"僉對曰，"願悉以聞。"返而蒞堂置案廡，下令民投冊其上。里役無勒索，胥吏無旁撓。越三日，訖乃事，麾而遣之曰：各歸事東作。所有冊費公費我為政，若等勿與知。"一時稽首山崩，歡聲雷動，咸曰："微使君之惠，不及此舉。"前此數月不能了者，公以信宿竣之。上以奏司徒拜獻之課，下以布如傷在宥之仁。不傷財，不病民，不廢法，神明通變，息事寧人，仁育而義裁，智深而勇斷。蓋實有精神學問，以運量於其間，而非權宜一切者，所能仿佛其萬一也，明矣！夫公自下車以來，介節清操，在在玉壺冰映！而課士有經，蒞民有法，煥學宮之圮廢，裁冗保之紛更。徵收則櫃不設權衡，發賑則野不嗟鮮飽。名分明而囂凌戢，德化洽而囂訟平，無事不出人望外，又無恩不愜民意中。而是役也，省通邑不貲之費，造一邦無量之福。爰得我所，惠我無私，蓋將與

---

[1] 乾隆《光山縣志》卷二十一《藝文志》加按：是工甲子告竣，未幾，圮于陽侯，厥功盡付流水，則不慎置薪故耳。西粵劉公慨然任之，命諸生宋璜、靳以忠董其事，通邑紳衿捐資助成之，視舊隄廣高各一倍，屹然完好。而公遂膺內召去，扶輿清淑，信有明徵哉？顧外塹巋然，內塹尚缺焉未備，俯察而念及之者，將在神君矣。怡載記

衮衣章甫之歌，共謳吟而詠嘆之。彼千姓萬族之歡呼，同聲而合響者，豈強致歟？損乎上者益乎下，家有賜而人有子，自白永矢以勿諼耳。爰伐堅珉，敬役雕氏，一以誌二天之戴，一以留高厚之仁，美令範而式來賢，意良深遠。後之紹公而起者，撫富教之羣黎，而值斯役也，曷師乎？則有賢侯之片石在。

康熙二十九年。

（文見乾隆《光山縣志》卷二十一《藝文志》。馬懷雲）

邑令陳公講堂記

甘琮

弦之書院何昉乎？昉於元令鐵木公，自元迄明歷數百載，末季兵火之餘，委諸草莽者數十年。康熙庚午，東牟陳公蒞任於弦。規模治具，原本經術，而貞之以廉，行之以斷，濟之以不測之威，故投之所往無不如意。絕苞苴，官箴肅矣；遠請托，訟獄清矣；鋤奸宄，良善安矣。且運陝之夫，招覓襄鄧，而民獲寧居。編審之法，革去冊費，而役無苛求。逾期以來，吏畏其威，人奉其法，熙熙然政之行而化之成也。乃選勝於溫國公祠之東，仍書院舊址，闢講堂三楹。堂之後又營藍舍，延僧以司其扃鑰。邑紳韓同春急公樂事，置田十餘石，使守者有所取贍。堂之役告竣，而前此之廢者，公其興之矣。蒞政之暇，率鄉大夫、弟子員登眺於上，從容講學，彬彬乎文采風流，聲教四訖，猗歟休哉，何其盛也。

夫司馬溫公生於光山，為宋名臣，故光山有專祀，俎豆不祧。公之為治，亦既造福於光，則此堂不與溫國之祠並祀千秋哉！今甲戌春，膺內召而去，行將與父老子弟別，民即有情，其能攀轅留乎？乃役匠氏繪公之像於中堂，以寓愛慕無窮之意，俾絃誦之士思文章德行以為範當前，即是不啻耳提而面命之也。邐迤之民，思父母而瞻依風度，宛然不啻坐堂皇而臨撫我也。昔先民相戒，勿翦勿拜，在甘棠蔽芾。茲弦之遺愛，其在斯堂乎？爰勒石以志不朽云。公諱汝弼，號蹢庵，登己未進士，山東福山人。

康熙三十年。

（文見乾隆《光山縣志》卷二十一《藝文志》。馬懷雲）

重修節婦祠記

陳汝弼

國家之設祀典也，忠臣、孝子、烈女、節婦皆祠焉。祠之者何？蓋以勵人倫而維風俗也。邑之節婦甘氏，庠生霖之女，年十七，適生員宋希朱。甫一載，朱以病故。氏幼無子，甘心苦節。鍵築樓戶，家務付之老僕，日用飲食，俱以牖進。至年七十有二，染疾數日，不聞呼喚之聲而壽終。家人不敢擅啟其戶，告於邑令。乃命縣尉親驗，毀其樓扃，出骸就殯葬之。萬曆庚子，撫軍曾公，巡憲毛公，以其事聞於朝。命下建坊立祠，以旌其節，煌煌乎盛典也。祠經兵火之後，止建草堂，以蔽風雨。康熙七年，頻遭龍水，而此祠淪於巨浸矣。數十年春秋籩豆，對越於殘牆蔓草中，可勝悼哉？耆民甘云曾聚族議建，亦殫心力，卒遲之而未就。庠生甘世舉心甚憫之，乃毅然自任，曰："吾年耄矣。及今不爲，誰其爲之？"捐資庀材，以竣乃事，不數月而堂構重新矣。以享以妥，神其無怨恫也哉。余令茲土，覩其落成，不惜一言以記其事，一以見氏之苦節爲不朽，一以見甘生復建之功爲不可沒云。

　　時康熙甲戌季春。

　　　　　　　　　　　　　　（文見乾隆《光山縣志》卷二十一《藝文志》。馬懷雲）

重修文廟記

李新德

　　光爲豫省邊邑，山林叢錯，燥濕相參。兵燹之餘，生齒凋散。休養生息，垂五十年，土滿之患猶且未減，兼之異民寄籍，薰蕕雜揉，訟獄茲蔓所自來也。撫是邑者，養民固難，而教民尤亟，則學宮所係誠重矣。有明之季，燬於巨寇，至本朝順治間，邑紳程世昌伯仲修建殿廡，前令管君聲駿鼎新門闕，規模粗具。自是四十年來，未經修葺，漸致傾頹。章甫裒衣，風雨不蔽，春秋享祀，荊棘充庭。嗟乎！紺宇琳宮，彼浮屠老子之徒，尚思自扶其教，矧禮樂弦誦之區，吾儒寧不殷爲置念耶？余恭謁之次，目擊神傷，雖刱造有心，而民社初膺，有懷靡及。今春決意經營，爰計費程材，資匠諏日，不腆之俸，如取如攜；我紳我衿，是附是益。廣文先生、李周元、牛龍文總其程，邑尉焦貞新董其事，諸生朝夕左右於其間。隆隆之棟，承籍而纍纍之；仡仡之墉，鱗次而編貝之；黝堊丹漆，參互而藻繢之。越季秋，而大成殿以成。肅拜之餘，徘徊瞻仰，既巋然其秀，發復煥焉以神明。私心竊喜，且自慰也。其兩廡明倫堂，以逮橋、亭、射圃諸處，行將次第相及。而余且引回避之例以去，未竟之圖，後有賢者，余何憂哉？征車脂轄，信宿無多，聊識其大凡如此。異日者，光之人士登禮樂之堂，入聖人之室，倘有人焉追而溯之曰：此白山李令之所爲始基之者也，余且不朽矣。

　　康熙三十四年仲秋。

　　　　　　　　　　　　　　（文見乾隆《光山縣志》卷二十一《藝文志》。馬懷雲）

重修學宮兩廡碑記

楊之徐

　　歲乙亥，不佞來令茲土。謁聖廟，顧東西廡，頹榱敗瓦，基址僅存，瞿然曰："有是哉，有司之因循一至此歟！"余曷敢辭？遂擇吉而鳩工庀材，區間共十有四，垣墉而丹艧之。所費計二百金，悉捐己俸。工竣，龕先賢牌位次，其所易木而石。於是，釋菜進諸弟子員而詔之曰：而不聞山徑蹊間之說乎？一間耳。介然用則爲路，不用即大道康莊旋歸茅塞。此危微之機，子輿子發之實，則七十子之與漢唐諸儒，凡從祀茲廡者，皆惕惕於是而後爲聖人之徒也。物之廢也，有由漸積，久不治則日荒其成也；有由一簣，奮往則立就。吾與若曷鑒茲廡而觀其廢興之異轍？亦可知勇於自修，而因循者之受過爲不淺矣。諸生唯唯而退，遂附此以爲之記。

康熙三十五年丙子十月。

(文見乾隆《光山縣志》卷二十一《藝文志》。馬懷雲)

邑侯楊公編審記

周怡

編審一役，稽土田而籍生齒，由郡縣牧伯、司徒層累以達諸天子，一民尺地，皆煩聖主拜登，甚盛典也。顧其制，數載而一舉；其法，繁重而難行。比里而次之，里不一里也；計甲而按之，甲不一甲也；人人而呼之，人不一人也。道途跋涉，時日羈延，市駔以此騰食貨，胥役以此峻殊求，使斯民靡財失業，相率以至於困者，非法爲之也，行法而不能通之以美意者爲之也。前邑侯陳公側然念之，受冊不呼人，以日易月，三晨而竣乃事，駿惠鴻仁，從前未有。通邑之民亦既鐫片石以志於衙前矣。歲在丙子，役又屆期。今邑侯楊公又惻然念之。取籍於保約，而民不出閭閻；捐費於俸餘，而吏無從科擾。聲色不動，不崇朝而大役告成。老耆孤幼，戴清淨而歌寧一者，欣欣然不啻前蕭而後曹也。沐恩勤而仰罔極者，依依然一即父召而母杜也。始之者不矜剏獲，繼之者不嫌蹈常，各以其心往來於室家婦子之間，各以其法權衡於勞逸簡繁之際。心與心相告語，故法與法相神明。我士我民，鐫其碑而志之也，抑又其宜也。公累世清華，淵源家學，經猷所著，悉由學問涵養爲播敷，而化導整齊，又總由一念之太和爲搏挒。期月之間，其錫福於吾弦者夥矣。新膠庠之巍煥，既以明德發其馨香；瞻雲漢之昭回，復以文明蒸其髦士。敦崇彝教，而俗返淳龐；仁義漸摩，而民登衽席。昔襦今袴，左粥右餐，巷咢衢吟，連篇累牘，行且次第而光諸邑乘。而是役也，法經再傳而莫易，斯莫有以易之者也。後之蒞弦者，履我井疆，牧我林總，值行人之負版，念前哲之儀型，豈不曰前有陳侯，後又有楊侯也哉！

康熙三十五年。

(文見乾隆《光山縣志》卷二十一《藝文志》。馬懷雲)

重修文昌閣記

袁州鎣

事有前人所未爲，而自我爲之，爲之而成矣。於其成之之日，追念爲之之難，備述始末，用志不忘，記之可也。若余於文昌閣增修焉耳，曷記諸？夫亦曰前者待後，後者繼前，不負吾守土之職而已。按：閣在學宮之左，刱建者文崖沈公，續修者春宇牛公，改修者于廷陳公。迨末季兵燹，遂付灰燼，自是春秋祀事，對越於荒烟蔓草中，可勝悼哉！康熙丁巳年，三韓范公雅意修復，捐貲庀材，以邑民吳璽董其營造。榱桷甍瓴，幾美輪奐。無何，甑砠粗復，瓶甈未堅，擢運副分司寧紹，是役戞然中止。歷今又二十餘年，經風雨之所剝，霜雪之所摧，而棟落簷傾，蓋已久矣。余以康熙四十年冬承乏弦邑，每朔望拜謁文廟，覩其飄零，目擊心傷。念范使君竭兩歲之力，而厥功未竟，可爲太息也。今歲如月，政有餘閑，捐俸以圖修舉。文昌門臨絕向，陰陽家言非所以奮科第也；改闢於南離，葺其垣墉，然後次第區畫焉。閣之飛宇，椽朽甍墜。議者曰："閣竣矣，縱極精工，難禁飄搖，捐之便。"余曰："唯唯。"乃於閣前高竪川廊，奈間步寥廓，非微材可以勝任，逡巡久之，忽有報載桴於城南之官渡河者，輒購得大木，若有鬼神陰相之。余甚喜。此役之不虛吾願也。然閣之負鳳搖落，鱗瓦疎漏，究無以垂久遠也。悉令重甋，既新且固。他如樓櫳之未施者，鋪以木板；坎坷之未平者，墊以磚石；櫺櫳之未備者，列以朱扉；象教之未設者，粧以金碧；臺基之外廠者，翼以石檻；崇階之塌陷者，陞其臺基，道塗之圩垢者，甓其中唐，而閣愈增其壯。又置郭外莊產二十畝，蠲其差費，前此所未有也。雖曰修廢，實倍於刱始矣。是役也，度木選材，以株計之，則八百三十九，而木屑竹頭皆可適用，陶人之所甄，匠氏之所工，以枚計之，則九萬三千六百，而方圓大小之無或遺，用人之力，盡人之長。以工計之，則二千四百五十，而各奏其技，乃成山門一座，高一丈五尺，川廊三楹，高二丈六尺，潤三丈七尺，石檻十七丈六尺；甬道臺階共十一丈三尺。塑帝君像一，左右像一，魁星像一，而鐘鼓供具咸備焉。東房三楹，西房三楹，圍垣二十八丈八尺。其置器如鉼盂、几丈及飲食服用之物，炊爨廚竈之類，百有五十而取攜不缺焉。其置庄用，自牛雙以至耒耜，畚鍤錢鎛諸器二十有奇，而纖悉不計焉。其爲余督其事者，則邑紳蔡君麟、同邑博張君化麟、朱君爾綏、邑尉焦君貞新，朝與夕往省而無懈焉。始事於春仲，落成於蘭秋。不役民間一夫，不募民間一文，獨竭己力，以成是舉，余並記之。一切浮詞屏而不書。第書其廢興之由，修復之難、工費之繁，俾後之君子令於茲者，登臨眺望而嘉惠焉，是則余所心願者也。

康熙四十一年。

（文見乾隆《光山縣志》卷二十一《藝文志》。馬懷雲）

重修大石橋記

袁州鎏

邑南三里許有大石橋，由來舊矣。順治丁酉，爲巨浸所壞。居民詹應舜募衆重修，五十年民未病涉。去歲乙酉，復圮於洪濤。此地當往來之衝，出此途者苦於厲揭。應舜有子用六，感念先人之志，謀諸紳士商民，請命於余。余屬令鄉耆協募，鳩工構石，閱一載而工竣。是役也，輸金助力者，闔邑之紳士商民。余亦捐俸資之。今而後，無俟招招舟子，直堪策馬長征矣。直書其事，以紀不朽云。

康熙四十五年丙戌季冬。

(文見乾隆《光山縣志》卷二十一《藝文志》。馬懷雲)

重修太平橋記

胡煦

人之情，莫不惡艱阻而趨平易。然地勢有險夷燥濕，山澤高卑之不同，故水陸舟車異用，亦各與地利相準。光山岡阜多而平陸少。山高水迅，由高山而注溪壑，故其暴長也，易盈而驟退也；溝狹岸陡，又挾易盈易涸之勢。橋梁之設，誠不可以已乎。邑西南距城三十里，有文殊一鎮，亦邑中四達之衢也。鎮北有渠，即岸狹溝深，水長則盈，水消則涸者也。前此有石梁三空，空各三板，下雖去水稍遠，而上不至岸。今夏暴漲，其梁爲水所摧，往來者憂之。鎮人魏風與黃朱私計曰："岸高溝狹，而橋卑且小，宜非水之禦也，盍新之？且得五梁五空，升與路平，庶免水患乎。"其時，同志者咸願合力成之。自七月始，至十二月而工畢，爰請記於余。余謂是舉也，合於君子之道三焉。君子之圖工也，貴在乘時。急則傷，迫而滲漏，或不能無緩則近迂而怠，廢在所不免，故功不可圖。君子之任財也，貴在分任；專則易竭，而常有所傷；散則難聚，而常有所缺，故財不敷用。君子之任事也，貴在一志；徇衆則常騖於道，謀信獨則常礙於膠執。去茲三蠹，斯成三美矣。今觀數子之經營計畫，誠可以延百禩，使相循於永久矣。合志勷事者，咸得列名焉，因刻諸別石，以爲將來之勸。

時雍正十年十二月初七日。

(文見乾隆《光山縣志》卷二十一《藝文志》。馬懷雲)

普濟堂碑記

胡煦

聞之天無私覆，地無私載，日月無私照，無私故無揀擇，無滲漏，無罅隙，然無爲之化則普矣。至暑雨祈寒，嘗不能盡弭生物之憾，而補偏救弊，不能無待於先天，弗違後天。奉若之聖人知周萬物，曲成而不遺也，則有爲之與無爲殊也。我皇上道隆德溥，化洽恩流，爰致天不愛道，而休徵頻告；地不愛寶，而嘉穀屢豐；人不愛情，而熙皞遍野，宜乎宵旰之殷憂可以漸釋，乃猶念貧而無業、老而無依、病而無告，如鰥寡孤獨疲癃殘疾者流，一夫不獲其所，皆不禁己溺己饑之想。爰於京師普濟堂歲出庫帑千金，以周其不繼；又虞其狹而未普，不足以周海嶽也。爰命天下督撫，各率府州縣胥建普濟堂，以安集其人，周給其衰老，撫育其幼少，用得咸養其欲而給其求也。時余督理河東兩省，不克躬歷而明告之，爰諭職司民牧者，咸得廣宣德意。於時，光邑常令首以經始落成告。觀其輸己俸，勸捐輸，置義田，謹蓋藏，時斂散，而又增置廬舍，繚以圍牆；而又分別男女，殊其苑落；而又招致乳婦，撫恤孩幼；而又廣植藥餌，以充治療；而又設之蔬圃、魚池，使得各有遺利。不動聲色，不事驚擾而百凡就緒，用得老有歸，少有依，病有養也。是天心之不能遍給者，而亦既遍矣；聖澤之必欲周致者，而亦既周矣。規畫詳，則莫之有遺；經理當，則莫之或易；志慮遠，則歷久而無敝也，何非聖惠之遐被而普給者耶夫！上宣德化而下盡人利，在職司之得其人，而實有千百世無窮之心，億萬年不更之法然後可耳。至安民而適獲所安，養民而適獲所養，繄汝功；若安之而適以擾之，養之而適以病之。繄汝過，奉法循令可勿慎乎？其亟銘諸石，以詔方來，俾踵其事者率而行之，庶幾永年無改茲度矣。

雍正十二年。

（文見乾隆《光山縣志》卷二十一《藝文志》。馬懷雲）

紫龍潭記

孫萬億

邑南百一十里五龍保有古賨山，對山有高巖，夾水而立，上有古刹，曰觀音寺，建自宋時。下有潭，曰紫龍潭，亦潑陂水之上源也。潭狀若日暈然，其深莫測，以石投之，彷彿有紅霓閃爍水影中。水聲衝激潰濺，砰磕訇磕，殷殷如雷鼓音，林屋震盪，聽者愕然。岸旁有平石如砥，其左二石如幾，俯視厜㕒，令人悚慄不寧。古木修竹，叢樾相交，與奇石錯列，突怒偃蹇不可殫狀，亦吾邑勝境也。寺僧爲余言，潭中有神龍潛伏，歲旱禱雨，輒有巨鯉出水以爲徵驗。宋淳熙初，亢暘肆焰，羣致齋禱。巫師投文牒入潭中，果見有神物騰起，文彩爛然。須臾雷雨交作，盡三日，禾苗勃興。後再值旱，致禱無不響應。淳熙八年之秋，有經畧使陳九思爲立碑，紀其靈驗；其後遭兵寇，投其碑入潭中。國初有黠者冒稱山主，碑忽自潭湧出，其訟始息，蓋靈應之所感也。余維物莫靈於龍，惟其變化不測，故能爲雲雨以潤滋百物，利濟蒼生。祭法云：山林川穀丘陵，能出雲爲風雨皆曰神，夫陵穀中非有靈物以宅之，安能爲雲雨？而神龍宅於茲，則禱之無不應者宜然矣。宋封五龍，方異其色，赤配黑而爲紫，意茲潭界南北之交，故以紫稱耶。適寺僧欲重鐫立石，而恐歷年久遠，水石磨激，碑字剝蝕，不復可識，故請于余別爲記之如此。

時乾隆九年甲子春月。

（文見乾隆《光山縣志》卷二十一《藝文志》。馬懷雲）

揚旛橋碑記

徐殿彩

邑西南四十里，有橋名揚旛，不知昉於何年。縣志傳爲光州生員胡向化修。歷年久遠，橋圮毀，河流峻激，行者往往有顛墜之厄。里人滕楚山嘗憂之。適邑侯薛公景珏經此，因懇陳募修。公慨然曰："吾未忍吾民之褁足也。"爲題疏，俾倡募焉。未幾，而楚山病，屬其子終成之。子克明、啓文等承父志，於募化外捐貲八十餘金，修水尖，繕橋面，建欄杆，始於乾隆八年，明年功竣。過斯橋者，方悅坦途永無艱阻。克明等以茲橋之成，非邑侯爲之題疏，則其父子無以蕆事，乃乞言於余，而記其本末如此。其助修姓氏與捐貲之多寡，並書於碑陰。

乾隆九年。

（文見乾隆《光山縣志》卷二十一《藝文志》。馬懷雲）

胡少宗伯墓誌銘

鄒一桂

天子御極之元年，前禮部左侍郎胡公陛見諧闕，詔給原銜回籍。會疾，卒於京，賜金、賜祭，恩秩有加。時子季堂才七歲，伶仃匍匐，葬禮未周，越今十八年矣。以廕官順天通判，请予補爲之銘。予爲公門下士，知公最深，不敢以不文辭。蓋公以《易》學流傳者久矣，士大夫之言《易》者，咸仰折衷曰"胡公《易》"。至若生平行義著于四海，勳業顯於兩朝，張弛進退，與時卷舒，人皆樂得而傳之，不可以不銘。

公諱煦，字滄曉，號紫弦，河南光山人。其先世自江西遷湖廣，後遷光山，代有科甲。父之杞，生逢鼎革，淡於仕進，詩繪自娛，善岐黃，有陰德，以公貴贈通議大夫，內閣學士兼禮部侍郎。母高氏，贈淑人。公舉康熙甲子鄉試，始授安陽教諭。戊子，分校山東。壬辰，會試中式，選翰林庶吉士，時年五十八矣。館選時，自陳能通《周易》。聖祖仁皇帝屢賜召問，三接於澹寧居。甲午，同楊公名時召見於乾清宮，畫圖講《易》，問答數千言。聖祖曰："真苦心讀書人也。"遂命入南書房行走。乙未，充會試同考官。丁酉，典湖廣鄉試。是時，試命九卿保舉，聖祖問胡煦係何人保舉，侍臣以李旭升對。聖祖曰："朕止信得此人，其所保舉即係好人。"公由是廷議引重，陞司經局洗馬，又陞鴻臚寺少卿。壬寅，賜宴老臣，奉旨年六十以上皆許乘輿至景運門，燕坐乾清宮月臺之上，公與焉。是年，陞鴻臚寺正卿。癸卯，陞內閣學士兼禮部侍郎。甲辰，典北直武鄉試。丁未，進《耕耤詩》、《河清賦》，世宗憲皇帝極嘉賞之，授兵部侍郎，署戶部侍郎。是年，會試閱回避官生卷，予得售知門下，又選入庶吉士，蒙教習。次年，協理都察院左副都御史，又署刑部右侍郎。

己酉，命在阿哥書房行走，典順天鄉試。庚戌二月，命知貢舉。十一月，又知武貢舉。辛亥，轉禮部左侍郎，充《明史》總裁。是年罷職歸。公十年卿貳，雖未專言責，然讀公奏疏，於朝廷政事，持論侃侃，毅然古大臣風。如設農官，詳農政，舉孝弟，定制度，廣言路，豐積貯，以迄江浙州縣之必分，浮糧之必去，河工冗員之必汰，漕欠之必除，皆上當國計，下益民生。坐言起行動中機要。既罷歸，道經兩河，百姓遮車呼父母。於時兩河水災，公具奏，以此結怨守土者，將構公之短，卒以無所得獲免。家居五年，入覲，卒京師。

公天質穎異，幼時見《古太極圖》，有陰陽糾紐循環回抱之勢，先規而圓，後隨以折，心摹手畫，日成一圖，以其中陰陽黑白與河洛卦爻相關之原，思之未得，寢食俱捐。年十八，益奮於《易》，凡古人解《易》之書，靡不悉究，以求融合乎四聖之旨，原原本本，貫而為一。如是者垂五十年，乃纂集成書曰《函書》，首列四門，曰原圖，曰原卦，曰原爻，曰原古，凡五十卷；又《解釋經文》四十九卷，共九十九卷，取大衍之數五十、其用四十有九之義，為《函書正集》。此外有《約圖》三卷、《孔朱辨異》三卷、《易學須知》三卷、《篝燈約旨》十卷、《續約旨》二卷、《合卜法詳攷》四冊，共二十五卷，曰《別集》。又《約註》十八卷、《續集》十六卷。統《函書》一百五十八卷，洵古今言《易》之大淵海也。外有《纂集農田要務》十卷、《葆朴堂詩文集》八卷、《韻玉函書》五卷、《乾清澹寧召對合》一卷，皆已就梓行世。

嗚呼！今學者裹髮受經，腐心章句義理，茫然以為拾取青紫之具，丐其唾餘足矣。奚暇繼薪傳，開絕學，窮源流，鏡得失哉。洎通籍登仕版，復視此為無用而棄之，屈曲唯阿，隨人俯仰，以苟全祿位者，比比皆是。此非獨志氣之卑，抑其所學先撥也。視公之出處進退，駸駸乎古大儒無忝矣！

公生於康熙乙未年十二月初五日，卒於乾隆元年九月十三日，享年八十有二。[1] 原配陳氏，封淑人，晉贈夫人。十四年十二月二十二日合葬於青龍河阡。子四：長長壘，庠生，娶甘氏；次次壘，廩膳生，娶傅氏；次仲壘，癸卯科舉人，娶韓氏，俱早歿，無嗣。長媳甘氏，苦志守節，撫叔成立，待年旌表。次季堂，特賜二品廕生，授順天通判，娶閻氏；繼子孟基，甲辰科舉人，授四川渠縣知縣。女一，早卒。孫，一鈺。孫女一，俱幼。銘曰：

浮弋之陽，淮流湯湯。篤生胡公，邦家之光。爰集《函書》，爰圖《太極》。構《易》之原，圓轉不息。迤探月窟，迤躡天根。乾坤啟戶，道義為門。始而秉鐸，髦士登進。學者稱之，曰胡安定。既而視草，諳練國體。天下稱之，曰胡伯始。乾清召對，學有苦心。疇咨薦賢，帝知其人。憲老乞言，月臺設燕。皤皤黃髮，人中文獻。河清作賦，耕耤題詩。美茲風度，鮑謝之遺。文昌七兵，會府英英。帝曰咨煦，汝為亞卿。典禮考文，夙夜寅恭。帝曰咨煦，汝諧秩宗。鳳集高岡，藹藹吉士。帝曰咨煦，汝教誨只。星明泰階，奕奕柱史。帝曰咨煦，汝裁定止。其在於京，瞻言四海。憂民之憂，罪己之罪。大河左右，流民繪圖。

---

[1] 康熙乙未年係一六七九年，至乾隆元年，即一七三六年，應享年五十七。故此處明顯有誤。

誰其司牧，淪胥以鋪。惟公秉直，不畏強禦。矜此哀鴻，憚彼碩鼠。言匪克濟，志則盡忠。逍遙林下，其樂融融。天子求賢，咨訪老臣。公復師屬，以諧萬民。靈旗獵獵，素車奈何。哲人其逝，泣下者多。九重震悼，予以奠之。公有令子，璵林一枝。當年孱弱，泣血云從。今既得卜，馬鬣崇封。墓門有木，松柏丸丸。克昌厥後，神兮所安。作此銘文，以實斯稱。千秋琬琰，俾也可徵。

乾隆十四年十二月。

(文見乾隆《光州志》卷五《傳誌》。王偉)

重修永濟橋記

熊浩

　　事有大利，而能以驟興者，維刱始之功；業有既隳，而不使其終壞者，在繼起之力。邑之東南有潑陂河，眾壑爭流，建瓴而下，畢會於茲。每夏秋暴雨，波濤漲溢，行人輒望洋而嘆。前明侍御畢公嵩高刱建石橋，人歌利涉者歷有年所矣。康熙戊申，河伯一怒，傾圮者幾半。邑令朱公鼎振捐俸重修，力復其舊，又六十載矣。雍正丁未歲，山漲暴發，石橋復圮。二十餘年間，輪蹄擔荷之輻輳，悉淹滯莫濟。甚至渡以舠筏而載，胥及溺者有之。僧人如福力懇於邑侯徐公印發募簿，如福不辭辛瘁，歷夏秋，冒霜露，北至光、汝，南抵黃、麻，凡好善者，無不共傾囊橐。有紳耆熊君紹裔、王君煥文、劉君秉忠、彭君宗魯、僧壽安、皎然、司會，計慎梡納，率作勵工，於舊墩之低者高之，洞之平者凸之。公費不足，繼以私捐，稱貸勤劬，一紀乃底厥成。由是復道行空，長虹臥水，攸往共利，斷岸無憂。是侍御之刱始於前，復得長官之維持，使如福及諸公有以宣勞勤勤而後。橋名永濟者，庶克永為濟也。予愧不文，敬敘其始末，以誌不朽。

乾隆十六年月。

(文見乾隆《光山縣志》卷二十一《藝文志》。馬懷雲)

重修明左都御史陳少保祠碑

王文治

　　兩漢名臣出處並有本末，班史列傳首敘經術，師承其後，推而行之，至於建言行政，事功節義，皆可循而覆焉。顧才有偏全，用有等量，黃霸治郡，推為漢興第一，及為三公，聲名減於為郡，器各有所授也。明代風教憲司，言路諸臣，以名節著者，史不絕書，而風氣所趨偏悖互託，但誰果敢不問是非，則本末之間，未易言矣。況神宗而後，國事日非，建言與攻建言者，是非相激，當其嫌疑介似之際，後世尚難衷其至是。矧當日，君相身親其間，何由知所別擇。然君子論世知人，則於始終出處之間，推微知著，由顯測潛，人之生平思過半矣。左都御史、太子少保宜興陳公，歷事神、熹、莊三朝，以直節著。載起載斥，海內翕然歸仁。事具史傳銘誌，人咸知之。後世以公罔畏強禦，能持大體，不愧憲長之賢而已。不知有明國體優士大夫，而不恤民隱，惟於士大夫優。故風節易著，而不甚恤乎民隱。則親民之吏，不必善於撫循，此亦當之大勢也。

考公以進士起家知縣，歷官光山、唐縣、秀水，史臣著公之略，不復詳其為官之細，故別傳載公治縣俱有政績。則公自有本末特後以風節著耳。初光山士民不忘公之遺愛，為公建祠以薦春秋。歲久祠宇漸圮。乾隆五十三年戊申，縣之縉紳父老請於長吏而更新之。公裔孫有遷居商邱者，累業簪纓，遂為中州望族、湖北布政使，今擢貴州巡撫，商邱裔也。因光山官民之舉而請余為文，以勒諸碑。余維公之大節，彪炳國史，家乘早有定論，毋庸多綴為也。惟光山為公釋褐初試之地，且計在官之日未久，而官紳士民久遠之思，至於如是，則當日親炙公者，又何如也！志稱縣有義倉，久為吏蝕。公按籍清稽，公私攸賴。又縣南距麻二百里，無傳舍。公建長潭之驛以通孔道。此其施設之小建者，爾由一工事而推其盡心民物，由光山以推之唐縣、秀水，更由知縣以推之列卿亞相，則公清風亮節即於發軔之地，使人愈久不忘，夫亦可以知其故矣！爰為辭，以貽之歲時，歌以侑公。其辭曰：

公之來兮堂然，嵩雲開兮神降。天顧盼偉兮電掃，風霜凜烈兮勁草。狼之貪兮狐媚，豁肝腸兮劍鋩。之慧江湖兮廟廊，感風雷兮烈皇。載起載躓兮死不僵，頌明聖兮天王，公之止兮如雲慰靈氛之禱。氤氳起百里兮榆社，澤旁普兮華實被野。龍山蒼兮蓊蔚，清流之水兮如瀉。公之神兮如地泉，光之人兮鑿飲而甘，牲牢濚兮酒旨，春祈秋賽兮穀我士女，繼自今兮光人世祀。

乾隆三十五年。

（文見民國《光山縣志約稿》卷三十一《藝文志》。馬懷雲）

新永濟橋記

胡季堂

光邑南通楚黃，北達潁、亳，實冠蓋商旅往來之通衢也。距邑西南五里許，有溪深數仞，當道之衝。其源出鳳凰嘴，經文殊寺、徐家河，合天塘畈之水滙流於此，出清水港達官渡河，而東入於淮。向有平橋跨其上，建自何年，無碑誌可考。因橋東有鄔姓聚族而居，里人遂呼為鄔家橋。每當盛夏，漲發橋沒水中，漲退復如故。以歲久傾圮，余欲新之未遑也。丙子春，余官京師，會滿洲孝廉名德貴者補吾邑令，遂以是工屬，並請更其制。令韙之。蒞任後，召邑人謀集其事，不期年而落成。中起法圈，勢如虹，亙制與昔殊，誠巨工也。己卯夏，溪水異漲，橋圮。次年春，余自京師請假歸，疑前工未固，因商之鄉黨，並請之邑侯仍其基，築之如前制，越半載工成。無何，漲發而橋復圮。余覩之慨然曰："此余之過也。"夫源遠則眾流並，岸隘則水勢激，理固然也。是溪發源於鳳凰嘴，數十里之外，又合天塘畈諸水滙出其間。南北兩岸相距僅十餘丈，漲發時波濤洶湧，奔流掣電，而莫之或遏。今又中亙巨橋，間以礎石，益塞其流而激其怒，宜其屢圮也。舊制平橋去水不盈丈，任其漫溢，與水相讓而不與水爭，因歷久不壞。所謂相爭不足，相讓有餘，即一橋而前人之識慮遠矣。然則爲是橋計，其惟舊制之仍爲可哉！余久思竟其事以補余過。自部曹出守慶陽，洊歷監司復陳臬事，往返秦、晉間，十數年未暇及此。今始踵修之，一循舊制，庶余願得酬，余過亦補矣。然舊制雖善，不能使之久而不圮，倘後數十年傾頹復見，繼余而舉是工者，第因而補葺之，則費少功多，此橋雖永久不廢可也，因名之曰"永濟"。經始於壬辰年十二月朔日，落成於癸巳年五月既望日。取用舊料若干，新料若干，董其事者爲裴君維實，馮君伯雅，二君素好義。是役也，往來經理，不辭勞瘁，橋籍以成。其丙子、庚辰兩次捐施姓氏，善不可沒，仍勒碑立於側。

乾隆三十八年五月既望。

（文見乾隆《光山縣志》卷二十一《藝文志》。馬懷雲）

禮部侍郎胡公墓誌銘

彭啓豐

乾隆三十八年，皇帝下詔求遺書。依古暨今，耆碩著撰並出。更諭河南撫臣，以前禮部侍郎胡煦究心理學，所著《周易函書》，獨不在列，命續舉以進。於是，海內之士，咸仰聖天子褒重古學，發微闡幽，光昭文治於無窮也。其時，胡公子季堂方官江南按察使，既輯公之遺文行世，屬啓豐爲之序，復以公前葬時墓誌之文闕焉，更屬次公之行事而爲之銘。啓豐故以廷試辱公知，在翰林時又隸公教習，飫公之德，不忘於心，遂不敢以不文辭。謹按：

公諱煦，字滄曉，號紫弦，河南光山人。其先自江西遷湖廣之麻城，後由麻城遷河南之光山。五世祖諱靖，前明嘉靖乙卯科舉人，官遼陽通判，篤予行誼。子敏，即公之高祖也。曾祖諱遵化，縣諸生。祖諱演，亦諸生，早卒。妣喻氏，撫子二，一先卒，一即公父諱之杞。崇禎十四年，遭張獻忠亂，喻氏誡其子曰："五世宗傳，於汝是賴。若有變，吾義不辱，汝善圖之。"城陷，喻氏挈其子偕僕胡家和出走，倉卒遇賊相失。喻歸依母党，居喻家園，又遇土寇劫掠，乃閉樓固守。賊焚樓，樓中人俱死。其事載府志中。之杞既失母，爲賊所掠，已而，逃歸喻家園，遇僕胡，始知母遭難狀。撿骨弗獲，哀痛泣血，飲恨終身。生平敦尚，節行多陰德，贈通政大夫；妣高氏，贈淑人。公少而好學，能文章。康熙二十三年舉於鄉，官安陽教諭。五十一年，成進士，時年五十八矣。居常邃於《周易》，得圖書一貫之旨。臚傳時引見澹寧居，即自陳所學。聖祖叩以河洛理數，公條對甚悉，選庶吉士，自後屢召見，問卦爻中疑義，命畫圖以講，曰："真苦心讀書人也。"旋以檢討直南書房。五十四年，充會試同考官。五十六年，典湖廣鄉試，尋轉司經局洗馬，遷鴻臚寺少卿轉光祿寺少卿，再遷鴻臚寺卿。雍正元年，授內閣學士兼禮部侍郎。明年，典順天武鄉試，授兵部侍郎，攝戶部侍郎，閱會試迴避卷，充殿試讀卷官教習庶吉士。明年，協理都察院左副都御史，又攝刑部右侍郎。七年，典順天武鄉試。八年，充《明史》總裁官，直上書房，以兵部侍郎特旨知貢舉，是秋又知武貢舉。九年，轉禮部左侍郎，六月罷職歸。公為人正直忠厚，其所建白，必以教化為先務。而是時刨參之犯，每秋例遣廷臣一人往汛于盛京。自春徂冬，羈候日久，瘐死者眾。公至，錄四百五十人，其疾病者至五十餘人，斃者二人。乃請繼自今刨參之案，專歸盛京刑部及將軍府尹隨時定案，俾情輕者便予末減，以廣好生之德。得旨允行，著為例，以是覘公之用心也。會河南北被災，公據實奏。時上已別有所聞，特遣刑部侍郎王國棟往賑，切責總督田文鏡諱災。公尋以年老罷歸。

　　上即位元年，公入覲，詔復原銜廕一子入監讀書。會疾作，卒於京師，賜白金五百兩，祭葬如禮。公所著《周易函書》，曰《原圖》、曰《原卦》、曰《原爻》、曰《原占》、凡五十卷為首傳，又詮釋經文四十九卷，為《函書正集》。外有《函書約》三卷，《易學須知》三卷，《易解辨異》三卷，《篝燈約旨》十卷，為別集。別集先已刊板。正集因卷帙浩繁，乃取詮釋經文約為十八卷，名曰《約註》、又取首傳內《原圖》、《原卦》、《原爻》、《原占》，約為十六卷，附以《續約旨》二卷，名曰《續集》，皆公所手訂也。正集原本為門人李學裕攜去，會學裕病卒遂散逸。今奉旨徵取遺書，公子季堂重為校訂。因正集未刊續集之名，無所緣起，且續集之《原圖》、《原卦》、《原爻》、《原占》即刪取正集之要語，非別有所增，未可目之以續。而別集內之《函書約》三卷，亦即正集之《原圖》、《原卦》、《原爻》、《原占》，撮其大義，更不可附入別集，遂以續集編為十五卷，取《函書約》三卷弁首，共十八卷名為《約存》，蓋以正集既逸，其大義僅存於是也。又以《續約旨》二卷依《篝燈約旨》，原目散附各篇之內，合《易學須知》三卷，《易解辨異》三卷，仍為別集。其詮釋經文之十八卷，仍名《約註》，共為五十二卷。自昔闡《易》理者，未有若是其詳也。公之善《易》，世固多知之，獨其施於家國政事之大者，其言或不盡聞於時，能傳道之者鮮矣。啟豐謹備論之，使人知公之所以為善《易》者於是乎在，故能邀三朝聖主之知，至沒身而不替，寧獨以其訓詁章句之業而已？

　　公卒以元年九月十三日[1]，年八十有二。妻陳氏，封淑人，贈夫人，以十四年十二月二十三日合葬於清流河之原[2]。子四：長長塈，縣庠生；次次塈，廩生；次仲塈，舉人，俱早沒；次季堂，八歲而孤，撫于長嫂甘氏，以廕起家順天府通判至今官。上嘉其才，特遷刑部侍郎，是能繼公之業以施於天下者，公於是可無憾矣。銘曰：

　　《易》有三極經中尊，乾元長善為之門。俗儒訓詁滋紛紜，太清點綴滓浮雲。

　　河洛未啓誰探根？時行物生天不言。惟公讀書師斲輪，得心應手韋編溫。

----

[1] "元年"前缺年號，疑是乾隆年。

[2] "十四年"前缺年號，疑是乾隆年。

立朝侃侃敷經綸，體仁合禮志所敦。地天交泰方氤氳，翩翩失實嗟其鄰。

王言如日昭乾坤，潛德有耀貽後昆。青山萬古名彌芬，有求遺躅尋斯文。

乾隆三十八年。

（文見乾隆《光山縣志》卷二十三《藝文志》。馬懷雲）

禮部左侍郎胡公神道碑

錢陳羣

光山宗伯胡紫弦先生，歿三十餘年，少子季堂以蔭蒙恩，由順天通守歷劇郡，薦擢觀察，秉臬江蘇。遇國大慶，既已贈封其親，念先生及德配陳夫人合窆青龍河阡，亦已二十四年矣。臬使以孤露孱弱，克自樹立，宦蹟所至，以循良著。三吳道衝土沃，獄訟滋繁，而刑政端平明允，屬吏承流，化亦大洽。會詔求遺書，上習知先生為中州理學醇儒，尤邃於《易》。命豫中大吏即家錄上。適臬使序先生所著書，悉校以進，因並請予補為碑文，論譔其美而明揭諸阡，昭恩榮教來孝禮也。

先生諱煦，字滄曉，號紫弦。先世自豫章遷楚，遷豫，占籍光山，代有聞人。父之杞，工詩畫，善岐黃術，有陰德，以先生貴贈通議大夫、內閣學士兼禮部侍郎。母高氏，贈淑人。先生生有異稟，知嗜學，多深沉之思。幼讀《太極圖》，見有陰陽糾紐、循環迴抱之勢，刱為一圖，與圖書卦章相為經緯表裏。年十八，志益奮，功益專，凡古人說《易》之書，靡不甄綜，以求融合乎四聖之旨，遂以《易》學終其身。康熙甲子登賢書，授安陽教諭。戊子，分校山左，迨壬辰始成進士。館選時，自陳能通《周易》。時大學士李文貞公《易》理精詳，廷臣未有出其右者。聖祖命與先生講《易》，無以難也。屢蒙召問，三接於澹寧居。甲午，同楊公名時召見乾清宮，畫圖講《易》，問答數千言，有"苦心讀書人"之褒，載先生所記《召對錄》甚備。是歲，入直南書房，命纂修《周易折中》。乙未，充會試同考官。丁酉，典湖廣鄉試。先是試官命九卿保舉，至先生，聖祖問左右，知為李旭升所保，諭曰："朕止信得此人。"由是廷議引重。不數年，由坊局遷卿寺。壬寅，賜宴老臣，奉旨年六十以上許乘輿至景運門，燕坐乾清宮月臺，先生與焉。尋陞內閣學士兼禮部侍郎，典甲辰順天武鄉試。丁未，進《耕耤詩》、《河清賦》，世宗亟賞之，陞兵部侍郎，署戶部侍郎，閱會試迴避卷，充殿試讀卷官，教習庶吉士。次年，協理都察院左副都御史，又署刑部右侍郎，再典己酉順天武鄉試。庚戌，命在上書房行走，兩知文武貢舉，充《明史》總裁官。辛亥，轉禮部左侍郎，罷職，歸。今上御極之元年，先生入覲闕廷，詔給原銜回籍。疾卒京邸，賜賻賜祭，恩禮有加。蓋先生騎箕時年八十有二，三子俱早歿，無嗣。季即臬使纔八歲，蓄無長物，親無期功，手澤遺書，未有所付託。先生之宗祐且不絕如綫，卒賴先生塚子長壆妻節孝甘茹荼集蓼，鞠之育之，揩就衰之門，緒啟未墜之家聲。論者謂：天之所以報績學善人者如此，其不爽。於戲！可以為世勸矣。先生立朝風節，俱見所存奏疏，皆有裨國計民生。其他著述推闡《易》，學出其緒，餘皆卓然可傳。顧治《易》尤深，博無涯涘。今所存《函書》多至百十卷，往往深造自得，不屑屑蹈先儒臼科。我朝經學昌明，宗工輩出，一洗前代纂修大全廢註疏不採，專攘宋、元人成書之陋。御纂欽定諸經，以次程式藝林。而國初說經之家，如孫退谷少宰鈔周藩灌甫遺籍，成《五經翼》二十卷；納蘭容若侍衛取溫凌曾氏、隆山陳氏一十八家《易義》，合訂成書八十卷，較之先生，其所詣淺深必有能辨之者。予後先生數年入詞館，辱先生有忘年之契。又五十餘年，得見令子臬使季堂能讀父書，善承先志，將必益大其施，以仰副九重眷倚，用推原所以章顯先生之學者，皆足徵聖朝孝治之隆，俾臬使子孫世世仰之。而係之詩曰：

  伊洛淵源，苞符奧秘。經師人師，道隆聖代。維嶽降神，闕父之裔。
  國重老成，鄉稱早慧。獨抱韋編，敦心默識。靜觀象材，日思爻繫。
  自漢以來，鄭王同異。二百十三，部分宋志。其在於今，十存一二。
  上遡故微，下該傳義。以象弗理，久而融會。月窟天根，周情孔思。
  晉有阿蒙，形諸夢囈。唐則遞叟，恍傳符契。五音九弄，六甲八節。
  妙悟天然，引伸觸類。甲子將週，纔登上第。論易殿中，畫圖瑤砌。
  聖祖頷之，相臣面試。眷注有由，擢用不次。入簉月卿，出奉星使。
  玉尺是持，樞衡是畀。皭然生平，出處一致。卅載公車，十年卿貳。
  始教安陽，以經造士。晚佐秩宗，寅清著美。天眷如環，賞延于世。
  薪續將燄，俾爾昌熾。孝婦令子，顯楊終遂。物蒙必亨，道屯必泰。
  我作詩辭，更申《易》旨。世祿之家，勸善無怠。

乾隆三十八年癸巳嘉平月。

（文見乾隆《光山縣志》卷十九《藝文志》。馬懷雲）

官渡河靈鷲禪堂重修記

胡元琢

  邑治南五里，瀕官渡有禪剎焉，平岡糾左，河水襟右，其烟雲竹樹，夕陽素月，掩映增輝，亦勝觀也。國朝初，有僧恒一者，來自麻城，駐錫於茲，宿荒廠中，徧拾枯骨而瘞之。衆憐其苦行，施隙土建剎，順治九年落成，名曰靈鷲禪堂。厥後，徒衆相續其間，不無盛衰。今住僧省慈，以茲剎歷年久遠，風雨飄搖，壓覆是懼，爰請於邑宦雲坡胡公，捐金倡修，余亦捐俸以資之。於是，紳士鄉民等，罔不有椽石工費之助，飭材繕葺，廟貌重新。工始於乾隆四十一年之春，而告竣於四十五年夏四月。因勒石以垂不朽云。

  乾隆四十五年。

（文見乾隆《光山縣志》卷二十一《藝文志》。馬懷雲）

朱向保社學記

楊殿梓

古者五家爲比，使之相保。五比爲閭，使之相受。社學之設，固即古人閭有塾、黨有庠之遺法也。光山縣一百有三保，七萬六百九十餘户，有縣學以居博士、弟子，有浰水書院選四鄉之俊而教之。若社學，則尚有待。縣南境有朱向保，去縣城百里許，人烟散處於山谷。因念此相保相受者，不盡明夫禮義，而友助之情或衰也。於是，其里之士周基茂等，倡立社學，聚其保之童子而延師以教之，可謂有志者矣。於其落成，請勒碑以示將來。余詳詢之，蓋捐貲者衆，積累有年。今共得錢四百緡，以葺學館。而藏修游息有其地；以購學田，而脩脯膏火有其資。擇老成殷實者，司其出入；延經明行修者，為之師表。繼自今同溝共井，單門寒畯，焚膏無所賴，負笈無所從者，皆得以薰陶乎禮義，濡染乎文學，大有造於爾鄉矣。由此而一百有三保，七萬六百九十餘户，觀感興起，則而效之，風俗愈淳，人文愈盛，爾士民實自受其無窮之福矣。於其再請，樂書之以勸其餘，至經理之人之姓名，經費存留之數目，學舍幾間，田若干畝，田租歲取若干石，載諸碑陰。

乾隆癸卯歲秋七月上浣。

（文見乾隆《光山縣志》卷二十一《藝文志》。馬懷雲）

重修浰水書院記

楊殿梓

壬寅夏初，余謁典銓得光山，因晉謁大司寇胡公。公以修縣誌屬余，且授以訂正之舊本，考據爲詳。逮余抵任，見邑有書院，考其興修，則舊志多譌舛焉。書院以浰水名者，始元令鐵木兒不花，中祀司馬文正公，以公篤生此邦，宜邦人所誦法而俎豆之者也。事在至治壬戌之明年，《藝文志》訛爲至元，《光州志》亦承其訛，不知至元中無壬戌也。越二百十三載，爲明嘉靖甲寅沈令紹慶始修之，萬曆壬子，施令堯化又修。稱其有記，而《藝文》不錄。再修於梁令炳，見《祠墓志》，而未詳其時。國朝順治甲午，管令聲駿復興之，見甘琮記，而《書院志》失載。康熙己未，楊令臣鄰修葺，亦甘琮記，乃《宦蹟》第曰修溫公祠，謂是時已別爲祠，《祠墓》胡又不書？若仍祀於書院中，則凡修祠即修書院，胡不歸併於書院？大抵國初書院不過築數椽於祠前，又或假他屋爲之，易成而易毀，故志與記相牴牾也。康熙辛未，陳令汝弼仍元明時舊址，闢講堂、靜室於祠東，邑人韓某捐田入之。及陳令内擢去，士民肖像其中，謂之陳公講堂，然《書院》、《宦蹟》俱缺焉，是不可不加考正。今之書院，則乾隆二十四年前令德貴重建者也。學使劉公湘顏其堂曰"相公"。堂後一廳兩廂，堂前左右各三齋，庖湢附於堂右。門南向，揖東南衆山之秀。墻之東通溫公祠，又東八蠟祠，即陳公講堂以八蠟神主遷入而改題者也。峙於西者爲奎星閣，蓋乾隆丙子，前令柯偉生所刱，邑中科名由此復振。當閣成後，即有重建書院之謀。德公承其後而舉之，樂輸衆而赴功勇，足以徵風化之醇，而皆未有記，是不可不爲補述。余景仰前徽，於下車時，拜瞻司馬文正公與陳公遺像，見二祠橡朽而瓦露，問靜室曰無有矣。入書院，牆圮屋壞，闃其無人，距重建二十五年耳，何遽頹廢至此？則以膏火不足，學者弗來，而掃除居守乏人之故。登奎星閣，梯朽不能上。由閣而週覽城垣，樓櫓雉堞傾塌處良多。歸經節孝祠，皆風雨不除，樊溷罔戒，自維修志宜亟，而是又職守所不可緩者。於是，諸役遞興，先城垣，次祠宇，次書院。缺者補之，壞者修之，丹之堊之，墍之塈之。要於可久，祠宇飾而加肩鑰，書院新而增器皿。貨出於市，工出於儗，力出於傭，計費廉俸三百四十金有奇，懼擾民也。功既成，乃延三長，升俊秀而教之，酌定膏火數十名，視課文爲升降。及歲試，列高等者四人，遊泮宮者四人。司寇胡公聞而喜焉，又諄札命圖經久。因溯查學産，在往代者固屬滄桑，即康熙間韓氏所捐，亦久失無可考。見在莊田八所，其以營建羨金購置者三，由歷任詳撥者五，通計田入於學者九十七石一斗，租出於佃者穀二百五十二石，錢二十八緡，糧以畝計，共一頃九十六畝九分九釐，賦以糧計，額銀十二兩四錢四分七釐。又丈書院四圍，廣若干，袤若干。是歲，孝廉何敬亭等購捐金某之餘地在焉。舊有桃百餘株，今悉以畀司閽者落其實，而補植嘉樹以護之。凡有裨於地方者，有舉而勿之廢。故瑣屑記之，首詳舊志之遺誤，次詳重建之規模，終詳田租之數目，要以著前人之功，非以市一己之名也。都人士信而告以所未悉，俾修志時有據，而成賅備之書，實余所深幸焉。餘詳碑陰。

乾隆四十八年癸卯冬十月。

（文見乾隆《光山縣志》卷二十一《藝文志》。馬懷雲）

遠樹書屋記

楊殿梓

治隙地於內廨之東，作書堂二楹。前為窊，有木犀一株，因而砌之。蒔以紅藥。又其南北面為軒曰詠香。左垣闢月戶，築小圃，植羣卉焉，蓋浹月而蕆事。於時春暮，叢芳未歇，新綠紛舒，鳥鳴高樾，晴光下映，視聽俱豁。則廨之外，扶疎茂木，遶牆覆屋，若合形輔勢，為吾堂增其勝者。取陶公詩語字之曰"遠樹書屋"。客曰：陶公令彭澤，不三閱月，賦歸去。以所遭故。然今世際郅隆，民物熙皞，即陶公處此，度亦未能遠引。以予之拙，今光山且五載，日疲神簿牘間，誠未敢稍暇逸矣。適茲二麥有秋，時雨既降，予雖無田可耕，然視吾民之菑畬播種，幸無違候，足以釋拙吏之殷憂，而退食。餘閒與於客觴詠其中，或篝燈獨坐，理吾素業，何必隱居然哉。昔人謂陶公之詩，如衆鳥有託。吾愛吾廬，隱然見萬物得所之妙。夫予何敢望公？顧是論也，竊欣慕焉。將以自勵也。客曰："善。盍記諸。"遂書以額於楣。

乾隆柔兆敦牂之歲夏五月。

（文見乾隆《光山縣志》卷二十一《藝文志》。馬懷雲）

光山縣節孝祠碑

楊殿梓

　　祠祀邑中後先受旌節孝女婦，蓋雍正間奉文建，所以表式幽貞，揚徽懿，勵風教也。祠在城北恩榮坊左。初僅一室三間。乾隆四十三年春，今大司寇雲坡胡公，以請假歸里，展謁茲祠，瞻顧裵徊，歎其僦隘，未協典制，且漸即頽圮。自念幼孤露，賴長嫕甘淑人勵志植節，撫且教之，因獲衍其先系，底於昌大。既奉敕坊旌例並祀於祠，而邑俗淳厚。閨闈漸於禮教，以節孝得入祠祀者多至百十餘人。溯其遘慘茹荼，百折不回，蓋完節為甚艱，而植孤植家為功，於人道尤甚鉅，非擴其祠而新之，以妥憑依而肅歲祀，其何以奉揚盛典，上副聖朝敦獎節義、勵世摩俗之至意也？乃捐貲購祠旁民地二段，拓其舊基。凡深長十二丈有二尺，廣九丈有奇。又以百金，屬前署令申君兆定俾改作焉。鳩工庀材，辨方正位。祠舊西面，更而南向，為屋十間。自門而階，達於享堂，寢閣，齋配之房，庖湢之室，護守之舍具備。繚以周垣，崇厥閈閎，外樹綽楔。遵制書諸受旌節孝姓氏於上，嚴嚴翼翼，恢宏峻深。顧麗牲之碣，久而未具，歲在壬寅，予來蒞茲邑，復為綴葺而塗墍之。又再踰歲，有縣志之役，則司寇公以其地券及申令所繪祠圖、修祠記郵示，屬為立石。予於是既鑱申令之記，復詳考建修始末而敘次之，以示來者。系以詞曰：

　　惟皇陰騭，相協厥居。彝倫攸敘，五教用敷。臣之事主，婦之相夫。

　　臣忠無貳，婦節不渝。其事雖異，厥理無殊。履險臨危，川決防防。

　　士貳其行，大義斯忒。或為利誘，或以勢迫。骩骳易趨，苟生倖得。

　　名檢盡隳，汩汩墨墨。懿哉巾帨，亮節閨中。同穴之慕，篤於匪躬。

　　彌留之託，勤於效忠。茹荼齕雪，孤於帛鴻。鞠閔卒瘏，懋於輔沖。

　　煢煢孱嫠，其緯不恤。寒月侵帷，孤燈深室。著孝承嚴，代終畜卒。

　　境彌險屯，志難摧崒。烈視清霜，晶同白日。烏頭綽楔，綸綍彰之。

　　歲時祀祠，令典將之。崇閎廣宇，司寇昌之。以妥靈爽，以薦馨香。

　　銘示千禩，以翼陳常。

　　乾隆五十一年歲在丙午孟秋月。

（文見乾隆《光山縣志》卷十九《藝文志》。馬懷雲）

光山縣火神廟碑

錢時雍

　　五氣之運惟火，盛於四時，隆隆燄燄，以亨陽氣，熔鑄萬豪。精麗於天，曰熒惑，曰大辰心，曰丹鶉。七宿厥神赫若，禮以赤璋，秦時漢祠，及於唐、宋，代秩厥典。崇寧初，敕天下咸立火德真君殿。自時厥後，方州列邑所在，有廟以妥炎靈，彌捍災患，用奠民居。光山城內外，聚處數千室，瓦屋茅櫚，連衡比枊，衢衖逼者，廣不能丈，間歲屢災，民莫適寧處。乾隆四十六年，賈侯來理茲邑，又災民籲於侯。侯曰："茲毋乃火德，罔專祠厥祀弗肅，其曷俾民胥匡以生？有能協吾圖者，吾捐以倡"。維時戴學海、胡錩、葛玉書、陳德三四君，慨先義舉，各率私錢始厥事，且願董成功。羣情協應，咸輸助役。乃相基得城北隅故巡按使者行署廢阯，建神殿前後各三楹，左右廡舍各四楹。前際門為臺，歲演樂以樂神。廟既成，災自是寢。明年，今楊侯蒞邑，次第繕諸秩祀壇廟。四十九年，於神殿左作齋听［廳］三室，廣與殿稱。又前增橫舍一、庖室一，聯以甓垣。樂臺以北，廡以南為重門三楹，亦聯以垣。材堅而良，宇崇而恢，垣周而鞏，丹艧之屬潔以華。神歆於祀，民寧於居。於是，戴君之令子孝廉錫綸，述邑中士庶之意於予，曰："劾之恢之，二侯之功。今且具石紀始末，願先生屬之詞"。賈侯名雙玉，字珏成，山西汾陽人。楊侯名殿梓，號琴齋，江西清江人，由選貢登辛卯進士，履今任。予因孝廉之言，因書作修次第以諗來者，又系以饗神之曲，其詞曰：

　　神之祠，賈侯作，楊侯拓。作之歲，赤奮若，崇殿閣。粵執徐，倪槊幪，煥丹堊，燀以爍。神之靈，赤熛怒，赫炎威，昭靈作。負坎隅，闢離戶，妥神依，肸蠁布。靖瀁炎，敷煦嫗，神之來，揚朱斿。駕赤虯，秉絳節，垂丹旐，降庭止。咒魩䱉，旨酒柔，俎豆歆，祥飈浮。神之去，明德馨，送神曲，聽和平。綏靈貺，惠蒼生，玉燭調，品物亨。婦子盈，萬室寧。

　　乾隆丙午季秋日。

（文見乾隆《光山縣志》，卷十九《藝文志》。馬懷雲）

節孝胡母甘淑人墓表

曹秀先

　　今江蘇廉使胡君季堂，篤性行善，爲文章見道之言，嘗爲其嫂甘氏節壽，有乞詩引，嫂氏之煢煢孑寡撫一小叔，情緒哀楚若是，慘哉！讀之者不覺淚下。既嫂氏謝世，哀輯行署，以爲"胡氏七世單傳，若無嫂，某之存亡，且不能料，自必祖宗遑冀血食若是危哉。"讀之者咸淚下。先是廉使擬爲嫂氏馳封，格於例不果，心常若怦怦不安。頃乃得奏請馳贈，其入告之詞曰："臣嫂於先臣某，實爲孝婦，於臣某，恩同慈母。"前後數百言，真誠懇摯。上可其奏，詔許貤贈淑人。初有悉其事者，歆歎太息，衆口聲同。迨聞聖主推恩破格榮贈，蓋莫不津津嘖嘖以爲快事。朝報四達，自天之下，胥知有甘淑人其人者。豈止光州舊里，同時婦嫗謂："天固祐此賢嫂氏哉！"淑人爲禮部侍郎胡公諱煦子婦，爲諸生堂之妻，年二十有二而寡，誓志守節。廉使年四歲，而生母張淑人見背，嫡母陳夫人去世，甘淑人與庶母夏孺人共撫之。年八歲，而宗伯公捐館。越六載，而夏孺人亦卒，惟淑人獨撫之且教之。廉使用能力學，會以任子銓注，內歷部曹，外陟道府，奉淑人之官祿，養如奉母。然惜乎不及見廉使今日爲大官也，惜乎不及見今日膺茲恩贈也，此廉使所以興悲不止也。往者光山鄉族臚列淑人節孝事蹟，陳於當道，乃得邀恩旌表而廉使且以其子後之，皆在生時。茲者綸綍下逮，榮施泉壤，以淑人之英靈死而有知，雖生前幽苦，至是當有怡然瞑目者矣。嗟乎！行所難能之事，得夫人倫之正，賢聲周乎里巷，而褒揚來自國家，此非獨一婦女事也。鄘風曰之。"死矢靡他"，淑人誓死於其夫，有此生堅此心也，《抑》篇曰："無德不報"，廉使報德於其嫂，有此生抱此心也。此事惟中州曾有之，於以知中州之風近古，而廉使又文與心符。予亦猶夫君子者羅縷其事，表諸墓門，庶亦知德行也歟。

（文見乾隆《光山縣志》卷二十三《藝文志》。馬懷雲）

般若波羅蜜多心經

　　觀自在菩薩，行深般若波羅蜜多時，照見五蘊皆空，度一切苦厄。舍利子，色不異空，空不異色，色即是空，空即是色，受想行識，亦復如是。舍利子，是諸法空相，不生不滅，不垢不淨，不增不減。是故空中無色，無受想行識，無眼耳鼻舌身意，無色聲香味觸法，無眼界乃至無意識，界無無明，亦無無明盡，乃至無老死，亦無老死盡。無苦集滅道，無智亦無得。以無所得故，菩薩埵，依般若波羅蜜多故，心無罣礙。無罣礙故無有恐怖，遠離顛倒，夢想究竟涅槃。三世諸佛，依般若波羅蜜多故，得阿耨多羅三藐三菩提故，知般若波羅蜜多是大神呪，是大明呪，是無上呪，是無等等呪，能除一切苦，真實不虛，故說般若波羅密多呪，即說呪曰揭帝揭帝、波羅揭帝、波羅僧揭帝、菩提薩婆訶。

　　道光乙未夏五月林則徐敬書。

（碑存光山縣文物保護管理所。王興亞）

題金陵勝蹟冊子

　　市得上元筆，浙西人愛江南山。
　　山情千里萬里一，東南浮翠環屋席。
　　夜眠初覺春意暖，擬向西山試雪屐。

上元胡褐公畫金晚陵勝蹟冊子，本何東所藏。今在魏條三農部處，屬作一詩。適扶山三兄從石州同年轉索書冊，輒錄其上即請教之。弟何紹基並記。

　　光緒庚寅仲秋胡石查属公□菜□□新勒石。

（碑存光山縣文物保護管理所。王興亞）

致廉訪相公義齋先生札

　　孟頫頓首再拜廉訪相公義齋先生閣下：

　　孟頫猶記在都下時，蒙萬里惠書。方遠客無賴，□所以至問，甚至感激，何可言！夏，首言遠念，欲作札道謝，至今未能。其為傾仰，甚於饑渴。專使踵門，伏蒙賜書。望即日動靜勝常，以慰下情。孟頫杜門苟且。旬日來，忽在痔疾，輾轉一榻，疼慘異常。蒙伴書先相公墓碑，惟是麗札，深慮不足發揮洪德。弟以尊教之誨，何敢楷辭。

　　力疾書呈，未必可用，更取裁鑒。多儀之賜，亦已抵拜。尤深慚撼，酷暑□□，久□未使，亟亟□答。大字□此，上納□由。承教。唯冀為相業、盡珍重、理不宣。

　　七月三日孟頫頓首再拜。

　　三希堂刻趙書，亦有致義齋廉訪札。筆意極近褚體，□當作於此札之前。此札□師大令晚年□□書也。甲午冬，石查□□于曹江館舍。

（碑存光山縣文物保護管理所。王興亞）

羅山縣

九里關界碑

奉河南都察院亢憲文
羅山縣西南一百二十里九里關，□湖廣孝感縣三里城□界。
知縣雨青高楫山西孟城人。
順治十三年三月十一日立。

（碑存羅山縣東街胡家。馬懷雲）

修城記

國朝李虞明

己亥孟夏，虞明奉部銓，單車赴羅。涉淮抵北郊，望中絕無雉堞，亦無戍樓。城闉入郛，頹坦荒草，居民烟火，僅百餘户，滿目邱墟。余竊訝之，曰："邑素以凋敝聞，遂至此耶！"亟詢廣文常景星、尉龔襄，僉云："羅地瀉鹵，土性疏惡，城雖修不能久無恙。去秋，霪雨半載，洪水漂沒。故至此。"越日，仝步屧相度，而東，而西，而南，廢益甚。余憂心如焚。及視事，見百務欹弛，思整頓之，猶如救焚救溺，而所以爲未雨綢繆之策者，則最急莫如城。於是，輾轉熟計，議畚築，則徵力于民。而羅民流亡過半矣！議材具，則賦財于民，而羅民稅斂已重矣！議貸議捐，紳士曰："貧無以應，且量工計費，經年累千，恐難竣事。"嗟夫！興役苦，興大役愈苦，何以克勷乃事而爲朝廷固疆圉哉！不得已，舉傾圮之狀，繪圖上之諸執事，求賜題修，咸以入告爲難，諄諄諭余設法。其正項猶不敢輕動。復輾轉熟計，惟有自爲規畫，自爲措辦，用羅民趨羅事耳。隨敦請紳衿，大會集議，細考各里舊有界，今仍其界。令自爲經理之。遣閑曠夫役數十人，掘舊甓得十之三四，猶慮其不供，先開窯數廠，而顧匠多陶之。余躬視之次，慮甓之不繼，乃亟捐貲通商廣貯之，並呼助之。揮白鏹百餘兩，未賦毫末於民。獨是東作正興，一日必役千百人使之釋耒耜，趨捄度。縱百雉維新，而三農絕望，恐惟正之供缺如矣。非計之得也。復請寬秋收之後，幸上可其議，余得以悉心料理。兵憲萊陽張公諱瑞徵、郡伯山陰金公諱鎮、司理束鹿張公諱鼎彝，各捐金佐茲大役及瓜程物材，物材備矣。省器用，器用具矣。區畫貲予，貲予足矣。始披誠遍告諸邑人曰："築城郭，固封境，誠守土者責，然保爾室家，奠爾疆域，此國家大事，百姓雖勞，不可以已也。爾若不協力從事，胥委之令，令能千百其身哉！因大弛禁。凡逋租稅牽訟牒者，但赴役俱置不問。用是遠邇歡騰，經始小陽念日，紳衿各以佃僕環築，巖居之民，在二百里外，亦裹糧荷鍤，絡繹載道，日以千計。即甓甖不敷，尤相率輸將恐後。余從未馳片字，遣一役相追呼。初不意刁疲之俗，一旦急公向化至此也！其在公材物，各里自爲貯用。遴鄉耆材幹四人，分藉其所出，而刀筆之胥無與焉。日引攝尉徐世華週城三匝，慰以甘言。不鞭一人而鼓率之，隸卒亦無與焉。又捐金五十，具黍肉餉之，厥工先竣者受濃賞。歡聲殷殷入耳畔。豈值嚴冬，朝曦夕暉，絕無冰雪之苦。浹旬而畢，若有神助。觀者莫不稱壯，會隣寇竊發，各邑震動。兵憲張公提勁旅駐浮光，籌畫撫剿機宜，蠢茲小醜，先後就擒。郵山一帶，藉此安堵如故。余益得以加意內治，遍閱四門卑隘，不足壯守衛，遂乘庶民之朝氣，稍恢舊制，重建樓臺，堅朴弘敞。爰以成事告諸上執事。嘉平朔，招紳士里老，落成于南城之尖，因名其樓曰"思薰"。童叟千人顧而樂之，詫爲三十年來未有盛舉。

茲役也，自始事迄成功，不踰三旬，公私晏然，未有靡費。是皆丕賴上執事德教翔洽，率先捐貲，化刁民而訓之，鼓疲民而奮之。旦夕奏效，如響隨聲。余亦得藉此以逭于莒侯之責也已。其亦何力之與有？今既佽上之賜，嘉民之勞而喜觀其盛也。聊爲小言，以紀始末。若以爲序已續，則奚敢！

順治十六年。

（文見清末《羅山縣志》卷八《藝文志》。馬懷雲）

題修城碑

李賡明

治國無小，備弛則懼，王公守國，習坎是固，復隍有戒，為宗子慮，咏彼豳風，憂我陰雨，維此郵塞，楚豫扼險。滄桑既更，困於兵燹。苗莠不薅，鋌急而逃。東郊鼠碩，王室魚勞。蒲號為虐，凌我郛郭。三版既沉，百堵懼削。予適驅車，零雨載途，荒垣游鹿，廢堞啼鳥。乃諏乃咨，率衆以籲，爰勸爰勞，鼓其疲弱。群公賜助，示以身先，且勤教誡，奉以周旋。乘農之隙，儻衆之協，遞彌子來，捄度維捷。非惟督之，申言慰之，非惟勞之，氾布濩之。冬陽載曦，冰釋土滋，龜手勿藥，安厥胼胝。役不淹旬，厥庸炳煥，廷威銷萌，詎惟壯觀，粉堞峩峩，丹樓如霞，武備既飭，文德允嘉，凡此城功，成幹衆力，勉茲一日，為百世利。室家既寧，民社攸寄，聖世金湯，勗哉疆吏。

落成旹，已有文備書。因里民勒石以紀再請，故題。

順治十六年。

（文見清末《羅山縣志》卷八《藝文志》。馬懷雲）

大中丞佟公賑恤羅邑士民感德碑記

公諱鳳彩，號高岡，遼陽人。羅巇邑也，僻處南偏，環山而土瘠，五種之屬，惟秔為宜。歲豐祇等他邑稔之半，蒼生不造。庚戌，潦苦之。辛亥，旱苦之。壬子，豐凶參半。癸丑，復苦旱，甲寅，倍之。故歲以饑告。而客秋至茲，食草茹蕨，流離轉徙，相望於道。蒞茲土者，竭智盡神，至寢食俱廢，終莫之何。

　　觀察徐公道經於羅，盡得其狀，以聳於方伯郎公，遂急請諸開府佟公。公憮然曰：一夫不獲，予之辜。況羅，吾屬也。勞來安集將安諉？即捐俸為諸司倡。郎公、徐公以及分巡胡公同之。由是中州監司諸公率屬長吏赴救恐後。開府又恐付託非人，民鮮實惠。乃面諭郡伯熊公曰："是役也，惟爾才。"郡伯曰："職之責也，何敢以不敏謝。"遂單車就道，凡一切輿臺芻秣，無擾於羅。惟飭里約招流亡，粟幣相參，註名分給，以六旬為約，期副麥秋。復恐老弱之不逮也，由邑內而近郊，由近郊而邨鎮，於靈源店信宿焉。於龍昇鎮信宿焉，於仙花店信宿焉。事未竣，而金已匱。郡伯不憚括囊再至，以祇承開府之命，亦開府之有以風之也。卒賑，老稚歡呼，囑拱記其事。惟公之再造於羅也。豈偶然哉？方引領待哺之日，或曰："望公如望歲焉。"或曰："望公如望慈母焉"。予曰："是皆不足以擬之。"夫邑令，吾父也。郡伯，大父也。而開府憲長、監司諸公，高曾大父也。夫高曾大父，位尊而勢疏，父母情親而無權，苟欲生全其赤子，必告之大父，達之高曾大父，使高曾大父未及見雲仍之，困憊而不之許，父母亦無如之何矣。乃不謂高曾大父之生全此雲仍者，倍有親于父母也。處得為之勢而出以不忍不為之心，故至此，公之再造于羅也，何以異是？其年被災之地閱六州。羅邑之災寔稱最。而我公軫念羅民，亦數倍于他邑。他邑蠲租十之三，或與羅同，而羅邑獨得緩徵、賑恤，則與他邑異。向非緩徵則民斃於催科，非賑恤則民無食何以生？緩徵賑恤兼而行之，故僵者起而病者甦矣，枵腹無憂而安枕無虞矣。咸謂是方伯、觀察所予也。是郡伯、邑侯力請所致也。拱垣曰：然。吾儕曰：歲凶。方伯觀察曰：由吾凶。吾儕曰：予饑。方伯觀察曰：由吾饑。情孔殷矣。然而蠲租宜請則疏以請，一疏不可即再疏以請，則非開府勢有所不能，況蠲千金為賑乎！以億萬之心為心者，方伯、觀察、郡伯、邑侯也。不第以方伯、觀察之心為心，而民寔被其澤，允堪法於後世者，開府也。萬姓咸頌其功于公。公終曰："一夫不獲，予之辜。況羅，吾屬也。勞來安集，予何功？"噫嘻，公惟不自有其功，功之所以愈不可忘也，敢貞珉以誌不朽云。

　　康熙十四年孟秋穀旦進士畢拱垣撰。

（文見乾隆《羅山縣志》卷八《碑記》。馬懷雲）

大中丞閻公禁約碑記

　　一禁銀七錢三使費，一禁改折漕米使費，一禁各項無名私派，一禁重戥私加火耗，一禁餽送四季規禮，一禁餽送多節規禮，一禁索取地方土產，一禁藉查衙蠹使費，一禁賒取貨物短價，一禁里長供應過差，一禁辦買本色幫貼，一禁驛馬草料幫貼，一禁私派驛夫工食，一禁差買里民柴草，一禁差役下鄉需索，一禁祭祀派累行戶。

旹康熙二十八年六月穀旦知縣加一級三韓魯麟勒石。

(文見清末《羅山縣志》卷八《藝文志》。馬懷雲)

重脩大通橋碑記

　　粵稽志乘，羅邑爲豫、楚之交，以長淮爲帶，澗水、竹水爲襟。邑之南爲小黃河，發源靈山，東南達淮、泗，行旅之往來，驛遞之馳赴，非橋梁則病涉也。邑之南門外舊有柴橋，有明景泰初，知縣劉恒以石爲垜，布以木板，秋水泛漲，橋易壞，病涉焉。至弘治十三年，邑令楊鉞重脩，易五空爲七空，去木板而環以石，規模較勝於前，因改名"大通橋"。尋復傾圮。嘉靖四十年，邑令張思武勸募又脩，視昔更爲完固，今又百餘年矣。每山水迅發，奔流衝齧，日就頹壞。宰斯土者，大約以傳舍視之，未有能計深遠樹不拔之策，以爲善後之圖者，然及今不問，必且倒塌無遺，其不至望洋興歎者幾希。歲己巳，麟承乏來茲土，其都人士有爲麟言其事，而又苦於物力，囁嚅者再。余曰："昔子輿非鄭，是因溱洧之濟；晉武平吳，遂起富乎之筑，杠梁以時，王政之大經也。麟雖席未煖，亦何敢以不敏辭？令固貧，然捐俸必自令始，盡其圖之。遂進匠氏而計其工與費，需數百金。會歲歉，姑緩之。越明年庚午秋，始興工度材，壘石視昔有加。士紳黎庶襄輸恐後。凡五閱月而橋成。雲搆虹舒，如帶如礪。今而後，輿者、徒者，庶其爲周行乎。其父老曰："從來計小利者不能期遠業，慎厥始者乃克令其終。以將傾之基，而頓成此不朽之蹟，是不可不有以記之。"因爲誌有功於橋者之姓字於左。

　　知縣加一級三韓魯麟撰。
　　旹康熙三十年正月穀旦。

(文見清末《羅山縣志》卷八《藝文志》。馬懷雲)

重建義學兼助膳田記

　　欽哉，聖天子作人雅化甚重且切也。而於州郡縣義學之設爲獨詳。蓋義學者，黌序之本，亦即古小學遺意。古之學者，離經辨志，以後即入小學，使知君臣父子、長幼仁義、禮智之禮。是義學爲世道人心、家國天下所關其維繫，蓋可忽乎哉！先正之言曰：小學之教不立，害且子不孝，弟不悌，幼不讓，而爲父兄者，殆不能安於其爲父兄。然則小學之教，乃父兄所爲自安之計而亦貽安於世世之道也。

　　矧聖天子紹述精微，厥中允執。其爲世道人心憂，爲唐虞孔孟續者，朝乾夕惕。爲人臣者，敢不以祗奉爲兢兢。麟於康熙己巳筮仕於鄝，下車即口聖宮，仰瞻宸翰，見夫子之墻甋剝不理，階圮鞠爲茂草。麟心輒怦怦動，終夕不寐，隨於堂翼廡寮捐俸脩搆如儀。於絲磬梲敔，俎豆尊彝，布設如度。教諸樂舞生，夏擊嫺習如禮。於是而義學之事興焉。爰卜基於東城之隅，相土予直，既廩估工，起於己巳八月，落成於十月。因念師儒饔飧無所與，供餼在其中，欲謀道不謀食，如吾夫子言，竊有所不能。於是而義學田之事舉焉。爰購得黃氏田若干畝，給牛若種，與佃者約，每歲可得學租若干石，使師儒饘粥無缺。於戲，此亦慮始者草創之苦心也。於是，進師儒而誡之曰：毋不敬，毋博奕飲酒，毋游冶興謠，毋敢以靦面傲忤於尊長。育秀儲英，克袞一代文明盛事。異日者，名公卿輩出，熟於詩書禮樂之訓，忠孝為先。即鵞湖、鹿洞，揭日月而行焉。端不外是勉旃諸士，其勿忘此之日言。同嘗共厥成者，為廣文西□□□化□□蕭元、典史稽山陶必成、文學邑人宋之璟、義學師文學邑人劉名彝，例得并書。計學址四周及水田畝數、坐落租石、載糧數目，并並附碑左。是為記。

康熙三十年歲次辛未孟夏月穀旦。

知縣加一級三韓魯麟撰。

（文見乾隆《羅山縣志》卷八《碑記》。王偉）

關帝廟碑

黎思哲邑貢生

夫神誠而己矣，人而為神盡誠而已矣。《中庸》曰：唯天下至誠，為能經綸天下之大經。敦倫其盡，誠之大者乎。《周禮》大宗伯掌天神地祇，人鬼之祀，天地之道，誠一不二，燔柴於泰壇，以祀天也。瘞埋於泰折，以祀地也。二者居天下之大端矣。日月寒暑，莫非天也。嵩華河海，莫非地也。亦備禮也。非此族也，不在祀典，而人之列於祀典也。法施於民則祀之，以死勤事則祀之，以勞定國則祀之，禦災捍患則又祀之。此自古帝王將相師儒莫不皆然，而帝君其尤大彰明較著也。帝君距今千餘年，所無賢無愚，無小無大，無男無女，莫不尊之親之，拜之祝之。是遵何道載？蓋當漢運既衰，朝綱解紐，亂臣賊子接事迹，當世彝倫攸斁於斯極矣。帝君獨以至誠無偽，扶植綱常，赫赫精忠，煌煌大義，與天地合其德，日月合其明，四時其序，嵩華峙而河海流，其與天地百神同其不朽而食報無窮也，不亦宜歟！我皇上崇德報功，隆祀帝君，而襃封及其三世，大哉王言，況其下者，敢不敬乎。山陝信商某等全建帝君之廟於邑城之西北隅，前尹路公已有文以記其顛末。雍正七年又為廊房八楹，戲樓三楹，門樓二楹。宏敞幽邃，豈非仰體聖天子崇獎忠義之至意，而成此盛舉乎。然余更有說焉，小信未孚，神勿福也。神所憑依，將在德矣。若惟是巍煥以為居，金碧以為容，春秋享祀，擎拳曲跽以為禮。吾恐聰明正直之靈不即享於茲土也。凡我士民為子必孝，為臣必忠，兄則必友，弟則必恭，朋友必信。蓋神之為神也以誠，而人之事神也亦以誠，夫然後民和而神降之福，此幽明之故，感應之理，前尹言及之而未盡者，其以余言附諸他山之石可也。是役工作之數，主亞之名，並列在碑陰。

雍正十年。

（文見清末《羅山縣志》卷八《碑文》。馬懷雲）

重築羅山縣城垣記

　　羅邑之有城也，創始於前明景泰之年。嗣後決於水，毀於寇，圮於淫霖，俄興而俄廢者數矣。我國家定鼎以來，知縣事薛君耳、李君賡明，先後完繕如初。康熙甲申，水復大至，城於是日就頹落。雍正六年秋，前制府田公請於朝，下令所司脩舉毋後。令與尉上其費，計二萬六千三百四十餘緡，公難之。議以土易甃，汰其費十之七。顧羅邑厥土墳壚非可以築之登者，前令某恇怯不敢任。更越兩載，余來守汝寧。田公檄余董是役，首過其地，址之窖也，門之覆也。名則崇墉，而實則蝕竇焉。惟見蕘童牧豎跳嘯於西風殘照間。蓋工愈稽，則堅者日剝，剝者日傾，計非更新之不可。而土築者易隳，石甃者工鉅，鮮克兩顧，則且為之奈何？不寧惟是，事倚人而集，馨鼓弗勝，亦藉有人焉，以左右而經理之者也。余于是俯而思，仰而笑曰："城之剝蝕也，以外不以內。我中實以土，而外甃以甓，土十之，甓五之；而甓之甃也，新與舊相錯，舊三之，新二之。基壘而上至女牆，甑以布其巔，灰以彌其罅。若是者，費可減而功可成。顧不得一通心殫志者來即與謀終，且為之奈何？"十年夏，西蜀薛君景珏左官來豫。薛先令我邑有聲。余聞其至，益喜曰：事集矣。亟申文臺司，俾赴羅，偕張丞維唐綜其事。而前所議費七千餘緡者，以土不以甓。今外甃以甓，費且稍贏於前。顧是又不可以請諸官也，余因計羅邑錢，每餘於銀民之輸賦也，輒稍浮其錢數易銀以納諸官，官為輦諸司，今以城故，司復輦諸縣，重市錢以給僱直供工費，是官與民且兩耗也。莫若令輸賦者概以錢，官即以錢充役費，免其請。諸司因贏費二百餘緡，更復採薪煉石銖，縮而參裁之，猶不足則益以鈞金束矢，權其變，以助厥成功。而新視縣事者為王君夔龍，亦賢令也。余交倚之，如車兩輪，乃立餼人。餼人程土功，庀餱糧；乃召陶人，陶人矩陰陽，揣薄厚；乃集繕人，繕人持畚鍤，陳畢掆；乃延匠人，匠人參晝夜，度步軌。工善其事，從獻其勤，築之坯之，穨者理之，隳者新之，仆以起，泐以續。始壬子九月，迄甲寅八月，甫兩載，工用告竣。計高一丈七尺八寸，濶可並驂，趾厚一丈二尺，頂厚六尺，周八百七十三丈五尺。堞一千二百有奇，為四門樓稱之，且遍開水涂，霖潦無虞。而又以城南濱新河，舊者門於大通橋之北，河水貫其前，形家謂離象乎文明，水洩砂飛，則科第當益不振。爰是邑子衿請徙諸西南隅，上其圖於今大總制王公。公可其議，改建如今制。去舊制九尋而遙，顧行者往來，必迂其途，循城陰而折，趨於故徑，以就所謂大通橋者，無以示周行，且不勝其僕僕也。余議於新門至橋所，盡鏟其旁壤之穹然委然者，改築大堤，以通利涉。東則鑿為汙池，栽蓮植葦，俾鳧棲而魚牣，庶幾哉太和翔洽之休。而於隄之西開水田，以益歲入焉。計隄之寬二丈有奇，徧樹檉柳之屬，落其實而取其材，曰是故我總制王公之教云爾。其旁更令居民縛茆賣漿，以休商旅。蓋復增費計二百金，類得諸士民之所助云。

　　工竣，余適過其地，遠矚之，壁鬱青霧，樓絢丹霞也。稍即之隅齊如裁，形平如砥也。近眂之，重門四開，麗譙高揭也。鬱鬱葱葱，民氣恬舒，堅壯完整，煥乎屹若。有善繼者，數十年間，其無患乎。

余時改官津門筦鹺務。王、薛二君因前請於余曰：公來豫，而羅城始興役。今遷去，而工適告終。前後之間若有數焉。羅人士交異之，敢藉一言以垂後。余曰："余何記哉！夫興茲大役，而田畝不加費，里甲不議夫，繄二三之子可以不朽。雖然，莒恃陋而不修城，魯恃城而不修政，《春秋》交譏之。尤願諸君子之毋忘斯意也。"隨書此以勒諸石，他若某某者，董事之功居多，例得鐫姓名於碑之陰。

河南分巡南汝道今調直隸長蘆都轉鹽運使司運使苕溪費謙流撰。

旹雍正十一年歲次甲寅秋八月。

（文見清末《羅山縣志》卷八《碑記》。馬懷雲）

羅山書院記

河南督學院鄒升恒

古之為治者，無地非教，無人不學。《周禮》所載：自大司徒以下至於鄉大夫、州長、黨正、族師閭胥，比長皆是也。後世建學立師，惟郡縣有之。弟子員皆有定額。於古所謂鄉州以下之教，蓋未暇以詳。而初學之士，寒畯之徒，或末由被教，此亦事之似緩實急者。今天子誕敷文教，加意作人，於學校常制外，復命各省設立書院，慎簡師儒，廣行樂育。而一時郡邑之長，仰承德意，各設義學，以廣其澤。彬彬乎誦讀之聲遍於閭里，庶幾古制復見於今焉。

羅山為古申伯謝地。武清王君蘷龍由覃參軍移令於茲，勸課農桑之外，即以義學為先務，凡捐資一百九十七兩有奇，擇地置講堂五楹，東西齋各六楹，閱兩月而成。求文於余以記之。余奉天子命按試至懷，曾晤同學邵子振飛為余言王君之賢。蓋彼地有懷仁書院，振飛曾為之師。而董其事者，王君也。待師禮備，又備置古今書籍，俾學者誦讀有資。今義學之成，王君復捐銀十二兩六錢，廣置經史，使羅之士擴其見聞，易其固陋，以澤於大雅之林。余謂王君誠賢矣。繼自今，司是學者，其亦仰體王君之意，教士務以實行為先，而後及於文藝；於文藝務以經學為先，而後及於制科之文；於制科之文必以先正大家為法，而後求合於有司之尺度。羅雖小邑，士品文風將甲於淮蔡之間，庶不負王君殷殷設學之意，而於盛世文明之治其不有助也乎。

旹雍正十二年歲在甲寅九月望日督學使者鄒升恒記。

（文見乾隆《羅山縣志》卷八《碑記》。馬懷雲）

竹香亭記

邑令廣東樂昌縣人李滋達

余於凡物之愛，皆具其意而已，獨深好竹，凡遇山巔水涯道傍籬落之處遇之，輒徘徊不能去。余家居築韻軒，軒旁有餘地，盡令種竹。嘗有句云："恨不十年曾種竹，閒纔半刻即栽花。"蓋道其實也。好不擇種，栽不擇時，欹不成行列，蓋竹有直虛清節之頌，余惟取其野而已。辛酉冬，予來治羅邑，路由普濟庵，山僧叢吉導余少憩，坐間翠陰下滴，微香襲人，客衣、鬢眉皆作碧綠色。凝眸視之，院園多竹，以愛竹之人而居多之地，其為樂也。當必無央而若有幽思遐慕者何哉。凡樂山林之樂者，非飄然長往之人，即投間歸休之士，而余非其人也。境則是之，人則非之，物與有間矣。間而不可以洽情能相樂耶。然夙好乍投，瞬息間興致浡發有不自己者，於是，投袂而起，散步閑遊。見周垣數十丈盡植金銀、牽牛、薔薇之屬，於坡下延覆如翠璧。內砌磚，為牡丹、芍藥、梅、桂、臺、花開爛熳，香色相間。又堆土為阜，取石之銳者、鈍者、淺者、深者、透者、皺者，肥而坐者，瘦而踞得，俯者仰者，列諸阜上，奇狀畢出，宛若小山。小山之側，引水為池，池種荷花、菱芡多蓄，金魚出沒，隱見宜人。池畔山崖仍植芭蕉、梔子、石榴、天竺等，以湊山水之勝。位置調合，周匝精工，皆為菉竹扶映。竹雖畝許，不亞睢園雅趣矣。因詢僧吉誰能為此？吉曰："寺有竹久矣，但蕪穢不治。僧自城移錫於此，芟茅剪菖，刈荊棘而除其根，又漸次經營，以成此狀也。"余曰："善哉！緇衣中韻士也，顧圃則佳矣。惜野豔幽香無鐘會處耳。"吉曰："唯唯。"數月後，搆小亭既成，索余重遊。余復於政事之暇，一尋賞茲菴，更領取亭中，近而四時山花，錯雜無間，馥郁樸鼻，遠而萬嶺千山隱隱約約，松濤風送，翠岫雲迷，晝而禽鳥上下，鳴聲嚦嚦，夕而皎月旋轉，清光溶溶，不愁微雨送涼來，且愛竹香吹暑去。優哉，游哉，其樂何極！不禁喟然歎曰：人之學問，豈盡天縱地可治而為遊觀，學不可造為淵博，人不可造而為聖賢乎！其蕪穢不治也，猶之茅塞而頑然無知也，其芟刈荒蕪而點綴花石也，猶之去其腐陳而蒐羅典實也，其遠近昕夕而皆有可觀也，猶之引伸觸類，左右具宜而肆應無窮也。嗚乎！天下無不治之地，無不可治之人，烏可輕自暴棄而不修省哉，抑吾更有所屬望焉。夫竹一物耳。其蕭間淡遠，吾猶且愛之慕之。苟吾邑有清風高節之士與竹同為一致，則吾之愛之，慕之，徘徊不能去者又當何如哉？余故因亭之成而顏其額曰"竹香"，取杜詩意。

乾隆六年。

（文見清末《羅山縣志》卷八《碑文》。馬懷雲）

誦竹香亭記

邑人李之杜仲閒

鄩北二三里許有普濟庵。底法清嚴，掃除明淨，雖近市廛，如在山林。西偏荒僻地修竹一帶，茂密如屏嶂。庵僧叢吉憐其荒穢，剪其蓬茅，荊棘，易水火而化之。築繚垣，葺花砌，鑿地為池，壘石為山，廣種丹藥、芰荷、芭蕉、薜荔等以相映襯，其竹愈佳。坐憩之間，香風撲面，翠色濕衣，清姿磊落，逸致紛披。李老父母撫蒞茲土，至誠感下，人和政暇，因公至庵，以有斐之學深猗猗之愛，命作竹香亭以收其勝。且為之作記，以道其愛竹之由，建亭之意。序景物則摛藻揉華，挹騷人之戀賞，宣誨訓則旁通，曲喻振多士之雄心。秀骨天成，雅與竹稱。其始也，竹美而庵之趣鍾於竹。及亭建，而竹之趣鍾於亭。迨文鐫而竹與亭之趣，盡會于文矣。荒涼一寺，蕭蕭數竿，一經品題，物色經新。猗歟盛哉！獨是經斯庵，覽斯竹，履斯亭，讀斯文，其情得毋異乎，其淺焉者豔心於華麗習耳，於脂韋見淡雅而欲戮聞提命而滋懼，此流俗人不足道焉者也。其少進者摧撞之後，願得息機盤錯之餘，思求導引，對此幽容蕭然自足，諷此規戒，爽然自失其亦可矣，而未能得竹之佳趣文之真味也。知佳趣真味者，欲淨而理明，神融而氣暢，因物致感，觸景逢源，觀亭顏之號，曠然於良楛貴賤之理，惟清者香，惟濁者臭。誦貞珉之諭，曉然於檢心修身之術。自艾者治，自蓄者荒。履亭如履膠庠，讀記如讀箴銘。留戀徘徊，三顧斯竹如瞻闕里之楷，如拂潯陽之柳，如對正士端人孤芳以自賞，如仰道貌仙容遺世而獨立。陶陶焉，文文焉，幾忘此地之為梵剎，為蓬瀛。浩浩乎，飄飄乎，並忘此身之非白雲，非孤鶴。夫如是，乃可以經斯庵，覽斯竹，履斯亭，讀斯文矣。然而如此觀者，宇宙亦寥濶矣。即有之抱樸守真不時至也。將毋使後皇嘉植空浮翠靄於煙雲，蓋世奇文，默應鏗鏘於風雨已乎。雖然，有能賞者其美固全，無能賞者其美亦足。竹得亭不枯寂，亭得文不固陋。竹與亭、與文，相為知己。昔人云：蘭亭不遭右軍，清湍修竹終蕪沒於空山。此竹得此亭、此文，亦猶蘭亭之得右軍矣。可與蘭亭竝垂不朽。

（文見清末《羅山縣志》卷八《碑文》。馬懷雲）

忠烈郝公祠碑文

南汝光道李慎修

　　孔子曰：志士仁人無求生以害仁，有殺身以成仁。仁是什麼？是人的本心，是人的本性，是萬古六合之人同其本心本性。一著名根，便毫釐千里了。孔子稱微箕彝齊，俱是從不是立名處體勘出來。如前朝末年，來羅山署事的郝公瑞日，那時節明運將終，滄海橫流，大廈之傾豈是一木所能支？郝公若苟且偷安，自保軀命，有誰來以不忠責他，即奮不顧身為賊所殺，亦止自分，與賤死螻蟻無異看。後來要入名宦祠，還經屢詳屢駁，何況當下那裡有為名的想頭呢？吁嗟乎！郝公之為，不過自還本心本性在然。却便是為萬古六合之人，留得本心本性在，二童子為主捐軀，與公之志正同。予表而出之也，是為萬古六合之人指點出本心本性來。若說以慰忠魂，便遂忘却本來面目。

　　乾隆十三年八月。

（文見乾隆《羅山縣志》卷八《碑記》。馬懷雲）

重脩儒學碑記

　　郡邑之有學宮，所以崇聖教興賢德也。學宮之興替，人文之盛衰兆焉。羅故有學，前志稱其規制材木為隣邑之所未有。當時士出其間，掇巍科建殊伐者，後先炳耀，美哉盛矣。迨明季兵燹以還，國初前令高君楫、李君賡明輩次第脩復，雖美備已不古，若而氣象亦復維新。考諸順治、康熙年間，科第猶不乏人，如李侯重脩戟門記內所稱，竣工之日，捷音三至，何適逢其會如是耶。乃今近三十年，邑人士無一登賢書者。雖云文不售時，自當講求學術，顧學宮實關文運，而年久日就凋敝，有心者或致疑焉。

　　甲子夏，余來涖茲土，展謁聖廟，見其殿廡卑隘，垣墉頹落，且諸凡瓴甋參差，榱桷朽蠹，戶牖不齊，丹臒無色，匪特昔人云消索黯胥其氣中，於人文字即此虺隤情形，亦非所以妥先聖而示尊重也。釋奠周迴，心焉鬱之。遂命芟其蕪蔓，丹厥繚垣，以少示維新之象。顧費訛無以為舉贏計，歲乙丑，會方伯趙公檄下各屬脩學。余乃集學博杜君雲錦、劉君制及紳士數輩謀之，皆欣然樂勸厥成，分約勸募。而余亦量分清俸，竭力經營，共得白金千七百有奇。乃即在城紳士中擇其老成謹厚者十人，分任督理，遴採大木，則山獻其楨；博集良工，則匠呈其技。陶甓運甓既備乃事，於大成殿則堂陛尊嚴，飛簷四映也。崇聖祠則朱欄青壁，畫棟雲連也。東西廡則長廊峻整，拱列如衛也。此皆撤其舊而新建之者也。他如明倫堂、戟門、泮橋、鄉賢名宦祠、尊經閣、聖域賢關、宮牆丹墀，亦各增重改觀，光明嚴肅，皆因其舊而脩飾之。又於東南城巔建奎樓二重，於西北義學之上建文昌祠一所，俱高廠宏壯。前者如朝，後者如應，夾宮牆而聳峙，則又昔之所無而今為創造，以備學宮之全制焉。至學宮之中，笙磬柷敔，俎豆尊彝之屬，無不陳設如式，經始於丁卯之春，告成於戊辰之秋。於是，相與落成，脩明祀事。杜君、劉君偕諸紳士揖而前曰：羅庠之不振久矣。國初草昧方開，締造誠難美備。近今數十年來，邑侯賢明者踵相接也。視其規制殘闕，誰無振興庠序之思？率皆憚厥艱鉅，付之蒿目而已。公獨不愛心力，不惜重貲，以成茲勝舉，豈非仰體聖天子崇儒重道之風，而大行其嘉惠人文之意與。夫育士者學也，而重學者士。土敝則草木不榮，氣衰則物生不遂。故連城之璧不產於培塿，照乘之珠豈生於尺澤。惟夫深山大澤而神物興焉。其積之者厚而育之者深也。吾羅育士之地，土敝氣衰極矣。公獨一轉而為深山大澤，羅之人士倘猶是妄自菲薄，荒其職業，枯槁沉溺於甕，繩不能由宮牆美富，黼黻皇猷以發皇俎豆鐘簴之色，則是育士有學而重學無士，豈公之所望於士而亦豈士之所自待以待公者哉。側聞古之人天下為任，溫飽非心，處為醇儒，出為良臣。自時厥後，願與多士勵此志焉。以無為學忝亦即無為公忝。余聞之，不勝驚且喜曰：有是哉，不誠善乎！

　　夫諸士捐貲效力，竭蹶以勸盛舉。而又交相鼓勵，期以不負斯學者不負其身，將前之掇巍科，建殊伐，先哲芳踪何難復見於今日，而天下且以羅庠為士鄉，庶幾俎豆之聲聞於天，鐘簴之音薦於帝。余亦得附諸君子後以與有榮施也。已爰撫其巔末，漫勒為記。

乾隆十三年桂月穀旦。

賜進士出身文林郎知羅山縣事加五級錦江葛荃撰。

（文見乾隆《羅山縣志》卷八《碑記》。馬懷雲）

建挹秀門碑記

　　羅為豫之南境，以長淮為帶，靈峯為鎮，㶕水環其右，竹水繞其左，中則有小黃河，發源靈山，由西南來，蜿蜒百里，經龍山東麓而北注於城南之大通橋，與西來馬寨河合，遂循城東流以會竹水，而入於淮。龍山，一名小羅山。邑之所由名也。圓秀特立，雖不甚高，而四遠望之，儼然蓋一方之具瞻云。

　　邑城南門，相傳古制在大通橋西，以龍山為向，承其旺氣，以故羅在前代人文稱盛。明末兵燹城圮，人因橋便取徑直行。國初，始就橋為門，當黃水之衝，而置龍山於門右，內鬪刺喉之橋，外逆射胸之砂。形家謂於文風民俗均有不利。雍正間，奉敕脩城。觀察費公稽工至邑，接士民之請，求古制不獲，乃塞當橋舊門，而別建朝陽門於西偏以避惡。向第緣西移過遠，城內街市皆需舍舊從新，舊街居民以其不便於己也，復籲觀察李公重開舊門，而蒙橋之名以為名曰大通門。自是砂水之害依然，朝陽門幾同贅設矣。

　　乾隆戊辰，余與諸紳士脩學既竣，有以跡獲南門古制為言者，余為集眾審視，其處去大通舊門纔十丈許，地經雨洗，現古門基址宛然，因基立門為坤，向與龍山適相對映，而外氣寬舒，層層疊案，砂水旋繞在左，橋亦適為關鎖。又於城內正街只須循牆略轉，市肆有興而無廢。於是，獻卜當事，皆蒙許可。郡伯佟公登城闉親勘二次，以為新門實勝舊向，允宜遷建，乃具畚鍤程材物，築之登登，譙樓門禁宏麗堅壯，費金二百有奇，皆取諸脩學餘賚，而商民分毫無累也。說者曰：官斯邑者亦因任故常已耳。況非殿最所係，亦奚用此不急之務紛紛者為也。余曰："嗟乎！余未任斯邑，羅之人士，東西南北之人耳，休戚何有焉。既膺簡命而撫之，凡四履之地，單赤之饑寒，蓬藋之利病，皆余所當問。《語》曰："苟有利於百姓，吾無愛於髮膚，矧吾士吾民出入往來之地，關閫邑文風民俗之大者乎。夫卜洛居師東西瀍澗，輯民胥宇陟降巘原，凡建置首察向背，昔人所重。而曰此不急之務也哉。由是登門近睇遐矚，黃水屈曲而環繞，龍山崒崔而拱峙，㶕濱竹水引浩淼之清瀾，鵲麓靈峰列煙霞之屏障，莫不效順爭奇，環衛森列，以供吐納山川之秀，挹取殆盡，遂額其門曰挹秀。而人之聚秀鐘靈者，亦必士習詩書，蜚英騰藻，民安耕鑿，俗厚風淳，皆於是門卜之矣。是門既定，古制既復，人文之盛行且駕前代而上之。則今日之一閉一開，皆若有數焉存乎其間，而拭目觀成者，應共慶其不誣也，是為記。

　　乾隆十三年歲次戊辰孟冬月穀旦。

　　賜進士出身文林郎知羅山縣事加五級錦江葛荃撰。

（文見乾隆《羅山縣志》卷八《碑記》。馬懷雲）

皇圖鞏固碑

【額題】皇圖鞏固

　　從來寺閣之華麗，院林之暢茂，賴人以爲之培植。固所以壯天房之大觀，而非徒以壯大觀已也，何則？寺之設立，以媽母者，原於尊崇禮拜，以盡主命，董率教規，以明人倫。而媽母能爲人中之領袖，非可分身以兼營，故有教則必有師，而有師則必思其所養，然師必資於養，養必出於寺也，明矣。非設立學田，徒浸浸焉。每歲各捐貲俸，究不可爲久遠之計也。羅邑原有寺院，週來持修，錦繡棟宇輝煌，撼依上古之規模，其所缺，止一學田，維時弋陽有劉君者，諱起漢，素循主上教規，隨時盡道，親師長，散天稞，好善樂施，不拘本處外方，見一不足，慨然遂爲捐貲出助，即今來羅，踩買設助學田一事，捐錢貳百八十六千，承買於南約田地一分，捐於寺，永供學師養費之資。嗟嗟！劉老親翁助吾寺中有如此之功德，仰體主上慈命必降天祥，爰爲之歌曰：髦發精明兮氣宇光昌，禧祉駢膝兮吉星曜祥，田產萬頃兮乃積乃倉蘭，枝滿室兮賢孫賢郎。

　　噫！劉翁之盛德，固古。人云莫爲之前，雖美弗彰；莫爲之後，雖盛弗傳。惟是有此善行懿德，若然百年允終，永享天堂之樂事。斯乃陰德，蓋世可謂兩世之榮光，吾等沐其惠施，蒙其栽培，安可使之湮沒不傳乎？故不能不勒之金石，以垂萬代不朽。是爲之著。

　　計開：劉翁諱起漢，號東興，冬月初五日生，子經法、經材，孫鍾銘捐貲，照買約內式樣刻於後。立賣田地約人陳從聖、從賢、從學，因無錢使用，奉母命請託中人龔建、呂紹臨、胡作義、鐵國珍、鐵國瑞等說合，將父遺榆南約田地壹分，東以丁姓杜姓田地爲界，西以堰心爲界，南以路心爲界，路外有小田一垣，以堰心爲界，北以大塘上田二近以丁姓爲界，莊房一所，園林樹木、塘堰基址，稱場石滾石研門窗户扇在地，磚石一□□賣□□提□外有丁姓墳一塚，並無護墳地，以灰樁爲界。內有賣主墳數塚，四界東以丁姓地邊爲界，南以杜姓公路爲界，西以古路爲界路西塘上小地一塊二並以灰樁石樁爲界，北以買□□地□□□□灰樁石樁爲界。當犧時，值價錢二百八十六千正，出賣與光州劉起漢，捐苗買與羅山縣清真寺，學俸之資永遠爲業，界內界外，並無提留，如有隱匿升合，日後查出，仍屬清真寺□□□□年五升糧，許過割。田許招佃耕種，□價當日親領，無欠。一杜一絕，代筆中人、酒券□字户族人等，一併在內。自賣之後，永無異說。恐後無憑，立賣約存證。原約紅契並附憑中張士仁□□□、劉成吉、□□□、劉恒吉、陳偉樊、序班代筆張大益、合邑親族姒媽姆、黑退補馬得水、李奉華、胡永康、龔從義、白石林、姚純、龔燦、胡作楫、丁凡、姚理、張宏遠、生員胡作梅、李忠、生員呂紹田、龔章、生員馬冠群、胡紹唐、馬尚彩、龔士良、生員丁兆熊、生員胡殿揚、鐵輔清、胡作霖、李秉經、丁曉蒼、張聖和、胡□□、龔士敬、馬文吉、丁忠、龔士奎、張典禮、李興榮、鐵振清、馬奎、生員胡萬全、龔士旺、丁榜、張典岳、李珍、龔士宏、胡照年、□典□、龔士元、唐士奎、生員姚名琮、陶名儒、李海龍、龔殿元、丁兆科、生員呂建葉、王克明、監生胡鼎章、生員姚名琦、生員閆定國、生員胡占思、張殿魁、□□□、白占祥、丁士建、孫建維、孟祥告、□鳳廷、發告、曾孫、生員仲魁錦、元世復、二兀，仝建碑記。

胄甲午科舉人李芸經。

生員李元勳謹撰。

邑東張作偉敬書。

張奇才侄世𥐻、世仲。

石匠章有智。

大清乾隆四十八年二月二十六日穀旦。

（拓片藏河南省文史研究館。馬懷雲）

河南汝寧府告示

欽調河南汝寧府正堂加五級，又軍功隨帶加三級紀錄十次□，特□□□爲示□事。

照得庵觀寺院爲神靈憑依之所，理宜潔靜，方昭誠敬。今本府訪得羅邑河口寨地方有金龍大王廟宇，該村民等不知謹敬，任意褻瀆，甚至聚集匪徒，酗酒打降，無所不至，實屬不法。除密差妥役前往查拏外，合行出示嚴禁。爲此，示仰該處地保、居民，自示之後，爾等無得於廟內混行滋擾，輕褻神明。設有棍徒棲止廟內酗酒、賭搏情事，許爾等協同該住持拿獲，送縣究辦。倘敢不遵，及該住持徇情窩隱，一經本府查出，定行一併嚴究不貸。各宜凜遵勿違。特示。

右諭咸知。

嘉慶拾伍年三月初三日。

告示。

押。

實貼羅山縣河口寨金龍寺大王廟。

（碑存羅山縣竹竿鄉河口寨金龍寺大王廟。馬懷雲）

河南直隸光州府通知

署河南直隸光州正堂加三級，隨帶軍功加五級，紀錄二十次周爲嚴禁事。案蒙按察使司開，案據湖廣黃陂等縣控羅山縣河口鎮公建金龍廟宇一座，與光山、息縣交界，屢有不法棍徒在廟聚集酗酒、賭博、滋事等情，呈請示禁一詞，有到前置司，移交本署司。准此，除呈批示外，合行檄飭。爲此，仰州官吏一體查明示禁，勿違。須牌等因到州。蒙此，除行光、息二縣查明示禁外，合行出示嚴禁。爲此，示仰軍民人等知悉。嗣後，務宜各安生業，不得聚賭、酗酒、滋事。如有前項不法之徒在該處聚集酗酒、賭博，許該地保據實指稟，以憑盡法處治。倘敢徇隱，查出一並重究。本州言出法隨，決不寬貸。各宜凜遵毋違。特示。

　　右諭通知。

　　嘉慶十五年八月初六日。

　　告示。

　　實貼河口鎮金龍廟，勿致風雨損壞。

（碑存羅山縣竹竿鄉河口寨金龍寺大王廟。馬懷雲）

子路問津處碑

　　夫子自楚返蔡，使子路問津處，留此遺跡，為地生輝。奉□東麓之田，留辦學堂經費，諸君於此，亦不蹈生今反古，□志之有徵，尤其顯焉者也。山之南有大石門蜿蜒而來，過其地者，猶想見田間問答軼事，執與數語，聲欬如劍佩時之具。欲變其地，易其名，不令禮樂綱常立國，本根之所在，古今究莫能易也。況乎歷代褒□之德，實損之無可損，益之不能益，片石撮土，皆為天造地設，以求□所心焉。嚮往者固在此而不在彼，仍以俟後之尚論者。

　　紀錄二十次于滄瀾撰。

　　邑庠生萬選青書丹。

　　高風崗、文生高相榮、雷庭昭、監生高信之、文生萬選青、□振鐸、監生杜實倫。

　　陳玉湖鐵筆。

（碑存羅山縣青山鄉洪河村菱家灣。馬懷雲）

邑侯姚公賑饑碑記

　　邑舉人徐覲階

　　吾羅罹於災也，蓋莫有奇於今日者也。前己未歲，自麥熟後至六月不雨，余時逐隊從令君後禱於壇凡十餘日，旱魃益虐，各罷而歸。至七月，草木盡稿，士民呈旱狀，乞達於上司，發倉賑之。迨春，爭鬻子女，溝壑屍橫，不可勝數，僉謂是殲之自天，非能以人力為。今二十年罹於荒者又甚焉，而幸遇我公也。公於乙亥夏蒞羅。羅夙稱殘邑，田墳墟少，旱潦輒不登。公下車，即稔利病，勞撫字，興百廢，實政班班，不可枚舉，四五年間，而羅大有起色矣。夫何客歲戊寅春，淫雨兩月，不見星日，田廬漂沒，麥赴波濤，民無以食。公憫之，為緩催科，及入夏又大旱，公率通邑士民設壇步禱不應，各欲罷歸。公弗許，乃自科頭跣足，暴露哀呼，刺血書表，禱益虔。至七月十八日，環城十里許，得一溉之澤，於是，羅人咸喜以為卒不至如己未之奇者，公之賜也。不意八月六日嚴霜降，九月廿有六日大雪凝，穀之青者盡萎，立者皆仆，較己未荒更奇。民知無賴，皆籲天待斃。公曰：吾以牧民者也，民之不牧，我何為哉？當力圖之。遂報荒狀，請發倉賑。復借申陽穀三千石助之，又捐俸見有菜色者輒給之，不下數百金，乃未踰歲私已竭，公亦多所費，知不足，時署篆在息，遣人南歸鬻腴產百頃，糴米千五百石益之。逮春還羅，下賑饑之令，先邑中寒士饑者六十餘家，給米與錢。復於北門外玉皇廟建粥廠，憂其難理也，擇役之能者數十人，給其食而任之以事。憂其難辦也，募饑民之壯者百餘人炊爨而分給之。憂其不齊也，立號砲使遠近各知所聚散焉。憂其相雜也，設籤而硃之，領籤而入，繳籤而出。憂男女之無別也，先女而後男。憂老稚疾弱之力不支也，先給於廟中聽其飽，而不限於例。憂遠人之飄寓也，僦搆築而安之。其他隨時變通之法，務期民沾實惠而止。公日至粥廠泣數行下，感者亦泣。經營勞瘁起訖凡三月，向之鵠面鳩形者，今變而為豐頤廣額矣。至五月，麥大熟始撤粥廠，令民各以遠近受糧而歸，乃爭獻新物為公壽，涕零環拜不能遽去。事竣稽於冊，全活者六千餘人，至境外之扶老挈幼，就食生還者亦數千人，不在冊也。以故無小大男女感入肺腑，歌誦之詞徧布郊野，視向之爭鬻子女屍橫溝壑者，為何如也。然則天之所阨，果非人力能為乎？夫公之誠心實政如此，可為至矣。羅之人，口碑載道，亦可以無憾矣。今且勒諸貞石者何也？夫災沴之奇，每數十年而必一遇，倘公九遷之後，不幸而復遇之，使後之有志於民者，仰公之德，推公之所已，試其科條可不待頃而具，則公之德又將在奕世矣，於是乎記。

（文·見清末《羅山縣志》卷八《藝文志》。馬懷雲）

江南河道總督黎襄勤公墓誌銘

【額題】聖旨

梁章矩

道光四年甲申春正月乙酉，江南河道總督，羅山黎公，以疾終於位。公瘁力河防逾一星終，既以疾乞假，上即馳賜上藥，令安心調養，公自念受恩重，不敢以私廢公，疾亟猶憑几披文牘延見屬吏，比旨到，公已先卒！遺疏入，九重震悼，加尚書銜，贈太子太保，令有司議卹典，祭葬如制，諡曰襄勤，入祀賢良祠，尋賜御詩，命勒墓碑，有偉哉。防滯力瘁矣，十三年之句八月，孤子學淳等，將扶櫬歸卜宅兆，先期請文誌公墓，余與公同歲舉於鄉，從公河上，為屬吏，知公深，雖無文不敢辭。按狀：

公諱世序，字景和，號湛溪，初名承惠，河南羅山人，曾祖思哲貢生，雍正初薦舉賢良方正，祖正司，國子生，考復典，乾隆丁酉舉人，三世以公貴，贈如公官。公幼孤而嚮學，乾隆甲寅舉於鄉，嘉慶丙辰成進士，授江西星子令。時公裁弱冠，吏役易之，下車即發奸摘伏，調署南豐，尋調南昌首邑，前令疲於供頓，不遑治事，吏胥緣以為奸，設廬拘穽，私繫無辜，公痛懲之，斷鞫精敏，凡數十年滯獄，至公盡決。

邑西濱彭蠡，恒罹水患，舊有富倉圩扞之，前官數築輒潰，公親勘，捐資倡築，圩成速且堅，歲因屢豐。辛酉鄉試為舉實興禮，是科中式十八人。邑有東湖書院，址萊廢，為民所侵，公捐地直復而恢之，又勸輸以贍膏火，延名師主之。

　　遷饒州府同知，旋署饒州守，又署贛州守，贛民悍，訟繁，龍南有婦，誣其夫行竊於所與姦者之家，因致之死，公廉得，平反。安遠姦胥某，力能制其邑宰，民苦之，公涖任即拘之，論其罪。署袁州守，旋授江蘇鎮江守，轄地有練湖者，本曲阿後湖，舊分上下二湖，上湖既堙，惟下湖可瀦水，然豪富占為閒田，舊為隄堨，啓閉有制，寖廢圮，夏漲則瀉冬則涸，公建新閘三，舊閘一，可蓄可洩，溉田濟運兼賴焉。又修寶晉書院，增置學舍洲田。修丹徒縣學宮，皆自公發之。再權常鎮道，辛未春，擢新設淮海道。時海口積淤，河南溢陳家浦，北溢馬家港，連歲決潰，民用昏墊，大學士長文敏公、戴文端公奉命出視，初議於雲梯關外接築長隄，直界海口，為束水攻沙計，繼以工用不足，減築三十里，盛漲水行至隄盡處，輒倒漾隄內，仍以分流，而淤及海口，下壅則上潰，故馬家港塞後，倪家灘、王營、減壩、李家樓先後泛漫，災數郡，僉謂馬家港未塞時，南河二年無決溢，患塞後一年且三決，不如改復馬家港，使河由海州灌河口入海，屬順其性為中策。議上，大府將決行之，適百文敏公總制兩江，集屬議之，公毅然曰：此直無策耳。馬家港未閉，河雖二年無患，而運河潰壞三十餘處，蓋河倒灌入運者十之五，經流僅行其半，故馬家港灌河尚能容之，若挽全河入馬家港，決可立待，二年中，特移河之決於運耳。時議改沸。然公著條議以為治河如潘印川、靳文襄，咸主束水攻沙，自河決馬家港，已蒙廷議溶復舊河，又接築新隄使疾攻沙，與潘、靳符合，乃文襄築隄距海二十里，今新隄距海六七十里，適當東窪卑宄處，止引河又未接疏，致河由南北隄尾，股份為三，溢溢四出，正溜遂微弱，宜於冬令灘涸易取土時，由新接築三十里至大淤尖止，估工裁十餘萬金，復於新隄倍而廣之，間築防風亦十餘萬金，通計縻金不及三十萬，可使河水力刷自為深通，無羨洗患，滔滔萬言，洞達剴切，百公大嘆服，立奏聞，悉如議行。識者謂，南河迄今奠安，尾閭通鬯之力也，以減壩工竣，加按察使銜，調淮揚道，次年秋，以三品銜陞署江南河道總督。時海口雖通，河久淤墊，必大蓄湖水，使高於河東注刷之，而山盱五壩之仁義禮三壩，啟放久，因隈深不可修復，公議於蔣家壩南，改建三壩，又為引河，三壩之過水，河之洩水皆有制。甲戌，以霜降安瀾，加二品銜，公又以河暴漲時，專倚閘壩殺之，蕭南毛城輔分洩之制不可復，而北岸下薄運河，不敢議洩。

　　乙亥，奏請於徐城西北十八里屯，及苗家山、虎山、腰山，因山鑿之，建壩三，俾得分泄，疏入，報可。復蒙御製徐州新建壩工碑文志之，賞加二品銜，並賞戴花翎。睢南峯山，設有四閘，但啟用二三閘，其二半因山，半因地，河較高，洩益不利。丙子，奏請於虎龍二山間，鑿山足，建滾壩，使水大減。又奏於峯泰二山間，鑿建滾水壩，於是，籌宣洩益周，初柴楷直昂費糜，公於長河埽工挺險處所，兼以碎石填護，埽遂無失，楷直亦平，遂奏減直十之一。

庚辰，又奏禦黃束清兩壩址過深，請積石基之，俱有效。而胥儈側目，異議蜂起。公歎曰：昔賈讓策言，為石隄五，師古云，聚石隄旁衝要之處，激去其水，酈道元《水經注》載，王誨言，大河以竹籠石葦茸土為遏，壞敗無已，請疏山採石，疊以為障，工防宜石，古籍顯著，余亦為固工節帑計耳，敢逞私智，以僨國事乎。

上御極之元年，公與總督孫公合奏，其略云：徐城舊有護隄碎石，即濱山工埽亦以填護，實足障禦湍溜，碎石既利於徐，於長河宜無不利，夫河防平時恃埽，水盛沒灘始恃隄，至河流紆曲溜勢逼隄，則又恃埽衛隄，為埽壩專用柴楷，即堅實亦易朽腐。每歲拆舊，使新費倍力殫，自閒埽填石，上下倚均為固，且埽斗立易激水怒，故埽前淘深或四五丈，或六七丈，石則迤下高一而坡二之，水遇坦坡即游緩，無湍激。又膏以河泥凝緻鞏固，故有石之埽恒少墊陷，其上下無石之埽，即朽塌補亦易為力。難者謂石數衝掣漸入中深恒病梗閼，不知南北隄相距千餘丈不等，至狹率七八百丈，河流經者不過二三百丈，餘盡灘淤旁溜，遷徙靡常，攻塌南隄則北隄生灘，逼扼此隄，則彼灘沙湧。埽石既不患攻塌，則溜且去而刷灘，夫以廣千丈之河，豈懼此十餘丈之埽石。且河中深率一二丈，獨埽前溜激，始鍥嚙至四五丈，中深不及埽前之半，石既沉重，偎護埽前，庸能舍此之下，而就彼之高哉。奏入，得旨歲行之為例，時議始息。河至徐界最窄隘，豫省既屢次灘淤日甚，並疊濬引河積土成山，屆盛漲下衝水驟壅高郡益瀕險，郡治北門薄北岸，民居亦迫近河中，廣僅八九十丈，漲涌吞灘漂敗民廬無數，公籌給民遷移之費，展廣河四十丈。次年，伏溜北馳，直注新河，北岸廣百三十餘丈，遂無河流逼束逼之患。

辛巳冬，入覲，加太子少保銜，瀕行，賜以詩，中外榮之。是年，清河大饑，邑民請於公為勸僚吏助賑，又縣文廟制度卑隘，易其地而廓之。清江浦向係土街，雨即泥淖不可行，今易為石。公之勤飭實政多類此。公性潔直，勇於趨公，尤善商功，謹度支而繩人不苛刻，故工帑歲節，而屬吏用命，河淮晏然，十二年卒日，淮之民多驚怛墮淚。籲請建專祠，丹徒、南昌士人亦如之，知遺愛在民深矣。公少好學，深於《周易參同契》，乃盡悟天人交感之旨，成《河上易注》十卷，《參同契注釋》二卷，又注《毛詩》，以病未成，公生於乾隆癸巳三月二十三日，卒年五十有二，夫人黃氏，光州學生儜女。子三：學淳，二品蔭生；次學淵；次學澄。銘曰：

惟嵩之陽淮之濆，降精誕哲生偉人。治縣治郡召杜倫，監咸成策靳與潘。舣斥群說培隄垣，昔工旁附填草薪。怒湍迅齧潰則頻，公乃起徒石葘犍。度支歲節工且堅，十載不得長茭蓑。實政具舉風還淳，昔者淮民同漂淪，縣肝沈竈無晨昏，今作室家成聚村。昔者淮民苦流遷，擔具繩子投關津，今守田井雞犬聞。百城捍衛澤如春，豈惟淮哺蘇涸鱗，梁木忽壞中台奔，九重悼歎追策勳。尚方頒祭宸翰宣，群仰峴碑拜墓墳，卜兆安吉柯楸繁，我文紀實戡公穿，令名不竭山不騫。

（文見民國《羅山縣志》卷六《藝文志》。馬懷雲）

棠山朔趙原村重修泰清宮碑記

　　玉皇廟創自前朝，僅遺故址。□□乾隆七年，□□社共出資財□石，與獻殿一一創修，已有碑可考。嘉慶二十年間，村中募化佈施，玉皇廟與戲臺具爲重修，至今四十年，風雨飄搖，牆屋傾塌，神像失所憑依矣。合社人目擊心傷，相與募化資財，以爲補葺，玉皇廟與三官廟、泰山廟、龍王廟、塑獻殿與戲臺，並爲丹飾，帷□一間，創爲三間，自去年春□□□今歲八月□□，廟殿巍峩，煥然更新，非惟壯觀瞻，亦足□□人（殘）是以勒石爲記。

　　龍飛咸豐五年歲次己卯桂月吉旦。

（碑存羅山縣文物保護管理所。馬懷雲）

修理廟院戲樓嵌牆石刻紀文

　　蓋聞欲迓神府，無如進香，而恩蒙聖篆，莫若誠心。或求福，福如東海；或求壽，壽比南山；或求財，而一本萬利；或求嗣，而自於子孫。蓋神靈遠大，故無威而不通。聖德恢宏，斯有所求而必應如是。每年八月，朋戚盛會，各捐香資，同躋福田。時值同治乙丑年，預議進香，十人演戲，未得如願，只嚴建醮酬神，下餘錢六十串文，留存會館，交何監工、首事□理廟院。勒石永垂不朽。

　　進香會首十人：王魁太、黃正啓、胡良有、王志有、黃永義、諶尚魁、光彩、胡開鼇、李恒義、王士貴。

　　監工首事：王登山、俞寶善。

　　泥匠工錢三十二串文。

　　買灰費錢二十五串文。

　　買零磚費錢九串文。

　　鐵筆盧天太。

　　右諭咸知。

　　住持僧妙俱。

　　同治五年桂月吉日重修。

（碑存羅山縣文物保護管理所。馬懷雲）

商城縣

順治二年知縣賈鍾琇碑記

爲除荒征熟事。照得商邑山瘠之區，痛遭賊寇張獻忠三次破城，焚戮殆盡。本縣下車一望，荒烟遍地，瓦礫田土鞠爲茂草，人民委骨溝壑，何嘗有成熟之地。欣逢興朝定鼎，百度維新，正與爾民共相勸勉，彼此招來，陸續開墾，以享昇平。不意視事之初，即奉文清查熟田，蒞任茲土者敢不報某開征。若必候爾民開墾之後，方行申報：是商城一邑阻撓院文，何人敢任其責，且不知爾民何年纔得開墾。屢經示諭，無如東竄西逃，無一人至公所會議，又無冊籍可稽，僅有萬曆十年碑文一道云係二畝五分折筭一畝，設若奉上駁查，既無舊冊，又無昔年老吏、士庶可以諮訪，兼之南鄉小醜不時出沒，二三子遺驚魂靡定，臨時何以回覆。自奉上文催檄如雨，刻難延緩。今將二十六里暫報成熟地五百二十一項八十畝三分六釐，俟地方大定之後，搜訪舊冊，另將折畝確數具文補報。此時，賊寇近城，不得不從權結案。勿謂本縣與爾民痛癢不關也。爲此，示諭闔縣士民人等一體遵照，如不信服，即刻石以俟異日開墾後逐户清算，各宜諒之須至示者。

順治二年。

（文見乾隆《商城縣志》卷四《田賦志》。馬懷雲）

順治四年知縣衛貞元碑記

爲清丈熟田均平里甲事。案照順治二年除荒征熟，商邑二十六里，止報成熟地五百二十一頃八十畝三分六釐。彼時土寇猖獗，前任賈不暇丈量，朦朧回報。觀其二畝五分折筭行糧地一畝，係明時舊例，見有碑文，乃不當年申報，填入由單。遲至順治三年，土寇破城，上無官，下無民，按憲無由而知商邑有折畝之例，遂致遺漏未題。本縣雖欲補報，上臺豈爲商城一邑疏題請，勢力吾所不能。然國賦關係民生，不得不酌古準今較立良法，以垂永久。今將二畝五分折筭一畝之數，按畝定弓，該弓七尺九寸五釐六毫，即以七尺九寸五釐六毫作一大弓便是一畝，更屬簡便。爲此示仰闔邑軍民人等知悉。俱按所投冊籍豎立墩椿，擇於本年十月初四日開弓丈量。至於下十三里之田，爲固民所隱者，自當申請上臺，使固民入商認糧，爾等不得以此藉口，有悞丈期。丈畢即將大弓貯庫。勒石以垂久遠。立等申報下年開墾數目，均里征輸，慎勿遲悞。須至告示者，弓尺式以此尺量，五尺便是小尺。舊例丈二畝五分折筭一畝，以此尺量七尺九寸五釐六毫便是大弓，丈一畝即是一畝，不必折筭。

（文見乾隆《商城縣志》卷四《田賦志》。馬懷雲）

重修商城縣儒學碑記

國朝少詹耿介登封人。

王者之化，與聖人之教，並駕而行，聖教不立，而王化不行。唐虞三代，以及漢、唐、宋、元、明，究未有舍學校而能作人才、正風俗，以成一代之治者也。世祖章皇帝肇基伊始，即詔天下立府州縣學，至皇上御宇，親至闕裏，書額頒傳，聖教之隆，至今日而已極。新素多文獻，名溢中州，自明末迭遭兵燹，學宮僅存瓦礫。國初，衛君草創大成殿，若明倫堂、尊經閣、敬一亭既啟聖、名宦、鄉賢諸址，皆鞠為茂草。殊非聖天子章明聖教之至意也。康熙癸亥，三韓談君永祚奉命斯邑，下學之初，即欲鼎而新之，議者曰："荒蕪未闢，折畝未清，里役偏累無已，且田鼠與我爭此土者也。公何暇及焉。談君惻然傷之。爰是多方撫字，不便診治民者，一切罷去。一二年間，鼠潛蹤，折畝復舊，人民樂業，而學校可興。乙丑春，揖紳士於庭，告以修學之舉，並捐二百兩以為倡。副尹龔戴全、尉王凝福、廣文耿帝德、張佶、牛龍文以逮諸紳士，皆歡趨樂輸，襄事董成，不逾年，而殿祠堂廡，輪奐矣。紳士丐予一言，以垂不朽。予曰："談君以宏材制錦，政治興情，獨惓於此舉者，非借先聖棟宇維新，為以天下粉飾之具，將欲邑人士肄業於斯，佩禮樂之誨，遵規矩之訓，敦孝悌，屬廉隅，崇信義，為國家人才慶也。若僅以壯麗觀美，視為異日青紫之藉，不獨聖天子昌明王化，尊崇敬聖教之意，而豈談君惓惓修舉之心也哉！"

康熙二十四年。

（文見乾隆《商城縣志》卷十四《藝文志》。王偉）

重修關夫子廟記

國朝貢生周建宗邑人。

邑南關東咫尺山有關夫子廟，始於明嘉靖壬辰，邑進士，官副使、鄉先生王浙創建。其正殿，視今高數尺，而卷簷棟宇之規模，幾與殿等。其廢基，一見可知也。本朝順治壬辰僧利其募化毀簷而存殿，其寬既隘，其高宜卑，於是，王氏遺跡其有存焉者亦寡矣。商紳士庶屢欲修復，未果。忽承談父母以杜公請，慨捐俸金，與耿、牛兩先生，龔、王兩父母為之倡，更合紳士庶共輸貲，以樂厥成。誠不朽盛事也。嗚呼！王氏之創立，不過五十餘載，而廟貌傾欹，今昔殊觀，豈非人事廢興成毀，信有時哉！況王氏之子孫衰微，即欲振祖德而奠神居，勢必不能，非為上者有以鼓勵之，則廟貌之頹垣敗椽，瞬息間復為荒苔蔓草，未可知也。顧何日而獲落成也？且登茲山也，俯視西北，則城郭內外，烟火萬家，如在襟袖。以東山為藩籬，南望層巒疊嶂，皆回巧獻伎於其下。庶幾僻壤窮谷無不被澤乎，豈徒侈夫山川巨麗之觀，儼如神在其上也哉！

（文見乾隆《商城縣志》卷十四《藝文志》。王偉）

斗山寺碑記

國朝邑令馬國屏

城之北有山焉。向浮沉於荒榛蔓草間,未之奇也。余下車初,因整修北城樓,登城眺望,見本邑環城皆山,其三面舉峯插漢,拱抱甚緊。惟北方一帶,平衍寬遠,聯屬無力而屹然特起,密邇附城,擁衛於金城之後者,賴是山也。亟詢其名,曰無名也。余曰:是豈以為丘垤而略之耶。全城微此山則後勢空矣。雖尊之者若泰山北斗可也。爰特命脈其名曰斗山。而常與諸紳士言,是山甚有關於吾城,獨惜其體勢未極宏壯,謀所以張之。僉曰:能換崇樓一座,於山之巔,則助之高矣。前後左右遍植竹木,興蓄成林,則助之大矣。余聞之,欣然從事。凡經營兩閱歲,費金錢三百有奇,樹林之鬱鬱葱葱,留成有待而樓則告成矣。樓成,而山之面目始軒昂星露,遙而望之,儼然一巨鎮,斗山之號,洵無愧詞哉!抑更有奇焉,憑闌而觀,則金台峙其前,煙水瀠其下,城郭宮室,期布幾案,極目數百里,疊障層巒,隱現出沒,晦明朝夕,煙雲萬態,遊者詫為奇觀,謂揠之坡,公之超然台快!享不多讓焉。因歎未有是城即有是山,乃遲至於今而始得名,以昔者荒棒蔓草之區,忽蹟之快哉!超然之班山之晦明,其有亦時乎。是役也,金錢皆余措置,而籌畫締造則專賴周諱鳴洪諱人甲兩君。今觀其高下,適宜盡美,氣象既壯威,拮構復精堅,億萬斯年,與城俱峙。所謂微夫人之力,不及此矣。樓扁曰聚星,祀文昌帝君。於中期限以時會,聚觀摩于文章有益也。以木主不以塑像,不欲惑於異教也。樓下前層俾福寺,僧之謹厚者曰道坤居而守焉。其或奉佛則聽其自便耳,山之西為商王墓,墓碑久傾圮僵臥,而墓地亦往往為無知者私侵,余為之正其界,植其碑,嚴禁樵牧侵毀,亦付道坤就近者看守云。

康熙二十五年仲夏。

(文見乾隆《商城縣志》卷十四《藝文志》。馬懷雲)

重建商城縣署記

許全學

今天子之二十有八載,學受命蒞商城,入疆而草萊宅者半,赴縣治而民居鮮少,市間蕭然,至公署則痹窄湫隘,頹敝不堪。詢之士紳,咸曰:"此非商署之舊也。商邑故饒庶,環山阻水,廬舍麟次,人文蔚茂,代有顯秩。自明季張獻忠之叛,所過靡有孑遺,商邑三受其毒,干戈石矢之餘,復作咸陽之燼。群黎殄於兵刃,土地蕪於流亡,版籍喪於燹毀,學校荒于冒濫。故今之賦稅,僅居昔時四之一;而糧歸鄰邑,額懸本縣,莫可窮詰。撫斯土者,竭力經營,日不暇給,毋怪乎公署長湮於茂草耳。"

余聞而懼,既而思,終而自勉曰:"此固司牧之責也。"然事有緩急,政有先後,權輕重而布之庶可矣。於是，除積弊，袪頑暴，重農穀，通工商，興學課。越三載而起視吾民，稍有蓋藏，哀鴻漸集。商之紳士進而請曰："吾邑向者人材迭興，民物殷阜，自縣署廢而淪落隨之。"夫朝廷設官分土，以衙舍為君國子民之地也。商署舊在城西隅，環金台，繞澮水，形勝莫尚焉。乃煨燼之後，無由復建。國初，衛公儱居馬氏書室，相沿已久。康熙十五年，葉公以闔邑捐輸之請，建譙樓、儀門、公廨，竟以民力不繼而止。迨後，袁公復蓋草堂三間，規制仄陋，而朽腐隨之。既不足壯士民之觀瞻，又安能收山川之效應？今者天時順於上，民事協於下，願共輸以興復舊制。余曰："南國之芝，尚詠詩風，近市之宅；猶傳齊相。乃余不德，未敢煩我父老為也。"爰度廢址、正方位，察陰陽之宜，定先後之序。立大堂五間，東為庫藏，發地則石窖宛然在焉。堂之下廉其四隅為月臺，台下兩旁，則隸人聽役之所也。由堂而進，為退治之地，其楹視前堂之數，而卑其棟宇，敞其前以為軒，若方舟然。又其後壘土築樓，亦如前楹之數。登樓而望，四山積翠，如美人之環峙，東南諸峰高並云霄，尤稱偉觀。樓下東西向俱列平廡，西南一隙葺書齋，暇則嘯詠其中，向晦宴息，亦攸寧爾。樓之東下列六進，為廚爨，為僕室，最後為課誦之地。又其東芟楚除棘，苫茅廠為馬廄，繚以土垣，隙地則以作蔬圃。大門之外，左三楹為鋪司，通郵傳也；右三楹為營房，資捍禦也；饒有餘地，補之以常平倉，廣積儲也。凡竹木磚灰工匠之值，一視市價，寧盈無絀，按數按時給與，統計之蓋三千五百有奇。自康熙辛未之冬以次營構，至癸酉季秋，始由馬氏書室而遷居焉。落成之日，顏其堂曰"忠敬"，上不敢以負君，下以勤民也；其後堂曰"清慎"，清以居心，慎以集事也；樓曰"視遠"，欲其不蔽於近也；齋曰"問古"，仕優則不忘學也。斯時也，有歌詩以頌者，有舞抃以慶者。山農野叟，莫不扶杖而至，樂觀其有成，而是秋蝗不為災，咸慶大有。予告之曰："是豈斯堂之力哉？國家雍熙之治，無遠弗被。商雖彈丸僻壤，莫非覆載所及也。若夫蘇公有喜雨亭，歐陽公有醉翁亭，黃州之題諫院，昌黎之記丞廳，或導揚其盛，或隱諷其義，予何能追蹤於萬一。惟是徇商邑之請，起數十年頹廢之基，念蒞政撫字之艱，以為作新向治之創，俾垂之永久，與山川同其流峙。假有以勞民費財議我者，吾知免矣。是役也，董理之任，邑尉傅本熨不勝其勞，邑庠生王鼎建、王巽、李應芳、李時秀協佐之力，不可泯也。余既疏其目以示人，而載記其事于石。

康熙二十八年。

（文見乾隆《光州志》卷三《志餘》。王偉）

歸山墓碑記

國朝貢士王翟邑人。

明惠宗讓皇帝以天子而為僧，老死，葬西山，不封不樹一片石。欲深山窮谷為曠烈和尚，垂不朽，豈不惑哉？[1]

曠烈姓黃，名生陽，號大世，以佳公子馳聲黌序。明季家亡城破，收拾少年豪氣，靜向蒲團。上問消息，已雲棲山寺十餘載，飄泊湖湘又十餘載，老而旋里，更其號曰"歸山"。六十四歲死。越七年，卜尊光長者謂歸山骨埋虎塘，覆土未成丘，神慴語激，約輸資以大其塚，俗既塚不必塔，復異僧志久也。歸山隆準修髯，骨性骯髒，長於詩，學未盡才，亦孤峻沉雄，多驚人句。晚年目漸昏而慧以手，書法益工。生平無矯飾，與人言則詞鋒嶽峙，不肯襲一唾餘皆表表過人者。皇甫諡以"生為人不知，死為人不惜"，稱其為至僧。固生逃名而死尚勒石乎？然歸山，名不存佛家，真種子絕，至名之傳與不傳不較也。況石可壞名不可滅，同人寸心，自足千古矣。吾嘗讀史至明成祖靖難而感，今以歸山片石又不禁為之歎云。[2]

（文見嘉慶《商城縣志》卷十四《藝文志》。王偉）

商城縣界碑

河南汝寧府商城縣界
清康熙四十四年。

（碑存商城縣馮莊劉畈村南。王偉）

新開雲路街並建碑坊紀事記

國朝邑令馬國屏

本邑儒學照壁前舊止有東西橫街一道，無雲路直街也。照《縣志》載，有雲路街，致因而下注："衛令新開今閉"六字。夫曰衛令新開，則前未有明甚。曰今閉，必有閉之者。而未實指焉。及諸生陶以鐸等以欺聖厄才，閉塞雲路。控沈生廷佐於學院、於府。蓋與照壁相對。皆沈生之菜園。草房照沈生而執有伊祖買契為憑。而陶生等所據，以為閉塞之證，除《縣志》前請今閉二字而外，無他焉。余以意揆之，衛公任商，正在兵燹之後，其時全城半為瓦礫也。衛公必相度此地，謂當作雲路直街，特以行取邊去，未竟厥事。迨後升平漸久，流離復業，各認舊址，而固築而轉售，誰其禁之。今於數十年之後，執《縣志》所注字樣，遂懸斷民地以為官街平，必不然也。但因是踏勘之餘，覺學宮氣象甚偉，照壁前稍若逼近促，若能開通此街，則前後體勢相稱，於文運亦當有益。衛公其先得我心之所向同然者乎。執《縣志》所注，斷民地為官街，不可也。知縣備價與諸生買地開街以成學宮

---

[1] 乾隆《光州志》卷三《志餘》載文前缺二十字。
[2] 乾隆《光州志》卷三《志餘》載文無後二十五字。

之美，豈曰不可乎？因敦請紳士中之有望者，與沈生商之。沈生初執不可，既感余之真誠，亦欣然從命。議於照壁相對之外，讓賣二丈六尺，折通成街，作價三十兩。余捐金如數付沈。沈立捐券付儒學，公平交易，如齊民買賣然。如是乎從來未有之街，衛公所欲開而未成者，一旦豁然開矣。父老弟子歡呼聚覩，咸嘖嘖景象頓殊，謂吾邑文運之昌，指日可卜。余亦以得竟衛公之志，式副邑人士之欲，上以體崇祀先聖之誠，下以為振興文運之助，洋洋色喜，不自禁也。既又念衛公開矣，無以表之，與尋常衢巷等何以壯觀瞻？爰復措處數十金，擇才敏諸生，委任經理，建大成坊一座於街之前，而題雲路二字於坊之上。由是謁學宮者，不等瞻几筵而後知敬，方跬步雲路街，即已蕭然改容矣。且向日學宮之水，皆遏使北流，今則於街之南，旁疏通溝道，俾水得從西南流出，皆可喜也。惟是坊以木構，不克以石，嗇於財故耳。踵事增華，全又不能無望於後之君子矣。是役也，經始於己丑歲之春，越明年冬而始竣事。其功成正議導諭，開創則吉君諱賜、洪君諱人甲、熊君諱國助之力居多，督理匠役、建坊疏通，則任生宏略、詹生延、李生時秀、應秀之勞為多。是皆不可以不紀。若陶生所控雖失實，而開街之機，自彼發焉。其亦與沈生之勇於從義，同為雲路坊之功臣已乎。事既竣，謹備書始末，勒石街左，用垂久遠。

康熙五十年仲秋。

（文見乾隆《商城縣志》卷十四《藝文志》。王偉）

馬公祠碑記

國朝翰林侍讀閻錫爵固始人

馬公令商二載，余歸讀禮，聞其治商，輒為商人幸。又逾年，署我固篆。八閱月，若將久任焉。治固一如治商也。今固人猶思之，商人則奉為祠位，且鋟石志其德而請紀於余。公之善政，余遠不能詳。願識傳聞之梗概，可乎。公薄飲食，忍嗜欲，躬節儉，以矯奢靡。亦復不時勸諭，如巫令之禁。其尤善者，若夫建置之大聖祠、雲路義學、奎樓以及斗山寺塔，漸次創修。遇勸人助，傾己貲不少吝焉。簿書鞅掌，公一一親理之，不假他手，幾無寧晷矣。乃應給便宜聽斷詳明，且間以時務，與邑紳士諮議，洋洋灑灑，良久不輟，抑何暇裕耶！擇使諳練胥吏，而舞文置之法。不貸鄉曲之武斷，必痛懲之，以安愚懦。至於分校得人，季課取士，吏治之餘事耳。其優異者，乃去歲正賦，雖蒙恩賜而漕項未蠲，陋規如故。藉端濫取者，所在皆是。公獨稱貸應之未罄也。迫誘之必行，意屹然不動。曰："盧陵布衣天科目為邑宰。折腰肉食者惡已甚矣。肯復與之罔上欺下乎？此固氣節過人，而商人受其賜矣之數者。公惟是謹守官箴。倘採訪上聞，聖天子必將不次擢之。洊登臺省以次。公之治行，兼九齡風度云。其治天下，有又如其治商者耶。代庖鄰封，曾何足云！然余於公之治固已以幸商人者，移之固人。今寧不因商人之乞言而贈以言哉！

公諱國屏，字西垣，號中江。江右安福人。登康熙庚辰進士，丁亥秋仲至癸巳秋抄，涖商六載有奇也。頌曰：

香城螺山，偉人出焉。搏風而上，鵬飛垂天。一鶴雙鳧，集於陽。決翔蓼野，迎縱襲黃。愛民如子，視國猶家。敷政有道，造福靡涯。士若教化，紳仰風節。吏畏其威，民懷厥德。祠宇雖堅，生位儼然。欽奉弗懈，於斯萬年。勒石垂成，兼勸後人。凡作宰者，視此刻文。

康熙五十二年季秋。

（文見乾隆《商城縣志》卷十四《藝文志》。王偉）

義僕周元福墓誌銘

國朝邑令黎東昂金陵人。

元福周姓，商邑農家子也，為工氏僕。事御史公恬。夫御史公初以其業農不欲收。元福曰："農養一身耳。冀從公出入王事，或得稍稍表見。"御史公奇其言，乃留役。御史公赴官京師。元福從。御史公卒，元福從公子長康公扶櫬歸里。而元福妻敖氏，乳長康公幼子。長康公及妻張孺人，皆遇元福厚。每曰元福義，緩急可恃人也。

崇禎辛巳，商邑為流賊張獻忠攻陷。賊入，逼長康公，不屈死。張孺人亦罵賊被刃。將絕，提幼子付元福夫婦曰：王氏惟此七歲孤兒，賴汝夫婦存之，吾殉夫死矣。元福夫婦拜伏泣諾，而張孺人已嗚咽赴死長康公旁。公福倉卒同妻負孤兒及其三歲子以逃。先是獻賊再犯，商邑之世族大姓，既助令率民城守，□以隙擒賊愛姬入城，眾共攢殺之，磔其屍，淋漓擲城下。□恨發誓去。至是城破。賊令其殺必盡，殺士夫家乳稚不得留。而元福夫婦負孤兒逃，倖出城。猝遇賊。賊叱曰，汝負貴家兒逃耶？元福背下孤兒，哀乞曰："此小人兒。"賊據抽刀向孤兒。元福急身蔽孤兒受刃。其妻亦舍兒前擁哭。賊曰："果汝兒。"則指元福子曰："彼又汝兒耶？"元福幸子代孤兒曰："是王御史家兒。然幼，乞赦之。"賊乃刃斷元福子，並斫元福左股折曰："饒汝死。"遂去。元福痛絕復甦，裂衣裹創。妻已負孤兒，遂俱趨山僻，匍伏行。行十餘里，元福斷股忽續。以此崎嶇險阻，竟得負孤兒遠遁。抵楚之武昌，僦屋居，而賣糕以給孤兒朝夕。當元福之初脫孤兒於賊也，夜宿叢篠中，孤兒世家子，遭變，乍離父母，倉惶奔竄驚悸，而窮山荒谷，林怒狼號，皆所未聞覩。又風露寒饑不可耐，故出聲哭。元福曰："公子無哭，賊聞，禍再至矣。吾夫婦不足惜，公子獨不記亡孺人囑，而以王氏一線委之於賊耶。"孤兒會其語，乃止不哭。及元福至武昌而賣糕於漢陽門，每晨必先進糕孤兒。孤兒初缺之曰："賣糕以易米，我不食。"元福泣曰："公子依父母時，果餌日蒲前。今乃以吾作苦故，忍饑不肯食。公子意誠善，獨吾夫婦何以為心乎。"孤兒為之拭淚，一嘗糕。一日有官人過漢陽門，感賣糕者聲悲，熟視之，忽呼曰："汝非商城五御史僕耶？"元福前曰："然。"亦識官人，蓋官人為御史公同年友孟公。時官武昌。元福從御史公在京，常往來，故識之。孟公因問其故。元福具以對，且告以御史孫居此。

孟公大嗟嘆，欲迎孤兒養之署。適楚變亦起，孟公遽去武昌，事不果。元福賣糕武昌五閱月，聞商令盛公以衝賊逼，死難。賊今去，已平定，人漸復其業。元福喜告孤兒，同妻仍負孤兒歸。歸則城經兵火後，殘破荒涼。御史公舊宅但為瓦礫場。於是，元福結廬為孤兒居，而傭力為孤兒食。已而，清理御史公遺產，復十之一，而膏腴多為豪右竊占。元福向理，反訟元福官。官聽豪右，以元福無卷據為妄，則痛笞元福。元福受笞，傷賊斫處，病臥幾危。既乃詳陳田之上業某王氏，得之為某年，當時佃種者某某，現今中證尚存者某。官潛訪之，果如元福言。田歸王氏孤兒。孤兒者念劬公略七歲時也。自是念劬公稍豐裕。明年，元福送就外傅曰：“夕勸念劬公勤學，必振舊家聲。”念劬公亦淬厲不自怠，早有能文名。十七歲列弟子員。繼完娶。元福曰：“吾事畢矣，可以慰先公子夫婦及御史公於地下矣。”然元福竟無子，年六十九以卒。

初元福自武昌歸二歲，妻敖氏死，宜續生子。時方為念劬公營產，不欲費念劬公財，又念公尚未婚配，義不及己私，故不娶。及念劬公及長，欲與娶又辭，久久決。與娶之，而元福老已，不能子矣。念劬公曰：“元福使王氏有後，乃不能早娶為元福後，是吾之罪也夫。是吾之罪也夫。”遂葬元福於先塋之側，而以其主進配祖考，俾世世祀享不絕焉。元福字德庵，後賜徐姓云。銘曰：

嗚呼元福，保孤雙手。割爾血嗣，代主虎口。常人重子，義士獨否。善寄足峙，白嬰可友。凡今王氏，非福寧有。附王存王，即福後厥。孤有言福，恩難負尚。曰奴乎？實我父母。庶幾蒸嘗，世世永守。

雍正八年。

（文見民國《商城縣志》卷之十四《誌銘》。馬懷雲）

義學碑記

費師益

郡縣之義學，不僅商也。而商故有學在城西南隅節孝祠之右。余承乏來商，謁廟後率眾往觀。因詢其中之肄業者幾人，膳資之田幾區，僉曰：“向無贍田。”故聚而誦讀者恒落落焉。余慨然曰：“培養無資，烏睹人文蔚起耶。”受事以來，雖不敢以興起斯文為己任，然猶捐俸延師，糾功課藝，歷寒暑而未曾成倦者。蓋誠念國家崇儒重道之至意，而深懼俊秀單寒者之造就無從也。今年春，邑有印山寺不法僧廣慶為寺主洪昌緒稟，逐詎僧長惡不悛，妄指邑先達綏甯熊公所施沙坪溝田地若干畝為其私置，與昌緒疊控不休。熊公者，商之望族也。厥孫諸生八人，羅居縣治，聞其事懼湮先德，執據來白。而僧始屈服矣。案結之下生等因進而請曰：“吾先人所進施田飯僧者，冀其力行善事耳。今乃藉以為縱欲敗度之資，是以有用之膏腴，作奸邪之媒糵也。何如歸之義學，為我侯造就人才之一助乎。”余不禁拍案歎賞曰：“有是哉，諸生之善繼先志也，即起乃祖於今日，亦必有同此措置者。正余所樂得而贊成之者也。抑余猶有說焉，法制代有變更，學校亙古不易。繼自今，學無終極，而田亦與為無極，田無終極，而若祖之令名，亦與為無極也。詎不善哉！將見得祿既充，弦誦自廣，陶鎔伐洗，鶚薦鵬搏，是又諸生之大有造於桑梓也。以視夫白粲黃粒，徒飽緇衣衲子之腹，而毫無補於生人萬一者。其相去為何如乎？又況飽食逸居而肆行不法，更有不可勝言者哉。第不為之記，無以使後之肄業其中者知茲由之所由來也。退食之暇，爰次其語而刊諸石。

乾隆六年。

（文見乾隆《商城縣志》卷十四《藝文志》。王偉）

小祇園碑記

武開吉

夫象教之設，由來舊矣。余嘗走通都，過大邑，以及窮鄉僻壤皆有叢林精舍。掛錫者流棲其間，都人士不習浮屠說，亦咸相尊奉焉。抑知神道設教，非以種福田利一己之謂，其謂護國庇民，順時阜物，證佛法之宏通，昭聖治之光昌也。邑西二十里曰橫山，其地山深林蔚，隔絕塵囂，向無梵宇為左右居民報賽之所。自順治十年，山右監察衛公貞元出宰是邦，勸農向俗，往來其間，默悟真如，頓萌善果。於是，布黃金之地，營選佛之場，塑莊嚴相，現牟尼身，梵唄畢宣，儼然迦陵仙音遍十方界，其與祇樹給孤獨園亦何以異乎。此小祇園之所由名也。惟時衛公既延比邱自光者住持，復捐貲置田地若干畝，歲可入租稞三十石，以供旃檀香火之奉，沙彌饘粥之資。其慮遠圖終計，亦周且至矣。然則衛公之振興象教，樂善不倦者，詎為私一己之福緣哉？殆心存乎護國庇民，順時阜物而不能自己也。

余自己未秋來治斯邑，歷今四載。見其寺僧頗安守清規，尠爭競訐訟之事，尚不失為佛弟子，心竊韙之。且余與衛公皆晉產，先後百數十年同為守土之官，洵非無因，安忍□衛公之創舉湮沒而不彰。適僧先週呈請撰文勒石，爰述其創始之由，附列施產於後，而為之記。

嘉慶七年。

（文見嘉慶《商城縣志》卷之十四《誌銘》。馬懷雲）

改建賢侯祠記

武開吉

邑舊有馬公祠，處城東偏，祀前邑侯江西馬公國屏。歲久傾圮。余蒞任之四年秋，紳士請葺而新之。祠成，又請曰："馬公之治商也，事詳蓼城閣庶子記中。第馬侯之前，馬侯之後，不乏賢父母，願以祀馬侯者奉群主而祀之。"余曰："學宮有名宦祠，朝廷所以獎良吏也。外此建生祠，樹遺碣，例有禁。馬公之祀久矣，其仍之，毋濫毋瀆。"又請曰："是禁也，為未能其官而要結者也。賢有司為王子宣揚德化，敷政寧人。被其澤者，殆歿世不忘。殆所謂有功德於民則祀之者與。使人人如是，邑邑如是，循吏多而天下治，當亦聖世之所樂與也，又寧禁之。凡吾儕之請增祀，如張侯濬、李侯允恭、范侯應賓、潘侯曾絃、盛侯以恒、馮侯祖望、張侯光國、衛侯貞元、袁侯舜蔭、談侯永祚、林侯斌、楊侯元愷，皆其係於民心者也。願丐一言，以垂不朽。"余聞之，瞿然曰："唯唯。"夫士君子讀書數十年，一旦弋科名，出宰百里，行吾學，勵冰競，惟不克仰副國家知遇是懼，乃能於其事，民不忘賢，於其職民尤不忘。此足覘都人士天資忠厚，自將其愛慕之誠。而世之坐堂皇，侈然自得，以法術為聰明，假政刑飭吏治，其亦廢然返矣。時余方纂修邑乘，因獲次第諸賢侯之良規循績，令人有極盛難繼之懼。尤望後之宰是邑者，勿徒使諸賢侯專美於前也。他如教諭曹維政、訓導孫同珥、典史呂維顯，以死節著，且丞龔戴銓以襄贊傳，皆能出而無愧於其職者也，例得從祀。若夫庀材若干，經費若干，此董事者之責也，不煩縷述之。

　　嘉慶七年。

（文見嘉慶《商城縣志》卷之十四《誌銘》。馬懷雲）

勸捐歲修城工經費記

　　邑有城垣，所以固疆圉、禦強暴，非徒以壯觀瞻而已也。故廢者興之，缺者補之，斯保障有攸責，而緩急可恃以無恐。顧在苟安者，或以承平日久，邊驚無虞，方謂城郭可不壞，門閭可不戒。既狃於近習，而無遠大之謀，迨至風雨飄搖，幾經剝蝕，殘垣破壁，蕩然無存。則又憚其鉅艱，而不敢更新之舉。蓋經始難，而保全良不易也。

　　商邑城池，肇建於前明成化十一年，厥後迭遭兵燹，屢築屢坍，至我朝順治三年，前令衛君貞元創議重修，規模迺備。第其地沙浮水淺，保固為難。向之官斯土者，雖頻加完繕，每十數載，而輒就傾頹，無他，經費靡常，則補苴乏術，始而小有殘缺，不免袖手而親觀，終必大費周章，遂至勞民而動眾矣。

　　歲己酉，余蒞商之三年，自春徂夏，陰雨連綿，凡六閱月，城之東北面驟圮二十餘丈，為捐廉籌款，亟葺治之，所費不下千緡。然而浸淫既久，塌陷愈多，此方蕆事，彼復傾欹。欲坐視則掣動思虞，欲遍修則水衡莫繼。是必統籌全局，妥備歲修，定為不易之規。始可為經久之計。且城西南隅河流激射，湝逼埓牆，非有石岸以禦，其沖將宕刷日深，所關匪淺。又如先農壇遺飄零，且歉無棲。東關橋梁朽壞，同嗟病涉，此皆守土者之責。而工程之刻不容緩者也。迺進紳士而切商之。僉曰："善因擇紳士之殷妥者，為董其事，分諭四鄉，以圖集腋。幸皆慷慨好義，踴躍輸將，得錢六千緡有奇。爰鳩工庀材，次第修舉，不數月，而貲已集，工已成，共動支錢四千緡有奇。餘錢二千緡有奇，發典生息，權其子母錢，以為歲修之需。

是役也，前任彭水縣知縣周君曦、前任武進縣知縣候選同知周君奇，同挈其綱。前任新甯州知州周君祖型、副貢黃君企先、歲貢楊君嗣洛、譚君洪緒、職員鄧君允忱、周君之濼、庠生張君民範、高君從泗、熊君方瑾、國學周君祖郇、熊君方煥、劉君應澤、桂君景韓，亦各效辛勤，共襄厥美，用能工，歸堅實，費不虛糜。謹備書之，與眾捐戶姓名，並勒貞珉，永垂不朽。

咸豐元年歲次辛亥孟春知縣何基祺撰。

（文見嘉慶《商城縣志》卷十四《藝文志》。王偉）

重修東大橋記

道光二十九年，大雨兼旬，橋西馬頭岸全行坍塌。西邊第一橋墩傾側。此橋為往來通衢，經費無出，不能即為修理。使民病涉，心甚憐之。是年冬，勸各保輸城工，已有成局。囑城工董事，提用此項，迅速開工。於道光三十年二月廿四日，經始於四月下七日告竣，前後共用錢二百七十二千有奇。提東關本保捐輸城工錢九十串有奇，提外保捐輸城工錢八十串有奇。以藏此經費。是役也，職員黃君思謐、國學潘君際昌，自經始以及告竣，每日親為監視，晨至暮歸，不少間斷。副貢黃君企先、國學熊君方煥、劉君應澤、工房黎國選亦輪流至工，以襄厥事。而封員黃君思順精於料理，獨挈其綱。凡下丁下石，俱由授指示，是以根基穩固，經本年四次大水，毫無損傷。今特書之，以為將來修橋者法。

咸豐元年歲次辛亥孟春商城縣知縣何基祺撰。

（文見嘉慶《商城縣志》卷十四《藝文志》。王偉）

重修司南普濟橋記

縣治東北南司鄉舊有普濟橋，其建歲月無可考。為商城徂固始之通衢，直達皖江，行旅絡繹，咸資利濟。閱時既久，日就傾欹。加以車馬之所轟騰，湍流之所衝激，黿梁雁齒，壞塌無存。

道塗阻絕，行人病之。戊申夏，余兼攝固陵，跋涉往來，頻經其地。見夫老者孱者提攜而負戴者，以至婦人孺子、鉅賈殷富，莫不沾濡尾賦褰裳。每臨流興歎，輒喚奈何。且也時正炎高，則厲則揭，猶之可也。脫遇嚴霜積雪，凝陰汪寒，將手足皸口，逡巡於懸崖斷岸間，有不悲路而哭窮途者幾希。夫十月成梁，實王政之首務。而《易》諸卦中言涉利大川者八，於既濟未濟之旨三致意焉。他如釋氏之寶筏渡迷津語，雖參乎因果，然拯於病涉之中，而予以安步之樂者。其揆一也。是秋九月，余由固返商，特圖修復，先捐廉以倡。而於附近四保曰南司、曰上石橋、曰陳家集、曰枚下，加勸諭。舉以眾擎，而諸士民率皆好善樂施，輪將恐後。彙得錢二百緡有奇。於是，鳩工庀材，蠲埋營造。□□己酉冬告竣。

旋以根淺岸浮，復圮於水。乃命移建上游，築橋五孔，計長五丈有奇。並於兩岸加秋以石，用資捍禦，合費錢四百緡有奇。除捐輸若干為籌款以補其不足，蓋至是始稱鞏固焉。既落成，諸士民請紀其事。余維功德之布不擇地，不擇人，故勺水可以灑楊枝，義漿可以飲行路，苟心存乎濟物，善雖小必傳。矧今茲慷慨解囊，其襄義舉又烏可湮沒而不彰耶？爰濡筆以記之，並列捐助姓名如左。尤願仁人善士，保護隄防，永守勿壞。以宏其普濟之念，而綿其利賴之功，將見積善有餘慶，即釋氏果報之說，亦未始不驗於其後也云爾。

　　咸豐元年歲次辛亥孟春知商城縣事嶺南何基祺撰。

（文見嘉慶《商城縣志》卷十四《藝文志》。王偉）

新制文廟祭器樂器記

　　今天子文德誕敷，尊儒重道，自太學以至各府州縣，莫不崇祀先師，歲以春秋、仲月、上丁將事，諸弟子員概奔走，執事□其間。其制度聲容載在典禮者綦備，匪惟申報享之義，亦欲使歲時瞻仰，朝夕講求，咸曉然于節文象數之詳明，而勃然于鼓舞振興之難已，意至深且遠也。商城地處偏隅，人才輩出，衣冠文物甲於中州，惜釋奠之儀缺如，間彝器則不修，問高懸則不具。前令武君開吉雖曾捐置錫器，迄今亦漸即凋零，蓋因陋就簡，非一日矣。

　　道光丁未仲春，余忝宰此邦，甫下車，即舉祀事。見夫廢弛殘缺，不禁慨然曰：是守土者之責也。夫先王之制有其舉之，莫敢廢也。矧當文教昌明，鐘鼓辟雍於今為烈，允宜備器物，習絃歌，濟濟蹌蹌，期副乎一道同風之盛。今也器供褻味，樂奏溺音，又何以肅明禋歌妥侑，以昭吾潔齊誠敬之心而作人格共觀感之志耶！爰捐廉籌款，建議創修。商諸學博余君常山、高君霞曁紳士等，詢謀僉同。適前任彭水縣周君曦出其家藏祭器一分捐送入廟，因囑副貢黃君企先飭良工仿製如式，數閱月而蕆事，凡籩豆登鉶爵篚幾畢具，悉籍記之，移庋於尊經閣上。費金錢二百緡有奇。由是陸產之物，水土之品，胥可按籍而求矣。然而鼎俎雖設，歌舞猶虛，心終欿然。時則湖北候補同知周君祖衞倡首捐貲，製造瑟瑟壎篪，排簫鐘磬諸器，而諸紳士亦踴躍爭先，次第營購。自磬柷靴鼓以至羽旌幢幔之屬，咸秩然備舉。其不足者，復施俸以補之。於是，選歌童，征佾舞，而依水和聲之雅，綴兆舒疾之文，漸皆整齊嫻熟。別籌經費八百緡發典，權其子錢，為肄習時諸生廩米之需，以期垂諸永久。蓋積數百年之鹵莽廢墜，至是，始煥然改觀。是役也，雖未敢侈言大備。然節奏適其宜，鋪陳得其序，堂上堂下肅肅雝雝，可以交神明，可以敦揖讓，可以嗣德音。馴致乎治神人而和上下，則又一舉而三善具焉。其捐造桌圍者，蘇州府同知熊君付栗也。捐造旌笛者，國學熊君方煥也。而籌制樂器，釐定樂舞，則前任新甯州周君祖型、副貢黃君企先等之力為多。他如以序樂事，厥惟候選訓導周君祖授等掌之；以巡舞列，厥惟候選訓導譚君洪緒等掌之。其春秋禋祀，歲貢楊君嗣溶等總其綱，拔貢黃君鈞先等分職。凡若此者，或解囊以將意，或集腋以成裘，或努力以圖功，罔不吝奏爾能，勉襄盛典。余既樂觀厥成而尤嘉邑人士之好義有同志也。謹敘其顛末而覯志之。若夫補其缺，舉起殘，踵事增華，恪守勿替，是所望於後之官斯土者，竟於未逮之衷，益勵夫化民成俗之治。庶幾鄒魯遺風其將旦暮遇之也夫。

大清咸豐元年辛亥孟春下浣商城縣知縣嶺南何基祺謹撰。

（文見民國《商城縣志》卷之十四《誌銘》。馬懷雲）

新制文廟祭器樂器記

我國朝雍正四年，詔天下郡縣皆立先農壇。守土者歲於三月亥日致祭，已而，行耕耤禮，以供壇廟之粢。盛典甚鉅也。溯上世茹毛飲血，粒食維艱，自先農教以樹藝，而未耨之利始徧天下。記曰：法施於民則祀之。後之人崇其德，報其功，廟祀達於海隅，馨香垂諸萬禩，非徒成民而致力於神之謂。蓋將以作，其食德服疇之心而敦。夫務農重粟之俗者，胥於是乎在。邑城東北，舊有先農壇，為前令黃君正煥所創建。至乾隆五十七年，前署令蕭君應運重加修葺，今又垂六十年矣。閱時既久，剝落飄零，棟宇堂廡頹然殆盡。有司雖以時潔齋將事，而俎豆徒陳，風雨莫蔽，幾有委大禮於草莽之誚焉。匪特此也，神既無所憑依，民即無所瞻仰，其何以妥靈爽而勸蚩民耶。丁未二月，余承乏斯土，適舉明祀，登降灌獻，駿奔於荒蕪榛莽間，為踟躕者久之。極謀營築，以絀於經費，不果。會己酉秋，議捐歲修城工，因籌即故址而新之。商諸紳士，概然樂從。邑人亦輸將恐後。迺諏吉鳩工，百堵皆作。中為壇壝，其北正宇三楹，為祭畢藏主之所。左右各有配室，繚以周垣。前闢三門，仍舊制也。事集於崇朝，功成於不日，美輪美奐，煥然改觀，而廟貌於以尊，典禮於以肅，化導於以神。從此，勸稼事，頌屢豐，負耒橫經以漸臻。夫孝弟力田之上理，是又余所厚望於吾民而祀禮求之者耳。經始於己酉十月，落成於十二月，共費錢七百六十緡有奇，董事副貢黃君企先、國學熊君方煥、劉君應澤、儒士楊君式嵘，督責稽查，罔聞昕夕，其勞勚有不可泯者，用特紀其實而鐫之者石。

咸豐元年歲次辛亥孟春上浣商城縣知縣何基祺。

（文見民國《商城縣志》卷之十四《誌銘》。馬懷雲）

息縣

折畝碑文

　　為查取錢糧確數事，順治六年七月十一日蒙本府信牌，蒙河南等處承宣布政使司憲牌，承准戶部照會。前事照萬曆四十六七八年加增每畝九釐徵催，抵解秦、楚二餉，已經通行外，仰縣官吏即將該縣照例一體開徵等因。蒙此，出示曉諭。間隨據闔縣鄉紳曹琪等，生員黃錫珍、王加祥等，里民李三敬、徐應恭、邵治等，連名具狀，告為籲天申請比例，以甦殘黎事。詞稱息縣蕞爾小邑，土瘠賦繁，年來旱蝗相繼，一二孑遺朝不保夕。今奉上文加增秦、楚二餉，自應急公，奈汝屬等處，俱係大畝為率，汝陽三畝六分折一畝，真、光等縣或四畝折一畝，惟息地小畝一例派算，是他州縣增一倍而息獨增四倍。況當饑饉頻仍，何堪重累，懇乞仁天，俯念殘黎，轉申上臺。查照汝屬大畝折算派徵，庶小民不致偏累，國餉亦易於輸納矣。等情。到縣，擬此隨該息縣知縣劉查看，得息邑小畝行糧與他州縣不同，因履畝之始，有折與未折之異耳。已折者，有四畝折一畝，有三畝六分折一畝，獨息邑未蒙折算，賦役至三倍他邑，是以民力難堪，不禁痛呼也。伏望憲臺垂憐下邑，軫念孑遺，俯將息縣畝數，照汝、光等處三畝六分准一畝折算，不惟免目前不均之歎，而仁恩所及，直被之百世矣。

　　順治六年十一月初四日，蒙本府帖文，蒙布政司劄付，蒙巡撫部院吳批。據本司據汝寗府申查息縣申請減餉原由到司。據此，該本司覆看，得息縣始以土寇盤踞，殘毀已極，繼以水旱為災，民不堪命。因奉文加增而吏民懇照汝陽等縣以小畝折算大畝行糧，似屬可行，但六年錢糧確冊已定，合為請祈本部院軫念息邑災苦，俯賜轉請。部示準將七年錢糧確數照依大畝折算行糧，庶錢糧易於完納，而小民永沾洪慈矣。等情。具呈，照詳蒙批，額徵銀數，久已報部。折畝虧額不便咨請，此繳等因。蒙此，仰俯帖行息縣知會施行等因。蒙此，該本縣知縣劉查看息邑原申比例折畝一事，其京邊正項，一應起存。錢糧已遵司頒定賦倉□數目，萬不可移。卑職何敢煩瀆。近因奉文加增秦楚餉銀，息縣以小畝而照他邑大畝一例加增，所有本縣士民之控，卑職據實申請，查汝、光等處每地三畝六分折為一畝，在息邑大畝折算，加派亦該一千一百頃六十餘畝，視他邑大畝之例派餉，較有贏餘。今蒙憲臺批，請以七年為始，方同府屬州縣大畝加派。竊思息縣每小畝歲徵正項一分五厘，今四五六年並徵，一旦全以小畝加新餉，是此番旦夕之徵反逾正額二倍也。環視息民連遭兵火，旱澇相繼，一二孑遺朝不保夕。正額輸納不敷，更加新餉偏累，時勢萬不能行。伏望憲臺飭查殘邑正額如舊外，其新增餉銀□□汝陽等處則折畝派餉，不惟免不均之歎，實臺慈恩澤貽息民萬世也等情。申府，蒙汝寗府知府方覆查，看得息縣申請比例折畝一事，其起存錢糧，遵照京邊正項額定倉□，無敢再瀆。因奉文加餉，該縣查汝、光等處地三畝六分折為一畝，即一例加增，較他邑覺有贏餘，此閤縣士民哀懇而該縣據實上控也。今蒙憲議，以七年為始，比照府屬大畝折數加派，但以小畝計之，每年每畝徵正項一分五厘，今四五六年並以小畝加新餉，是再倍於正額矣。息民值兵荒洊加，輸納正賦尚且不及，一旦以加派偏累，揆時度勢，萬萬不能行也。遵奉前因，既經該縣復具申前來合無請乞，垂憐息邑凋殘已極，將新增餉銀俯賜批照汝、光等處則例，折畝派餉，庶民不苦於偏累而上慈遍漑無遺矣。具申到司，蒙批，仰候轉詳行，繳。河南等處承宣布政使司為兵餉萬分缺乏等事。順治七年正月初六日，蒙巡撫部院吳批。本司呈據汝甯府申具息縣折地原由到司。該本司署司事分守大梁道副使辛寀。看得息縣地以小畝行糧在六年分一切起存正項錢糧業以派定，無庸再議矣。惟是四五六三年每年每畝奉文加增九厘，該縣士民以偏苦難行，乞比照汝、光等縣以三畝六分折算一畝，而府縣以□派三年之餉，孑遺實苦難完，為民請命，冀寬一分，民受一分之賜，允行可否，惟祈憲裁。達部請示，以便遵行者也。等情，呈詳，蒙批。加增九厘，曾報部否，仰查明。另詳。蒙此本司覆查，看得四五六年加增銀兩，部行照行糧熟地每畝派銀九厘，本司已匯冊造報。想大部亦不知大畝小畝之別也。據該縣所申以小畝之派，同於大畝，則數實加三四倍矣。所以士民有偏苦之鳴，但報部在先，申請在後，如為民請命稍蘇于將來合無照，依原申比例，汝、光等縣以三畝六分折算一畝派徵，必須達部，或從七年始，亦一時權宜之計也。伏候憲裁，酌行等情，呈詳蒙批。果不虧國賦，如議照汝、光等縣之例，行自七年為始，仍彙冊達部，□繳。蒙此，擬合就行。為此，劄仰本府官吏，照劄備蒙批詳內事理，即便轉行息縣查照遵行，毋得違錯。順治七年正月初八日劄行到府，十二日劄行到縣，一體遵行。

（文見順治《息縣志》卷十《藝文志》。王偉）

息縣丞廳碑勒石記

毛奇齡

　　予游息，聞丞名懷刺，入縣門，求所謂丞廳事者無有也。市之東儻居喧卑，門僅容馬，馬首接於庭不能旋。撤所憑案，下饌饗賓，既而娛之，以搏摘投擲之，具圜方褦襶，又撤所下饌去。他日又過之則不然，或移饌置榻前，捐讓飲食。他日又過之則又不然，或拉登馬，遍飲諸名士往來家，日一易其處，如是者累日而罷。先是丞本有廳事在縣堂東，歲久就圮。丞具狀願復向所謂廳事者，郡已下其狀，顧視諸帑藏，無贏官錢，賦民錢又不可，遂寢其狀。會廷議折海澄軍，由七閩以遷屯之汝南、南陽間，任地墾草，官給房與居，乃樹垣椓杙，陶土范井。丞請為監工，思欲以此時錄其餘材，庶幾復廳事於舊址中，卒不可得。

　　庚戌秋，余再游汝南，息名士曹子鑄、王子復旦各遺書來，請為丞作廳事記。予喜曰："丞已得復有廳事乎，是何月日何藉而得有此，在何所？"則索其所復狀。越五日，復遺書曰："噫！是即向所謂撤桉下饌者也，即所謂恆徙食者也。今夫有道之長，出而休於樹，此偶然耳。人之謂斯樹也者，一若為之終居之，曰'此公舍也'。且夫人登山四顧，悄然傷於心，初非有擇乎其地，而後之望其山者，仰淚雨面，以為此公之所游之山，況處其中有年乎。丞愛民也切，與民日嬉游於庭；慕士也篤，與士日吟諷於房；好賓客也摯，與賓客日飲饌於其中。而不有忘丞之德在心，丞之風流在此堂也。丞雖去猶或將祠丞於此，而謂非丞之廳事不可也。且丞亦何事之有，向之丞無所不承，今之丞承糧而已；向之丞承糧而親糧，今之丞承糧而不親糧。然則丞至今日，雖有廳亦無廳事者，則即無廳事而或謂之有廳事，寧無過乎？且將以風乎後之有廳事者也。"予曰："然。"請記之石，嵌於壁。

　　君夏姓名聲，字廣秦，浙之東嘉人也。由司理左補為今官。性好飲，工詩，所著有《前後蓮渚詩集》，曾攝令上蔡。上蔡人德之，為勒石。

　　康熙九年。

（文見乾隆《光州志》卷三《志餘》。王偉）

重修息邑儒學記

劉遇奇

　　今上康熙七年，詔復天下八股文字，士皆喁喁響風樂進，而與官師長吏揚扢今古，倡明正道，以宣舉文教之至治，誠盛典也。予承乏新息，覯學宮頹圮，念士子肄習無地，且春秋祀典不屋而壇，等之社稷之祀，勾龍與棄，非所以稱上意旨。於是，進諸生而語之曰：創而制之，前人事也，修而舉之，後人任也。請得自予始，以為諸生倡。諸生亦欣然而相告曰：敢不竭蹶以共襄厥事。乃參酌舊制，以為規畫。湫而隘者，勿營也。市大材木，以充棟梁，小而削者，勿用也。墻用灰磚，上下如一，視前之高近半截。飛簷四虛，不可以示久者必易之。簡瓦厚磚，和灰貫釘，視前之以瓦覆沉而鳥翻鼠穿，不可以語於堅者，必更之。費自長令廣文贊，府、縣、尉、鄉紳暨饒于廩、廣于增，列于附，與序于武。及奉先人之祀者，多寡因其力，至役於肩運畚鍤者，則量日給以工稍，視前之如緇衣黃冠請捐乞助，且俾城廓窮黎曠日趨事而驅然靡寧者，必蘉而草之。爰鳩工于康熙己酉初夏，告成于庚戌近秋。不瀆財，不擾民，合邑之紳士偕父老子弟又欣然相告，語曰：考舊夫子廟，創自元至正二十五年戊子，宏備於大德八年甲辰，歷十七年而始畢工。今舉事不逾一載，工何捷也？追維至正迄今四百餘年，其間重修者九，凡皆撤舊增新，猶以為難。今一舉而更新之，不少因仍前人功，何偉也。登其堂，揖其兩廡，出戟門、櫺星而俯臨頖池，視昔加煥。且豎兩坊于近街之前，以邑中古蹟唐大學士虞伯施所書"舉龍附鳳"四字分懸左右，令士子觸目動懷，咸有雲蒸霞舉之思，制何壯以麗，而寓意何深以遠也。侯請得伐石而紀，以誌不朽。予於是又進諸生而颺言曰：學宮成，諸生有起色矣。但學宮之設，所以廣育人才。人才必由德行而出，非第借逕於此以梯取榮祿已也。予鄉歐陽文忠公為予吉州學記曰：學校之設，王政之本也。古者致治之盛衰，視學之興廢。諸生有志於此，宜以時習禮于其中，進德修業以一身，關天下氣運之重，毋務為小者可也。王荊公為慈谿學記曰：自後世無井田之法，治天下國家者，不復皆出於學。為師子弟之位者，講章句文字而已。諸生憬念及此，務宜材行完潔，以備國家之選。造□異日勳猷爛然由此而靖忠王室，砥礪名節，使邑中父老子弟追而頌之於學宮，曰：此吾邑芳型□則所望於諸生者大爾。予江右人也。請得以所□予□先正之言，以為諸生勸。

是役也，工費另勒諸石。若蚤夜董其成而厥功茂焉，署儒學教諭張榮廷、縣丞夏聲子。衿中之有勤勞者黃錫珍、王加祥、王懋修、王道明、段人章、牛加用、劉名佐、彭凌雲，例得並書于左。

康熙九年。

（文見康熙《息縣志》卷十《藝文志》。王偉）

雷跡碑記

劉遇奇廬陵人

予視事新息三載有餘矣。日瞻拜關壯繆祠下，未知有雷跡碑也。是歲蒲月，霖雨霪注越兩旬不輟，人咸苦之。乃率吏民禱于神廟。贊府夏君偶及雷跡之事，會是日為關侯誕辰，入而展拜，急索碑而觀之，字漫滅多不可讀，義亦荒落而不綴連。惟是紀其事，則在宋元祐辛卯夏月也。原其由，則因旱魃為虐，偶然風雨飄驟也。詳其人，則舟子張又維，舟岸側見有物墜地，烈光燿激，若有鬼神奔逐之狀也。睬其地則大如車輪，輪有八輻，輻末各分兩岐，深入地。牛寸其中，皆如火灼也，顯其戮。則是日，弋陽有遭雷震，而背字注前生不孝之罪也。記之者，張君朋也。噫嘻，異矣。

雷為天之長子。又為天之鼓。宣幽出滯以首長萬物則其所樂居者。至子孑然辟惡而專殺，托之輪輻，彰之形象，使人見而畏之，傳而駭之。雖足以警動人心，雷之意，亦甚苦矣。然或謂震一索而為雷雷一陽之始也。若輻而為八，八各岐而為兩，不幾以陽而為陰乎？曰非也。使舉世盡皆忠孝純壹，信義樸著之人，則為陽明世象，天亦何務為此震厲之行。惟世風薄而德衰，德衰而行險。于是，不得已借離之火，以耀其明，兼巽之風，以布其威，于以助王化之所不及，而呼悚人心于至危至不測之中，亦猶然行陰之道也。故不九而八，八偶也，不一而二，二亦偶也，且連八居二，又少陰之數也。究之每輻俱從一而分二，亦由奇而偶也。誰謂雷跡非具一幅泰極圖乎。

憶昔為童子時，見予鄉人欲卜事之可否，則以筆畫雷卦，書雷字于圈中，遍圍以短畫，從短畫信手雙連之無所餘，則事成。苟餘其一，則以為否。此亦似有得于雷跡之義耳。予覽輿圖，見曹州有雷澤，澤中有雷神，龍身而人類鼓其腹則鳴，即舜漁于雷澤地也。是則雷之震，果有雷之神以主之，而非空為震也。抑又聞雷州有英靈崗，秋則伏于地，其狀如兞，可取而食之。其說則鄙矣。但云其地有廟，傳云陳時州民獲一卵，圍尺餘，携歸。一日，雷震而開生子，有文在手，曰雷州。後果拜本州刺史，多善政，沒而神靈立祠以祀。是則雷之神，果有人之靈以憑之，而非別有神也。彼古所稱北齊薛孤延，從神武悅馬道，逢雷電作火，燒浮屠。延按矟大呼，繞浮屠而走，火遂滅。延鬚及馬鬣皆焦。神武曰：延英勇，乃敢與霹靂鬥。夫世之號稱英勇者，霹靂亦遜其鋒，而雷鼓雷車所推崇而奔走恐後者，亦猶是有功德于民者，歿而祀之。若不孝不義，雷得而殛之者，非雷殛之也，自殛之也。人苟覩斯碑也，有悟于易之理，知天亦有不得已而用雷之時，以此用自省惕，更以之播訓于世，俾世之人無若弋陽之人遭此皋譴。由宋元祐間，歷今六百有餘歲，尚蒙此惡聲於天壤而不可磨滅也，斯幸已。弋陽為光山山名，即今之浮弋山也。是為之囗。

峕康熙庚戌六月中澣日。

（文見嘉慶《息縣志》卷七《藝文志下》。王偉）

重修息縣儒學碑記

江南儀真縣人蔣標

諦觀古來事功，雖云興無不廢，然即世間典故，豈可任廢不興？若能舉勛於既墜之後，奚難重輝於再葺之餘！誠所謂儀制因人而斯存，法象由意而隨著者耳。粵稽周禮，設有師氏保氏，爰立國學，以崇文教。迨漢初文翁治蜀，建學成都，遂詔天下郡邑，咸立學宮。一以妥聖賢之靈爽，一以儲士子之才德，揆厥斯宇，理宜輪奐翬飛，崇宏巨麗，方符鉅典。考息邑之有學，建於元大德間，至明季而修者凡九。嗣後順治丁酉富春邵令重修。康熙己酉，廬陵劉令修建。至於今，越二十餘年矣。雖其間亦屢有修葺，然不過踵事耳！

值予以壬申歲，來令是邑，始至，瞻拜廟庭，不獨荒榛斷梗，搖蕩秋風；而聖殿則頹塌，兩廡則備存矣，殿屋前覆筒瓦，後簷則異式矣，芹沼泮池，則崩瀉矣。四週垣墉，或鬱翳而蕪穢，或傾欹而址頹矣！總緣歷禩已久，疎澗修繕，遂至塵積烟封，棟楹削色，風殘雨蝕，形跡空存。詢諸人士，僉曰：前令謀為修葺，以財力殫絀，欲派諸閹學，其間應者少半，而不應者且過半也。糾而未聚。予曰：是義舉也，樂輸則易，公派則難。夫士之單寒者，方膏火是慮，何能出其贏餘，以謀丹艧。乃首自任厥事，以倡好儀，縉紳多士，唯樂輸是聽而不之強。遂先出己資，庀材鳩工，集諸陶氏，旋製琉璃筒瓦，美厥奐輪崇新，榱桷卑隘者，身為堁堨，黯淡者，增以光明，剝蝕者，新以塗塈，不事雕飾，惟堅好是謀。而趨事者踵至。崇聖殿宇既營，兩廡週以垣墉。文昌祠、戟門、欞星，皆偉厥觀焉。制之合度者，唯舊是遵，而稍有不治者，更之。

是役也，經始於癸酉三月，至八月始告落成。人不勞而事集，費不侈而工堅，未糜公家一粟，未役民力一日。乃率多士，釋菜其間，光芒陸離，金碧璀璨。始覺輪奐翬飛，崇宏巨麗，有以符茲鉅典。顧瞻興念，莫不慶足以妥聖賢之靈爽，而春絃秋誦，士且得以復習於茲也。諸生請以修建之始末，勒諸石以垂永久。予惟先王建學之制，與興學造士之意，不獨勉士以文藝，期士以勳名，而人心風俗，實於此繫焉！故為之士者，必志趨遠大，不囿於卑近，敦崇實行，不徒託於空言。倫常日用之間，體認乎性命精微之奧。隱微幽獨之內，實踐夫存養省察之功，則人品貞而學術正，經濟大而事業宏。為真儒，為名臣，勳流天壤，聲施後世，使人心風俗有所興起，方不愧先王建學之制，興學造士之意。況我國家應期開泰，再世勳華，皇上崇儒重道，稽古宏文，士生其時，尤當爭自琢磨，以期表現。若止馳騖聲華，棼心名利，罔究夫聖賢修己治人之學，持身淑世之方，則志趣凡庸，規模卑陋，豈獨非先王建學之制，興學造士之意，亦大負朝廷作養之典；更非予今日之所望於多士者也！諸士其勉而行之。若夫襄事之勤勞，倡義之樂輸，諸姓氏例得概書於左，至經營之次第，工費之數目，另紀有籍。於茲不贅。

康熙三十二年八月。

（文見嘉慶《息縣志》卷七《藝文志》。馬懷雲）

龍門橋記

黃仲庸邑人

聖廟在息治之西南，其直南則為龍門，勝國嘉靖時所作也。門外有重隍崛峙，內外□其土於中以成隄，□然雄起，敦厚周遭，與雉堞塿，夾隍□隍架雙橋，以通行人，形勢最為壯固。自兵燹後，門內外民舍盡毀，橋既圮而門遂塞，南望如面壁然。前守是土者攫圮橋以他用，視隍為隙地，迎上游意令人墾藝，以盡地力。既且轉相典質，數易其人。歲既久，耕既深，□然高者漸欲平遠，識之士有復隍之慮焉。十年前，邑人士葺理學宮之餘力，已重闢其門，而橋梁缺如，雲路未亨。學宮殿西廡，即今亦漸就凋敝矣。余曰："修廢舉墜，有司者之責也。"矧為城池學校之所關乎利用，大作而更張之。爰與二三同城謀願倡捐以修復之，眾紳士咸慨相邪許，顧簿書旁午，不得朝夕董治。贊侯李君才敏而政勤，素孚於人，俾肩其勞。君曰：聖廟工鉅，請俟獻歲乘今水涸，地未凍，先從事夫橋焉。於是，量功命曰：署基址，程土物，具畚鍤，覓工□石水昏正而栽逮乎日至內外橋於以落成。已□典墾隍上之氓，勘其契，除其差，以捐金償其直而謂之曰：此護城隍也，繼自今惟樹以嘉木，不令人墾藝，千年保障可以永固。余自學宮步至門度梁，從隍上遠眺，但見嶸峯送青，淮水如帶，心曠目朗，煥乎文明之象。□異舊觀在《周易》□為革之豐澤為雷□艮綜巽□□，背坎有虎象，亦有龍象，際風雲而登皇路，大有望於□紳士焉勗哉勿忽。按《春秋》凡所興作，雖時且義亦書。茲役也，革而創，乃設險守固翊贊文教之意。爰道廢興之由，以誌諸石，俾後世有所考云。

（文見嘉慶《息縣志》卷七《藝文志下》。王偉）

陳公墓誌銘

陳德華

乾隆四年五月廿二日，同姓兄毅齋卒於冀州官舍。余聞其喪，命人急往視之，兼慰問其孤嗣。有義孫啟賢來京師，以孤尚孩，不能跪以謝，持其行狀，丐為銘。嗚呼！余與毅齋有生平之好，且訂為昆弟交，其能已於言耶！

毅齋諱奏章，河南息縣人。祖吾鼎，歷任湖廣荊西道。考初曙，邑貢生，生子四，毅齋其季也。康熙壬午登鄉薦，雍正四年選授直隸行唐令，歷調雄縣、清苑、正定，所在皆有聲。擢西路同知，尋挂於部議，改署正定同知。又署南路同知。乾隆三年冬，題攝冀州知州，抵任甫七月卒。

毅齋為人伉直，篤於友誼，與人交不以不肖疑之，即吐肝膈相示。間有相負者，亦談笑道之，毫不為意，然其意氣骯髒不羣。每與之談政事，一似左之右之，靡所不可，而窺其中，又常若有不自得者何也。蓋其心恥居人下，苟委之事，不遺餘力以為之。是故涖官畿輔十餘年，非鞅掌簿書，即僕僕道路，浹日無寧晷，而年致漸高，其智力與心神亦交瘁。嘗曰："吾材何絀於人，而積勞於斯，而告憊於斯，吾其如是已耶。"

嗚呼！是可哀已！毅齋年五十有六，尚未有嗣。聞其任西路同知，察西山煤户積弊，陳於當事力除之，存活多人，即於是年獲生一子，人以為善事之報。今其子甫七歲，而毅齋已死矣，春秋六十有二。妻余氏，贈宜人，故。潘、洪兩氏撫育孤兒，咸有淑德。子師恕，前嗣子泰交早卒，娶姚氏，其嗣孫即啟賢也。今以某月某日將扶櫬歸祔於先塋之次。余憫其孤之無知，而悲毅齋之志有未遂也，乃為之銘，辭曰：

載馳載驅張厥施，奄然怛化掩於茲，天報之德錫嬰兒。他年未卜勤父菑，心猶未死將告誰？

乾隆四年五月。

（文見乾隆《光州志》卷五《傳誌》。王偉）

重修關帝廟記

汪度涵邑人

建大義於頹朝，扶綱常於草昧，當時服其英雄，萬世頌為聖賢者誰乎？關聖帝君也。帝君在漢，則前將軍耳。生為漢臣，沒享漢爵，何為而以帝君稱？以帝君稱者，從明代之褒封也。夫天下嚮往之謂王，天下主宰之謂帝，帝君何以得此隆稱哉？嗚呼，是殆非淺見薄識之所能測也。當漢室傾危，奸臣竊命，魚龍混淆，羣醜鴟張，即稍有才識如荀文若張子布輩，無不失身喪節。惟帝丹心炳炳，百折不回，志吞華夏，興復炎劉，其視孫曹，直牧豎鼠輩卒也。皇穹厭漢，天命難移。白衣蔽於江上，鼓聲死於麥城，而漢室不可復振矣。故吾謂漢不亡於鄧艾縋蜀之日，而亡於荊州星殞之日也。然自有帝君以身任春秋之統，君臣大義燦然復明，被曹操之魄延獻帝之祚，一時臣子無不悼漢，而欲食曹操之肉，惜漢而欲飲曹之血。是漢雖亡卒未嘗亡也。且令天下萬世尸祝之，社稷之，禋祀鐘皷，奔走恐後，惴焉有斧鉞之恐，凜焉若師保之臨，難窮髮龍燭之國，鳥言卉服之鄉，無異於神州赤縣。由是觀之，帝君之神如白日曜午，震雷在天，無一息而不赫赫若揭也。夫人君之治天下，有深恩厚澤加於百姓者，不過數十年，即服教畏神亦二三百年而止。若帝君之以神治天下而為天下宰者，雖萬世可也。余息人之有帝君廟尚矣，莫考其所從來。經兵燹之後，棟折壁圮，岌岌大壞。庠生張映極等糾合闔邑捐資修葺，並請余為記。余惟帝君之行實在漢，青史威德在人耳目，述之則累紙難盡，且近於復也。乃為闡揚帝君之所以有功於當時及萬世，而享此隆稱者，勒之豐珉。俾後人入廟而祀，覽之有感，相與勉為正人，無忘此日修復之義焉。

（文見嘉慶《息縣志》卷七《藝文志下》。王偉）

重修彭家店大寺禪堂碑記

汪度涵邑人

新息城之北界去縣治四十里，其巨鎮當通衢，以關鎖控扼之，曰彭家店。其巽方有古刹，祀大雄氏。週遭塑羅漢十八尊，彼教中之伽藍則漢之關壯繆也。居人又建祝融祠，以為祈禳報賽之區。其來最遠，制亦閎廓。鎮之辛氏，巨族也。當康熙年間，寺之住持辛氏子曰：普照慷慨有奇氣，羅邑靈山寺法嗣，適有遊方異僧來游是寺，奇普照與辛姓諸弟子教以拳勇擊刺諸藝，迥出尋常講授外。一時辛氏兄弟七人與普照僧倜儻奇偉，尚義任俠，遠近恃之。如洛陽之劇孟然。而普照持戒律甚嚴，禪堂殿宇修潔崇餘，仕商之過此地者無不瞻仰而敬禮之。

余先人與辛氏世姻。兒童時即嬉游此寺，及少長，雅好談兵，猶憶晤辛氏諸老輩暨普照師酒後耳熱，操戈擊劍，及一切陣法，作坐進退，變化縱橫，伸縮不測。歐陽子之志石曼卿惟演，師所謂曼卿奇男子，惟演以奇男子而隱於浮圖，今詎異於古所云哉。數年來，辛氏諸老人與普照師前後去世，禪堂亦大非舊觀。今之住持僧，師之法嗣也與。辛氏後起之英暨附近士民協力以振修之，向之佛殿各神祠俱復其舊，而囑余以記之。

余自幼至今，覩茲寺之勝而衰，衰而復勝，如昨日事，而余亦七旬有六矣。誌重修之歲月，捐施之姓氏，而惓惓於普照師、辛氏諸老輩者，誠見夫先王教士，文武並重，士不知兵，國家大患，即禪教中之所謂護法具丈神力者，其爲功於彼教亦甚重且大。嗟乎，烈士暮年，壯士不已，後之覽此碑者，母以為老耄之狂態猶有童心而鄙夷我耶。

（文見嘉慶《息縣志》卷七《藝文志下》。王偉）

白里淮南集重修關帝廟記

任鎮及邑舉人

　　帝嘗自言，心在人腹如日行天上。固知帝之神留宇宙，其容光而無不照也。殆如日。以故通都大邑至于窮鄉僻壤，凡陋湫隘之區，往往具有帝之祠。淮南小市也，于南枕河流有茅簷數椽，儼然繡帝像而居之，晨鐘暮鼓之屬備焉。夫帝載在祀典，廟貌莊嚴，輪奐蜚翬，何所不極，肯就是地來享乎？然亦足見忠孝節烈深入于人心，而人之崇奉者無微不屆也。又安知帝不來歆而來享乎。廟成，完故益新。董事者曰：是役煩眾襄欤，宜列名碑陰，俾不沒。願為之記于石端。余為之記如此。時蓋七十有六矣。

（文見嘉慶《息縣志》卷七《藝文志下》。王偉）

息夫人辯證碑

　　《列女傳》曰：楚伐息，虜其君，使守門，將妻其夫人而納之于宮。楚王出遊，夫人出見息君，曰：人生要一死而已，何至自苦？妾無須臾而忘君也。終不以身更二醮。乃詠詩曰："穀則異室，死則同穴。謂予不信，有如皦日。"遂自殺，息君亦自殺。楚王賢其守節有義，乃以諸侯之禮合而葬之。

　　曩讀《左氏傳》，至息夫人不言事，竊謂一女子能于國破家亡後，不惜身名，藉手以覆宗社之仇，其遇可哀，其志可憫。雖欠一死，要勝於華歆，成濟輩遠矣。今春捧檄赴息縣，道經汝陽，於書肆購《列女傳》一帙，燈下讀之，未終卷，見息國夫人殉節一篇與《左氏傳》互異。劉更生述敘時代名字，每多歧出，然其生平，校書天祿，上下千古，傳聞異詞，亦心有所受之，非盡無據而云然也！善善從長，余於是不信左氏，而信劉氏。夫《列女傳》，非僻書也。今獨于適息時覽及此篇，安知非夫人之靈，默牖餘衷。欲使千載下，大白其誣於桑梓之鄉，不令殉國者含冤，改節者藉口，而後貞魂烈魄，乃含笑於九泉乎？爰勒《列女傳》息國夫人一篇于石，而志其顛末如此。嗚呼！禮義廉恥，國之四維。古人所謂："餓死事小，失節事大"者，余於是益有味乎其言之。《左氏傳》固不敢謂其誣，然存是說也，于世道人心，亦不無小補云。

　　賜同進士出身欽加五品銜權知光州直隸州息縣南皮張佩訓撰文。
　　欽加同知銜河南候補知縣番禺周思濂篆額。
　　金匱錢鴻聲書丹。
　　同治十年歲次辛未十月吉日立石。

（文見《息縣志》附錄。馬懷雲）

息縣錢糧定價碑記

　　自古有一法即有一弊。息邑之弊，無有大於錢糧者，由無定價也。息民沐皇清深仁厚澤，二百餘年，孰不思踴躍輸將？無如徵收者，巧立名目，冀便私圖，見厘則捐分，分户糧價昂于錢户，錢户糧價昂於兩户，又有差役包攬畫糧，藉口貸銀起息，遂至一兩實銀，索錢伍陸串、捌玖串、拾餘串不等。小民終歲之竭蹶，不足供貪役一朝之銖求。浮收苛累，其弊不知始於何時，積習相沿，幾成不可破之勢。道光三十年以及咸豐元、二等年，郭明經煜琤身受其害，命門徒李秉春報告撫省，蒙前撫憲陸，斷有定價，實銀一兩、完原銀一兩三錢。惜郭明經遽歸道山，■[1]案竟廢格不行。同治十一、十二年，李君秉春，不堪浮收之苦，與軍功孟毓崑、文童刁相南、州同彭徵三、文生夏安仁、彭延庚、文生陳秉德、監生居魁元、鄭復貴、太學士李顯、郭培震、文生李振之、羅明德、彭萬選等，聯名由省控京，求示定價，永遠遵守。蒙州憲姚擬定價，實銀一兩，折錢叁串肆百文完納。繼而二次進京申控，蒙錢撫憲照擬定價，又斷令無論厘户、分户、錢户，一律征收，不得稍有低昂，見厘不準捐分，完糧執照，不得需索補足串底及補足百等錢。至於差役畫糧，斷自七月為始，所畫之糧，每錢千文，明令花户按一月加利錢三十文，此外不準多索。撫憲、州憲之斷案，革從前之積弊，而著以後之新章。息民無不懽欣鼓舞，如釋重負！

　　夫古人固有善政宜民於一時，而民遂作為詩歌，嘖嘖頌遺愛於勿衰者。況錢糧斷有定價，非止一時之利，而實萬世之休，民之飲恩食德，其永矢勿諼，更當如何耶？雖然，撫憲、州憲之定價，其利益於民，固無窮矣。後之為縣民父母者，能使書役不敢視為具文，而年年實力奉行，其功不亦與撫憲、州憲同垂不朽哉！

　　光緒三年歲次丁丑仲夏月穀旦立。

（文見光緒《續修息縣志》卷一《典禮志》。馬懷雲）

---

[1] 原本此處作一墨塊。

固始縣

御製訓飭士子臥碑文[1]

清世祖
順治九年

（碑存固始縣文廟。王偉）

御製至聖先師孔子贊並序[2]

清聖祖
康熙二十五年

（碑存固始縣文廟。王偉）

創建張庄集義學碑記

楊汝楫撰

古者以鄉三物教萬民而賓興之，蓋無一人之弗教焉。是故家有塾，黨有庠，術有序，國有學。三代以來，制不厭詳，重本治也。漢、唐、宋、元，歷世相師。明初，於郡國庠序口復置社學，啟塾立師，於是，窮鄉僻壤，單寒窶空之子莫不嚮方。夫社學即今義學也，名異而實同，要皆倣鄉遂遺意，所以補天地造物之窮，廣國家樂育之化，亦猶行古之道而已矣。今皇上重熙累洽，崇道右儒，內外臣工靡弗兢兢文治，丕揚休命。丁卯春，楫猥以樗散，承乏固陵。夫固陵文獻夙甲天中，邑之西北有聚曰張莊，壤錯期思，襟帶淮水，林廬蔥蔚，烟火氤氳，善地也。顧俗多任俠，骩法捍禁，雅歌禮讓之風十得一焉。余曰："是不可無以易之。"及閱邑乘，載明令吳公周者，撤淫祠，建社學，是張庄之有黨塾在昔已然。嗚呼！亦何與余志相符耶。蹠其基而圖之，事固簡於創矣。因命駕遄往，周行稽訪，而遺址滄桑，且杳然不復可追焉。徘徊惆悵，方欲經度隙地，乃適得宣聖石像于佛寺塵封烟鎖中。余曰：異哉。奚所自叩之，則鄉先生葛寰野所奉也。嘻，誠異矣。從來勝蹟修廢，相待以時，人神顯晦，亦有其機。矧夫聖德所昭，尤難意測。而吳公興學於前，葛君鐫像於後，時不相逮，機者相緣，不可謂無故也。然則余敢自謝乎哉。爰是解囊購地，庀材鳩

---

[1] 見本書第一冊第 1 頁。
[2] 見本書第四冊第 111 頁。

工，建正殿三間，以奉夫子遺像。前則講堂三間，左右書室六間，為孤寒弦頌之所。最前則曰義學之門。是役也，妥聖靈，育德造，始於仲春，成於桂月。雖茅茨草創，然一土木，一工傀，不以累我民也。事竣，邑人士請曰：公於文教單厥心矣。若城關，若市集，所在興舉，曷一言以志不朽。余故書其大畧如此。若夫恢崇壯麗之觀，翔洽輔翼之訓，顧有俟於後之君子。

康熙二十六年八月。

（文見康熙《固始縣志》卷之十二《藝文上》。馬懷雲）

古蓼灣新建義學碑記

楊汝楫撰

東關為一邑居民稠密、商賈雜沓之區。其俗勤末作逐奇贏以為業，則絃歌之化，禮讓之風，為政者所宜亟謀之也。余以襄平陋質來牧茲土，見其山川環秀，清淑之氣頗多，因不自揣竊有志于教化。比年以來，修學宮、設書院，兼葺城中義館，凡諸文事漸次就理。復念一邑之眾東關居半，不立學導之，而使僕僕焉就城內學，則孤寒之子且將惟末作奇贏之是便，而又何教化之率。于是，相度其間，得古蓼灣公地一所，舊以祀邑侯時公者，今頹圮已久，民多侵佔，余力加清查，捐俸購置義學，而合祀時公於他祠，勿廢民報。學之役，率督募游惰者為之。自夏徂冬，歷數月而告竣，民亦未嘗擾也。學之師，選邑中文行並懋者為之。既教以弦誦，復教以禮讓，庶不失先王造士之意也。學之規，址中置廳四楹，前置門兩楹，置屏於門內，置小房四間于門外，儆民為廛，歲取租銀十四兩八錢，以資塾師燈火期久而不廢也。規畫既成，眾意咸悅，請勒諸石。余曰：朴陋之見，聊與創始，區區微意止此甘。夫莫為之後，雖盛弗傳。而況乎漸仁摩義，化民成俗，抑豈一朝夕之故哉。爰如眾請，而為之記。

康熙二十七年。

（文見康熙《固始縣志》卷之十二《藝文上》。馬懷雲）

御製四子贊[1]

清聖祖
康熙二十八年。

（碑存固始縣文廟。王偉）

---

[1] 見本書第一冊第3—4頁。

徍流集義學碑記

宋生撰

邑境西南，民居櫛比，田野闢易，闤闠之家類能聚族延師，以訓課其子弟之秀者。惟東北土瘠人貧，地多榛蕪，欲其出力田而入孝弟，朝負耒而暮橫經，難矣。邑侯楊公以芝署大儒筮補固陵，下車，興利除害，勸農敬學，三異十奇，難以枚舉。乃尤以敦崇教化，培植人材為急務，亦既黌序聿新，澤宮式廓矣，而於義學一事，尤三致意焉。城以內有學，而青衿不侊于闕矣。關之中有學，而童子不嬉于市矣。邑西之張庄有學，而耕鑿之倫、愛土物臧厥心矣。尤念邑之東北徍流集，境接潁霍，人習囂競，與朱皋廢鎮相連，其間崇岡叠嶂，淮流瀠洄，懼有英奇特達之姿，沉淪于牧笛樵歌之下。爰于己巳之秋，措購隙地，建置義學一所，半椽片瓦，悉出懸魚署中，而父老無驚，固已輪奐燦然。爰敦延名宿，皋比談經，取我子弟而誨之。先德行而後藝文，敦齒讓以維風教，務使士之子恒為士，農之子不至恒為農，意良厚已。行看菁莪之盛，比隆三代，兔罝之英均為國士。于以仰副皇上棫樸之雅化，上體台憲旬宣之令德。侯之澤將與淮流并永，侯之功將與安山遙峙，豈曰小補之哉。爰勒石而為之記。

康熙二十八年。

（文見康熙《固始縣志》卷之十二《藝文上》。馬懷雲）

新修柳溝口兩便橋記

楊汝楫撰

橋何以兩便名？蓋利塗而兼利田也。中閘而下，舊有譚家壩，障水入下勝湖，而史河南遷，清淤而不行，故譚家壩亦廢。乃柳溝劃然，行道之人難之。前明段宦者取壩之廢石增而修之為橋，一時通變宜，民咸慶利涉。而今亦頹然圮矣。余自涖任來，以興水利為亟。庚午夏，偕二尹于君隮之，新開河口於龍潭集而截史入清，積流淵溦，自然灌注，故下勝湖諸田烟環波繞，浩□乎一膏腴之壤。向謂譚家壩廢而不復，今知復亦無庸也，并而歸于土壩閘，民亦庶乎少勞焉。然清河高而柳溝卑甚，以高入卑，激湍衝決，不能無慮。而橋既傾敗，又非有歌舟子而可卬須者。爰集父老而謀之，欲別地設閘，取石于山，厥費繁，而就橋以建，眾疑僵而難以起。余再四籌，維與其置橋不用而塗仍斷，不如修橋安閘而塗有賴，田亦有賴也。于是，為兩利之術，孟夏卜吉，鳩工修橋。廢者振，存者增，以蠹而不可為者，煥然飛虹之可度，而下既安閘置板，以便啟閉。萬一清河或泛，以此砥柱，不惟柳溝無濫觴之憂，而且水各有歸，亦無西洩小史之患。蓄瀉時而往來通，非所謂利塗而兼利田者耶，名曰"兩便"，惟後之人加意經營，不使宜于此而不宜于彼，則予所厚望焉。是為記。

康熙二十九年。

（文見康熙《固始縣志》卷之十二《藝文上》。馬懷雲）

新創龍潭寺記

楊汝楫撰

龍潭寺，何以名？將謂招提盈宇宙天竺之教，士大夫往往多好之，故事之尊之而默侫以求突奧歟？又或以地距白鹿諸峯不遠，且河流湯湯縈繞於前，蒼翠欲滴，澄皎如練，建斯寺也，可以娛耳目而悅心志，與固之山川景物爭勝歟？曰否。龍潭，故市名有清河在焉。即楚相孫叔敖所濬史水以灌田，而民沐其澤者。後史河南遷，遂淤塞廢滯，千有餘歲矣。康熙之庚午，頻年天旱，固民素不蓄，禩即哀鴻遍野。余思有事茲土，何可聽我民失所耶！詣其鄉，視其河，深潴尚可沃田，而難於水之源。源來亦欲效昔人開石嘴頭遺意，地沙不可壩，而河亦紆迴無能挽。沿此下尋，即龍潭集，史水東南不三里，率民鑿一渠以通之。編草為筐，貯沙成壩。橫截史流而引入清河，洋洋波潤竟抵華家岡百里餘。是年，民不知有旱，而盈寧加西北諸地。噫！固我民子來之效，兆此有年也。而揆其所由，非神力不及此。於渠之東前建大王廟，春秋報祀，如詩所稱，祭田祖事。而於內豎大殿三楹，彷象教設佛三座，即以市之名，名寺龍潭所由來也。

南北長六畝六分，兩廂房各六間，金龍王殿三間，而山門亦如之。後右建樓高三丈許，竹樹森踈，鐘皷鏜韸，梵宇中稱偉觀焉。或曰地廣而費奢，如榱桷，如黝堊，崇閎潔整，甲於汝南。且僧十餘人飲於斯，食於斯，得毋有妨民而勞眾者耶。曰否否。其基則輸之里人郭秀、許陞也。其瓦石一切，則募民運辦也。其寺之香燈與僧人之養贍，則有王澤之絕田九十畝零、徐自鼎十畝七分、徐應元十五畝、郭文、郭寬之七畝五分，各皆施捨。而糧以使水諸戶承之，歲入若干，可以供食用而足焚掃也。費不出民，役不興眾，余悉捐俸倡募為之，約數百金。落成之日，喜其一舉而有三善焉，歲築壩，官吏董率曠口中，烈風炎日，勢必不堪，欲樓止龍潭集，恐胥役不口，無擾也，憇息於此，官便而民亦便，則斯寺其稅駕勸農之地歟。小民自百里來，趨事急工，倘風雨迷離，身處無人之境，求一勺之飲而不可得，就其宇而炊之，止之，不至廖落無依，則又父老子弟之栖所耶。且東達六安諸治，寥闊寂寞，冬之冽，夏之熱，行旅保無困苦歟？僧備水漿以濟，凡熙熙而來攘攘而往者，藉是得坦然於長途焉。亦一道也。惟斯壩蓄洩無懈，吾民引龍潭之水而食龍潭之利，河無決耶，寺無恙耶，民之安而神之悅耶。將有與白鹿史水共悠久，亦遂與固陵山川景物爭勝矣。予其斯寺之挑腳頭陀歟。襄斯役者，邑左于君際之也，例得書。而永垂不休，以俟後之留心民瘼者。

康熙二十九年。

（文見康熙《固始縣志》卷之十二《藝文上》。馬懷雲）

邑侯新開清河濬復閘壩記

楚際盛撰

水鄉之有溝洫，猶人身之有血脉也。血脉流通則人體暢茂，溝洫灌溉則地利繁滋。固邑宿稱水鄉，由史河分注，利盡東南，不知所自闢。僉以為創于叔敖。更閱時代，旋濬旋淤。民不享其利者，蓋不知幾百年矣。議者畫為三說。一曰築隄于吳家小河之西，逼水東灌而北。然河沙終成不成隄。投之土，未必膠漆，委金錢於洪波途之，人知不可也。二曰棄，勿與爭利也。向之水繞北岸，由橋而折，設閘以時，其盈縮消長固收其利，亦防其患。今河距橋數里，壅沙成岸，漂水下流，無所用。三曰疏，石嘴頭之故道，以逆取河水。夫河既南徙，水去下而就高，疏之不勝淤也。百年中數舉行，皆不效。議籍籍未決。邑侯楊公來牧茲土，芟積舉廢。凡固邑之所疾如其疴，不盡其蠱不止也。凡固民之所急，如其家不擇勞怨、險易，毅然為之，無徵倖，無却退。涖任四載，確有成績。訪于父老，相厥形勢，以為逆之難不若順之易也。而循史河以下，擇其坦而可為閘者濬之，以廣水利。偕丞于君往來溽暑之中，擘畫既定，僉謀於眾。亢陽方虐，又不忍奪農時，遂倡捐俸錢，僱覓外省流丁若干人，于上閘下八里龍潭集旁，別穿一渠，水勢較緩，地勢較低，十餘丈，橫亘二里，循其蜿蜒之形，以通故道。架梁于上，以利往來。作廟于旁，以鎮形勢。監工者，為耆老。日省者，為縣佐。以六月初旬始事，凡四十餘日告竣。渠成而民不知役。先時，令使水諸家自濬私溝，湮者新之，高者下之，出者截之，蓄者障之。為壩一十有一，為塘一十有八。計□□□餘里。計涂幾百餘道。溝設一頭，壩立一長，通力合作，察其無阻而遏其下流，荷鍤一決，澎湃之聲聞數里。浸溢灌溉遍于諸間，而溝之虛者盈，土之裂者合，苗之枯者蘇，農之憂者喜。源不激支不滯，如人之血脉流通而屈伸自如，水性誠順矣乎。於是，前畫為三說者皆驚喜歎服。夫人之才識相越詎不遠哉。盛秉鐸斯邑，與共往來，因服侯之才與德，而慶固人之多福。思古今時事變遷，滄桑不同，特執一者無權耳。使其叔敖于今日，舍此將安從。豈非天地蓄此渠，以待侯之追蹤叔敖乎！固邑是年亢旱，粟不騰貴者以東南收其利，而西北得以移其粟也。後之人歲時而加濬焉，蓄洩遵其規，啟閉依其時，多寡均其役，勿為豪右專利，勿為奸民盜壩，勿為猾吏倒持其柄，則固民世世子孫得食清河之□，而即沐楊侯之恩波於無窮也。一時丞尉皆卓卓有民譽，故能相與有成，而盛得以文字濫廁其間，皆不朽之藉也。爰以眾請而為之記。

楊侯襄平人，字濟菴，諱汝楫。丞于君，字際之，諱有慶。例得備書。

康熙三十年。

（文見康熙《固始縣志》卷之十二《藝文上》。馬懷雲）

邑侯新開金龍口閘河碑記

閻錫爵撰

《禹書》隨山刊水而四隩既宅。《周官》遂人主溝洫而南東其畝。禹惟行所無事而周公以利導為本。後世李悝，西門豹、文翁、史起之流從而疏鑿之，要皆收其利而去其害。凡以為生民計也，非實有愛民之誠，敏捷之才，目力心思大過人者，不能經畫而措置焉。吾邑南去山百有餘里，北界大淮，眾流奔滙，其間溝洫灌溉，前人遺跡多矣。其自邑東南來者，會諸水而為史龍潭諸閘是已。其自邑西南來者，會諸水而為曲源。發新鄭之南，由石嘴頭入境，北流七十里至范埠，乃東襟帶城。北更四十里而與史合曲之。由西而東者閘在北，居民歲有秋。由南而北者，閘在西，淤廢不可計紀。我楊夫子以實心實政謀民水利，去年開東閘，城西之人寂如也。歲小旱，東南遂收其利。西人因聚族而丐之曰：四境皆公之赤子也。東人飽婦子而利後世，如西人何？且曲水下截，頗沾水利久矣，獨上截之，民望洋而嘆，目送浩瀚之波而不得其利，豈情也哉？□曰："閘壩溝涂存否？"眾曰："溝涂淤而形猶在也。"問其地，則有石嘴頭之基存。公即單騎按視，由河而壩，由壩而溝，溝之所及，源委畢悉，歷五壩而與東注之沙溝，合而為一。形勢既定，復心計手畫，乃下令曰：若輩欲復舊閘乎？閘遍復，慮其難容也，盍先之於陂塘。陂塘修而灌口未必能注也，盍先之于口。灌口鑿而私溝未必無阻也，盍先之於私溝。私溝濬矣，灌口疏矣，陂塘潴矣，引其流無難也。眾於是踴躍爭奮，各盡其力。閱月告成功。公復親驗其勤惰，量其高下，乃於金龍口旁刑牲薦璧，築沙隄以挽去瀾。是日也，裹餱糧，持草具，荷畚鍤者，擠於道路而填於洲渚。不三時，隄成渠通，利導有方，行所無事矣。夫曲之水非昔之水，固之民非昔之民乎？何昔也棄置罔功，今也懼忻忘勞。微夫子愛民之誠，敏捷之才，目力心思大過乎人，能如是哉。爵自去冬來京師，天子留讀中秘之藏，不得親覩其疏復之制。然覽其陂塘蓄洩之規，則所謂柳溝小河金鐘會景邵家張家團林諸湖，固已默數心炤。汪濊次第之澤如謀於目，社鼓農歌之盛如接於耳矣。家大人走蒼頭謂爵曰：賢侯不憚炎歊而為吾邑謀生全利後嗣，曲西七十里數千百家受其賜，非僅一時之利也。土人欲誌永久，歲遵以為常，小子盍記之。爰述其顛末，鐫諸石。猶之一抔附泰山云爾。蓄洩啓閉時日具於左。

（文見康熙《固始縣志》卷之十二《藝文上》。馬懷雲）

新建挽河樓記

楊汝楫撰

史河之源，自東南來，蜿蜒而下東郭之大馬頭。堪輿家以波濤奔逝，昔創挽河樓以鎮水口，於縣治大有裨益。而且城名鳳凰，南北岡陵如飛羽狀，有伸首飲川之勢。高樓以助其形，欲邑人士有朝陽鳴鳳之意焉。余丁卯蒞任來，樓趾宛在，而棟宇化為烏有矣。方欲率眾復修，乃最亟者聖廟傾圮也，河道淤塞也，城堞不高而隍池不深也。且書院未設，則有德者無的，而義學未建，則有造者多頑也。七年中，盡夜經營，諸工方告峻，而余已神疲力竭矣。適東關之秀者、樸者、陸者、水者，以及四方之雜然而往，紛然而來者舉進而告曰："吾侯數年創造，視邑事如家事，不傷財不勞民，次第舉行，一邑改觀善已。獨東關之有挽河樓，聽其半椽不存，漠然想像於水濱，亦知所關巨而所繫重乎。樓峙東南隅，在黌宮為巽，風氣由此培而人文蔚起，實式賴之。若夫闖寇擾攘，汝南望風瓦解，而我邑憑以控禦，城賴以守，民賴以安，恃險為固，有與有力焉。且登斯樓也，遠眺安陽，近襟史水，雲飛霞照，山色隱現於軒前，烟濃樹合，波光點染於檻外。騷人韻士之所流連，劍客酒徒之所盤桓，則斯樓其亦黃鶴諸聖之亞者歟。今日我侯不修，誰其修之耶！"余聞之，悚然以所關巨而所繫重，則何得需之歲月也。捐俸倡始，而奔走河之諸夫釀金若干，咸輸之。工不足，則秀者、樸者等亦量力裏厥事。高三疊，上設純陽子像，仿佛黃鶴岳陽以為河之安瀾祐。

斯役也，創於康熙之三十一年十月，成於康熙之三十二年季秋。余陟其巔，北則瞻象關而起戀主之思，東則望淮河而喜朝宗之盛，南則金剛臺吾屏也，西則期思城吾範也。其山川景物有不僅安陽、史水可流連者，而異日文教大興，遠紹虞士師之風，近追許文定之望。地奠也，民安也，則又予因斯樓而孜孜望之者。是為記。

康熙三十二年九月。

（文見康熙《固始縣志》卷之十二《藝文上》。馬懷雲）

皋陶祠記 [1]

楊汝楫撰

固之祀皋陶，禮歟？曰禮也。昔先王定祭法，法施於民者則祀之。皋陶明刑弼教，垂型於後世無盡，何獨於祀而靳之？或曰："為其後者則宜祀。"而皋陶初封安，今之商城者是。又封其後於英六，漢英布其苗裔耶。今固之祀何也？曰：固，古蓼國地，邑北有蓼城岡可據已。史載：楚滅六與蓼。臧文仲曰：皋陶其不祀乎？則固為皋陶始封無疑。獨前令包芝崖建祠記引周公拜乎前，魯公拜乎後，謂周公之魯無疑，皋陶之蓼亦無疑。噫！祀論當否耳，不必以至與不至為辨也。祀之者，必推其功德所自始為，足以昭楷模而風來世。不然，即美輪美奐，如釋氏招提遍四海亦淫祀已耳。世有梁公其人，豈能不憤而毀耶？

夫古今道統一脈，闢自虞廷，禹言："皋陶邁種德"，諄諄冀帝念功，可謂推之隆矣。及帝命作士，而曰："帝德罔愆，臨下以簡，御眾以寬。"旨哉斯言，誠萬世君臨之龜鑒也。

---

[1] 乾隆《光州志》卷三《志餘》載文與此略異。

迨告禹知人，而中以兢兢業業為要。嗚呼！由帝王以至士庶人，惟此敬之一念，可以修身，可以齊家治國平天下。今觀《皋陶謨》，詞莊而意切，內之為聖者此也，外之為王者亦此也。善夫孟子之言曰："若禹、皋陶則見而知之。"是上接堯、舜之傳，下開湯、文、孔子之緒，其任重，其德宏，非勳伐爵位冠一時而耀來許者可及矣。後之為君者，即令萬國俎豆，炳如日星之麗天，永如山河之在地，猶不足以報當年於萬一，而奚以固之一祀，必傅會勉強，謂至其地而當祀，倘不至其地而遂不祀耶！

乃固之祀，亦有未盡善者。余蒞任受事，祗竭先師廟於名宦祠，見前後雜沓中，列皋陶於左。噫！以千古傳道之聖，吾夫子所淵源而承之者也，竟令居宮牆之偏，且與後來諸令長或賢與不賢未可知，而一室合享。揆之先師於昭之靈，亦必有愴然不安者，而千百世下褻越冒昧之罪，又烏能辭焉哉。且孫叔敖，霸佐也，以封於斯，後世尊之，必有專祠。以皋陶與叔敖較，其相去為何如者，而猥以後世名宦之字，加之千古聖人，可乎？不可乎？余思所以專而祀之，以明尊聖意。適邑之東郭有古蓼灣，前包芝崖曾創一祠，而未終其事。且汛兵駐防，其房圮而像剝落不忍言。余捐金建正殿三間，戶牖廊如也。餘厥像而春秋特舉祀事，較在名宦中於義少安。然聖王之道，亦有賴斯以明者。蓋帝歌陶颺，語語可為箴銘，不待言已。■[1]即所云"與其殺不辜，寧失不經"，其仁人之用心，凡我為宰者，尤不可不凜凜佩之也。

祠修於康熙三十二年之六月，成於本年之季秋。雖非宏闊壯麗，備極尊崇之意，然藉是禋祀維虔，聊無倍祭法遺意，而封蓼與不封蓼，非所論也，況乎固其遺地耶！故曰禮也，非誣也。

康熙三十二年九月。

（文見康熙《固始縣志》卷十二《藝文志》。王偉）

重修陰陽學碑記

楊汝楫撰

先王建國，子民大綱細目兼舉不遺。故自庠序學校而外，下及僧道醫與陰陽，歷代往往不廢。京師首善地，設官建置，規模甚偉，凡以云重也。外暨州縣，亦擇精其術者領其事，而進退往來，各有專地，蓋以居處定則標準立，而觀瞻尊則範圍嚴，固之僧與道與醫其所居不乏已。而獨陰陽學，自順治丙戌前令馬木臣創建後，而傾圮不可問。嗚呼！曾日月之幾何而頹弛若此哉。余下車來，慨然于中者久，而因念最大者黌宮鞠為茂草，溝洫失其故道，懼無以振文教而俾民有所利賴也。七載中，拮据經營，輝宮牆而築隄閘，庶幾哉大綱舉而餘可次第及矣。癸酉春，余捐薄俸仍建陰陽學于縣治大門之東，募民□工，不踰

---

[1] 原本此處作一墨塊。

月而告竣。雖棟宇榱桷未必煥然壯一時之觀，然數十年罷敝之區，我父老子弟一旦踴躍而復邑中不復之制，則知補廢興殘之猶可為，而攻斯術者，正不得自越于標準範圍之外，荒其業而墮其職也矣。或曰天官時日，不若人事，何取乎陰陽，而為此迂遠不切之舉耶。雖然，吾嘗考古而得之矣。定之方中之《詩》曰：「揆之以日，作于楚室。」又曰：「景山與京，降觀于桑。」蓋占天卜時，望雲察氣，雖先王不棄。而今之陰陽詎云于斯道有窺，弟期于斯夕于期，就其術而亹亹不倦為吾民稽猶豫祛災眚，仰遵天道，俯修人事，而憂虞悔吝悉于是乎泯焉，安在斯學之不足關于縣治哉。督斯役者，訓術李占春也。其同業而助工者，例得書于後。

康熙三十二年。

（文見康熙《固始縣志》卷之十二《藝文上》。馬懷雲）

重修廟學碑記

京江王際有撰

我國家文化翔洽，率土向風，詔天下大修學舍，所在有司，率以興起教化為報最先。顧嘗仰窺皇上聖意，寧惟是崇尚博雅，黻藻太平，抑將重其事，重其人，因之以重其地，俾天下曉然於教學相長，循循而務求其原也。使臣奉命督學，巡歷兩河，至於汝南試事週矣。願與長吏、師儒，勤勤懇懇，為多士勸者，期大白乎上意所在，使共知教學之有原。兩年以來，寧敢少懈焉。汝南人文，固始為最。為之加意勸興，既而博士弟子員自祝起潛以下，凡若干人，爭言楊令君治行甚詳而有敘，又不忍學舍之傾圮，起而新之，費累二千而民間無與。聖宮、賢廡、齋堂、署寮，以次就理，進諸生肄業其中，諸生相與頌之而不忘也，且曰：願有記。予樂聞楊君之勤宣文化，又嘉諸生安其教，相率益勉於學，將由是迪乎其原，而因為之記曰：

按《周禮》，大司徒以鄉三物教萬民而賓興之，自鄉師、鄉大夫以及州長、黨正、族師、閭胥、比長、師氏，皆教民之人也，而又勸之以司諫，糾之以司救，合之以司樂，課之以六德、六行、六藝。歲時入其書，三年一大比，由其鄉以獻於所治之國，而後上之於天子，皆教民之所有事也。是故民不可以無教也，必教之而後試之，試之而後用之，不教不試，民不可得而用也。學校者，所以教而試之之地也。古者有國學，又有鄉學，三代之庠、序、校，即今之府、州、縣學是矣。蓋重乎教之之事與教之之人，尤不得不重夫教之之地。故必藉賢長吏為之倡，偕司鐸者登，請鄉先生率其弟子員揖讓講習于學宮。崇孝友，敦禮數，訓率乎詩書藝文，求其自治治人之道。不出堂戶，可以周知天地事物，古今治亂，暨乎四海九州、緩急利害之宜。升其秀者，扶其樸者，黜其不率者，出入聖賢之榘矱，以上應天子之所求，若是乎秩秩然而有原矣。

楊君之從事於茲，非古所謂敦本起化，躬行而率先者乎。夫嘉勵循良，加不次之擢，以鼓勵司牧，有聖天子閭門之典在，而勒石紀績，舉一勸百，以告後之人。庶幾欣欣嚮往，羣知率從，則使臣所樂道也。於是乎書。

（文見康熙《固始縣志》卷十二《藝文志》。王偉）

期思景賢義學記

楊汝楫撰

期思，古蔣鄉也。周屬荊，元公三子伯齡封于蔣，蓋即其遺地云。楚莊之霸也，欲封孫叔敖子僑，僑以潘國下濕境墝，父命也。莊王賜焉，是為寑邱。《史記正義》曰："寑邱，土寑薄也。潘即寑，義取諸此。"後或分寑與期思為縣，或合寑與期思為州，則期思為古封邑久矣。嗚呼！楚漢無論已。周公，大聖人也。其教伯齡之道，當不啻教伯禽之魯時，則食休蒙澤，與陳、蔡、杞、宋並峙終古，亦聖人之所以垂蹟遠而為採風覽勝者之所不遺也。況瘠則思義，古訓彰彰。期思以磽薄之地，勤而為善，性以俗勵，理或然也。雖然，周公之教往矣，非獨流風餘韻，遠不可追。即潘為叔敖桑梓湯沐之鄉，其清操峻烈，欲存什一於千百而不能，矧其他乎？倘聽其自然而不為治，恐先聖之遺澤就湮，而末俗日即於慆淫，且不可究詰矣！於是，捐金購基，設立義學。門建五楹，講堂三楹，東西兩廂各三楹，外買地九十餘畝，為師儒薪水之需。工成，而肄業者濟濟於中，涵濡其心，而漸摩其俗。則振伯齡之舊封，而乘馬不別牝牡，破玦不遺子孫之賢相，朝夕跂及，更不禁於諸子弟深期焉。且周公之道，至孔子而益明；孔子之教，散寄于及門諸賢。故漆雕開為蔡人，如平輿，如上蔡，爭祀不置，以其聖門高弟，為足以觀感而興起也。唐開元間，封孔子弟子公祖勾茲為期思伯，雖行事不少概見，然三千人中，而得與七十二賢之列，非顏、閔之純粹，則漆雕之敦篤，親炙聖範，而楷模多士，千百世下，諒無所媿。以此思學孔子之弟子，即所以學孔子也，學孔子即所以學周公也。特建正殿，奉公祖勾茲於其中，期思之有志者春秋俎豆，俾周、孔淵源不至陵替，而目積月漸，得其薪傳，以光我聖朝文德之化，又豈非跨南服之雄而上焉者哉！是為記。

（文見乾隆《光州志》卷三《志餘》。王偉）

諸生周人杰墓誌銘

邑令楊汝輯

維皇降衷，篤生碩人。忠孝廉節，令德令聞。羽儀師表，鄉飲賢賓。範先上福，壽比百齡。聿興元配，蘋蘩淑順。母儀之則，閫德之貞。碩耆中饋，偕老齊稱。子賢孫茂，允矣完名。貞珉千載，幽光無競。

（文見康熙《固始縣志》卷十二《藝文志》。王偉）

御製訓飭士子碑[1]

清世宗
雍正四年。

（碑存固始縣文廟。王偉）

楚相孫公祠題刻

楚相孫公祠
住持僧普峯重修。
雍正六年。

（石存固始縣期思鎮期思村。王偉）

中丞湛山吳公（士功）墓誌銘[2]

鄭虎文

乾隆三十年歲次乙酉九月丙申，誥授中大夫應授光祿大夫原任巡撫福建兵部右侍郎都察院右副都御史吳公卒於里。訃於朝，朝之士素與公游者，知公受知天子深，蓄德哀施，行起大用，而卒不及俟，以竟所學，相與嘆息泣下，走唁其孤檢討玉綸於邸舍。玉綸則纍然喪服，頓首涕泣，乞銘於其師編修鄭虎文曰："不孝即日徒步出國門，忍須臾死，將謀葬先人於吉兆。維先生文直而不華，敢請銘。"文曰："公行應銘法，勿敢辭。"明年，拜使者於庭，以公狀來。按狀：

公姓吳氏，諱士功，字惟亮，號凌雲，一號湛山。先世江西人，其仕於元者曰文盛，襲世職，以武功顯。始遷河南商城金剛臺下。八世祖巍再遷固始之張莊。又五傳而至自榮，邑庠生歿與弟自顯同塚，代有偉人，里式孝友。是生公祖宏緒，邑廩生，歲饑，嘗出粟廩食餓者。投假銀於水，勸以酒食，其人慙感。宏緒生公考用烈，淇縣訓導，通形家言，族人貧不能葬，輒擇己地吉者與之。淮水溢，具舟糧活人。人用是知吳氏後必有達者。均以公貴，贈如公官。祖母楊太夫人。母王太夫人。□□□太夫人均贈淑人，應贈一品夫人。公生有夙慧，性嚴重，能委己於學，嘗讀書張莊梓潼廟，終歲斷跡城市。

---

[1] 見本書第四冊第113頁。
[2] 錢儀吉《碑傳集》卷七十一標題作"巡撫福建兵部右侍郎都察院右副都御史吳公墓誌銘"，錄文與此有異。

雍正十年壬子，舉於鄉。明年，成進士，選庶吉士。丙辰，今皇上御極之元年，改吏部主事，累遷至監察御史，歷湖广、京畿道，時督撫臣輒奏請以所知官自隨，滋不法，公奏罷之。巡南漕，漕官貪，縱丁，丁盜米賣不問，奏設科禁。又進尚書，任賢勿貳，去邪勿疑，講議召見，蓋異數也。未幾，閩督某奏他事，詞連公，旋得白。或謂公宜謁謝白公誣者。公曰：“此是彼職，何謝為！”其嚴正類如此。壬戌，出為山東濟東泰武道，居後母喪去職。服闋，起為直隸大順廣兵備道。丁卯，移山東兗沂曹道。是年，屬郡饑，駕幸山左，召公入對。公具以狀聞，上為截留漕米六十萬石，即命公董賑。既事，民忘其災。轉督糧道，再遷鹽運司使，廉不自潤。壬申夏，東昌、泰安、沂州蝗災，吏捕不力，公親觸熱，晝夜馳數百里，盡六七十日，所至蝗立盡。大吏嗟賞，上其勞，又以循卓薦者再，上由是知公才，駸駸乎向用矣。甲戌，遷西安按察司使。丙子，移湖北。湖北多私徵，廣濟為甚。丁丑，會公攝巡撫事，窮治其獄，羣吏咋，不敢蹈故習，民用完實。是秋，遷西安布政司使。冬，移直隸。明年春，再遷西安，未至，遂有巡撫福建之命，未得替，仍留攝陝撫。延、榆、鄜災民旦夕且死，公更輓運法，以濟逋懸之未入及入未備者，皆以匄之地之多麥者，用抵倉穀，從民便。又奏更司庫交代法，天子下其章於天下，著為令。首尾一載，法成令修，敕加兵部右侍郎、都察院右副都御史，踐閩任。

至則臺灣以風災告，長樂、福清、晉江、南安、同安、漳浦、詔安等縣以旱告。公立馳奏發倉廩，緩歲租，貸種食，民以太和。明年，獲南洲盜。南洲四面阻水，初為盜薛能太所窟伏，能太誅，其黨劉良福者復嘯聚勢張，屢不利於□□。又有林成功者，業漁，為盜於江南、閩、浙間，黨各數十百人。公皆收縛之，誅魁釋從，閩盜屏息。臺灣，海外上郡也。禁私渡，而民犯死偷渡者日益眾，故臺灣令魯鼎梅修縣志，略云：“內地窮民在臺者數十萬，其父母妻子欲就養，格於禁例，賄船戶冒水手姓名掛驗。婦女則載以小船，出口上大船，抵臺復用船接載，率以夜行，名曰‘灌水’。更有客頭勾通習水積匪，用濕漏船收載多人，入艙閉艙封釘，遇風則盡入魚腹。比及岸，遇有沙汕，驅之上，名曰‘放生’。沙汕斷處或距岸遠，行沒泥淖中死，名曰‘種芋’。或潮漲漂溺，名曰‘餌魚’。窮民迫於饑寒，入陷阱如此，言之痛心。”公於是據志語入告，請弛禁，從之。撫閩三年，凡有便於民者必奏，奏必得俞旨，刑德並流，民彝安之。

既而，提督馬龍圖以侵餉論繫，公治其獄，坐失出，命往北路軍營效力，時辛巳冬也。明年，予歸。又五年卒，年六十有七。

公篤于至性，幼侍母王太夫人疾，籲神以身代，若神許之，愈；事繼母彌謹。葬贈公于道堂寺，躬負土，手足皴裂。撫兄孤子琯如己子，後為名諸生，且授室矣。公體幹修偉，美鬚髯，為人沉毅有大畧，能拯人於厄，好直言，意度豁如也。既歸田，終日擁書坐一室。時公子二，官京師，每見上，上必垂問及公。或以告公，謂公當復用。公瞪目曰：“果爾，必以死報。”既而自引其髯曰：“臣精已銷亡，恐不堪復為世用矣！”則又欷歔若不自勝者。卒之日，雙涕下垂長許尺，遺命勖兩子盡心官守，無一語及家事。公夫人任氏，湖廣辰州鎮總兵宣勳孫女、直隸山海關同知秉權女；後夫人李氏，山東巡撫熅孫女、候選同知盟女，皆有婦德，均累贈淑人，應贈一品夫人。任夫人所生子二人：玉衡，刑部陝西司郎中，知湖南永州府；玉綸，乾隆辛巳進士，翰林院檢討。李夫人所出女一，適聖裔候選員外郎孔廣祚子拔貢生昭烜。孫一，鼎颺。公之孤將于乾隆三十二年十一月三十日葬公於馬家河之南原，兩夫人皆先公卒。十九年，葬任夫人於道堂寺先塋；癸亥，葬李夫人於晉家莊。既固既安，遺命不祔。銘曰：

赫赫中丞，自其躬興。亦曜於時，胡卒不廷？非卒不廷，而年不再。赢惟赢其，後以永名。更千萬年，毋傷其穴與塋。

乾隆三十二年十一月。

（文見乾隆《固始縣志》卷二十六《藝文志》。王偉）

禮部右侍郎吳公烜墓碑銘

陳壽祺

公吳氏，諱烜，字旭臨，一字鑑崙，河南固始人也。先世籍江西南昌，元季遷商城。明正統中有思名者，再遷是邑，以輸粟二千五百石賑飢，旌於朝。曾孫太樸，天啓二年進士，知廬州府，禦寇歿，贈太僕寺卿，事詳《江南通志》。公曾祖德昌；祖夢巖；考延瑞，乾隆三十一年进士，由戶部主事歷官廣東糧儲道，權按察使，嘗鞫巨案，獲其私書焚之，不株連一人，三世皆累贈光祿大夫。曾祖妣某氏，祖妣某氏，妣劉氏、王氏，皆累贈一品夫人。王夫人生子三，仲即公。生三日不啼，不就乳。先光祿晝假寐，夢一藍衣老嫗曰："我能活汝子。"覺以語夫人，言終而公甦。公天挺淳至，七歲讀祖母蕭太夫人行狀，輒哽咽涕泗。先光祿宦京師，公昆弟布衣糲食，孜孜力學，年十八，與兄邦治同舉順天鄉試。

五十二年，成進士，選翰林庶吉士。散館，國書第一，授編修。先光祿時已解組，公念二親春秋高，急歸省，連丁內外艱。服闋，還朝。六十年，充貴州鄉試副考官，得士費涵等四十八人。嘉慶三年，廷試翰詹列二等。是歲充廣東鄉試正考官，得士李汝謙等一百五人。四年，仁宗親政，特簡公督學江西。

公以詞臣膺非常特達之知，位業自是始矣。再遷右春坊右中允。九年，督湖北學，三遷侍講學士。十三年，充武會試副總裁。明年，再遷詹事府詹事。明年，督順天學，轉補通政使。十七年，遷兵部右侍郎。明年，調吏部右侍郎，轉左。充經筵講官、教習庶吉士。明年，署戶部倉場侍郎。明年，署工部右侍郎兼管錢法堂事。

公之蒞湖北也，長公子侍郎以編修主湖南試，謁公於武昌使院，公請之曰："汝太父少孤且貧，嘗一日不再食，廚無薪，汝曾太母燃園中落葉，鬻糜以啗之。汝太父居約攻苦三十稔，卒能以詩書起家，詒子若孫，然困於童子試屢矣。"蓋公席富貴，而毋忘在莒之戒，故矢精白，拔單寒。自累秉文衡，及教子弟，終其身奠不然。二十一年夏，以失察錢局匠役事免。

公積勞勩，左脇生瘕，日餌藥，顧先帝恩眷未始衰也。明年，次公子進士及第，授修撰。是日，特旨除公中允。既臚傳，侍郎具疏謝，召對乾清宮，先帝詢公舊痾甚悉。二十五年，遷右庶子，轉左。秋八月，今上御極，擢侍講學士。九月，晉禮部右侍郎，贊襄大典，夙夜惟寅。道光元年夏，奉命覆勘萬年吉地，溽暑遘疾，因乞假。上見侍郎諭曰："汝父病痢，宜服清涼之劑，安心調養，俟復元乃銷假。"然公踰月竟卒，七月二十一日也。春秋六十有二。

公宗其鄉呂新吾、薛文清、孫夏峯、湯潛庵諸先正之學。耿直光明，通達治體。嘗輯《歷代名臣言行》，手錄一帙，類記往哲格言論斷，以己意為家誡。其大綱有四：曰治心之要，曰治身之要，曰治家之要，曰居官之要。平生得力具在是焉。與僚友言，侃侃廷辨；與門下士言，導之以善，而出以和易。治家嚴，雖嬰稺無敢有嬉笑者。壽祺在京師，荷公誘獎，重公沈毅，及聆公論議，貞良開豁，以為誠公輔才。常見公子弟侍側，跼跼如畏，進止不失尺寸。而公於子孫，一飲食、一寒燠未嘗纖悉不調護。竊歎齋肅之法，恭儉退讓之風，誠可為士夫則也。

公篤於昆弟，於其仕外多資助，撫從子及孤甥如己子。初，先光祿建家廟，置祭田，又置義田，以賙同高曾以下之貧者，擴墓田，以食族姓之能讀書者。公既貴，乃建家塾，擇族中之能為師者授以經。增先光祿所置祭田、學田、義田積六百餘石，邑子之省試及與計偕者，各贐之。搆西悅生堂於京師宣武門外上斜街之西偏，冬以棲老病癃廢者，日給飯鹽蔬，歲給絮衣人一襲，斃則棺瘞之。其親睦任卹類如此。獨念公遭逢三朝恩遇異數，功業未竟而遽折棟榱，魂魄猶應感戀聖明，然而公觥觥志節，上下莫不諒之。又況侍郎、修撰，均早以文章致身，為舟楫，為霖雨，公所未竟之緒，方於侍郎、修撰乎終之，公亦可以慰九泉乎！

娶許夫人，生子二：其彥，己未翰林、兵部右侍郎、提督順天學政；其濬，丁丑一甲第一名進士、翰林院修撰。簉李孺人，生炘。女二，壻曰：溧陽王侍郎綏之子候選通判友沂；義甯尚書萬文恪公承風之子欽賜舉人方熙。孫男三：侍郎生集禧，正二品廕生；修撰生元禧、榮禧。元禧從四品廕生。女孫五，婚娶多高門。某年月且返柩故里，將卜葬，侍郎以壽祺同年雅故，能知先德，自京以書來請銘。銘曰：

篤於親而仁於人，豐於義而明於智。惟其家治，光輔攸宜。位與名峻，福偕德晉。伯踐卿槐，仲天下魁。鸞鳳杞梓，為國得士。非公孩之，孰能培之？以死勤事，報忠亦至。寢丘之原，千里歸魂。順里兮孝，邶鄘縣縣其後昆。

（文見錢儀吉《碑傳集》卷三十九。馬懷雲）

淮濱縣（固始縣）

皇清敕授文林郎誥封奉直大夫披雲吳公（士元）敕授孺人誥封太宜人謝太宜人墓誌銘

【誌文】

皇清敕授文林郎誥封奉直大夫披雲吳公敕授孺人誥封太宜人謝太宜人墓誌銘

公姓吳氏，諱士元，字肇乾，一字萬資，號披雲。雍正乙卯科舉人，原任福建汀州府武平縣、臺灣府鳳山縣知縣，加三級，紀綠十一次，敕授文林郎。以子珣貴，誥封奉直大夫。生於康熙四十一年壬午四月十三日酉時，卒於乾隆四十一年丙申四月十一日子時，春秋七十有五。嫡配謝氏，敕授孺人，誥封太宜人。生於康熙三十八年己卯二月二十九日子時，卒於乾隆三十二年丁亥二月二十一日午時，享壽六十九歲。本年十二月初十日，葬於期思徐家塋。今於乾隆四十二年丁酉四月初二日，將合葬焉。謹按：

公先世為江西人，元末徙豫，卜居固始縣之張莊集，遂世其家。綿綿甲第，代有聞人。曾祖庠生諱自榮，篤行孝友。祖庠生諱宏緒，慷慨好義。父諱用烈，歲貢生，司鐸淇縣。博學工文詞，宅心仁厚，里鄉稱為□者。生九子，公行七。生而穎異，讀書過目輒不忘。既長，補博士弟子員，登賢書，□仕□在□九載，聿著□聲。當其出宰平川也，興學校以正士習，濬水利以□民困，旌淑別□，政簡刑清。邑人德之，為立生祠以祀。越三年，調繁臺灣府鳳山縣令。瀕□孤□中，番民雜處，雖歸王之數十年，然稱強悍難治。

下車之始，禁焚殺，懲奸宄，年無留牘，訟獄□□。有疑難事，大吏輒交措辦，以故同僚中，多倚以為重。無何，以□者鈎□上番焚□兵民二十七命一案，與大憲意見不合，致□夾議。制憲專摺保留。俸滿赴部，仍予原官。從此，絕意不仕。家居課子孫，以詩書世其業。族子弟有不能得師者，延至□教□之成。族中有少孤者，恩育之。歲飢，嘗出粟，存活千餘人。

自歸林下二十餘年，鄉黨宗族間，譽望日隆。子若孫□□□巍科，登仕版，所以食公之德者甚厚。蓋公之流澤□矣。嫡配謝太宜人，康熙壬子科副榜大捷公女，潁川望族也。年二十三，歸於公。性端莊，寡言笑，克襄內政，得堂上歡。治家嚴而不厲，服禦僚樸，訓諸子婦，習於勤。公天性至孝，友于彌篤，裏黨內外，雍睦無間言。宜人寔有順德云。子五：長琮，廩膳生。次銳，附貢生，刑部司獄，出嗣十門。三珣，貢生，山西平陽府吉州知州，誥封奉直大夫。四玉森、五玉堂，俱庠生。女二人。孫四：長貽桂，乾隆壬辰科進士，户部主事。次貽棟，廩膳生。三貽椿、四貽植，均幼。孫女七人。曾孫女三人。榜與公長孫為同年友，為述其詳，義不敢辭。謹誌梗概，而為之銘。曰：

稽公譜係，固□望族。英敏天資，生是使獨。冰雪聰明，塵土圭組。我思古人，疇與耦伍。宜人內助，克媲母儀。曰勤曰儉，室家攸宜。□山巖巖，淮水湯湯。景行仰止，佩德不忘。雲□宅都，峙流縈帶。古柏□。

賜進士及第翰林院修撰授內閣中書兼軍機處行走加三級年眷再姪金榜頓首拜撰。

乾隆四十二年四月初二吉日叩立。

（拓片藏河南省文物考古研究所。李秀萍）

附 錄

　　輯錄本資料中未錄，但有確切記載之現存河南清碑（含拓片）。存目仍以今河南轄區為依據，按市縣設目，依時間先後編排，分篇名、撰文、書丹、篆額、刻立者，刻石年月，碑存藏地點四項著錄。現存碑刻書以碑存，拓片書以拓藏。

鄭州市清碑存目

鄭州市（鄭縣）

重修廣生殿碑記		康熙三十三年	碑存鄭州市古滎鎮惠濟橋村
重修盧醫廟記		雍正三年	碑存鄭州市古滎鎮
重修伽藍殿記		雍正三年	碑存鄭州市古滎鎮惠濟橋村
總督部院五禁碑		雍正十二年	碑存鄭州市古滎鎮
重修陸祖殿碑記		乾隆二十一年	碑存鄭州市古滎鎮惠濟橋村
重修龍岩寺三門記		乾隆五十九年	碑存鄭州市古滎鎮惠濟橋村
劉胡垌李氏門譜碑		道光元年三月	碑存鄭州市二七區劉胡垌村東龍灣漁村
三李關帝廟碑		咸豐十一年	碑存鄭州市二七區侯寨鄉三李村關帝廟
修建聖母廟以及創建合同寨碑記		同治四年	碑存鄭州市二七區劉胡垌村東龍灣漁村
重修龍岩寺記		光緒十八年	碑存鄭州市古滎鎮

登封市（登封縣）

白龍王廟重修碑		順治六年十二月	碑存登封市城隍廟
重建登封縣記	傅作霖撰	順治八年	碑存登封市城隍廟
韓村中嶽行宮重修中嶽廟宇碑記	粟潭溥撰　許登春刻石	順治九年月二月	碑存登封市石道鄉韓村中嶽行宮
水陸碑記		順治十七年	碑存登封市初祖庵
重修城隍廟記		順治	碑存登封市城隍廟

续表

創修金花四龍神殿碑記		康熙元年孟月	碑存登封市大金店鎮王上村下清微宮
雲集禪林碑		康熙二年	碑存登封市初祖庵
千佛閣供奉天地冥陽水陸三年圓滿道場碑記		康熙三年	碑存登封市少林寺
初祖庵修橋碑記	□傭撰並書	康熙五年八月	碑存登封市常住院
重修玉溪宮金塑玉皇大殿等神像碑		康熙五年	碑存登封市唐莊鄉土觀村玉溪宮
重修碑記		康熙五年	碑存登封市唐莊鄉土觀村玉溪宮宿
重修關聖賢廟記		康熙六年四月	碑存登封市告成鎮隔子溝關膳賢廟
創建紫雲觀三聖殿記	郝發撰　范龍圖書	康熙八年梅月	碑存登封市潁陽鎮紫雲觀
重修三皇殿記		康熙十二年四月	碑存登封市三皇寨三皇殿
造象供牖碑	弘庸撰並書	康熙十三年	碑存登封市初祖庵
金粧聖像記		康熙十三年	碑存登封市初祖庵
重修伽藍柯記		康熙十三年	碑存登封市初祖庵
重修白龍王廟碣志		康熙十四年	碑存登封市城隍廟
重修二祖庵碑記	裴璉撰　直德書并篆額	康熙十八年仲秋	碑存登封市少林寺二祖庵
登封城重修白龍廟山門碣記		康熙十八年	碑存登封市城隍廟
登封縣及汝州各鄉村人修葺老母洞碑		康熙二十二年	碑存登封市老母洞
毗盧教主如來千佛碑		康熙二十三年	碑存登封市初祖庵
毗盧教主化藏慈尊千佛碑		康熙二十三年	碑存登封市初祖庵
嵩嶽玉柱峯彌堅和尚塔記		康熙二十四年	碑存登封市法王寺彌堅和尚塔上
登封縣正堂王公長生之位		康熙二十五年九月	碑存登封市少林寺慈庵
修山門碑記		康熙二十六年四月	碑存登封市石道鄉李家卷村
白龍王廟創建樂樓碑		康熙二十八年	碑存登封市宣化鎮白龍廟內
陳杞二縣佈施碑		康熙二十九年正月	碑存登封市初祖庵
重修龍王殿碑記		康熙三十年三月	碑存登封市東金店鄉周莊村龍王廟
重修金粒廣生聖母廟碑記	樊惟忠撰	康熙三十年三月	碑存登封市東金店鄉周莊村廣生聖母廟
廣慧庵功德無量碑		康熙三十三年七月	碑存登封市廣慧庵
康熙年重修廣慧庵碑	焦欽寵撰	康熙三十四年三月	碑存登封市廣慧庵
修庵碑記		康熙三十四年	碑存登封市廣惠庵
重修山神廟暨施茶修路完滿碑記	張爾侯撰　張瑄書 張明宇刻石	康熙三十五年仲秋	碑存登封市潁陽鎮北山村東嶺山神廟
創建張公祠堂德功歌碑	張壁撰並書	康熙三十五年	碑存登封市初祖庵
峯門山施茶修路三年完滿碑記	陳庚星撰　張玉振書 楊國儒任元亨刻石	康熙三十八年八月	碑存登封市潁陽鎮峯門山
八角柱經幢		康熙三十九年九月	碑存登封市會善寺
重修二祖庵金粒聖象功德碑記		康熙四十年	碑存登封市少林寺二祖庵

附　錄　507

重修神州殿碑記	高摺桓撰並書	康熙四十一年三月	碑存登封市君召鄉當陽山神州殿
敕修祖庭大少林寺初祖庵菩薩應化緣幸生碑		康熙四十一年	碑存登封市少林寺初祖庵
重修紫雲觀三教殿記	劉之淵撰　劉彝書並篆額　常治嚴刻石	康熙四十二年	碑存登封市潁陽鎮紫雲觀
聖公聖母殿碑記		康熙四十四年三月	碑存登封市初祖庵
記開柳巷張家村施榮三年完滿碑		康熙四十四年	碑存登封市潁陽鎮三仙廟
重修中王廟記		康熙四十五年七月	碑存登封市石道鄉梁莊中嶽行宮
萬古留芳碑		康熙四十六年二月	碑存登封市少林寺
國朝登封知縣張壎衣冠塚碑		康熙四十七年春	碑存登封市嵩陽書院東碑廊
重修玉皇殿金粧聖像記		康熙四十七年	碑存登封市少林寺玉皇殿
摩呵般若波羅蜜多心經		康熙四十九年九月	碑存登封市會善寺大雄寶殿西側
創建神州殿碑記	王右弼撰　吳文光書	康熙四十九年十一月	碑存登封市老母洞左
重修三官殿並金粧神像碑記	楊芳聲撰並書	康熙五十年十月	碑存登封市唐莊鄉土觀村
兩次金粧三聖石碣		康熙五十年	碑存登封市告成鎮水峪村三聖廟
景封公七秩壽文幢		康熙五十年	碑存登封市嵩陽書院
九龍聖母殿碑記		康熙五十四年	碑存登封市君召鄉海渚村九龍聖母廟
皇清開封滎陽縣儒學司訓劉公諱之淵字顏如號愚谷感功德碑	住持僧祖玉祖訓等同立石	康熙五十五年閏三月	碑存登封市潁陽鎮车窑村萬嵩寺
創建萬嵩寺記	范君正撰並書　車桂芳刻石	康熙五十五年四月	碑存登封市潁陽鎮車窑村萬嵩寺
水峪寺重修菩薩殿碑記		康熙五十六年	碑存登封市徐莊鄉水峪寺
創建中嶽行宮拜殿碑記		康熙五十八年孟秋	碑存登封市城隍廟
創建中嶽行宮拜殿碑記		康熙五十八年孟秋	碑存登封市城隍廟
重修石門寺佛殿小引	秦固本撰　山玉書	康熙五十八年桂月	碑存登封市徐莊鄉高坡石門寺
創建二殿佈施碑		康熙五十八年	碑存登封市城隍廟
創建石門口山神廟碑	范居正撰	康熙六十一年八月	碑存登封市潁陽鎮馬鞍山三神廟
重修捲棚記		康熙六十一年	碑存登封市城隍廟
建修玉皇殿記		康熙年間	碑存登封市潁陽鎮玄都觀
創修會善寺寺院碑記	耿□撰　耿□刻石	雍正元年十一月	碑存登封市會善寺
重修水峪寺佛殿碑記	徐文光撰	雍正二年四月	碑存登封市城隍廟
名室題額石匾		雍正三年仲春	碑存登封市嵩陽書院東碑廊
重修關帝廟記		雍正三年十一月	碑存登封市大冶鎮西施
重修城隍廟記	楊世達撰	雍正三年	碑存登封市城隍廟
衛漢柏記		雍正四年十一月	碑存登封市嵩陽書院
山神廟施茶捐田碑記	王錫賴撰　王浩書	雍正五年孟秋	碑存登封市潁陽鎮北山村東嶺山神廟
金粧碑記		雍正五年	碑存登封市唐莊鄉火神廟

重修金粧聖殿碑記		雍正六年	碑存登封市唐莊鄉土觀村
建立忠義碑		雍正六年	碑存登封市登封文廟
山西遼州和順縣內陽村善人張從丙捐修金佛像油畫大殿修韋陀殿碑		雍正六年	碑存登封市嵩嶽寺
皇清誥封中憲大夫顯考逸庵耿公府君恭人妣李氏之墓碑		雍正六年	碑存登封市嵩陽書院
金粧清微宮真武玄武殿滿堂神聖碑	段錫文刻石	雍正七年花月	碑存登封市大金店鎮清微宮
重修玄都觀玉皇上帝寶殿紀事碑	張秉權撰並書	雍正七年八月	碑存登封市潁陽鎮玄都觀
重修會善寺後殿碑記	耿□□	雍正八年	碑存登封市會善寺
圓寂師祖號悟真元公和尚之墓碑		雍正九年三月	
新修山門之記	張庭松書	雍正十年三月	碑存登封市少林寺慈庵
大清國河南府登封縣盧劉保東劉碑各甲人氏不同重修三官殿碑記	王申甯刻石	雍正十年十月	碑存登封市大冶鎮劉碑寺
重修三官殿碑記		雍正十年十月	碑存登封市大冶鎮東劉三官廟前
河南府登封縣為永禁屠戶包祭之惡習以肅祀典事		雍正十二年	碑存登封市嵩陽書院
崇福宮地界碑記		雍正十二年	碑存登封市嵩陽書院
重修下清微官三官廟碑		雍正十三年	碑存登封市大金店鎮王上村天爺廟
重修龍王廟碑記	張原撰 劉賓江坤等刻石	乾隆元年九月	碑存登封市君召鄉龍王廟
重修□□□□□碑記	韓琮瑞撰	乾隆元年	碑存登封市城隍廟
登封縣正堂加六級施斷入書院歲修地一百二十三畝	焦如蘅撰	乾隆五年九月	碑存登封市嵩陽書院
重修三官廟記	張繹祖撰 張瑨行書 王秉成刻石	乾隆六年十月	碑存登封市大冶鎮西施村
重修殿宇簪柱以及門格碑記	趙帝福撰 趙庚書	乾隆八年六月	碑存登封市大冶鎮東劉碑村東北之盧醫廟殿前棚下
邑侯查老父母施賑德政碑		乾隆八年六月	碑存登封市大冶鎮東劉三官廟前
改修潁陽炎帝廟碑記		乾隆八年	碑存登封市潁陽鎮馬鞍山頂三神廟
金粧神像碑記		乾隆十一年二月	碑存登封市城隍廟
補修香山庙前墙記		乾隆十一年三月	碑存登封市大冶鎮玉仙廟
乾隆年重修太后廟大殿碑	宋玉德撰 乾氏書	乾隆十三年	碑存登封市潁陽鎮太后廟
重修祖師行宮並金粧神像碑記	邵士英撰	乾隆十四年十月	碑存登封市君召鄉當陽山祖師行宮
創建太尉廟碑記	劉體仁撰 大輅書 張朝鳳張起響刻石	乾隆十五年十一月	碑存登封市東金店鄉太尉廟
三清殿重修記		乾隆十五年	碑存登封市城隍廟
題五律碑	席□占撰	乾隆十五年	碑存登封市老周公廟戟門東山壁
崔承先夫婦金妝聖像碑		乾隆十六年三月	碑存登封市永泰寺
補葺五元宮殿記	范錫類撰並書 張瑞刻石	乾隆十六年八月	碑存登封市唐莊鄉三官廟
重修玉溪宮碑記	高改文撰 楊銘書	乾隆十六年十月	碑存登封市唐莊鄉土觀村玉溪宮
碑記		乾隆十七年	碑存登封市少林寺

续表

王太老公祖承修少林寺工程記		乾隆十七年九月	碑存登封市少林寺
王太公祖承修少林寺工程列後		乾隆十七年九月	碑存登封市少林寺
乾隆癸酉重修太后廟碑	郜一憲法立石	乾隆十八年	碑存登封市潁陽鎮太后廟
金粧古佛伽藍神像記	焦良法撰　景炳寬書	乾隆十九年十二月	碑存登封市大冶鎮東街關帝廟
補葺石橋碑記		乾隆二十一年八月	碑存登封市唐莊鄉土觀村玉溪宮
重修雞卵洞觀音閣碑記	劉炎撰	乾隆二十一年	碑存登封市老君洞
創修大社殿碑	王自傑撰并書	乾隆二十二年	碑存登封市城隍廟
修閃電殿並火神殿龍神殿碑記	賈霖撰　王元正校正　劉任書	乾隆二十四年十月	碑存登封市東金店鄉庫莊村
乾隆年重修七顯廟碑記	趙基午撰並書	乾隆二十七年十月	碑存登封市大金店鎮朱家坪村全神廟
創修白龍王廟碑記	趙基午撰並書	乾隆二十七年十月	碑存登封市大金店鎮朱家坪村全神廟
老君殿重修碑記	楊口儀撰并書	乾隆二十八年	碑存登封市唐莊鄉土觀村水庫西井口
創修廣生殿碑銘	孫元會撰並書	乾隆二十九年十二月	碑存登封市君召鄉三仙聖母廟
重修天王殿記		乾隆三十年	碑存登封市天王殿
清故江南徽州府歙縣田孺人墓碑		乾隆三十三年二月	碑存登封市永泰寺
恩賜粟帛老民劉公府君待贈孺人許太君梁太君三位之墓碑		乾隆三十三年十月	碑存登封市大金店鎮莊頭村
九龍聖母廟重修碑記		乾隆三十四年	碑存登封市君召鄉海渚村九龍聖母廟內
皇清乾隆三十七年歲次壬辰金妝佛像碑記	張學忠書　安祥生金妝　張丙刻石	乾隆三十七年	碑存登封市徐莊鄉水峪寺
重修普照寺天王殿記	傅榮綿撰	乾隆三十八年十月	碑存登封市城隍廟
重修潁陽三神廟碑記	孫大敬撰並書	乾隆三十九年四月	碑存登封市潁陽三神廟
重建南方火德顯神祠記		乾隆四十年	碑存登封市石道鄉梁莊中嶽行宮
重修觀音堂碑記	王煥書撰并書	乾隆四十一年七月	碑存登封市大金店鎮莊頭村奶奶廟
鑄鐘與火池記	王立相	乾隆四十一年九月	碑存登封市中嶽廟東聖母殿內
重新紫雲觀正殿碑記	車恭二刻石	乾隆四十二年七月	碑存登封市潁陽鎮紫雲觀
盧發財		乾隆四十二年桂月	碑存登封市君召鄉當陽
紀事碑		乾隆四十二年	碑存登封市嵩陽書院
重修石門寺記	李師綱撰　孫書升書　李秀刻石	乾隆四十六年四月	碑存登封市徐莊鄉高坡石門寺
老君洞佈施碑	韓世程撰並書	乾隆四十七年四月	碑存登封市老君洞
重修瘟神記	劉崧屏撰并書	乾隆四十八年	碑存登封市城隍廟
重修東西兩殿碑記	王心平書	乾隆四十八年十一月	碑存登封市大金店鎮王上村天爺廟
創建戲房並重修關帝廟樂樓記	李炳文撰並書	乾隆四十八年十一月	碑存登封市大冶鎮東村
重修關帝廟並新建階級碑記	王瑟撰　劉毓峋刻石	乾隆四十九年前三月	碑存登封市東金店鄉庫莊村
重修潁陽鎮三神廟碑記	孫大敬撰	乾隆四十九年四月	碑存登封市潁陽鎮馬鞍山三神廟

续表

重修關帝廟金粧神像碑記	焦宗顏刻石	乾隆五十一年十月	碑存登封市大冶鎮西施村
修建月公和尚塔記	孫佩聲撰	乾隆五十一年十月	碑存登封市會善寺
重修觀音菩薩堂並金粒神像序		乾隆五十四年臘月	碑存登封市大冶鎮朝陽溝村朝陽庵
永泰寺金粧佛像功德碑記		乾隆五十五年正月	碑存登封市永泰寺
創建金公娘娘廟碑記	李希程撰	乾隆五十五年	碑存登封市城隍廟
重修曲河牛王廟碑記		乾隆五十六年十一月	碑存登封市告成鎮曲河牛王廟重修關帝廟
重修許公祠碑記		乾隆五十六年	碑存登封市東金店鄉箕山許由廟
創建三官廟禪室並重修院牆碑記	邵述宗撰並書	乾隆五十六年	碑存登封市大金店鎮梅村三官廟
創修九顯廟暨金粧神像碑記	主敬撰	嘉慶元年十一月	碑存登封市大金店鎮莊頭村牛王廟
戲樓碑記		嘉慶三年三月	碑存登封市大冶鎮西施村
重修東石橋碑記	楊齋氏傅墀夔撰 赫睿書 石工崔大方 曹可爽	嘉慶三年三月	碑存登封市大金店鎮文村北溝
新塑關帝神殿神像並金粧諸祠宇神像等碑記	秦廷寶撰 劉文獻書 李君召刻石	嘉慶三年十二月	碑存登封市大冶鎮西施村
重修朝陽庵兼創造廣生殿碑記	趙元勳撰 趙連登書	嘉慶五年正月	碑存登封市大冶鎮朝陽溝村朝陽庵
嘉慶年重修太后廟大殿碑	陳甫敬撰 郝功欽書	嘉慶五年	碑存登封市潁陽鎮太后廟
圓寂恩師宗即□公之墓		嘉慶八年孟夏	碑存登封市少林寺
觀音堂碑記		嘉慶八年	碑存登封市君召鄉海渚村九龍聖母廟內
重修老君廟並金粧神像碑記	張永刻石	嘉慶九年三月	碑存登封市大冶鎮西施村
重修關帝明堂戲房牆垣並金粧神像碑序	李守成撰並書 張永刻石	嘉慶十年十一月	碑存登封市大冶鎮東施村
施火神廟並舞樓地基碑記	劉允襄撰并書 李學文刻石	嘉慶十一年正月	碑存登封市潁陽鎮南
重修龍王廟七顯廟碑記	王錦芳撰並書	嘉慶十四年	碑存登封市大金店鄉朱家坪全神廟
嘉慶年重修廣生殿碑記	王鳳被撰 劉維常書	嘉慶十五年九月	碑存登封市東金店鄉庫莊村
邑侯李老父台捐俸重修嶽神廟前名山第一配天作鎮應地無疆諸枋碑	郜之柟撰	嘉慶十七年三月	碑存登封市中嶽廟
嘉慶十七年佈施碑		嘉慶十七年	碑存登封市中嶽廟將軍門內
補峰九龍聖母廟東山牆及重修拜殿碑記		嘉慶十七年	碑存登封市君召鄉海渚村九龍聖母廟內
流芳百代碑		嘉慶二十年五月	碑存登封市少林寺
興立義學碑記	松如氏袁茂撰并書	嘉慶二十四年	碑存登封市大金店鎮朱家坪村全神廟
重修殿宇樓閣粧塑神像碑	慶雲僧撰並書 張存□刻石	嘉慶二十四年冬月	碑存登封市老母洞
重修大殿供棚碑記	李□□撰	嘉慶二十五年	碑存登封市石道鄉三仙聖母廟
馮景梁繼天諸人賜地碑	王風被撰并書	道光元年三月	碑存登封市東金店鄉
施茶功畢碑	李直撰並書 景可忍 常治严吕府刻石	道光二年八月	碑存登封市潁陽鎮北山村東嶺山神廟
創建鐘樓碑記	盧丹撰 盧含萬書	道光三年四月	碑存登封市君召鄉當陽山三仙聖母廟

少林禪寺重修二祖庵伽藍殿信士郭店山店曹河栗木頭後溝施財姓氏開列於後碑		道光四年七月	碑存登封市少林寺二祖庵
創建呂祖廟碑記	吳嶧青撰　宋景文書	道光四年	碑存登封市呂祖廟
重修初祖庵山門碑記		道光五年孟秋	碑存登封市初祖庵
重修聖母殿祖師殿碑記		道光六年七月	碑存登封市石道鄉和溝祖師廟
重修佈施碑		道光六年	碑存登封市石道鄉和溝祖師廟
永泰寺重修毗盧佛聖殿碑		道光八年	碑存登封市永泰寺
重修濟瀆廟碑記		道光十年	碑存登封市石道鄉濟瀆廟
創建拜殿重修回龍橋並金粧神像記	劉德嘉撰　劉書源書	道光十一年四月	碑存登封市東金店鄉太尉廟
重修五土廟記		道光十一年十一月	碑存登封市盧店鎮劉家溝王家門外村山神廟內
劉碑寺賜地碑記		道光十一年	碑存登封市大冶鎮劉碑寺
創修祠堂後補捐錢碑記		道光十二年四月	碑存登封市大冶鎮吳家祠堂
初祖庵創建殿房碑		道光十二年十月	碑存登封市初祖庵
吳氏合族捐錢碑記		道光十二年	碑存登封市大冶鎮吳家祠堂
創建吳氏家祠碑記		道光十二年	碑存登封市大冶鎮吳家祠堂
皇清待贈修職郎靜箎王公暨元配吳孺人墓誌銘		道光十二年	碑存登封市嵩陽書院
重修卷棚月臺金妝神像東山墻磚換石頭西山墻外新幫石垣代年前翻瓦戲樓前坡並傳碑	楊守身撰並書 李羅坡崔石魁刻石	道光十三年	碑存登封市大冶鎮東村
公事碑		道光十五年七月	碑存登封市大冶鎮西施村
穎陽中岳廟置香火地碑記	葉光祚書　車榮賓刻石	道光十五年八月	碑存登封市穎陽鎮中嶽行宮
補修中嶽大殿西山牆碑記		道光十五年八月	碑存登封市穎陽鎮中嶽行宮
啟建供獻天地冥陽水陸道場三次樂善銘記		道光十九年二月	碑存登封市嵩山助泉寺
重修水峪寺少林下院地藏佛殿碑	張錫九撰	道光二十年二月	碑存登封市城隍廟
眾社首為火神殿捐地預備孟春演戲資費碑記	范川典書	道光二十年仲春	碑存登封市穎陽鎮南
永垂不朽碑		道光二十二年	碑存登封市少林寺
修梅村南廟即中嶽廟佈施碑	曹萬倉刻石	道光二十三年三月	碑存登封市大金店鎮梅村南廟
增制祭田碑		道光二十三年十一月	碑存登封市大冶鎮東村
壽官崔克貞及子捐錢碑		道光二十五年秋月	碑存登封市少林寺二祖庵
西來堂志善碑	李嵩陽撰並書	道光二十六年三月	碑存登封市少林寺
重修丁村三官廟碑	王坤並書	道光二十六年	碑存登封市石道鄉丁村三官廟
邑侯查老父母施賑德政碑		道光二十七年四月	碑存登封市大冶鎮劉碑村
題達磨面壁即用金中承原韻	許長庚題　汪暾书并識	道光二十九年	碑存登封市少林寺千佛殿
江東初汪敦題書碑		道光三十一年十一月	碑存登封市會善寺

附　録　513

续表

創建呂祖廟記	吳峰青撰	道光	碑存登封市逍遙谷呂祖廟
菩提寺施錢碑記		咸豐元年八月	碑存登封市潁陽鎮東窑村
修補玉皇殿序	耿蓋臣撰並書	咸豐二年十月	碑存登封市君召鄉君召南玉皇大殿
河南偃邑題名碑		咸豐三年十月	碑存登封市三皇寨
重修潁京城隍廟並移修縣城隍廟三官殿暨創舞樓碑記	胡德華春香氏撰 王景和春曉氏書 牛運刻石	咸豐四年七月	碑存登封市潁陽鎮城隍廟
重修九龍聖母殿碑		咸豐四年	碑存登封市君召鄉海渚村九龍聖母廟內
眾社人為火神聖社捐錢買路碑記		咸豐五年九月	碑存登封市潁陽鎮
嵩岳寺重修白衣菩薩殿碑記	李允迪撰	咸豐五年	碑存登封市嵩嶽寺
初祖庵西庭重修碑記	李公珍撰並書	咸豐五年十二月	碑存登封市少林寺初祖庵
初祖庵西庭重修碑記		咸豐五年十二月	碑存登封市初祖庵
重修紫雲觀菩薩殿四聖殿供棚山門垣碑	王之堂撰	咸豐六年三月	碑存登封市潁陽鎮紫雲觀
菩提寺賜錢碑記		咸豐六年六月	碑存登封市潁陽鎮菩提寺
景祠置祀田志		咸豐六年九月	碑存登封市大冶鎮景家祠堂
重修初祖庵大殿碑記		咸豐八年桃月	碑存登封市初祖庵
任長興等修三皇廟記		咸豐八年	碑存登封市三皇寨
創修樂樓碑記	劉振河撰　王道平書	咸豐九年秋八月	碑存登封市唐莊鄉三官廟
修三皇寨龍王廟碑記		咸豐九年十月	碑存登封市三皇寨
重修龍王聖廟碑記	王鳳五撰並書　郭鳳盈刻石	咸豐九年	碑存登封市君召鄉龍聖廟
三岔口至李家灣賑濟碑記		咸豐九年	碑存登封市宣化鎮
公議定規差欠碑		咸豐十年七月	碑存登封市石道鄉丁村三官廟
皇帝遣河南歸德鎮總兵官慶文致祭於中嶽嵩山之神	李葆善撰	咸豐十年	碑存登封市中嶽廟
普照寺施地碑記		咸豐十一年	碑存登封市城隍廟
無極洞創建安陽宮重修大洞殿字樓閣期滿堂各尊神像碑記		同治元年四月	碑存登封市老母洞
重建三仙聖母殿等碑記	盧山三撰	同治元年四月	碑存登封市君召鄉三仙聖母殿
中佛殿山門方丈祖堂客堂碑記		同治三年	碑存登封市龍潭寺
創建聖母殿重修九龍廟並金粧神像碑記	翟允之撰	同治九年陽月	碑存登封市唐莊鄉王河村九龍廟
創建千佛殿金粒神像碑記	燕魁元撰	同治九年三月	碑存登封市老母洞左
公義鄉規碑		同治十年十一月	碑存登封城區南莊
重修貫寶山廟宇碑記		同治十一年六月	碑存登封市石道鄉和溝祖師廟
重修潁陽七聖廟碑記		同治十二年九月	碑存登封市潁陽鎮
創建無極祠碑	蘭青秋撰	同治	碑存登封市潁陽鎮中靈山前
劉碑寺創建伽藍殿碑記	張奎元撰並書	同治十三年季春	碑存登封市大冶鎮劉碑寺

续表

乳峰庵地界碑記	劉五福撰	同治十三年桂月	碑存登封市石道鄉陳家門外村郭坊
公議分劈差務上三甲戶人同立碑記		同治十三年十二月	碑存登封市宣化鎮
石門寺重修大佛殿伽藍殿月臺山門暨增修菩薩像碑	李增華撰　李錫齡書	光緒七年	碑存登封市徐莊鄉高坡石門寺
遊嵩陽書院記題記		光緒七年	碑存登封市嵩陽書院
丁家村重修三官毀七聖祠創修東配房三間碑記	李克明撰並書	光緒九年二月	碑存登封市石道鄉丁村三官廟
重修大殿碑記	任關成撰並書	光緒十二年暮春	碑存登封市老母洞左
景氏先嗣之功德碑		光緒十二年十月	碑存登封市大冶鎮景家祠堂
重修中王廟記	王耀德撰	光緒十三年十一月	碑存登封市石道鄉梁莊中嶽行宮
重修三仙功德主聖母捲棚記		光緒十三年	碑存登封市君召鄉三仙聖母廟
重修帝堯廟碑	毛口里撰並書	光緒十九年	碑存登封市觀星台
重修老母洞大殿並金粒神像碑記		光緒二十年暮春	碑存登封市老母洞
重修嵩陽書院記	邵松年撰並書	光緒二十年	碑存登封市嵩陽書院
創修丹院碑記		光緒二十二年二月	碑存登封市安陽宮
創弋氏之家祠碑		光緒二十三年十二月	碑存登封市大冶鎮弋灣廟
重修大佛殿暨金粧伽藍殿廣生殿碑	王純義撰　劉錫玉書　吉綏章李二刻石	光緒二十四年小陽月	碑存登封市徐莊鄉高坡石門寺
重修蔣莊老君洞碣	李二潤刻石	光緒二十八年	碑存登封市告成鎮蔣村老君洞
重修三仙聖母大殿捲棚火神殿山神殿眼光奶奶殿並創修火神殿耳房一間作房四間舞樓三間碑記	劉鶴亭撰	光緒三十年荷月	碑存登封市石道鄉三仙聖母殿
清微宮老君殿碑記	許兆麟撰	光緒三十一年仲春	碑存登封市大金店鎮清微宮
重修呂祖廟碑記		光緒三十一年桃月	碑存登封市逍遙谷呂祖廟
補修關帝廟並戲樓馬棚迎風閣階廣濟橋記		光緒三十一年十一月	碑存登封市大冶鎮東街關帝廟
重修中嶽廟碑	陳訓撰	光緒	碑存登封市石道鄉梁莊中嶽行宮
老君洞地界碑記		光緒年間	碑存登封市老君洞
重修清涼寺碑記		光緒年間	碑存登封市清涼寺
重修少陽橋記	高猷撰　黄中正刻石	光緒三十三年	碑存登封市少室南麓
創修三皇行宮碑記	陳逢昊撰　裴東唐書	光緒三十三年桐月	碑存登封市三皇寨
重修會善寺後佛殿記		光緒三十三年	碣存登封市會善寺
創修蟠龍宮碑	王炎如撰　宋祿堂書	光緒三十四年仲春	碑存登封市潁陽鎮紫雲觀安坡山頂
創修蟠龍宮四方化主姓名碑		光緒三十四年仲春	碑存登封市潁陽鎮安坡山頂
創修無極老母蟠龍宮碑記		光緒三十四年仲春	碑存登封市潁陽鎮安坡山頂
白鶴觀佈施碑		光緒三十四年四月	碑存登封市嵩山白鶴觀
夾山樓公事條規		宣統元年二月	碣存登封市大金店鎮桑樓村
重修玉皇殿粧月臺金粧神像十帝閻君殿聖仙聖母殿金妝神像門院牆碑文		宣統元年五月	碑存登封市文物保護管理所

续表

車先生官印榮貴榮明施地碑		宣統二年三月	碑存登封市潁陽鎮車窑村黃龍寺
捐畝辦差記略附重修北閣門關廟拜殿序	張文博撰 李鳴岐秦國光書 韓中刻石	宣統二年	碑存登封市大冶鎮東村
日柏亭成記碣	趙之基撰	宣統二年	碑存登封市中嶽廟日柏亭
洛偃鞏造鼓佈施碑記	高鴻賓撰 楊清泰書並篆額	宣統三年桃月	碑存登封市老君洞
吳玉秀同眾修三皇寨記		宣統三年十一月	碑存登封市三皇寨
重修山神廟碑記		光緒三十七年（宣統三年）秋	碑存登封市潁陽鎮北山村山神廟

新密市（密縣）

洪山真人老爺三年會滿序		康熙五十七年	碑存新密市洪山廟拓藏河南博物院
重修城隍廟碑	周柱書	康熙六十一年	碑存新密市曲梁鄉大樊莊村
重修城隍廟碑記		乾隆二十七年	碑存新密市曲梁鄉大樊莊村
彰善碑	趙執恒撰 趙益清書	乾隆三十八年	碑存新密市城關鎮屈嘴村
重修城隍廟白衣殿百子殿碑記		道光十三年	碑存新密市曲梁鄉大樊莊村
寄莊戶口不應雜差碑	歐陽霖撰	同治十一年二月	拓藏河南省文史研究館

新鄭市（新鄭縣）

呂氏三公墓考	呂咸彥撰	咸豐四年二月	拓藏河南省文史研究館

中牟縣

張林宗墓碑		康熙八年	碑存馮堂鄉土牆村
重修關帝廟碑		乾隆十五年	碑存中牟縣東北官渡橋村
倉翰林墓碑		乾隆三十年	碑存中牟縣倉寨鄉倉村西
重修水月庵六空閣碑記		乾隆四十五年八月	拓藏河南省文史研究館
重修水月庵碑	張林宗書	光緒七年	碑存中牟縣倉寨鄉倉寨村

鞏義市（鞏縣）

重修玉仙聖母碑記	趙應瑞撰 謝用予書 李起鳳篆額	順治八年初夏	碑存鞏義市孝義鎮二郎廟
蔡莊三官廟戲樓碑	趙之瑾連成撰並書	康熙二年	碑存鞏義市芝田鎮蔡莊三官廟
創建韋駄天尊□□墻垣石誌	李梧鳳撰 李曾書	康熙十二年三月	碑存鞏義市孝義二郎廟

续表

重修閻王殿全神像並山門碑記		康熙十二年	碑存鞏義市小關鎮鄭溝岱嶽廟
重修金剛殿碑		康熙二十年	碑存鞏義市青龍山慈雲寺
初建龍王廟記		康熙二十年	碑存鞏義市米河鎮草店龍王廟
重修塔碑誌		康熙二十五年	碑存鞏義市回郭鎮李邵村龍興寺
明故始祖崔思義墓碑		康熙二十七年	碑存鞏義市孝義鎮崔家墳
重修羅漢寺大佛殿碑記		康熙二十七年	碑存鞏義市夾津口丁溝羅漢寺
靈山禪林創建彌陀寶閣功德碑		康熙二十八年	碑存鞏義市康店鎮裴峪村靈山寺
粉塑三官行神暨女侍二尊志		康熙三十二年	碑存鞏義市大峪溝鎮玉皇廟村
重修慈雲寺碑記	趙金佩撰并書	康熙三十六年	碑存鞏義市青龍山慈雲寺
重修金妝天王殿碑		康熙三十七年	碑存鞏義市青龍山慈雲寺
重修關王樂樓記		康熙三十八年	碑存鞏義市西村鎮西村
修大明菩薩伽藍龍王碑記		康熙四十年	碑存鞏義市青龍山慈雲寺
初建三官廟		康熙四十年	碑存鞏義市米河鎮米南村三官廟
重修五方得道行雨龍王庚並金妝神像序		康熙四十七年	碑存鞏義市小關鎮口頭龍王廟
重修福昌寺碑記		康熙五十一年	碑存鞏義市米河鎮高廟村
重修竹林寺佛殿碑記		康熙五十二年	碑存鞏義市站街鎮新溝村原灣
重修祖先祠碑記		康熙五十九年	碑存鞏義市河洛鎮廟口
白氏合族創建祠堂碑記		雍正三年	碑存鞏義市河洛鎮廟口
金妝老君暨衆位尊神聖像碑記		雍正七年	碑存鞏義市大峪溝橋溝老君廟
諸師聖社餘資建立石桌碑		雍正八年	碑存鞏義市芝田鎮
重修中嶽廟記碑		雍正九年	碑存鞏義市竹林村中嶽廟內
重修三官廟拜殿碑		乾隆三年	碑存鞏義市魯莊鎮魯莊三官廟
創置官地碑記		乾隆三年	碑存鞏義市魯莊鎮小相村玉皇廟
重修水陸殿並拜台碑記		乾隆四年	碑存鞏義市青龍山慈雲寺
重修東嶽大殿及拜殿及舞臺樓並金妝各廟碑像記		乾隆六年	碑存鞏義市康店鎮張嶺村天齊廟
靈山寺大鐵鍾銘		乾隆十二年	碑存鞏義市康店鎮裴峪靈山寺
建立祖塋碑記		乾隆十四年	碑存鞏義市河洛鎮廟口
趙烈如事蹟碑		乾隆十六年	碑存鞏義市康店鎮康南村
南嘗水腺重修記		乾隆十九年	碑存鞏義市西村堤東奶奶廟
創建火神廟記		乾隆二十年	碑存鞏義市米河鎮水頭村二郎廟
創建十大名醫殿記		乾隆二十年	碑存鞏義市米河鎮水頭村二郎廟
建立慈雲寺地香火地碑記		乾隆二十年	碑存鞏義市青龍山慈雲寺
白氏家譜碑記		乾隆二十三年	碑存鞏義市河洛鎮石關村廟
天壇山進香三季完滿和社碑記		乾隆二十三年	碑存鞏義市大峪溝鎮海上橋村小學

续表

捐資碑		乾隆二十三年	碑存鞏義市小關鎮馮寨村觀音堂送子觀音殿
重修觀音堂並門樓碑記		乾隆二十七年	碑存鞏義市站街鎮賀堯村
觀音堂聖母殿厥功告竣碑		乾隆二十八年	碑存鞏義市回郭鎮柏漫汾陽王廟
重建六神殿並金妝聖像碑記		乾隆二十八年	碑存鞏義市米河鎮魏寨六神廟
重修全神殿記		乾隆二十九年	碑存鞏義市站街鎮賀堯村觀音堂
新建奎光樓文昌閣蔡盧二狀元記		乾隆三十二年	碑存鞏義市芝田鎮糧管所
創建龍王殿碑記		乾隆三十二年	碑存鞏義市新中鎮石殿村寶家溝石殿龍王廟
香火地碑		乾隆三十三年	碑存鞏義市站街鎮蘆醫廟
朝畫嶽善旋里修醮碑		乾隆三十五年	碑存鞏義市魯莊鎮北侯村
修火神殿碑記		乾隆三十七年	碑存鞏義市石窟寺
武當金闕進香三年完滿見石碑記	王九一書	乾隆三十八年	碑存鞏義市大峪溝鎮海上橋村小學
創建三官廟拜殿		乾隆三十八年	碑存鞏義市竹林鎮孫寨村老君廟
妥先靈碑記		乾隆三十八年	碑存鞏義市河洛鎮石關廟
重修玉仙聖母水社伴旗合村人等姓名於後		乾隆四十年	碑存鞏義市大峪溝鎮柏林村白衣觀音廟
龍王廟置地畝建房築堤碑		乾隆四十一年	碑存鞏義市小關鎮龍王廟
欽賜耆老朱墓碑		乾隆四十二年	碑存鞏義市康店鎮康百萬莊園
重修瘟神殿金塑神像並葺補樂樓記	唐廷幹撰并書	乾隆四十二年	碑存鞏義市孝義鎮二郎廟
重修碑記		乾隆四十二年	碑存鞏義市米河鎮草店東溝龍王廟無梁殿
朝謁武當旋裹碑		乾隆四十四年	碑存鞏義市大峪溝鎮海上橋村小學
龍王廟地碑		乾隆四十七年	碑存鞏義市小關鎮龍王廟
重修福昌寺碑記		乾隆四十八年	碑存鞏義市米河鎮福昌寺
重修觀音閣並金妝神像記碑		乾隆四十八年	碑存鞏義市芝田鎮芝田村
修龍王池碑記		乾隆四十九年	碑存鞏義市小關鎮龍王廟
養生殿北間並金妝公母姑聖母碑		乾隆五十三年	碑存鞏義市芝田鎮芝田小學
重修廣生祠金粧神像暨周圍垣墻飾金題名碑		乾隆五十三年仲秋月	碑存鞏義市河洛鎮洛口村古洛汭券門旁
鞏縣城南六里許大黃冶鄉約地方眾戶合同公議輪流充應地方碑		乾隆五十四年又五月	碑存鞏義市紫荊街大黃冶村
玄帝聖社修□碑	禹化南書	乾隆五十六年	碑存鞏義市大峪溝鎮海上橋村小學
重修牛王廟碑記		乾隆五十七年	碑存鞏義市站街鎮柏茂村全神廟西墻
捐資碑		乾隆五十七年	碑存鞏義市米河鎮水頭二郎廟薛君宮門南側
朝謁真武大帝碑		乾隆五十八年	碑存鞏義市大峪溝鎮柏林村白衣觀音廟
金龍四大王廟行略		嘉慶二年	碑存鞏義市站街鎮東站街村大王廟

续表

施捨田地碑記		嘉慶三年	碑存鞏義市魯莊鎮小相村玉皇廟
重修樂樓碑記		嘉慶三年	碑存鞏義市孝義鎮二郎廟
重修三官捲棚拜台金妝神像碑		嘉慶四年	碑存鞏義市芝田鎮芝田村
觀音衆神聖像並創修廟前臺址碑記		嘉慶七年	碑存鞏義市站街鎮老城村
重修廟子村三官廟碑		嘉慶八年	碑存鞏義市文物保護管理所
土地堂碑記		嘉慶十一年	碑存鞏義市孝義大王溝土地堂
創修老君大王盧醫並施地碑	王世□撰　李合□書	嘉慶十三年	碑存鞏義市新中鎮老廟老君洞
滴水溝□元霄令並置地畝碑記		嘉慶十三年	碑存鞏義市小關鎮杜溝關帝廟卷棚西壁
戒賭碑	李懷性撰並書	嘉慶十三年	碑存鞏義市孝義鎮老廟村老君洞
增修石白泉暨族譜序碑	馬□□撰並書	嘉慶十四年	碑存鞏義市程寨村子華子祠
大佛殿金妝神像碑		嘉慶十四年	碑存鞏義市芝田鎮芝田村
重修大佛殿水陸伽藍殿地藏王殿火神殿		嘉慶十四年	碑存鞏義市文物保護管理所
重修大佛殿水陸伽藍殿地藏王殿火神殿天王殿鬼門殿東樓碑		嘉慶十五年	碑存鞏義市石窟寺
天王殿鬼門殿東樓碑		嘉慶十五年	碑存鞏義市文物保護管理所
山東村重治舊井碑記		嘉慶十八年正月	碑存鞏義市西村鎮山東村
建立蕭墻山門碑		嘉慶二十四年	碑存鞏義市小關鎮王廟
皇清顯考姚壽官崔公諱福臨孺人曹氏之□		道光四年仲夏	碑存鞏義市西溝村靳氏祠堂
東廟重修觀音堂並金塑神像補修王台碑	姚東□撰　姚文超書	道光五年孟夏	碑存鞏義市回郭鎮邵寨村東廟
東竹園村創修茶亭碑記	韓瑞撰文並書丹	道光八年仲春	碑存鞏義市米河鎮東竹園村
重修送子觀音菩薩碑序	馬慶琛撰　吳繼昌書	道光二十年孟冬	碑存站街鎮老城村普安
合鄉公議斷賭碑記		道光二十五年八月	碑存鞏義市芝田鎮南西村范志修家
合鄉公議鄉規碑		道光二十六年四月	碑存鞏義市西村鎮羅口村
重修拜棚蕭墻碑記	郭玉潤撰　周復岐書	咸豐九年季春月	碑存站街鎮集溝村
重修中岳帝君廟記		同治六年	碑存鞏義市竹林鎮竹林村中岳廟
修補大聖洞宇石碣	王書芳撰　王靖丹書	同治七年正月	碑存鞏義市大峪溝鎮海上橋村小學後院
創修金谷寨碑	康道平撰文並書丹	同治七年十月	碑存盧建偉處
唐工部文貞公碑記	杜甫三十四和三十五代後裔合立	同治十二年	碑存鞏義市南灣窰杜甫故里
創建祖德堂小宗祠記		光緒三年	碑存鞏義市河洛鎮官店材牛家廟
洛口朝廟禮神題名碑		光緒二十二年三月	碑存鞏義市河洛鎮洛口村古洛汭券門旁
郅公墓碑	鄭連三撰并書	光緒三十一年	碑存鞏義市站街鎮老城村虎頭山
米南馬氏淑德碑		宣統元年	碑存鞏義市米河鎮米南村

滎陽市（滎陽縣）

廟子村重修龍王殿碑		康熙四年四月	碑存滎陽廟子鄉廟子村
周氏孝恩碑		康熙九年	碑存滎陽豫龍鎮槐西村
重修大悲寺碑		康熙五十六年	碑存滎陽王村鎮王村集
張仁謀捐資修廟碑		雍正六年	碑存滎陽縣廟子鄉廟子村
趙氏家譜碑	趙殿麟撰	乾隆十五年	碑存滎陽市豫龍鎮槐西村
重修白玉閣碑		乾隆十八年	碑存滎陽廣武鎮大師姑村
重修山神廟碑		乾隆二十三年三月	碑存滎陽縣廟子鄉陳莊南
三官廟重修碑	陳際平撰	嘉慶八年	碑存滎陽廟子鄉廟子村
重修谷山廟碑		嘉慶二十年	碑存滎陽賈峪鄉賈峪村西南
秦君神道碑	張鴻遠撰　牛瑄書丹	道光五年	碑存滎陽高村鄉油房村
創建家廟碑	趙重光撰	道光二十四年	碑存滎陽市豫龍鎮槐西村
重修玄帝行宮碑	李道生撰　戚三莫書丹	道光年間	碑存滎陽北邙鄉劉鋪頭村
白玉堂碑		咸豐二年	碑存滎陽廣武鎮大師姑村
洞林寺書院議單刻石敘		咸豐八年	碑存滎陽洞林寺
重修關帝廟碑		咸豐九年	碑存滎陽二十里鋪鄉關帝廟
重修忠義祠碑		咸豐十一年	碑存滎陽老城東街
祈雨碑		清	碑存滎陽王村鎮後殿村西
重修槐林關帝廟碑		清	碑存滎陽賈峪鄉槐林村東

開封市清碑存目

開封市（祥符縣）

增加生員碑		順治十三年	碑存開封市文廟街
禹王臺聯名	李言撰	康熙三十七年	碑存開封市禹王臺
賓思恭呂樾來正風潘登宜廷槐宜廷樞六人游禹王臺詩	來正風書	康熙五十八年五月	碑存開封禹王臺
清高宗賜金龍四大王廟匾額致祭碑		乾隆元年二月	碑存開封市
重修護國永齡寺碑記		乾隆四十四年五月	拓藏河南省文史研究館
重修蕭曹廟碑		乾隆五十九年三月	拓藏河南省文史研究館
重修關帝廟捐助人題名碑		嘉慶二十二年十二月	拓藏河南省文史研究館
重修相田寺智海禪院佛殿僧寮記	王廷瑞撰	嘉慶二十四年七月	拓藏河南省文史研究館
穆藹堂呂祖廟碑	蕭元吉撰	道光元年九月	拓藏河南省文史研究館

续表

重修蕭曹廟碑		道光十年	拓藏河南省文史研究館
開封北洞門石刊	學錦識	道光十年五月	碑存開封市
重修老君堂記	李欽銘撰	道光十二年二月	拓藏河南省文史研究館
相國寺念念佛記		道光十六年十月	拓藏河南省文史研究館
重修文殊寺碑記	楊國楨書　吳邦慶立石	道光十八年九月	碑存開封市文殊街
重修無梁廟碑記		道光二十年	碑存開封市無梁廟
重修無梁廟碑記		咸豐九年	碑存開封市無梁廟
三民胡同清真寺碑		咸豐	碑存開封市三民胡同
重修清真寺碑		咸豐	碑存開封市三民胡同
家廟街清真寺碑		同治十三年	碑存開封市家廟街
善義堂清真寺碑		同治十三年	碑存開封市鵓鴿市街
岳武穆祠題詞	石淳題	光緒五年三月	碑存開封朱仙鎮岳廟　拓藏河南省文史研究館
重修善義堂清真寺碑		光緒十三年八月	碑存開封市鵓鴿市街

通許縣

子羽祠碑	李為憲撰	康熙五十五年	碑存通許縣城關鎮金園村
重修董仲舒祠堂碑		乾隆十九年	碑存通許縣四所樓鎮仲舒崗村

蘭考縣（蘭陽縣）

重修天爺廟碑		雍正十二年	碑存蘭考縣城關鄉豆寨村
重修天爺廟碑		乾隆十年	碑存蘭考縣紅廟鎮普營村
重修賀村埠口兼修普濟河橋捐資姓氏碑		道光十八年	碑存蘭考縣葡萄架鄉賀村
重修七聖祠碑	張心銓書	道光二十一年	碑存蘭考縣葡萄架鄉翟莊村
重修韓陵寺碑	吳奉章撰　陳作霖書	光緒二年	碑存蘭考縣城關鄉張莊村

杞縣

林氏家譜碑	林楊祖撰　李琢庵書	咸豐六年	碑存杞縣蘇木鄉林寨村
江氏宗祠碑	江袁忠撰並書	光緒元年	碑存杞縣圉鎮江莊
重修文昌宮碑記	許成中撰　徐鳴泰書	光緒十七年	碑存杞縣城內文化街中藥倉庫
重修冉子祠記碑	孫叔謙撰　潘金章書　龔楚翹篆額	光緒二十年	碑存杞縣裴村店鄉件牛崗

尉氏縣

趙氏宗譜記碑	趙佩撰	乾隆二十四年	碑存尉氏縣崗李鄉榆林村
創建天仙聖母神祠碑		乾隆四十二年	碑存尉氏縣大馬鄉柏崗寨東
路氏家譜碑		道光十年	碑存尉氏縣崗李鄉路莊村北
重修繼善記碑	霍麟征撰並書	光緒二十五年	碑存尉氏縣水坡鄉北瑋塢村

洛陽市清碑存目

洛陽市（河南府、洛陽縣）

河南府洛陽縣等官民修路募捐碑		順治六年	碑存洛陽市龍門老龍洞口
洛陽縣□□在周莊吉家莊住信士碑		康熙元年八月	碑存洛陽市龍門普泰洞下方
洛陽縣□□在家莊住信士碑		康熙元年八月	碑存洛陽市龍門普泰洞下方
修路碑		康熙元年	碑存洛陽市龍門普泰洞下方
修路碑		康熙元年	碑存洛陽市龍門普泰洞下方
信女碑		康熙元年	碑存洛陽市龍門普泰洞北
洛陽偃師城鄉居民捐施碑	岳吾寓代寫	康熙三年十一月	碑存洛陽市龍門老龍洞口南側
修路題記		康熙二十年	碑存洛陽市龍門火燒洞
張彥珩暨配賈淑人合葬墓誌銘	陳廷敬撰 耿介篆額 孟長安書	康熙三十年十月	石存洛陽市博物館
重修康節邵夫先生安樂窩祠堂記		康熙三十一年	碑存洛陽市安樂窩邵夫子祠
閻中丞施地上清宮香火地畝碑		康熙五十三年	碑存洛陽市上清宮
重修安樂窩碑記	劉天爵撰	康熙六十一年	碑存洛陽市安樂窩邵夫子祠
重修文廟碑		雍正五年	碑存洛陽市東大街
廣陽陳信士捐施燈油墳畝碑記	孫方懋撰 楊錦堂書 李元亮篆額		碑存洛陽市龍門石窟賓陽洞旁
張君暨德配蔡孺人繼配閆孺人孫孺人合葬墓誌銘	胡臚雲撰 陳純熙篆額 陳洛書書	光緒二十五年十月	石存洛陽市博物館

偃師市（偃師縣）

重修關帝廟並金妝神像碑	劉邦彥撰並書	雍正八年十二月	碑存偃師市諸葛鎮司馬街
馬灣西溝井刻石		乾隆十三年二月	碑存偃師市馬灣村西溝
伯夷叔齊墓碑		乾隆十五年	碑存偃師市首陽山車站東北
重修娘娘廟碑		乾隆二十年	碑存偃師市邙嶺鄉東蔡莊

婦人金妝釋迦佛祖神像碑	薛良梧撰并書	乾隆二十一年	碑存偃師市佛光鄉佛光寺舊址
修建火神廟群方院牆垣碑		乾隆三十八年三月下旬	碑存偃師市曲家寨小學棗莊分校院內
重修關帝廟六祖殿並金妝火神廟馬王殿神像碑記	王有道撰　楊際可書	乾隆四十九年	碑存偃師市佛光鄉佛光寺
重修真武廟碑	汪毓倬撰並書	乾隆五十六年	碑存偃師市邙嶺鄉西蔡莊村
清謁杜甫墓詩碑		乾隆五十六年	碑存偃城市商城博物館
建火神龍王瘟神廟門牆垣碑	岳浩人撰　岳峻德書	乾隆五十六年	碑存偃師市首陽山鎮寺里碑村
曲位南墓誌		乾隆五十六年十月二十五日納石	誌存偃師市曲家寨白雲一街曲有生家院內
創修覆茶亭碑記		嘉慶四年十月	碑存偃師市府店鎮來定村姜樹廟
三台寨碑記		嘉慶五年七月	碑存偃師市邙嶺鄉周家山
恭移聖像碑		嘉慶十年七月	碑存偃師市老城文廟
火神廟前置地碑記		嘉慶十八年仲冬下浣	碑存偃師市曲家寨小學棗莊分校院內
火神廟塑像並重修廣生殿暨庫房碑		道光四年正月初五日	碑存偃師市曲家寨小學棗莊分校院內
麥秸坪古井題記		道光五年七月	碑存偃師市府店鎮安樂村麥秸坪村
重修伽藍殿碑		道光六年	碑存偃師市緱氏鎮緱氏村
清偃邑安駕灘合村公議禁止賭博牧放碑記		道光十年四月	碑存偃師市顧縣鄉安灘村
翟貞婦碑	岳毓文撰　岳書升書	道光二十年	碑存偃師市首陽山鎮寺里碑村
曲懷萬墓碑	鄧銘善撰文並書丹	道光二十一年十月初一日立石	碑原存偃師市曲家寨曲氏族墳　現存東王村
任氏世系碑序		咸豐元年	碑存偃師市顧縣鄉顧縣村
欽點郝公諱騰蛟探花及第潮州刺史修唐僧寺神位碑	李瀛山撰　康衢書	咸豐二年	碑存偃師市緱氏鎮郝家寨村
吉氏譜系碑		咸豐二年十二月	碑存偃師市邙嶺鄉吉家溝吉氏祠堂
清顧縣中鎮修寨碑		同治元年	碑存偃師市顧縣鎮顧縣村
清丁門口重修南寨牆及創建北門碑記		同治六年	碑存偃師市邙嶺鄉丁門口村
馬公德順墓誌銘並蓋		同治九年十二月	碑存偃師市文物保護管理所
清創修仁和寨碑		同治十一年	碑存偃師市邙嶺鄉楊莊村
唐僧寺上殿又重修碑	李平科撰	同治十三年	碑存偃師市緱氏鎮王莊村唐僧寺
開修軒轅關車路碑記	楊克復撰并書	光緒二十八年	碑存偃師市府店鎮參駕店村小學
重修大王廟碑		宣統元年	碑存偃師市首陽山鎮古城村

新安縣

重修二郎廟碑	孫起泰撰　李珍書	康熙十八年	碑存新安縣南李村鄉懈司村
重修牛王廟並金妝神像碑	侯鐸周撰　侯銘周書	乾隆三年	碑存新安縣倉頭鄉倉頭村
重修二郎廟廣生聖母殿碑	李苞撰　趙如標書	乾隆十九年	碑存新安縣五頭鎮二郎廟村

续表

重修八仙廟碑	劉崇文撰並書	乾隆四十一年	碑存新安縣南李村鄉少年莊村
重修天仙聖母廟碑	龔彥文撰　張受益書	乾隆四十六年	碑存新安縣城關鎮西高村
重修戲樓碑記		乾隆四十七年	碑存新安縣曹村鄉曹村
金塑伽蘭雷神四天王倭佗諸神像碑	何模撰　何炳文書	乾隆五十二年	碑存新安縣磁澗鎮小學
重修三官神像碑	劉繼志撰　宋鵬南書	乾隆五十九年	碑存新安縣城關一小
重修伽藍殿中佛殿地藏王殿碑	賈德玉撰　賈玉尺書		碑存新安縣石寺鎮西沙村
關帝廟碑		嘉慶十八年	碑存新安縣鐵門鎮鐵門村
創建藥王山神二殿記		道光二年	碑存新安縣峪里鄉黛眉山頂
金妝金黛眉聖母廣生殿觀音大士諸法像碑記		道光二年	碑存新安縣峪里鄉黛眉山頂
黨氏祠堂碑		同治五年	碑存新安縣磁澗鎮寒鴉村
創建祠堂祭田碑	劉明純撰　劉統功書	光緒二十一年	碑存新安縣北冶鄉劉黃村
六二里前一甲六公舉公議里規碑	閻鍵撰　郭文鍵書	光緒三十年	碑存新安縣南李村鄉懈司村
重修太清觀碑	侯振綱撰　陳亢道書　張滿子刻石	清	碑存新安縣城關鎮安東村

嵩縣

重修九皋鶴鳴觀碑		康熙三十一年	碑存嵩縣九店鄉九皋山鶴鳴觀
演法坪佛殿碑記		康熙五十九年	碑存嵩縣車村鎮黃柏樹村
重修泰山廟碑記		雍正年間	碑存嵩縣何村鄉閆東村南
重修火神廟碑	屈水模撰　楊洛書	乾隆二十年	碑存嵩縣大章鄉山后村
改建伊川書院碑	康基淵撰　呂嗣文書	乾隆三十一年	碑存嵩縣城關鎮上倉村上倉街
創建朱氏祠堂碑記		乾隆三十七年	碑存嵩縣閆莊鄉朱村
創修火神祠碑	金華氏撰並書	乾隆四十年	碑存嵩縣大章鄉趙嶺村王家
觀音堂重新金妝碑	趙西撰並書	乾隆四十年	碑存嵩縣舊縣鎮河西村
重修廣生聖母殿碑	謝更芳撰　史克己書　楊振宗刻書	乾隆四十一年	碑存嵩縣何村鄉北坡村
重修烏塽寺碑		乾隆四十三年	碑存嵩縣白河鎮烏塽寺村
建修眾聖廟碑	鄧九皋撰並書	乾隆五十三年	碑存嵩縣大章鄉三人廠村
創建朱氏祠堂碑記		乾隆五十三年	碑存嵩縣閆莊鄉朱村朱熹祠
重修明月寺觀音堂伽藍殿碑	任超然撰並書	嘉慶二年	碑存嵩縣城關鎮青石屯村
建修火神廟舞樓碑記		嘉慶五年	碑存嵩縣大章鄉三人廠村
創修明白川鎮伏魔大帝關聖君廟碑		嘉慶十年	碑存嵩縣車村鎮明白川村
庵地碑		嘉慶十二年	碑存嵩縣白河鄉上河村
吳金氏重修石路碑		道光二十一年	碑存嵩縣舊縣鄉上灣
葛進城墓碑		道光二十二年	碑存嵩縣德亭鄉元灣村

续表

劈分高都社倉碑		道光二十二年	碑存嵩縣城關鎮韓村觀音堂
重修三聖廟碑		道光二十四年	碑存嵩縣木植街鄉大力坡村
重修觀音殿金妝神像碑		道光三十年	碑存嵩縣白河鄉五寺村
重修白衣堂碑記		咸豐三年	碑存嵩縣白河鄉白河街
重修觀音堂碑	薛壁琮撰並書	咸豐五年	碑存嵩縣九店鄉莊科村
毛溝合作公議鄉規碑	侯寶蘭撰並書　李景新刻石	咸豐五年	碑存嵩縣紙房鄉毛溝村
高都地方車戶不支他差碑	李玉田撰	咸豐六年	碑存嵩縣城關鎮韓村觀音堂
程光祖夫婦合葬墓碑		同治五年	碑存嵩縣木植鄉程家村
高都地保公議鄉規碑	范捷登撰　李玉田書	同治六年	碑存嵩縣城關鎮郭村
靳老先生放賑濟荒感德碑	孫福中撰　李鵬程書	光緒六年	碑存嵩縣大章鄉任嶺村
城關善信施人重興玉寶寺碑	王贊撰　王哲王道書	光緒六年	碑存嵩縣城關鎮新城
高都永遠照下地方支差碑	韓庭貴書	光緒十六年	碑存嵩縣城關鎮青山屯村
重修慧光寺碑		光緒十四年	碑存嵩縣車村鄉頂寶石村
重修龍王廟碑	汪之翰撰並書　江李刻石	光緒十七年	碑存嵩縣紙房鄉上元村磨溝
諸君辦靈瑞寺功德碑	趙經邦撰　王慈貞書	光緒三十年	碑存嵩縣車村鎮頂寶石村
重修三都堂火神廟碑	沈蘭堂撰　周玉賓書		碑存嵩縣舊縣鄉河南村

伊川縣

重修先文正魏國公墓道響堂碑		順治十三年	碑存伊川縣
重修二程祠堂碑		康熙十三年五月	碑存伊川縣江左鄉程村
元宣武將軍克烈公墓碑		康熙年間	碑存伊川縣鳴皋鄉鳴皋村北
范仲淹墓祭祀碑			碑存伊川縣彭婆鄉許營村北
程周談錫記歷代皇帝朝臣恩典碑		乾隆十七年	碑存伊川縣程村二程廟

欒川縣

創建湯王殿並舞樓碑	孫煒撰並篆額　郭玉林書	乾隆十五年	碑存欒川縣潭頭鎮湯池村
重修靈岩寺碑		乾隆三十九年	碑存欒川縣靈岩寺
重修老君殿碑		乾隆四十年	碑存欒川縣白土鄉馬庵村
重修老君殿碑	齊銓撰並書	乾隆四十七年	碑存欒川縣白土鄉馬庵村
創建關帝正殿拜殿碑	李祥生撰　屈水通書	乾隆五十九年	碑存欒川縣秋扒鄉秋扒村
重修佛殿碑	馬濟川撰並書　李德羲許安國立石	嘉慶五年	碑存欒川縣秋扒鄉白崖寺村
重修白衣閣碑	杜書賢立石	嘉慶七年	碑存欒川縣石廟鄉上園村
重修靜居寺碑		嘉慶七年	碑存欒川縣靜居寺

续表

重修老君銅像碑記		嘉慶二十年	碑存欒川縣欒川鄉七里坪村老君山頂
修建犁水橋碑		嘉慶二十五年	碑存欒川縣叫河鄉集東頭
重修五聖祠碑	常芸亭撰並書　劉進有立	道光四年	碑存欒川縣陶灣鄉陶灣村
重修黃花觀碑	常應律撰　趙德旺書	道光八年	碑存欒川縣欒川鄉七里坪村
分貯社倉頭石碣	閻文周立石	道光二十九年	碑存欒川縣秋扒鄉秋扒村
西抽合社公議碑		同治九年	碑存欒川縣潭頭鄉張村西嶽廟
南嶽廟施當功德碑		光緒九年	碑存欒川縣潭頭鄉趙莊村
白岩寺碑		光緒十六年	碑存欒川縣秋扒鄉白岩寺村
樓關鄉規碑	陳伯宣撰　金太仁立	光緒十九年	碑存欒川縣秋扒鄉政府院內
陶灣公四魁保議差碑	傅作霖撰並書　陳懷方立石	光緒十九年	碑存欒川縣陶灣鎮政府院內
樓關鄉規碑	李逢源撰　劉源德書　周清一立石	光緒十九年	碑存欒川縣秋扒鄉政府院內
重申鄉規碑		清	碑存欒川縣秋扒鄉蒿坪溝村

宜陽縣

紫羅山后土廟碑		順治二年	碑存宜陽縣韓城鄉仁厚村
新修退思樓碑	王仁傑撰并書	康熙二十二年	碑存宜陽縣縣城武裝部內
重修觀音堂碑	馮三俊撰　周西慶書　宋大顯篆額　寧自強立石	雍正七年	碑存宜陽縣城關鎮高橋村
創修奶奶廟碑	宋大顯篆額	乾隆十九年	碑存宜陽縣豐李鄉河口村
修官塢碑記碑	張任等立石	乾隆四十二年	碑存宜陽縣尋村鎮牌窯村
創修三聖廟碑	王相篆額　周鳳鳴刻石	乾隆五十八年	碑存宜陽縣三鄉鄉水溝廟村
創修觀音閣暨金塑神像碑		乾隆五十九年	碑存宜陽縣三鄉鄉上莊村
創修茶亭碑	董益之撰　楊充印刻石	嘉慶十四年	碑存宜陽縣石陵鄉耿溝村北
水患碑		嘉慶二十二年	碑存宜陽縣城關鎮西街
創建文昌崇聖殿碑	趙銘彝撰　婁吉書	嘉慶二十五年	碑存宜陽縣一中學校內
屯民應分支辦差務碑		道光八年	碑存宜陽縣城關鎮沈屯村
用水規約碑		道光十年	碑存宜陽縣尋村鄉牌窯村
重修高村橋觀音堂碑	郭書林撰　郭月林書	道光十六年	碑存宜陽縣城關鎮高橋村
郭知縣豁雞鴨德政碑	張玉金立石	道光二十年	碑存宜陽縣中街
重修泰山廟聖母廟觀音廟白衣堂龍王廟山神		同治十年	碑存宜陽縣三鄉鄉東楊坡村
過割章程碑		光緒五年	碑存宜陽縣城關鄉下河村
重修關帝廟碑		光緒十四年	碑存宜陽縣城公安局內
關聖帝君贊		光緒十四年	碑存宜陽縣城公安局內
薛保勝德政碑		宣統元年	碑存宜陽縣白楊鎮東北
修建沈氏宗祠碑	際雍撰並書		碑存宜陽縣城關鎮沈屯村

洛寧縣（永寧縣）

創建關帝廟碑記		康熙十四年	碑存洛寧縣東宋鄉大宋村小學
重修慈雲寺正殿碑		乾隆三十二年	碑存洛寧縣趙村鄉馬營村
大清河南府正堂林大老爺仿照舊歷永免永安里差徐碑		嘉慶元年	碑存洛寧縣趙村鄉張營村
廉氏祠堂碑記		嘉慶四年	碑存洛寧縣底張鄉上高村
重修崖底關帝廟碑		嘉慶二十一年	碑存洛寧縣城郊鄉崖底村
廉氏祠堂碑記		道光七年	碑存洛寧縣底張鄉上高村
重修鐵梁橋碑記		道光二十二年	碑存洛寧縣下峪鄉崇陽村
創建清真寺碑		咸豐八年	碑存洛寧縣中原村清真寺
重修清真寺碑		同治十一年	碑存洛寧縣中原村清真寺
增建清真寺碑		光緒九年	碑存洛寧縣中原村清真寺

孟津縣

御祭漢光武帝陵碑文		康熙七年十一月	碑存孟津縣漢光武帝陵
御祭漢光武帝陵碑文		康熙五十八年十月	碑存孟津縣漢光武帝陵
御漢光武帝陵碑文		乾隆二十七年五月	碑存孟津縣漢光武帝陵
重修陳乞寺碑	呂公滋撰　呂嗣晉篆額並書	乾隆五十四年	碑存孟津縣馬屯鎮南達宿寺上村
御祭漢光武帝陵碑文		嘉慶元年四月	碑存孟津縣漢光武帝陵
御祭漢光武帝陵碑文		嘉慶二十四年三月	碑存孟津縣漢光武帝陵
孟氏家廟碑記		道光二十一年	碑存孟津縣小浪底鎮劉屯村
新築村寨碑	檢琨撰　增沫平書	同治三年	碑存孟津縣會盟鎮扣馬村

汝陽縣

重修觀音堂碑記		康熙	碑存汝陽縣劉店鄉寺二郎村
重修元明寺碑		乾隆年間	碑存汝陽縣三屯鄉北堡村
重修龍王石廟碑		乾隆十三年	碑存汝陽縣十八盤鄉木莊村西
重修龍王廟碑記		乾隆十六年	碑存汝陽縣大安工業園區茹店村
鄧公修渠碑	馬麟閣撰並書	道光	碑存汝陽縣小店鄉小店村
東局祖師廟碑		同治十三年	碑存汝陽縣三屯鄉東局村西北
重修龍王廟碑記		光緒六年	碑存汝陽縣大安工業園區茹店村

(伊陽縣)

| 劉氏宗派圖 | | 光緒三十一年十二月 | 拓藏河南省文史研究館 |

三門峽市清碑存目

三門峽市（陝州、陝縣）

鑿井碑		嘉慶二十一年	碑存三門峽市磁鐘鄉賈莊
重修關帝廟神像碑		嘉慶二十二年	碑存三門峽市硤石鄉峽石村
重修聖母關帝東嶽神廟碑記		嘉慶二十三年	碑存三門峽市高廟鄉唐凹村
重修三官財神廟碑		嘉慶二十五年	碑存三門峽市硤石鄉峽石村
四村公議禁止賭博盜賊碑	張鳴鶴撰	道光二十三年	碑存三門峽市交口鄉富村
重修觀音堂戲樓碑		咸豐元年	碑存三門峽市高廟鄉侯村

陝縣

陝澠分界碑		順治十三年	碑存陝縣觀音堂鄉七裏村東
重修橋路碑		乾隆二十三年	碑存陝縣宮前鄉頭峪村
禁賭禁牧碑		道光年間	碑存陝縣張茅鄉張茅村
九龍聖廟碑		光緒三年	碑存三門峽市硤石鄉峽石村
修建大通寺記碑	水錫田撰	清	碑存陝縣東凡鄉南陽村
員家族規碑		清	碑存陝縣西張村鄉西張村

靈寶市（靈寶縣、閿鄉縣）

重修太初宮碑	張起嚴撰　張英篆額 王化淳書	順治十年	碑存靈寶市函谷關太初宮前
荊山撲犢寺碑		康熙	碑存靈寶市陽平鎮鑄鼎原碑廊
亞武山碑記		康熙二十五年	碑存靈寶市豫靈鎮吳村
重修石舊寺碑		康熙二十五年	碑存靈寶市豫靈鎮沐朱峪東山坡
金洞採礦題記		雍正十二年	碑存靈寶市朱陽鎮透山村
禁山碑		乾隆五十七年	碑存靈寶市朱陽鎮莊里村鐵佛寺
大明世襲薛千戶之墓碑	逢甲撰	嘉慶三年	碑存靈寶市五畝鄉南村西南薛氏之塋

续表

錦昌德行碑	王煥章撰	道光十年	碑存靈寶市尹注鎮東車村
劉環城及孺人張太君遺徽碑記	許鑒撰　王萬鐘書	道光十五年	碑存靈寶市焦村鎮塔地村
例授修職郎陰陽學術李公字通今德施碑	嚴正基撰	道光十八年二月	碑存靈寶市朱陽鎮新店村
蔡佩芳德教碑	任景孜撰　王萬鐘書 李峰青篆額	道光十九年	碑存靈寶市西閆鄉楊家灣
創修三聖母廟耳房碑記	李於泗撰	道光二十六年	碑存靈寶市南五畝鄉白羊村學校
例授文林郎閆竹溪公神道碑	趙宗權撰　景星書 張五仁刻石	道光	碑存靈寶市尹莊鎮嶽渡村閆家大院
三聖娘娘廟整頓神賽記	薛書常撰並書	同治七年	碑存靈寶市函穀關牆底村娘娘廟
創修記事碑序	趙育熊撰　郝升選書	光緒十一年	碑存靈寶尹莊鎮東車村
新修看戲樓碑記	王瑾撰並書	光緒十九年	碑存靈寶市朱陽鎮賈村土地廟
處士貽鱸何公暨德配張氏夫婦懿行碑	張昭明撰　張宗昌書 何嚴明篆額	宣統元年	碑存靈寶市函谷關村何長士家

盧氏縣

重修廣生殿碑		嘉慶年間	碑存盧氏縣五里川鄉馬耳崖村
禁山碑記		道光十一年	碑存盧氏縣豫靈鎮山底村
重修火炎寨碑		同治四年	碑存盧氏縣東明鎮火炎城

澠池縣

平治道途碑	張鴻鶴撰　張天貞書	康熙五十二年	碑存澠池縣南坪鄉洋澥村
重修關帝廟碑		乾隆三年	碑存澠池縣英豪鎮王都村
垂訓後昆碑		道光二年	碑存澠池縣英豪鎮東七村
災異記石碣		道光十七年	碑存澠池縣段村鄉柳窩村
禁規碑	董清表書	道光二十三年	碑存澠池縣英豪鎮西曲村
硤石禁約碑		同治元年	碑存澠池縣張村鎮硤石村
重修皂君廟碑	韓治昆撰　韓德純書　韓炳德篆額	光緒十年	碑存澠池縣英豪鎮派出所
劉氏族系碑		光緒三十年重刻	碑存澠池縣城關鎮一里河村

焦作市清碑存目

焦作市（修武縣）

清知縣范子煥碑		乾隆三十六年	碑存焦作市馬村區西待王村
山神廟建廟碑		乾隆年間	碑存焦作市中站區南朱村南

续表

重修法明寺碑		乾隆年間	碑存焦作市山陽區恩村鄉
朝武當山碑		乾隆年間	碑存焦作市馬村區大官莊村
重修廣生聖殿碑		乾隆三十八年	碑存焦作市解放區士林村
重修東頂堂碑		嘉慶二年	碑存焦作市解放區王褚村
重修關帝廟碑		嘉慶年間	碑存焦作市馬村區夏莊村
重修觀音堂碑			碑存焦作市馬村區魏馮營村
雙泊池修建泊池碑		道光年間	碑存焦作市中站區雙泊池村
靳法蕙墓誌			碑存焦作博物館
觀音堂金塑聖像碑		光緒十七年	碑存焦作市山陽區李貴作村
金頂會朝武當山碑		光緒年間	碑存焦作市馬村區義莊村東
創建莊館碑		光緒年間	碑存焦作市馬村區趙蔣村

沁陽市（懷慶府、河內縣）

馬恒齋墓誌銘		康熙五年	碑存沁陽市博物館　拓藏河南博物院
清故邑庠生喜吾申元配王氏繼配張氏合葬墓誌銘	王廷翰撰　史左書	康熙十年十一月	碑存沁陽市博物館
重修四門城樓碑		康熙二十五年	碑存沁陽市博物館
添造廠房碑記		康熙三十三年	碑存沁陽市博物館　拓藏河南博物院
重修四門城樓記		康熙五十年	碑存沁陽市博物館　拓藏河南博物院
供桌題記		乾隆八年	碑存沁陽市窄澗谷太平寺　拓藏河南博物院
修建永濟頭堰橋梁碑	王文貴撰并書	乾隆二十六年	碑存沁陽市東關
鄒方北墓誌銘		乾隆四十七年	碑存沁陽市博物館　拓藏河南博物院
重修真穀寺記		乾隆五十六年	碑存沁陽市窄澗谷太平寺　拓藏河南博物院
佈施碑		道光元年	碑存沁陽市葛村鄉葛村
重裝菩薩神像塑仙女碑記		道光十二年	碑存沁陽市窄澗谷太平寺　拓藏河南博物院
創修龍王廟記		道光十七年	碑存沁陽市西向鎮鳳門村
重修千佛殿碑記		咸豐九年	碑存沁陽市窄澗谷太平寺　拓藏河南博物院
斷案碑	王懋德篆額	咸豐九年	碑存沁陽市葛村鄉伏背村
湯王廟修復碑		咸豐	碑存沁陽市王曲鄉清平村
創添分卡碑		同治四年	碑存沁陽市常平鄉黃沙屹村
新修理大糧倉碑	王章撰	同治六年	碑存沁陽市百廟鎮告兩水村
混元三教九流圖贊			碑存沁陽市博物館　拓藏河南博物院
合莊災年碑	李興升撰　李鶴齡書　王玉林刻石	光緒五年	碑存沁陽市博物館
重修火神殿碑記		光緒十四年	碑存沁陽市窄澗谷太平寺　拓藏河南博物院

续表

重修關帝殿記碑		光緒十九年	碑存沁陽市王曲鄉古章村
重修神祠碑		光緒二十一年	碑存沁陽市葛村東鄉三街
劉公砌洞疏河碑	王成源撰		碑存沁陽市葛村鄉上輦村
修文昌閣碑	茹重庸撰　劉異生書		碑存沁陽市王曲鄉王占村
創建紫虛元君行宮碑	吳應祥撰		碑存沁陽市葛村鄉鄭村
李詔軒墓誌		清	碑存沁陽市博物館
劉公配賈太君墓誌銘		清	碑存沁陽市博物館
馬公配趙氏墓誌銘		清	碑存沁陽市博物館
梁公配黃夫人墓誌銘		清	碑存沁陽市博物館
史公配張氏墓誌銘		清	碑存沁陽市博物館
劉母丁氏墓誌銘		清	碑存沁陽市博物館
許公配張氏墓誌銘		清	碑存沁陽市博物館
楊公配齊氏墓誌銘		清	碑存沁陽市博物館
賈瑞秀墓誌銘		清	碑存沁陽市博物館

博愛縣（河內縣）

重修莊帝殿碑記	劉耕撰　孫璽書	康熙二十八年七月	碑存博愛縣博物館
重修橋梁碑記	薛應旂撰並書　雒希孔弟希孟全立	乾隆三年三月	碑存博愛縣博物館
流芳金粧窑神老爺聖像		乾隆二十四年	碑存博愛縣柏山鎮柏山村窑神廟
法戒碑		乾隆五十四年	碑存博愛縣許良鎮栗莊村
康公家廟碑		道光四年	碑存博愛縣上莊鄉常馬莊村
柏山窑神廟獻戲抉碑記		同治三年	碑存博愛縣柏山鎮柏山村窑神廟
重修火神廟碑記			碑存博愛縣勤家鄉作吉莊村
水利碑		光緒二年	碑存博愛縣許良區狄良村
災荒碑		光緒三年	碑存博愛縣月山鎮七方村
柏山窑神廟石碑記		宣統元年	碑存博愛縣柏山鎮柏山村窑神廟
呼延家族神主碑			碑存博愛縣磨頭鎮北十字街

武陟縣

創修結義廟碑記		順治十一年重陽立石	碑存武陟縣文物保護管理所
重修二仙廟碑		康熙三十七年	碑存武陟縣大封鎮老翟莊村
政濟橋碑		康熙四十六年	碑存武陟縣城南蓮花池
重修關帝廟碑記		康熙五十一年十月	碑存武陟縣文物保護管理所

续表

重修閻王殿碑		雍正九年	碑存武陟縣謝旗營鎮程封村
修河道碑		乾隆元年	碑存武陟縣城南蓮花池
藥王會重修山門碑記	額題皇清施清淨水	乾隆三十四年七月	碑存武陟縣文物保護管理所
世傳張氏家譜碑記		乾隆三年九月十四日立	碑存武陟縣文物保護管理所
重修青龍崗三郎廟碑		乾隆三十七年	碑存武陟縣陽城鄉陽城集
駕部黃河石工碑			碑存武陟縣大封鎮駕部村
天中循譽	劉墉書	乾隆	拓存河南博物院
劉墉書對聯		乾隆	拓存河南博物院
摹刻東坡南海裕日房詩並充滿基田段		乾隆五十一年	拓藏河南省文史研究館
修大王廟碑記	合村仝立	同治元年三月	碑存武陟縣文物保護管理所
毛莊經文碑			碑存武陟縣山陽鄉毛莊村

修武縣

重修三官廟碑		順治九年	碑存修武縣五里源鄉李固村
創建閻君殿碑		康熙十三年	碑存修武縣五里源鄉李固村
各村會首祈求平安碑		康熙五十六年	碑存修武縣方莊鎮古漢村
重修廣生殿碑		雍正八年	碑存修武縣五里源鄉李固村
漢禪陵其址碑		雍正九年	碑存修武縣方莊鎮古漢村
重修太平寺碑記		雍正十年四月	碑存修武縣高村鄉東大寨村
重修火神廟碑		乾隆五年	碑存修武縣周莊鄉楊樓村
重修佛殿碑記		乾隆年間	碑存修武縣雙廟鄉影寺村
重修三官廟記		乾隆十二年	碑存修武縣五里源鄉李固村
重修漢獻帝陵碑		乾隆十五年	碑存修武縣方莊鎮古漢村
神位碑		乾隆十九年	碑存修武縣五里源鄉磨台營
清修武縣明倫堂示諭	康基田撰	乾隆四十三年六月	拓藏河南省文史研究館
漢獻帝陵寢碑		乾隆五十二年	碑存修武縣方莊鎮古漢村
沙壓地畝除糧感德碑		乾隆五十九年	碑存修武縣高村鄉南霍村
戒慎勿從傷人碑		道光二十三年	碑存修武縣王屯鄉後南孟村
永禁賭博違者議罰碑		咸豐九年十一月	碑存修武縣岸上鄉東嶺後村
重修龍王廟碑		咸豐九年	碑存修武縣西村鄉金嶺坡村
復興水利碑		光緒四年	碑存修武縣葛莊鄉集市
靜影寺修路碑			碑存修武縣雙廟鄉影寺村東

孟州市（孟縣）

改建堂後異門碑	徐登瀛撰	康熙二十三年	碑存孟州市城內縣前街
李鶴年致祭韓愈墓文		乾隆十五年	碑存孟縣韓愈墓　拓藏河南博物院
韓文公考		乾隆五十四年	碑存孟縣韓愈墓　拓藏河南博物院
唐昌黎伯文公韓子墓道碑	馬士奇撰	道光八年十月	碑存孟州市西虢鎮落駕村
重修上清宮碑記		道光十七年	碑存孟州市石莊鄉圓圪套村
捐修韓文公墓傍垣記		咸豐六年	碑存孟縣韓愈墓　拓藏河南博物院
清汛孟縣餘濟渠記		同治十二年	拓藏河南省文史研究館

溫縣

增築土圩以防水患碑	劉慶遠撰	乾隆二十二年	碑存溫縣武德鎮
修築捍水堤碑		乾隆五十八年十二月	碑存溫縣北令鄉小保豐村
支派差役碑		嘉慶三年	碑存溫縣林肇鄉後張莊村
修建文昌閣碑	田玉珂撰并書　宋如珩立石	道光五年	碑存溫縣林肇鄉閻楊門村
周公生祠碑	張萬里撰　顧順昌書	道光十六年三月	碑存溫縣城關鎮
烈女傳碑		道光二十六年	碑存溫縣南張羌鎮徐溝村
常莊家廟碑		道光二十八年	碑存溫縣林肇鄉常莊村
太平軍過境碑		咸豐三年	碑存溫縣趙堡鎮北平皋村
拜祖會會規碑		同治六年	碑存溫縣楊磊鎮劉謝村
重修安樂寨碑		同治八年五月	碑存溫縣楊磊鎮東城外村
重修玉皇廟碑	侯漢章撰　趙春田書	光緒元年	碑存溫縣林肇鄉余李門村
牛氏家廟碑		宣統元年	碑存溫縣林肇鄉東林肇村

濟源市清碑存目

濟源市（濟源縣）

御祭濟瀆廟碑文		順治八年四月	碑存濟源市濟瀆廟
創建永濟橋序		康熙二十五年	碑存濟源市城關鎮南堰頭
重修無梁廟碑		乾隆十三年	碑存濟源市五龍口鎮東寨村
謁濟瀆清源王廟詩碑	馮敏昌撰並書	乾隆五十三年正月	碑存濟源市濟瀆廟
修通利渠碑	任啟睿撰　趙國靖書	嘉慶十四年	碑存濟源市五龍口鎮留村

续表

綺里季故里碑		道光八年	碑存濟源市軹城鎮綺里村
告示碑	王慶雲立石	咸豐六年八月	碑存濟源市王屋山鄉封門口村
重修封門關口碑		咸豐六年八月	碑存濟源市王屋山鄉封門口村
重修西逯寨關帝廟碑	傅同仁撰	咸豐	碑存濟源市文物保護管理所
時令記事碣石	傅善祥撰並書	同治三年正月	碑存濟源市邵陽鎮東陽村
凶年記碣	翟興順撰並書	光緒六年十月	碑存濟源市五龍口鎮逯寨村
重修無梁廟碑記		光緒六年	碑存濟源市五龍口鎮東寨村
陳知縣堂官鄉吏碑	羊行頭立石	光緒八年五月	碑存濟源市城關鎮柴莊村
重修大世廟碑記	韓芳運撰並書	光緒十年八月	碑存濟源市廟玉皇殿內
荒年碑程式	李家修書	光緒十四年七月	碑存濟源市克井鎮翁河村
重修無梁廟碑記		光緒二十四年	碑存濟源市五龍口鎮東寨村
重修無梁廟碑記		光緒二十六年	碑存濟源市五龍口鎮東寨村

新鄉市清碑存目

新鄉市（新鄉縣）

司麥聖母會碑		乾隆五年	碑存新鄉市東郊牧村鄉朱屯村
分水條規碑		乾隆五十八年	碑存新鄉市大塊鎮秀才莊村
築嶺碑		光緒十七年	碑存新鄉市大塊鎮西莊村
訟訟大白碑		光緒二十年	碑存新鄉市鳳泉區分將池村
宋公指路碑		光緒二十八年	碑存新鄉市大塊鎮秀才莊村
用水條規碑		光緒三十三年	碑存新鄉市大塊鎮秀才莊村

新鄉縣

王氏家譜碑		乾隆五十七年	碑存新鄉縣翟坡鎮寺王村
重修清真寺碑		嘉慶八年	碑存新鄉縣清真寺
創建祠堂碑		道光十年	碑存新鄉縣高公廟鎮張灣村
創修文昌閣記碑		光緒五年	碑存新鄉縣大召營鎮張固坡村

衛輝市（衛輝府、汲縣）

謁殷太師廟紀事	吳柱撰	康熙三年七月	碑存衛輝市比干廟
衛輝府開墾比干廟荒地告示碑		康熙三年十二月	碑存衛輝市比干廟
謁殷太師比干廟詩		康熙三年十二月	碑存衛輝市比干廟
考工殷太師廟首作		康熙三年	碑存衛輝市比干廟
殷太師廟詩		康熙三年	碑存衛輝市比干廟
謁殷太師比干墓碑		康熙二十六年	碑存衛輝市比干廟
重修比干廟牆垣記		康熙三十年	碑存衛輝市比干廟
莊廷緯沈受宏謁殷太師墓詩		康熙四十六年九月	碑存衛輝市比干廟
謁殷太師廟詩並序		康熙六十一年三月	碑存衛輝市比干廟
殷太師墓碑		康熙六十一年	碑存衛輝市比干廟
重修廣積寺碑		乾隆二年	碑存衛輝市孫杏村鎮七里鋪村東北
重修香家寺碑	李景新撰	道光十年	碑存衛輝市拴馬鄉流水村
署衛輝府知府方觀園衛靈公墓題記		道光十五年三月	碑存衛輝市比干廟
題殷比干墓		光緒二十三年	碑存衛輝市比干廟
禹王治水碑	曾培祺撰	光緒二十三年	碑存衛輝市博物館

輝縣市（輝縣）

重修廣生殿記		乾隆三年	碑存輝縣市吳村鎮落安營
玉帝廟碑		乾隆四十一年	碑存輝縣市褚丘鄉大窪村東南
建立關帝廟工程告竣記碑		乾隆五十二年	碑存輝縣市趙固鄉趙固村
重修泰山廟碑記		乾隆五十六年	碑存輝縣市郊東關村
捐施地庫碑存碑記		乾隆五十六年	碑存輝縣市郊東關村
重修五龍殿序碑	李中香撰	嘉慶三年	碑存輝縣市三郊鄉秋溝村
重修鐘鼓樓山門碑記		嘉慶四年	碑存輝縣市南寨鎮南寨村
重修崇興寺碑		嘉慶十四年	碑存輝縣市孟莊鎮李固村
重修眼光殿碑		嘉慶十六年	碑存輝縣市褚丘鄉褚丘村
重修地藏王殿碑		道光六年	碑存輝縣市褚丘鄉褚丘村
修路碑		道光八年	碑存輝縣市高莊鄉新莊村
修潘西耿村大泉碑		道光十八年	碑存輝縣市褚丘鄉西耿村
重修灶王爺廟碑記		光緒十年	碑存輝縣市南寨鎮南寨村
百泉扇面刻石	繆彤 張英 顧藹吉 陳元龍 何焯等書	清	碑存輝縣市百泉碑廊

延津縣

神丘寺碑	常習傳撰	嘉慶五年	碑存延津縣文化館
重修城隍廟碑記			碑存延津縣胙城中學
移民碑			碑存延津縣榆林鄉姚莊村

封丘縣

重修泰山行宮碑	呂錫林撰	道光五年	碑存封丘縣應舉鄉西火村

獲嘉縣

東張巨寨碑			碑存獲嘉縣張巨鄉東張巨村

鶴壁市清碑存目

鶴壁市（淇縣）

重修伍聖祠金妝碑記		順治十八年三月	碑存鶴壁市博物館
創建拜殿碑記	劉國□書	康熙八年	碑存鶴壁市大河澗鄉磐石頭村西
重修靜居寺碑	齊應英撰並書	康熙十二年	碑存鶴壁市鶴壁集鄉葦泉村
創建火神殿並重修各廟碑記	劉三祝書	康熙四十六年	碑存鶴壁市鶴壁集鄉賈村
重修菩薩堂記碑		康熙四十八年	碑存鶴壁市鶴壁集鄉賈家村
重修三教堂戲臺碑記	秦加吉撰　郭瑾書	雍正七年	碑存鶴壁市鶴壁集鄉婁家溝村
重修三教堂碑記		雍正七年	碑存鶴壁市鶴壁集鄉婁家溝村
婁家溝重修碑記		雍正七年	碑存鶴壁市鶴壁集鄉婁家溝村
重修老爺廟碑		雍正七年	碑存鶴壁市鶴壁集鄉高家窯村
重修靜居寺後殿碑記	張天秩撰　續英書	雍正九年	碑存鶴壁市鶴壁集鄉葦泉村
白龍廟碑		雍正十三年	碑存鶴壁市鶴壁集鄉東頂村
重修觀音堂記碑		雍正十三年	碑存鶴壁市鶴壁集鄉東頂村
重修華林洞碑記		乾隆二年	碑存鶴壁市鶴壁集鄉清水池村
補葺元帝廟小引	賈文英撰	乾隆六年	碑存鶴壁市山峪鄉東南山村

续表

故縣村唐氏家事碑		乾隆十六年	碑存鶴壁市鹿樓鄉故縣村
重修玉帝廟碑記		乾隆二十年	碑存鶴壁市博物館
創建永濟石橋	□禹欽撰　傅沫書	乾隆二十一年	碑存鶴壁市鹿樓鄉後營村
重修龍王廟記		乾隆二十九年	碑存鶴壁市上峪鄉鹿廠村
重修玉皇殿觀音廟碑記		乾隆三十年	碑存鶴壁市鶴壁集鄉施家溝村
郭家崗重修龍王廟記碑	王三畏撰　郭温書	乾隆三十一年	碑存鶴壁市鶴壁集鄉郭家崗村
葦子山靜居寺重修中佛殿碑記		乾隆三十二年	碑存鶴壁市博物館
重修牛王廟碑記	胡希大撰並書	乾隆三十八年	碑存鶴壁市鶴壁集鄉東馬駒河村東
重修神台碑記	賈石邦撰　賈大臣書	乾隆三十九年	碑存鶴壁市鶴壁集鄉吳莊村
半坡店重修觀音堂碑		乾隆四十二年	碑存鶴壁市大賚店鎮半坡店村
重修夫子廟碑		乾隆四十三年	碑存鶴壁市大河澗鄉小河澗村
創立家祠記碑	劉侍偉撰　劉夢元書	乾隆四十三年	碑存鶴壁市鶴壁集鄉將軍墓村
重修橋岸碑記	唐永方撰　唐永業書	乾隆四十五年	碑存鶴壁市鹿樓鄉故縣村
重修太行山行宮以及龍王廟碑		乾隆四十五年	碑存鶴壁市鶴壁集鄉西頂村
重修玉皇殿並前後兩廊諸神廟宇以及戲樓碑記		乾隆四十六年	碑存鶴壁市鶴壁集鄉王賓迪村
寬河口修橋碑記	劉仲虎撰　孫笚齡書	乾隆五十年	碑存鶴壁市大河澗鄉磐石頭村西
斜里村重修觀音堂碑		乾隆五十五年	碑存鶴壁市大賚店鎮斜里店村
重修東西路菩薩堂碑記	侯萬里撰并書	乾隆五十八年	碑存鶴壁市鶴壁集鄉鶴壁集村
禁止啟土開窯碑記		嘉慶二年	碑存鶴壁市鹿樓鄉東頭村西
重修關帝廟碑記	劉儒撰并書	嘉慶三年	碑存鶴壁市龐村鎮龐村
重修菩薩堂龍王廟碑	賈銘撰并書	嘉慶十二年	碑存鶴壁市上峪鄉鹿廠村
重修清水池廣生廟碑	蔡莘撰并書	嘉慶十四年	碑存鶴壁市鶴壁集鄉清水池村北
重修玉皇廟碑	胡逢源撰　袁楷書	嘉慶十四年	碑存鶴壁市鶴壁集鄉東頭村
重修三教堂碑記		嘉慶二十二年	碑存鶴壁市大河澗鄉洪峪村
重修耿家橋碑記		嘉慶二十三年	碑存鶴壁市上峪鄉上庄村
柏尖山威惠都龍王廟重修碑記		嘉慶二十三年	碑存鶴壁市大河澗乡大河澗村
創修重修戲樓龍神廟記碑	原勒撰并書	嘉慶二十五年	碑存鶴壁市鶴壁集鄉黃廟溝村
重修龍王廟記碑	李士超撰　李少英書	道光六年	碑存鶴壁市鶴壁集鄉龍臥村
重修佛祖關帝廟及三教堂碑記	杜貞元撰　原頤書	道光八年	碑存鶴壁市鶴壁集鄉清水池村
元帝廟重修碑記	牛廣允撰　牛廣識書	道光九年	碑存鶴壁市上峪鄉東南山村
新建祠堂碑	孫明揚撰　孫開元書	道光十年	碑存鶴壁市石林鄉卜家溝村
姬家山重修碑記	姬鳳翰撰　姬輝載書	道光十二年	碑存鶴壁市鶴壁集鄉姬家山村
改修龍神廟殿移修火神補修戲樓碑記		道光二十三年	碑存鶴壁市鶴壁集鄉王家迪村
重修三教堂關帝廟創建孫真人殿碑記	婁琚撰　郭清雲書	道光二十六年	碑存鶴壁市鶴壁集鄉西頂村
湯邑西東石林村重修菩薩堂碑記	宋枉撰　宋文燦書	咸豐二年	碑存鶴壁市石林鄉中石林村

续表

重修火神廟碑記		同治三年	碑存鶴壁市大河澗鄉楚君頭村
嶺南碑記		同治五年	碑存鶴壁市鶴壁集鄉嶺南村
重修青龍廟碑記	張兆福撰並書	同治八年	碑存鶴壁市鶴壁集鄉梁峪村北
故縣村重修廟碑記	唐熙載撰並書	同治九年	碑存鶴壁市鹿樓鄉故縣村
昭茲來許碑	孫見蕙撰　孫永清 孫天良書	同治九年	碑存鶴壁市鶴壁集鄉石碑頭村
新修黃陽山奶奶廟宇碑記	張維周撰　張式敬書	光緒元年	碑存鶴壁市鶴壁集鄉石碑頭村
黃陽山建立仙姑廟聖母神祠碑		光緒元年	碑存鶴壁市鶴壁集鄉石碑頭村
重修三教堂關帝廟大聖祠龍王殿府君廟新修院牆並廟後石路		光緒五年	碑存鶴壁市鶴壁集鄉石碑頭村
重修石橋碑記	吳致國撰　張恒清書	光緒十年	碑存鶴壁市鶴壁集鄉秦馬莊村
重修三教堂關帝廟大聖祠龍王殿廣生樓香閣廳碑記	張式敬撰	光緒十二年	碑存鶴壁市鶴壁集鄉石碑頭村
重修菩薩廟碑記	郭延口撰	光緒十三年	碑存鶴壁市鶴壁集鄉賈家村
重修府君廟碑記	苗金玉撰并書	光緒十四年	碑存鶴壁市石林鄉石林村
敕柏尖山威惠都龍王廟重修碑記		光緒十七年	碑存鶴壁市上峪鄉柏尖山村
傅氏敬祀其先碑	傅文林書	光緒二十八年	碑存鶴壁市鹿樓鄉壺咀村
三泉郝君暨德配節孝王氏墓表並銘		光緒三十年	碑存鶴壁市博物館
重修觀音廟碑記	傅振銘撰　張玉聲書	宣統二年	碑存鶴壁市上峪鄉上峪村
重修火神地藏王廟碑		清	碑存鶴壁市鶴壁集鄉施家溝村

淇縣

殷朝六七賢聖君故都碑	孫徵蘭撰	順治五年	碑存淇縣朝歌鎮南關村
雲蒙山昊天玉帝離宮小記		順治七年	拓藏河南博物院
金裝五龍王爺城皇廟記		乾隆十二年	拓藏河南博物院
火神廟新刻石獅碑記	馮儒撰并書　楊國振刻石	乾隆三十五年	碑存淇縣火神廟
重塑神像補修樓閣碑		道光十年	碑存淇縣黃龍洞鎮黃龍洞村
重修通玄觀碑	王以撰並書	道光十三年	碑存淇縣高村鎮賀子村
陳大老爺德政碑	陳心照撰　馮善堂書	同治十二年	碑存淇縣朝歌鎮繼莊村
恭頌陳大老爺德政碑	陳心照撰　馮喜堂書	同治十二年	拓藏河南博物院
何大老爺（雲生）德政碑		光緒十年	碑存淇縣朝歌鎮南關村
胡大老爺德政碑		光緒三十一年	碑存淇縣文管所
何大老爺德政碑		光緒三十五年	藏拓河南博物院

濬縣

重修觀音洞記		康熙二十五年	摩崖存濬縣大伾山
重修南門碑樓記	劉元溥撰書並篆額	康熙三十四年	碑存濬縣衛賢鄉衛賢村
郭氏塋志碑		乾隆五年	碑存濬縣善堂鎮郭小寨
蔣大老爺仁愛碑		乾隆十九年	碑存濬縣善堂鎮白毛村
重修衛賢寨碑		乾隆二十三年	碑存濬縣衛賢鄉集市
螞蚱廟碑		乾隆三十九年	碑存濬縣白寺鄉左窪村
李氏先塋相傳統序碑		乾隆三十九年	碑存濬縣新鎮鎮東郭村
忠厚傳家序碑	唐樂學等立石	乾隆四十二年	碑存濬縣鉅橋鎮唐莊村
徐莊重修觀音堂碑		嘉慶二年	碑存濬縣白寺鄉徐莊村
重修五聖祠記碑		道光二年	碑存濬縣衛賢鄉南紙坊村
免協濟碑		咸豐三年	碑存濬縣城關鎮
民廬莊口免反亂碑		同治元年	碑存濬縣白寺鄉民廬莊村
禁賭碑		光緒十四年	碑存濬縣白寺鄉郭莊村
修寨碑		光緒十七年	碑存濬縣白寺鄉淩湖村
先賢端木祠古楷行碑		光緒二十二年	碑存濬縣城關鎮
重修義渡碑		光緒二十九年	碑存濬縣衛賢鄉南紙坊

安陽市清碑存目

安陽市（安陽縣）

重修關帝廟碑記	方無啟撰	康熙十四年	碑存安陽市千口鄉東梁村
九華山碑記		康熙四十三年	碑存安陽市許家溝鄉下堡村九華山
後土神碑		乾隆十二年	碑存安陽市東風鄉八里莊村
武老爺恩德免約碑		乾隆十三年	碑存安陽市珍珠泉
太學碑記		乾隆二十四年	碑存安陽市西大街
小南海蓋路碑		乾隆四十五年七月	碑存安陽市羊店鎮楊家坪村燕
聖諭碑記		嘉慶九年	碑存安陽市文管所
重修李神廟記碑		光緒六年	碑存安陽市西鐘樓巷
天盛寺規記碑	李振興撰		碑存安陽市東風鄉申家崗村
御史街重修石路記		宣統元年月	碑存安陽市西南營街

安陽縣

小南海普路碑		乾隆五十四年七月	碑存安陽縣應善鎮楊家坪村
重修廟堂記碑		道光十年閏四月	碑存安陽縣銅冶鄉東傍佐村
重修關帝廟碑		道光十二年	碑存安陽縣倫掌鄉杜家崗
洪河屯地震碑		道光十二年	碑存安陽縣洪河屯鄉洪河屯村

湯陰縣

楊公涵洞德政碑		雍正九年	碑存湯陰縣五陵鎮瓦碴村
楊公柳堤碑	楊兆麟撰　喬俞書	雍正十三年	碑存湯陰縣文管所
聖諭表彰傅用揖德行碑		雍正十三年	碑存湯陰縣任固鎮任村
重修後橋碑	常兆祥撰　張玢書　孫才刻石	乾隆四十年	碑存湯陰縣宜溝鎮車屯村
重修觀音堂碑		乾隆五十四年	碑存湯陰縣五陵鎮西小章村
重修禪教寺佛殿碑	鄭重義撰　秦丙書	嘉慶四年	碑存湯陰縣任固鎮南故城村
重修五聖廟碑	陳道生撰並書	道光十三年	碑存湯陰縣瓦崗鄉夏莊村
摹刻宋岳忠武將軍南行詩草書	許乃釗跋	道光二十三年八月	碑存湯陰縣岳飛紀念館
寶刀歌		道光二十三年	碑存湯陰岳飛紀念館
補築堤工碑	李蘊玉撰　賈金宣書	咸豐六年	碑存湯陰縣五陵鎮五陵村
重修水帝廟碑	蘇晉霖撰並書	同治二年	碑存湯陰縣瓦崗鄉夏莊任村
王家壁題觀出師表記		同治十一年	碑存湯陰岳飛紀念館
袁保恒書觀出師表記		光緒元年	碑存湯陰岳飛紀念館
楊欽琦書觀出師表記		光緒六年	碑存湯陰岳飛紀念館
泰山行宮重修碑	劉月珠撰　申連元書　張希榮刻石	光緒十四年	碑存湯陰縣任固鎮北故城村
重修玄帝廟碑		光緒二十四年	碑存湯陰縣宜溝鎮小蓋族村

內黃縣

重修白衣菩薩堂記碑		乾隆二十四年	碑存內黃縣文物保護管理所
戴馬同宗遷民祠碑		嘉慶十年	碑存內黃縣二安鄉小槐林村
重修關帝廟碑記		道光二十年	碑存內黃縣高隄鄉咀頭村
雜差碑		咸豐五年	碑存內黃縣高隄鄉尚小屯村
豁減銀糧碑		咸豐六年	碑存內黃縣城關鎮小旺村
修寨碑		同治五年	碑存內黃縣張龍鄉中流河村
義興寨碑		同治七年	碑存內黃縣東莊鎮大村
趙王溝記事碑	侯錫晉撰　李森書　董得重刻石	光緒十年	碑存內黃縣高隄鄉南高隄村
湯王廟碑		光緒十一年	碑存內黃縣田氏鄉湯王廟村

滑縣

重修白衣堂碑		康熙五十二年	碑存滑縣老店鄉泥馬廟村
郭兆熊德政碑		光緒三十一年	碑存滑縣半坡店鄉西後營村

林州市（林縣）

重修浮圖石佛記碑		順治六年	碑存林州市河順鎮上莊村崇善寺
禁林序碑		乾隆十五年	碑存林州市采桑鎮洪峪村
法濟寺重修碑記		道光二十三年	碑存林州市任村鎮盤陽村法濟寺
普濟橋碑	平東晨撰　王政敷書	道光二七十年冬	碑存林州市小店鄉南屯村
增修達橋泉碑	王化成撰　符少陵書	咸豐	碑存林州市姚村鎮四道河村
石令庵重修碑		同治四年	碑存林州市采桑鎮幸福莊
鳥雲山重修廟碑	萬敬藏撰	光緒三年	碑存林州市采桑鎮鳥雲山
重修萬善橋記碑		光緒二年	碑存林州市任村鎮盤陽村
荒年序碑		光緒六年	碑存林州市采桑鎮洪峪村
小寨村災荒碑	陳瑜撰並書	光緒六年	碑存林州市合澗鎮小寨村
盤峪村災荒碑	郭煥章撰　郭明瑄書	光緒七年	碑存林州市桂林鎮盤峪村
施捨西大堰地畝碑	殷獻廷撰並書	光緒七年	碑存林州市河順鎮塔子陀村
重修龍王廟碑		光緒十一年	碑存林州市采桑鎮幸福村
教場旱象碑	鄧建安撰并書	光緒三十三年	碑存林州市東崗鎮教場村
重修大街路碑		光緒三十三年	碑存林州市東崗鎮教場村

濮陽市清碑存目

南樂縣

處士管恩師諱鳴塤字翁和思念碑	管儒撰並書	光緒	碑存南樂縣梁村鄉翟村

清豐縣

追本溯源碑		乾隆十五年	碑存清豐縣楊村鄉關樵夫村南

范縣

蘇佑牌坊		道光五年	碑存范縣文物保護管理所
重修李氏禮堂碑		咸豐六年	碑存范縣楊集鄉李辛店村
齊魯分化台碑		光緒十七年重立	碑存范縣高馬頭鄉分化台村
崔作合孝子碑		光緒三十年四月	碑存范縣陳莊鄉楊二莊村
東廟碑序			碑存范縣濮城鎮政府院內

台前縣

重修玄帝廟碑	楊北山撰　李斯馨書	順治十年	碑存台前縣吳壩鄉志門村
王氏孝行碑		康熙十七年	碑存台前縣夾河鄉白鋪村
劉氏節孝碑		光緒二十八年	碑存台前縣清水可鄉劉樓村

商丘市清碑存目

商丘市（歸德府、商邱縣）

重建關爺行宮廟記碑		順治年間	碑存商丘市李莊鄉關莊村
泰山娘娘廟碑		康熙九年	碑存商丘市李莊鄉宋樓村
南湖草堂碑		康熙十五年	碑存商丘市王墳鄉劉莊村
重修太山行宮碑		康熙三十七年	碑存商丘市王樓鄉清涼寺村南
改建三大士閣碑	羅壁浴撰　董慶越書　武治強刻石	康熙四十五年	碑存商丘市李莊鄉蒙牆寺村
勒石記事碑	宋健撰　于址書	康熙五十五年	碑存商丘市睢陽區南郊鄉老南關村南
三大士設醮圓滿碑	宋建撰　于址書　瑞坤立石	雍正七年	碑存商丘市李莊鄉關莊村
李自成墓碑		乾隆三十五年	碑存商丘市郭村鄉金盆李村
劉德遠墓碑		清	碑存商丘市王墳鄉殷莊村
修王固寺小記碑	張啟言立	嘉慶二年	碑存商丘市謝集鄉集市北街
千叟宴碑		嘉慶九年	碑存商丘市李莊鄉李梅樓村西
蔡正心墓碑		嘉慶二十三年	碑存商丘市王墳鄉香山廟村
李紹唐墓碑		道光十七年	碑存商丘市謝集鄉高臺李村
李翰莊重修廟碑	馬振燕撰　周尚俊書　李清林立石	同治十二年	碑存商丘市周集鄉大張莊村西
雪苑名流賈開宗碑	韓孟春撰　宋廷傑書	光緒十二年	碑存商丘市王樓鄉賈莊村

寧陵縣

重修平臺寺碑	王濟之撰　楊巨勳書	光緒十九年	碑存商丘市平臺鄉集市北
朱鴻恩墓碑		光緒三十年	碑存商丘市王墳鄉保莊村
朱氏廟碑		清	碑存商丘市王墳鄉朱營村

寧陵縣

宋名儒沙隨程夫子故里碑		嘉慶六年重刻	碑存寧陵縣石橋鄉冉路口村
誥命碑	董沐敬書	道光十六年	碑存寧陵縣陽驛鄉鄭樓村

永城市（永城縣）

重修觀音廟碑		順治八年	碑存永城市臥龍鄉渾河村
邑侯魏公祠碑記	錢孔恩撰	順治十六年	
重修太平寺碑記	丁炳撰並書	康熙十四年	碑存永城市馬牧鄉集市南
新建三大士菩薩碑	黃元功撰	康熙十八年	碑存永城市蔣口鎮謝集村
創建玉帝廟碑		康熙十八年	碑存永城市王集鄉王集村
創建玉帝廟碑	黃元功撰	康熙三十八年	碑存永城市王集鄉王集村
重修大王閣碑		康熙四十八年	碑存永城市薛湖鄉李早園東
重修兩廊山門碑	原田美撰　郝涵書	乾隆四十一年	碑存永城市茴村鄉石板橋
重修三神廟碑		乾隆年間	碑存永城市演集鄉賀寨東
練氏備錄世系碑		乾隆年間	碑存永城市陳集鄉三皇廟村
梁氏世系碑		乾隆年間	碑存永城市順河鄉梁柱村
馬牧集規約碑	吳迎軒書	嘉慶二十一年	碑存永城市馬牧鄉葡子村北
還金間碑刻	張雲章題　吳應軒書　謝應明立	道光四年重立	碑存永城市侯嶺鄉謝酒店村
重修白果寺碑		道光五年	碑存永城市條河鄉魚山中學
王氏家族世系碑	王氏十世至十三世孫奉祀刻石	道光二十四年	碑存永城市馬牧鄉兩口村東
修寨碑		咸豐年間	碑存永城市演集鄉賀寨村
重修義倉記碑		光緒六年五月	碑存永城市糧食局內
公議集規碑		光緒年間	碑存永城市高莊鎮葛店村
重修普明寺碑	梁尚□樸壘撰	光緒十六年	碑存永城市陳集鄉漢陳村西寨溝
修祠興學碑	楊毓秀撰　王言卿書	光緒二十九年	碑存永城市茴村鄉岳廟村

夏邑縣

重修白衣奶奶廟碑		康熙九年	碑存夏邑縣濟陽鄉小張閣村
李琚墓碑		乾隆三十一年	碑存夏邑縣北鎮鄉後林村
劉氏始祖碑		乾隆三十七年	碑存夏邑縣城北梁園村
敕授登仕郎廣東揭陽縣巡檢晉贈儒林郎王榮亭墓碑		嘉慶二十二年	碑存夏邑縣城關鎮王林村
創建楊氏先祠碑記		嘉年二十三年	碑存夏邑縣車站鎮楊營村
誥封登仕郎太學生王君迪墓碑			碑存夏邑縣城關鎮王林村
重修青銅寺碑記		光緒十八年	碑存夏邑縣歧河鄉董莊村
重修楊氏先祠碑記		光緒二十一年	碑存夏邑縣車站鎮楊塋村
修職郎高允善墓碑		光緒三十年	碑存夏邑縣東集鄉肖洪劉莊村
誥授昭武都尉藍翎補楊平南墓碑		宣統三年	碑存夏邑縣桑堌鄉段竹園村

虞城縣

靈古村法華寺重整聖像碑		順治四年	碑存虞城縣大侯鄉花寺集村
重修觀音寺碑		康熙元年	碑存虞城縣黃塚鄉集市東南
重修七聖神祠碑	張白大撰　朱野逸書	康熙三十二年	碑存虞城縣大侯鄉樓房村
重修十子廟碑	馬長卿撰　卞駿起書	道光十六年	碑存虞城縣利民鎮十子廟村
沙崗集圓滿碑	朱治學撰　李心進書	同治七年	碑存虞城縣站集鄉沙崗店
重修玉皇閣碑		光緒十三年	碑存虞城縣三莊鄉肖莊村
誥命碑		光緒二十四年	碑存虞城縣縣城建康路
盧家營聖母會進香圓滿碑	常三省書	光緒二十七年	碑存虞城縣大侯鄉寺集村
顯孝碑	耿亮節撰　王銀清書	光緒三十年	碑存虞城縣劉集鄉孫樓村東
東嶽天齊廟圓滿會碑	王欒元鄭廷獻撰並書	光緒三十二年	碑存虞城縣站集鄉沙崗店村

柘城縣

兵差應用車馬章程碑		光緒三年	碑存柘城縣城關鎮中原大街
清官第一碑		光緒十年	碑存柘城縣城關鎮東關

睢縣（睢州）

蔣奇猶功德碑		康熙年間	碑存睢縣城東南蔣墳村
萬人頌德碑		康熙年間	碑存睢縣城關鎮縣煙酒公司
重修關帝廟碑	馮樹德撰	道光十七年	碑存睢縣匡城鄉匡城村
重修雙塚寺碑	曹宗程撰　王蔣趾書	道光二十三年	碑存睢縣周堂鎮喬寨村
重修太山廟碑		道光二十六年	碑存睢縣榆廂鄉朱屯村
大李家世碑		咸豐八年	碑存睢縣平鎮鄉大李村東
重修龍王廟碑	李金城撰　朱錫齡書	光緒三十一年	碑存睢縣阮樓鄉劉樓學校
重修東關清真寺碑		宣統三年	碑存睢縣城關鎮回族鎮東關

民權縣

泰山會記碑		康熙二十四年	碑存民權縣城關鎮老城村
清敕授登仕郎附監生位貴州黃平分州張公諱容字子王從追慕碑		康熙年間	碑存民權縣北關鄉張道口村
重修仲莊寺碑		康熙二十六年	碑存民權縣龍塘鄉西老莊村
重修玉帝廟碑		康熙五十七年	碑存民權縣雙塔鄉短崗村
劉氏始祖碑		乾隆七年	碑存民權縣花園鄉張侯村
重修准提閣記碑		乾隆十八年	碑存民權縣尹店鄉李崗村
陳公德政碑		乾隆二十三年	碑存民權縣順河鄉老流通村
趙氏遷杞碑		乾隆五十年	碑存民權縣人和鄉臺上村東
昭穆辨正碑		嘉慶二十四年	碑存民權縣王橋鄉張樓村
重修桃園寺碑		道光七年	碑存民權縣王莊寨鄉韓大寺村
關帝廟碑		光緒九年	碑存民權縣野崗鄉畢莊村北
李德馨德教碑		光緒十一年	碑存民權縣順河鄉老流通村
于老夫子德教碑		光緒十三年	碑存民權縣李堂鄉於堂村
貞節碑	閻召棠書	光緒年間	碑存民權縣王橋鄉崔莊村東
孫氏功德碑		光緒三十四年	碑存民權縣王莊寨鄉集市

許昌市清碑存目

許昌市（許州、許昌縣）

俎氏祖塋碑	俎雲嵐	光緒二十四年	碑存許昌市橋營鄉佾莊村

長葛市（長葛縣）

長葛縣冊籍碑		康熙三十六年	碑存長葛市長社區楊中村
創建陘山書院碑		乾隆十四年	碑存長葛市老城鎮陘山書院
車氏施地學宮寄免差徭碑		乾隆五十三年	碑存長葛市老城鎮陘山書院
重修圓覺堂碑	黃豐福撰　李煊書　周懷玉刻石	嘉慶二十三年	碑存長葛市老城鎮打繩趙村
重修石梁橋碑	尚元吉高安撰　王濟書	道光六年	碑存長葛市石固鎮南寨
石固集市越境霸市一案碑		道光二十年	碑存長葛市石固鎮南寨
重修龍泉寨碑	胡承恩撰　劉榮光書	同治六年	碑存長葛市後河鎮後河寨
葛邑崇孝保上五賑碑	楊彤恩撰并書	光緒三年	碑存長葛市後河鎮後河寨

禹州市（禹縣）

旌表儒士周國才妻李氏節孝坊		乾隆十九年	碑存禹州市火龍鄉龍池村
裴山三年聖會完滿記碑	李如楠立石	乾隆二十五年	碑存禹州市郭蓮鄉郭蓮村
重修逍遙觀碑記		乾隆四十年	碑存禹州市淺井鄉馬溝村
重修彌陀寺碑記		乾隆四十五年	碑存禹州市文殊鎮磚橋村

襄城縣

城關清真寺修建碑		康熙年間	碑存襄城縣石羊街
襄城縣公建文昌祠並天修希賢書院考棚記	熊得芝撰	嘉慶九年四月	拓藏河南省文史研究館

漯河市清碑存目

漯河市

趙氏祖墓碑	洪志文恭撰	乾隆四十年	碑存漯河市孫莊鄉後周村
重修卸寨玄帝廟碑		乾隆五十三年	碑存漯河市萬金鎮卸寨村
重修東嶽廟正殿碑	孟毓奇撰　周立教書	乾隆五十七年	碑存漯河市孫莊鄉後周村
重修大王廟政正殿碑	趙光華撰　陳象□書	乾隆年間	碑存漯河市翟莊鄉翟莊村
重塑金妝廣生祠滿堂神像碑	李憲文撰並書	嘉慶八年	碑存漯河市孫莊鄉後周村
重修玄帝廟拜殿記碑	張景照撰　趙清廉書	嘉慶十三年	碑存漯河市東大街
重修真武廟正殿碑	趙源生撰　趙清廉書	嘉慶十五年	碑存漯河市東大街

郾城區（郾城縣）

重修南龍王廟東三官廟火神殿廣生祠及山門垣墻道房碑記	黃貫一撰並書	道光五年	碑存漯河市翟莊鄉黃尚村
修石路碑		道光十年	碑存漯河市食品廠西

郾城區（郾城縣）

重修三官祖師龍王牛王菩薩□□金妝神像周圍院牆山門碑記		光緒十三年	碑存漯河市郾城區孫店鄉後周村
武嶺公功德碑	張□銓撰　王丙榮書	宣統三年	碑存漯河市郾城區城關鎮古城村

臨潁縣

重修樊侯祠碑	華錦成撰　華錦錫書	光緒十三年	碑存臨潁縣馬村鄉華店村

舞陽縣

重修華岩寺碑	宋士敬撰　魏銘韶書	同治十年	碑存舞陽縣城關鎮七里村塘河橋上
重修上洪容寺大殿等記碑	孟雲樵撰並書	同治十一年	碑存舞陽縣馬村鄉華店村
重修樊侯祠碑	華錦成撰　華錦錫書	光緒十三年	碑存舞陽縣馬村鄉華店村

平頂山市清碑存目

平頂山市（寶豐縣）

焦贊山摩崖石刻		清	碑存平頂山市東高皇鄉東焦贊山頂
犀牛望月碑		清	碑存平頂山市薛莊鄉楊官營村

汝州市（臨汝縣）

法行寺塔銘		順治十年十月	碑存汝州市風穴寺
汝州歸仁里半機店新建萬泉橋碑記		乾隆十七年	碑存汝州市蟒川鄉半劄村風穴寺
汝帖	白明義摹刻	道光十八年	帖存汝州市博物館
重修三官殿碑	鄧有基撰　賈文書	同治十三年	碑存汝州市玉皇廟
重修白雲寺石橋碑		光緒十八年	碑存汝州市風穴寺
重建接聖橋碑	範端溪撰　黃斐然書　范乃龍篆額　張從明刻石	光緒十八年	碑存汝州市風穴寺內

舞鋼市

聖旨碑		康熙年間	碑存舞鋼市棗林鄉趙莊村東
創建羅寨廟碑記		嘉慶年間	碑存舞鋼市尚殿鄉羅寨廟村
安寨關帝廟重修碑記		清	碑存舞鋼市棗林鄉安寨村

魯山縣

陳子善墓碑		康熙三十五年	碑存魯山縣馬樓鄉倉房莊
江老將墓碑		康熙五十二年	碑存魯山縣熊背鄉桃園溝老將墳
重修廣生祠壯繆廟碑	關應翔撰　楊永譽書	乾隆四十一年	碑存魯山縣倉頭鄉倉頭村
閻學曾墓碑	王履泰撰		碑存魯山縣張官營鎮張官營村
重修楊公祠記碑			碑存魯山縣城東門大街
孫氏牌坊題銘		嘉慶十四年	碑存魯山縣馬樓鄉釋寺村
重修窯神廟大殿拜殿碑	張致遠撰　李德隆書	道光元年	碑存魯山縣梁窪鎮梁窪街窯神廟
徐氏墓碑	徐啟元撰	道光二年	碑存魯山縣趙村鄉上湯村
創建戲樓碑記		道光五年	碑存魯山縣二郎廟鄉二郎廟村
新建感應龍神廟碑	白榮譽撰並篆額　謝興堯書	道光五年	碑存魯山縣城關三街
重修楊公祠碑	白榮譽撰　查人漢書	道光八年	碑存魯山縣城東門大街
馬氏先祖塋碑		道光二十年	碑存魯山縣城關鎮
重修雷音寺記碑	薛廷義刻石	道光二十四年	碑存魯山縣瓦屋鄉瓦屋村
重修文殊庵俺窟沱寺碑	何道泰撰　王光壁書　李殿芳刻石	道光二十五年	碑存魯山縣四棵樹鄉庵陀寺
李知縣德政碑		道光二十八年	碑存魯山縣城關鎮五里堡邢莊
禁令碑		道光二十八年	碑存魯山縣瀼河鄉石佛寺村
創建戲樓碑記		道光年間	碑存魯山縣二郎廟鄉二郎廟村東
創建阿麓書院碑記		道光年間	碑存魯山縣瓦屋鄉雷音寺村
侯耆賓墓碑	何道泰撰　王之翰書	咸豐九年	碑存魯山縣四棵樹鄉侯崖村
感應井碑	潘景文撰　華應時書	同治元年	碑存魯山縣城關三街
馬淩雲墓碑		光緒十三年	碑存魯山縣昭平台庫區鄉婆娑村
李德仁墓碑	李之藻撰　李寶光書　李韶刻石	光緒二十年	碑存魯山縣觀音寺鄉中滑石溝
陳疇初墓碑		光緒二十六年	碑存魯山縣瀼河鄉石佛寺
創建阿麓書院碑記		光緒年間	碑存魯山縣瓦屋鄉雷音寺村

寶豐縣

漢大將軍淮陵侯王公（霸）墓碑		康熙年間	碑存寶豐縣李莊鄉李莊村
重修賈剛侯墓碑		乾隆四十八年	碑存寶豐縣城民治街
欒靜若墓碑		道光十四年	碑存寶豐縣周莊鄉陸莊村
重修賈復廟碑		咸豐十一年	碑存寶豐縣城民治街
重修賈復廟碑		光緒六年	碑存寶豐縣城民治街
秦苓溪陰府留別詩碑			碑存寶豐縣商酒務商酒務村

葉縣

龍王山頭摩崖題記			碑存葉縣常村龍王山上
文王化行南國碑	崔赫題書	康熙二十一年冬月	碑存葉縣遵化店遵化村
重修子房廟碑記		康熙年間	碑存葉縣鄧李鄉張高村
創修洛崗戲樓碑		嘉慶十二年	碑存葉縣洪莊楊鄉洛崗村
張永年墓碑		嘉慶二十三年	碑存葉縣洪莊揚鄉煉石店村
創修歐陽小橋碑	陳霖刻石	道光五年	碑存葉縣田莊鄉小王莊村
重修薄妃廟碑	王新照撰　鄭光明書	道光五年	碑存葉縣任店鄉史營村北
幹溝橋碑		道光二十一年	碑存葉縣任店鄉任店村幹溝橋
重修張甫橋碑	清林撰　效景禹書	咸豐元年	碑存葉縣水寨鄉赫溝村
重修安公通濟橋碑	王華平撰　李震東書	咸豐元年	碑存葉縣任店鄉灰沿河村
胡官營記碑	張明甫撰　李金濮書	咸豐三年	碑存葉縣任店鄉前營村
張延令鎮壓捻軍碑	許靜撰	咸豐年間	碑存葉縣第一小學
重修迎仙橋碑記	歐陽霖書	咸豐四年	碑存葉縣任店鄉任店村
程祥庵墓碑		咸豐九年	碑存葉縣任店鄉柳疙瘩村
黃庭堅書幽蘭賦碑		同治七年重刻	碑存葉縣縣城文廟
重修法雲寺碑	郭連城撰	同治八年	碑存葉縣水寨鄉赫溝村
高文通隱居處碑	許靜書　歐陽霖立	同治八年	碑存葉縣常村鄉石門水庫大壩東
龍王山摩崖題記	許靜題書		碑存葉縣常村鄉西龍山
蘭天篤墓碑		同治十年	碑存葉縣任店鄉輝嶺村東
金妝伽蘭神像碑	家美撰　陳盼書	光緒三年	碑存葉縣任店鄉任店村西
重修雙鳧橋碑	范蘭馨撰　賈新詔書　溫郁文刻石	清	碑存葉縣任店鄉魏莊村南

郟縣

重修文廟碑記		順治年間	碑存郟縣城關鎮南街
重修姑嫂寺碑		順治年間	碑存郟縣茨芭鄉姑嫂寺村
重修觀音寺碑		康熙二十七年	碑存郟縣長橋鄉劉樓村
重修廣慶寺碑		康熙年間	碑存郟縣茨芭鄉三蘇墳寺村
重修姑嫂寺碑		康熙年間	碑存郟縣茨芭鄉姑嫂寺村
張楣德政碑		乾隆九年	碑存郟縣三蘇墳
三先生佳城圖	張楣撰	乾隆十一年	碑存郟縣三蘇墳
郟縣學文昌閣上梁告至聖先師文			
新建郟縣文昌閣上梁文	潘思光撰	乾隆二十四年夏	碑存郟縣文昌閣
上梁告文帝祭魁星文	潘思光書	乾隆二十四年閏六月	碑存郟縣文廟文昌閣
鼎建郟縣文昌閣八卦樓記	潘思光撰	乾隆二十四年七月	碑存郟縣文廟文昌閣
八卦閣告成祭至聖先師文			
鼎建八卦閣告成祭文昌帝君文	潘思光撰並書	乾隆二十四年七月	碑存郟縣文廟文昌閣
重修崇正書院碑記		乾隆五十二年	碑存郟縣城關鎮北大街解放路北端
重修文廟碑記		乾隆年間	碑存郟縣城關鎮南街
創建清真寺碑		道光二年	碑存郟縣姚莊回族鄉禮拜寺村
魏謙六墓碑		道光三十年	碑存郟縣王集鄉魏莊村東南
重修金家廟碑		咸豐三年	碑存郟縣渣元鄉仝樓村西
李璣墓碑		咸豐五年	碑存郟縣王集鄉東馬頭
明故顧公子諱國位元組墓碑	呂相曾撰	光緒三十三年	碑存郟縣三蘇墳

南陽市清碑存目

南陽市（南陽縣）

宛南八詠	戴明說撰	順治十一年夏	碑存南陽市武侯祠
重修玄帝廟碑		順治十一年	碑存南陽市茶庵鄉李八廟村
臥龍岡謁武侯祠	韓柯□撰	康熙八年五月	碑存南陽市武侯祠
謁諸葛武侯三首	孫光宗撰	康熙十九年	碑存南陽市武侯祠
謁諸葛武侯四首		康熙二十九年三月	碑存南陽市武侯祠
南陽府斷案碑		康熙五十八年	碑存南陽市市民主街

续表

謁武侯祠	任世鱗撰	雍正元年十一月	碑存南陽市武侯祠
竹園寺地畝碑		雍正五年	碑存南陽市新莊鄉竹園寺
重修關帝廟妝塑神像碑	張生撰	乾隆二十年	碑存南陽市紅泥灣鎮鐵佛寺村
重修雲朝寺碑		乾隆二十九年	碑存南陽市漢塚鄉李莊村
重修清涼寺碑		乾隆三十年七月	碑存南陽市潦河鎮清涼寺
覺羅恒德政碑		乾隆三十七年	碑存南陽市潦河鎮清涼寺
漢醫尉張公墓祭田畝數碑		乾隆三十七年	碑存南陽市醫聖祠
題草廬	劉如□撰	乾隆三十八年三月	碑存南陽市武侯祠
重修玄妙觀壯門姥閣碑	伍彩雲撰	乾隆五十七年	碑存南陽市臥龍鄉五里堡
重修三皇廟碑記	吳堂撰	嘉慶九年四月	拓藏河南省文史研究館
清誥封通奉大夫彭省賓字鹿革行狀	杜遠猷撰	嘉慶十五年	拓藏河南省文史研究館
優免車馬雜差記碑誌	奉光構撰	道光二年	碑存南陽市七里園鄉趙莊東永可橋南
皇恩親賜德壽老民鄉者李雲功德碑		道光七年	碑存南陽市漢塚鄉大溝李莊
重修忠武侯祠前石坊		道光十一年	碑存南陽市
李子賢功德碑	張維撰	道光十三年	碑存南陽市新店鄉南小橋
創修義房碑	金修禮撰	道光十四年	碑存南陽市庵鄉李八廟村
重修敕建寺碑		道光十七年	碑存南陽市字皋鎮楊嘴頭村
邑侯徐公酌定李善士舟橋章程碑		道光二十七年	碑存南陽市新店鄉南小橋
杜工部古柏行	顧嘉蘅書	道光二十八年	碑存南陽市武侯祠
顧嘉衡自述碑	顧嘉衡撰	咸豐五年五月	碑存南陽市民主街西
重修宛城碑記	顧嘉衡撰	咸豐五年	碑存南陽市新華街北
謁武侯祠敬題二詩	倪延烺撰	同治五年九月	碑存南陽市武侯祠
重修府財神廟記		同治十三年	碑存南陽市府衙街西側
重修南陽試院落成碑		同治十三年	碑存南陽市民主街東
出師表刻石	諸葛亮撰文　岳飛書　任愷重刻	光緒二年三月	碑存南陽市武侯祠
重修公輪子廟碑序		光緒十五年三月	碑存南陽市建設跌東
健庵公行述碑		光緒十八年	碑存南陽市青華鎮青華寨街西
謁武侯祠	羅衍疇撰	光緒二十年四月	碑存南陽市武侯祠
竹農傳功德碑	李德炳撰	光緒二十八年	碑存南陽市新店鄉新店街南
崔府君廟重修碑	王心廣撰	光緒二十九年	碑存南陽市安皋鎮北營祠
安眾鋪增修南門石橋碑	許之壁撰	光緒三十四年	碑存南陽市潦河鎮西大橋
張進省懿行碑	張風崗撰	宣統元年	碑存南陽市潦河鎮壓大管莊村南
黃忠故里碑	貝蔭枬撰	宣統二年	碑存南陽市磨擦店鄉夏響鋪村南

鄧州市（鄧縣）

彭殿甲功德碑		乾隆十六年	碑存鄧州市元莊鄉梁寒村
重修彭橋街六橋碑	彭應襄撰　陳三重書	道光十年	碑存鄧州市彭橋鄉彭橋街
重修蓮花寺碑		道光十年	碑存鄧州市彭橋鄉丁家莊
文里武鄉碑	孫玉書撰　劉振泰書　王光照刻石	同治四年	碑存鄧州市白牛鄉穀社寨
重修花洲書院碑記	丁登年撰	光緒元年	碑存鄧州市花洲書院　拓藏河南省文史研究館
翁振鐸德教碑		光緒十年	碑存鄧州市文渠鄉翁莊
胡氏宗派碑	胡賓同撰　胡玉藻書	光緒年間	碑存鄧州市陶營鄉河李胡村
改設鄧縣小學堂碑記		光緒三十年	拓藏河南省文史研究館
馬玉祥懿行碑	馬昂撰　馬勝湘書	光緒三十三年	碑存鄧州市城郊解放村
馬公犍之功碑		清	碑存鄧州市穰東鎮西門外
御前侍衛碑		清	碑存鄧州市元莊鄉蓮花村

內鄉縣

萬代御恩碑		康熙三十三年	碑存內鄉縣文物保護管理所
重修關帝廟碑記		乾隆五十三年三月	碑存內鄉縣西簧鄉西簧村
三教堂碑		光緒二十八年	碑存內鄉縣馬山口鎮寺山廟村

淅川縣

重新淅川縣砟硌山法海禪寺碑記		康熙五年	碑存淅川縣文物保護管理所
關聖帝君寶殿碑	王槐撰並書　陳勝楚刻石	道光二年	碑存淅川縣城關鎮
創立捲棚記碑	王槐撰並書　陳勝楚謝繼利立石	道光二年	碑存淅川縣城關鎮
公議禁規碑		咸豐九年	碑存淅川縣荊紫關鎮金家溝村
功德碑	周清新撰　王式南書	同治五年	碑存淅川縣毛堂鄉陳營村
界牌碑	陳諭立	同治十一年	碑存淅川縣黃莊鄉角子山村
牛場界至碑	袁文德刻石	同治年間	碑存淅川縣荊紫關鎮穆營村北
王景忠懿行碑	賈祺詔撰　黃緇昌書　姚詩雅等立	光緒三年	碑存淅川縣九霄雲外重鎮九重村
太白寨碑	楊文蓮撰并書	光緒八年	碑存淅川縣黃莊鄉石橋村西北太白山
太白廟香客禁規碑	張利仁撰　黃振岳書　謝天清刻石	光緒八年	碑存淅川縣黃莊鄉石橋村

新野縣

重修古剎黑龍堂碑	焦榮撰	康熙十七年	碑存新野縣沙堰鎮李莊
邑侯徐公疏疏渠築堤碑	陶淑己撰	乾隆二十三年	碑存新野縣沙堰鎮焦店村
趙侯修渠橋梁碑		道光四年	碑存新野縣樊集鄉東趙莊村東
重修文廟碑記	鮑習仁撰	咸豐七年	碑存新野縣沙堰鎮焦樓村東
重修白水書院落成碑	潘忠翰撰	同治九年	碑存新野縣城關鎮西亂塚村
漢高密侯鄧元公故里碑	獻之撰	光緒元年	碑存新野縣城郊鄉板橋鋪村南
馬老師傳藝德教碑		光緒十年	碑存新野縣城郊鄉張營村
修橋碑		光緒三十一年	碑存新野縣
焦尚榮徐龔氏墓碑		光緒年間	碑存新野縣
太山后土之神位碑		光緒年間	碑存新野縣
方從眾黃儒人墓碑		宣統元年	碑存新野縣
孝思惟則碑		宣統二年	碑存新野縣
石柳詩碑		宣統三年	碑存新野縣
劉立體德壽碑		宣統三年	碑存新野縣
報本碑		宣統三年	碑存新野縣
齊勇毅公慎墓誌銘			碑存新野縣
齊勇毅公慎神道碑銘		清	碑存新野縣
明度高氏始祖之墓		清	碑存新野縣
官府占地碑		清	碑存新野縣
趙公修溝渠橋梁碑記		清	碑存新野縣
重修關帝廟記		清	碑存新野縣

唐河縣

修建柴竹庵碑		康熙三年	碑存唐河縣蒼台鄉宋灣村南
興復唐縣治碑		康熙年間	碑存唐河縣城關鎮
玉仙廟功德碑	王炳撰	乾隆三十九年	碑存唐河縣城西北玉仙廟
明故高祖徐氏家譜碑		乾隆四十年	碑存唐河縣龍潭鄉中徐村後徐莊
重修東台改變北門並創建鐘鼓樓牌坊耳坊宮牆碑記		嘉慶七年九月	碑存唐河縣祁儀鄉祁儀村
問雨亭碑	趙仲長撰	道光五年	碑存唐河縣城關鎮新春街
石柱山修寨碑		同治八年	碑存唐河縣祁儀鄉石柱山
尹守府記功碑	衛筵實撰	光緒二十八年	碑存唐河縣湖陽鎮東蓼陽灑堰處
土地祠碑		光緒二十八年	碑存唐河縣王集鄉王集村
修橋碑		光緒三十一年	碑存唐河縣龍潭鄉龍潭村
重修清真寺碑文記		光緒	碑存唐河縣城關鎮新安街

鎮平縣

重修城隍廟記碑			碑存鎮平縣城關鎮
劉洪起故里碑		嘉慶十三年	碑存鎮平縣城郊鄉八里廟村
重修祖師殿山門金妝神像記碑		光緒元年	碑存鎮平縣柳泉鋪鄉火燒廟
王氏祠堂碑		光緒七年	碑存鎮平縣王崗鄉硯臺村
告示碑		光緒八年	碑存鎮平賈宋鎮小集村
王子鑒懿行碑		光緒九年	碑存鎮平縣老莊鄉葉灣村

方城縣

菩薩堂記碑		乾隆十八年三月	碑存方城縣小史店鎮殿樓村
重修觀音閣法堂碑記	王琮撰	乾隆三十六年	碑存方城縣二郎廟大榮村林場
特授奉直大夫知裕州事加五級記錄十次徐太老爺諱朗元恩德碑		乾隆四十九年	碑存方城縣城關鎮勞動街
重修萬年橋碑	梁鍵撰	乾隆五十三年七月	碑存方城縣博望鎮曹河橋
敕命賈心陽碑		道光十四年十月	碑存方城縣小史店鎮鳳崗村
祠堂碑	陳善漢撰并書	道光二十五年	碑存方城縣獨樹鎮趙莊村
南陽太守傅公去思碑		同治四年	碑存方城縣文物保護管理所
太學生郭公印德成字修亭暨子印懷諭字佩庵捐施碑	周華林刻石	同治九年十二月	碑存方城縣城關鎮建設街
重修文聖殿記			碑存方城縣文物保護管理所

南召縣

修橋記碑	周北錦	道光三年	碑存南召縣皇路店鎮

西峽縣

白石尖冶鐵碑		乾隆五十五年	碑存西峽縣米坪鎮石六村白尖山
捻軍過境碑		咸豐元年	碑存西峽縣文物保護管理所
府正堂告示碑		同治年間	碑存西峽縣雙龍鎮
左樵雲教澤碑		光緒年間	碑存西峽縣寨根鄉廟嶺村
屈原崗碑文	高秀海撰	宣統三年	碑存西峽縣回車鎮屈原崗村

桐柏縣

淮源懷古詩	張萬言撰	康熙二十九年九月	
淮源碑		康熙三十六年	碑存桐伯縣淮源鎮固廟村

駐馬店市清碑存目

駐馬店市

創建炎帝廟碑		康熙年間	碑存駐馬店市劉閣鄉高村
重修大雄寶殿碑		乾隆四十八年	碑存駐馬店市諸市鄉馬台寺中學
重修朱氏橋欄杆碑		乾隆五十八年	碑存駐馬店市老街鄉老街西
申老先生德行碑			碑存駐馬店市順河鄉下莊東
清太學生高朝瑞德望碑			碑存駐馬店市劉閣鄉集市北
馬氏始祖碑		咸豐九年十二月	碑存駐馬店市諸市鄉馬老莊
炎帝聖會碑	崔峰三撰　馬毓齋書	光緒十一年	碑存駐馬店市諸市鄉馬台寺中學

汝南縣

重修藥王廟碑		康熙十九年	碑存汝南縣城西大街
重修回龍寺山門碑		乾隆九年	碑存汝南縣韓莊鄉王樓
傅氏族長同六門房長遵批立碑		乾隆四十五年七月	碑存汝南縣長興鄉墳堂村
重修火神廟碑		嘉慶八年五月	碑存汝南縣韓莊鄉王樓
重修北月城內外碑		嘉慶二十一年	碑存汝南縣城新華街
重修祖師廟西廂記碑		咸豐七年	碑存汝南縣老群廟鎮白堰村
重修三皇廟碑	傅啟源撰　杜兆祥書	同治九年	碑存汝南縣城西大街
重修三皇廟大殿碑記		同治九年	碑存汝南縣城西大街
捻軍過境碑	任祥撰　賴友善書　蘇清雲刻石	同治九年	碑存汝南縣馬鄉鎮白馬村
清戴花翎總兵銜副將楊公武功碑		咸豐年間	碑存汝南縣留盆鎮楊寨村
重修炎帝廟及土地祠碑		光緒二十四年	碑存汝南縣官莊鄉官莊集
昊希賢先生德行碑		光緒三十三年	碑存汝南縣韓莊鄉陳莊村
吳峙山先生德行碑		清	碑存汝南縣城新華街
康家店創立義學碑		清	碑存汝南縣城老君廟康家店

平輿縣

陳起龍墓碑		嘉慶十一年	碑存平輿縣文物保護管理所
修汝河隄工碑記		道光六年	碑存平輿縣文物保護管理所
重修李旗屯興隆橋碑	趙克勤刻石	咸豐六年	碑存平輿縣李屯鄉李屯村
重修盛橋路碑	熊兆卜撰并書　王克明刻石	光緒九年	碑存平輿縣十字路鄉盛橋村西
陶之堂之女烈節墓碑		光緒二十九年	碑存平輿縣王崗鄉範莊西
趙氏祖塋碑		宣統元年	碑存平輿縣文物保護管理所

上蔡縣

曉示生員碑		康熙二十六年	碑存上蔡縣縣城黌學巷
重修上蔡書院碑記		康熙二十八年	碑存上蔡縣城西門
重修上蔡書院碑記		康熙二十九年	碑存上蔡縣城西門
重修無量寺碑		雍正四年	碑存上蔡縣無量寺鄉無量寺村
重修龍泉寺後佛殿碑		乾隆五十七年	碑存上蔡縣華陂鄉劉連村
霍公祠碑		嘉慶十六年	碑存上蔡縣城東門
重修升仙橋碑		嘉慶二十五年	碑存上蔡縣城東北升仙橋
曉諭埠頭差車碑		道光九年	碑存上蔡縣石橋鄉石橋集
重修忠良橋碑		道光二十一年	碑存上蔡縣城南門外景賢溝
忠義祠碑		咸豐年間	碑存上蔡縣城東門里
革免差徭碑		光緒二十八年	碑存上蔡縣石橋鄉天良寨村
重修全神廟碑		光緒二十九年	碑存上蔡縣北關鳳凰橋頭

新蔡縣

重修望城寺碑記		康熙三十二年	碑存新蔡縣澗頭鄉田莊村
子路問津處碑	王大呂撰	乾隆五年	碑存新蔡縣關津鄉集市南
宋公（敏學）清封正四品恭人韓太君合葬		乾隆十二年	碑存新蔡縣文物保護管理所
創建田祖廟記		乾隆二十三年	碑存新蔡縣古呂集
重修城隍廟記碑		乾隆年間	碑存新蔡縣城內
郭氏八世同居坊序碑		乾隆六十年春	碑存新蔡縣車站鎮牌坊村
重修含元樓記碑		嘉慶二十一年	碑存新蔡縣古呂鎮
重修雙合雨橋記碑		嘉慶二十三年	碑存新蔡縣磚店鎮大李橋村東
重修李橋清真寺碑		嘉慶年間	碑存新蔡縣李橋回族鎮李橋集

续表

重修觀音堂碑	賈鵬舉撰　鄭林風書	道光六年	碑存新蔡縣野李鄉野李集東側
苗德芳墓碑		道光二十二年	碑存新蔡縣古呂鎮
曹氏太君墓碑		道光二十三年	碑存新蔡縣古呂鎮
重修大法隆寺碑記	張元善撰	道光二十九年十一月	碑存新蔡縣文管所
張氏譜系碑		咸豐七年	碑存新蔡縣花莊鄉花莊村
馬氏始祖墓碑		咸豐九年	碑存新蔡縣文物保護管理所
重修人祖廟碑		同治元年	碑存新蔡縣野里鄉曾寨王營之間
韓公守城碑		同治六年	碑存新蔡縣城東大街韓公祠
劉氏始祖墓碑		同治十二年小陽月	碑存新蔡縣花莊鄉皮樓墳
重修鐵丘台碑		光緒年間	碑存新蔡縣佛閣寺鎮臺子劉莊村
劉氏節孝碑		宣統二年	碑存新蔡縣十里鋪鄉十里鋪村
崔氏節孝碑		宣統三年	碑存新蔡縣十里鋪鄉十里鋪村
創修學堂碑	李修旗撰並書	宣統三年	碑存新蔡縣槐樹鄉東街

正陽縣

淮河龔灣渡口碑		乾隆三十六年	碑存正陽縣皮店鄉朱店村龔灣渡口
重修普濟橋碑		乾隆五十年	碑存正陽縣寒凍鄉小店村
重修白馬橋碑		嘉慶元年	碑存正陽縣西嚴店鄉曹樓村
重修建安鋪前後殿宇並裝塑神像碑	岱望岳撰　海承瀛書	嘉慶十五年	碑存正陽縣銅釧鄉建安村
重修袁氏墳墓記碑	銓匯川撰　方海書	嘉慶二十一年	碑存正陽縣城西袁家大墳
重修文昌閣碑			碑存正陽縣銅鐘鄉集市
重修萬首寺碑			碑存正陽縣永興鄉袁莊
重修龍泉寺記碑	沈天明撰	同治十二年	碑存正陽縣蘭青鄉蘭青街

遂平縣

薛氏德功碑		康熙六年十月	碑存遂平縣陽豐莊薛莊
郭氏八世同居坊序碑		乾隆六十年春	碑存遂平縣車站鎮牌坊莊
張氏譜系碑		咸豐七年	碑存遂平縣花莊鄉花莊村
劉氏始祖碑		同治十二年小陽月	碑存遂平縣花莊鄉花莊村
古吳房盛橋堡王趙孺人捐立義學序	任象山撰　趙延光書	光緒十五年	碑存遂平縣槐樹鄉盛橋村二龍莊
白馬塚西會碑	賈克明撰	光緒二十二年十月	碑存遂平縣花莊鄉白馬莊
趙善人功德碑	李桂林撰　趙□一書	光緒三十一年桂月	碑存遂平縣陽豐鄉元樓村
下陽會義勇功德碑	張彩雲撰　陳鳳張書	宣統元年端月	碑存遂平縣花莊鄉下

泌陽縣

張桂姐節孝碑		乾隆三十四年	碑存泌陽縣賈樓鄉竹園村北
修建普濟橋記碑		乾隆四十一年十一月	碑存泌陽縣板橋鎮百秩店村東
孟家祠堂碑		道光年間	碑存泌陽縣楊家集鄉孟崗村
誥命碑		道光二十一年	碑存泌陽縣賒灣鄉西南

周口市清碑存目

商水縣

重修玄帝廟碑		康熙四年	碑存商水縣韭園鎮後鄭村
重修桐邱峯頭三清殿碑		康熙二十四年	碑存商水縣韭園鎮後鄭村
大覺寺重修鐘樓碑		康熙三十四年	碑存商水縣崔榆鄉古城村
重修玉皇閣三官廟及門前東西房周圍垣牆記		康熙五十五年	碑存商水縣大新莊鄉大新莊村
重修莊公殿碑		乾隆五十年	碑存商水縣韭園鎮西孟亭村
創建黃籙殿碑	王步雲撰	嘉慶元年	碑存商水縣呂潭鄉崔莊村
三官廟重修山門碑		嘉慶十一年	碑存商水縣城東南隅
嚴禁刨築任橋大路碑	張馨撰	道光二十三年	碑存商水縣文管所
重修膺福寺碑		咸豐六年	碑存商水縣白潭鎮丁家村
桐邱寨碑		咸豐八年	碑存商水縣韭園鎮後鄭村
重修岳家橋碑		光緒二年	碑存商水縣白潭鎮三所樓村
重修軒轅廟碑		光緒九年	碑存商水縣大李莊鄉大李莊村
重建祠堂記碑		光緒十二年	碑存商水縣白潭鎮尹郭村
何氏條規碑		光緒十八年	碑存商水縣城關鎮東後街
侍御祖復設祭田緣由碑		光緒十八年	碑存商水縣城關鎮東後街
何氏地畝碑		光緒二十年	碑存商水縣白潭鎮前何村
重修關帝廟火神廟土地廟菩薩堂碑記		光緒二十一年	碑存商水縣韭園鎮李集村

項城市（項城縣）

重修光武廟碑	程元章撰	雍正七年	碑存項城市城郊鄉汪莊村
重修關帝廟碑		乾隆五十七年	碑存項城市人民劇院院內

续表

南頓鄉重修光武廟碑	袁保恒撰	光緒三年	碑存項城市南頓鄉清真填寺
鄭郭重修關帝廟碑		光緒四年	碑存項城市鄭郭集十字街東側
修建黃廟橋碑記		光緒九年	碑存項城市傅集鄉黃廟集
重修東嶽泰山廟碑		光緒十三年	碑存項城市孫店鎮
出師表刻石	諸葛亮撰文　岳飛書 田作霖重刻	清末	碑存項城市博物館

淮陽縣

福緣善慶碑		同治十二年	碑存淮陽縣太昊陵
陳郡賈樓進香碑記		同治十三年	碑存淮陽縣太昊陵
陳郡進香碑		光緒元年	碑存淮陽縣太昊陵
太康縣梁家營進香碑		光緒元年	碑存淮陽縣太昊陵
人之初也		光緒二年	碑存淮陽縣太昊陵
太康方冠樓進香碑		光緒二年	碑存淮陽縣太昊陵
淮邑進香碑		光緒二年	碑存淮陽縣太昊陵
敬獻碑		光緒二年	碑存淮陽縣太昊陵
敬立神碑		光緒二年	碑存淮陽縣太昊陵
伏羲神碑		光緒二年	碑存淮陽縣太昊陵
進香碑		光緒二年	碑存淮陽縣太昊陵
天平街進香碑		光緒二年	碑存淮陽縣太昊陵
陳郡紳民進香碑		光緒二年	碑存淮陽縣太昊陵
太康劉家村進香碑		光緒二年	碑存淮陽縣太昊陵
商水中興砦進香碑		光緒六年	碑存淮陽縣太昊陵
進香會之志碑		光緒六年	碑存淮陽縣太昊陵
太昊陵進香告竣碑記		光緒六年	碑存淮陽縣太昊陵
淮邑進香碑		光緒七年	碑存淮陽縣太昊陵
指揮營范家村進香碑		光緒八年	碑存淮陽縣太昊陵
平安保進香碑		光緒八年	碑存淮陽縣太昊陵
柘城進香碑		光緒八年	碑存淮陽縣太昊陵
始制文字		光緒八年	碑存淮陽縣太昊陵
白衣廟街進香碑		光緒九年	碑存淮陽縣太昊陵
鹿邑進香碑		光緒九年	碑存淮陽縣太昊陵
太邑趙大樓進香碑		光緒九年	碑存淮陽縣太昊陵
曹充賜書丹碑		光緒九年	碑存淮陽縣太昊陵
太昊陵碑記		光緒十年	碑存淮陽縣太昊陵

续表

周口王埠口進香碑		光緒十年	碑存淮陽縣太昊陵
粤稽進香碑		光緒十一年	碑存淮陽縣太昊陵
進香碑		光緒十一年	碑存淮陽縣太昊陵
柘城王酒樓進香碑		光緒十一年	碑存淮陽縣太昊陵
人祖聖會碑記		光緒十一年	碑存淮陽縣太昊陵
繼天立極碑		光緒十一年	碑存淮陽縣太昊陵
淮邑進香碑		光緒十一年	碑存淮陽縣太昊陵
太康李莊進香碑		光緒十一年	碑存淮陽縣太昊陵
李窩進香碑		光緒十一年	碑存淮陽縣太昊陵
太昊伏羲碑記		光緒十二年	碑存淮陽縣太昊陵
西邑尹家坡朝祖碑記		光緒十二年	碑存淮陽縣太昊陵
三義社進香碑		光緒十二年	碑存淮陽縣太昊陵
人祖盛會碑記		光緒十三年	碑存淮陽縣太昊陵
密義會碑		光緒十三年	碑存淮陽縣太昊陵
西華聶堆進香碑		光緒十三年	碑存淮陽縣太昊陵
太昊陵進香碑文		光緒十四年	碑存淮陽縣太昊陵
進香太昊陵碑記		光緒十四年	碑存淮陽縣太昊陵
進香碑		光緒十六年	碑存淮陽縣太昊陵
南關進香會碑記		光緒十六年	碑存淮陽縣太昊陵
伏羲碑記		光緒十六年	碑存淮陽縣太昊陵
太邑蓼米□進香碑		光緒十六年	碑存淮陽縣太昊陵
西華牌坊街伏羲聖會碑記		光緒十七年	碑存淮陽縣太昊陵
進香碑		光緒十八年	碑存淮陽縣太昊陵
朝祖香煙碑記		光緒十八年	碑存淮陽縣太昊陵
進香碑		光緒十九年	碑存淮陽縣太昊陵
睢州進香碑		光緒十九年	碑存淮陽縣太昊陵
太邑王集進香會碑記碑		光緒十九年	碑存淮陽縣太昊陵
太邑賈崗進香碑		光緒十九年	碑存淮陽縣太昊陵
歸德府進香碑		光緒十九年	碑存淮陽縣太昊陵
祭太昊陵碑		光緒二十年	碑存淮陽縣太昊陵
朝陵會碑記		光緒二十年	碑存淮陽縣太昊陵
聖視台前碑		光緒二十一年	碑存淮陽縣太昊陵
扶溝縣呂家潭進香碑		光緒二十二年	碑存淮陽縣太昊陵
鹿邑桑園集同心會進香碑		光緒二十四年	碑存淮陽縣太昊陵
太邑王砦進香碑		光緒二十六年	碑存淮陽縣太昊陵

续表

項城縣徐嶺子進香碑		光緒二十八年	碑存淮陽縣太昊陵
水寨集進香碑		光緒二十九年	碑存淮陽縣太昊陵
太昊伏羲氏碑記		光緒三十一年	碑存淮陽縣太昊陵
西華縣進香碑		光緒三十一年	碑存淮陽縣太昊陵
禱		光緒三十二年	碑存淮陽縣太昊陵
桑園集同心會碑		光緒三十二年	碑存淮陽縣太昊陵
陳陽莊進香碑		光緒三十二年	碑存淮陽縣太昊陵
商水王演家村進香碑		光緒三十二年	碑存淮陽縣太昊陵
李灣窑進香碑		光緒三十二年	碑存淮陽縣太昊陵
商水縣趙橋進香碑		宣統元年	碑存淮陽縣太昊陵
鹿邑東莊進香碑		宣統元年	碑存淮陽縣太昊陵
鹿邑縣進香碑		宣統二年	碑存淮陽縣太昊陵
劉漫河黃營村進香碑		宣統三年	碑存淮陽縣太昊陵
出師表刻石	諸葛亮撰文　岳飛書	清	碑存淮陽縣太昊陵

沈丘縣

寶氏祖墓碑		康熙五十九年	碑存沈丘縣城西北隅
趙進士墓碑		乾隆二十六年	碑存沈丘縣刑莊鄉趙樓村
趙氏祖墓		道光二十一年	碑存沈丘縣老城鎮韓灣村
節烈碑		光緒二十四年	碑存沈丘縣洪山鄉翟莊村

西平縣

重修封人見聖祠記碑		乾隆三十五年六月	碑存西平縣楊莊鄉儀封鎮北門外
關帝廟金塑神像創建舞樓碑		乾隆五十三年	碑存西平縣楊莊鄉儀封鎮
出山鎮集市規矩碑	于卯中撰　于應中書	道光十五年	碑存西平縣出山鎮小學
然照戒法師碑		光緒三十一年	碑存西平縣師靈鎮師靈村
閆公書院改設學堂記碑		光緒三十四年	碑存西平縣楊莊鄉儀封鎮北關

鹿邑縣

武平城新建送子白衣菩薩並買地記碑	樊辛逢撰　樊北南書	康熙四十三年	碑存鹿邑縣邱集鄉平城村

扶溝縣

重修元帝廟碑		康熙四年	碑存扶溝縣韭園鎮後鄭村
大李莊捐資碑		康熙四十三年	碑存扶溝縣大李莊鄉大李莊村
重修玉皇閣碑		康熙五十五年	碑存扶溝縣大新莊鄉大新莊
創修儒學泮池碑記		雍正年間	碑存扶溝縣高中南院，今五七廠家屬院
皇清監貢寇二公墓碑		乾隆四年	碑存扶溝縣城南練寺鎮榆林村
路伯通墓碑		乾隆二十六年	碑存扶溝縣東關糧庫院內
支亭寺碑		乾隆四十一年	碑存扶溝縣柴崗鄉支亭寺內
重修莊公殿碑記		乾隆五十一年	碑存扶溝縣韭園鎮西孟亭村
重修玉皇閣碑記		嘉慶元年六月上浣	碑存扶溝縣曹李鄉顧家村
創建黃籙殿碑	王步雲撰	嘉慶元年	碑存扶溝縣呂潭鄉崔莊村
三官廟山門重修碑		嘉慶十一年	碑存扶溝縣城東南隅
尹氏始祖碑		嘉慶十五年	碑存扶溝縣東尹家村
興國寺碑	董元吉撰書	嘉慶十七年	碑存扶溝縣江林鎮西馮陵村
學田膏火記碑		道光三年	碑存扶溝縣博物館
重修三仙等殿暨山門牛王廟金神像碑記		道光四年	碑存扶溝縣練寺鎮金村慈勝寺
張姓族譜碑		道光十七年	碑存扶溝縣韭園鎮後鄭村
張氏地畝碑		道光十七年	碑存扶溝縣韭園鎮天井崗上
重修玉皇殿暨以前諸廟並山門戲樓碑記		咸豐元年	碑存扶溝縣韭園鎮後鄭村天地崗
重修膺福寺碑		咸豐六年	碑存扶溝縣呂潭鎮丁家村
杜氏祖塋碑		咸豐十一年十月	碑存扶溝縣呂潭鎮栾坡村
游氏始祖碑		同治十年	碑存扶溝縣包屯鎮孫廟村
重修關帝廟碑記		同治十年	碑存扶溝縣第一旅社門前
重修祖師廟等碑記		同治十年	碑存扶溝縣韭園鎮後鄭村
重建祠堂記碑		光緒十二年	碑存扶溝縣尹郭村
明處士康公諱相字國輔德配五氏暨歷代宗親神主碑		光緒十二年十二月	碑存扶溝縣白潭鎮康家門外村
侍御復設祭田緣由碑		光緒十八年	碑存扶溝縣東後街
何氏地畝碑	何國楨 何國南刻石	光緒二十年	碑存扶溝縣呂潭鄉前何村

信陽市清碑存目

信陽市

盤山靜岸禪師塔銘		乾隆四年	碑存信陽市遊河鄉遊河村
乾明禪院石匾		乾隆十年	碑存信陽市平昌關鎮平昌關村
仙姑廟碑	程行廣撰　熊士賢書並刻石	乾隆十八年	碑存信陽市董家河鄉塔爾灣村
重修泰山廟碑		乾隆五十三年	碑存信陽市蘭店鄉蘭橋村
重修二郎廟碑		嘉慶二十二年冬月	碑存信陽市董家河鄉睡仙橋村
重修飛霞宮碑		嘉慶年間	碑存信陽市倒座觀音堂路南
重修八里廟碑		道光二十三年九月	碑存信陽市黃家河八里廟小學
曾氏節孝碑		道光二十九年	碑存信陽市河港鄉龍潭村
重修十里廟碑		道光	碑存信陽市董家河鄉塔灣十里廟
重修小山頂廟碑	康景撰　金中山書　王正修刻石	道光三十年	碑存信陽市邢集鎮羅樓村
信陽州知州董公恩免民夫碑	張國象撰　張錚書　熊兆麒王守之篆額	咸豐三年	碑存信陽市潭家河鄉李畈村
信陽州新修考棚碑記	廖甡撰	咸豐十年九月	拓藏河南省文史研究館
重修三官廟碑	張德修撰並書　徐振海刻石	同治元年	碑存信陽市邢集鎮大方莊
靈碧池碑	傅壽彤撰		碑存信陽市三中
創修新店石橋碑	盧青乙書　代恒典刻石	同治十年	碑存信陽市平家寨鎮新店村
重修鐵佛寺碑	房元太撰　馬樹堂書	光緒八年	碑存信陽市蘭店鄉馬樓村
重修寶峰寺碑	文傳錫撰　雷炳川書　王火順等刻石	光緒三十四年	碑存信陽市蘭店鄉王寨村
節孝碑		宣統元年	碑存信陽市董家河鄉駝店村萊因莊

潢川縣

梅花頌碑	韓思聰書	乾隆七年	碑存潢川縣城關鎮文廟後院廟院內
光州十景碑	韓思聰書	乾隆七年	碑存潢川縣城關鎮文廟
太和元氣刻石	王澤民書	乾隆十七年	碑存潢川縣城關鎮文廟
捐施重修東清真寺碑		乾隆十七年	碑存潢川縣城關鎮小南海街花廟院內
隆古中興會碑		嘉慶十二年	碑存潢川縣隆古鄉隆古村沈店東
重修光武廟山門群牆記碑		嘉慶十二年	碑存潢川縣隆古鄉隆古村沈店東
重修城隍廟碑		道光三年	碑存潢川縣城關鎮縣前街
魏崗姑嫂廟記碑		咸豐三年	碑存潢川縣魏崗鄉鄔橋村宋營東
捻軍入境碑		咸豐十三年	碑存潢川縣隆古鄉堡子口村
宋克傲功德碑		光緒二年	碑存潢川縣雙柳樹鎮天橋村宋大灣

光山縣

重建光山縣儒學碑		順治十二年	碑存光山縣縣委招待所
重建戟門碑記		順治十九年	碑存光山縣縣委招待所
胡圍孜奉天承運碑		雍正元年	碑存光山縣城關鎮胡圍孜村
打扣店奉天承運碑		乾隆年間	碑存光山縣上官崗鄉上官崗村打扣店
禮部左侍郎胡滄曉譜系碑		乾隆十四年	碑存光山縣南向店鄉老虎山村
韓氏宗譜碑		嘉慶十年	碑存光山縣晏河鄉韓畈村
修補姚家堂碑	龔時省撰　吳之俊書　易正元刻石	嘉慶二十三年	碑存光山縣北向店鄉大李灣村
戴氏建祠源流碑	王廷輔撰并書	道光三年	碑存光山縣潑陂河鄉戴圍孜
公禁會碑		咸豐元年	碑存光山縣南向店鄉南向店村
賣田地房屋山場文約碑		咸豐八年	碑存光山縣文殊鄉文殊村
三合碑	王明福撰　于鼎新刻石	咸豐十年	碑存光山縣上官崗鄉上官崗村
穿井碑	何文連撰　甘啓連書　沈刻石	同治元年	碑存光山縣北向店鄉北向店村
方夏氏為夫建祠繼嗣鑴刻碑	方羽儀撰　方子宜書　沈世長刻石	同治四年	碑存光山縣上官崗鄉胡圍孜村
保安寨碑		同治八年	碑存光山縣涼亭鄉涼亭村
粵右創以垂為大纘述碑	林正秀撰　易泰奏刻石	同治八年	碑存光山縣仙居鄉長興集
重修玄帝廟碑		同治九年	碑存光山縣上官崗鄉五里店村
旌表儒士許楷之妻羅太儒人節孝碑		同治十一年	碑存光山縣磚橋鄉李崗村
修寨碑		同治年間	碑存光山縣斛山鄉張棚村
旌表已故儒士朱補之妻袁氏節孝碑	魏家謙撰	同治年間	碑存光山縣磚橋鄉高崗村
旌表張母王老儒人節烈碑	王澤喬撰	光緒七年	碑存光山縣北向店鄉橫山村
張氏義渡碑		光緒十三年	碑存光山縣北向店鄉大張灣村
重修向家店街道碑	吳訂建撰　吳家瑛書　夏書元刻石	光緒二十年	碑存光山縣北向店鄉北
廉訪相公義齋先生碑	胡石查書並刻石	光緒二十年	碑存光山縣南向店鄉何向店村
慈母節孝序碑	光緒二十四年		碑存光山縣潑陂河鄉劉村
重修廣佛橋碑	涂永鋪書	光緒二十五年	碑存光山縣潑陂河鎮
李氏祠條規碑	李立榜撰　李立江刻石	光緒二十五年	碑存光山縣文殊鄉王堂村
重修佛殿序碑		光緒二十七年	碑存光山縣仙居鄉長新鎮集
戴母湯大孺人節孝碑	文俊聲撰　劉希釗書　周煥堂刻石	光緒三十二年	碑存光山縣潑陂河鄉趙畈村
誥封宜人旌表節孝同太室人行略碑	李如簡撰	宣統三年	碑存光山縣仙居鄉仙居村

羅山縣

奉直大夫知信陽州事加三級紀錄五次鍾太爺恩免祭祀德政碑	伍克成撰	乾隆二十一年	碑存羅山縣青山鎮青山村
陳氏族規碑	陳殿弼撰　陳喬林書　陳則先刻石　陳希安立石	嘉慶二十四年	碑存羅山縣子路鎮朱灣陳小寨
御製祭黎世序文碑		道光四年	碑存羅山縣定遠鄉劉店村
黎襄勤公入祀賢良祠碑		道光四年	碑存羅山縣定遠鄉劉店村
御賜黎襄勤公祭文碑		道光四年	碑存羅山縣定遠鄉劉店村
御賜黎襄勤公詩碑		道光四年	碑存羅山縣定遠鄉劉店村
子路問津處碑	于論瀾撰　萬選青書　陸汪瑚刻石　何東文立		碑存羅山縣青山鎮洪河村董家灣

商城縣

三教洞碑		乾隆二十三年	碑存商城縣三里坪鄉三教洞村
小拐鎮摩崖石刻		乾隆三十五年三月	碑存商城縣伏山鄉燕灣村
旌表貞節碑		嘉慶十四年	碑存商城縣汪橋鄉孔樓村
培源庵碑	楊嗣寬撰　司靜意刻石	嘉慶二十四年	碑存商城縣河鳳橋鄉楊堰村
重修華嚴寺大海自敍碑	萬秉陞刻石	道光十九年	碑存商城縣李集鄉李集村
創修春將軍祠堂碑	周祖頤撰　董企先書	咸豐六年	碑存商城縣汪崗鄉藕塘坳
公議條規碑	金東鑰書	同治十一年	碑存商城縣餘集鄉餘集村
重修華陀廟碑		同治十三年	碑存商城縣蘇仙石鄉金剛台西
蔣氏祠堂碑	蔣□撰并書	光緒三十一年六月	碑存商城縣汪崗鄉蔣氏祠堂村
創修大先進路碑		光緒三十三年	碑存商城縣東崗鎮教場村

固始縣

義渡碑		道光三年	碑存固始縣往流鎮往流集
重修清真寺碑		同治十三年	碑存固始縣石佛鄉石佛村

淮濱縣

山西會館匾額		乾隆十九年	碑存淮濱縣固城鄉固城村
楚相孫叔敖廟碑		乾隆五十一年	碑存淮濱縣期思鄉期思村
張莊義學碑記		嘉慶十九年	碑存淮濱縣張莊鄉張莊村

续表

義渡碑		道光三年	碑存淮濱縣往流鄉往流村
重修三空橋碑		道光六年	碑存淮濱縣三空橋鄉三空橋村
火神會重修三官殿碑		道光十年八月	碑存淮濱縣張莊鄉張莊村
皇清贈文林郎洪公行三諱鎮清字延輝府君墓碑		道光十五年	碑存淮濱縣王店鄉黃樓鎮
清顯高祖考程公諱永茂妣李劉太君大人墓碑		道光二十八年	碑存淮濱縣三空橋鄉程莊村
重修奶奶廟碑	吳政祥撰	同治六年	碑存淮濱縣張莊鄉張莊村
重修清真寺碑		同治十三年	碑存淮濱縣石佛鄉石佛村
火神會重修三官殿碑		光緒十年	碑存淮濱縣文物保護管理所
劉壽墓碑		光緒十一年	碑存淮濱縣欄杆鎮劉大辛樹村
重修三空橋碑		光緒二十三年	碑存淮濱縣三空橋鄉三空橋村
重修普濟橋碑		清	碑存淮濱縣陳集鄉朱集村

新縣

佛爾寺碑	性恒	順治十五年	碑存新縣陳店鄉高灣村佛爾寺

後　記

　　《清代河南碑刻資料》是國家清史編纂委員會規劃項目。在國家清史編纂委員會文獻組的關心與指導下，課題組成員十餘人經過四年的努力，完成了清代河南碑刻資料的收集、整理與校點。

　　輯入本書的清代河南碑刻資料，主要來源於河南各地現存碑刻、碑刻拓片及方志裏輯錄的清代碑文，也從今人編印與整理出版的碑刻輯錄與家譜中選錄了一些河南清碑。清碑因其數量極大，散存在各地田野裏，收集起來，難度大。同時，由於現存清碑長期以來沒有得到應有保護，不少碑石已不復存在，即使有存的，也很少有人知其藏處，遭風化剝蝕，字已模糊，無法辨識。方志與文獻中的清碑錄文，多數因原碑被毀而無法進行校核；有些碑刻雖為人們所注意，文有抄錄，或有標題登錄，也因原碑失存而無法比對核實。還有一些碑刻知其有存，又出於種種原因而得不到。所有這些情形，為我們的收集整理工作帶來了諸多困難，並使殘缺以及漫漶的字無法補入。

　　本書在收集整理過程中，得到了河南博物院、河南省文物考古研究所、河南省文史研究館的鼎力支持，這些單位收藏新中國成立以來的碑刻拓片，為我們的收集整理工作提供了方便。新鄉市文物局、駐馬店市文物局、商丘市文物局、許昌市文物局、新密市文物局、鞏義市文物局、新鄭市博物館、洛寧縣文管所、孟津縣文管所、新安縣文管所、博愛縣文管所、林州市文管所、沁陽縣文管所、溫縣文管所、武陟縣文管所、獲嘉縣文管所、原陽縣文管所、郟縣文管所、汝州市文管所、安陽縣文管所，以及河南省圖書館、鄭州大學圖書館、河南大學圖書館，也為我們的收集整理工作提供了方便。在此謹致衷心的感謝。

王興亞
二〇一二年五月十二日

圖書在版編目（CIP）數據

清代河南碑刻資料：全8册/王興亞等編．—北京：
商務印書館，2016
（國家清史編纂委員會·文獻叢刊）
ISBN 978-7-100-11627-5

Ⅰ.①清… Ⅱ.①王… Ⅲ.①碑刻-彙編-河南省-
清代 Ⅳ.①K877.42

中國版本圖書館CIP數據核字（2015）第237600號

所有權利保留。

未經許可，不得以任何方式使用。

（國家清史編纂委員會·文獻叢刊）
清代河南碑刻資料
（全8册）

王興亞 等 編

商 務 印 書 館 出 版
（北京王府井大街36號　郵政編碼 100710）
商 務 印 書 館 發 行
三河市尚藝印裝有限公司印刷
ISBN 978-7-100-11627-5

2016年3月第1版　　　　開本 787×1092　1/16
2016年3月北京第1次印刷　印張 294　插頁 16
定價：5000.00圓